德国物权法

（下）

#【当代德国法学名著】

当代德国法学名著
Repräsentative Deutsche Rechtsliteratur der Gegenwart

德国物权法

（下册）

Sachenrecht

II

[德] 鲍尔/施蒂尔纳 著
Baur/Stürner

申卫星　王洪亮 译

法律出版社
—— 北京 ——

本书翻译得到德意志学术交流中心
和德国科学基金协会的支持

**Die Übersetzung erfolgte mit
Unterstützung des DAAD und
des Stifterverbandes der Deutschen Wissenschaft**

当代德国法学名著总序

当代德国法学名著译事之缘起，在乎“取法人际，天道归一”之理念。

天地渺渺，众生芸芸；然天地何以长存不灭，众生何以繁衍不息？此中必有亘古于今之一般法则。天地者，自然之谓；众生者，乃自然所赋生灵之长，人也。而人所以居万物之首而为生灵之长，概因其不仅是生于自然，而且还能领悟于自然，进而以理性和智慧的劳动创造受益于自然。由此而论，天地间至真至善至美，莫过于人与自然之和谐融合。正如庄子所说：“知天之所为，知人之所为者，至也。”而中国哲人所言“天人合一”，实际表明着人类的最高智慧和境界。但是，最高的智慧未必是功利的智慧，最高的境界往往不是现实的境界，此乃人类虽为万物灵长，但又归于万物的本性使然。尽管不无缺憾，但却理所当然。纵观古往今来，可知人类始终是在理想与现实、理性与物性的矛盾状态中存在发展。不过，人出于其自然本性但又以其理性确认的社会秩序，又使之在这种永远不会解消的矛盾状态中生存发展成为可能。

自古以来，食色之性、交往之需、名利之求、功德之义，无论国人洋人、权贵庶民，众生莫不有之；惟每人认取之价值，或此或彼因人因地因时而异。但基于人之本性所产生的社会，无论东方西方，必然有其共性。于是有老子的古训："人法地，地法天，天法道，道法自然。"而希腊的斯多噶哲人也说："按照自然而生活。"由此可知，同属自然之人类，本有其共同的理念与法则。以法律而言，中国、西方法律虽文化传统各异，然毕竟都是人类社会的法律，必然有其共同的人性内涵。所以，考察法律，应着眼超越地域、国度和民族，甚至超越时空的人际层面，努力发现本来属于整个人类的理念和规范，并在此基础上寻求并促进人与人、民族与民族、国家与国家之间越来越普遍深入的交往。吾人之规可为他人所取，他人之法可为吾人所用，概其皆出乎人之本性。所以"取法人际，天道归一"，当为人类社会法律进步之最高思想境界。以迄今历史度之，人类生存发展的必然趋势是越来越普遍深入地相互结合和依赖，经济的全球化和文化的世界化正在相辅相成地迅速演进。在人类发展进程中，产生于人类本性的共性愈多愈充分地为人所认识，则人与人之间、国家与国家之间的交往就愈可能有效和平地进行。作为人类社会的行为规范，任何国家的法律都是人与人之间实现交往、确定关系及秩序的最重要途径。就此而论，可断言未来人类的发展与和平，很大程度上将取决于全人类在法律法则上的沟通与趋同。

本着取法人际或取法自然的理念，当代德国法学名著译事拟系统全面地翻译当代德国法学具有代表性的学术成果。因为德国法不仅为可取之一方法律，而且还与当代中国法制有着特殊的关联。事实上，当代中国内地与台湾的法制是基于清末民初之际的法律改制发展而来。当时采纳了欧洲大陆法系法制模式，而其中又以汲取德国法律，特别是民法、刑法居多。不仅如此，20 世纪以来中国法制和法学的发展还颇受德国法制和法学的影响，现今中国法制和法学的不少思路实际都与后者有关联。因而，中国法制建设和法学进步自然更容易从德国法制与法学中获得启发。此外,由于近代德国历史法学派和学说汇纂学派对罗马法和罗马普通法的系统研究与整理,近现代德国法学形成并获得了其本身独有的特色,其丰富成熟的法律理论与教条,恰恰是目前乃至21世纪我国法学与法制建设所迫切需要的。

当代德国法学名著的选题范围包括法哲学和法的基本理论、国家法、法律史、民法和商法、经济法、刑法、国际私法等内容。选题标准是:德国乃至欧洲法律界已经普遍公认为经典的名著,或在德国普遍使用的有代表性的教科书。与此同时,亦根据我国的实际需要翻译介绍一些有关法律文化背景方面的工具书和著名法学家的传记。初步选题首先由德国学者提出,然后由编委会综合各方面意见,最后根据我国实际需要确定翻译选题。为保证翻译质量,翻译工作严格采取译、校和三审程序。每部译著由一责任编委审阅或校对。译稿一审通过后,编委会和编辑部就一审提出的问题召开由德国教授和有关译者参加的翻译工作会议;在此基础上,译者还专程前往德国与作者或有关学者探讨翻译的疑难和细节问题。在此方面,德意志学术交流中心(DAAD)提供了有力的支持。在赴德改稿基础上提出的第二稿通过二审后,由译者进一步修改、润色定稿,复经审阅后交付出版社。

系统翻译德国法学名著的想法由来已久,但正式酝酿于1997年秋,经过近一年的准备筹划,于1998年秋开始实施,拟于2005年完成全部选定书目的翻译。应该说,德意志学术交流中心的霍恩贝格尔先生(U. Hornberger)和法律出版社社长贾京平先生对促成此项翻译计划起了重要作用,黄闽总编亦助之鼎力。而此项翻译计划能够顺利实施,亦诚有赖编委会和编辑部各位同仁的共同志趣和辛勤工作。六位德国著名学者:考夫曼(A. Kaufmann)、克茨(H. Kötz)、克努特尔(R. Knütel)、何意志(R. Heuser)、孟文理

(U. Manthe)和胜雅律(H. von Senger)教授在计划拟定、选题推荐和具体翻译工作中均给我们以宝贵帮助。德国大使馆柯灵博士(T. Klinner)、李雅思先生(M. Licharz)和毕满天先生(M. Biermann)以多种方式推动此项翻译计划。德意志学术交流中心驻京办事处主任史翰功(H. Schmidt)博士、施密特-多尔(T. Schmidt-Dörr)博士和该中心波恩总部的比尔克(Klaus Birk)博士亦对此计划给予了热情和有力的支持。德国跨国基金会(Inter Nationes)对部分书目的出版提供了支持。特别要提及的是,江平、谢怀栻、潘汉典等法学界前辈对于此项工作始终给予着关注和支持,中国政法大学有关部门亦对我们的工作提供了帮助。法律出版社张波、卞学琪先生对出版工作兢兢业业、认真负责;朱宁女士和她的同事也一丝不苟、精益求精。在此,谨对上述所有法律界同仁和有关机构表示由衷的谢意。我之所愿,所有参与此项计划和给予该计划关注和支持的人,都能从此处呈献的工作成果中得到虽非物质的,但却真实诚恳并有长久价值的酬劳。因为,倘若这些成果能够在21世纪和中华崛起之际被赋予些微历史和现实意义的话,那么它将胜于所有致谢和嘉言。

米　健

2005年秋于京城蓟门

德文第十七版序

本物权法教科书自前版久已(1992 年)售罄后,即急需新版面世。为便利读者,本次修订作有两项重要变动:其一,为方便浏览与阅读,全书采用标题方法;其二,为参引(本书)方便,全书在段落上采边码方法。书后之术语索引,亦有增加或调整,而在书前之内容提要后,增设更为详细的内容目录。本次修订,虽因标题以及便利阅读类的工作,在外观上使本书大幅增加(膨胀),但其内容量因增减大体相当,实际上并未增加多少。

本次修订以至 1998 年初的文献为准,而大量重要的新立法与判例,则顾及至 1998 年夏。法官对法实践中物权法构造所进行的控制,首先导致本书在不动产担保物权与动产担保物权领域中,需进行重大修订。而法律事实部分以及与公法之衔接内容,亦需进一步深化。此外,本次修订不仅要考虑支付不能法、强制执行法、土地登记法、德国商法典与德国一般交易条件法的修改与变动,还要考虑欧洲法的发展趋势,因为物权法亦愈加受到该趋势影响。而就新联邦州中的物权法,本次修订尝试在书末新设一章,对其予以概述。

恰恰针对大型教科书,人们发问:谁应该将它们从头到尾看完呢?本次修订亦努力保持弗里茨·鲍尔所践行的基本理念:力求系统阐述所有重要(关键)问题及其与相近制度之关联、揭示重要法律事实之内涵、详列例案以助理解、采用大小印刷字体以保持目次清晰、于各章前列明提要以明其内容结构。就物权法核心内容,本教科书试图促使读者进行更为原则性的思考,对相关重要章节予以深化理解。此外,对查阅性的读者,本教科书在物权法所有领域,均提供相应线索,使其不仅获得知识性内容,而且获得基本理解。而读者对本书前版的热情接受,也使我们希望本书能一如既往地满足法律学习、法律实务以及法律研究各方面的需求,而不仅仅是提供“快捷的”知识性内容。

处理物权法领域材料时,其陋误亦在所难免。批评并指出其不足,本书著者则感甚幸甚。本书之修订,感谢助手科隆的 Achim Schumacher(候补文官)、Verena Sautter(候补文官)以及弗莱堡的 Alexander Bruns 博士(法学硕士)、Robert Schumacher 博士(法学硕士)、Hans Jörg Städtler 博士收集整理资料,处理技术问题。弗莱堡的 Michael Breyer、Marc Heggen、Ilona Hölting、Tatjana Štruc、Jan Wacke 以及科隆的 Kartin Henk 诸君,感谢其校雠以及制作法律条文索引之劳。科隆的 Sandra Lubitz、Ulrich Mehler 以及弗莱堡的 Peter Allgayer、Thilo Rott 诸君,感谢其重新制作书后的术语索引表。著者的诸位秘书,亦感谢其所付出的辛劳。最后,科隆的 Anneliese Koch 与弗莱堡的 Ursula Sommermeyer 二君,感谢其书稿打印之劳。

科隆/弗莱堡,1998 年 7 月

J. F. 鲍尔/R. 施蒂尔纳

德文第一版序(摘录)

在许多人看来,品质优良的物权法教科书已为数众多,若再去添加一本,不仅多余,甚或是妄为之举。然而,著者对自己心怀已久的研究计划,往往并不因为此类适宜与否的考虑,而就此束手。除此之外,笔者相信本书之写作,亦有其合理理由:本教科书着重贯彻对不动产物权法与动产物权法的区分处理。对不动产物权法自成系统地予以阐述,笔者于 1948 年出版的《土地法》中即曾尝试。彼时的构思,如今在更广泛的基础上得以继续,并扩及至动产物权法。与此同时,笔者不仅努力将所谓的物权法边缘领域纳入整体阐述之中,还致力于处处揭示私法制度与公法间的关联。所呈现给读者的,应是当今法律现实的“物权法”。为达此一目的,本书更着重强调对各种法律事实的评价。

本书主要是写给年轻的法学工作者;故而,所采用的阐述风格,其目的也在于使他们能“缓慢地”、“循序渐进地”熟悉并掌握物权法上的疑难问题。当然,因着此一教学目的,在叙述时也就势所难免地存在一些重复,以及先粗叙后简化的现象。而对物权法新问题的追踪,则形成一些内容重点,其例如相邻关系法、不动产担保物权法以及所谓非典型的担保交易行为。恰恰通过对这些新问题的阐述,笔者希望本书能对学说与可靠的实务操作有所助益。

图宾根,1960 年 10 月
弗里茨·鲍尔

翻译凡例

《当代德国法学名著》丛书的翻译工作依下述规范进行：

一、结构

以原著标题编码为基础，采取国内学术著作与译著通常采用的标题编码顺序，如：编、章、节、一、(一)、1、(1)、a、(a)。

二、译名

1. 人名

外国人人名以音译为原则，依次参照商务印书馆的《德语姓名译名手册》、大百科全书出版社的《简明大不列颠百科全书》中文版、上海译文出版社的《德汉词典》所附的人名译名表和《外国人名词典》确定；上述工具书中没有的，参照商务印书馆的《德语姓名译名手册》所附的人名音译表确定译名。但上述工具书所确定的人名译名与学界通行的译法不一致时，以后者为准，如：T. Mommsen——蒙森；Kierkegaarde——克尔凯戈尔；Schopenhauer——叔本华；Justinianus——优士丁尼……按照上述方法仍然难以确定的译名，由"当代德国法学名著"编译委员会和编辑部讨论确定。

2. 地名

外国地名以音译为原则:一律根据中国地名委员会编、商务印书馆出版的《联邦德国地名译名手册》和中国大百科全书出版社出版的《世界地名录》确定译名。

3. 其他译名

书名、学派名、机构和团体名称一律以意译为原则,并且参照《简明不列颠百科全书》中文版和有关工具书确定译名。依照工具书未能确定者,依照通行译名确定。如:Digesten——学说汇纂、usus modernus pandectarum——学说汇纂现代实用、Historische Rechtsschule——历史法学派、Pandenktenwissenschaft——学说汇纂法学……

所有人名、地名、书名、专用术语及机构名称第一次出现时,均在圆括号内注明原文,重复出现时不再标明原文;人名重复出现时,仅取其姓氏中译或附加其名字中译的首字,如:迪·克斯勒(Dirk K~sler)。

三、相关规范

1. 重要概念或原文提示词句

原文正文中采用斜体或其他特殊字体的重要概念或提示文字,译文一律使用楷体,并用圆括号注明原文。原文中说明性文字或阐释性文字一律用小一号宋体排出。

2. 注释

(1)原文注释一律采用脚注,按原著注释顺序编码。一般采用连续编码或以章为单位连续编码的方法。

(2)译者注亦采用脚注,以“*”号标出,如:*、**、……凡译者注均列于原文脚注之后。

3. 补充性或说明性文字

原文中使用不同字体,具有注释、补充或说明性的字句或段落依据原文体例,或采用楷体,或提行采用小一号宋体,以示区别。

4. 争议名词和箴言或谚语

(1)有争议的名词在译文后用圆括号注明原文；

(2)箴言或谚语亦在译文后用圆括号注明原文；

(3)对争议名词、箴言和谚语附加必要的译者注并注明依据或来源。

5. 原文有边码者，译文按照原著标明边码。

四、标点符号

1. 书名号

著作、论文和期刊的名称均冠以书名号。

法律、法规名称使用全称的，使用书名号；使用简称的，不加书名号。

2. 引号

引号（包括单引号和双引号）的使用与原著一致。

3. 方括号

标明作者国籍，一般采用该国译名的第一个汉字，加方括号。

有必要重复使用括号时，方括号内使用圆括号。

4. 星号

仅在译者说明文字场合使用。

五、缩略语表

原著缩略语表均依原著体例译出以双语列于篇首。

六、索引和附录

1. 原著索引以双语形式保留，先外文后中文，并采用原著使用的顺序；索引文字所在页码以原著为线索，原则上按译文页码注明。

2. 原著的附录一般均作相应的译文附录。

七、本书规范

为方便读者查阅，本书将原著的页码作为边码标出。

本书德文缩略语表与中译名

AcP	Archiv für die civilistische Praxis	《民法实务档案》(法学刊物)
AG	Amtsgericht	地方法院,初级法院
AÖR	Archiv des öffentlichen Rechts	《公法档案》(法学刊物)
Arch. BürgR	Archiv für Bürgerliches Recht	《民法档案》(法学刊物)
BAG	Bundesarbeitsgericht	联邦劳动法院
Baumbach/Hopt	Handelsgesetzbuch, 29. Aufl. 1995	Baumbach/Hopt:(《德国商法典》,1995 年第 29 版)
Baur, Beitr. I	Beiträge zur Gerichtsverfassung und zum Prozeärecht, 1983	Baur,《论文集》,卷 1(《关于法院组织法与诉讼法的论文集》,1983 年版)
Baur, Beitr. II	Beiträge zum materiellen Recht und Verfahrensrecht, 1986	Baur,《论文集》,卷 2(《关于实体法与程序法的论文集》,1986 年版)
Baur/Grunsky, ZPrR	Zivilprozeβrecht, 9. Aufl. 1997	Baur/Grunsky,《民事诉讼法》(《民事诉讼法》,1997 年 9 版)

Baur/Stürner I, ZVR	Zwangsvollstreckungs-, Konkurs-und Vergleichsrecht, Band I: Einzelvollstreckungsrecht, 12. Aufl. 1995	Baur/Stürner 卷 I,《特别强制执行法》(《强制执行法、破产法与和解法》,卷 I:《特别强制执行法》,1995 年 12 版)
Baur/Stürner II, InsolvenzR	Zwangsvollstreckungs-, Konkurs- und Vergleichsrecht, Band II: Insolvenzrecht, 12. Aufl. 1990	Baur/Stürner 卷 II,《支付不能法》(《强制执行法、破产法与和解法》,卷 II:《支付不能法》,1990 年 12 版)
Baur/Stürner, Fälle	Fälle und Lösungen aus dem Zwangsvollstreckungs-, Konkurs-und Vergleichsrecht, 6. Aufl. 1989	Baur/Stürner,《案例评析》(《强制执行法、破产法与和解法案例评析》,1989 年 6 版)
Baur, E. Slg.	Baur, Jürgen: Entscheidungssammlung für junge Juristen: Sachenrecht. Ausgewählte Entscheidungen mit erläuternden Anmerkungen, 3. Aufl. 1985	Baur, E. Slg. 案例……(比如第 17 章边码 17 处为案例 1)(Jürgen Baur《为法科学生准备的判决选:物权法——判决精选与评析》,1985 年 3 版)
BayObLG	Bayerisches Oberstes Landesgericht	巴伐利亚州最高法院
BayObLGZ	Entscheidungen des BayObLG in Zivilsachen	《巴伐利亚州最高法院民事判例集》
BayVerfGH	Bayerischer Verfassungsgerichtshof	巴伐利亚州宪法法院
BB	Der Betriebs-Berater	《企业顾问》(法学刊物)
Beitzke/Lüderitz	Familienrecht, 27. Aufl. 1992	Beitzke/Lüderitz:(《亲属法》,1992 年 27 版)
Benda/Maihofer/Vogel	Handbuch des Verfassungsrechts, 2. Aufl. 1994	Benda/Maihofer/Vogel:(《宪法手册》,1994 年 2 版)

BFH	Bundesfinanzhof	联邦财税法院
BGB	Bürgerliches Gesetzbuch	《德国民法典》
BGBl.	Bundesgesetzblatt	联邦法律公报
BGH	Bundesgerichtshof	联邦最高法院
BGHZ	Entscheidungen des Bundesge-richtshofs in Zivilsachen	《联邦最高法院民事判例集》
BlGBW	Blätter für Grundstücke-, Bau-und Wohnungsrecht	土地法、建筑法与住宅法公报
BRAK-Mitt.	Mitteilungen der Bundesrechts-anwaltskammer	联邦律师协会通讯
BR-Drucks	Drucksachen des Bundesrates	联邦参议院印刊
Brox	Erbrecht, 17. Aufl. 1998	Brox:(《继承法》,1998 年 17 版)
Brox/Walker	Zwangsvollstreckungsrecht, 5. Aufl. 1996	Brox/Walker:(《强制执行法》,1996 年 5 版)
BT-Drucks	Bundestags-Drucksache	联邦议院印刊
Bülow	Recht der Kreditsicherheiten, 4. Aufl. 1997	Bülow:(《信用担保法》,1997 年 4 版)
BVerfG	Bundesverfassungsgericht	联邦宪法法院
BVerfGE	Entscheidungen des Bundesver-fassungsgerichts	《联邦宪法法院判例集》
BVerwG	Bundesverwaltungsgericht	联邦行政法院
BVerwGE	Entscheidungen des Bundesverwal-tungsgerichts	《联邦行政法院判例集》
BWNotZ	Zeitschrift für das Notariat in Baden-Württemberg	《巴登—符腾堡州公证杂志》(法学刊物)
CC	Code Civil	《法国民法典》
DB	Der Betrieb	《企业》(法学刊物)
Diederichsen	Die BGB-Klausur, 9. Aufl. 1998	Diederichsen:(《民法考试教程》,1998 年 9 版)

Dilcher	Sachenrecht in programmierter Form, 5. Aufl. 1990	Dilcher:(《物权法循序教程》,1990年5版)
DJT	Deutscher Juristentag	德国法学工作者大会
DJT-Festschrift	Festschrift zum 100jährigen Bestehen des Deutschen Juristentags, Band I und Band II, 1960	《德国法学工作者大会纪念文集》(《德国法学工作者大会成立100周年纪念文集》,共2卷,1960年版)
DJZ	Deutsche Juristenzeitung	《德国法学者报》(法学刊物)
DNotZ	Deutsche Notar-Zeitung	《德国公证杂志》(法学刊物)
DÖV	Die Öffentliche Verwaltung	《公共管理》(法学刊物)
DRiZ	Deutsche Richterzeitung	《德国法官报》(法学刊物)
DRWiss.	Deutsche Rechtswissenschaft	《德国法律科学》(法学刊物)
DRZ	Deutsche Rechts-Zeitschrift	《德国法律杂志》(法学刊物)
DtZ	Deutsch-Deutsche Rechtszeitschrift	《两德法律杂志》(法学刊物)
DVBl.	Deutsches Verwaltungsblatt	德国行政公报
DWW	Deutsche Wohnungswirtschaft	《德国住宅经济》(法学刊物)
DZWi	Deutsche Zeitschrift für Wirtschaftsrecht	《德国经济法杂志》(法学刊物)
EGBGB	Einführungsgesetz zum BGB	《〈德国民法典〉施行法》

Eichler I; II,1; II,2	Institutionen des Sachenrechts, 1. Band, 1954; 2. Band, 1. Halbband, 1957; 2. Band, 2. Halbband, 1960	Eichler I; II,1; II,2:(《物权法制度论》,卷I,1954年版;卷II,第1分卷,1957年版;卷II,第2分卷,1960年版)
Emmerich, Schuldrecht	BGB-Schuldrecht, Besonderer Teil, 8. Aufl. 1996	Emmerich,《债法》(《民法债法分论》,1996年8版)
Enneccerus/ Nipperdey	Lehrbuch des bürgerlichen Rechts, Bd. I, Allg. Teil, 15. Aufl., 1. Halbbd. 1959, 2. Halbbd. 1960	Enneccerus/Nipperdey:(《民法教科书,卷I:总论部分》,第15版,第1分卷,1959年;第2分卷,1960年)
Enneccerus/ Lehmann:	Lehrbuch des bürgerlichen Rechts, Bd. II, Recht der Schuldverhältnisse, 15. Aufl. 1958	Enneccerus/Lehmann:(《民法教科书,卷II:债务关系法》,1958年15版)
Erichsen/ Badura	Allg. Verw. Recht, 10. Aufl. 1995	Erichsen/Badura:(《行政法概论》,1995年10版)
Ermann/ Bearbeiter	Ermann, Handkommentar zum BGB, 9. Aufl. 1993	Ermann/(各撰写者人名):(《〈德国民法典〉评注》,1993年9版)
Esser/Schmidt I/1, I/2	Schuldreht, Allg. Teil, Bd. I, 1. Halbbd., 8. Aufl. 1995; 2. Halbbd., 7. Aufl. 1993	Esser/Schmidt I/1, I/2:(《债法总论》,卷I,第1分卷,1995年8版;第2分卷,1993年7版)
Esser/Schmidt, BT II	Schuldrecht, Bes. Teil, Bd. II, 1. Halbbd., 8. Aufl. 1998	Esser/Schmidt, BT II:(《债法各论》,卷II,第1分卷,1998年8版)

Esser/Weyers	Schuldrecht, Bes. Teil, 7. Aufl. 1991	Esser/Weyers:(《债法各论》,1991 年 7 版)
EuZW	Europäische Zeitschrift für Wirt-schaftsrecht	《欧洲经济法杂志》(法学刊物)
EWiR	Entscheidungen zum Wirtschaftsrecht	《经济法判决集》
FamRZ	Zeitschrift für das gesamte Familienrecht. Ehe und Familie im privaten und öffentlichen Recht	《泛亲属法杂志:公法与私法中的婚姻与家庭》(法学刊物)
FGPrax	Praxis der Freiwilligen Gerichtsbarkait	《非讼事件管辖实务》(法学刊物)
Fikentscher	Schuldrecht, 9. Aufl. 1997	Fikentscher:(《债法》,1997 年 9 版)
Flume I 1	Allgemeiner Teil des Bürgerlichen Rechts, 1. Bd. 1. Teil. Die Personen-gesellschaft, 1977	Flume I 1:(《民法总论》,卷 I,第 1 分卷:《合伙》,1977 年版)
Flume I 2	Allgemeiner Teil des Bürgerlichen Rechts, 1. Bd. 2. Teil. Die jur. Person, 1983	Flume I 2:(《民法总论》,卷 I,第 2 分卷:《法人》,1983 年版)
Flume II	Allgemeiner Teil des Bürgerlichen Rechts, 2. Bd. Das Rechtsgeschäft, 3. Aufl. 1979	Flume II:(《民法总论》,卷 II:《法律行为》,1979 年 3 版)
Forsthoff	Lehrbuch des Verwaltungsrechts, 1. Bd. Allg. Teil, 10. Aufl. 1973	Forsthoff:(《行政法教科书》,卷 I,总论部分,1973 年 10 版)
GBl.	Gesetzblatt	法律公报
Gerhardt I	Mobiliarsachenrecht, 4. Aufl. 1995	Gerhardt I:(《动产物权法》,1995 年 4 版)
Gerhardt II	Immobiliarsachenrecht, 4. Aufl. 1996	Gerhardt II:(《不动产物权法》,1996 年 4 版)

Gernhuber, Bürgerl. R.	Bürgerliches Recht, 3. Aufl. 1991	Gernhuber,《民法》(1991 年 3 版)
Gernhuber, Erfüllung	Die Erfüllung und ihre Surrogate, 2. Aufl. 1994	Gernhuber,《清偿》(《清偿以及代物清偿》,1994 年 2 版)
Gernhuber/Coester-Waltjen, Familienrecht	Familienrecht, 4. Aufl. 1994	Gernhuber/Coester-Waltjen,《亲属法》(1994 年 4 版)
v. Gierke/Sandrock	Handels-u. Wirtschaftsrecht, I., 9. Aufl. 1975	v. Gierke/Sandrock:(《商法与经济法》,卷 I,1975 年 9 版)
Otto v. Gierke	Deutsches Privatrecht, Bd. II, 1905	Otto v. Gierke:(《德国私法》,卷 II,1905 年版)
GmbH-Rdsch	GmbH-Rundschau	《有限责任公司法评论》(法学刊物)
Gruchot	Beiträge zur Erläuterung des Deutschen Rechts, begr. v. Gruchot	Gruchot:(作者同上《德国法诠释文集》)
GRUR	Gewerblicher Rechtsschutz und Urheberrecht	《工业产权与著作权》(法学刊物)
Gursky	Sachenrecht (20 Probleme aus dem Sachenrecht), 4. Aufl. 1995	Gursky:(《物权法 20 问题》,1995 年 4 版)
Gursky, Fälle und Lösungen	Fälle und Lösungen nach höchstrichterlichen Entscheidungen, BGB-Sachenrecht, 9. Aufl. 1996	Gursky,《案例评析》(《最高法院判决评析,民法物权法部分》,1996 年 9 版)
GVBl.	Gesetz-und Verordnungsblatt	法律与行政法规公报
Harms	Sachenrecht (Wiederholungs-und Vertiefungskurs, Bd. 3, 5. Aufl. 1989)	Harms:(《物权法,复习与深化用书》,卷 3,1989 年 5 版)

HdStR	Handbuch des Staatsrechts der Bundesrepublik Deutschland, 1987 ff.	HdStR:(《德意志联邦共和国国家法手册》,1987年以后)
Heck	Grundriβ des Sachenrechts, 1930	Heck:(《物权法要义》,1930年版)
Heck, Schuldrecht	Schuldrecht, 1958	Heck,《债法》(1958年版)
Hedemann	Sachenrecht des Bürgerlichen Gesetzbuchs, 3. Aufl. 1960	Hedemann:(《德国民法物权法》,1960年3版)
HEZ	Höchstrichterliche Entscheidungen	最高法院民事判决(指州高等法院与联邦最高法院)
HGB	Handelsgesetzbuch	《德国商法典》
HRR	Höchstrichterliche Rechtsprechung	最高法院刑事判决(指州高等法院与联邦最高法院)
Hueck	Gesellschaftsrecht, 19. Aufl. 1996	Hueck:(《公司法》,1996年19版)
Hübner AT	Allgemeiner Teil des BGB, 2. Aufl. 1996	Hübner,《民法总论》(《德国民法总论》,1996年2版)
IPRax	Praxis des Internationalen Privat- und Verfahrensrecht	《国际私法与程序法实务》(法学刊物)
JA	Juristische Arbeitsblätter	《法学工作报》(法学刊物)
Jaeger/Bearbeiter	Kommentar zur Konkursordnung, 9. Aufl. 1971	Jaeger/(各撰写者人名):(《〈德国破产法〉评注》,1971年9版)
Jauernig/Bearbeiter	Bürgerliches Gesetzbuch mit Erläuterungen, 8. Aufl. 1997	Jauernig/(各撰写者人名):(《〈德国民法典〉评注》,1997年8版)

Jauernig, ZVR	Zwangsvollstreckungs-und Konkursrecht, 20. Aufl. 1996	Jauernig,《强制执行法》(《强制执行法与破产法》,1996年20版)
JFG	Jahrbuch für Entscheidungen in Angelegenheiten der freiwilligen Gerichtsbarkeit und des Grund-buchrechts	《非诉事件管辖与土地登记法上的判决年鉴》
JherJb	Jherings Jahrbücher der Dogmatik des bürgerlichen Rechts	《耶林民法学说年鉴》(法学刊物,1897年前德语又简称为DogmJ)
JMBl.	Justizministerialblatt	司法部公报
JR	Juristische Rundschau	《法学评论》(法学刊物)
Jura	Jur. Ausbildung	《法律学习》(法学刊物)
JurAn	Juristische Analysen	《法学分析》(法学刊物)
JuS	Juristische Schulung	《法学教育》(法学刊物)
JW	Juristische Wochenschrift	《法学周报》(法学刊物)
JZ	Juristenzeitung	《法学者报》(法学刊物)
KG	Kammergericht	(专指)柏林市高等法院
KGJ	Jahrbuch für Entscheidungen des Kammergerichts in Sachen der Freiw. Gerichtsbarkeit	《柏林市高等法院关于非诉事件管辖案件之裁决年鉴》
Kilger/Schmidt	Insolvenzgesetze, 17. Aufl. 1997	Kilger/Schmidt:(《支付不能法》,1997年17版)

Kipp/Coing	Erbrecht, 14. Aufl. 1990	Kipp/Coing：(《继承法》,1990 年 14 版)
Köhler	BGB, Allgemeiner Teil, 23. Aufl. 1996	Köhler：(《德国民法总论》,1996 年 23 版)
Kopp, VwGO	Verwaltungsgerichtsordnung, 10. Aufl. 1994	Kopp,《行政法院法》(1994 年 10 版)
Kopp, VwVfG	Verwaltungsverfahrensgesetz mit Erläuterungen, 5. Aufl. 1991	Kopp,《行政诉讼法及其诠释》(1991 年 5 版)
Krit. VSchr.	Kritische Vieteljahresschrift für Gesetzgebung und Rechtswissens-chaft	《立法与法律科学评论季刊》(法学刊物)
KritV	Kritische Vieteljahresschrift für Gesetzgebung und Rechtswissens-chaft (Neubegründung seit 1986)	《立法与法律科学评论季刊》(法学刊物,1986 年创刊)
KTS	Zeitschrift für Insolvenzrecht, Konkurs-Treuhand-Sanierung	《支付不能法杂志：破产——信托——重整》(法学刊物)
Lange, Hermann	Schadensersatz, 2. Aufl. 1990	Lange, Hermann：(《损害赔偿法》,1990 年 2 版)
Lange, SachR	Sachenrecht, 1967	Lange,《物权法》(1967 年版)
Lange/Kuchinke	Lehrbuch des Erbrechts, 4. Aufl. 1995	Lange/Kuchinke：(《继承法教科书》,1995 年 4 版)
Lange/Scheyhing/Schiemann	Fälle zum Sachenrecht, 4. Aufl. 1998	Lange/Scheyhing/Schiemann：(《物权法案例选》,1998 年 4 版)

Larenz I,II/1	Lehrbuch des Schuldrechts,I. Bd.,Allg. Teil,14. Aufl. 1987; II. Bd.,Besonderer Teil,1. Hbd.,13. Aufl. 1986	Larenz I, II/1:(《债法教科书,卷 I,债法总论》,1987 年 14 版;《卷 II:债法各论》,第 1 分卷,1986 年 13 版)
Larenz/Canaris II/2	Lehrbuch des Schuldrechts, II. Bd.,Besonderer Teil,2. Hbd.,13. Aufl. 1994	Larenz/Canaris II/2:(《债法教科书,卷 II:债法各论》,第 2 分卷,1994 年 13 版)
Larenz/Wolf, AT	Allgemeiner Teil des Bürgerlichen Rechts,8. Aufl. 1997	Larenz/Wolf,《民法总论》(1997 年 8 版)
Lehmann/Hübner	Allg. Teil des BGB,15. Aufl. 1966 (s. Jetzt Hübner)	Lehmann/Hübner:(《德国民法总论》,1966 年 15 版,现参 Hübner,《民法总论》)
Lent/Schwab	Sachenrecht (s. Schwab/Prütting)	Lent/Schwab:(《物权法》,现参 Schwab/Prütting)
LG	Landgericht	州法院,州中等法院
LM	Nachschlagewerk des Bundesgerichtshofes,hgg. v. Lindenmaier und Möhring	LM:(Lindenmaier 与 Möhring 编《联邦最高法院判例集》)
l. Sp.	die linke Spalte	(报刊一页中的)左栏(其例参见:本书第五章边码 37 处之《新法学周刊》1995 年第 1086 页左栏)
LZ	Leipziger Zeitschrift für Deutsches Recht	《德国法莱比锡杂志》(法学刊物)

Martinek	Moderne Vertragstypen, Bd. I (Leasing und Factoring),1991	Martinek:(《现代契约类型》,卷 I:融资租赁与代理托收,1991 年版)
Maunz/ Bearbeiter	Maunz-Dürig Loseblatt-Kommentar zum Grundgesetz, bearbeitet von Herzog, Papier u. a. ,Stand: Nov. 1997	Maunz/(各撰写者人名):(《德国基本法活页本评注》,由 Herzog, Papier 等撰写,1997 年 11 月)
Maurer	Allg. VerwRecht,11. Aufl. 1997	Maurer:(《行政法概论》,1997 年 11 版)
MDR	Monatsschrift für Deutsches Recht	《德国法月刊》(法学刊物)
Medicus,BR	Bürgerliches Recht,17. Aufl. 1996	Medicus,《民法》(《德国民法总论》,1996 年 17 版)
Medicus,AT	Allg. Teil des BGB,7. Aufl. 1997	Medicus,《民法总论》(1997 年 7 版)
Medicus, SchR I	Schuldrecht I,10. Aufl. 1998	Medicus,《债法总论》(1998 年 10 版)
Medicus, SchRII	Schuldrecht II,8. Aufl. 1997	Medicus,《债法各论》(1997 年 8 版)
MittRhNotK	Mittelungen. Rheinische Notar-Kammer	《莱茵河公证人协会通讯》(法学刊物)
Müller,Klaus	Sachenrecht,4. Aufl. 1997	Müller, Klaus:(《物权法》,1997 年 4 版)
MünchKomm/ Bearbeiter	Münchener Kommentar zum BGB, 3. Aufl. Ab 1992	慕尼黑德国民法典评注/(各撰写者人名):(1992 年后第 3 版)
Münstermann/ Hannes	Verbraucherkreditgesetz,1991	Münstermann/Hannes:(《消费者信贷法》,1991 年版)

Nds. Rpfl.	Niedersächsische Rechtspfleger	《下萨克森司法》(法学刊物)
NJW	Neue Juristische Wochenschrift	《新法学周刊》(法学刊物)
NJW-RR	NJW-Rechtsprechungs-Report Zivilrecht	《新法学周刊——司法判例报告,民法》(法学刊物)
Nörr/Scheyhing	Sukzessionen,1993	Nörr/Scheyhing:(《权利继受》,1993年版)
Nüβgens/Boujong	Eigentum,Sozialbindung, Enteignung,1987	Nüβgens/Boujong:(《所有权、社会约束与征收》,1987年版)
NVwZ	Neue Zeitschrift für Verwaltungsrecht	《新行政法杂志》(法学刊物)
NVwZ-RR	NVwZ-Rechtsprechungs-Report	《新行政法杂志——司法判例报告》(法学刊物)
NZA	Neue Zeitschrift für Arbeits-und Sozialrecht	《新劳动法与社会法杂志》(法学刊物)
OGH	Oberster Gerichtshof für die brit. Zone	英占区最高法院
OGHZ	Entscheidungen des Obersten Gerichtshofes für die brit. Zone in Zivilsachen	《英占区最高法院民事判例集》
OLG	Oberlandesgericht	州高等法院
OLGZ	Entscheidungen der Oberlandesgerichte in Zivilsachen (von 1965 bis 1994)	《州高等法院民事判例集》(1965年至1994年)
Ossenbühl, Staatshaftungsrecht	Staatshaftungsrecht,4. Aufl. 1991	Ossenbühl,《国家责任法》(1991年4版)
OVG	Oberverwaltungsgericht	州高等行政法院

Palandt/ Bearbeiter	Bürgerliches Gesetzbuch, Kommentar,57. Aufl. 1998	Palandt/(各撰写者人名):(《〈德国民法典〉评注》,1998年57版)
Planck/ Bearbeiter	Kommentar zum BGB, III. Bd. 5. Aufl., 1. Häfte 1933, 2. Hälfte 1938	Planck/(各撰写者人名):(《〈德国民法典〉评注》,卷III,第5版,1933年第1分卷,1938年第2分卷)
RabelsZ	Rabels Zeitschrift für ausländisches und internationales Privatrecht	《拉贝尔外国私法与国际私法杂志》(法学刊物)
RdL	Recht der Landwirtschaft	《农业法》(法学刊物)
Reinicke/ Tiedtke, KaufR	Kaufrecht,6. Aufl. 1997	Reinicke/Tiedtke,《买卖法》(1997年6版)
Reinicke/ Tiedtke	Kreditsicherung,3. Aufl. 1994	Reinicke/Tiedtke:(《信用担保》,1994年3版)
Reuter/ Martinek	Ungerechtfertigte Bereicherung, 1983	Reuter/Martinek:(《不当得利法》,1983年版)
RG	Reichsgericht	帝国最高法院
RGBl.	Reichsgesetzblatt	帝国法律公报
RG FestG	Festgabe der jur. Fakultäten zum 50jährigen Bestehen des RG in 6 Bänden,1929	《帝国最高法院纪念文集》(《法律院系纪念帝国最高法院成立50周年文集》,共6卷,1929年版)
RGRK/ Bearbeiter	Bürgerliches Gesetzbuch, Kommentar hgg. von Mitgliedern des BGH, III. Bd. 13. Aufl. 1994 ff.	RGRK/(各撰写者人名):(《〈德国民法典〉评注》,由联邦最高法院法官编写,卷III,13版,1994年以后)

RGZ	Entscheidungen des Reichsgerichts in Zivilsachen	《帝国最高法院民事判例集》
Richardi	Wertpapierrecht,1987	Richardi:(《有价证券法》,1987 年版)
Rimmelspacher	Kreditsicherungsrecht,2. Aufl. 1987	Rimmelspacher:(《信用担保法》,1987 年 2 版)
Rittner	Wirtschaftsrecht,2. Aufl. 1987	Rittner:(《经济法》,1987 年 2 版)
RMBl.	Reichsministerialblatt	帝国各部公报
Rpfleger	Der Deutsche Rechtspfleger	《德国司法》(法学刊物)
r. Sp.	die rechte Spalte	(报刊一页中的)右栏(与 l. Sp. 相对)
Rspr.	Rechtspechung	司法,司法判例
Rüthers AT	Allg. Teil des BGB,10. Aufl. 1997	Rüthers,《民法总论》(《德国民法总论》,1997 年 10 版)
Schapp	Sachenrecht,2. Aufl. 1995	Schapp:(《物权法》,1995 年 2 版)
Schlosser	Zivilprozeβrecht,I 1983,II 1984	Schlosser:(《民事诉讼法》,卷 I,1983 年版;卷 II,1984 年版)
Schlütter	Erbrecht,12. Aufl. 1986	Schlütter:(《继承法》,1986 年 12 版)
Schmidt, K., HandelsR	Handelsrecht,4. Aufl. 1994	Schmidt, K.,《商法》:(1994 年 4 版)
Schmidt, K., GesellschaftsR	Gesellschaftsrecht,3. Aufl. 1997	Schmidt,K.,《公司法》:(1997 年 3 版)
Schmidt-Aβmann/Bearbeiter	Besonderes Verwaltungsrecht, 10. Aufl. 1995	Schmidt-Aβmann/(各撰写者人名):(《特别行政法》,1995 年 10 版)

Schmidt-Räntsch, InsO	Insolvenzordnung mit Einfü hrungsgesetz, 1995	Schmidt-Räntsch,《支付不能法》(《支付不能法及其诠释》,1995 年版)
Scholz/Lwowski	Das Recht der Kreditsicherung, 7. Aufl. 1994	Scholz/Lwowski:(《信用担保法》,1994 年 7 版)
Schwab/Prütting	Sachenrecht, 27. Aufl. 1997	Schwab/Prütting:(《物权法》,1997 年 27 版)
Serick I	Eigentumsvorbehalt und Sicherung- sübereignung, Band I: Der einfache Eigentumsvorbehalt, 1963	Serick I:(《所有权保留与担保让与,卷 I:简单的所有权保留》,1963 年版)
Serick II/1	Band II: Die einfache Sicherungsübertragung -1. Teil, 1965	Serick II/1:(《卷 II:简单的担保让与,第一部分》,1965 年版)
Serick III	Band III: Die einfache Sicherungsübertragung -2. Teil, 1970	Serick III:(《卷 III:简单的担保让与,第二部分》,1970 年版)
Serick IV/1	Band IV: Verlängerungs-und Erweiterungsformen des Eigentums- vorbehalts und der Sicherung- sübereignung -1. Teil, 1976	Serick IV/1:(《卷 IV:所有权保留与担保让与之延长形式与扩展形式——第一部分》,1976 年版)
Serick V	2. und 3. Teil zu Band IV 1, 1982	Serick V:(本卷为卷 IV 之第二、三部分, 1982 年版)
Serick VI	Sonstiges-Insolvenzrecht (Vergleich), Insolvenzrechtsreform, 1987	Serick VI:(《其他内容——支付不能法(和解),支付不能法改革》,1987 年版)

SeuffA	Seufferts Archiv für Entscheidungen der obersten Gerichte	《佐伊费特氏德意志国家最高法院判决档案》(1847 年第 1 卷起至 1944 年第 98 卷)
Slg.	Sammlung	集,汇编
Soergel/Bearbeiter	Bürgerliches Gesetzbuch, Kommentar, 12. Aufl. ab 1987; Bd. 6 (Sachenrecht) 1990	Soergel/(各撰写者人名):(《〈德国民法典〉评注》,第 12 版,1987 年起;其中卷 6 为物权法,1990 年版)
Staudinger/Bearbeiter	Bürgerliches Gesetzbuch, Kom-mentar, 13. Aufl. 1993ff.	Staudinger/(各撰写者人名):(《〈德国民法典〉评注》,第 13 版,1993 年起)
Stein-Jonas/Bearbeiter	Kommentar zur Zivilprozeβordnung, 21. Aufl. 1993 ff.	Stein-Jonas/(各撰写者人名):(《〈民事诉讼法〉评注》,第 21 版,1993 年起)
Stern, Staatsrecht	Stern, Das Staatsrecht der Bundesrepublik Deutschland, Band III: Allgemeine Lehren der Grundrechte, 1. Hbd. 1988; 2. Hbd. 1994	Stern,《国家法》(《德意志联邦共和国国家法》,卷 III:《基本权利学说概论》,第 1 分卷,1988 年版;第 2 分卷,1994 年版)
Stoll	Grundriβ des Sachenrechts, 1983	Stoll:(《物权法概要》,1983 年版)
StudK/Bearbeiter	Studienkommentar zum BGB, 2. Aufl. 1979	StudK/(各撰写者人名):(《〈德国民法典〉学习评注》,1979 年 2 版)

Tiedtke, Gutgl. Erwerb	Gutgläubiger Erwerb im bürgerl. Recht, im Handels-und Wertpa-pierrecht, 1985	Tiedtke,《善意取得》(《民法、商法与有价证券法中的善意取得》,1985年版)
von Tuhr	Der Allgemeine Teil des Deutschen Bürgerlichen Rechts, Band I und II, 1910 – 1918	von Tuhr:(《德国民法总论》,卷 I 与卷 II,1910年—1918年)
Ulmer/ Brandner/ Hensen	AGB-Gesetz: Kommentar zum Gesetz zur Regelung des Rechts der Allgemeinen Geschäftsbedingungen, 8. Aufl. 1997	Ulmer/Brandner/ Hensen:(《〈一般交易条件法〉评注》1997年8版)
UPR	Umwelt und Plannungsrecht	《环境与规划法》(法学刊物)
VBlBW	Verwaltungsblätter für Baden-Württemberg	巴登—符腾堡州行政公报
VerwRspr.	Verwaltungsrechtsprechung in Deutschland	德国行政司法判例
VG	Verwaltungsgericht	行政法院
VGH	Verwaltungsgerichtshof	州高等行政法院(在巴登—符腾堡州、巴伐利亚州以及黑森州的称呼)
VIZ	Zeitschrift für Vermögens-und Immobilienrecht (bis 6. 1996: Zeitschrift für Vermögens-und Investitionsrecht)	《财产法与不动产法》(法学刊物,1996年6月以前称为:《财产法与投资法》)
Vortmann	Kommentar zum VerbrKrG, 1991	Vortmann:(《〈消费者信贷法〉评注》1991年版)

VVDStRL	Veröffentlichungen der Vereinigung der Deutschen Staatsrechtslehrer	《德国国家法法学会会刊》(法学刊物)
Walter, G	Kaufrecht, 1987	Walter, G:(《买卖法》, 1987 年版)
Weber, Hj	Kreditsicherheiten, 5. Aufl. 1997	Weber, Hj:(《信用担保》, 1997 年 5 版)
Westermann	Lehrbuch des Sachenrechts, 5. Aufl. 1966	Westermann:(《物权法教科书》, 1966 年 5 版, 1973 年增补版)
Westermann, Schwerp.	BGB, Sachenrecht, 9. Aufl. 1994, Reihe Schwerpunkte	Westermann,《难点》(《民法物权法难点》, 1994 年 9 版)
Westermann/Bearbeiter	Sachenrecht, Bd. I, 6. Aufl. 1990, bearbeitet von H. P. Westermann, Gursky und Pinger; Bd. II, 6. Aufl. 1988, bearbeitet von Eickmann und Pinger	Westermann/(各撰写者人名):(《物权法》, 卷 I, 1990 年 6 版, 由 H. P. Westermann, Gursky 与 Pinger 重新撰写; 卷 II, 1988 年 6 版, 由 Eickmann 与 Pinger 重新撰写)
Wieling I	Sachenrecht, Band I, Sachen, Besitz und Rechte an beweglichen Sachen, 1990	Wieling I:(《物权法, 卷 I, 物、占有与动产物权》, 1990 年版)
Wieling, Sachenrecht	Sachenrecht, 3. Aufl. 1997	Wieling,《物权法》(1997 年 3 版)
Wilhelm	Sachenrecht, 1993	Wilhelm:(《物权法》, 1993 年版)

Windscheid/ Kipp	Lehrbuch des Pandektenrechts unter vergleichender Darstellung des bürgerlichen Rechts, 9. Aufl. 1906, Bd. I-III	Windscheid/Kipp:(《潘德克顿学说教科书——与德国民法典之比较》,1906 年 9 版,卷 I—III)
WM	Wertpapier-Mitteilungen	《有价证券法通讯》(法学刊物)
Wolf, Ernst	Lehrbuch des Sachenrechts, 2. Aufl. 1979	Wolf, Ernst:(《物权法教科书》,1979 年 2 版)
Wolf, Manfred	Sachenrecht, 14. Aufl. 1997	Wolf, Manfred:(《物权法》,1997 年 14 版)
Wolf/Horn/ Lindacher	Komm. z. AGBG, 3. Aufl. 1994	Wolf/Horn/Lindacher:(《〈一般交易条件法〉评注》1994 年 3 版)
Wolff/Bachof	Verwaltungsrecht I, 10. Aufl. 1994; II, 5. Aufl. 1987 (neu bearbeitet von Stober); III, 4. Aufl. 1978	Wolff/Bachof:(《行政法》,卷 I,1994 年 10 版;卷 II,1987 年 5 版,并由 Stober 重新修订;卷 III,1978 年 4 版)
Wolff/Raiser	Sachenrecht, 10. Aufl. 1957	Wolff/Raiser:(《物权法》,1957 年 10 版)
WuB	Entscheidungssammlung zum Wirtschafts-und Bankrecht	经济法与银行法判例集
WuW	Wirtschaft und Wettbewerb	《经济与竞争》(刊物)
ZGes. StW	Zeitschrift für die gesamte Staatswissenschaft	《泛国家学杂志》(刊物)
ZAkDR	Zeitschrift der Akademie für Deutsches Recht	《德国法学会杂志》(法学刊物)
ZfIR	Zeitschrift für Immobilienrecht	《不动产法杂志》(法学刊物)

ZGB	Zivilgesetzbuch der Deutschen Demokratischen Republik v. 19. 6. 1975	1975 年 6 月 19 日之《民主德国民法典》
ZGR	Zeitschrift für Unternehmens-und Gesellschaftsrecht	《企业法与公司法杂志》(法学刊物)
ZHR	Zeitschrift für das gesamte Handelsrecht und Wirtschaftsrecht	《泛商法与经济法杂志》(法学刊物)
ZIP	Zeitschrift für Wirtschaftsrecht	《经济法杂志》(法学刊物)
ZMR	Zeitschrift für Miet-und Raumrecht	《租赁法杂志》(法学刊物)
Zöllner WPR	Wertpapierrecht, 14. Aufl. 1987	Zöllner,《有价证券法》(1987 年 14 版)
ZRG Rom. Abt.	Zeitschrift für Savigny-Stiftuung für Rechtsgeschichte, Romanistische Abteilung	《萨维尼法律史基金会杂志,罗马法部》(法学刊物)
ZRP	Zeitschrift für Rechtspolitik	《法政策杂志》(法学刊物)
ZS	Zivilsenat	(联邦最高法院、巴伐利亚州最高法院以及州高等法院之)民事法庭,民庭
ZVglRWiss	Zeitschrift für Vergl. Rechtswis-senschaft	《比较法学杂志》(法学刊物)
ZZP	Zeitschrift für Zivilprozeβ	《民事诉讼法杂志》(法学刊物)

内容简目

第三分编　土地债务

第六编　使用移转以及信贷担保的现代混合形式:融资租赁

第四部分　动产物权法

第一编　动产上的权利

第二编　动产所有权

第三编　动产上的用益权利

第四编　动产上的担保物权

第五部分　权利上的权利

第六部分　联邦新州土地物权法

目　录

第六编　使用移转以及信贷担保的现代混合形式：融资租赁

第四部分　动产物权法

第一编　动产上的权利

第三编　动产上的用益权利

第四编　动产上的担保物权

第五部分　权利上的权利

第六部分　联邦新州土地物权法

第五编

土地上的担保物权

第一分编　不动产担保物权

第三十六章 不动产担保物权的功能与分类

参考文献提示：亚当斯（Adams），《担保物权的经济分析》，1980 年；弗·鲍尔（F. Baur）文，载《法学工作报》，1987 年，166 页（关于发展趋势）；布霍尔茨（Bucholz）文，载《拉贝尔外国私法与国际私法杂志》（RabelsZ），1986 年，第 50 卷；阿赫（Asch），《德国抵押交易》，1932 年；卡尔·布洛迈尔，《抵押权与土地债务》，1990 年，第 2 版；比登本德（Büdenbender）文，载《法学教育》，1996 年，665 页（抵押权的基本原则）；比洛（Bülow），《信贷担保法》，1997 年，第 4 版；法尔特（Falter），《信贷交易实践》，1987 年，第 12 版；加贝迪尔（Gaberdiel），《土地债务与信贷担保》，1991 年，第 5 版；格哈特（Gerhart），《不动产物权法》，1996 年，第 4 版；哈伯扎克（Habersack），《从属性——欧洲民法和未来欧洲不动产担保物权的结构原则》，载《法学家报》，1997 年，857 页；哈丁（Hadding），《信贷担保法总论的前思》，载《弗罗茨（Frotz）纪念文集》，1993 年，495 页以下；克林克哈默/兰克（Klinckhammer/Rancke）文，载《法学教育》，1973 年，65 页（抵押权的主要问题）；科尔豪瑟（Kollhosser）文，载《法学工作报》，1979 年，

61页(基本概念与格式合同之实践);劳克斯(Laux),《建筑合同的中间融资》,1980年,第5版;冯·吕布托(v. Lübtow),《担保物权与土地负担的结构》,载《莱曼(Lehmann)纪念文集》,第1卷,1956年,328页;梅迪库斯(Medicus),《民法中的附随性》,载《法学教育》,1971年,497页;努斯鲍姆(Nuβbaum),《德国抵押权制度教科书》,1921年,第2版;保卢斯(Paulus),《担保物权的基本问题》,载《法学教育》,1995年,185页;佩尔策/贝尔(Peltzer/Bell)文,载《经济法杂志》,1993年,1757页(可以用有限责任公司财产为成员之信贷担保吗?);彼得赖特(Petereit),《基于不动产的信贷担保》,1978年;赖尼克/蒂特克(Reinicke/Tiedtke),《信贷担保》,1994年,第3版;赖施尔(Reischl),《不动产担保物权的基本案例》,载《法学教育》,1998年,125、220、318、414、516、614页;赖特曼(Reithmann)文,载《新法学周刊》,1977年,661页(法律现实中的不动产担保物权),以及《德国公证杂志》,1982年,67页(当代不动产担保法);里梅尔施巴希尔(Rimmelspacher),《信贷担保法》,1987年,第2版;沙尔施密特(Schaarschmidt),《储蓄银行信贷》,1985年,第7版;沙普(Schapp),《论不动产担保物权的本质》,载《泽尔纳(Söllner)纪念文集》,1990年,477页以下;肖尔茨/洛沃斯基(Scholz/Lwowski),《信贷担保法》,1994年,第7版;施韦尔特纳(Schwerdtner)文,载《法律学习》,1986年,259、376页(基本问题);吕西阿特(Rüchardt),《抵押信贷手册》,1993年,第3版;施蒂尔纳(Stürner),《从属性与抽象性之间的不动产担保物权及其在欧洲的未来》,载《泽里克(Serick)纪念文集》,1992年,377页以下;韦伯(Weber),《信贷担保》(带有更多的文献指引),

1997 年，第 5 版；多恩多夫（Dorndorf），《信贷担保法与经济秩序》，1986 年；拉斯泰特（Rastätter）文，载《德国公证杂志》，1987 年，459 页（银行中常见的不动产担保物权）；文策尔（Wenzel）文，载《有价证券法通讯》，1994 年，1269、1313 页（《登记程序加速法》对不动产担保物权人的作用）；韦斯特曼（Westermann），《不动产担保物权》，载《法律学习》，1979 年，281 页；皮卡特（Pikart）文，载《有价证券法通讯》，1960 年，594 页；1965 年，1230 页；1973 年，830 页；拉夫勒（Räfle）文，载《有价证券法通讯》，1983 年，806 页。

关于欧洲各国的信贷担保法可参见由哈丁（Hadding）和施奈德（Schneider）共同编辑的系列丛书：第 11 卷，德国，1976 年；第 16 卷，法国，1978 年；第 18 卷，比利时，1979 年；第 24 卷，英国，1980 年；第 38 卷，瑞士，1983 年；第 37 卷，美国——动产，1983 年；第 44 卷，《不动产担保》，1985 年；第 47 卷，《债权让与》，1986 年。关于瑞典和芬兰的"企业抵押权"，参见文克施特恩（Wenckstern）文，载《公法档案》（AÖR），第 52 卷，1988 年，663 页。

一、不动产担保物权的概念与经济意义

（一）概念与功能

《德国民法典》并没有规定"不动产担保物权"（Grundpfandrecht）这个概念，它是对民法典中的抵押权、土地债务、定期金土地债务等成熟法律制度概括的和简约化的总称。这些限制物权的共性在于：在金钱债权不被履行的情况下，权利人可以通过对设定负担的土地进行强制执行的方式来实现其金钱债权。这一特性是从《德国民法典》第 1113 条、第 1191 条和第 1199 条的文意上推断 1

出来的,这些条文的一致点在于:“应从土地中予以支付”。这种表述不能简单地从字面意义上理解,因为这里的意思是,在必要时,为了权利人的利益,可以以强制的方式对土地的实体或/和用益进行变价,而且,对土地实体采取的是强制拍卖的方式,对土地的用益采取的是强制管理的方式。

2 那么,人们可能会说,这也没有什么特殊的。因为任何债权人在其债权不能实现时,都有权对其债务人的全部财产(当然包括债务人的土地及用益)予以强制执行,所以,土地担保权人并不享有特别的法律地位。担保物权的特性,当然也是不动产担保物权的特性在于:担保物权人具有优先于那些有人的担保而没有物的担保的债权人。被设定担保的物是为担保物权人“预定”的,而且谁是被设定负担的土地的所有权人,都是一样的。

3 为了更进一步明了这一问题,可以参见《强制拍卖与强制管理法》第10条第1款第4项(对物权利人 dingliche Berechtigte)和第5项(对人债权人 persönliche Gläubiger)中的关于顺位的规定,或者《破产法》第47条/《支付不能法》第49条(担保物权人的别除权)。

基于担保物权人的这种优先地位,不动产担保物权具有了一定的经济意义:通过赋予债权人对一块或多块土地的变价权的特殊方式,不动产担保物权满足了债权人的担保需要;它所担保的信贷,也因此被称之为土地担保信贷(Grundkredit)。

现在在德国,每年登记的不动产担保物权高达13,400亿马克(参见1996年统计年鉴,347页),只要人们想一想这一点,不动产担保物权的重要意义就不言而喻了。

(二)不动产担保物权与其他担保方式

1. 人的信贷与物的信贷

4 可以理解的是,债权人有担保需要;大部分情况下,债权人们并不满足于债务人的个人责任,或债务人所提供的保证人或共同债务人的责任（这里，就是人们所说的人的信贷 Personalkredit），而往往会要求就一个确定的标的物享有优先地位，因为他们担心其他债权人与之竞争（即物的信贷 Realkredit）；[1] 该物上被设定担保，以保障他们的安全。

2. 动产作为信贷担保的手段

在动产方面，法律规定了动产质权制度（Pfandrecht an beweg- 5
lichen Sachen）（第 1204 条以下），可供采用。这种制度的特点是，所有权人必须将标的物交付给债权人（第 1205 条），这对所有权人而言，很是麻烦，因为随着标的物占有的移转，他也就丧失了用益权能。因此，正如我们将看到的那样，动产质权在很大程度上已经被担保性所有权让与（Sicherungsübereignung）所取代了。

3. 可让与的权利作为信贷担保的手段

权利，只要其具有可让与性，就可以用作债权担保的手段。相 6
应的法律制度是权利上的质权（Pfandrecht an Rechten）（第 1273 条以下）。

例子：S 将其对 D 享有的债权质押给其债权人 G，约定 G 可以变价该债

---

〔1〕 这里必须指出，遗憾的是，这一术语并不完全统一（例如比洛，《信贷担保法》，1997 年，第 4 版，边码 10）：在实践中，通常只有由不动产担保物权所担保的信贷，才被称做物上信贷（Realkredit），甚至只有长期的不动产信贷，才被这样称呼，而所谓的长期的不动产信贷的特征为，将土地上设定抵押作为特定资本投入的担保。对于这样的投资性信贷，土地的“清偿能力”及其收益能力是最关键的，而人上债务人（persönliche schuldner）的身份就显得不那么重要了（《联邦最高法院民事判例集》，第 17 卷，89 页，第 94 条：“……真正的物上信贷，也就是说，对于信贷来讲，关键的是被负担土地的价值，而不是债务人的其他财产或者个人之信用”）。与此相反，在中短期信贷（比如交互计算账户信贷以及货物信贷）为不动产担保物权担保时，也被称为人之信贷！是否可以从“投资信贷与担保性信贷之区分”中（比如在附随性原则方面），得出法律上的结果，从事实评价而言，可能是不太可能的。因为，即使对于投资信贷给予人而言，债务人是谁，也是无所谓的（只有不知道土地上强制执行艰难之人，才可以否定这一点）；相反，人上信贷给予人，也很重视给予他的不动产担保物权之清偿能力。

权(比较第 1281 条、第 1282 条)。但在实践中,这一法律制度往往被担保性债权让与(Sicherungszession)所代替。因为要设定权利质权,须告知债务人(D),但没有人愿意公开其履行无力的状况。

4. 土地作为信贷担保的手段

7 最后,作为担保手段有意义的还有土地。不动产担保物权就是在土地之上设立的;法律允许的不动产担保物权类型有:抵押权、土地债务和定期金土地债务。正如将被展示的那样,它们在教义原理构造上是不同的,但在经济意义和适用范围上却不存在任何区别,至少在抵押权与土地债务之间是这样的。在信贷往来中,它们所具有的、优秀的担保质量之基础在于:

(1)担保质量与保值性

8 经验证明,土地及其与之相连、作为其重要组成部分并共同承担责任的建筑物,在价值上比较稳定。虽然土地及其上的建筑物也要经受一定的、因一般经济情况(如景气)和土地市场的供求关系所引起的经济波动,但一方面,这种波动大多会保持在一定的限度之内;另一方面,当不动产担保物权没有“用尽”土地的平均价值的情况下,即使土地市场价格下降了,不动产担保物权仍能完全地担保债权。

9 就此而言,第一顺位抵押权与第二顺位抵押权、第三顺位抵押权之间的经济差别就变得十分清楚了:从信贷给予人方面讲,按照经验,即使在不利的条件下对土地进行强制出卖,所卖得的价款还能超过或等于第一顺位抵押权的数额,那么,此时的抵押权才会被认为是充足的担保手段。例如,如果一块正在建造房屋的土地,现在能卖 50 万马克,那么,由第一顺位抵押权担保债权人的 20 万马克信贷,即使经济关系恶化,到强制拍卖时(抵押物的)交换价值已经大大降低了,债权人也可以期待其债权能够全额实现。但对于第二顺位的抵押权和第三顺位的抵押权来讲,就没有这样的安全性了,将来强制拍卖时,他们会有全部或部分不能被清偿的风险。而债务人必须对这种风险付出代价,即支付更高的利率,一定程度上,利率中包含了风险金(Risikoprämie)。如果的确按照上述高利率条件,发放为第二顺位或第三顺位担保物权所担保的信贷,从而使受款人产生困难,建筑业主(建筑储蓄银行,参见边码32以下)经常会进行自助,国家也会帮助(对居住性建筑的资助):即按照较低的利率,提供第二顺位或第三顺位的抵押权,在位序上存在的风险为多人(建筑储蓄银行中的社员们)所承担,或被转嫁给公众(在国家信贷的情形下)。

(2)担保质量与公示

不动产担保物权的优点还在于土地登记簿所保障的公示性。10
准备以不动产担保物权之设定为对价而提供信贷的人,可以随时从土地登记簿中了解土地的所有权关系、其上已经存在的负担情况。大部分情况下,土地登记簿上的内容与真实的权利状态是相吻合的;即使不是这样,债权人对土地登记簿内容的信赖也会受到保护(第892条、第893条)。事实的公示转变为土地簿册之公示:未来的抵押权人可以实地对土地和房屋的状况进行了解;一般来讲,将来的[土地的]重要的变化是不能预期的,所以,保险之债权(例如由房屋火灾保险产生的债权)是被包括在不动产担保物权责任联合体之内的(第1127—1130条)。

(3)不动产担保物权具有较高的担保水准

这一优点是其他担保手段所不具备的或者不能达到同等程度的。例如,11
在保证担保中查明保证人的财产关系是否确实可靠并不容易;而且对于保证人的积极财产关系在将来不发生变化,是一点保障也没有的。以债权为标的而设定质押和进行担保让与的情况下,也是类似的;对于第三债务人是否有支付能力以及是否能保持这种支付能力,是一个无法回答的问题。以动产设定质押,虽然有着质押物须交由债权人占有的优点,但也面临着质押物价值丧失的危险(只有诸如金子、首饰等几种特定的东西才可以避免价值丧失)。在担保性所有权让与的场合,债权人(担保权人)对标的物的存量根本不能控制，他甚至对担保性所有权是否已经转让给他都没有确信；因为债权人对担保提供人所有权的善意信赖也帮不了他（第933条！）。

12 不动产担保物权是最能够充分满足债权人担保需要的担保手段。因此不足为奇的是，对它的评价最高，被广为使用。如果一项债权被一个第一顺位的不动产担保物权所担保的话，那么从经济角度来看，这项债权在清偿能力上就得到了最高保障。

不动产担保物权偶尔也会充当所有权取得的方式：例如，K不能取得V的土地（假设法律不允许）。K可以在这笔土地上设定足够数额的不动产担保物权，以致他成为了“事实上的所有权人”（参见布洛迈尔，前引书，11页）。

如果人们考察一下典型的负债原因（边码13以下）、典型的信贷发放人（边码27以下）和不动产担保物权在资本市场上的评估的话，还会发现不动产担保物权其他的经济意义。

（三）典型的负债原因

13 不动产担保物权担保着各式各样的债权；立法者对此没有限制，一般只要求债权指向的是金钱数额即可（比较第1113条）。但我们还是可以确定一些典型的负债原因。

这些负债原因可以从登记簿册第三部分之登记中推断出来。但在这里要注意的是，这样的分类标记，有时是很表面化的，因为并不能按照统一的标准进行分类；有时考虑的是被发放信贷人的使用用途（比如生产性信贷），有时又考虑被担保债权的产生原因（比如买卖价款抵押权）。还有一些没有被注意之处，比如，在一种情况下，债权人进行长期性金钱投资，并获得固定利率的利益，可能是主要的（投资信贷），在另一种情况下，债务人获得长期信贷的利益是主要的，但两种情况下，随着时间推移，这些利益之重要性，也可能有所变化。

14 案例：E想开设一家工厂。他找到了抵押银行G做放款人。如果G发放给E500万马克信贷,利率6%,需要第一顺位担保,为期10年,双方都不得终止(第609a条第1款第3项),那么,在签订信贷合同时,G的投资利益与E的信贷利益是同样重要的。如果在信贷期间,第一顺位的利息降为5½%的话,那么对于终止信贷合同、变更为低利息信贷合同,E就存有利益(对此参见下文边码47及其以下)。

在上述基本观察的基础上,可以区分出如下典型负债原因:

1. 生产性信贷

(1)基本形式

首先要提到的是由不动产担保物权担保的生产性信贷。其特点在于,这种信贷是为了提高或保持土地的价值,或者是为了与土地相连的企业的建立、现代化、改进或进一步经营。 15

(2)建筑资金信贷

与此相对的一种特殊抵押权形式是建筑资金抵押权。由于信贷不能被现存的土地价值所全部担保,所以信贷给予人有必要对信贷是否按照约定目的使用进行监督,因此信贷将随着建筑的进展相应地被分期发放。 16

在上面的例子中,虽然为G的信贷全额设定了抵押,但G要根据(建设局)的建筑师出具的证书,确定建筑进程以及状况后,才发放相应部分款项。在某些特别情况下,信贷给予人要等到建筑完全建成后,才发放信贷。在此期间,有另一个人发放中间信贷(Zwischenkredit)(其他情况下的中间信贷,目的在于使资金过渡使用到最终信贷之应允或者不动产担保物权被登记到土地簿册中时)。 17

(3)交互计算账户信贷

生产性信贷经常与固定资产(房屋、机器)的改善或扩大有关,所以,交互计算账户抵押权(交互计算账户土地债务)大多担保一项用于流动资产(Umlaufvermögen购买货物、支付劳动力)的 18

信贷:债权人(通常是银行)给予债务人一定数额内流动计算的信贷(交互计算账户信贷);债务人对其在这家银行的账户可以在规定数额内透支。为了担保这种或许每天数额都在波动的信贷,法律还特别规定了作为特殊法律形式的最高额抵押权制度(第1190条);但是在现代银行业务中,这种最高额抵押权越来越受到土地债务的排挤。

(4)合目的的约束与解除

19 所有生产性信贷的一个共同特征是,这种信贷不应满足于消费,即债务人的生活费用。但是要使信贷的使用符合所追求的目的也是很难控制的(建筑资金情况除外)。债权人常常试图通过下述方式使债务人遵守信贷目的,即设定如下条件:当债务人违反约定使用信贷时,债权人享有特别解除权(auβerordentliches Kündigungsrecht)(《德国民法典》第1133条第2句规定了一种法定行使抵押权的情况)。

2. 买卖价金信贷

20 另外一个典型的负债形式是买卖价金抵押权(剩余价金抵押权):在出卖土地时就约定,出卖人允许价金全部或部分延期支付,为了担保出卖人的价金债权,买受人设定了不动产担保物权(抵押权或土地债务)。

21 正如我们所知道的那样,根据《德国民法典》第925条第2款的规定,在土地上设定所有权保留是不可能的,但在经济意义上,买卖价金信贷担保这一制度与所有权保留具有很大的相似性:出卖人允许买受人用他的资金(即被延期支付的价金债权)进行"经营",而出卖人以利息的形式收取定期金(Rente)。但是,如果就买卖价金债权,债权人要求获得第一顺位的担保,那么买受人就没办法接受由第一顺位抵押权担保的生产性信贷(例如建筑信贷)了。所以,出卖人更多的是退而寻求第二顺位的抵押权(法律上的形式是顺位保留、设定稍后可被变价的所有权人土地债务,或者顺位后退

(Rangrücktritt)的形式)。由于出卖人的担保需要,大多数情况下很难实现这种打算,这样一来,却促成了地上权的产生:在设定地上权情况下,建筑业主根本不需要为了得到土地而先花费一笔钱,他只需支付地上权租金(Erbbauzins)即可(参见上文第二十九章边码28以下)。

3. 遗产分配与补偿信贷

第三种典型形式是遗产分配与补偿抵押权;当共同继承人中一人取得了 22
被继承的企业(农业企业),对其他继承人予以金钱补偿时,遗产分配与补偿抵押权是作为遗产分割的后果而被设定的。因为继承企业之人通常是没有能力在财产分割时用现金结清他对其他继承人的补偿的,所以他为了担保[因遗产分割]而对其产生的债权,可以设定抵押权(土地债务)。这一制度的运用虽然使得共同继承人的遗产分割简便易行,但在经济上是令人忧虑的,因为这种负债并非是生产性的:不会使[被继承的]企业有任何新的增值,相反还会发生经济能力的衰退。

如果企业继承人为了补偿其他继承人,而向信贷人(例如银行)借贷并为其设定不动产担保物权,用借来的资金补偿其他继承人,那么,其结果在经济上与上述是相同的。

4. 多用途信贷

所谓的"多用途抵押"或者"个人抵押信贷"等信贷制度并不少见。它们 23
在法律上并没有特别的要求;只是意味着,通过不动产担保物权所担保的信贷可以按照借款人的任何意图而被使用。

5. 自己信贷与他人信贷

始终要注意的是,发放信贷的目的可能从一开始就与[担保 24
它的]土地甚至土地所有权人本人没有任何关系。比如所有权人在其所有的土地上设定不动产担保物权,以担保发放给他人信贷的情况;所有权人因此而获得了与保证人相类似的地位,唯一与保证人不同的是:担保责任并非针对其全部财产,而是仅由该土地来承担。

25 如果人们区分以下两种不同情况,以上得出的结论对于在法律上如何对待不动产担保物权,也具有重要的意义。第一种情况是土地所有权人也是人上之债的债务人(例如信贷之债)。

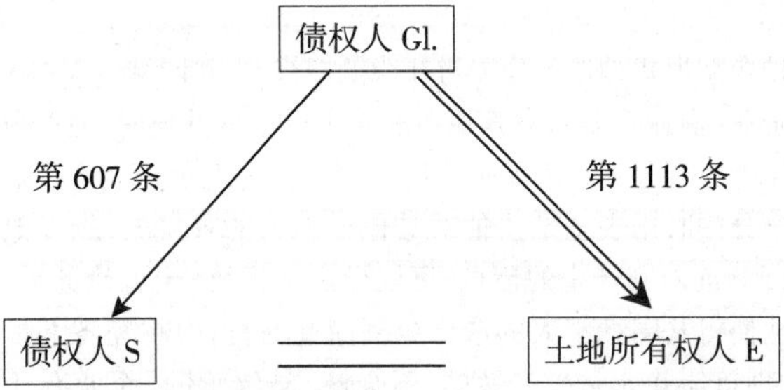

26 第二种情况下,土地所有权人和债务人不是同一个人,比如当土地所有权人同意为债权人设定一个抵押权,担保债权人发放给所有权人的儿子 S 信贷的情况。

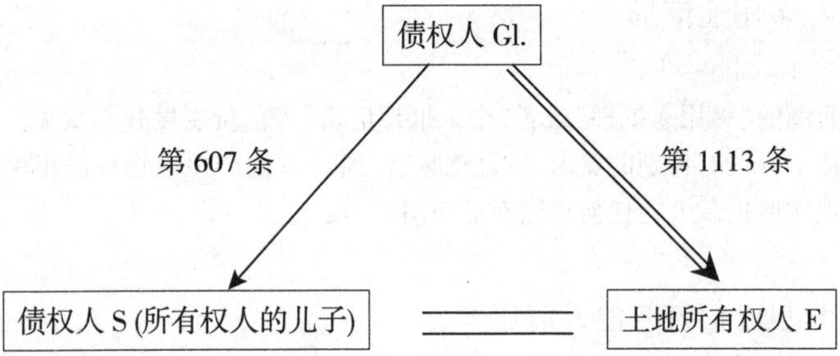

显而易见,在第二种情况下产生了一些特殊的问题,诸如土地所有权人何时有权(义务)解销(Ablösung)抵押权?抵押权为所有

权人解销(即支付)后,抵押权归何人所有?

这里只是先提出问题,对所有权人与债务人分离的情况的论述要稍后进行。

(四)典型的放贷人

1. 私人土地担保信贷

私人的不动产担保信贷的重要性不如机构信贷(参见下文边码28—33)。愿意将金钱外借并为不动产担保物权所担保的个人,越来越愿意通过银行的中介来进行,从而将风险转嫁给财大气粗的银行。特别是对债务人保护的强调(经常是过分地强调),对这一发展起到了推波助澜的作用,[2]这种对债务人保护的强调,使得强制拍卖的实施变得更加困难。所以,现在私人的不动产担保信贷,仅是例外情形。 27

2. 抵押银行与抵押担保债券发行机构

在机构信贷放贷人中,私有的抵押银行和公法上的抵押担保债券发行机构位居前茅,但这根据的并不是能给予信贷的规模,而是银行业务的目标确定。这些机构的特点在于如下的经营方式:它们提供信贷所必需的金融资金,是它们通过发行和出售无记名债券(担保债券(Pfandbriefen),《抵押银行法》第1条、第5a条以下,《抵押担保债券法》第1条以下)来筹措的。[3] 处于流动中的 28

---

〔2〕 对此参见鲍尔/施蒂尔纳(Baur/Stürner),《强制执行法、破产法与和解法》,第1卷:《特别执行法》,边码35.21、边码36.20以下;罗森贝格/高尔/席尔肯(Rosenberg/Gaul /Schilken),第43章,第4节2c。

〔3〕 对此参见贝林格/克尔(Bellinger/Kerl),《抵押银行法》,第4版,1995年;费尔(Fehl),《一般交易条件法的系统理论》,1979年,174页以下;普莱尔/贝林格(Pleyer/Bellinger),《欧洲抵押银行法》,1981年;普莱尔文,载《新法学周刊》,1989年,69页以下——1993年:23家纯粹的抵押银行和3家混合的抵押银行(贝林格/克尔,前引书,附件2,579页)。关于抵押担保债券,参见贝林格/克尔,前引书,附件4,590页。

抵押担保债券的总额,原则上是与所发放的不动产担保信贷总额是相符的(《抵押银行法》第6条,《抵押担保债券法》第2条、第3条)。[4] 抵押权和土地债务的总和是抵押担保债券的安全性的担保。因此,投资人享有如下好处:安全[5](通过间接的土地责任,《抵押银行法》第34a条、第35条,《抵押担保债券法》第5条、第6条)、抵押担保债券的随时可变价性(通过在证券交易所出售)以及有保障的利息所得。抵押银行(股份有限公司)和公法上的信贷机构在其经营上受制于政府的特别监督,这对信贷使用人非常有利。

29 有理由认为,抵押担保债券(对此参见1963年8月5日版的《抵押担保债券法》,载《联邦法律公报》,第1卷,309页,以及1974年11月3日版的《抵押担保债券法》,载《联邦法律公报》,第1卷,669页)是特别安全的、几乎没有投机性的投资手段;它是绝对可靠的(mündelsicher),也就是说被监护人的钱(Mündelgeld)得被投入到购买抵押担保债券中(第1807条)。*

30 初学者经常混淆抵押证书(Hypothekenbrief)与抵押担保债券(Pfandbrief)。其实二者是毫无关系的:抵押证书是以书面确认债权人抵押权的证书;它使抵押权的流通(可让与性)变得容易了。而抵押担保证债券(参见附录6),根据《德国民法典》第793条以下来判断,则是一种无记名债券,发行该债券的金融机构,对债券持有人承认负有一定数额的金钱债务。抵押证书(参见附录3)处于抵押权人(这里是银行)的占有之中,而抵押担保证券则由私人的放款人所持有。

---

〔4〕 1993年抵押银行的营业报告中显示:"抵押信贷额为262亿马克","抵押担保债券的流通额为253亿马克"。

〔5〕 关于放贷人在借款人破产时的优先权,参见鲍尔/施蒂尔纳,《强制执行法、破产法与和解法》,第2卷:《支付不能法》,边码36.7;此外,参见施蒂尔纳在《高尔(Gaul)纪念文集》(1997年)中的论文,739页。

* 德文中Mündel是"被监护人"的意思,监护人运作被监护人的财产受到限制,并且要求投资的安全性。这里强调抵押担保债券的安全性用的是mündelsicher一词,意指投资于抵押担保债券对被监护人都是安全可靠的(sicher)。

1993 年,抵押银行的抵押担保债券的流通总额为 2330 亿马克——而抵押银行(仅是土地担保信贷机构)的抵押信贷总量仅为 369 亿马克(贝林格/克尔,前引书,附录 2,579 页以下)。

3. 储蓄银行

如同抵押银行一样,储蓄银行也是在公法的监督之下运营的。 31
通常储蓄银行只允许发放由第一顺位土地所担保的信贷。其资金的筹措不是通过抵押担保债券的方式,而是来自于储户的存款。对于储户的存款之[风险],由作为储蓄银行承担人的公法团体(市 Stadt、县 Kreis)负责。

4. 建筑储蓄银行

对住宅建筑(但越来越多的是商业建筑)发放的信贷,建筑储 32
蓄银行具有重要意义,其被许可的主营领域为"第二顺位的抵押权"。由于建筑储蓄银行的资金是由建筑储户共同投入形成的(合作社式的自助思想 Gedanke der genossenschaftlichen Selbsthilfe),建筑储蓄银行应当能为其储户提供下述比较优惠的信贷,即仅要求第二顺位抵押权、可以承受的利息以及分期偿还的信贷。对于由第二顺位抵押权担保该信贷而产生的风险,则由所有建筑储户分担。

建筑储蓄银行的法律关系,特别是所允许经营的业务、建筑储蓄合同的 33
必备内容、建筑储蓄资金的担保以及相当严格的国家监控等,都由 1991 年 2 月 15 日版(《联邦法律公报》,第 1 卷,1454 页——新版本)的《建筑储蓄银行法》所调整。[6]

在法律上,建筑储蓄银行被作为股份有限公司或公法上的机构来组织。

应当注意的是,尽管建筑储蓄银行的主要职责领域在于从事第二顺位担

〔6〕 参见为了促进建筑储蓄的《住宅建筑奖励法(Wohnungsbauprämiengesetz)》(1996 年 12 月 12 日版,载《联邦法律公报》,第 3 卷,2230—2239 页)。

保信贷,但建筑储蓄银行的业务并不仅限于此,它还可以发放第一顺位担保的信贷,对此并没有障碍。

1995 年,通过建筑储蓄银行发放了大约 620 亿马克的信贷。1995 年,建筑储蓄合同的建筑储蓄总额共计约 11,500 亿马克(参见 1996 年的统计年鉴,348 页)。

5. 其他信贷机构

34 在土地担保信贷交易方面,还有其他信贷机构参与。这里首先要提到的是所谓的商业银行(Geschäftsbanken):按照其章程,商业银行并没有被限制在第一顺位抵押权范围内,其业务领域主要是工业与商业的大宗信贷;[7] 其次是农村和中产阶级的合作社(Genossenschaften)与合作社银行(Genossenschaftsbanken),它们最初的经营领域是向农民和手工业中产者提供信贷;最后是各种保险公司(Versicherungen),包括社会保险公司,它们可以将责任基金(Deckungsfonds)的一部分用于抵押业务中。

6. 国家

35 自第一次世界大战,特别是第二次世界大战结束以来,国家(区、县)也从事土地担保信贷。在住宅建筑方面,国家扮演着一个"填补空缺者"(Lückenbüβer)的角色,也就是说,国家接受第二顺位抵押权担保,更多的是对第三顺位抵押权担保进行放贷,由于与之相连的风险的缘故,对这样条件的担保,是找不到其他放贷人的,或者国家只需要在超出通常的抵押放贷限额以外提供物上担保。国家的这种信贷资助了所谓的社会性住宅建筑,即住宅的费用和所要求的租金与社会弱势人群的能力相适应的住宅建筑。除了私人的住宅建筑外,国家还资助农业和手工业者的投资(特别是战后的被驱逐者和难民),以及农村和城市的居民定居。

---

〔7〕 在 1989 年,商业银行大约有 1300 亿马克的土地担保信贷资金。

在技术上，很多信贷是在公法上信贷机构的参与下进行的。作为信贷受领人的不仅是私人，而且也有住宅建筑合伙（公司）或者住宅建筑合作社（Wohnungsbaugesellschaft und －genossenschaften）。为了避免那些由国家资金（öffentliche Mitteln）资助的私人财产过分地集中在私人合作社或合伙（公司）手中，立法者一直努力将住宅所有权（Wohnungseigentum）作为单个所有权“转交”该最终消费者，〔8〕比如，以自住房屋（Kaufeigenheim）的形式（1994年8月19日版的《建筑住宅法》第54条及其以下，载《联邦法律公报》第1卷，2137页）。 36

从1949年到1993年，在德国大约建筑了2,200万套住宅，其中，西德建筑了1,900万套住宅，东德建筑了300万套住宅。现在德国一共有3,500万套住宅。〔9〕出租住宅大约2,010万套，其中，2,700万套住宅是由社会住宅建筑资金所资助（1993年状况；1950年，所有在该年建成的新住宅中50%为其资助；1970年，25%为其资助；1987年，还有16%；1994年，为62.4万套住宅发放了许可，其中，大约16.2万套住宅为住宅建筑资金所资助，相应比例为25.9%）。在西德，战后早晚期（1945—1969年）的住宅建设资本费用总额为2500亿马克，其中，大约640亿马克来自于国家资金。1994年，作为对于收入较低的承租人的救济，向320万户家庭支付了大约32亿马克的住房补助。由此可见，国家的支出构成了住宅建筑总融资的绝大部分，是社会国家（Sozialstaatlichkeit）思想在实际中的执行（比较《基本法》第20条第1款）。支出证据：《1996年统计年鉴》，243、247、455、480页；《建筑业与住宅——1%抽样》，1993年，第2册，12、18、130页。 37

---

〔8〕 1967年，大约有90万套住宅落到了住宅建筑合伙（公司）或者住宅建筑合作社手中，而1986年，还有33万套住宅归1200个上述组织所享有；对此参见1987/1988年《住宅经济年鉴》，44页及其以下。在两德统一后，合作社住宅在一定程度上还会上升（对此参见第六十三章边码3、21及下一码）。这样，在统一的德国，将近有2000个住宅建筑合作社，共拥有220万套住宅。

〔9〕 1949年到1978年，在西德建成了将近1470万套住宅，1979年到1993年，建成了将近420万套住宅，1949年到1978年，在前德意志民主共和国地区，大约建成120万套房屋。

7. 单方面融资

38 还应注意的是,对债务人(同时也是所有权人)的融资可能来自于一个机构。所以,为了担保由储蓄银行和建筑储蓄银行提供的信贷,(仅为储蓄银行)设立一项土地债务,但这一土地债务的数额可以担保两份信贷。这时,在物上责任方面,债务人(即所有权人)仅与一个债权人有关。然后,就建筑银行信贷的担保方面,储蓄银行是其信托受托人。

(五)抵押权的"价值"

39 对经济生活而言,顺位比抵押权与土地债务在教义原理上的区别更具有意义(参见下文边码 59 以下、73 以下);一项抵押权的价值取决于其担保度,有了该担保度,不动产担保权人在强制拍卖时就不必担心[其债权]会落空。为了表达这种担保度,人们经常使用以下各种不同的表述,诸如"负债限额"(Verschuldungsgrenze)、"抵押放贷限额"(Verleihungsgrenze)、"第一抵押权"(erste Hypothek)、"第一顺位的担保"(erststellige Sicherheit)、"安全可靠的土地信贷"(mündelsicherer Grundkredit)等。

这些概念需要澄清:

1. 负债限额

40 负债限额是指,土地所有权人得在其土地上设定负担的土地价值的百分比;[10] 这关系到对所有权人(即债务人)的保护。不存在一个一般的负债限额,但《德国民法典施行法(EGBGB)》第 117 条第 1 款授权州的法律确定一个这样的限度。

---

〔10〕 关于如何计算交换价值,参见 1988 年 12 月 6 日版的《土地交换价值计算准则的规定》;尤斯特/布吕克纳(Just/Brückner),《土地价值的计算》,1977 年,第 5 版;勒斯勒尔/郎格尔/西蒙(Rössler/Langer/Simon),《土地价值的评估与计算》,1990 年,第 6 版;罗斯/布拉赫曼(Ross/Brachmann),《房屋的建筑价值和土地的交换价值的计算》,1991 年,第 26 版;克莱伯/西蒙/魏尔(Kleiber/Simon/Weyer),《土地交换价值的计算》,1994 年,第 2 版;吕西阿特(Rüchardt),《抵押信贷手册》,1993 年,第 3 版。

2. 抵押放贷限额

抵押放贷限额处理的是债权人那里的相同问题。比如，在《抵押银行法》第11条第2款中，该限额是这样确定的："第一顺位的抵押放贷不得超出土地价值的3/5"。类似的准则也可以在储蓄银行法律和章程中找到，也就是说，只要规定信贷必须由第一顺位担保物权所担保的银行，都有这样的准则。[11] 41

很显然，土地价值的精确计算是非常困难的：是应该以生产价值（Herstellungswert）（建筑价值和土地价值 Bau – und Bodenswert）、现在的出售价值（der augenblickliche Verkaufswert），还是最终的收益价值（Ertragswert）为基础进行计算呢？《抵押银行法》第12条中写的是以出售价值为准，抵押银行在抵押放贷时不得超过这一价值，并且还规定："在确定这一价值时，只考虑土地持续的特性以及收益，即在正常的经营条件下，土地所能持续地（长时间地！）给予任何一个土地占有人的收益"。在《建筑法典》（BauGB）、《土地交换价值计算准则的规定》（VO über Grundsätze für die Ermittlung des Verkehrswert von Grundstücken）、1934年10月16日针对农业土地的《土地评估法》（Bodenschätzungsgesetz）以及1934年11月10日的《其上已建房屋的土地的估价规定》（VO über die Bewertung bebauter Grundstücke）中，立法者已经列出了一些（计算土地价值的）准则（Richtlinien）。 42

作为一个简便的法则，人们可以记住，一般的抵押放贷限额最高为被评估土地的交换价值的75%左右（国家和企业主信贷除外）。人们一般所说的第一顺位的（erstrangige），也就是安全可靠的抵押权（民法典第1807条第1款第1项意义上的"安全的抵押 43

〔11〕 对此参见施坦尼格尔/克雷默/魏尔斯（Stannigel/Kremer/Weyers），《储蓄银行抵押放贷准则》，1984年。

权”),[12]其抵押放贷限额在土地价值的1/2到2/3之间。

(六)典型的偿还方式

1.意义

44 对于不动产担保物权,*是必须在确定的时刻被清偿,或者经解约通知后被清偿,还是分期被清偿,不仅对权利人和负担人的个人经济状况具有重要意义,而且对社会的整体经济都会产生影响。如果设定的是解除通知抵押权(Kündigungshypothek),或者是解除通知土地债务,该不动产担保物权的[负债]比例较高,那么,在经济景气衰退的时候,大量的不动产担保物权被通知终止,会导致强制拍卖的聚集,在结果上,(对拍卖)感兴趣的人远远少于供给者。这样一来,就会进一步导致土地价格下降,并危及第二顺位和第三顺位的抵押权。

2.《消费者信贷法》的法定框架

45 信贷的偿还方式,原则上由债权人和[担保物]所有权人约定。但1991年的《消费者信贷法》设定了一个保护借款人的强制性框架规则(《消费者信贷法》第18条),只要信贷不是为了信贷人职业上的与经营上的活动融资,那么,该框架规则也适用于为不动产的目的担保物权所担保的信贷。首先,这一法定强制性框架规则的目的在于,保证信贷条件的透明度,并且禁止违反那些透明度的法则(Transparentgebot),即附有有利于信贷人的法定合同内容的透明度条款(《消费者信贷法》第3条第2款第2项、第4项,第3条第1款第2句第1项、第6项)。

46 具体规则如下(比洛(Bülow)文,载《新法学周刊》,1991年,129页以下;

---

〔12〕 对此参见《德国民法典》第1807条第2款和各州对此的实施细则(迪德里希森,《帕兰特德国民法典评注》,第1807条,评论2),例如《巴登—符腾堡州民法典施行法》(BaWüAGBGB)第45条规定为交换价值的1/2。

* 由于物权行为与债权行为的区分,只有对不动产担保物权进行清偿,才可以起到消灭不动产担保物权或者不动产担保物权转化为所有人担保物权的效果。

赖因金/尼森（Reinking/Nieβen）文，载《经济法杂志》，1991 年，79 页以下；新近的司法判例概要，参见普法伊费尔/道克（Pfeiffer/Dauck），《新法学周刊》，1997 年，30 页）：信贷人必须在书面合同中说明净信贷额、偿付的方式和方法、包括所有费用和中介费用在内的信贷利率、实际的年信贷利息、保险费用以及要设定的担保类型（《消费者信贷法》第 4 条第 1 款第 4 句第 1 项、第 3 项，第 4 条第 2 款第 2 项）。一份合同如果不能满足这些要求是无效的（《消费者信贷法》第 6 条第 1 款）。借款人接受信贷后，合同将在以下法定条件的基础上产生效力（《消费者信贷法》第 2 条第 2 款）：如果违背利息明晰化的要求，则以法定的利率为准；取消未经说明的所有费用；在降低利息和取消未经说明的费用的基础上，重新计算分期偿付的信贷额；在实际年利息说明错误的情况下，适用较低的利率（《消费者信贷法》第 6 条第 4 款）；事先在合同中未对担保作出说明的，只有在超过 10 万马克的大宗信贷时，才可以要求提供担保（《消费者信贷法》第 6 条第 2 款第 6 项）。当然，《消费者信贷法》的大量规定对以土地为担保的信贷是不适用的（《消费者信贷法》第 3 条第 2 款第 2 项）。

3. 定期抵押权与通知终止抵押权

可以想到的是，一项信贷，甚或一项抵押权，附有一个确定的 47
到期日（定期抵押权 Fälligkeitshypothek）。例如，一项由抵押权担保的信贷，定期为 10 年。这里，由债权人和债务人安排确定的具体时点。在这种定期抵押权情况下，通常的终止是被排除的，但当事人常常约定一些特殊的终止理由（如在不支付利息的情况下）。

与之相反，在通知终止的抵押权情况下，土地担保资金的偿付 48
到期日，取决于终止通知，这种终止通知必须是由债权人或被设定负担的土地所有权人所作出的。终止通知的期限是约定的。

但定期抵押权与通知终止抵押权之间的区分，只是在债权人方面才是完 49

全彻底可能的。因为在《德国民法典》第609a条[13]中,立法者制定了一些允许债务人解除信贷合同的强制性规定。面对不合理的义务,债务人应当受到保护。对利率不确定的信贷合同,债务人可以在3个月的解除期间内,随时终止(《德国民法典》第609a条第2款)。在以下情况下,即使对于附有确定利率的信贷合同,也可以由债务人终止:

50 (1)利息之债务早于合同期而到期时(理由:当债权人不再受利息约定的约束时,债务人也应该可以寻找有利于自己的信贷):(《德国民法典》第609a条第1款第1项);

(2)当涉及不是由土地所担保的“消费者信贷”时(《德国民法典》第609a条第1款第2项);

(3)债务人可以在10年后终止确定利息的信贷合同(《德国民法典》第609a条第1款第3项)。

如果要使这种解除保持有效的话,债务人必须在解除合同两周以内偿付信贷(《德国民法典》第609a条第3款;目的:拖拖拉拉的信贷债务人不能享受较低的迟延利息!——联邦最高法院裁判,载《新法学周刊》,1988年,1967、971页)。[14]

除了以上法律明确规定的情形外,在定期抵押权情况下,借款人原则上是不能请求提前偿还的(例如在利息较低的时期,或出让被用于融资的土地的情况下)。但为了实现这种可能,借款人经常是要支付期前履行补偿的(Vorfälligkeitentschädigung)。[15] 当借款人想要将设定担保的土地无负担地进行转让的情况下,或者在借款人需要将该土地用于其他信贷的担保,而其他银行又只愿意统一独家地提供信贷的情况下,作为例外,债务人可以终止

---

[13] 该条是依据1986年7月25日《民法典修订法》第5条(《联邦法律公报》,第1卷,1169、1172页)加进来的;依据1990年12月17日《民法典修订法》第5条(《联邦法律公报》,第1卷,2840页)又进行了修改。以前的第247条因此而被删除;但是现实中存在大量的1987年1月1日以前签订的“老合同”。

[14] 完整的参见科尔豪瑟/施魏策尔(Kollhosser/Schweitzer)文,载《法学家工作报》,1987年,345页;豪伊泽尔/韦尔特(Häuser/Welter)文,载《新法学周刊》,1987年,17页;霍普特/米尔伯特(Hopt/Mülbert)文,载《有价证券信息》,1990年,特别增刊3。

[15] 对此参见赖夫纳(Reifner)文,载《新法学周刊》,1995年,86、2945页;韦伯(Weber)文,载《新法学周刊》,1995年,2951页。

信贷。这种期前履行补偿,原则上只允许用以填补因提前偿还信贷而带来的损失(联邦最高法院裁判,载《新法学周刊》,1998年,592页;《新法学周刊》,1997年,2875、2878页;此外还有肯德根(Köndgen)文,载《经济法杂志》,1997年,1646页)。在支付补偿费时,债务人常常必须接受因行情变化而带来的跌价(行情的损失(Damnum)、贴水(Disagio)),包括银行支出的杂费,或者补偿较低的通常利息(联邦最高法院裁判,载《新法学周刊》,1990年,2250页)。在这种情况下,提前终止信贷合同需要考虑费用偿还的分担问题(联邦最高法院裁判,载《新法学周刊》,1993年,3257页;如何计算,参见联邦最高法院裁判,载《新法学周刊》,1995年,2778页;关于放弃费用分担请求权问题,参见联邦最高法院裁判,载《新法学周刊》,1994年,379页)。

在违约时,由放贷人作出的特殊终止通知,常常是符合合同约定的,但 51
必须注意一般交易条件中所要求的公平界限(Billigkeitsgrenzen)(参见下文第四十章边码3以下、本章边码56以下)。

对于[设定担保的土地的]所有权人而言,通知终止抵押权是很危险的,因为在债权人提出终止通知(通常是无法预料的)后,他必须在很短的时间内来筹措资金,而且常常是在资金市场并不是很"流畅"的时候。

4. 分期清偿的抵押权

分期清偿的抵押权则可以避免上面提到的这种危险。分期清 52
偿的抵押权又可以分为两种:第一种为确定额分期清偿的抵押权(Amortisationshypothek);第二种为变动额分期清偿的抵押权(Abzahlungshypothek)。它们的共同思想是,[设定担保的土地的]所有权人尽可能地以其土地的收益来分期偿付资本。

确定额分期清偿抵押权的特征在于,债务人每年须支付固定不变 53
的年本息金(Annuitäten),该年本息金由每年应付的利息与本金额构成。债务人准时支付年本息金的情况下,债权人不得终止信贷合同。随着时间的推移,年本息金中隐含的利息额逐渐减少,而本金清偿额逐渐增加(《联邦最高法院民事判例集》,第67卷,291页)。

《负担平衡法》(Lastenausgleichsgesetz)第 96 条第 1 项对此规定:“……当以下述固定不变的给付方式对债务支付利息以及清偿本金的情况下,即随着持续不断的资本清偿,清偿所节省的利息应当有所增加的方式”。

54 分期清偿抵押权对债务人的好处在于,只要债务人准时清偿分期付款额,就可以免受信贷资金清偿期突然届至之苦。对于债权人的优点则在于,他可以制订一个确定的分期清偿计划,并且可以期待固定的部分资金定期入账。

例如,对于抵押银行在农业土地上设定的抵押权,法律规定,“至少一半必须由确定额分期清偿的抵押权组成”,“而且,债务人每年的清偿额不能少于该抵押权所担保资金的 0.25%”(《抵押银行法》第 6 条第 2 款)。

55 例子:假如约定一个抵押权担保 10 万马克信贷,利率为 6%,年支付额为 10%,那么每月须支付约 833 马克(一年为 1 万马克)。由于每年一定本金额的支付,使得用于计算利息的信贷资金总额变得越来越少,因此每次支付的本金额要比上次高一些,所以,这一抵押信贷只需 15.8 年即能清偿完(而不是 25 年!)。

56 在银行的一般交易条件中,经常出现这样的条款:“每次的利息按照年末(上一清偿年度的年末,而不考虑这一年中对资本的部分清偿)的现存信贷资金来计算”。联邦最高法院(《联邦最高法院民事判例集》,第 106 卷,42 页;第 112 卷,115 页)[16]对这种或类似的条款(如上一季度的现有资金),曾以违反《一般交易条件法》第 9 条关于透明度的规定(Transparenzgebot),而宣布其无效,特别是当债务人对这种对其有损害的规定不能清楚地认识时(对此参见肯德根(Köndgen)文,载《新法学周刊》,1989 年,943 页;1994 年,

---

〔16〕 类似的判例参见卡尔斯鲁厄州高等法院裁判,载《新法学周刊》,1991 年,362 页;柏林州高等法院裁判,载《新法学周刊——司法判例报告:民法》,1990 年,544 页;也参见联邦最高法院裁判,载《新法学周刊》,1989 年,582 页(涉及没有被延迟的价值确定);关键的还有《联邦最高法院民事判例集》,第 116 卷,1 页;《新法学周刊》,1991 年,2559、2560 页。

1508、1517 页；赖夫纳（Reifner）文，载《新法学周刊》，1989 年，952 页；陶皮茨（Taupitz）文，载《法学教育》，1989 年，520 页；梅茨（Metz）文，载《新法学周刊》，1991 年，668 页附有说明；最后是《联邦最高法院民事判例集》，第 116 卷，1 页；《新法学周刊》，1992 年，180、1097、1108 页；1995 年，2286 页；1997 年，1068 页）。〔17〕 相反，在一般交易条件中，约定每季度的本息金（Annuitaet）是允许的，尽管这样的本息金约定，造成的是先行支付利息，违反了第 608 条的规定，也是允许的（恰当的判决：联邦最高法院裁判，载《新法学周刊》，1993 年，3261 页）。同样，每月部分本息金之约定，也是如此。

我们将要看到，在分期清偿期间，土地上所有权变换时，法律上，分期清偿之抵押权会导致一些麻烦；即这里会产生一个结果，不同所有权人就其所给付的期款之额度，享有部分价值（产生多个所有权人土地债务）。主要在最终解销抵押权的情况下，该事实会造成麻烦（参见下文边码 120 及其以下）。实践试图采取所谓的分期清偿基金抵押权（Tilgungsfondhypothek）方式，来避免这些麻烦；这里所给付的期款被储备在分期清偿基金中；只有在达到资本的全部数额时，才与债权进行结算，这样一来，只有最后的不动产所有权人才有所有权人土地债务。 57

变动额分期支付之抵押权与确定额分期支付抵押权的区别在 58

〔17〕 在偿还迟延情况下，通过提高利息方法总计损害之问题，参见联邦最高法院裁判，载《新法学周刊——司法判例报告：民法》，1989 年，41 页；《联邦最高法院民事判例集》，第 112 卷，352 页；在一般交易条件中没有总计损害情况下之抽象损害计算，参见《联邦最高法院民事判例集》，第 104 卷，337、344 页；第 115 卷，268 页；《新法学周刊》，1992 年，1620、1621 页（根据《消费者信贷法》第 11 条第 1 款，贴现率的 5%；在物上信贷情况下，不是这样，另参见本书附录 5 二、7.1 处）。在抵押银行的信贷没有被接受情况下，判例认为 3% 的损害总计还是比较适当的（《一般交易条件法》第 9 条、第 11 条第 5a 项；联邦最高法院裁判，载《新法学周刊》，1990 年，981 页）。在一般交易条件中约定终止分期清偿之信贷后，要立即偿还，这样的约定需要特别高的前提（联邦最高法院裁判，载《新法学周刊——司法判例报告：民法》，联邦最高法院裁判，载《新法学周刊》，1991 年，2559、2562 页；哈姆地方法院，载《经济法杂志》，1993 年，1254 页；另参见第四十章边码 3 及其以下）。在分期清偿信贷情况下，如果债务人提前还款，适用在定期信贷的情况下（参见上文边码 47 及其以下）。

于,虽然每年的本金清偿额是相等的,但利息随着不断地清偿而减少了。因此,每年的本息金是变化的。

例子:E 从储蓄银行获得建筑金抵押权,20,000 马克,利息为 6%。如果约定,每年要给付利息与清偿本金为 2400 马克,利息与清偿额在第一年都是一样高的:都是 1200 马克;第二年,利息为 6% 乘以 18,800 马克,等于 1128 马克,清偿本金额为 1272 马克。这里涉及的是确定额分期清偿之抵押权。

如果约定,每年清偿抵押权为 1200 马克,第一年的息金为 2400 马克,第二年为 1200 马克加上 1128 马克,为 2328 马克。这里涉及的就是变动额分期清偿抵押权。

二、不动产担保物权人的基础原理概要

(一)抵押权——土地债务

59 抵押权与土地债务在原理上的不同,使得人们对不动产担保物权的理解有些困难。虽然在经济生活的现实中,这种区别往往被忽视,也就是说,这两种担保权被看做是具有同等价值的(但可以看出作为相对于比较简单的担保工具,土地债务具有强劲的发展趋势),但是这两种不动产担保物权在法律构成上有着很大的不同。主要的不同在于:担保物权与其所担保债权之间的联系的紧密程度不同。在抵押权方面,这种联系被严格地贯彻;作为物权的抵押权,无论是其产生还是存续,都以其所担保的债权的存在为法定的必要前提。在一定程度上,抵押权被看做是债权不可分离的"附属物"(Anhängsel),抵押权具有附随性(比较《德国民法典》第 1153 条)。按照生活的常规,土地债务也是一种债权的担保方式,但是按照法定的规则,债权的存在对于土地债务在"概念"上与"生活"中都不是必需的;也就是说,土地债务不具有附随性。

正如我们将要看到的那样,抵押权与土地债务这种区别的后果给法律实践造成了很大的困难(不仅是对初学者!)。司法判例的趋势是,在某些方

面,担保性土地债务在向抵押权靠近!(参见下文第四十五章)

民法典也间接地承认了这两种法律制度在经济上的目的同一性(Zweckgleichheit),并且通过法定规则的方式予以确认:《德国民法典》在第1113条至第1190条详细地规定了抵押权,并且在第1192条写道,关于抵押权的规定,可以准用于土地债务,“只要该适用与土地债务不以债权为前提的规则不相违背,即可”。 60

在对民法典的不动产担保物权进行起草准备的阶段,恰恰选择与之相反的另一条路,即将土地债务放在前面加以详细的规定! 61

人们不禁要问,为什么立法者不制定一项统一的不动产担保物权——要么抵押权,要么土地债务——以此来简化立法与法律实践的工作呢?答案在于:当时的立法者对历史的既成事实和各地不同的信贷习惯的尊重。当时在德国,有些地区用的是抵押权,而在其他地区,土地债务则是广为采用的不动产担保物权,人们不愿压制这些习惯。对具有从属性的抵押权的“看重”,也可以从我们欧洲的邻国们对具有从属性的不动产担保物权的偏爱中得到解释(参见下文边码129)。

(二)担保物权的共同原则

尽管土地债务(定期金土地债务)与抵押权之间存在着一定的区别,但是一些对不动产担保物权的调整具有基础性指引作用的基本原理,对它们都还是适用的。 62

1. 作为物上变价权的不动产担保物权

抵押权、土地债务、定期金土地债务都具有物上变价权的特点:其权利人有权“基于一定的金钱数额”对设定负担的土地,以强制执行[强制拍卖或者强制管理]的方式进行变价;土地所有权人为了自身的利益而将变价权从其完整的权利中分离出来。

(1)变价条件成熟时的变价权

土地担保权人的变价权首先是隐藏地、潜在地存在的,只有当所 63

谓的变价条件成熟时它才会变成现实的:这时权利人可以代所有人之位,并借助于法院的强制手段对作为担保客体的土地进行变价。

(2)确定的担保责任范围

64 不动产担保物权被确定在一定范围之内:《德国民法典》第1113条、第1191条、第1199条都以“一定数额的金钱”等词语表达了这一点。对于担保范围不确定,而在将来任由债权人或第三人加以确定的不动产担保物权是不允许的。

对于这一原理的一个例外是最高额抵押权;正如我们已经知道的那样,最高额抵押权用于担保交互计算账户,其特殊性在于不断变化的往来账上的余额(资产与负债)。

(3)确定的责任标的

65 不动产担保物权人变价权的标的物,也被清楚地确定了:《德国民法典》第1113条、第1191条和第1199条规定“土地”为担保物权的客体,担保责任客体还包括土地的重要成分和非重要成分、从物以及基于对土地的用益(租赁以及用益租赁)而产生的债权,还包括作为土地本体替代的债权(保险债权)。所以,土地是作为一个经济统一体(in seiner wirtschaftlichen Einheit)而为担保权人扣在手中(参见《德国民法典》第1120条,连同第94条、第1123条第2款、第1126条、第1127条)。

66 从“担保权的客体必须是一块土地”这一表述中,可以推出,不允许在全部财产或者财产总额上设定抵押权(所谓的总括抵押权 Generalhypotheken)。这里适用物权特定(Spezialität)原则(对此参见上文第四章边码17及其以下)。

67 在此,共同抵押权(Gesamthypothek)表现出与之不同的一点细微差别,这种不动产担保物权涉及的不是一块土地,而是一个人或者多个人的多块土地

(第1132条)。这种制度的目的是容易理解的:如果所有权人E有A、B、C三块土地,各价值10,000马克,E为担保债权人G对其享有的价值15,000马克的债权而对这三块土地设定一项抵押权。有人可能想,债权被分成三份,每份5000马克,每块土地在这一额度内被设定负担。但是对债权人而言,在每块土地上设定全额的负担(即15,000马克),对他更有利;因为随着时间的经过就会表现出来,A笔土地(例如是建筑用地)的价值可能会大幅升高,而B、C两笔土地的价值却下降了。共同抵押权(共同土地债务)制度就满足了债权人的这种需要。

(4)关于土地担保权法律性质的不同理论

认为抵押权、土地债务和定期金土地债务是一种物权性变价权(dingliche Verwertungsrechte)的观点,是现在绝对主流的观点。[18] 但是《德国民法典》第1113条、第1191条和第1199条规定中的表述"应从土地中予以支付"的字面意义,好像又暗示着另外一种观点,即土地所有权人负有支付一定数额金钱的债务(尽管是从设定担保的土地中支付)。实际上,过去有这样一种观点一直受到支持,即所有权人负有支付一定数额金钱的义务,但只不过是由该特定土地来承担(土地上债务理论 Theorie der Realobligation),或者说,虽然土地上的责任是原始的债务,但这种责任又相当于所有权人的一种不可强制的对人债务(物上债务理论 Theorie der dinglicher Schuld)。 68

---

〔18〕 对此提出批评的参见沃尔夫施泰纳,《施陶丁格德国民法典评注》第1113条以下的导论,边码25以下;理论上的争论还有艾希勒(Eichler),《物权法律制度》,第1卷,20页以下;韦斯特曼/艾克曼,《物权法》,第110章;威灵,《物权法》,第26章第1节;沃尔夫/赖泽尔,《物权法》,第131章;特别是冯·吕布托在《海因里希·雷曼(Heinrich Lehmenn)的纪念文集》(1956年)中发表《担保权的机构与土地负担》一文;恩斯特·沃尔夫,《物权法教科书》,1979年,第2版,第11章,431页以下;比较明希(Münch),《可执行证书与程序上的请求权》,1989年,110页及其以下,在程序上履行请求权情况下的实体上物之责任!

2. 物的责任与人的责任的分离

69 不动产担保物权仅负担于土地之上,而不管该土地属于何人所有(不管土地所有权人是该不动产担保物权的最初设立人,还是权利的继受人)。因此,这一点在实践中非常容易被误解,人们会说"一块土地的买受人 K 以折抵价款的方式,承担了负担在这块土地上的抵押权",实际上 K 不能也无需"承担"该抵押权,因为抵押权在土地所有权变化后仍然可以附着在该土地上。这里的意思应该是,K 为折抵价款而承担了对人债务,并且出卖人 V 对此将不再负担债务(所谓的免责的债务承担 privative, befreiende Schuldübernahme)。为了实现这一目标,需要债权人 G 的协助;《德国民法典》第 414 条至第 416 条的规定中已清楚地表明了这一点;因为对于 G 而言,债务人是现在的 V 还是未来的 K,并非是无所谓的。[19] 如果债权人 G 不配合,那么 K 在内部对 V 负有义务,即向债权人 G 给付从而清偿 V 的债务的义务(另参见《德国民法典》第 415 条第 3 款第 2 句),这就是所谓的履行承担(Erfüllungsübernahme)。[20] 对于这种履行承担,V 的债务依然存在(关于其他的法律后果,参见下文第三十七章边码 13 以下、第三十八章边码 97 以下、第四十五章边码 86 以下)。

3. 不动产担保物权的公示

70 如同其他限制物权一样,不动产担保物权也适用物权公示原则(参见上文第四章边码 9 以下)。不动产担保物权要产生,就必须被登记在土地登记簿上。德国法律只在例外情况下才承认"秘密"的不动产担保物权(pignora tacita),例如在《德国民法典》第 1287 条第 2 句和《民事诉讼法》第 848 条第 2 款第 2 句所规定的

[19] 由此可以得出,对于并存的债务承担,债权人 G 的同意是不必要的,因为将来有两个债务人(V 和 K),对债权人而言,只有好处,没有坏处。

[20] 对此参见格恩胡贝尔,《履行及履行代位》,1994 年,第 2 版,第 22 章。

情况下。*

但这绝不意味着,在不动产担保物权产生后,尽管它不断地发生变动,土地登记簿上登记的内容还总是正确的。正如我们将看到的那样,德国法律一方面承认在土地登记簿之外进行的不动产担保物权(即所谓的证书式不动产担保物权)的让与(通过证书的交付和书面的让与声明即可,参见《德国民法典》第1154条),另一方面,自动发生的所有人土地债务也经常导致土地登记簿的不正确。 71

4. 根据优先性原则决定的顺位

建立在优先性原则基础上的、关于权利顺位的一般原理,对于不动产担保物权也是至关重要的(参见上文第十七章边码7以下)。也就是说,没有特权式的担保物权(Pfandrechtsprivilegien)。 72

例如,如果为一个建筑完房屋的建筑企业,登记一个第二顺位的抵押权,那么,该企业不能以下述理由要求更好的顺位,即:是它创造了客体之价值;而第一顺位抵押权人所给予的资金,在第一顺位抵押权人知情的情况下,却被用于所有权人的商业经营了。这里也表现了顺位的形式化特点,顺位并不取决于任何价值准则,而是根据优先性原则(在一定程度上,根据价值准则这一点在强制拍卖中才有所体现,比如,工资债权与税收债权必须在物权性债权人之前被清偿,比较《强制拍卖与强制管理法》第10条第2项、第3项)。

---

* 《德国民事诉讼法》第848条第2款第2句原文为:(Anspruch auf unbewegliche Sachen) ist der Anspruch auf Übertragung des Eigentums gerichtet, so hat die Auflassung an den Sequester als Vertreter des Schuldners zu erfolgen. Mit dem Übergang des Eigentums auf den Schuldner erlangt der Gläubiger eine Sicherungshypothek für seine Forderung. Der Sequester hat die Eintragung der Sicherungshypothek zu bewilligen。

三、对不动产担保物权按照其附随性程度进行的分类[21]

参见第三十六章末尾的一览表18。

73 现在我们详细地阐述一下不动产担保物权与债权之间的联系；正如我们已经知道的那样，该关系决定了抵押权与土地债务之间的区别。

（一）具有附随性的抵押权

74 为了阐明附随性的基本原理，最好以保证为例：当保证人B为S对G负有的一项债务作保证时，可以理解的是，只有主债权存在且未消灭的情况下，B才愿意进行保证（《德国民法典》第765条、第767条）。保证人的利益决定了保证责任对主债权的存在具有依附性。此外，从债权人的利益出发，随着主债权的转让，也要求基于保证而产生的权利也应移转于债权的受让人；因为，如果在这种情况下保证消灭的话，那么主债权的"价值"就受到了损害；所以，《德国民法典》第419条规定，随着债权的移转，基于保证而产生的权利也一并随之而移转；这一点不仅适用于基于法律行为而引起的债权移转，也适用于法定的债权移转（《德国民法典》第412条）。

75 在抵押权上，也存在同样的情形。不论是为担保自己的债务，还是像保证一样担保他人的债务而设定的抵押权，都具有附随性：抵押权只有当其所担保的债权产生时才产生；只有当债权存续时，抵押权才能存续。随着债权的转让，抵押权也随之转移到新的债权人（《德国民法典》第1153条第1款）。债权与其抵押权是不可分的：任何一个都不能没有另一个而单独被转让（《德国民法典》

[21] 关于附随性的一般原理，参见格恩胡贝尔，《民法》，第26章；施蒂尔纳文，载《泽里克纪念文集》，1992年，377页及其以下；哈伯扎克（Habersack）文，载《法律者报》，1997年，857页；梅迪库斯文，载《法学教育》，1971年，497页；施塔德勒，《抽象性下的形成自由与交易安全》，1996年，18页及其以下、600页及其以下。

第1153条第2款)。抵押权因此被称为债权的"附属物"(Anhängsel)。[22]《德国民法典》在第1113条一开始就用一句"为了他所享有的债权",表达了这层意思。

为了缓和抵押权的附随性,甚至在结果上排除该附随性,实践中不少见的是,抵押权不是为了一项信贷债权(其存在和范围是可以变化的)而被设定的,而是为了一项基于抽象的债务承诺(Schuldversprechen)(《德国民法典》第780条、第781条)而产生的债权被设定的。但这里存有很大疑问,即这样做是否违背《一般交易条件法》第3条,第9条第2款第1项、第11项、第15项之规定呢? 到目前为止,对这个问题,虽然联邦最高法院只是就土地债务与抽象的债务承认的组合予以了肯定(《联邦最高法院民事判例集》,第99卷,274、281页以下;详细的请参见下文第四十章边码45),主流观点对此还是予以否定的。另外,按照主流的观点,在附带有抽象的债务承诺的抵押权被用来担保债权人对第三人的债权的时候,也就是说,所有人与被担保债权的债务人并非同一个人的时候,情况就有所不同了(参见《联邦最高法院民事判例集》,第114卷,9页;《新法学周刊》,1991年,1677页;《法律者报》,1991年,874页,有艾克曼评论;严格的标准参见哈恩新近在《经济法杂志》上发表的文章,1996年,1233页)。 76

(二)土地债务的抽象性

附随性规则并不适用于土地债务。在这里,法律所创造的不动产担保物权类型,其产生和存在都不依赖于其所担保的债权,尽管事实上土地债务是有担保功能的(这与生活的常规相符)。土地债务可以没有债权而转让,债权也可以没有土地债务而转让;也就是说,《德国民法典》第1153条对土地债务不适用。 77

《德国民法典》在第1192条明确地表达了土地债务的非附随

---

〔22〕 参见梅迪库斯,《民法上的附随性》,载《法学教育》,1971年,497页。例子参见联邦最高法院裁判,载《企业顾问》,1978年,931页。

性:“……土地债务不以债权的存在为前提”。

78 例子:E 为了担保一项预期中的信贷,为 G 设定了土地债务,并且 G 已经作为权利人被登记在土地登记簿上。但出乎意料的是,信贷合同没有成立,就更谈不上那个应体现土地债务担保目的的担保约定了。尽管如此,G 还是成为了土地债务的权利人;E 对 G 只有基于债权法上的不当得利请求权,要求其将土地债务再转让给自己或者撤销该土地债务(《德国民法典》第 812 条)。但如果 G 将该土地债务转让给了 D,那么 D 是从权利人处取得的土地债务。只有在例外的情况下,比如当 D 是无偿地取得土地债务的时候,或许会对他产生不当得利返还请求权(《德国民法典》第 822 条)。除此之外,E 只能对 G 行使请求权。

如果 D 知道 G 转让给他的是一项已经丧失了法律根据的土地债务的话,法律状况又如何呢? E 可以就 D 的知情而对 D 进行抗辩吗? 回答是:如果 G 自己以诉讼的方式要求行使土地债务的话,E 可以提出不当得利抗辩权。如果权利继受人 D 知道这项抗辩权或者从土地登记簿上可以得知的话,这项抗辩权也可以对抗他(参见《德国民法典》第 1157 条和第 1192 条)。这时 E 可以要求 D 放弃该土地债务(参见《德国民法典》第 1192 条,连同第 1169 条)。

79 如果 G 将土地债务转让给 D,而将(还存在的)土地债务所担

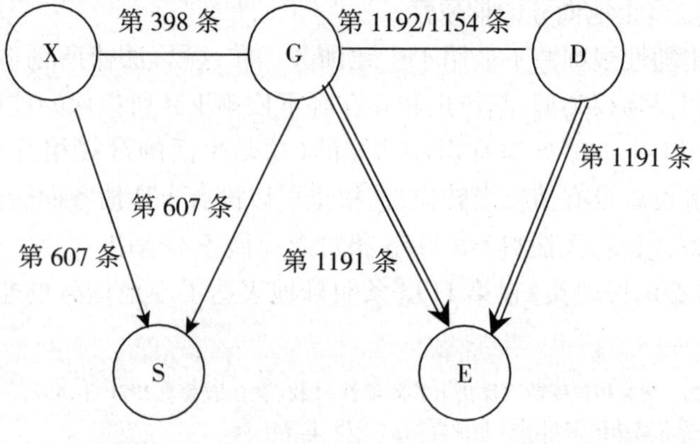

保的债权转让给 X，情况就有些危险了。

E 必须双重履行吗？或者准确地讲：他既要对 X 负有信贷额度的债务，又必须容忍 D 基于土地债务进行强制执行吗？这个问题可做如下之回答：只要 D 对担保约定以及 G 对该约定的违反不知情（《德国民法典》第 1192 条、第 1157 条；参见下文第四十五章边码 66 以下、边码 68 以下），E 对 D 是无能为力的。但是根据担保约定，E 得在 G 做出解销土地债务之同意的同时，才偿付信贷债务，即行使同时履行抗辩权。E 也可以用这种抗辩权对抗 X（《德国民法典》第 404 条；详细的参见下文第四十五章边码 68 以下）。

（三）流通性抵押权的附随性受到限制

如果人们严格贯彻抵押权的附随性原理，那就意味着对抵押权的流通性（Umlauffähigkeit）将造成很大的限制：抵押权所担保之债权的取得人总是需要确信，债权是否已产生，是否还存在。于此引证土地登记簿的公信力对他也是没有任何帮助的，因为，虽然土地登记簿的状态可能体现为其设定的、作为物权的抵押权，但体现不出债权。按照《德国民法典》的设计，抵押权却只是债权的附属物。为了减少对（抵押权）流通性的妨碍，《德国民法典》第 1138 条规定了一项一般规则，即所谓的流通抵押权，关于土地登记簿公信力的规定“适用于抵押权，也包括债权在内”；这意味着：只要作为抵押权的基础的债权应当存在（抵押权也因此而存在），公信原则的效力就及于该债权。 80

换句话说，立法者顺应了交易观念的要求，认为抵押权的取得（不是：受抵押权担保的债权的取得！）才是重要的。就权利的转让而言在移转方面，“附随性教义”（Akzessoritätsdogma 赫克语）的僵硬、强制的特点被去除了，适应了权利流转的需要。 81

例子：G 向 E（即 S）提供了有抵押权担保的 2 万马克的信贷。E 在 G 将死之前还回了信贷。但土地登记簿上的抵押权登记并未被涂销。G 唯一的 82

继承人 A 不知道信贷已被偿还了,将"抵押权"转让给了 D。这里 D 并不能成为信贷之债的债权人(因为该债已经通过履行而消灭,法律上没有债权的善意取得制度),但却可以成为抵押权人(《德国民法典》第 1138 条和第 892 条)。如果他向 E 主张抵押权,那么,根据《德国民法典》第 891 条(连同《德国民法典》第 1138 条)的权利推定的规定,他是有权的。但他只能提起物权之诉(即要求容忍对设定负担的土地予以强制执行之诉),而不能提起对人的债务诉讼(即对 E 的全部财产予以强制执行的可能性)。

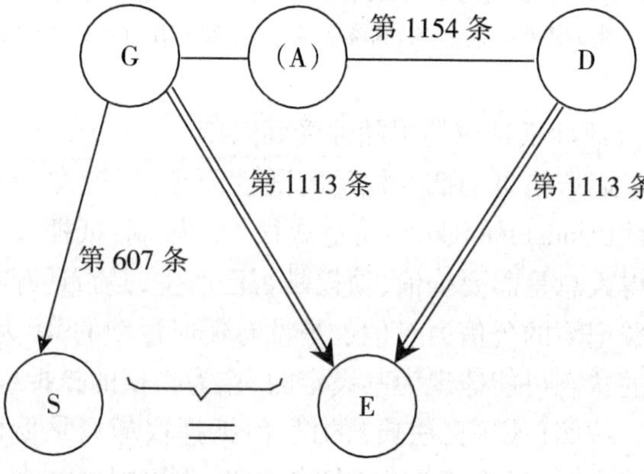

(四)具有严格附随性的担保性抵押权

83 刚才描述的这种抵押权形式(也是符合常规的形式)被生动地称为流通抵押权:这种抵押权的附随性被松动了,这样一来,这种抵押权在以法律行为方式进行的交易中可以很容易地流通。

但是当事人可以完全排除"公信规定"(Gutglaubensvorschriften)对债权的适用,通过这一方式,使附随性原则严格得到贯彻;《德国民法典》第 1184 条第 1 款对此是这样表述的,"基于抵押权而产生的债权人的权利只能根据债权被确定,并且债权人不能基于登记去证明债权"。法律(《德国民法典》第 1184 条第 1 款)将抵押权的这种例外形式称为担保性抵押权(Sicherungshzpothek);这一概念的选择不是很好,因为即便是流通抵押权也是用于担保债权的；担保性抵押权的特点是上面提到的关于公信力对债权适用的排除，以及对附随性原则的坚决贯彻。

这种担保性抵押权是可转让的，即可以基于法律行为对之进行交易；但只有在抵押权所担保的债权还存在时，受让人才能取得抵押权。如果不是这样，即便是援引土地登记簿上的记载也帮不了受让人。 84

在上文边码 82 所使用的例子中，如果是关于担保性抵押权的话，那么 D 既得不到债权，也得不到抵押权。

但是在担保性抵押权的情况下，关于善意取得的规定并未完全被排除适用。当作为物权的抵押权存有瑕疵，而债权又是存在的时候，就有适用善意取得之可能。

如果在上文边码 82 所举的例子中，G 与 E（即 S）之间的债权是存在的，但抵押权的设定因为缺少合意而无效的话，那么 D 在保全抵押权的场合仍可以取得债权和抵押权，因为 D 就抵押权可以援引土地登记簿的记载。

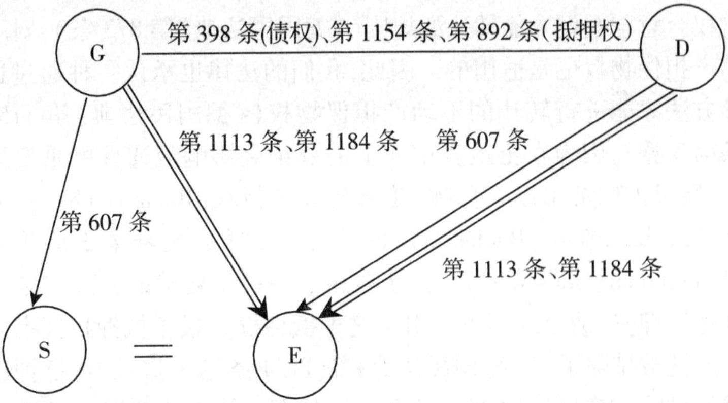

（五）总结

由此我们可以看出，附随性原则在不动产担保物权上贯彻的程度是分等级的（Staffelung der Grundpfandrechte）。 85

土地债务:根本没有附随性。

流通抵押权:有附随性,但为了保护因信赖债权存在而受让的人时,附随性会被击破。

担保性抵押权:具有严格的附随性,在债权方面,没有善意保护。

从债权人利益的角度看,土地债务是“最方便”的担保方式,债权人可以先不必考虑土地债务所担保的债权而将土地债务变价,然后等待债务人提出抗辩。

从债务人利益的角度看,担保性抵押权是“最安全”的负担方式,因为债权人必须说明并证明债权的存在,而债务人只有在抵押权所担保的债权存在,事实上他也确实对此(还)负有债务时,才会承受对其土地的强制执行。

四、按照流通性程度对不动产担保物权进行的分类

(一)登记簿式不动产担保物权

86 不动产担保物权是限制性土地物权。关于土地物权需要通过物权合意与登记才能转让的规则(《德国民法典》第 873 条),对不动产担保物权也是适用的。因此,我们的法律也承认一种通过这种方法才能进行转让的不动产担保物权(《德国民法典》第 1154 条第 3 款);因为在土地登记簿上的登记是影响流通性的重要因素,所以人们常用以下称呼:登记簿式抵押权(Buchhypothek)、登记簿式土地债务(Buchgrundschuld)、登记簿式定期金土地债务(Buchrentengrundschuld)。民法典用了一种很繁琐的方式规定了这种抵押权(或土地债务),对于这种抵押权,“授予抵押权证书之可能性被排除了”(《德国民法典》第 1154 条第 3 款)。对抵押证书的排除,需要当事人的合意和在土地登记簿上的登记(《德国民法典》第 1116 条第 3 款)。

(二)证书不动产担保物权

87 民法典希望日常生活中的不动产担保物权能够容易流通,不动产担保物权人可以随时通过尽可能简单的转让即能得到金钱。因此，民法典又规定了证书抵押权(Briefhypothek)、证书土地债务(Briefgrundschuld)、证书定期金土地债务(Briefrentengrundschuld)等其他不动产担保物权类型，以供使用。而且民法典视这些形式为常态，这可以从《德国民法典》第1116条第1款、第1154条第1款的规定中看出，“有疑问时，不动产担保物权被视为证书担保物权”。

必须在土地登记簿上进行登记的是担保证书之排除，而不是证书的授予。

证书担保物权的最大优点是容易转让，正如人们所说的那样， 88
其转让可以在土地登记簿之外进行：对于抵押权的让与，必须有合意、书面的让与表示以及证书的交付，有这些，也就足够了(《德国民法典》第1154条第1款)。

虽然书面的让与表示(不是合意与证书的交付！)可以为土地登记簿上的让与登记所代替(《德国民法典》第1154条第2款)，但是这种向土地登记簿的“回归”与土地信贷实践是不相符的。

证书担保物权在土地登记簿之外的流通性，使权利的流转变得非常容易，但是同时也带来一些特殊问题，因为受让人不能再信赖土地登记簿的内容了(《德国民法典》第892条、第893条、第1138条)；反而，在公信力规定方面，证书必须与土地簿册关联起来；第1140条、第1155条解决的就是这个问题(参见下文第三十八章边码31及其以下)。

所以，已经很清楚的是，不动产担保物权的容易流通性是以土地登记簿一定程度的“贬值”和权利人的隐名为代价的：从土地登记簿上只能清楚地看到，这块通过被设定了不动产担保物权的负担以及最初的担保数额。但是不能看出谁是权利人；这个权利人可能是作为第一个权利人而被登记在土地登记簿上的人，也可能完全是另外的一个人。

例子：假如E为G设定一项证书式抵押权，那么为了成立抵押权(除了 89
债权已产生外)，需要合意与登记，还需要抵押证书的交付(《德国民法典》第

873 条和第 1117 条,参见下文第三十七章边码 32 以下)。至于 G 是否是享有抵押权的债权人,享有多久了,从土地登记簿上是无法确定的。因此,无论是 G 还是他的任何权利继受人,当他们主张其抵押权,或者所有权人要求其合法性证明时,他们都要通过抵押证书来证明自己的合法性(《德国民法典》第 1160 条)。

E 想为他的企业借一大笔银行信贷,由于他还不知道哪家银行愿意给他这笔信贷,另外他还不想让竞争对手知道,他对谁负债。所以他先为自己登记了一个所有人证书土地债务(《德国民法典》第 1196 条)。如果他找到了借款人 G,那么,他可以通过合意、证书的交付以及书面的让与声明将土地债务转让给 G;这样就可以使所有人土地债务不通过土地登记簿转变为 G 的他人土地债务,即非所有人土地债务。

90 证书担保物权还有其他的优点,它可以使信贷的支付与交出抵押证书同步进行,这样就避免了所有权人在不能保证他将来得到信贷的情况下,设定抵押权、先为给付的风险;在登记抵押权场合下,《德国民法典》第 1139 条所规定的对所有权人的保护是多余的。

(三)作为登记簿式抵押权的担保性抵押权

91 正如我们已经看到的那样,担保性抵押权不适合于简便的流通。虽然它所特有的这种严格的附随性并未排除抵押权的让与,但增加了让与的难度。因为为了安全起见,受让人总是要对债权的状况进行核实。因此,担保性抵押权只能以登记簿式抵押权的方式被设立(《德国民法典》第 1185 条第 1 款)。

(四)无记名证书土地债务和证券抵押权

92 这种"普通"的证书担保物权已经使流通性大大增强了。但在土地债务方面,还可以通过使"土地债务证书以无记名的方式签发"而再次提高其流通性(《德国民法典》第 1195 条第 1 款)。由此产生的无记名证书土地债务被作为无记名证券来对待;这意味着,土地债务是随着无记名证券所有权走的。由于无记名证券是按照《德国民法典》第929条以下通过合意与交付进行转让的,由此实现了土地担保信贷的完全动产化(Mobilisierung des Grundkredits)。

类似的效果也可以通过以下这样的方式达到,即担保性抵押权是为无记名债券或者指示证券(像票据一样)而设定(所谓的证券抵押权)的;在这里,权利的归属完全按照有价证券法的基本规则确定,即债券的所有人或指示证券的权利人也就是抵押权人(《德国民法典》第1187条第3句)。

不动产担保物权的这种形式最适合于担保长期信贷(债券之发行)。为了简便发行,《德国民法典》第1188条和第1189条不要求在设定这种担保时说明债权人为何人(!),并且可以委派债权人的代理人。但这种发行的担保,在实践中是没有意义的(参见下文第四十二章边码29以下)。

(五)不动产担保物权的种类

不动产担保物权类型的变化范围非常大;毫不夸张地说,不动产担保物权类型的变化范围远比实际的需要大得多。抽象构思的偏好及其努力,对所有流传下来的不动产担保物权形式尽可能地加以保留,造成了今天这样的局面。 93

为了对不动产担保物权类型有一个清楚的概括认识,人们必须一直记住,两个分类标准是交织在一起的:附随性原则和流通能力。从所说的第一个划分标准出发,不动产担保物权变化的可能性如下:

1. 土地债务(定期金土地债务)可以是:

登记簿式土地债务

证书式土地债务

无记名证书式土地债务

2. 流通抵押权可以是:

登记簿式抵押权

证书式抵押权

3. 担保性抵押权只能作为登记簿式抵押权设立；但它可以作为有价证券抵押权，像无记名证书土地债务那样被动产化了。

94 一种权利形式可以通过合意和登记而转换为另一种权利形式，比如，登记簿式抵押权可以转换为证书抵押权，反之亦然(《德国民法典》第 1116 条第 3 款和第 2 款)；同样登记簿式土地债务也可以转变为证书土地债务，反之亦然。而且还可以是一项抵押权向土地债务或者土地债务向抵押权进行转换(《德国民法典》第 1198 条)。如果将这种多样性推向极端的话，担保性抵押权还可以向一般抵押权转换，或者相反(《德国民法典》第 1186 条)，这都使得不动产担保物权的多样性更加令人眼花缭乱了。

例子：如果一项信贷债权开始是以证书土地债务的形式被担保的，那么，所有权人和债权人可以协商，将证书土地债务转换为担保性抵押权。这要求合意和土地登记簿上的登记。当事人事后还可以达成协议将开始被担保的债权 A 替换为另一项债权 B(《德国民法典》第 1180 条)。

五、按照债权人的不同对不动产担保物权进行的分类

95 在这里，出现了对自己之物的权利问题，这一点我们已经在一般理论中(参见上文第三章边码 43 以下)简单提及过了。

(一)他人不动产担保物权与所有人不动产担保物权

按照生活的经验，土地所有权人大多是为别人即债权人而设定不动产担保物权的。不动产担保物权通常都是他人不动产担保物权(他人抵押权、他人土地债务)。

96 这种通常情形并不妨碍立法者对一些例外情形进行思考，特别是在所有权人(同时也是债务人)清偿了不动产担保物权的情况下，也不妨碍立法者对其他构成事实进行考量，比如，在抵押权情况下，其所担保的债权从一开始就没有产生。这里有两种截然不同的办法：第一种是，不动产担保物权自始被赋予一个固定的、所谓预留的顺位("价值位序"Wertstelle 或"价值领地"Wertpar-

zelle),在结果上,当他人不动产担保物权消灭的时候,现有的空着的顺位归所有权人享有;第二种是,在这种情况下,规定该他人不动产担保物权消灭,并且后位权利人的顺位晋升。

《德国民法典》选择了一条中间的路线,但在结果上与固定顺位的主张很相近,在以下一系列情况下,担保物权归所有权人(所有人不动产担保物权:所有人抵押权、所有人土地债务):即从一开始他人担保物权就未能产生或尚未产生(如在抵押权的情况下,缺少所要担保的债权);或者事后由于所有权人偿还了债务等原因而使他人不动产担保物权消灭。 97

(二)不动产担保物权体系中的所有人不动产担保物权

1. 不动产担保物权的顺位保持及其价值

顺位固定原则和所有人不动产担保物权制度,都建立在我们现在经常遇到的"不同顺位、价值不同"(verschiedene Bewertung der Rangstellen)的思想上:第一顺位的抵押权要比第二顺位、第三顺位抵押权安全,但是利率相对较低。如果所有权人清偿了第一顺位抵押权,贯彻顺位移动原则的话,就意味着第二顺位、第三顺位抵押权将自动晋升;也就是说,抵押权人在获得了安全顺位好处的同时,还享受了被视为风险激励的较高的利率。按照《德国民法典》最早起草者的观点,这不是一个公平的解决办法;所以,在法典中写道,[在所有权人清偿了第一顺位抵押权情况下],"所有权人取得抵押权"(《德国民法典》第 1163 条第 1 款第 2 句)。由于在实践中经常运用涂销预告登记(Löschungsvormerkung),有鉴于此,最近的法律改革创制了法定涂销请求权(Löschungsanspruch《德国民法典》第 1179a 条),[23] 但是,法定的涂销请求权又使这种"不公平"的解决办法成为可能了。 98

---

〔23〕 参见上文第十七章边码 10 及下一码;第二十章边码 4 及下一码,详见下文第四十六章边码 33 及其以下。

2. 所有人不动产担保物权与附随性

99 所有人不动产担保物权与附随性原理的紧密联系已经被阐述过了；正如我们所知道的那样，没有债权，抵押权是不能存在的。但当被担保的债权自始就不存在，或尚未存在，或后来消灭了，该怎么办呢？民法典把解决办法的目光投向了所有人不动产担保物权制度：在债权产生之前或者消灭之后，所有权人是不动产担保物权的权利人（《德国民法典》第1163条第1款），但这种不动产担保物权不能被称做所有人抵押权（因为的确没有债权），而只能被称为所有人土地债务（《德国民法典》第1177条）。

（三）所有人不动产担保物权的术语

1. 所有人抵押权与所有人土地债务

100 当担保物权是以债权为基础而建立时，所有人不动产担保物权可以被称为所有人抵押权，如果不是这样，那只能被称做所有人土地债务。

例子：为担保G对S的债权，E为G设定了抵押权。如果S没有向G偿还信贷，E替其偿还了。那么G对S的债权就转移到E（《德国民法典》第1143条第1款第1句），随着债权的转移，抵押权也就随之移转了（《德国民法典》第412条和第401条）。这一抵押权就是所有人抵押权，因为它现在担保的是E对S的债权！E可以将该债权连同抵押权一起转让给X。

如果S偿付了信贷，那么，债权就消灭了；抵押权转移给E[24]（《德国民法典》第1163条第1款第2句），这时它是所有人土地债务（《德国民法典》第1177条第1款）。

2. 临时的所有人土地债务与最终的所有人土地债务

101 所有人土地债务可以是临时的。

---

〔24〕 只要不适用《德国民法典》第1164条的例外构成要件。

如 E 为 G 设定了一项抵押权,但这时信贷还未被支付;也可以是终局的,如 E 偿付了 G 的信贷。

3. 原始的所有人土地债务与嗣后的所有人土地债务

原始的所有人土地债务是指一开始就存在的所有人土地债务。 102

例如,所有人为自己设定了一项土地债务。

嗣后的所有人土地债务是指开始是一项他人土地债务,例如抵押权所担保的信贷被偿付之后。

4. 公开的所有人土地债务与隐藏的所有人土地债务

如果所有人土地债务可以从土地登记簿上清楚地看到,它就是公开的所有人土地债务。 103

如所有人为自己设立土地债务,或者在所担保信贷偿付之后自动转移给所有人的抵押权,被作为土地债务在土地登记簿上进行了登记的(土地登记簿的更正!《土地登记条例》第 22 条、《德国民法典》第 894 条)

从土地登记簿上不能被了解到的所有人土地债务,被称为隐藏的所有人土地债务。

如上一个例子中,在土地登记簿更正之前的所有人土地债务。

以上分类标准来自不同的领域,所以很容易造成概念的交叉。

例如,E 为 G 将要向其提供的一笔信贷设定了一项抵押权,在 G 支付信贷之前,这项抵押权是一项临时的、原始的、隐藏的所有人土地债务。

(四)所有人不动产担保物权的产生要件

104 现在,《德国民法典》既然已经选定了所有人不动产担保物权制度这样一种不动产担保物权形式,就要求我们对它进行深入而详细地学习;我们不能自以为我们不会或者很少会遇到这种(很难理解的)制度,而对该法律制度简单地置之不理。因为即便是关于抵押权最简单问题的研究,也要以对这一法律制度的基本概念的认识为前提。

105 为了形象地说明这个问题,举几个例子:E 在其土地上为 3 个人分别设定了 3 个抵押权,对 G1 担保 1 万马克,对 G2 担保 2 万马克,对 G3 担保 1.5 万马克。5 年后,E 对每一笔债权都偿还了 1/3,这时,在偿还的范围内,E 就取得了所有人土地债务。如果 E 找到一个新的资金贷与人 Gx,并且 Gx 愿意清偿全部抵押权,提供由一个抵押权担保的统一利率的一项信贷;这时,应该如何处理呢? 即使 G1、G2、G3 3 人的抵押权依然如旧地被登记在土地登记簿上,很显然,这 3 个人也不可能单独对 Gx 进行抵押权让与,因为他们的抵押权已经部分地作为所有人土地债务转移到了 E 的手中!

在上面所说的例子中,E 的一个债权人想对 E 通过部分还款而产生的所有人土地债务(在土地登记簿上尚未显示出来)进行扣押,他能够实现这一目标吗? 他必须怎样处理呢?

学习了所有人担保物权适用的具体情况后,对其原理就容易理解了。

1. 所有人土地债务的设定

106 最简单的情况是,所有人为自己设定了所有人土地债务(《德国民法典》第 1196 条)。这种土地债务是一项基于法律行为而产生的原始的、公开的所有人土地债务。

所有人土地债务的目的:通过所有人土地债务的让与而赋予债权人一个优先的顺位,从而满足所有人在设定土地债务后产生的信贷需要。这样所有人土地债务也就转化成为他人土地债务或者他人抵押权（联邦最高法院裁判，载《新法学周刊》，1968 年，1671 页；尧尔尼希，《德国民法典评论》，第 1198 条，边码 5 以下）。

2. 他人不动产担保物权的产生出现瑕疵

在他人不动产担保物权设定过程中，还有其他类似的情况，可以用一个关键词“产生障碍”（Entstehungsschwierigkeit）来概括。 107

（1）缺少债权或者证书的交付

这里要提到的是，缺少《德国民法典》第 1163 条第 1 款第 1 句所要求的债权，[25] 或者没有进行《德国民法典》第 1163 条第 2 款所要求的证书的交付。

这两种瑕疵都导致了临时的、原始的、隐藏的所有人土地债务类型之产生。

当然，临时的所有人土地债务也会转化为最终的所有人土地债务，例如信贷谈判破裂或者担保证书最终没有被交付。

（2）物权行为有瑕疵

颇有疑问的是，在物权行为成立时具有瑕疵的情况下，《德国民法典》第 108
1163 条第 1 款第 1 句和第 2 款是否可以被类推适用于此呢？例如，丈夫为他妻子的一项信贷之债设定了抵押权，并进行了登记，但并没有告诉妻子。这

---

〔25〕 缺少债权的情况与法律原因不可个别化的情况是一样的（第三十七章边码 9）。

时,被担保的债权是有了,但缺少一个有效的物权合意。对此的观点很不一致;[26]主流观点否定所有人土地债务的产生,反对主流观点的人则认为,这种情况下后位抵押权人的晋升与缺少债权时的顺位晋升一样不公平。一直受到赞成的是沃尔夫/赖泽尔一书(§145 I 3)中的观点,该书认为,所有权人单方有效的意思表示就足够了;因为《德国民法典》第1196条*也仅仅要求所有权人的单方法律行为即可;至于该不动产担保物权在土地登记簿中没有以所有人土地债务的方式进行登记,并不具有决定性的意义。[27]

3. 清偿与放弃

109 另外一组情况可以被概括到"清偿"与"放弃"项下。

(1)被担保债权的消灭

不管是基于何种法律原因而导致的被担保债权的消灭,都可以归入这一类。

例子:债务人(所有权人)偿付了被担保的债权,或者以一项对等债权与被担保债权进行了有效的抵消。

(2)不动产担保物权的解赎

110 还有一种情况是:并非是债务人的所有权人进行的清偿,从而解赎不动产担保物权(《德国民法典》第1142条、第1143条、第

---

〔26〕 有关观点参见艾克曼,《慕尼黑德国民法典评注》第1196条,边码3—5(具有进一步证明);韦斯特曼(Westermann)/艾克曼,《物权法》,第135章,I 4;维汉姆(Wilhelm),《物权法》,边码726;古尔斯基(Gursky),《物权法、案例与解答》,第14个案例II 4,具有进一步证明;尧尔尼希,《民法典评注》,第1113条;康岑(Konzen),《苏格勒(Soergel)民法典评注》,第1113条,边码4;基夫纳(Kiefner)文,载《许布纳(Hübner)纪念文集》,1984年,521页。

* 《德国民法典》第1196条是关于所有人土地债务取得的规定。

〔27〕 更多的参见沃尔夫施泰纳(Wolfsteiner),《施陶丁格德国民法典评注》第1113条的前言,边码59及下一码,第1163条,边码13,第1196条,边码4及下一码;单基于登记,而没有意思表示,就可以产生所有权人土地债务。

1153 条);这时,享有债权的所有权人获得所有人抵押权(《德国民法典》第 1177 条第 2 款)。

(3)抵押权人的放弃

最后,在这里要提到的是抵押权人对抵押权的放弃(《德国民法典》第 1168 条)。对此,需要放弃的意思表示,并在土地登记簿上进行登记。 111

抵押权的放弃并不影响债权的存在;如果只是债权被免除,按照《德国民法典》第 1163 条第 1 款第 2 句,将产生所有人土地债务。抵押权的废止(Aufhebung 根据《德国民法典》第 875 条和第 1183 条)不同于抵押权的放弃和债权的免除:抵押权的废止并不能产生所有人土地债务,仅导致抵押权的消灭。因为每个抵押权背后都潜在地存在着一个所有人土地债务,所以《德国民法典》第 1187 条要求:废止抵押权时必须要得到所有权人的同意。

4. 物权混同

所有人不动产担保物权产生的最后一组情形,可以被概括为“混同”这一关键词: 112

抵押权与所有权混同于一人(《德国民法典》第 889 条连同第 1177 条)。

例子:E 为 S 的一项债务向 G 设定了抵押权,后来 E 把设定抵押权的土地卖给了 G:这里的所有人抵押权,现在担保着 G 对 S 的债权。

按照《德国民法典》第 1163 条第 1 款第 2 句的规定,在债权人与债务人的地位混同时,产生所有人土地债务。

(五)在没有产生所有人不动产担保物权的情况下,他人不动产担保物权的消灭

那些导致所有人不动产担保物权产生的清偿要件,与他人不 113

动产担保物权的消灭要件是不同的。

1. 废止

我们刚才已经了解了废止的一种，基于法律行为而进行的废止（《德国民法典》第875条）。要进行废止，须要求所有权人的同意（《德国民法典》第1183条），在一定程度上，所有权人以此放弃了"位于抵押权之后的"所有人土地债务。

114 《德国民法典》第1183条法律思想在《土地登记条例》上的对应表述体现在《土地登记条例》第27条：土地权利的涂销必须有所有权人的同意。

一旦遇到其在先权利要转化为所有人土地债务时，后位债权人可以借助于所谓的涂销预告登记（Löschungsvormerkung）和法定的涂销请求权（Löschungsanspruch），强制所有人涂销该所有人不动产担保物权，以实现其顺位的晋升（参见上文第十七章边码10以下、第二十章边码4以下，详情参见下文第四十六章边码33以下）。

2. 通过强制执行得到清偿

115 如果债权人是通过强制执行而从土地中获得的清偿，那么抵押权就消灭了（《德国民法典》第1181条）。

这一规定建立在以下思想的基础上：某一债权人以强制的方式获得清偿，如在土地的从物上进行强制执行或者对土地进行强制管理，那么该土地的价值就降低了。这时有充足的理由允许后位债权人的顺位晋升。但对此应该注意的是，在对土地进行强制拍卖时，随着拍买的拍定，在进行执行的债权人之后的权利将消灭（《强制拍卖与强制管理法》第52条第1款第2句）。

116 例子：一块农地被设定如下的负担：为A设定价值10,000马克的抵押权，为B设定价值15,000马克的抵押权，为C设定价值12,000马克的抵押权。如果A基于其物权性执行名义，以动产强制执行（Mobiliarzwangsvollstreckung）的方式对农地的收成予以变价（鲍尔/施蒂尔纳，《强制执行法、破产法与和解法》，第1卷：《特别执行法》，边码28.2、34.12、34.29），并从中受偿,那么 B 和 C 的顺位获得晋升(《德国民法典》第 1181 条)。

如果 B 对担保土地进行强制拍卖,A 的抵押权为所谓的最低出价(geringstes Gebot)所包括,那么就可以继续存在(《强制拍卖与强制管理法》第 52 条第 1 款第 1 句和第 44 条)。如果拍卖时只卖到 12,000 马克的话,按照《德国民法典》第 1181 条的规定,B 的抵押权在此范围内消灭,同时按照《强制拍卖与强制管理法》第 52 条第 1 款第 2 句的规定,B 剩余的 3000 马克和 C 的抵押权也消灭。拍卖时的买受人 D 则获得了一个附带着 A 的抵押权负担的土地(当然 D 要支付的现金“买”价因此也会相应低些!),而 B 和 C 的抵押权已经消灭(详情参见鲍尔/施蒂尔纳,《强制执行法、破产法与和解法》,第 1 卷:《特别执行法》,边码 36.2 以下)。

(六)作为不动产担保物权人的所有权人

1. 法律地位与法律权限

对此的法律规定(Sedes materiae)是《德国民法典》第 1177 条。根据这一条,那些适用于所有权人以法律行为设定土地债务的规定,对所有人土地债务和所有人抵押权也适用。这意味着,所有人不动产担保物权与他人不动产担保物权被同样对待了。只有以下两点例外: 117

(1)没有强制执行的权限

所有权人作为所有人不动产担保物权人不能自己对其土地进行强制执行(《德国民法典》第 1197 条第 1 款)。 118

理由:所有权人可能会损害后位债权人的利益。他会在土地价位并不能使全部债权人得到满足的时刻进行强制拍卖。他自己将土地拍卖后,按照《强制拍卖与强制管理法》第 52 条第 1 款第 2 句的规定,其后位债权人的权利也随之而消灭,即使这些权利并未得到实现。这一规定的实际意义会因《德国民法典》第 1179a 条的规定而受到限制。

(2)利息、可转让性、可扣押性

119 所有权人原则上不能收取利息(《德国民法典》第1197条第1款)。

此外,一项自动产生的所有人不动产担保物权人可以对其权利自由处分,该权利也可以成为扣押的客体等。

例子:所有权人(也是债务人)E偿还了由债权人G提供,并由一项登记抵押权担保的信贷,G就此向E开具了一份认证*了的收据,借此E可以向土地登记机关证明,原来担保债权的抵押权已经作为所有人土地债务转移给了他,土地登记簿应予以更正(《土地登记条例》第22条第1款第1句)。如果登记簿进行了更正,E就可以将该土地债务转让给新的债权人Gn,并以《德国民法典》第1154条第3款和第873条规定的形式进行。为了避开这样一种很麻烦的途径,实践中,E的中间登记(《土地登记条例》第39条第1款)被认为是多余的,也就是说,E无需事先作为所有人土地债务的权利人进行登记,[28]而直接向Gn转让。

在得到E的同意情况下,仍在土地登记簿上登记的G(尽管是错误的)直接向Gn转让抵押权(实际上是所有人土地债务),这样做是否可行呢?这在实体法上是无权利人(G)的处分行为,但因得到权利人(E)的同意而有效(《德国民法典》第185条)。而在土地登记法上,G作为前登记的"权利人",是有权进行处分的,即可以向Gn进行让与(对此参见上文第十六章边码33以下)。

Gn可以对属于E的所有人土地债务进行扣押,但当E尚未以权利人的身份在土地登记簿上进行登记(大多是这样)时,在技术上会产生困难(对此参见下文第四十六章边码1以下)。有疑问的是,考虑到《德国民法典》第1197条的规定,可否对被扣押的所有人土地债务实施强制执行?现在主流

---

* 认证(öffentliche Beglaubigung)区别于公证(notarielle Beurkundung),前者针对签名,后者针对内容。

〔28〕 参见联邦最高法院裁判,载《德国司法》,1968年,277页;柏林高等法院裁判,载《德国司法》,1975年,136页;德姆哈特(Demharter),第39章,边码19以下。在联邦最高法院裁判(载《新法学周刊》,1986年,1687页)中可以看出,从这种"缩减"中,产生了很多争执(对此还可参见弗尔斯特(Foerste)文,载《法学教育》,1988年,261页);但在那里,前登记被明确地提出了,而且没有被土地登记局办理!

的观点肯定这种可能性,是有道理的(《联邦最高法院民事判例集》,第103卷,30、36页以下;《新法学周刊》,1988年,1026页;详细请见鲍尔/施蒂尔纳,《强制执行法、破产法与和解法》,第1卷:《特别执行法》,边码32.22以下;详情参见鲍尔/施蒂尔纳,《强制执行法、破产法与和解法的案例与答案》,案例10;艾克曼,《慕尼黑德国民法典评注》第1197条,边码8以下;本书下文第四十六章边码7以下)。

2. 所有人不动产担保物权与土地的转让

120 不动产担保物权属于(该权利)产生要件完全完成时的土地所有权人。土地所有权人事后转让了该土地,不动产担保物权仍保留其手中,只不过是自动地转换为他人性不动产担保物权。

所以,这里已经产生的所有人土地债务并不具有下述意义上的主观物权性,即许多"初学者"所认为的那样:即使它没有被明示地让与,它也属于该所有权人!

就像在分期清偿抵押权情况下那样,其(所有人不动产担保物权的)产生要件是分期实现的*,而且在分期清偿期间,所有权人可能会多次变换,那么这多个所有权人中的每一个人都就其清偿范围内享有所有人不动产担保物权(参见上文本章边码52以下)。

121 例子:假设E对一笔由第一顺位抵押权担保的20,000马克的信贷,以每年偿付2000马克的方式分期清偿,他自己清偿了4000马克,(设定担保的土地的)第一个买受人K1清偿了6000马克,最后由第二个取得人K2清偿了剩余的10,000马克,那么,所有人土地债务分散在E、K1、K2三人手中,只不过E和K1的土地债务由于所有权的移转变成了他人土地债务。这里会产生三个问题:

(1)E和K1的他人土地债务可以向K2主张吗?这个问题被否定了,因为这通常与买卖合同的内容和意义相抵触;E从K1,K1从K2处得到了把剩余抵押权(Resthypothek)计算在价金内的、可收取的市场价值;再多部分的不

---

* 此处是指随着每一笔分期付款,就付款额度内产生所有人土地债务。

属于他们了，包括过去移转给他们的、现在已经转换为他人土地债务的所有人土地债务。这意味着，依据《德国民法典》第 433 条和第 439 条第 2 款，K2 可以要求废止 K1 的他人土地债务；K2 也可以根据 K1 基于买卖合同让与给他的、对抗 E 的请求权，要求废止 E 的他人土地债务（《德国民法典》第 434 条、第 439 条第 2 款、第 440 条第 1 款、第 325 条第 1 款第 2 句、第 323 条第 2 款、第 281 条）。

122 （2）在支付了剩余的债务后，K2 可以请求注销全部抵押权呢，还是必须要提供 E 和 K1 的同意证明呢？当然，E 和 K1 明示地表达这种同意，是最稳妥的，可以在买卖合同中表达，也可以事后表达（《德国民法典》第 185 条）。还可以将在买卖合同中表达的"转让"，即将对受让人进行的已产生所有人土地债务的转让，解释为《德国民法典》第 185 条所要求的授权。[29] 如果在以上两种转让的情况下都没有考虑后来的抵押权注销，该怎么办呢？在实体法上，除了要求提供 E 和 K1 的同意证明外，别无他途。交出这种同意证明也是 E 和 K1 基于买卖合同的义务。而在土地登记法上，只需出示由 G 出具的收据，且该收据能够证明 K2 已经全部支付了债务，K2 作出了同意（根据《土地登记条例》第 27 条）即可。因为土地登记法官（Grundbuchrichter）可以相信，G 还是完全数额范围的抵押权人，《德国民法典》第 891 条（连同第 1138 条）* 对他也是适用的。但是，如果 G 出具的收据显示，E 和 K1 也进行了支付的话，土地登记法官就必须要求提供 E 和 K1 的同意（对此请参见《德国民法典》第 1179b 条和下文第四十六章边码 45 以下）。

123 （3）这三个相关所有权人的顺位关系如何呢？《德国民法典》第 1176 条对此作出了回答：K2 的所有人土地债务优先于 K1 和 E 的他人性土地债务，而 K1 的他人性所有人土地债务又优先于 E 的他人性土地债务！

---

〔29〕 参见卡普斯（Kaps）文，载《德意志法律》，1941 年，412 页。

* 《德国民法典》第 891 条是关于土地登记簿的法定推定效力，第 1138 条是关于土地登记簿对抵押权的公信力。

(七)所有人不动产担保物权的法律性质

对所有人不动产担保物权的法律性质存有激烈的争论。[30] 在这里对各种不同的具有代表性观点进行阐述是徒劳无益的;因为所有的理论都是对该权利本质内容的某种程度的重新表述。主流观点把所有人不动产担保物权理解为一项对自己之物享有的独立的限制物权(selbstständiges beschränktes dingliches Recht)。如果人们将为他人设定的不动产担保物权看做是对所有权人变价权能的分割的话,那么现在变价权能也属于所有权人自己了,但是在这里,为了其他担保权人的利益,《德国民法典》第1197条第1款对所有权人的自主权进行了限制。 124

六、按照被设定担保的土地的数量对不动产担保物权进行分类

(一)通过单块不动产担保物权进行的多重担保

一项抵押权通常是为一笔债权在一块土地上设定的;由于债权与抵押权之间的紧密联系,对于一项债权设定多个抵押权是不可能的。 125

例子:如果E已经为G在土地A上设定了一项第三顺位的抵押权,现在出现了这样一种可能性,E同意为G就同一债权在土地B上设定一项第一顺位的不动产担保物权,那么这一不动产担保物权不能是独立的抵押权(《帝国最高法院民事判例集》,第131卷,16、20页;第132卷,128页)。

但是除了抵押权外,还可以再设定土地债务,或者多个土地债务担保一项债权!

---

〔30〕 对各种观点给予概要介绍的有沃尔夫/赖泽尔,第147章;韦斯特曼/艾克曼,第135章,III;沃尔夫施泰纳,《施陶丁格德国民法典评注》,第1177章,边码4及下一码。

如果多项债权被一个或多个土地债务所担保,债权人可以就任何一项债权而充分利用这些担保,而且可以在多笔土地之间进行自由选择(联邦最高法院裁判,载《新法学周刊》,1997 年,2514 页;《新法学周刊》,1998 年,601 页:债权人没有将负担在担保人之间进行分割或者对非债务人提供的担保予以宽大的义务)。

(二)共同抵押权与共同土地债务

126 但将一笔债权的总额向多个抵押权进行分配,或者设定一个共同抵押权,是允许的。按照《德国民法典》第 1132 条的法定定义,共同抵押权是为一项债权而在多笔土地上设定的一个抵押权。至于被设定担保的土地是属于一人还是多人所有,在所不问。

当债权数额太大,以致在一块土地上成立的一项抵押权不足以担保该债权,而且在多个土地上划分为多个抵押权并不合适的时候(参见本章边码 67 的例子),人们首先想到的就是共同抵押权。因此,其最主要的适用领域在不动产分割的情况下,即历史上由来以久的共同继承人之间在继承过程的地产分割。

127 共同抵押权人有着很广泛的权能,赫克(Heck)[31]称其为是一项“有抵押担保的大老爷”(hypothekarischen Pascha)。虽然他享有的责任数额是一次性的,不过他可以随其意愿决定如何行使:他可以将全部担保土地都进行变价;或者仅将其中的一块土地予以变价;或者将其中的多块土地变价,但不是全部;或者所有土地的每一块土地都承担担保数额中的一部分(《德国民法典》第 1132 条第 1 款);他也可以嗣后将所要担保的数额分配到每一块土地上(《德国民法典》第 1132 条第 1 款;详情参见本章边码 43)。

共同土地债务也是可以的(《德国民法典》第 1192 条第 1 款、第 1132 条);只是使用共同土地债务的实际动力要比共同抵押权

〔31〕 第九十四章 I 4。

小得多,因为正如前面已经阐述过的那样,对于一项债权可以设定多个单独的土地债务。

七、新并入联邦之各州的不动产担保物权

从1990年10月3日起,人们可以在新加入联邦的各州设定各种《德国民法典》规定的不动产担保物权了。在土地登记簿上或许还存在着在适用《民主德国民法典》(ZVG)之前、按照《德国民法典》的旧法上*的不动产担保物权。按照《民主德国民法典》第452条以下规定而成立的担保性抵押权及其转化将在本书第六十三章边码10和50以下阐述,还有按照《土地簿册整理法》(Grundbuchbereinigungsgesetz)第1条以下和第10条规定进行的旧权利的更新和转化,也在下文阐述。本书前一版的第三十六章VII对前民主德国的法律有一个简略的概要介绍。 128

八、不动产担保物权与欧盟

欧盟的个别国家只承认具有附随性的不动产担保物权。在一些罗马法系的国家中,不动产担保物权还和法定优先权(gesetzliche Vorzugsrechten)并存,因为这些法定优先权也涉及土地,并使特定债权人以特权的方式优先受偿。部分国家在不动产担保物权之外,还规定了以企业客体的担保权,例如英国的浮动担保(floating charge)和法国的总括抵押(nantissement du fond de commerce),这些制度与土地担保责任的情况有很大不同。不动产担保物权及其效力上的差异性使得进行跨国融资与再融资变得困难,还会损害资金流通的自由性,并且不利于不同国家的银行企业之间进行竞争。为此而提出的进行协调和补救的建议各有不同:如建议以德国的土地债务为样本制定各国统一的不动产担保物权制度(Segré – Bericht,1996年),或者在各国不动产担保物权之外,可以选择适用一种以瑞士的债务证书(Schuldbrief是抽象的债务承诺和土地债务联合体)为模本的"欧洲抵押权"(Eurohypothek),这是1987年由欧盟事务拉丁文公证人事务所委员会(Kommission des lateinischen 129

---

* 指两德分立前的民法典规则。

Notariats für EG – Angelegenheiten)提出的。将所有国家的不动产担保物权只用一种不动产担保物权统一起来的后果,是具有灾难性的,因为这种统一将会取消为了形成更好的法律而进行的法律制度之间的竞争,破坏了不断成长的、旗鼓相当的法律制度多样性的活力。相比之下,在保留各国原有担保制度的前提下补充一种新的担保形式的想法,更让人容易接受。因为它是否被接受可以留待市场去决定。我们不能过于夸张各国国内的担保形式对跨国资金流通所造成的阻碍,在他国法律的担保形式之下进行的跨国资金流通也是不值得指望的,因为那会变得非常混乱。有趣的是,出现了一种建议统一可流通的应用广泛的抽象担保制度*的发展趋势,而在银行与顾客的利益之间,这样的担保制度似乎更倾向于照顾银行的利益。这是抽象原则在欧洲的部分胜利吗?或许人们常常倾向于高效、灵活的格式条款式法学构造,而不是简单发生作用的统一模式。相关文献:施托克尔,《欧洲抵押权》,博士论文,1992年;同一作者的《长期信贷》,1991年,537页以下(综述部分);沃尔夫(M. Wolf)文,载《有价证券信息》,1990年,1941页以下;施蒂尔纳,《泽里克(Serick)纪念文集》,1992年,377页以下;哈伯扎克(Habersack),《从属性——欧洲私法和未来欧洲土地担保法的结构原则》,载《法学者报》,1997年,857页以下(带有很强的历史性论据,较少与实践相关的论据);施塔德勒,《基于抽象而产生的形成自由与交易安全》,1996年,600页以下;也参见下文第三十七章边码52以下,第四十五章边码17—23。

九、下文论述思路之概览

130 与民法典的规定相适应,下面首先讨论抵押权,然后是土地债务。在抵押权方面,我们首先讲述抵押权的常规形式:流通抵押权,接着是担保性抵押权和抵押权的特殊形式。

当我们遵循抵押权所担保的信贷的典型时间流程来对抵押权进行阐述时,抵押权法的入门将会变得很简单:先讨论流通抵押权的成立(第三十七章),然后是流通抵押权的转让(第三十八章),接着我们转向与抵押权自愿

* 指瑞士的债务证书与德国土地债务等。

或不自愿清偿相关的问题,即抵押责任的范围(第三十九章)、抵押责任的实现(第四十章)和抵押权的消灭(第四十一章)。

概览表 18　不动产担保物权的分类

按照附随性	按照流通性	按照债权人的不同	按照被设定担保的土地的数量
1. 抵押权:附随性的,第 1113 条 (1)严格的:担保性抵押权,第 1184 条 (2)弱化的:流通性抵押权,第 1138 条 2. 土地债务:没有附随性,第 1192 条 特殊形式:担保性土地债务——土地债务与债权之间基于担保约定具有一定的关联	1. 证书不动产担保物权 (1)证书抵押权,第 1116 条第 1 款、第 1154 条第 1 款 (2)证书土地债务,第 1192 条、第 1116 条第 1 款、第 1154 条第 1 款 2. 登记不动产担保物权 (1)登记抵押权,第 1116 条第 2 款、第 1154 条第 3 款 (2)登记土地债务,第 1192 条、第 1116 条第 2 款、第 1154 条第 3 款	1. 他人不动产担保物权 (1)他人抵押权 (2)他人土地债务 2. 所有人不动产担保物权 (1)基于法律行为:所有人土地债务,第 1196 条 (2)基于法律: a. 抵押权情况下,缺少所要担保的债权,第 1163 条第 1 款第 1 句 b. 抵押权情况下,债权已消灭,第 1163 条第 1 款第 2 句 c. 抵押权或土地债务情况下,未交付证书,第 1163 条第 2 款 d. 抵押权或土地债务的放弃,第 1168 条 e. 抵押权或土地债务与所有权混同,第 889 条	1. 单独不动产担保物权 (1)单独抵押权:在一块土地上为一项债权进行担保的抵押权 (2)单独土地债务:在一块土地上设定的土地债务 2. 共同不动产担保物权 (1)共同抵押权:在多块土地上为一项债权设定的抵押权,第 1132 条 (2)共同土地债务:在多块土地上设定土地债务

第二分编　抵　押　权

第三十七章　流通抵押权的成立

抵押权是一项限制物权、变价权,其与土地债务相区别的特点在于:它与其所担保的债权之间存在着特殊法律关系,即附随性(参见上文第三十六章边码 59 以下)。由此可知,我们在讨论抵押权的成立时,不仅要像地役权的设定一样注意物权设立行为(参见下文边码 22 以下),还要注意它所要担保的债权(参见下文边码 5 以下)。首先要考察的是,什么样的财产客体可以被设定抵押权(参见下文边码 2 以下)。 1

一、负担客体

从《德国民法典》第 1113 条(土地)和第 1114 条可知,只有土地、与土地相同的权利(例如地上权,参见《地上权条例》第 11 条)和观念上的(按份)共有权的份额(Miteigentumsanteile)(不是共同共有的份额!),才可以成为抵押权的负担客体。 2

例子:一块居住用地上存在着 A、B、C 三人组成的继承共同体的所有权。如果 A 需要钱,他不能在其共同共有份额上设定抵押权。如果共同继承人将其共同 3

继承关系分割为每人是1/3的土地的所有权人的,[1]那么A现在就可以在其按份共有的份额上设定抵押权。但不允许单独的所有权人对其土地,仅就“观念上”的份额设定抵押权(法兰克福高等法院裁判,载《新法学周刊——司法判例报告:民法》,1988年,463、464页)。

如果继承共同体想接受一份由抵押权来担保的贷款,就必须由所有共同继承人来共同设定抵押权(《德国民法典》第2040条)。在这种继承共同体已经通过共同财产分割的方式变成了按份共有之后,如果也有这种贷款的必要,那么,可以由所有按份共有人在所有的各个共有份额上共同设定共同抵押权(《帝国最高法院民事判例集》,第146卷,363页;另参见鲍尔,《针对青年法学者的判例汇编:物权,带有解释性评论的挑选之判决》,第39个案例。具体参见下文边码43以下)。

4 在基于无效的土地买卖合同进行返还时,而买受人在此期间又在土地上设定了负担,按照不当得利法,买受人不负有消除该负担的义务,而是要进行价值补偿(《德国民法典》第818条第2款),这种价值补偿义务可能与被担保债务的承担同时履行(对此参见联邦最高法院裁判,载《新法学周刊》,1991年,917页;《法学者报》,1991年,871页,带有胡特(Reuter)的评论;还有卡纳里斯发表在《新法学周刊》的文章,1991年,2513页)。

二、作为被担保的债权应是确定的金钱债权

5 从《德国民法典》第1113条和第1115条的表述中可以推导出法律对被担保的债权所提出的要求:被担保的债权必须以金钱为标的,并且金钱的数额是确定的,但被担保债权也可以是将来的债权或附条件的债权(《德国民法典》第1113条第2款)。

(一)金钱债权的法律基础

6 被担保的债权不要求必须是债法性质的。任何一种法律基础上产生的债权,只要该债权是以金钱为标的或者可以转化为金钱

---

〔1〕 对此,不动产所有权让与合意和登记是必要的(另参见第十九章边码4和5)。

债权(也就是附条件的金钱债权),[2]都可以由抵押权来担保。

例如,在净益共同体(Zugewinngemeinschaft)的法定财产状态结束后,比如因为离婚而结束,就会产生净益补偿请求权(《德国民法典》第1363条第2款第2句;但是,在婚姻关系还存在时,就对未来的补偿请求权进行担保是不可能的,之所以不可以,是因为根本不能确定夫妇双方谁最终会享有补偿请求权)。此外,也可以用抵押权担保以金钱为标的的遗赠请求权。

对于公法上的金钱债权的担保适用以下的规定:

《强制拍卖与强制管理法》第10条第1款第3项意义上的公法上的土地 7
负担*被优先保护,因为它们本来就是负担在土地上的。它们的顺位在处于第4位的"普通的"土地担保物权人之前(《强制拍卖与强制管理法》第10条第1款第4项)。对于这种公法上的请求权,只有当其不属于《强制拍卖与强制管理法》第10条第1款第3项规定的范围内时,才允许为其登记一个担保性抵押权,或者当《强制拍卖与强制管理法》第10条第1款第3项所规定的这些公法上的土地负担在规定的时间届满后不再受保护时,可以为其登记一个担保性抵押权(这时登记的是附条件的担保性抵押权,参见《捐税法》第332条第5款)。

基于税收债权对动产进行强制执行时,财政机构本身就是执行机构 8
(《捐税法》第249条以下),而基于税收债权对不动产进行强制执行时,要由民事法院按照对不动产执行具有决定性意义的《民事诉讼法》第864—871条以及《强制拍卖与强制管理法》的规定进行。财政机构是执行申请人(《捐税法》第332条)。

---

〔2〕 参见巴伐利亚州最高法院裁判,载《新法学周刊》,1967年,1371页。

* 《强制拍卖与强制管理法》第10条是关于在对土地进行强制执行时的权利的顺位的规定,该条第1款第3项所指的权利是土地上的公法负担缴纳请求权,包括最近四年的土地税、利息、附加费、养老金给付等。

9 债权的法律基础必须可个别化(individualisierbar)。[3] 对同一项债权不能在一块或多块土地上设定多个独立的抵押权(双重担保之禁止！共同抵押权的适用范围:参见上文第三十六章边码126及下一码)。

但允许的是,对于同一项债权,除了抵押权外还设定土地债务或者另有保证人做担保,或者为了防止抵押权人将来在强制拍卖时遭受损失,而在其他的土地上设立作为最高额抵押权的所谓"填补性抵押权"(Ausfallhypothek)(《帝国最高法院民事判例集》,第122卷,327页)。当事人应就债权的转换(Forderungswechsel)达成一致,并且必须注意与抵押权的设立时同样的形式要求(《德国民法典》第1180条第1款)。

(二)债权的确定性

10 被担保的债权必须是确定的,也就是债权人是确定的(参见边码11及下一码),债务人是确定的(参见边码13及下一码),标的是确定的(参见边码15以下);债权的标的必须是履行特定的金钱数额。

1. 债权人的确定性

11 抵押权人与被担保债权的债权人必须是同一的;确切地说:何人享有抵押权取决于谁处于债权人的地位,这两种法律地位不能分开(《德国民法典》第1153条)。

---

〔3〕 联邦最高法院裁判,载《新法学周刊》1994年,460、461页。有争论的是:在法律原因不确定时,是否会产生所有人土地债务(联邦最高法院在上述裁判中的处理是恰当的,另见第三十六章边码107)或者抵押权的设定是否有效;关于这种强制抵押权的问题详情参见鲍尔/施蒂尔纳,《强制执行法、破产法与和解法》,第1卷,特别执行法,第13章边码3,第27章边码14,第38章边码9,第45章边码3;还有福斯特(Foerste),载《民事诉讼法杂志》,第107期(1994年),370页以下。在[不当]得利法上的回复请求权情况下,也有可个别化的法律原因的问题。

当所有权人还不知道何人能向其提供贷款时，那么他不能够设定抵押权，而只能设定所有权人土地债务(《德国民法典》第1196条，参见上文第三十六章边码106以下)，所有权人可以通过让与(也许可能会转变为抵押权)将所有权人土地债务变价。 12

在设立抵押时，必须从土地登记簿上表现出来谁是债权的债权人并因而也是抵押权的债权人(《德国民法典》第1115条第1款)。

如果被担保的债权是由为第三人利益的合同(Vertrag zugunsten Dritter)而产生的，那么该受益人可以作为债权人被登记(巴伐利亚州最高法院裁判，载《德国公证人杂志》，1958年，639页；另参见鲍尔，《针对青年法学者的判例汇编：物权，带有解释性评论的挑选之判决》，第47个案例)。比如为了继任人妹妹的利益，一个农院的继任人(Hofübernehmer)向给予他农院的人(Hofübergeber)许诺进行补偿*，但是给予继任人农院的人也可以作为这一允诺的受领人(这与巴伐利亚州最高法院的观点相悖)(比较上文第五章边码28以下，希贝尔(Hieber)发表在《德国公证人杂志》上的文章，1958年，631页)。

债权人也可以是共同债权人(《联邦最高法院民事判例集》，第29卷，363页；联邦最高法院裁判，载《新法学周刊》，1975年，445页)。《德国民法典》第1180条第2款允许债权人的变更与债权的变更。

2. 债务人的确定性与债权人同所有权人的可不一致性

被担保债权的债务人同被设定负担的土地所有权人不必一致：某人(所有权人)可以从一开始就是为了他人的债务而用自己的土地进行“保证”。这种不一致的情况后面还会发生。 13

例子(见下面的图解)： 14

---

* 在德国农村的传统生活中，父亲有一处农院，如果他有一子一女，一般他会在年老时将农院交给儿子管理，而对女儿则一般要给予一定的补偿。这时儿子就被称为Hofübernehmer，而父亲则是Hofübergeber，但这种Hofübergeber显然不限于父亲，也可能是其祖父或者叔父等，他们都被统一称为Hofübergeber。

(1)为担保C对E的儿子的债权,E在其土地上设定了一项抵押权;这里人们可以称之为自始的不一致。

(2)S为自己的债务在其土地上为G设定价值为10,000马克的抵押权。后来S把该土地卖给了E,并将土地上的抵押权负担考虑进了价金,但债权人G不同意进行债务承担(《德国民法典》第416条!)。这意味着S仍然保留着其个人债务,而E却以其土地承担责任(嗣后的不一致)。

至于补偿问题马上就会变得清楚:

如果所有权人E偿付了抵押权,那么按照《德国民法典》第1143条(和第1153条)的规定,债权与抵押权将移转于E(所有权人抵押权!参见上文第三十六章边码100)。但这一结果只与例一中当事人约定是一样的。在例(2)中,从内部关系上讲,正是E应该偿付该抵押权,因为价金已经相应被少算了;因此,根据《德国民法典》第1143条第1款第2句并结合《德国民法典》第774条第1款第3句的规定,《德国民法典》第1143条在此不适用。应坚持《德国民法典》第1163条的规则,E取得了一项作为所有权人土地债务的抵押权(《德国民法典》第1177条)。

当对人债务人(persönliche Schuldner)S支付债务后,在例一中,E将取得所有权人土地债务,而例二中,抵押权将移转于S,因为S可以基于买卖合同,从所有权人E处要求补偿(《德国民法典》第1164条)。此时,该抵押权担保的是S对E的补偿请求权;除了抵押权的移转外(《德国民法典》第1164条),基于法律的规定还发生了债权的更换。

关于债务人与所有权人的不一致性的示意图

(上文边码14的例子)

基本图形

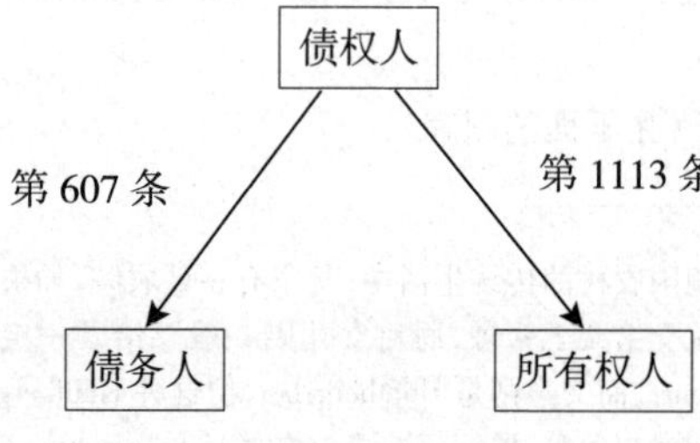

所有权人进行的支付

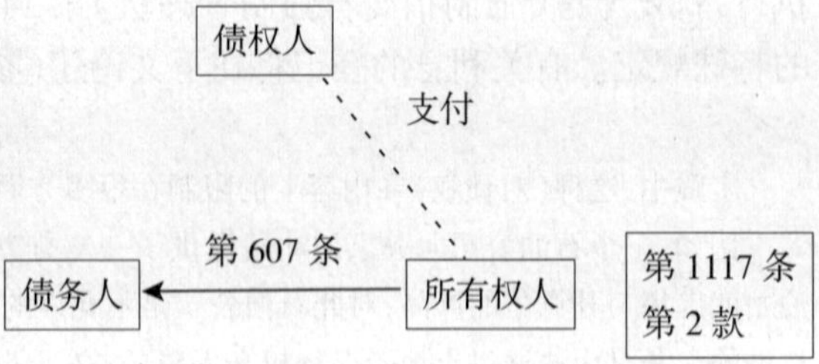

债权人进行的支付

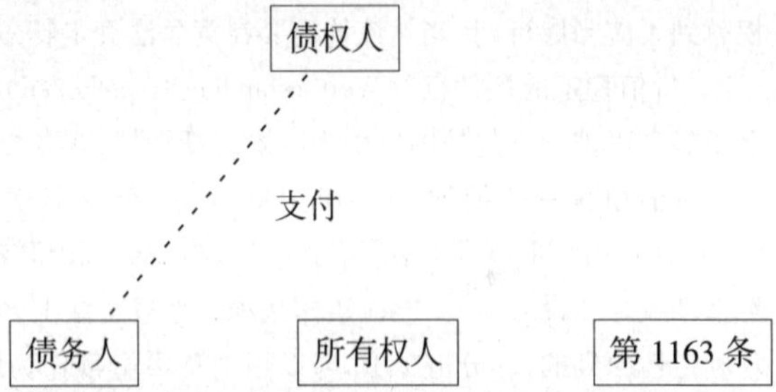

3. 金钱数额的确定性

被担保的债权必须是以履行特定的金钱数额为标的的。以物 15
的交付或者劳务的提供为标的的请求权，和金钱数额不确定的债权(例外:最高额抵押权)一样很少构成抵押权的基础。将来，对“金钱”不能仅仅再理解为国内的货币了，从现在起，抵押权登记时就可以使用欧盟统一的货币、欧盟成员国的货币或者欧洲经济共同体成员国的货币乃至其他的外国货币，只要法规允许即可[4](《土地登记法》第 28 条第 2 句后半段)。在这种情况下进行强制

---

[4] 1997 年 10 月 30 日的条例(Verordnung)(载《联邦法律公报》,1997 年,2683 页)将下列货币列举为可允许的货币:欧元、所有的欧盟货币、瑞士法郎、美元。后顺位的债权人必须考虑到货币的波动(对此参见《强制拍卖与强制管理法》第 145 a 条第 2 目)。

执行，就要考虑《强制拍卖与强制管理法》第145a条和第158a条的特殊规定。有关利息的登记将在下文论述（参见边码28）。

16 实践中，这种（对债权）在内容上的限制在很多方面会造成麻烦：

例如，一个石油公司向一家加油站提供了一笔贷款，但之后不久这家加油站就出售与其竞争的产品，对此石油公司是不允许的。只能出售特定标号汽油的义务是无法通过土地担保物权来保障的（关于役权方式，参见上文第三十三章边码13以下）；但是当事人可以约定一旦违反了协议，贷款和抵押权就到了应当履行期（当然该约定要在竞争法和卡特尔法的界限内）。

17 “价值稳定的抵押权”（Wertbeständige Hypotheken），例如，以特定数量的金子或者不被允许的外国货币为内容的抵押权，或者金钱的价值与特定的物品的价值相联系的抵押权（“10,000马克，至少等于25吨小麦的市场价值”），在货币法上（《货币法》第3条）只有得到德国联邦银行的批准，诸如此类抵押权才能设立。[5] 但在实体法和土地登记法上，大部分情况下，都是违背确定性原则的，部分情况下，与以国内货币金额作为履行标的的必要性是相违背的（详情参见，杜克斯（Dürkes）《价值担保条款》，1992年，第10版；科尔豪瑟（Kollhosser）前引文；斯尔伯特·哈德（Siebelt Häde），载《新法学周刊》，1992年，1、14页以下）。

18 为了避免由确定性所带来的困难，实践中债务人经常在允诺给付的贷款额内作出一项抽象的债务承诺，并以一项抵押权予以担保（参见第三十六章边码76、第四十章边码45以下）。

（三）将来债权和附条件债权

19 被担保之债权可以是将来债权或者附条件债权（《德国民法

---

〔5〕 案例：联邦最高法院裁判，载《新法学周刊》，1960年，523页；1978年6月9日的《德国联邦银行批准原则》，载《联邦公报》，1978年，第109期；参见弗雷克（Fricke）文，载《法律学习》，1987年，591页；麦德尔（von Maydell），《金钱债务与金钱价值》，1974年，372页以下；1983年，2841页；科尔豪瑟（Kollhosser），《价值担保条款》，1985年；卡·施密特，《货币法》（Geldrecht），1983年。

典》第1113条第2款)。

法律以此来满足权利流转的需要;因为大多数情况下,在抵押权设定后债权才能产生(特别是登记簿式抵押权),所有权人必须在先履行。

对附条件债权担保的抵押权会在以下情况下发生:如当一项给付义务(承揽给付)或者不作为义务(竞业禁止!)被附以违约金,而该违约金由一项抵押权来担保。

但是,当事人的合意总是要针对一项确定的债权(威斯特曼,载《法学者报》,1962年,302页);与《联邦最高法院民事判例集》,第36卷,84页(鲍尔,《针对青年法学者的判例汇编:物权,带有解释性评论的挑选之判决》,第46个案例;批评这个判决的有威廉,《物权法》,1993年,边码784处的裁判观点相反,为担保一项基于"建筑债务给付"(Bauleistungen)而产生的,并不存在的债权,设定抵押权,稍后又用来担保一项贷款债权,是不允许的(关于不当得利法上回复的特殊情况,参见下文边码48)。但是可以由第三人,如一项尚未给付贷款对价的抵押权的受让人,来支出贷款。[6] 20

按照《德国民法典》第1163条第1款第1句的规定,只要债权尚未产生、所附期限尚未到来或者所附延缓条件尚未实现,抵押权就以所有权人土地债务的形式归属于所有权人。在所附的解除条件成就时,这一规定同样适用于附解除条件的抵押权(《德国民法典》第1163条第1款第2句)。 21

《德国民法典》第1113条第2款的规定不意味着,为将来债权或者附延缓条件的债权而设定的抵押权已经是一项他人土地担保物权性质的抵押权!《德国民法典》第1113条第2款的规定更多的是土地登记法性质的,对实体法性质的《德国民法典》第1163条的规定不产生影响。

对一项附条件债权设定的无条件的抵押权,不同于附条件的抵押权;如

〔6〕 对此参见伦佩瑙(Lempenau),《在将来权利转让时是直接取得还是间接取得》,1968年,47页以下。

果希望的是后者,就不存在所有权人土地债务的问题(参见《帝国最高法院民事判例集》,第122卷,327页)。

三、物权性设定行为——证书抵押权

先请阅读第三十六章边码86以下。

(一)物权性设定行为的基本要素

22 为了使抵押权更容易流通,《德国民法典》创造了证书抵押权;按照《德国民法典》第1116条的表述,证书抵押权甚至是常态,而登记簿式抵押权却是例外。

这种常态形式意味着:其设定行为除了合意和登记这些限制物权的产生应具备的一般前提外,还须进行证书的交付(《德国民法典》第1117条)。这种麻烦同时也带来了优点,使得证书的交付与贷款的支付同时进行;在此之前抵押权并未产生,已经登记的(未来)抵押权人对该抵押权并不能支配,因为在进行证书抵押权的让与时,必须交付抵押权证书(《德国民法典》第1154条)。

23 当然马上就会产生一个问题:当设定抵押权的行为已经进行了一部分(合意和登记),而另外部分(证书的交付)尚未进行时,设定人的法律地位如何?对此,《德国民法典》视其为所有权人土地债务的一种扩大化形式(《德国民法典》第1163条第2款),是一项原始的、暂时的、隐藏的所有权人土地债务(参见上文第三十六章边码100以下)。

在设定抵押权时,会因为各种情况而产生所有权人土地债务,可能是因为(被担保的)债权尚未产生(《德国民法典》第1163条第1款),也可能是因为抵押权证书尚未交付(《德国民法典》第1163条第2款),最后,也可能是因为不存在物权合意,但至少存在一个有效的所有权人的设定行为(对这一

问题的争论参见第三十六章边码108）。

（二）合意与登记

1. 一般规定

24 《德国民法典》第873条以下原则上可以适用。

2. 登记内容以及对关联的许可

25 在以下问题上，有一些特殊性，[7]即抵押权在土地登记簿上如何被标识出来，以及为了更详细地标明抵押权，可以在多大程度上援引土地卷宗（Grundakten），即与之关联起来。《德国民法典》第874条含有对此的一般规定，根据第1115条，下列内容一定要被登记在土地簿册中，以便使抵押权明确地被定位：

——债权人[8]

——债权金额

——利率

——其他可能的从给付的金额。[9]

26 此外还可以与登记之同意（Eintragungsbewillgung）相关联（《德国民法典》第874条），而且是为了标记该债权而进行关联（《德国民法典》第1115条第1款后半段）；如果债务人与所有权人不是一个人，就会通过对负债原因和债务人的说明的方式，而进行标记。

---

〔7〕 关于为第三人的利益而设定抵押权的问题，参见上文边码12和第五章边码28。

〔8〕 有趣的特例：巴伐利亚州最高法院裁判，载《新法学周刊——司法判例报告：民法》，1988年，980页（不是公司，而是债权人的名字）；哈姆州高等法院裁判，载《德国司法》，1989年，17页（权利人，不是破产管理人或者遗产管理人）；科隆州高等法院裁判，载《州高等法院民事判例集》，1994年，521页（住宅所有权人委员会的成员）。

〔9〕 对其他从给付的登记，伯切尔（Böttcher）在《德国司法》（Rfleger）1980年第81页下进行了详尽的论述。

《德国民法典》第1115条的主要目的在于,通过土地登记簿上的标注本身,使(土地上的)负担的最大限度公示出来。倘若这样做的话,那么不仅是额度,而且对其他细节的约定,如从给付义务,就可以被关联到登记同意之上,[从而被公示](《联邦最高法院民事判例集》,第47卷,41、44页)。但对于不是以金钱为标的也不能转化为金钱债权的请求权,不能通过关联这种方式进行担保(巴伐利亚州最高法院裁判,载《新法学周刊》,1967年,1373页)。

在官方的样本中,登记内容如下:

"年利率4%的5000德国马克贷款贷给了柏林的旅店主格哈德·施奈德。可以参引由某人在某地登记的登记之同意。"

27 大多数情况下,在登记同意中,会含有大量的关于支付方式的约定(例如,何时开始支付利息:《联邦最高法院民事判例集》,第129卷,1、3页;《新法学周刊》,1995年,1081页;仅仅写明"贷款支付日"是不够的:巴伐利亚州最高法院裁判,载《德国公证杂志》,1996年,96页)和终止的理由(普通终止和特别终止)。在《联邦最高法院民事判例集》第21卷第34页中联邦最高法院与下述恶习进行了斗争,即即使有些约定既不属于物权的内容,又不是终止的理由,还是对所有的债权性约定(包括这些约定)都进行了登记关联。那么,这些关联(Bezugnahmen)不能被看做是土地登记簿的内容。

3. 利率的登记

28 利率的登记给实践带来了困难;因为很难在整个贷款期限内对利率额加以固定;利率的高低取决于资本市场的一般状况。因此信贷机构很重视能有一个幅度,在此幅度内它可以按照当时的比例确定利息。这种方式债权法约定原则上是被允许的,只要没有超出《一般交易条件法》的界限,[10]但这种约定(鉴于确定性原则)可以物权化吗?司法判例向信贷实践作出了让步,只要给出一个最高的利率(例如12%),或者可以认为利息范围(如7%—10%)的说明是充分的,并且,在登记同意中表明了债权人可以提高利率或者

---

〔10〕 对此参见赖夫纳文,载《法学者报》,1995年,866页(有进一步的论证)。

应当调整利率,那么,浮动利率(例如约定,高于联邦银行贴现率1%)就是允许的(《联邦最高法院民事判例集》,第35卷,22页;第111卷,324、327页;联邦最高法院裁判,载《新法学周刊》,1975年,1315页;巴伐利亚州最高法院裁判,载《新法学周刊》,1975年,1365页)。[11] 对于用来确定损害总计(Schadenpauschalierung)的利息提高条款,特别是在迟延的情况下,必须经得起《一般交易条件法》第11条第5项和第9项的检验(联邦最高法院裁判,载《新法学周刊——司法判例报告:民法》,1989年,41页;联邦最高法院裁判,载《新法学周刊》,1983年,1542页;另参见第三十六章边码56和脚注2)。无效条款在此范围内有时会使土地登记簿是错误的(《德国民法典》第1163条、第1178条)。如果债权法上的约定按照《消费者信贷法》第6条是无效的,可以在法定利息的基础补正其效力的话,该规则应同样适用于上述情况(参见第三十六章边码45以下)。[12]

(三)证书的交付

1.抵押权证书的授予与内容

在抵押权登记后,土地登记机构"授予"一份抵押权证书,也就是说,土地登记机构制作一份抵押权证书,并在没有其他指示的情况下,将其交给所有权人(《土地登记条例》第60条),所有权人再将该抵押权证书交给债权人,这时,抵押权才产生。 29

这只是立法者的理想的过程!实践中根本不是这么一回事(参见下文边码33以下)。 30

抵押权证书的内容(参见书后附录3和3a的范例)是由《土地登记条

---

〔11〕 关于利息的计算条款参见鲍姆斯,《有价证券法通讯》,1987年,特别增刊第15号;联邦最高法院裁判,载《新法学周刊》,1986年,1803页(《德国民法典》第315条、《一般交易条件法》第9条)。关于在已经登记的"强制执行约束之服从"(Vollstreckungsunterwerfung)中的类似问题的详情参见《联邦最高法院民事判例集》,第88卷,62页;《新法学周刊》,1983年,2262页;施蒂尔纳/明希文,载《法学者报》,1987年,178、181页;另参见第四十章边码36以下。

〔12〕 关于土地登记法官的审查义务参见第十六章边码59以下。

例》第56条和第57条规定的,并且通过1977年6月22日的修订法(《联邦法律公报》,第1卷,998页)对以前的规定进行了根本的简化:[13]简单地说,抵押权证书必须包括关于抵押权的基本说明(《土地登记法》第56条第1款第2句);抵押权证书不再含有一个土地登记簿内容的"简略文本",而只是土地登记簿的簿页号码、被设定负担的土地的号码和与抵押权有关的登记内容(对此参见巴伐利亚州最高法院裁判,载《德国司法》,1980年,429页),也就是说,不包括其他的限制物权,不包括涂销预告登记(《土地登记法》(新文本)第57条)。抵押权的受让人最好自己对土地登记簿的内容进行照相影印!但是,其后再发生的有关抵押权的变化,应当在抵押权证书上进行标注(《土地登记条例》第62条、第63条,例如嗣后的顺位后退(Rangrücktritt),嘎伯德尔(Gaberdiel),《德国司法》,1980年,89页;与之不同的观点参见德姆哈特(Demharter)所著一书中的第62章,边码4)。如果有债务证书(Schuldurkunde)的话,抵押权证书一般与债务证书相联系(《土地登记法》第58条;杜塞尔多夫州高等法院裁判,载《新法学周刊》,1961年,263页);虽然这只是一个法律上的规定,但它可以使抵押权的受让人了解负债的原因,并且在《德国民法典》第1138条的框架内对所有权人给予保护,比如,所以当基于债务证书而产生的一项对抗债权的抗辩,按照该法的方法做,债权人就是知道的,[所以不能根据第1138条,进行善意取得]。

2. 抵押权证书的交付

31 《德国民法典》中所表现出的交付常态是:由所有权人将抵押权证书交付给债权人(《德国民法典》第1117条第1款第1句)。当抵押权人在证书交付时是善意的情况下,"所有权人"也就是"登记簿上的所有权人"。

3. 替代交付

32 按照《德国民法典》第1117条第1款第2句的规定,替代交付与有形交付处于同样的地位:

---

〔13〕 较远的可参见第47—53条土地登记簿的处分(Grundbuchverfuegung);对机器编制的土地登记簿(第十五章边码47),参见第87—89条土地登记簿的处分。

《德国民法典》第 929 条第 2 句规定的简易交付(brevi manu traditio);

占有改定的协议(《德国民法典》第 930 条);

返还请求权的让与(《德国民法典》第 931 条)。

4. 由登记机构直接交付给债权人的约定

实践中最有意义的是:通过所谓的"登记机构面交债权人的约定"来代替抵押权证书的交付:债权人与所有权人约定,债权人有权让土地登记机构向自己交付。有这样的约定,就不再是直到抵押权证书制成或者登记机构交付给债权人时,抵押权才产生,而是在约定时就产生了,但前提是抵押权在土地登记簿上已经被登记了,并且债权也存在。 33

这种由登记机构直接交付给债权人的约定在信贷实践中是常态:这种约定由债权人和债务人在信贷合同订立时达成(没有形式要求!);在申请登记时,所有权人就以认证的形式向登记机关发出指示,要求其将抵押权证书交给债权人(《土地登记条例》第 60 条第 2 款;对此参见沃贝劳尔发表在《德国公证杂志》上的论文,1965 年,518、522 页;威斯特曼/艾克曼,《物权法》,第 1 卷,1990 年,第 1 版,第 112 章第 2 节 4d;附录 4,3 页)。

例子:E 同意为 G 设定一项抵押权,E 与 G 没有达成"登记机构面交债权人的约定",但 E 在其(格式化的)登记申请中指示登记机关将抵押权证书交给 G。登记机关这样做了,在这里,在登记机关将抵押权证书交给 G 时,G 才获得了抵押权,就《德国民法典》第 1117 条第 1 款第 1 句所规定的交付而言,登记机关被视为所有权人的委托人或者使者(不存在《德国民法典》第 1117 条第 2 款所规定的情况!)。 34

如果与之相反,存在一个"登记机构直接交付给债权人的约定",但缺少 E 要求土地登记机关将证书交给 G 的指示,那么,为债权人设定的抵押权在登记时就产生了。即使土地登记机关已经将证书寄给了 E,G 也还是该抵押权证书的所有权人(《德国民法典》第 925 条)。G 可以作为该证书的所有权人向 E 索要抵押权证书(《德国民法典》第 985 条,这里有一项基于作为抵押 35

权设定基础的、债权法上的义务而产生的请求权)。这种直接交付给债权人的协议可以默示地含有"对土地登记机关的指示"(参见德姆哈特所著一书中的第60章),但无论如何要遵守《土地登记条例》第60条第2款和第29条第1款第1句所规定的形式要求。

5. 在抵押权让与时的替代交付

36 不考虑抵押权的设定,替代交付也具有特殊意义,因为按照《德国民法典》第1154条第1款第1句后半段的规定,替代交付在抵押权让与时也可以适用(参见下文第三十八章边码12以下)。

6. 交付推定

37 最后要提到的是,当债权人已经占有抵押权证书时,根据《德国民法典》第1117条第3款,就推定交付了。

这种推定只涉及交付,不能再推定抵押权属于该债权人;这种推定是由《德国民法典》第1138条(连同第891条)得出的,在已经让与证书抵押权的情况下,则是基于《德国民法典》第1155条——例子:巴伐利亚州最高法院裁判,载《德国公证杂志》,1974年,93页。

四、物权性设定行为——登记簿式抵押权

首先阅读第三十六章边码86以下。

(一)物权合意与登记;证书排除及其登记

38 按照立法者的观念,所谓的登记簿式抵押权是例外情形(比较《德国民法典》第1116条的表述)。除了《德国民法典》第873条要求的合意与登记外,对于这种抵押权的产生,还需要以当事人就排除抵押权证书的授予达成合意,并将该"证书排除"登记于土地登记簿之上(《德国民法典》第1116条第2款)。常用的形式是:"没有证书的抵押权"、"无证书"或"证书的授予被排除了"。

二者不一致的情况也是可能的，尽管不常发生。例如，当事人约定了一项证书抵押权，却登记排除了证书的授予，或者相反。因为按照《德国民法典》的规定，证书抵押权是被作为常态来设计的，如有疑问，则假定证书担保权已产生，但在证书签发之前，该证书担保物权为所有权人土地债务。 39

在我们所说的第一个例子中（约定证书抵押权，但登记的是登记簿式抵押权）并未产生登记簿式抵押权（缺少对证书排除的合意），这时存在着《德国民法典》第1163条第2款所规定的情况。

如果当事人约定一项登记簿式抵押权，但并未就证书的排除进行登记，且颁发了一项抵押权证书，那么这将被视为是当事人就证书抵押权达成的一项补充合意（《德国民法典》第140条）。

（二）登记簿式抵押权与证书抵押权的相互转换

登记簿式抵押权可以转换为证书抵押权（《德国民法典》第1116条第3款），反之亦然。在这两种情况下都涉及内容的变化；对类型变化的合意与登记（登记簿式抵押权向证书抵押权转换时，还需要进行抵押权证书的交付）是必需的（《德国民法典》第1116条第2款、第3款）。 40

五、抵押权设定时的特殊情况

（一）对中间信贷的担保[14]

有时债权人会向所有权人允诺一定提供一项建筑资金贷款， 41

---

〔14〕 对此参见伯默尔（Boehmer）文，载《德国法学会杂志》，1940年，173、240页；科尔豪瑟（Kollhosser）文，载《法学工作报》，1979年，179、180页；艾克曼，《慕尼黑德国民法典评论》，第1163条，边码44以下；雷姆斯巴赫（Rimmelspacher）文，载《法学教育》，1971年，14页；沃尔夫施泰纳（Wolfsteiner），《施陶丁格德国民法典评注》，第1163条，边码37和38；韦斯特曼/艾克曼（Eickmann），第112条AI4；威廉（Wilhelm），边码790；曼弗雷德·沃尔夫，边码666；罗布雷希特文，载《企业》，1969年，868页（通过纯粹的证书让与进行信贷担保？）；瓦尔贝格文，载《德国公证杂志》，1956年，229页；《帝国最高法院民事判例集》，第153卷，167页；《联邦最高法院民事判例集》，第36卷，84页。

但他希望在建筑完工时再支付该贷款。这时经常是由另外的资金贷与人来提供一项中间信贷(Zwischenkredit)。对这种信贷的担保方法有以下不同类型:[15]

1. 为中间贷款人利益而设定的抵押权

42 所有权人为中间放款人设定一项抵押权,并且将向最终放款人请求支付贷款额的权利转让给中间放款人。在建筑完成时,最终放款人支出贷款额后,以此为对价,中间放款人将该抵押权转让给债权人。所有权人是债务人和物上的负担人。

2. 对临时所有权人土地债务的让与

43 所有权人为最终贷款人设定一项证书抵押权,在抵押权证书交付和贷款提供之前,该抵押权是作为临时的、附解除条件的所有权人土地债务归属于所有权人的。所有权人将该抵押权以交付证书和书面的让与意思表示的方式转让给中间放款人,中间放款人由此获得了一项附解除条件的他人土地债务。[16] 通常,在这里,中间放款人也受让(对最终放款人的)贷款支付请求权。随着证书交付给最终债权人和最终债权人支付了贷款额,土地债务就自动转化为一项为最终债权人利益的他人抵押权(参见下文第四十六章边码 21 以下,边码 27、28 以下)。

44 当贷款已经被支付了一部分,而中间信贷只得在剩余的额度内给付时,此时证书的交付就出现了困难。部分证书(《土地登记条例》第 61 条)通常不会产生(参见阿贝尔文,载《新法学周刊》,1967 年,2044 页)。此外,最终债权人和中间贷款人都想自主占有未分割的证书。通过确立共同占有关系,可以实现二者的愿望。共同占有允许不同层次的占有,所以最终债权人可以作为直接共同占有人,中间贷款人为间接共同占有人(鲍尔文,载《新法学周刊》,1967 年,22 页;汗恩(Rahn),《储蓄银行》,1965 年,328 页;反对的有,

---

〔15〕 对此参见下文第四十六章边码 22 以下。

〔16〕《联邦最高法院民事判例集》,第 53 卷,60 页。

《联邦最高法院民事判例集》,第 85 卷,263 页;又参见鲍尔,《针对青年法学者的判例汇编:物权,带有解释性评论的挑选之判决》,第 46a 个案例;还有主流观点也反对;参见卡·施密特文,载《法学教育》1983 年,308 页;另参见上文第七章边码 79 以下)。如果人们追随持拒绝态度的通说,就只能用第三人信托保管的办法了,该第三人作为媒介,使最终债权人和中间信贷债权人获得占有。

3. 建筑储蓄银行的"中间信贷"

在最终分配(以最优惠的条件支付建筑储蓄贷款)之前,建筑银行也经常将向建筑储蓄人提供的贷款称为"中间信贷"。但这种信贷与我们这里讨论的中间信贷形式没有关系;因为这种信贷将会马上由最终贷款人(建筑银行)支出,并且由土地担保物权予以担保。 45

4. 其他的选择——由土地债务进行担保

为了避免上述所描述的困难,实践中选择土地债务作为担保手段替代抵押权(参见第四十六章边码 22 以下)。恰恰在中间融资方面,土地债务显示了其灵活性和乐于为消费者接受的特点![17] 46

(二)无效债权

1. 所有权人土地债务的产生

贷款支付后却发现债权无效的情况,并不少见,例如贷款合同因为意思表示不一致而无效或者因意思表示欠缺而被有效撤销等。这时"至少"会产生所有权人土地债务,而且,只要存在一项所有权人有效的设定行为,即使物权合意无效,也会产生所有权人 47

---

〔17〕 另参见沃尔夫施泰纳(Wolfsteiner),《施陶丁格德国民法典评注》,第 1163 条,边码 37 和 38。

土地债务。[18]

2. 对不当得利请求权的担保

48 存有疑问的是,在贷款合同无效却已支付贷款的场合下,抵押权能否担保贷款人的不当得利返还请求权,也就是说,不是所有权人土地债务,而是他人抵押权。一项不当得利请求权原则上说是足够独立化的(参见上文边码9),因此,只要物权协议中表明了相应的当事人意愿,它就可以被担保(对动产质权也是适用的,联邦最高法院裁判,载《新法学周刊》,1968年,1134页,又参见鲍尔,《针对青年法学者的判例汇编:物权,带有解释性评论的挑选之判决》,第53个案例)。在抵押权设定时,具体的物权约定中,对此通常不能提供解决的办法。与主流观点(帕兰特/巴森格,第1113条,边码15;《尧尔尼希德国民法典评论》,第1113条,边码8;雷费尔(Räfle)文,载《有价证券法通讯》,1983年,806页,具有证明;帝国高等法院裁判,载《法学周报》,1911年,653页;其他观点参见威廉,《物权法》,1993年,边码786;艾克曼,《慕尼黑德国民法典评论》,第1113条,边码73)和前引联邦最高法院的观点不同,即反对通常情况下必然得出所有权人土地债务的结论,人们在结论上会采纳赫克的结论(赫克,《物权法概要》,1930年,第87章,第2部分,第2节;更多的论证见雷姆斯巴赫(Rimmelspacher),《信贷担保法》,1987年,第2版,第10章,边码711以下),并会原则上承认是他人抵押权,因为不当得利请求权在一定程度上替代了没有产生的贷款债权,而且是无论如何要负担偿还资金的债务(同样观点参见泽格尔/康岑,第1113条,边码15,联邦最高法院裁判,载《法学者报》,1991年,923、926页,针对没有附随性的土地债务);因此,很容易理解的是,这里存在一项对物权设立合同的补充解释。

3. 抵押权的赠与

49 当所有权人向某人"赠与"了一项抵押权时,要讨论的也是是否成立了他人抵押权。这里按照《帝国高等法院民事判例集》第

---

〔18〕 对此参见第三十六章边码23;另参见《联邦最高法院民事判例集》,第36卷,84、88页。

88 卷 366 页的观点和主流观点，这种赠与不是能够通过《德国民法典》第 518 条意义上的抵押权设定而补正其效力的，这样一来，由于缺少有效的债权，所以不能产生抵押权，而只能产生所有权人土地债务。这种解决办法并不具有说服力，因为在土地债务设定时，可能会作出不同的解决方案（赫克，《物权法概要》，1930 年，第 84 章，第 2 部分，第 3 节），并且第 518 条的意义并未使区别对待被正当化。[19]

4. 出卖妓院与高利贷

以前的通说一直认为，出卖妓院的情况下，买卖合同是无效的（《德国民法典》第 138 条第 1 款），为其剩余价金而设定的抵押权不会产生（《德国民法典》第 1163 条第 1 款第 1 句），而只存在一项所有权人土地债务（《帝国最高法院民事判例集》，第 68 卷，101 页；赫克，《物权法概要》，1930 年，第 84 章，第 4 部分；本书前一版第三十七章，V 2b）。从已经变化了的刑罚规定和社会观念变迁的背景出发，新通说对这类案件进行了区别对待。 50

例子：B 以 300 万马克的价格向 A 俱乐部有限公司出售一块妓院的土地，对尚未支付的 100 万马克价金设定了抵押权，并且进行了登记。之所以能卖 300 万马克，是因为这一价格中把可以开设一家妓院的可能性也考虑在内了（《德国刑法典》第 180a 条），因此构成了违背善良风俗（对此参见《联邦最高法院民事判例集》，第 63 卷，365 页以下；《新法学周刊——司法判例报告：民法》，1990 年，750 页以下）。由于缺少一项有效的债权，所以产生了所有权人土地债务；在依据不当得利法进行土地回复转让的情况下（《德国民法典》第 812 条第 1 款第 1 句、第 817 条第 2 句——值得疑问！），它就转变为了一项他人土地债务，并且用于担保不当得利请求权。从这一点出发，人们可以得出如下结论：如果 C 明知是以贷款的方式购买妓院企业，并以此为目的进行融资的话，该贷款合同应当无效（《德国民法典》第 138 条第 1 款；联邦最高法院裁判，载《新法学周刊——司法判例报告：民法》，1990 年，750 页

〔19〕 表示拒绝的，韦斯特曼 /艾克曼，第 112 章 A Ⅱ 3，有具体证明，但根据我们的观点它们在（形式要件）治愈上过于强调结构的方面。

以下)。只有当对贷款资金偿还的不当得利请求权不存在时(《德国民法典》第812条第1款第1句),才会产生所有权人土地债务。如果人们违背《德国民法典》第817条的规定,承认司法判例中的这一请求权(贷款目的不得通过《德国民法典》第817条第2句合法化),那么按照可以接受的观点,这里就是担保返还请求权的他人抵押权。

51 在高利贷场合下,如果存在《德国民法典》第138条第2款规定的情形(参见上文第五章边码51以下;最近联邦最高法院判例,载《新法学周刊》,1994年,1275页右半栏),他人抵押权的设定行为作为物权行为是无效的。在贷款资金方面(联邦最高法院裁判,载《新法学周刊》,1962年,1148页,对不当得利法上的返还债权,是不能设定有效的担保的(联邦最高法院裁判,载《新法学周刊》,1994年,1275页右半栏),因为对无效的物权设定行为的转换(《德国民法典》第140条)是与《德国民法典》第138条第2款的目的相悖的。相反,产生的是所有权人土地债务,可接受的少数观点就是这样(参见第三十六章边码108和上文边码23、47;格哈特,《不动产物权法》,第8章,第4节;不同观点,例如格伦斯基(Grunsky),《物权法:案例与解答》,1996年,第9版,案例14)。如果高利贷只是因《德国民法典》第138条第1款的规定而无效,因为除了过高的利息没有其他情形的存在(《联邦最高法院民事判例集》,第128卷,257页),那么物权设定行为继续有效。人们究竟是主张所有权人土地债务(《德国民法典》第1163条第1款第1句)还是他人抵押权,取决于人们对上述研究的资金返还之不当得利请求权(《德国民法典》第812条第1款第1句第1种类型、第817条第1句;对此最近的判例有联邦最高法院裁判,载《新法学周刊》,1995年,1152页),采取什么样的态度。

5. 消费者保护法规

52 对于一项由抵押权担保的贷款,也可能会适用《上门交易和类似交易撤销法》(HwiG)第1条的规定。如果贷款人撤销贷款合同(《上门交易和类似交易撤销法》第2条),那么偿还贷款的债权也会随之而消灭,而根据《上门交易和类似交易撤销法》第3条第1款所产生的返还债权,则会被同基于不当得利产生的返还请求权一样对待(参见上文边码48)。第三人作出的设定抵押权的单纯承诺,无论如何都受到《上门交易和类似交易撤销法》第1条以下的规定的调整。撤销排除了第三人的下述义务,即在借贷债权继续存在的情况下,已经设定的抵押权将会移转给所有权人(《上门交易和类似交易撤销法》第3条),并成为所有权人土地债务(第1177条第1款)的义务,或者涂销已经设定的抵押权的义务(第875条、第1183条);可以设想的是,通过放弃抵押权,从而产生所有权人土地债务(《德国民法典》第1168条第1款;关于土地债务的类似问题,另参见第四十五章边码17—23)。

当一项贷款合同按照《消费者信贷法》的规定无效时(《消费者信贷法》 53
第1条第1款、第3条第2款第2项、第4条第1款第4句第1项、第6条第1款),设定抵押权的义务也无效;在贷款额尚未被支付之前已经存在的抵押权是所有权人土地债务(《德国民法典》第1163条)。在贷款额支付后,在贷款合同效力被补正的情况下(《消费者信贷法》第6条第2款),可以在合同约定的偿还请求权范围内产生一项他人抵押权。假如第三人在其土地上设定一项抵押权,那么《消费者信贷法》对他不适用(存有争论,土地债务的类似情况参见第四十五章边码17—23)。

(三)多数债务人——多数债权人

债务人与所有权人不必一致(参见上文边码13及下一码)。 54
所有权人与其他人也可能是被设定抵押权担保之债权的共同债务人;例如,一个由A和B组成的民事合伙需要钱,为此A在其自己的土地上设定了抵押权。

债权人和抵押权人则必须是同一人。关于以一个抵押权对多数债权进行担保的问题,参见上文边码12。

(四)对立即进行强制执行的服从

为了能基于抵押权而对土地进行强制执行,抵押权人需要一 55
个所谓的物权性执行名义(dinglicher Titel)。在该执行名义中表达的意思是:所有权人有义务容忍债权人对被设定负担的土地在一定的数额内进行强制执行。而嗣后经过交涉再来获取该种名义(大多是一份判决)会有困难,且另生费用。因此,债权人经常是在抵押权设定时就要求,债务人服从于在土地上的立即之强制执行,并就此作出一份经过公证的证书(《德国民事诉讼法》第794条第1款第5项)。这种对立即强制执行的服从,一经在土地登记簿上进行登记即可生效,并且可以对抗获得该土地所有权的后手权利人(《德国民事诉讼法》第800条)。其形式为:“该所有权人服从于立即之强制执行”(详情参见下文第四十章边码36以下)。

关于作成证书的范围,参见《联邦最高法院民事判例集》,第73卷,157页。

第三十八章　流通抵押权的转让

先请阅读第三十六章边码 86 以下。

一、一般原则

(一) 流通抵押权的可转让性及其实际意义

1 属于某个人所有的权利(具有很强人身依附性的权利除外)是可以转让的,而且通常会像债权那样,可以通过没有形式要求的合同进行(《德国民法典》第 413 条和第 398 条)。[1] 所以,立法者认为抵押权(流通抵押权和保全抵押权)可以让与是理所当然的事。的确,为了增强抵押权的流通能力,立法者以流通抵押权的形式构造了土地担保物权,这为权利的受让人(Erwerber)提供了充分的保障(对此参见上文第三十六章边码 80 以下)。

2 抵押权让与的适用范围(Anwendungsbereich)在实践中并不大;各种形式的银行机构(包括建筑储蓄银行)都不习惯于转让其抵押权,而是将其保存在它们的

〔1〕 关于对可让与性的排除,参见上文第四章边码 20 以下(有进一步的论证)。

公文包里。[2] 所以只有对私人贷款人,抵押权的让与才显得具有实际意义,他们通过出让将抵押权予以变现,如果他们不进行变现,他们可以将抵押权向他们的贷款人设定质押。

(二)对抵押权和债权转让的法律规定概览

3 关于抵押权让与规定的效力是复杂的,因为附随性原理(赫克,《物权法概要》,1930 年,对此上文第三十六章边码 73 以下和 86 以下已有论述)使其变得暗淡无色:按照《德国民法典》的术语,不是抵押权被让与,而是债权被让与(参见《德国民法典》第 1154 条第 1 款第 1 句)。随着债权的转让,抵押权也转移到新的债权人处(《德国民法典》第 1154 条第 1 款,赫克非常形象地称之为"跟跑性"(Mitlaufgebot)!),债权不能在没有抵押权的情况下进行让与,反之抵押权也不可以在没有债权的情况下而进行让与。

按照《德国民法典》的术语被转让的是债权,抵押权只是债权的附属物而已。

4 立法者的这种观念绝对与生活的观念不符:通常对于信贷的往来起决定作用的不是债权,而是作为物权性担保权的抵押权。这也可以通过以下事实来体现,即人们总是说起第一顺位的抵押权还是第二顺位的抵押权,并以此来确定土地担保物权的可靠程度。至于债务人是否有信用,只是在贷款关系建立时发挥作用;这一点并不具有决定性意义,因为除去一般的信用基础可能被突然破坏外,归根结底对于债权人能够对被设定担保的土地采取措施的可能性才是决定性的。

5 因此,与这种基本观念相适应,没人说什么"被抵押权担保的债权"的让与,全世界的人对此都是以"抵押权的转让"、"抵押权的质押"、"抵押权的清偿"等相称。

---

〔2〕 除非在例外情况下为了再融资,他们才需要他们的抵押权。

民法典不能对生活的现实熟视无睹，在与其相关的规定中，抵押权（物权）也表现出比债权强大，民法典对此作出让步，并从以下方面发挥影响：

1. 形式

债权的让与无需任何形式要件（《德国民法典》第 398 条），但受抵押权担保之债权的让与则须以土地登记法所规定的形式进行，对此在登记簿式抵押权和证书抵押权之间存在着很大的不同（参见下文边码 10 以下）。 6

2. 从无权利人处的取得

对于从无权利人处的取得，《德国民法典》第 398 条、第 404 条（对不存在的债权不发生善意取得！）的规定与《德国民法典》第 892 条、第 893 条（不存在但已登记的物权可以善意取得！）正相反。在对这一分歧进行抉择时，正如《德国民法典》第 1138 条的规定所显示的那样，立法者又不得不作出让步，对此证书抵押权和登记簿式抵押权又显示出不同的特性（参见边码 31 以下）。 7

3. 合法性证明

谁宣称自己是某一项债权的债权人，在遇有争议时，就必须对此加以证明。而《德国民法典》第 891 条作了有利于被登记为物权人的人的规定。在抵押权法上，这一规定也适用于债权（《德国民法典》第 1138 条）；参见下文边码 47 以下。 8

4. 抗辩

按照《德国民法典》第 404 条的规定，债务人可以以其对让与人享有的所有抗辩事由对抗新的债权人。但为了不降低作为物权的抵押权的价值，这一原理也需要修正（《德国民法典》第 1156 条、第 1157 条）；参见下文边码 47 以下和 63 以下。 9

二、证书抵押权转让的形式

（一）构成要件

正如我们所知道的那样，证书抵押权是抵押权的常态形式；这 10

里我们可以粗略地说，抵押权因证书而有形化。这必然也会对其让与的形式产生影响：

就抵押权的转移达成没有形式要求的合意（正确的说法应是：就债权的转移达成合意，参见《德国民法典》第 1154 条第 1 款的表述）和抵押权证书的交付始终是必需的。

接着就必须做以下事情：

要么将让与在土地登记簿上进行登记；

要么"以书面形式"（《德国民法典》第 1154 条第 1 款和第 2 款）"给予一份让与声明"（Abtretungserklärung）（不需要同时有受让人的接受声明！）。[3]

11 对于必须具有物权合意和证书的交付这一点，无需过多的解释就很清楚；第一个必要性与物权合意原则（Einigungsprinzip）相符，而第二个是与作为证券权利的抵押权的性质相适应的。而要么在土地登记簿上进行登记，要么给出一份书面的让与声明的要求，则是源于人们希望将让与的过程有凭有据地记录下来的努力；人们可以随时基于土地登记簿或者（和）书面的让与声明追溯债权人的时间顺序。声明的书面内容原则上应包括让与声明、对被让与之债权的标明及所让与的利息（法兰克福州高等法院裁判，载《新法学周刊——司法判例报告：民法》，1993 年，1299 页）、让与人和受让人的名称（联邦最高法院，《新法学周刊——司法判例报告：民法》，1992 年，178 页）。不过，在所谓的空白让与（Blankzessionen）的情况下，该空白证书是不够的，与法律的规定相适应，在让与证书上并没有给出受让人的名字，而是空着。只有在空白证书填写上受让人的名字，让与才生效。空白证书的交付通常意味着授权（《帝国最高法院民事判例集》，第 81 卷，257 页；《联邦最高法院民事判例集》，第 22 卷，128 页；《德国公证杂志》，1957 年，649 页，鲍姆格特尔（Baumgärtel）评论；德勒（Dölle），《马丁·沃尔夫纪念文集》，1952 年，23 页以下；韦斯特曼/艾克曼：《物权法》，第 1 卷，1990 年，第 6 版，第 120 章，第 2 节）。

---

〔3〕 对此参见《联邦最高法院民事判例集》，第 85 卷，388、392 页。

在权利取得的过程中，当时的抵押权人的处分权必须是存在的（例子，法兰克福州高等法院裁判，载《德国司法杂志》，1968 年，355 页）。

（二）证书的交付

《德国民法典》指引第 1154 条第 1 款第 1 句、第 2 句应援引适用第 1117 条，要求受让人从当时的债权人处取得对证书的直接占有，但也允许替代交付（参见上文第三十七章边码 29 以下）。 12

例子：G 对 E 的土地拥有一份价值 10 万马克的抵押权。他想把这个抵押权的一部分 5 万马克转让给 D，并且为此而向土地登记机构递交了抵押权证书，申请按照《德国民法典》第 1152 条和《土地登记法》第 61 条制作部分抵押权证书（Teilhypothekenbrief）。这里如果存在合意和书面的让与声明，D 在所谓的“登记机构直接交付给债权人的约定”（《德国民法典》第 1117 条第 2 款）达成时即成为了抵押权人。嗣后由 G 或土地登记机构进行的部分抵押权证书的交付对部分抵押权的让与已经没有意义（更多的例子：科隆州高等法院裁判，载《新法学周刊》，1957 年，104 页；联邦最高法院裁判，载《家庭法杂志》，1965 年，490 页；另参见由冯·普利特维茨（Prittwitz）和加弗龙（Gaffron）所著文章，载《新法学周刊》，1957 年，85 页）。随着抵押权“在土地登记簿外”（参见第三十六章边码 87 以下）进行的部分让与，部分权利人之间的顺位确定也是可能的，这种顺位的确定无需所有权人的同意（《德国民法典》第 1151 条），这种顺位无需在土地登记簿上登记（与《德国民法典》第 880 条第 2 款的规定相反！），而是通过确定顺位的让与协议即可产生，在土地登记簿上的登记就像让与登记一样通过更正的方式进行（《德国民法典》第 894 条、《土地登记法》第 22 条；另参见杜塞尔多夫州高等法院裁判，《有价证券法通讯》，1991 年，1612 页；哈姆州高等法院裁判，载《德国司法杂志》，1992 年，340 页，带有迈尔—施托尔特（Meyer－Stolte）的评论，386 页；此外还有本书附录 3a）。

经常是部分抵押权证书不能产生，这时部分抵押权的让与往往是通过未分割的抵押权证书的交付（或者通过相应的替代交付）进行的或者通过引入对抵押权证书的共同占有来进行让与（参见拉恩（Rahn），《储蓄银行》，1965 年，328 页；阿贝尔文，载《新法学周刊》，1966 年，2044 页；鲍尔文，载《新法学 13

周刊》,1967年,22页;其他观点参见《联邦最高法院民事判例集》,第85卷,263页,在此,不同等级的共同占有作为替代交付受到反对;参见上文第三十七章边码44)。

14 按照联邦最高法院裁判,《新法学周刊——司法判例报告:民法》,1993年,369页的观点,通过第三人产生的占有取得,只有当该第三人是作为出让人的"代理人"时,才是充分的。赖尼克/蒂特克文,载《新法学周刊》,1994年,345页对此是不同意的,因为在作为不动产行为的占有取得的情况下,《德国民法典》第164条以下的规定恰恰是不适用的,并且必须适用关于指示取得(Geheiβerwerb)的规定(参见下文第五十一章边码15)。唯一必要的是,由第三人按照出让的债权人的意愿获得抵押权证书(类似的问题参见科尔豪瑟,《经济法判例集》,《德国民法典》第1155条,1/93,254页;哈格尔文,载《经济法杂志》,1993年,1446页;参见下文边码38)。

(三)让与声明的认证

15 对于出让人的让与声明,《德国民法典》要求书面形式即可(《德国民法典》第1154条第1款第1句)。而对于受让人,只有经过认证的让与声明才是一个充分的完满的证明(《德国民法典》第1155条、第1160条第1款前半段、第1161条)。因此,《德国民法典》第1154条第1款第2句赋予新债权人可以要求对让与声明进行认证的权利(例子:联邦最高法院裁判,载《新法学周刊》,1972年,44页)。

由此简单明了地说,《德国民法典》从一开始就要求进行认证。因为债权人自我证明的必要性,强制他只能通过对让与进行认证(öffentliche Beglaubigung)来证明。

(四)关于未结清的从给付请求权之让与的形式自由

16 需要注意的是,对未结清的利息请求权或者其他从给付请求权的让与没有形式要求(《德国民法典》第 1159 条);参见下文边码 79 以下和 86。

三、登记簿式抵押权转让的形式

登记簿式抵押权的转让没有丝毫困难,因为对此适用的是纯粹的不动产法,所需要的是物权合意和登记(《德国民法典》第 1154 条第 3 款)。 17

这里也需要注意的是,对未结清的利息请求权或者其他从给付请求权的让与没有形式要求(《德国民法典》第 1159 条)。

三 A、形式——补充:抵押权的负担

抵押权具有财产价值,该价值不仅可以通过权利的完全让与实现,而且也可以通过设定负担而实现。在实践中通过强制执行而产生的强制的负担,至少和基于法律行为进行的权利转让同样重要。 18

(一)用益权和质权的设定

作为以法律行为进行的负担形式,只有用益权和质权可以考虑(《德国民法典》第 1068 条、第 1273 条)。因为用益权和质权的设定(按照其实质)可以被看做是权利的部分让与,因此对抵押权转让而言的必要性规定相应地也适用于负担(《德国民法典》第 1069 条、第 1080 条、第 1274 条、第 1291 条)。例如,证书抵押权通过设质合意、书面的设质声明或者将质押登记于土地登记簿之上来设定质押。实践中,人们也可以用抵押权的担保让与来代替抵押权的质押。 19

(二)扣押

通过强制执行的方式进行的抵押权扣押,其目的是建立一个扣押质权, 20

适用该质押的规则因抵押权是证书抵押权,还是登记簿式抵押权而有所不同。[4]

(1)证书抵押权

对于证书抵押权的质押需要一个执行法院的扣押裁定(这一定程度上代替了当事人自由的设质合意和书面的设质声明!)和向债权人交付抵押权证书(《德国民事诉讼法》第830条第1款第1句)。如果债务人(即抵押权人)不愿意交出抵押权证书,法院的执行官将以扣押决定为根据拿走抵押权证书。

(2)登记簿式抵押权

21 对于登记簿式抵押权的质押需要扣押裁定(Pfändungsbeschluβ)和在土地登记簿上进行扣押登记(《德国民事诉讼法》第830条第1款第3句)。预扣押(Vorpfändung,《德国民事诉讼法》第845条)也是允许的,并且可以在土地登记簿上登记(策勒州高等法院·下萨克森州裁判,载《德国司法》,1958年,93页)。[5]

对被扣押的抵押权进行变价需要法院的转交裁定(Überweisungsbeschluβ)(《德国民事诉讼法》第835条、第837条)。

四、从无权利人处的抵押权取得

先请阅读第三十六章边码80以下。

(一)善意取得的法律构成

22 《德国民法典》第1138条的规定一方面遵循了附随性原理,另一方面也促成了善意取得原理的适用。公信力因此而向债权扩

[4] 详情参见鲍尔/施蒂尔纳,第1卷,特别执行法,边码31.1以下;下文边码118以下和第六十二章边码38以下。

[5] 按照主流的观点,这种预扣押无需交付证书或者进行登记即可生效;登记的效力在于更正(托马斯/普佐(Putzo),第845条,边码7;鲍姆巴赫/哈特曼,第845条,边码10有进一步的论证)。

展,但仅以承担抵押权的债权的必要数额为限。受让人获得的只是一项抵押权,绝对没有获得对人债权。这一点在实践中是这样发挥效力的,即善意取得人可以对所有权人(债务人)提起抵押权诉讼,但不能以对债务人的全部财产进行强制执行为目的而提起对人债务诉讼。

《德国民法典》第 1138 条只是在缺少债权(和针对债权存在的一定的抗辩权)时适用,否则如果缺陷存在于物权领域时,则直接适用《德国民法典》第 891—899 条。当债权与物权都不处于常态(nicht in Ordnung)时,《德国民法典》第 1138 条可以伴随《德国民法典》第 891 条以下而进行适用。 23

例子:(1)E 起初从 G 处获得一份没有担保的贷款,后来在 G 的敦促下就此设定了一项抵押权。但在这一时刻 E 已经没有了行为能力。这样 G 没有获得抵押权。如果 G 将该抵押权让与给善意的 D,那么 D 就获得了债权(因为此时该债权是属于 G 的)和抵押权(《德国民法典》第 892 条)。关键词:缺少物权。 24

(2)E 为 G 就尚未支付的价值 1 万马克的贷款设定了一项登记簿式抵押权。在尚未提供贷款的情况下,G 将该抵押权让与给善意的 D。这时物权行为没有问题,但事实上 G 根本没有抵押权,而毋宁说是所有权人土地债务(《德国民法典》第 1163 条第 1 款第 1 句)。尽管如此,D 还是获得了该抵押权(《德国民法典》第 1138 条和第 892 条)和债权,但该债权只是作为抵押权的“基础”。D 获得了没有债权的抵押权,而不是有些人所认为的土地债务(参见沃尔夫/赖泽尔:《物权法》,1957 年,第 10 版,第 137 章,第 2 节)。关键词:缺少债权。D 将提起带有以下请求的诉讼: 25

A. 判决 E 向 D 支付 1 万马克;

B. 就 1 万马克的数额要求容忍对土地的强制执行。

那么就第一个请求 D 将被拒绝,第二个请求将得到满足。D 只能在被设定抵押权的土地范围内进行强制拍卖或者(和)强制管理,对 E 的其他财产不能执行。

如果 E 基于对人债权和抵押权已经服从于立即的强制执行(与信贷实 26

践的通常情况相符),那 D 作为 G 的权利继受人可以行使该权利(《德国民事诉讼法》第 795 条、第 727 条、第 799 条)。但 E 可以就有关对人债权的诉讼成功地提起执行异议之诉(Vollstreckungsgegenklage),因为贷款尚未支付(《德国民事诉讼法》第 795 条、第 767 条、第 797 条第 4 款),但不能对抗物权性执行名义。

27 (3)如果人们把上述两个例子结合在一起,既缺少债权又缺少物权,那么 D 仍然能够成为抵押权人:关于缺少的物权,《德国民法典》第 892 条可以直接"帮助";关于缺少债权《德国民法典》第 892 条可以间接"帮助"(通过援引《德国民法典》第 1138 条)。关键词:缺少物权和债权。

28 (4)对于债权和抵押权属于被登记人之外的另一人的情况,也是同样处理。

G 将其抵押权向 Z 有偿出让,Z 作为抵押权人进行了登记。Z 立即将该抵押权转让给了 D。其后 G 基于恶意欺诈(《德国民法典》第 123 条)有效地向 Z 撤销了债权和抵押权的让与,并产生让与自始无效的后果;尽管如此,善意的 D 还是获得了抵押权(《德国民法典》第 892 条同第 142 条第 2 款,第 1138 条同第 892 条和第 142 条第 2 款)。对人债权不能回复让与给 G,而是被 D 所取得。[6]

对被登记的表见债权人的履行,参见下文边码 108 以下。

(二)土地登记簿的更正和异议

29 第 1138 条指向的不仅仅是第 892 条、第 893 条,而且指向了关于土地簿册更正的规定(第 894—898 条)以及[登记]异议的规定(第 899 条)。这意味着:

(1)更正请求权也可能涉及关于债权或者针对债权存在的抗辩权的非正确性;

〔6〕 对此存有争论,参见格恩胡贝尔,《民法》,255 页;赖尼克,《善意取得》,117、133 页;雅尔文,载《法学教育》,1963 年,356 页;威廉,边码 719;沃尔夫施泰纳,《施陶丁格德国民法典评注》,第 1138 条,边码 6;古尔斯基,《物权法》,76 页有进一步的论证。

(2)就债权方面而登记之异议阻止了对抵押权的善意取得。

在借贷式登记抵押权(Darlehensbuchhypotheken)情况下,第1139条为针对没有付出贷款的异议登记提供了根据,而且,规定自抵押权登记一个月内申请的,并被登记的异议之效力,溯及到抵押权登记的那一时刻。 30

原因:与证书式抵押权相反,在登记簿式抵押权情况下,同时履行是不可能的,所有权人(同时也是债务人)严重受到非正当的抵押权人的威胁。所以登记式抵押权被登记后的一个月内,不得取得该登记簿式抵押权!

注意:第1139条这一特殊规则,仅适用于贷款没有被付出(Nichtauszahlung)的情况下;在其他情况下,适用第899条的一般规则,尤其是异议登记没有溯及力。

五、从无权利人处的抵押权取得——证书抵押权的特殊性

先请阅读第三十六章边码87以下。

(一)问题的提出

抵押权证书使得抵押权的流通能力大大加强了,它使登记簿册以外的权利取得成为了可能。此外,在涉及抵押权善意取得的时候,又会产生一些困难。因为第892条、第893条,与转引到这两个条文的第1138条一样,也是以土地簿册状况(Grundbuchstand)为出发点的;但在证书式抵押权移转时,却不必一定使用土地簿册。所以,第一个问题是:证书式抵押权取得人可以对让与人单纯的证书占有连同让与表示信赖吗(参见下文边码32及其以下)?第二个问题是:在证书与登记不一致的情况下,法律状况如何(参见下文边码41及其以下)? 31

(二)通过让与表示证明自己的证书占有人之取得

32 第1155条[7]试图解决第一个问题(注意它直接位于抵押权让与之后!)。该条规定,能够被回溯到某个被登记的债权人的、被认证*的让与表示次序所证明的证书占有人,在善意取得规定(第891条及其以下,第1138条)方面,就像他被登记在土地簿册中一样被对待。因此,该"链条"以及证书占有一起代替了登记簿册上的登记。根据联邦最高法院的观点,让与人必须直接或者间接地对证书进行自主占有(Eigenbesitz)。文献中的观点是正确的,其只强调,让与人单单具有使相对人获得占有的能力就可以了("占有促成力"Besitzverschaffungsmacht),比如可能的是所谓的指派取得(Geheiβerwerb),就如在第929条第1句、第932条的情况下那样。[8]

我们在上文边码15已经指责过了,法律(第1154条)规定,在让与时,书面的让与表示——加上证书的交付——就足够了,但就善意取得效果而言,要求有经过认证的让与表示(öffentlich beglaubigte Abtretungserklärungen)。

33 例子:(1)G将证书式抵押权让与给D,D又让与给了X,X让与给Y,并且每次都以认证(或者做成公证证书)的形式进行的。如果D有精神病(第104条第2项、第105条第1款),那么,G与D之间的合意,以及D与X之间

---

〔7〕 对此参见莫尔特克(Moltke)文,载《民法实务档案》,第142卷,257页及其以下。

* 认证(öffentliche Beglaubigung)区别于公证(notarielle Beurkundung),前者针对签名,后者针对内容。

〔8〕 联邦最高法院裁判,载《新法学周刊——司法判例报告:民法》,1993年,369、370页;同样的还有,艾克曼,《慕尼黑德国民法典评注》,第1155条,边码2;施瓦布/普律廷,《物权法》,第60章,III 2;与这里一样,不同的观点还有,赖尼克/蒂特克文,载《新法学周刊》,1994年,第345条及其以下;哈格尔文,载《经济法杂志》,1993年,345页及下一页;巴森格,《帕兰特德国民法典评注》,第1155条,边码2;科尔豪瑟文,载《经济法判例集》,《德国民法典》第1155条,1/93,254页;另参见上文边码14以及第五十一章边码15,第五十二章边码13;还有下文的[诸多]例子。

的物权移转合意是无效的。所以,D 与 X 都没有成为抵押权人。也就是说,Y 与非权利人签订了合同;但因为 X 被认证过的让与表示之链条所正当化,所以 Y——以善意为前提——取得了抵押权。在 X 只授予 Y 一个书面的(schriftlich)让与表示书的时候,也是如此。因为,这只取决于,出让人 X 可以通过一个认证的"链条"证明自己。

在 G 与 D 之间的让与被登记在土地簿册中的时候,结果也是一样的;因为,即使在这种情况下,该次序链条也追溯到了被登记在土地簿册中的债权人。

如果一个被认证的让与表示是被伪造的,法律状况又如何呢?比如,有 34
行为能力的 D 的雇员,伪造了他的老板签字,认证了抵押权(也是在欺骗认证机关的情况下),并让与了抵押权。对该问题的争议很激烈;《帝国最高法院民事判例集》,第 85 卷,58 页以及第 86 卷,262 页中的裁判〔9〕认为,即使是被伪造的,外在的无异议的被认证之让与表示,也是足够的,而赫克(《物权法要义》,400 页)与沃尔夫/赖泽尔(《物权法》,第 142 节,评论 17)却否定了第 1155 条的构成要件,这是很有道理的,不能遵循帝国最高法院的观点,因为第 1155 条的确以真实的(echt)让与表示为前提的(同样的观点,还有布伦瑞克法院裁判,《州高等法院民事判例集》,1983 年,220 页及其以下;《尧尔尼希德国民法典评注》,第 1155 条,边码 4)。

(2)在上述例子中,E(即 S)偿还了对 Y 的债务;正确的是:Y 的确已经 35
根据第 1155 条连同第 892 条,成为了完全有权的抵押权人。现在,如果我们假设一下,因为 X 是完全无行为能力,X 与 Y 之间的让与是无效的,那么,E 还是可以向 Y 履行;因为现在适用第 1155 条连同第 893 条。如果要享有第 1155 条的保护,被 Y 所请求的 E 不仅可以要求出示证书,而且可以要求具有经过认证的让与次序链条(第 1160 条),在有些情况下,对 Y 来讲,是很不舒服的要求,因为只要让与没有被认证在证书上,他手头上就只有 X 对他(Y)的让与表示书,而没有前手的。如果他得不到前手的让与表示书,那么,他唯一能做的就是在土地簿册上进行登记。当然,在实践中,E 在大多数情况下,都放弃了他基于第 1160 条的权利。

---

〔9〕 通说也是如此,参见艾克曼,《慕尼黑德国民法典评注》,第 1155 条,边码 12(具有进一步证明);韦斯特曼/艾克曼,《物权法》,第 122 节,Ⅳ 2 b。

36 (3)如果恶意的非抵押权人(N)将之让与给善意的D,然后,该抵押权又被D让与给了N(所谓的无权人从有权人处的回复取得),此时的法律状况如何呢?这并不取决于N在回复取得时是否是善意的,因为他是从有权人D处取得的。尽管如此,这样的规避也不能使N取得抵押权;正确的反而是,随着N的回复取得,真正的债权人G再次成为了所有权人,也就是说,以前的状况重新被恢复了(参见第二十三章边码25;对此区分,参见下文第五十二章边码34)。

37 (4)关于不太常见的、"链条"被切断的情况下,比如发生了继承事件,要注意的是:起决定性作用的是,该导致切断的事件,比如继承,是否使权利在实体上移转了(只要该权利存在于被继承人处),也就是说,继续处分的那个人必须是真正的继承人(对此参见艾克曼,《慕尼黑德国民法典评注》,第1155条,边码9;比较狭窄的参见《尧尔尼希德国民法典评注》,第1155条,边码8,有进一步证明)。

38 (5)G是E土地上证书式抵押权人。G将证书式抵押权按照第1154条认证后,让与给了C。C将证书交给他的律师R博士保管。作为C的被授权人,D将该抵押权以认证的方式让与给了自己,这是所谓的经过允许的自我交易(In－sich－Geschäft,第181条),之后,他又以同样的方式将抵押权让与给了F;经过D的请求,F从律师R博士那里得到了该证书。F向E请求清偿(第1113条、第1147条);而E否认F取得了抵押权。F不是从D那里得到的证书,而是从第三人处,即律师R博士那里得到的证书。另外,E认为,D串通地滥用代理授权(第181条、第138条第1款),并不能因为让与行为而成为抵押权人;而F也不能善意取得,因为让与人D在证书上没有自己占有,"占有促成力"本身并不是足够的。联邦最高法院认为这两个论据是令人信服的(载《新法学周刊——司法判例报告:民法》,1993年,369页及其以下)。根据比较恰当的观点,对于F对抵押权的取得,就像在第929条、第932条规定的那样,出让人的占有促成力本身就是足够的了(参见上文边码14,以及第五十一章边码13,标题3以下)。

39 根据第1155条第2句,通过强制执行方式而作出的、法庭的移交裁定(《德国民事诉讼法》第835条第2款:该移交裁定在扣押裁定之后或者与扣押裁定同时被作出，参见上文边码 20 及下一码，以及下文边码 128 及其以下)，以及在法定移转的情况下，被认证的、当前的抵押权人承认，与认证的让与表示书，具有同等效力。

40 例子：G 将他的抵押权，以认证的方式让与给了 D，D 也以同样方式让与给了 X。D 与 X 之间的让与是无效的。如果 E 向 X 履行了，那么他便根据第 1155 条连同第 893 条，从债务中解脱出来了，并且取得了所有权人土地债务。如果他将抵押权让与给了 Y，那么 Y 就从有权人处取得了抵押权，F 根本无需以第 1155 条连同第 892 条为根据进行主张。但是，对于第 891 条规定的推定作用，的确要考虑第 1155 条第 2 句(被认证的法定移转之承认)。

(三)登记簿册与证书不一致

41 登记簿册与证书不一致的问题是由第 1140 条来解决的。该条规定，如果证书中有不正确之处，则排除对第 892 条、第 893 条的适用(但不排除第 891 条的适用!)。这是什么意思呢？法律可以有如下的选择，或者只依据证书，或者只依据登记簿册状况。法律没有选择上述处理方法，而是规定了如下规则：在证书式抵押权取得上，关键性的还是土地簿册的状况，所以，证书本身不具有公信力(只有与被认证的让与表示关联在一起，证书占有人才被“反映”在土地簿册中，第 1155 条)。但证书可以被用于使土地簿册之状况丧失公信力，就这点而言，证书上不正确的记载可以排除公信力；在证书上标记的异议具有相同的作用(第 1140 条、第 1157 条第 2 句)。所以，要使善意取得成为可能，证书与土地簿册必须是一致的。在这里重要的是，私人签注的标记(比如关于部分支付)也具有第 1140 条的效力。

42 所以，第 1140 条强制谨慎的取得人，即为了自己的利益安全行事的取得人，不仅要查阅土地簿册，而且也要查阅证书，之所以还要查阅土地簿册,是因为证书自己没有公信力,之所以要查看证书,是因为在其上的登记可以击破公信力。这也会使权利交易变得困难,而证书式抵押权正是要促进该权利交易的!

43 例子:(1)E 为 G 设定了一个 1 万马克的证书式抵押权。在证书上,G 签收了 4000 马克的部分支付,而在土地簿册中登记的还是最初的债务数额。如果 G 将抵押权移转给 D,那么,D 只能取得 6000 马克的抵押权。同样适用于下述情况下,即一开始在土地簿册中正确登记的是 6000 马克,而在证书上登记的是 1 万马克的情况;在这里,取决于土地簿册的状况,证书不具有公信力。

所以,谁要是作为债务人,就证书式抵押权进行了部分履行,必须注意,要将该支付标注在证书上。

44 (2)G 将他的抵押权让与给了 D。书面的让与表示被标记在证书上。如 G——他从 D 处将证书要回来“一会儿”——将抵押权让与给 X,那么 X 没有成为抵押权人。

45 第 1140 条还涉及第 1157 条所规定的抗辩权(第 1157 条第 2 句)。但如果抗辩权只体现在与抵押权证书结合在一起的债务证书上(《土地登记法》第 58 条),那么,只有在取得人对该抗辩权知道的情况下,该抗辩权才对取得人有效。

例子:在贷款证书中约定,抵押权在 5 年内不得被终止;但这既没有体现在土地簿册中,也没有体现在抵押权证书中。所以,只有在取得人知道该抗辩的情况时,该抗辩才对取得人有效(第 1157 条第 2 句),因为第 1140 条不可以被适用。但在这种情况下,外表证据*(Beweis des ersten Anscheins)是不利于取得人的(参见上文第三十七章边码 29 及下一码)

46 第 1140 条表明,登记簿册与证书尽可能地一致,是多么得重要;《土地登

* 从对事实构成的第一印象得出的证据。

记条例》在第41条(在涉及证书式抵押权的登记时,出示证书)、第62条(后来涉及抵押权的在登记簿册中的登记,也要被标注在证书上)、第68条(旧证书中的标注移转到新证书)中,力图达到该一致的结果。

六、债权人的权利证明

(一)问题的提出与介绍顺序

谁是抵押权的权利人,根据的是实体法;抵押权或者是有效地被设立给他的,或者是通过法律行为让与给他的,或者是根据法律而移转给他的。谁要主张自己是抵押权人,就必须证明产生或者移转的事实。如果我们回忆一下,我们必须从如下原则出发,即抵押权是一种在土地簿册中被表明的,并且——在证书式抵押权情况下——被体现在证书中的权利。所以要进行检验的是:该事实是否使债权人的证据法上的地位有所改善,那种已经研讨过的土地簿册推定效力,是否以及在多大范围内适用于该债权人(参见下文边码52及其以下)。 47

还有,我们必须清楚地认识到,知道谁是债权人,对债务人来讲也是很重要的。在没有债权人更换的情况下,不会造成困难。但在债权被让与,而债务人对此一无所知的时候,债务人的地位如何呢?这里应当适用第407条呢,即在结果上,债务人可以向以前的债权人进行履行,从而达到清偿债务的效果;还是债务人——为了他自己的利益——在履行前,必须查看一下土地簿册,或者要求出示证书呢?换句话说,他只有向为土地簿册登记以及证书所证明的那个人履行,才可以从债务中免除吗?(参见下文边码50及下一码) 48

最后,我们要记得的是,虽然债权与抵押权是紧密相互关联的,但是,二者又确实是不同的法律现象。就如我们所知道的那样,对抵押权的行使并不存在于对债权的行使之中,反过来也是如此。这种债权与抵押权之间的"相互性"是如何作用于证明债权 49

人有权的呢?(参见下文边码 50 及下一码)

(二)对人债权的行使*

50 如果债权人对人上的债权进行主张,那么完全适用债权法上的基本原则。比如,债权人必须证明,债权是为他而产生的,或者债权被有效地让与给了他。只有没有适用有利于债务人的第 406 条及其以下,他——要想解脱出来——就必须履行给真正的债权人。债权人不能以在土地簿册中的登记或者证书之占有作为证据;同样,在履行给非债权人的情况下,债务人也不能说,他对土地簿册状况或者对证书之出示产生了信赖。无论债权人只对债权进行了主张,还是同时也对抵押权进行了主张,都要适用这些基本原则;所以,完全可能的是,债权人就一个诉讼请求获得了胜利,而就另一个诉讼请求却被驳回了。

51 所以,首先不可理解的是第 1161 条;该条规定,即使证书式抵押权人主张的是对人债权,他也必须在债务人的要求下出示证书。如果人们知道债务人(即所有权人)要受到保护,不承受双重履行之危险(Gefahr der Doppelleistung),该规定的意义就显而易见了;所以,即使债权人不行使抵押权,而是行使债权,他也必须"在抵押权上"进行证明;所以,在对债权人清偿的时候,债务人也可以要求交出抵押权证书以及进行土地簿册更正登记所必需的文件(第 1167 条连同第 1144 条)。

(三)抵押权的行使

52 如果债权人主张抵押权,那么,他必须用为物权所规定的形式来证明自己的身份:

1. 登记簿式抵押权

在登记簿式抵押权情况下,抵押权人必须通过土地簿册中的登记来证明自己的身份(第 891 条、第 1138 条)。如果所有权人

---

* 在这里,对人债权是指被担保的债权,与对物债权(即抵押权)相对。

主张与土地簿册上状况不符,抵押权不属于抵押权人所有,那么他要承担举证责任。

2. 证书式抵押权

如果涉及证书式抵押权,那么,债务人(即所有权人)可以要求,抵押权人出示证书以及——只要他没有作为债权人被登记在土地簿册中——按照第1155条证明他有权的链条(第1160条)。这样就可以保障,债务人只需向那个有资格接受履行的人履行,向这个人履行可以具有清偿效力。 53

例子:G将属于他的、对E的证书式抵押权移转给了X,X让与给了Y,Y又让与给了Z。每次让与都是在交付证书条件下,通过私人文书进行的。Z想对E行使抵押权。在E的要求下,他必须出示证书;光有这个还是不够的。因为他没有被登记入土地簿册中,对他来讲,除了交出G、X、Y事后经过认证的让与表示以外,也别无选择了。如果他做不到这一点,那么他必须向G要求更正土地簿册;然后,准用第1160条,他才被证明了! 54

如我们所知,按照第1161条,这同样适用于下面情况,即在Z没有行使抵押权,而是行使了为抵押权所担保的对人债权的情况下。 55

在担保合同中,可以约定简化债权人的有权证明(参见本书附录4)。具有物权效力的、对出示权的抛弃是可能的,而且也可以被登记(参见法兰克福州高等法院裁判,载《德国公证杂志》,1977年,112页)。 56

(四)具有清偿效果的履行

还有一个要回答的问题是:债务人向谁履行可以具有清偿效果。 57

1. 向有权利人履行

当然毫无问题的是,履行给债权人的情况。

下面是对一道在口试中所提出的问题的回答,该回答表明,有时还是有些困难的:G在交付证书条件下,将他的证书式抵押权书面让与给了Z。债务人(即所有权人)E履行给了G,因为他对让与之事一无所知。后来,抵押权让与,因为恶意欺诈而被有效地撤销了。这里,比如适用第407条,或者援引第1138条连同第893条以及第142条第2款,可能都是错误的。答案很简单:E已经向有权人(G)进行了履行;由于撤销具有溯及既往的效力(第142条第1款),G已经成为了有权人。

2. 向无权利人履行

58 需要研究的还有履行给无权人的情况。这里,对于让与的情况,存在着两组相互对立的规范复合体:在第407条中,债务人对受让人的履行被认为是有效的,在第408条中,债务人对第二个受让人的履行被认为是有效的,最后,在第406条中,曾经产生的抵消地位在让与之后,仍为债务人"保留"着。第893条中的规则与此不同(第1155条连同第893条):只有在非权利人——在登记簿式抵押权情况下——被登记在土地簿册中,在证书式抵押权情况下,为证书之占有以及"链条"(以及簿册登记)所证明,债务人对非权利人的履行,才具有清偿效力。如何解决"历史性权利证明"(historische Legitimation)与"抵押权上权利证明"(hypothekarische Legitimation)(赫克语)之间的分歧呢?

59 第1156条给出了有利于"抵押权上权利证明"的答案:"在抵押权方面",第406条、第408条被认为是可以被适用的,对于人上债权的行使,这两条一直是关键性的。由此可以得出,债务诉讼与抵押权诉讼在诉讼程序中,完全可能有不同的命运。

60 例子:(1)G是被登记在土地簿册中的证书式抵押权人,一天,他想出了一个损主意:他出示抵押权证书后,通知要终止对E的抵押权(第1160条)。然后,他将抵押权有效地让与给了Z。基于对G迄今为止的债权人地位的信赖,E在没有要求交出抵押权证书的情况下,向G进行了履行(第1144条、第1167条规定的是债务人与所有权人不是同一个人的情况)。这里,E不可以根据第407条进行主张,反而必须再向Z——基于抵押权的原因——履行一次。如果 Z 提起抵押权诉讼与债务诉讼，那么他的债务诉讼会被驳回（因为第 407 条在这方面要适用了），而他却能获得物权上诉讼的胜利。

（2）现在还有一个比较现实的例子：G——像前面的例子一样——通知 61
终止了对 E 的抵押权不久后，G 的债权人 Z 扣押了该抵押权，而且是通过扣押裁定，并且取走了抵押权证书（《德国民事诉讼法》第 830 条）。移交裁定被交给了 Z（《德国民事诉讼法》第 837 条）。两个裁定由于疏忽，没有送达给 E，在扣押抵押权情况下，送达并不是生效要件（《德国民事诉讼法》第 830 条）。如果 E 向 G 进行了履行，因为他对 Z 的扣押一无所知（比如，扣押裁定是通过所谓的代替送达（Ersatzzustellung）的方式——《德国民事诉讼法》第 181 条及其以下——送达给他的），那么，如果涉及一个没有被流通性抵押权所担保的债权的扣押或者移交的话，他可以以第 407 条为根据进行抗辩（施泰因/约纳斯，《民事诉讼法评论》，布雷姆，第 830 条，边码 8；鲍尔/施蒂尔纳，《特别强制执行法》，第 1 卷，边码 31.2）。但这里涉及的是流通性抵押权，在流通性抵押权情况下，第 407 条的适用为第 1156 条所排除。所以，E 必须再向 Z 履行一次（在向 G 支付的时候，他本来可以要求 G 出示证书；那样一来，G 没有有权证明之事，就真相大白了！）。

（3）E 为 G 设定了一个抵押权，作为贷款债务的担保。G 将之让与给了 62
X，该让与无效，但 X 被作为抵押权人登记入册，并且占有了证书。善意的 E 向 X 进行了履行。他取得了该已经转变为所有权人土地债务的抵押权（第 893 条、第 1138 条、第 1163 条），G 不再可以根据第 1113 条、第 1147 条向他请求了。对人债权也消灭了（论据：第 1143 条；蒂特克文，载《新法学周刊》，1997 年，851 页；联邦最高法院裁判，载《新法学周刊》，1996 年，1207、1208 页，有不同的理由；另参见下文边码 113）。

七、所有权人须主张抗辩以及无须主张抗辩

在体系上，债务人（即所有权人）对抵押权的对抗属于责任实 63
现之领域。在这里，我们就必须了解一下它的概况。因为，在介绍抵押权之移转时，人们会不知不觉地想：债务人（即所有权人）有哪些可以对抗新的抵押权人的权利呢（边码 68 及其以下）？对此人们必须想一想，在原债权人与债务人（即所有权人）之间的关系

上,可以考虑哪些须主张抗辩以及无须主张抗辩(边码 64 及其以下)。

(一)原抵押权人与所有权人之间的关系

64 在行使抵押权——只能这样讲,而不能说行使对人债权!——的时候,原抵押权人与所有权人之间的须主张抗辩以及无须主张抗辩,可以有很多种类型:

1. 毁灭现状或者改变现状的无须主张抗辩

抗辩权可能涉及债权人之物权的存在或者继续存在。比如,所有权人主张,抵押权设定是无效力的,或者由于被担保债权的不存在或者被消灭,该抵押权归该所有权人所有(第 1163 条),或者抵押权已经被移转给第三人了(第 1143 条、第 1150 条、第 1164 条)。我们称这些抗辩权为毁灭现状(或者改变现状的)无须主张抗辩权。

2. 债务人确定的抗辩权

65 所有权人也可以行使那些属于对人债务人享有的抗辩权(在拒绝履行权的意义上行使),而且根本不取决于债务人与所有权人是不是同一个人。第 1137 条对此加以规定;该条有意识地没有用无须主张的抗辩字眼,因为无须主张的抗辩已经被归到了类型 1 之中了。这种由所有权人的保证人之地位中得出(第 768 条!)的抗辩权,可以被称为债务人确定的抗辩权。

属于此类的有延期抗辩、留置抗辩(Zurückbehaltungsrechts)、合同未履行之抗辩。但对于某些属于该类型的债务人抗辩,所有权人是不能行使的:比如时效经过之抗辩(第 223 条第 1 款适用于抵押权,第 223 条第 2 款适用于土地债务——但在利息方面,根据该条第3款,时效抗辩是可能的);[10]通过强制和解(《破产法》第193条)或者和解(《和解法》第82条第2款、《支付不能法》第254条第2款第1句)[11]减免债权。这是可以理解的,因为按照抵押担保的意义,抵押担保恰恰要在这些情况下被激活。

3. 由债务人的形成权产生的抗辩权

基于所有权人的类似于保证人之地位,还可以得出,只要债务人可以撤销或者与债权人进行抵消,所有权人就可以拒绝其"履行"(即对责任实现之容忍)(第1137条第1款第1句连同第770条)。我们将这些抗辩权称为基于(债务人的)形成权而产生的抗辩权,虽然不太高明,但的确很令人印象深刻。[12] 66

4. 与所有权人相关的抗辩权

最后,抗辩权还可以产生于抵押权人以及那个与债务人不是同一个人的所有权人之间的关系之中;比如,如果债权人已经答应了所有权人(不是债务人!),在一段时间内不行使抵押权,或者首 67

〔10〕 即使没有进行反对执行之诉讼(《德国民事诉讼法》第767条第2款),债务人(即所有权人)还可以行使不当得利请求权,以及下文第四十五章边码34及其以下、边码37。

〔11〕 但与现在的法律不同(《破产法》第47条及其以下、《和解法》第26条),在将来的《支付不能法》中,债务人所有土地上的不动产担保物权,也要受支付不能计划程序调整(《支付不能法》第217条、第222条第1款第1项、第223条、第238条);另参见第四十章边码52及其以下。

〔12〕 就所有权人所有的须主张抗辩以及无须主张抗辩而言,要提出的问题是,在债务人于诉讼程序中,就这些抗辩权败诉,并被最终有效力地判决的时候,这些抗辩权是否还可以被行使。判决对人上债务人的法律效力并不能阻止那个与债务人不是一个人的所有权人,重新以这些对抗权利为依据(艾克曼,《慕尼黑德国民法典评注》,第1137条,边码29);该情况与在保证时的情况一样(《联邦最高法院民事判例集》,第76卷,222、229页及其以下;联邦最高法院裁判,载《新法学周刊》,1987年,2076、2077页)。法兰克福州高等法院裁判,载《新法学周刊——司法判例报告:民法》,1988年,206、207页,对于第1137条第1款第1句、第770条有不同的观点,这是不能被赞同的。另参见第四十二章边码26。

先从对人债权中获得清偿,然后才从抵押权中求偿,或者——对担保性土地债务是很重要的——将土地债务用于担保特定的债务,并且不得让与给其他人等。关键词:与所有权人相关的抗辩权。

(二)抵押权取得人与所有权人之间的关系

68 现在看一下,所有权人对取得人的地位是如何的呢?

在债权让与(Abtretung der Forderung)时,法律是从如下规则出发的,即债务人的地位不得因为让与而变差;债务人不能反抗让与,那么,他也不能因此而受到损害。第404条的基础就是这个考量,根据该条,债务人的抗辩地位并没有为让与行为所改变。

69 在让与抵押权(Abtretung der Hypothek)时,将该规则完全地适用于的所有权人之地位,可能是正确的。因为法律——就像我们早已知道的——把抵押权让与看做是一个债权让与,由此可以得出对第404条的适用。但此外,在这种关联上,不可忽视的是,抵押权是一个体现在土地簿册中的物权,为了正当的权利交易秩序,对该物权必须要适用善意取得规则。换句话说,如果所有的在受让人与债务人(所有权人)之间产生的无须主张抗辩以及须主张抗辩都要对抗流通性抵押权取得人的话,那么,抵押权市场就会瘫痪了。基于这个思想,法律在这里也选择了一个折中办法:

1.抵押权人保护之基本原则

70 在基本原则上,遵循的是第404条之规则;所以所有权人可以针对让与人的抵押权诉讼,主张上文(一)中所提到的所有无须主张抗辩以及须主张抗辩,只要这些抗辩权在让与的时候就已经产生了即可。对于与所有权人关联的抗辩,立法者认为必须在第1157条第1句中再次明确地予以规定。

2.因为善意保护而予以限制

71 但为了交易安全,只有在无须主张抗辩或者须主张抗辩可以从土地簿册中或者证书中查知,或者取得人明知的情况下,才可以适用该规则。

很遗憾,在法律中的很多地方都突破了该规则:关于毁灭现状的无须主张抗辩(参见上文边码64),在抵押权方面,直接规定在第892条中,在没有债权的情况下,规定在第1138条,在债务人决定的抗辩(参见上文边码65)方面,规定在第1138条,关于基于形成权产生的抗辩(参见上文边码66),也同样如此,而在所有权人关联之抗辩上,相同的善意取得规则被规定在第1157条第2句之中。

要注意的是,在所有证书式抵押权让与的情况下,第1140条的意义都很重大:在证书上标记的须主张抗辩或者无须主张抗辩,使"无抗辩负担"的取得,成为不可能(参见上文边码41及其以下)。

例子:(1)G贷给S5万马克,用于开设一家零售商店;S的父亲E为此设定了第一顺位的证书式抵押权。在贷款到期的时候,S得到了G延长两年的允诺。在G于该段时间经过前,提起抵押权诉讼的时候(第1137条),E也可以将此延期作为抗辩依据,甚至在S得抛弃延期之抗辩的时候,也是如此(第1137条第2款)。 72

如果不是S,而是E迫使G同意延期,那么,该约定只在G与E之间有效,这样一来,G还是可以向S提起对人债务之诉讼(除非该约定也是为了S的利益而被签订的)。

如果G将证书式抵押权让与给Z,而Z并不知道延期一事,从土地簿册或者证书中也看不出来(如果延期在证书上已经被标注出来,就可以从中看出来了),那么Z就无抗辩负担地取得了该抵押权。

综上所述,还可以反推出这些抗辩权,是可以被登记的:以前我们讲过, 73
只有物权、相对效力的处分之限制、预告登记以及异议登记才是可以被登记的(参见上文第十五章边码29及其以下),但这个简便规则是不太准确的,其实,即使抗辩权是根据债法上的约定而产生的,[13]抗辩权也可以被登记(或者被进行登记关联)。所以,在我们的案例中,登记官员不得反对,延期

---

〔13〕 该立场在《联邦最高法院民事判例集》,第21卷,34页的判例中——那里涉及的是债权上约定的登记能力问题——是找不到的。

约定被登记人土地簿册,而且无论该约定是 G 与 S 约定的,还是 G 与 E 约定的。

74 (2)E 将一块土地卖给了 K。因为由于某种原因,所有权让与请求权的实现很是令人担忧,E 为 K 设定了 5 万马克的证书式抵押权,作为同样数额的、所谓贷款请求权的担保;实际上,以此间接担保的是所有权让与请求权。后来,K 将抵押权让与给了 G,现在,G 向 E 主张权利。E 抗辩:

75 a. 抵押权设定只是表象。这里有一个毁灭现状的无须主张抗辩权,只有 G 知道该抗辩,或者该抗辩可以在土地簿册或者证书中被查看到的时候,E 才可以成功地以之对抗 G(第 892 条、第 1140 条)。两种情况都不存在,该抗辩基于此原因就已经消灭了(另外该抗辩可能也是没有理由的,因为当事人就是按照这样的意思设定抵押权的;他们只不过使用了不合适的方法!)。

76 b. 抵押权没有被支付对价,实际上存在一个所有权人土地债务。这里涉及的——由于第 1163 条第 1 款第 1 句——也是毁灭现状的无须主张抗辩;因为说的是,实际上有一个所有权人抵押权。但只有在与边码 75 一样的前提条件下,该抗辩才对 G 是有效的(第 1138 条连同第 892 条、第 1140 条)。

77 c. 最后,E 可以说,根据第 892 条、第 1138 条、第 1140 条的善意保护规则不能为了 G 的利益而被适用。因为 K 对 G 的让与只是信托式的。在这种情况下,必须遵守的规则是,所有权人可以就所有针对信托给予人(即受让人 K)所建立的抗辩权,来对抗信托承受人(即出让人),就是说,也包括虚假行为(参见边码 75)抗辩以及未支付对价(参见边码 76)抗辩。如何看待这个法律观点呢?人们必须要区分:[14] 如果只涉及 K 的利益,即从 G 的角度看,进行的是利他的、信托式抵押权让与,换句话说,如果在效果上涉及的只是收款让与(Inkassozession),* 那么,E 的立场就是正确的。如果涉及的是利己的、为了 G 的利益而进行的让与(比如为了担保 G 对 K 的债权),情况就不一样了。G 与 K 关系上一定程度的信托关联之事实,并不完全排除关于抵押权让与以及善意取得人保护规则的适用(参见汉堡州高等法院裁判,载《德国法月刊》,1953 年,171 页,我们的例子就是源自于该例子;另参见赫克,《物权法概要》,第 97 章 IV)。

---

〔14〕 对于信托制度,参见上文第三章边码 34。

* 在这种让与情况下,是以收取债权为目的而进行的让与。

我们再对这个案例发展一下：我们假设，E 最后根据的是，他对 K 根据第 826 条，享有损害赔偿请求权；他可以以这个损害赔偿请求权与 G 进行抵消（第 406 条）。但如同第 1156 条第 1 款所规定的，该抵消是不被允许的（参见上文边码 58 及其以下）。相反，如果在让与之前，E 与 K 之间就存在了抵消之情势，那么，在 G 不是善意取得的情况下，E 可以通过抗辩权的方式进行主张（第 1137 条第 1 款第 1 句、第 770 条、第 1138 条）。 78

八、让与利息与从给付[15]

这里，法律在第 1158 条、第 1159 条发展了几条特别规定，这几条是不太容易被理解的。主要是建立在如下衡量基础上，即在所有权人（即债务人）支付到期利息时，他通常并不是每次都查阅土地簿册的，或者要求出示抵押权证书的。所以，如果他不知道让与之事，在他向那个他记忆中的债权人支付到期利息的情况下，他应当可以对“历史性有权证明”予以信赖。 79

由此可以得出一个在实践中对每一个抵押权之受让人都很重要的规则，即受让人要立即将对其让与之事，通知给所有权人。所以，只有他可以阻止利息被一如既往地支付给让与人。 80

具体来讲，要区分三个问题领域：利息没有抵押权可以被让与吗？在多大范围内可以被让与（边码 81 及其以下）？让与要遵循何种形式（边码 85 及下一码）？如何构建受让人与所有权人之间的法律关系（边码 87 及下一码）？

（一）利息与从给付请求权的可让与性

1. 抵押权与利息一起被让与

---

〔15〕 对此参见乌尔里希·施瓦布，《抵押权利息上权利与抵押权的其他从给付》（图宾根 1968 年博士论文）；鲍赫文，载《德国司法》，1985 年，466 页；阿曼文，载《德国公证杂志》，1982 年，396 页。

81 肯定的是，抵押权可以随着利息被让与，但让与本身要求必要的确定性，为此要说明，从何时间点起利息请求权应被移转给受让人（法兰克福州高等法院裁判，载《新法学周刊——司法判例报告：民法》，1993 年，1299 页，有进一步证据；另参见上文边码 10 及下一码）。

2. 抵押权或者利息被单独让与

82 根据——不是没有争议的——判例（《帝国最高法院民事判例集》，第 74 卷，78 页；第 86 卷，218 页），还被允许的有：利息权独自地、没有附带抵押权地被让与，或者反过来，抵押权没有利息权而被让与。在结果上，利息债权人享有一个与用益权人相似的地位，但存有如下区别，即资本金债权人可以在没有利息债权人的同意下——与按照第 1071 条的情况不同——单方面废止抵押权，并就此也终止了利息权（柏林市高等法院裁判，载《法学周报》，1938 年，2406 页）。

83 例子：债权人 G 给予 E 一笔由抵押权担保的贷款，价值 10 万马克，利息为 5%。"为了给予他妻子自己享有的定期的收入"，G 将利息权转让给了她。如果 G 与妻子离婚了，那么该让与不是自动失效的，除非，已经明示或默示地约定了，该让与存在于婚姻存续期间。但利息权的让与并不能阻止 G 通知终止抵押权、收取本金以及签发给 E 一个可以用于涂销的收据。

84 如果 G 的一个债权人 X 扣押了该抵押权，那么，利息权的让与对他也是有效力的，只要该让与不能根据撤销法被撤销就可以。但 X 可以——在抵押权被移交给用于收取之后——终止抵押权，收取本金，并且以此结束利息之计算（参见下文边码 125 及其以下）。

（二）让与形式

1. 原则上的形式义务

85 附带利息之抵押权让与，或者将来才到期之利息金额的让与，或者全部利息权的让与，要根据抵押权让与法来进行，即按照第 1154 条进行。

2. 到期未支付之利息的无形式要求的让与

相反，赊欠利息可根据第398条通过无形式要求的合同被让与；第1159条明确地规定了这一点（参见上文边码16），在这里，担保到期未支付之利息的抵押权按照第401条的规定，要一同移转（！）；当事人可以通过约定禁止该移转（第401条是任意法规则——第1153条的强制规则被第1159条排除了）。 86

（三）所有权人相对于新债权人的地位

1. 将来到期的利息

关于将来到期的利息金，就本季度与下一季度，第1158条根据的是所有权人是否知道让与之事来区别规定的。举例说明如下： 87

如果E必须于每季度的第一天进行支付，而G于6月15日将抵押权连同利息自7月1日起让与给X，但E在7月30日才知道该让与，那么他可以对X主张，他已经将于7月1日到期的利息履行给G了（第1158条第1句连同第407条）。他还可以将10月1日到期的利息，与他对G的债权进行抵消（第1158条后半句连同第406条）。对于以后的利息，适用第1138条、第1140条。

2. 到期未支付之利息

在让与到期未支付之利息的情况下，完全适用民法典中的让与法，即第398条及其以下（第1159条）。出让人不得依据第892条，主张利息权的存在（第1159条第2款）。 88

九、抵押权依照法律而移转

就我们目前为止的研讨来看，我们只谈到了根据法律行为对流通性抵押权进行移转。但我们常常遇到如下情况，即不动产担 89

保物权基于法律规定而移转。下文将对此进行详细研究,并对法定抵押权移转情况进行整体把握,并且研究一下该移转过程的法律效果。

对该事实构成进行体系化的划分,是很难的;这些事实构成,部分地与附随性原理关联在一起(比如,在债权消灭时,移转给所有权人,变为所有权人土地债务,第1163条第1款第2句),部分与补偿思想关联在一起,即在非"最终负担人"清偿抵押权的情况下的补偿思想(比如在与债务人并非同一个人的所有权人"赎回抵押权"的时候,第1143条)。人们最好坚持这个形式上的分类,即根据抵押权依照法律移转给谁来划分,即移转给所有权人、债务人,还是第三人。

(一)移转给所有权人

类型如下:

1. 债权的消灭

90 债权消灭的效果是,抵押权移转给所有权人(第1163条第1款第2句);效果:所有权人土地债务产生(第1177条;参见上文第三十六章边码95及其以下)。

2. 债权人放弃

91 属于这类的还有债权人放弃的情况;效果:所有权人土地债务产生(第1168条、第1177条)。

放弃(Verzicht)表示要向登记部门或者所有权人作出,并且被登记在土地簿册中(第1168条第2款第1句),效果:所有权人土地债务产生(第1177条)——债权人对债务人的对人债权保持不变。如果对抵押权行使有永久性的抗辩权存在(第1169条),那么,所有权人就享有一个对放弃的请求权。与放弃相区分的是:

92 (1)债之免除(Erlaβ der Forderung),效果是第1163条第1款第2句。

(2)根据第873条、第1183条废止抵押权(Aufhebung der Hypothek),效

果是:物权消灭,并不得作为所有权人土地债务继续存在(所以按照第1183条,所有权人的同意是必需的!),另参见第三十六章边码111、第四十一章边码2及其以下。

(3)在债权清偿后,债权人的涂销之准许(Löschungsbewilligung);该准许只有土地登记法上的意义,[16]因为,在实体法上,抵押权已经移转给所有权人(第1163条第1款第2句)、债务人(第1164条)或者第三人。这些人的准许,对于不动产担保物权的涂销是必需的(柏林高等法院裁判,载《州高等法院民事判例集》,1965年,92页;另参见第四十章边码22)。

人们要思考的是,什么时候,在债权继续存在的情况下,债权人对不动产 93
担保物权还可以放弃,即债权人放弃他的物上权利。这种情况可能发生在债权人被另行担保了的时候,所以,他"交还了该土地"(例子:联邦最高法院裁判,载《新法学周刊》,1984年,169页)。

当某人没有所有权人对债务承担(Schuldübernahme)同意,而承受了债 94
务人的债务的时候(第418条第1款第2句、第3句),将被视为进行了放弃。例子:为了担保G对S1的债权,E在他的土地上请求登记了一个抵押权。后来,S2在G的同意下,承担了债务。如果E对债务承担没有同意,那么,G就失去了抵押权,该抵押权变为所有权人土地债务。

3. 与债务人不是一个人的所有权人进行解销

在与债务人不是一个人的所有权人满足了债权人的时候,债 95
权连同抵押权就移转给了该所有权人(不一致情况!所有权人的解销权!)。效果:所有权人抵押权(第1143条、第1177条第2款);参见第三十七章边码13及下一码、第四十章边码16及其以下。

4. 混同

最后,值得一提的是,所有权与抵押权混同于一人享有的情况 96
(第889条连同第1177条第1款,第三十六章边码112)。

---

〔16〕 对此参见《联邦最高法院民事判例集》,第77卷,7页。

例子:G 贷给 E 一笔款子,为抵押权所担保。因为 E 不再能支付利息与期款了,所以他与 G 协商,他将被设定负担土地的所有权移转给 G。随着所有权让与,产生了一个所有权人抵押权,它担保的是仍然存在的、对 G 享有的贷款债权。但在该约定中,G 负有义务免除 E 的债务。如果进行了免除,那么就产生了一个所有权人土地债务。

(二)移转给债务人

97 在这里,也有分离情况:如果那个与所有权人不是一个人的债务人清偿了债权人,那么他通常是在履行自己的义务。债权消灭,抵押权作为所有权人土地债务移转给所有权人(第 1163 条第 1 款第 2 句、第 1177 条)。在所有权人与债务人的内部关系中,如果所有权人负有清偿之义务,而他没有履行,这样,债务人就必须代替履行,这种情况下,结果就不同了。因此,第 1164 条规定,就债务人可以向所有权人请求补偿的范围,抵押权移转给债务人。抵押权现在担保的是债务人对所有权人的补偿请求权。所以,这里同时涉及根据法律的债权之转换(Forderungsauswechslung kraft Gesetz)。[17]

98 例子:贷款的对人债务人以及土地的所有权人 S,将土地卖给了 E,并移转了所有权,在此,E 将贷款债务折算到购买价格之中,并予以承受。[18] 债权人 G 没有批准该债务承担(第 415 条、第 416 条),因为对他来讲,E 似乎太不可靠。当贷款到期的时候,G 向 S 请求清偿。S 别无选择,只能清偿。但抵押权根据第 1164 条移转给了 S,而且,现在担保的是 S 对 E 的赔偿请求权,即基于买卖合同,并根据第 415 条第 3 款而产生的请求权(参见上文第三十六章边码 69;关于土地债务担保时的相同情况,参见下文第四十五章边码

---

〔17〕《帝国最高法院民事判例集》,第 81 卷,71 页;第 129 卷,27、30 页;另一种观点参见威廉《物权法》,边码 839。

〔18〕对此还要参见联邦德国最高法院判例,载《德国法月刊》,1961 年,586 页。

74及其以下、边码86及其以下）。

第1164条也可以解释第1165条中的债务人保护规定：假若G相对于买受人E放弃了抵押权，因为对他来讲，S足够可靠了，那么，他可以通过该抛弃，阻止将来抵押权移转给S。所以，在这样的抛弃情况中，对人债权也消灭了（债权人的小心谨慎！）。[19] 99

基于相同的立足点，在强制拍卖的情况下，债权人负有通知义务（第1166条），是完全可以让人理解的。

（三）移转给第三人

1. 因为存在补偿义务而移转债权

这里首先要考虑的是如下情况，即基于补偿义务，在清偿债务的时候，债权根据法律规定完全或者部分地移转给清偿人，而且根据第1153条，抵押权也随之移转。比如，共同债务人之间的补偿（第426条）或者根据第774条，债权移转给保证人，这些都属于这种类型。 100

例子：如果B为E的、已经为抵押权所担保的贷款债务提供了保证之后，B清偿了债权，那么债权连同抵押权都移转给他。作为保证人的他成为了E的贷款债权人以及抵押权人。 101

如果E为S的债务提供了抵押，而B为之提供了担保，此时，法律状况如何呢？这里，在E进行履行的情况下，根据第1143条、第1153条，债权以及抵押权移转给E，而根据第412条、第401条，保证之债权也移转给E，相反，在B履行的情况下，B会成为债权人以及抵押权人（第774条、第412条、第401条）。所以，B与E之间就有一场竞赛，看谁第一个清偿该贷款债权！就该问题的解决办法，是非常有争议的（比如比较帕夫洛夫斯基（Pawlowski） 102

---

〔19〕 对于所谓的“阻止追偿之禁止”（Regreβbehinderungsverbot），参见《联邦最高法院民事判例集》，第52卷，59页；联邦最高法院裁判，载《新法学周刊》，1974年，1083页；瓦克文，载《新法学周刊》，1969年，1850页，以及《民法实务档案》，第170卷，42页。

文,载《法学者报》,1974 年,124 页;芬格(Finger)文,载《企业顾问》,1974 年,1416 页;施勒希特里姆(Schlechtriem)文,载《克默雷尔(v. Caemmerer)纪念文集》,1978 年,1013 页;拜尔/万特(Bayer/Wandt)文,载《法学教育》,1987 年,271 页;《经济法杂志》,1989 年,1047 页;比洛(Bülow)文,载《舒尔茨(Schulz)纪念文集》,1987 年,49 页;赖尼克/蒂特克,《信贷担保》,1994 年,第 3 版,397 页及其以下;尚巴赫(Schanbacher)文,载《民法实务档案》,第 191 卷,87 页及其以下;蒂特克文,载《德国公证杂志》,1993 年,291 页)。准用第 426 条第 1 款第 1 句、第 774 条第 2 款,大部分人认为,一半的补偿是公正的解决办法(《联邦最高法院民事判例集》,第 108 卷,179 页;《新法学周刊》,1989 年,2530 页以及《新法学周刊》,1992 年,3228 页,也是如此,在保证与土地债务同时发生的情况下):〔20〕

103 电影导演 S 创立了一家电影企业。为了银行 G 贷给他的运营资金,E 在他的土地上设定了一个抵押权。另外,公法人 B 对此承担保证责任。如果 S 不能偿还该贷款,那么 G 可以向保证人请求,或者基于抵押权执行该土地(强制拍卖、强制管理)。根据通说,于内部关系中,只要没有特别的约定,就要进行一半的补偿。通说的解决办法是不令人满意的;一般情况下,保证人首先负担清偿,是符合当事人可推知的意思的;这意味着,抵押权移转给 B,而保证之债权移转给了 E(另一种观点,联邦最高法院裁判,载《新法学周刊》,1992 年,3228、3229 页左半页)。但遗憾的是,联邦最高法院所允许的、在格式条款中对第 776 条附加条件(《联邦最高法院民事判例集》,第 108 卷,179、183 页),常常否定了该论点。在设定不动产担保物权的时候,如果所有权人在债务合同中明确地同意,将抵押权移转给保证人,那么,当然,约定优先于担保给予人按比例承担责任之原则(联邦最高法院裁判,载《新法学周刊——司法判例报告:民法》,1991 年,170、171 页,针对保证与土地债务同时发生的情况)。

104 值得注意的是,在上述那种情况下,国家在大多数情况下,只承担亏空之担保(Ausfallbürgschaft);这意味着,只能向保证人请求亏空部分,即在对债务人请求之后,以及在其他存在的担保(也包括抵押权)被实现后,债权人还要

---

〔20〕 对于在同时有土地债务与保证担保的情况下之法律状况,参见下文第四十五章边码 84 及下一码。

承担的损失部分(帝国最高法院裁判,载《最高法院刑事判例(HRR)》,1930年,第212号);所以,在债权人向亏空保证人追偿前,他通常必须先进行强制拍卖或者强制管理(联邦最高法院裁判,载《新法学周刊》,1989年,1855页)。

2. 第三人进行解销

除了上面补偿义务的情况,还有第三人进行解销的事实构成: 105
众所周知,不是债务人的其他人也可以向债权人进行履行,除非债权人与债务人对此反对(第267条)。如果该第三人的权利地位或者占有地位为债权人所进行的强制执行所危害,那么该异议权就消灭,而该第三人获得进行解销的权利(第268条)。如果他行使了解销权,那么,债权人的债权就移转给了他(第268条第3款)。在土地被负担有抵押权的情况下,根据第1150条,该解销权之产生被提前了:“进行强制执行”并不是解销权产生的必要要件(第268条就是这样规定的),而“在债权人要求从土地中获得清偿的情况下”,就足够了。

例子:五间现代家居的承租人M,在迁入的时候,支付给E一大笔建筑费 106
用参加额*(Baukostenzuschuβ)。当E资金紧张的时候,第二顺位抵押权人G通知终止贷款,宣布抵押权到期,并要求偿还。假若进行了强制拍卖,那么会存在一个危险,即M的租赁合同会被终止,他就失去了占有(《强制拍卖与强制管理法》第57a条;《强制拍卖与强制管理法》第57c条第1款第2项对此不会产生影响,因为——如同我们所主张的——建筑补助费“在租赁期间被视为已经清偿了”,《强制拍卖与强制管理法》第57c条第2款)。所以,M有权去清偿G(第268条、第1150条)。那么,其债权也连同抵押权移转给了M(第268条第3款第1句连同第1153条)。G必须将抵押证书交付给M,并

---

* 承租人向出租人支付一定的金额,以支持出租人建造出租的房屋;承租人支付比通常租金低得多的租金,以此收回向出租人支付的金额。

且在被认证的表示中,准许将抵押权变更登记给 M(第 1150 条连同第 1144 条)。

107 E 在他的土地上为银行 B 设定了一个抵押权。A 是土地所有权移转之预告登记(Auflassungsvormerkung)的权利人,该预告登记顺位在抵押权之后。当 B 宣布抵押权到期的时候,A 进行了支付,并向 B 要求交出抵押权证书(第 1144 条、第 1150 条,第 268 条第 1 款、第 3 款)。正确的是:后顺位的土地所有权移转之预告登记,也是一种土地上面临损害的权利,而且,将要进行的强制拍卖所造成的具体危险,就足以构成法律上要求的危害(联邦最高法院裁判,载《新法学周刊》,1994 年,1475 页)。

(四)在法定抵押权移转情况下的善意取得

108 接下来要研究的是,在法定抵押权移转情况下的善意取得问题。人们不能枉下论断:自无权利人处取得之规定适用于法律行为交易之中。虽然不动产担保物权是根据法律规定而移转的,但要注意的是,导致该移转的事件可能具有法律行为性质:

109 具有解销权(ablösungsberechtigte)的承租人 M(第 1150 条,参见上文边码 106 中的例子)向那个被簿册登记以及证书占有所证明为权利人的 G 进行履行,实际上 G 不是权利人。肯定的是,该履行事件受第 893 条调整,这样一来,所有权人 E 的责任,由于 M 对 G 的履行而得以免除。但是,如何处理抵押权呢?抵押权(随着债权)而移转给了 M 吗?或者抵押权作为所有权人土地债务移转给 E 了吗?

110 困难在于:一般来讲,第 893 条意义上的、所谓的向非权利人"履行效果产生"(Bewirkung der Leistung),法律要求的只是消灭效果,而在不动产担保物权情况下,与履行事实连在一起的是权利移转(给所有权人、债务人或者第三人)。为了得出一个有意义的结论,人们也必须将这种权利移转算做从无权人处取得。由此得出如下结论:

只要法定权利移转的前提事实属于从非权利人处取得制度所保护的范畴,作为其结果、与之连在一起的法定移转也就发生了。[21]

对此有如下案例:

基本类型:G 发放给 S 一笔贷款,对此,E 在他的土地上设定了登记簿式抵押权。G 将债权连同抵押权移转给了 X,X 作为抵押权人被登记在土地簿册之中,而该债权让与是无效的。 111

第一种变化:S 向 X(表象债权人)进行了履行。因为这里涉及的是贷款债权之清偿,支付给非权利人时的对债务人保护之需要并不存在(姑且不考虑第 406 条及其以下),所以,债权并不消灭(参见联邦最高法院裁判,载《新法学周刊》,1996 年,1207 页;另参见上文边码 58 及其以下),也就是说,抵押权并不根据第 1163 条第 1 款第 2 句、第 1177 条而移转给 E,在 S 对 E 有追偿请求权(Regreβanspruchs)的情况下,也不根据第 1164 条移转给 S。 112

第二种变化:E 向 X 进行了履行。这里解销事实构成属于第 893 条、第 1138 条的范畴。E 因此取得了债权(?)以及抵押权(第 1143 条;有争议,参见蒂特克,《善意取得》,I 2e)。假如 E 也是人上的债务人,那么,他无论如何都可以根据第 893 条、第 1138 条取得抵押权,而且该抵押权变成了所有权人土地债务;甚至也取得了因此而灭失的债权(就有争议的具体问题,参见蒂特克,上引注;赖尼克/蒂特克,《信贷担保》,307 页;不明朗的判例有联邦最高法院裁判,载《新法学周刊》,1996 年,1207、1208 页;蒂特克文,载《新法学周刊》,1997 年,851 页一文中的批评是恰当的;另参见上文边码 62 以及第四十五章边码 44 及其以下关于担保性土地债务的论述)。 113

第三种变化:负担有抵押权的土地之承租人 M,根据第 1150 条解销了抵押权。解销事实属于第 893 条、第 1138 条的范畴! M 取得了债权(?)以及抵押权(第 268 条第 3 款、第 1153 条)。对于承租人 M 清偿的是一个部分没有 114

---

〔21〕 联邦最高法院判例,载《新法学周刊》,1986 年,1487 页;1997 年,190、191 页(连同沃尔夫施泰纳的评论,载《德国公证杂志》),并没有注意到这些;对于整个的问题,详情参见赖尼克/蒂特克文,载《有价证券法通讯》,1986 年,809 页;卡纳里斯文,载《新法学周刊》,1986 年,1488 页;梅迪库斯,《民法》,边码 547;另参见第二十三章边码 20 及下一码;新近的还有,艾克曼,《慕尼黑德国民法典评注》,第 1150 条,边码 29。

付出贷款对价的土地债务的情况,联邦最高法院否定了善意、无负担取得(批评性的,参见哈格尔(Hager)文,载《经济法杂志》,1997 年,133 页),因为不动产担保物权并没有通过法律行为、根据第 1157 条第 2 句与第 892 条而被取得,而且第 1157 条第 2 句恰恰没有指引向第 893 条(联邦最高法院裁判,载《新法学周刊》,1997 年,190、192 页;另参见《新法学周刊》,1986 年,1487 页)。根据这里可以接受的观点,该相当形式化的论点之所以不具有说服力是因为,这样一来,抵押权(第 1138 条、第 893 条)以及土地债务被不同对待了,而且其结果是很独特的,即抽象性土地债务的取得人比附随性的抵押权的地位还差(恰如其分的评论参见沃尔夫施泰纳文,载《德国公证杂志》,1997 年,387、391 页;另参见第四十四章边码 26)。

115 第四种变化:X 向保证人 B,即为该贷款承担保证责任的 B 提出了履行请求。B 向非权利人履行了他的保证债务;他不能因此免除责任——不是"善意保护"情形!因此,债权与抵押权不能移转给 B。

116 第一种变化情况下的解决方案是不令人满意的:因为,假如 S 与 E 是同一个人,而且 S,即 E 清偿了 X,那么他可以以第 893 条、第 1138 条为根据进行主张,因为在有疑问情况下,他本推定"意图清偿的是抵押权"。那么,抵押权将作为抵押权人抵押权归属于他(参见第二种变化)。如果 E 与 S 不是同一个人,并且 S 进行了履行,法律情况应当有所不同吗?义务人方面的债权与抵押权之分离,现在就更加明显了。* 对于 S 来讲,信赖保护不起作用了。

117 另外,法定移转的前提是,移转之事实构成已经具备了。所以,如果表象所有权人,即自认为是所有权人的人,解销了该抵押权,那么不是表象所有权人,而是真实的所有权人取得了该所有权人土地债务。在这里,第 892 条、第 893 条不能被适用。[22]

十、附录:抵押权的出质、扣押——用益权的设定

118 债权人手中的抵押权可能具有很大的财产价值,所以,对于抵

* 即所有权人与债务人不是一个人。

〔22〕 在结果上相同的还有,沃尔夫/赖泽尔,第 140 章,评注 16;另外一种观点,参见赫克,第 44 章 II 4;韦斯特曼/艾克曼,第 119 章 III 3 与第 122 章,V 4。

押权利人意义重大的担保与变价对象(Sicherungs - und Verwertungsobjekt),可以作为设定质权以及扣押的客体,而作为用益对象(Nutzungsobjekt),可以作为用益权的客体。对于所有这三种情况,有一点是共同的,即抵押权人的权能被部分分裂(或者部分让与)。所以,关于让与的规则准用于此(第1069条、第1274条),在扣押的情况下,法律行为方式的设定质权表示为国家行为(扣押与移转裁决——Pfändungs - und Überweisungsbeschluβ)所代替(参见上文边码18及其以下)。

实践中,抵押权上的用益权是很少出现的,如果有实际需要的话,可以通过让与利益权(参见上文边码82及其以下)的方法代替。在实际法律生活中,取代债权出质的是担保性债权让与(Sicherungsabtretung),而对抵押权的扣押是有实际意义的。

有鉴于此,这里对于抵押权上设定用益权与设定质权,就以如下寥寥数语予以概括。

(一)在抵押权上设定用益权

抵押权上的用益权,在法律上,是为抵押权所担保的债权上的用益权。其设定有形式要求,即适用于抵押权移转的形式,比如,在登记簿式抵押权情况下,要通过合意与登记的形式,而且这里的合意指向的是用益权设定(第1069条)。 119

抵押权利息作为用益权人独自的权利,归其享有(第1068条第2款连同第1030条第1款)。而本金则为债权人与用益权人共同支配(第1077—1079条);另参见下文第六十一章。

(二)抵押权的出质与担保性债权让与

1. 出质

出质也要遵守抵押权让与的规则,但有一定的特殊性,即在证书式抵押 120

权情况下,证书的交付不能为占有改定(Besitzkonstitut)所代替(第1274条第1款第2句,该条款又指引向第1205条、第1206条;但是在那里,通过占有改定在物上设质,也是被排除在外的)。相反,无需将出质事宜通知给所有权人(债务人),第1280条。第1279—1291条适用于质权的内容。要强调的是,质权人在质权到期后(大多数情况下在他自己的债权到期后),才可以"收取"该抵押权,也就是行使抵押权(第1283条、第1282条;全部内容参见下文第六十二章边码16及其以下)。

121 例子:E为G设定了一个证书式抵押权,作为S债务的担保,并且约定抵押权不得被让与给第三人(第399条)。G置此约定于不顾,将该抵押权"出质"给了他的银行Pf.,作为交互计算账户借贷(Kontokorrentkredit)的担保,而且采取的形式是,他将抵押权证书放在公证员N处,并且指令,该证书只能同时交给银行Pf.以及G两人,他还书面通知Pf.,他已经将证书附加上述指令,存放在N处。当G不能按期清偿交互计算账户借贷的时候,Pf.向E宣布抵押权到期,并且要进行强制拍卖。

122 (1)E进行抗辩,按照这种形式,抵押权之上是没有有效地被设定质权的。因为这里涉及的是证书式抵押权,所以必须遵守第1154条连同第1274条的形式要求:可以认为在关于证书存放的通知中有"以书面形式设定质权表示的作出"。与公证员的"质物保存合同"的签订代替了抵押权证书的交付(第1274条第1款第2句连同第1206条第2种情况)。在这里证书式抵押权的情况下,对E或者S的出质通知(第1280条)不是必需的。所以,抵押权之上被有效地设定了质权。

123 (2)E又抗辩道:他与G就抵押权的不可让与性进行了约定。此约定也得对抗Pf.:与第137条相违背,这样的约定在债权(第399条)情况下,以及在抵押权情况下是有效的。这里,该约定只是在G与E之间进行的,只是建立了一个第1157条第1句意义上的抗辩权。[23] 只有该约定在被标记在土地簿册中,或者质权人知道的情况下,相对于受让人,还有质权人,该约定才是有效的(第1157条第2句)。

---

〔23〕《帝国最高法院民事判例集》,第91卷,218、225页;第135卷,357、364页;泽格尔/施蒂尔纳,第1157条,边码2以及上文第四章边码20及其以下。

2. 担保性债权让与

与抵押权出质相区别的是抵押权的担保性让与；其有效性为判例所承认（比如可比较《帝国最高法院民事判例集》，第59卷，190页；第76卷，345、347页）。该担保让与使受让人相对于债务人（即所有权人）成为了完全的权利享有者；这尤其意味着，债务人（即所有权人）不能因此就对受让人行使那些对出让人可以行使的抗辩权，因为抵押权只是由于担保的原因而移转给他的；在债务人—所有权人的关系上，先前的抵押权人与现在抵押权人之间的担保约定是不起作用的（参见上文边码77中的例子）。 124

（三）抵押权的扣押〔24〕

如果人们想到，扣押是一种强制性的“部分让与”，那么下面的规则就是可以理解的了，即要进行扣押，还必须附加上移转（Überweisung），从而使扣押担保权人对权利的收取，成为可能。 125

1. 扣押裁定—登记—交付证书

对登记簿式抵押权扣押（Pfändung der Buchhypothek）的前提是，根据《德国民事诉讼法》第829条第1款作出的扣押裁决，以及在土地簿册中的登记（Eintragung）（《德国民事诉讼法》第830条第1款第3句；比较《德国民法典》第1154条第3款！），〔25〕对证书式抵押权（Briefhypothek）扣押的要件是：扣押裁定以及证书的 126

〔24〕 就具体问题，只能参照强制执行法教科书了；鲍尔/施蒂尔纳，卷Ⅰ，《特别强制执行法》，边码31.1及其以下；布罗克斯/瓦尔特，边码672及其以下；还有下文第六十二章边码38及其以下，以及滕佩尔文，载《法学教育》，1967年，75、117、167、215页。

〔25〕 在被强制执行的债权被让与之后，扣押担保权随同移转的情况下（《德国民法典》第401条、第1250条），土地簿册更正问题，参见慕尼黑州高等法院裁判，载《新法学周刊——司法判例报告：民法》，1988年，981页，根据联邦最高法院裁判，载《新法学周刊》，1994年，3225、3226页；林德迈尔/莫林编，《联邦最高法院参考书》（BGH LM）《德国民事诉讼法》第830条第3项，连同瓦尔特的评注，土地簿册上之登记以扣押裁定与移交裁定为生效要件；对此的批评，参见鲍尔/施蒂尔纳，卷Ⅰ，《特别强制执行法》，边码31.3、31.5，具有进一步证明。

交付(或者由法院执达官取走证书),《德国民事诉讼法》第830条第1款第1句以及第2句;比较《德国民法典》第1154条第1款!

127 与对无抵押权担保的债权扣押(《德国民事诉讼法》第829条第2款与第3款)不同,对债务人之债务人(即所有权人)的送达并不是生效要件,但是,这对于所有权人以及扣押担保权人来讲,并不是没有意义的,这可以从《德国民事诉讼法》第830条第2款中推断出来(对此参见上文边码61中的例子,还有杜塞尔多夫州高等法院裁判,载《新法学周刊》,1961年,1266页;腾佩尔(Tempel)文,载《法学教育》,1967年,117页;联邦最高法院裁判,载《新法学周刊》,1994年,3225、3226页)。

2. 移交裁定

128 如果扣押担保权人有权变卖被扣押的抵押权,那么,除了要有扣押裁定,还要附加上移交裁定(《德国民事诉讼法》第835条)。

实践中,只会有进行收取的移交,而没有代替支付的移交,因为在这里,扣押担保权人要承担抵押权实现能力的风险(比较《德国民事诉讼法》第835条第2款!)。

129 移交裁定交给扣押担保权人之后,移交就产生效力了。扣押担保权人因此获得了主张债权以及抵押权的权能。也就是说,他获得了收取授权,而抵押权按其实质——即使被扣押了,而且负担了扣押担保权——仍然是抵押权人的财产。[26] 由此得出,所有权人可以向扣押担保权人主张所有的、为抵押权人创立的无须主张之抗辩与得主张之抗辩(《德国民事诉讼法》第804条连同《德国民法典》第1275条)。但注意《德国民法典》第1156条!

---

〔26〕 联邦最高法院裁判,载《新法学周刊》,1957年,1438页。

以前在德国法上,法院作出过在外观上被综合在一起的扣押与移交裁定。这种实践做法,现在为联邦最高法院所否定(《新法学周刊》,1994 年,3225 页;另一种观点,施特贝尔(Stöber)文,载《新法学周刊》,1996 年,1180 页;对此还有里德尔文,载《德国司法》,1995 年,第 121 页;迪波尔德文,载《德国法月刊》,1995 年,454 页;吕克文,载《法学教育》,1995 年,202 页),因为对被抵押权所担保的债权的扣押,随着抵押权证书的交付,或者在登记式抵押权情况下,是随着土地簿册登记(《德国民事诉讼法》第 830 条第 1 款)才变得有效,而且移交以有效的扣押为前提。而为了避免债务人之债务人方面,在证书交付甚或登记前,善意地支付给强制执行债权人(《德国民事诉讼法》第 836 条第 2 款),在移交裁定中做相应的指示,就足够了(欣岑/沃尔夫文,载《德国司法》,1995 年,94 页)。 130

例子:

(1)首先参见上文边码 61 前的例子。 131

(2)Pf. 以 5 万马克的价格运送给 G 一整套住宅设备。在要付款的时候,才发现 G 的收入很少,但他与他的兄弟正在分割遗产,在他兄弟的农庄上享有一个为抵押权所担保的分割所得债权,共计 6 万马克。因为 G 不愿意让与该抵押权,Pf. 基于一个作为执行名义的判决,在作为执行法院的地方法院处,获得了扣押与移交裁定。抵押权证书被法院执达官所取走(《德国民事诉讼法》第 830 条第 1 款第 2 句)。Pf. 因此在抵押权上获得了一个担保权,而且,只要该扣押裁定没有另作安排的话,[27] 其额度只能为 5 万马克。[28] Pf. 也只能以这一额度为限,行使抵押权(比较《德国民法典》第 1282 条第 1 款第 2 句),也就是说,Pf. 现在可以向 E(作为人上的债务人)请求支付,也可以向 E(作为物上债务人)请求他容忍强制执行(如果 Pf. 获得了针对 E 的物上执行名义,比如一个判决,那么他就可以进行强制拍卖与强制管理,《德国民事诉讼法》第 866 条第 2 款)。但在判决程序中,E 可以抗辩,在建筑物分

---

〔27〕 可以考虑的例外情况,比如抵押权的实现能力受到怀疑的时候,因为该抵押权可能不是第一顺位的。

〔28〕 有争议,参见联邦最高法院判例,载《新法学周刊》,1986 年,978 页;鲍姆巴赫/劳特巴赫,《民事诉讼法》,第 54 版,1996 年,829 页,边码 46;施泰因/约纳斯/布雷姆,第 829 条,边码 74;鲍尔/施蒂尔纳,《特别强制执行法》,卷 I,边码 30.21。

割合同中,与 G 达成了支付延期 5 年的协议。就该抗辩权,E 也可以用来对抗 Pf.(《德国民法典》第 1157 条第 1 句;但不可以适用第 1157 条第 2 句,因为没有法律行为方式的移转事件!)。

132 如果 E 已经在财产分割协议中,以公证书的形式表示服从基于抵押权的强制执行,那么 Pf. 作为权利继受人,可以为自己主张该执行条款规定(《德国民事诉讼法》第 727 条:权利继受人的概念在这里被作扩大解释了;严格来讲,Pf. 只是得到了抵押权上的扣押担保权以及收取授权,但这是无所谓的;鲍尔/施蒂尔纳,《特别强制执行法》,第 1 卷,边码 17.8)。因为如果这个简单思路行得通的话,对于 Pf. 诉请所有权人容忍在土地上强制执行来讲,缺乏权利保护利益;那么该起诉必然被作为不允许之诉讼而被驳回。

3. 所有权人土地债务的扣押

133 所有权人土地债务的强制变价(扣押)是很有意义的;对此,只有与对所有权人土地债务的论述结合起来,才可以加以研究(参见下文第四十六章边码 11 及其以下、边码 25 及其以下)。

第三十九章　抵押责任之范围[1]

一、一般性基本原则

（一）作为经济整体的土地

1 “抵押权负担在土地之上。”就是说，抵押权人首要地对土地采取措施，可以通过强制拍卖或者（以及）强制管理的方式对土地变价。因为房屋、与土地尚未分离的庄稼等重要成分也被包括在内，所以法律当然就将土地视为一个整体了（比较《德国民法典》第93条、第94条）。

2 但反过来讲，如果不是从抵押权人的利益出发，不将之作为一个经济整体来理解的话，也就是说，那些对于土地经营必要的，或者由土地之用益产生的标的物不被包括在抵押范围之内的话，那么土地的可变价性就会极大地受到损害。

---

〔1〕 对此参见普拉德（Plander）文，载《法学教育》，1975年，345页；维灵（Wieling），第28章；威廉（Wilhelm），边码764及其以下；曼弗雷德·沃尔夫（Manfred Wolf），边码636及其以下。

例如,对于一个被强制拍卖的棉纺厂,如果所有的纺织机都被移走了,工厂的设备也被清除了,运输工具也被出让了的话,肯定很少会找到一个感兴趣的应买人。

3 所以,法律为了抵押权人〔2〕的利益,而将被设定负担的土地视为一个经济整体。因此,抵押责任(Hypothekenhaftung)包括:

土地(Grundstück)

重要以及非重要成分(Bestandteile),包括出产物;在其[与土地]分离之后也是如此(《德国民法典》第1120条;另见《德国民法典》第1126条)。

从物(Zubehör)(《德国民法典》第1120条)

使用出租与用益出租租金债权(Miet- und Pachtzinsfordeurn-gen)(《德国民法典》第1123条第1款)

最后是基于对承担抵押责任之标的物保险而产生的保险之债权(Versicherungsforderungen)(《德国民法典》第1127条第1款);它在一定程度上是抵押责任原来范围的替代。

(二)抵押责任的作用方式

1. 在扣押前的潜在责任

4 抵押权人可以采取措施的可能性(Zugriffsmöglichkeit)是多种多样的。如果这种措施意味着,所有权人对担保客体的任何变动都需要抵押权人的同意,那么,这种措施就会使所有权人的经济活动自由陷入瘫痪。

例如,农业企业的所有权人,在出卖庄稼(出产物),或者出卖一台不再

---

〔2〕 另外的问题是,尽管抵押权人与所有权人已经对责任免除达成了一致,但该约定在拍定裁决中并没有体现出来的时候,拍卖竞得人是否可以信赖该责任联合体;联邦最高法院裁判,载《新法学周刊》,1996年,835、836页中的观点对此作了肯定的回答,这是恰当的;另参见下文边码42及下一码。

需要的拖拉机(从物)的时候,需要抵押权人的准许。

5 但立法者没有这样规定抵押责任;相反,所有权人仍是“一家之主”(Herr im Hause),他可以出让出产物以及从物,让与用益出租之租金债权等。通过这种方式,这些为抵押责任所覆盖的标的物会“脱离于责任之外”(比较《德国民法典》第1121条、第1123条第2款的文意)。所以这种责任只是潜在(potentiell)的,抵押权人享有实现它的可能性;如果他不去实现,那么从责任集合体中脱离的标的物的担保责任就消灭了。〔3〕

2. 通过扣押激活责任

6 在抵押权人实现土地(连同共同承担责任的标的物)上的责任的那一刻,情况就有所变化了,就此,一个潜在的责任转化为了一个现实(aktuelle)的责任(《德国民法典》第1147条)。该干预措施(Zugriff),即法律所规定的扣押,通常是以强制拍卖以及(或者)强制管理的方式进行的,当然,在这里,就两种强制执行种类来讲,每一种的干涉范围是不一样的。

7 由它们所追求的目标就可以得出:强制拍卖(Zangsversteigerung)应当导致的是,对土地这一实体的变价,而强制管理(Zwangsverwaltung)造成的是,将土地的用益交给债权人。也就是说,强制拍卖不能涉及被设定负担房屋的租金,强制管理则不能涉及从物。所以,两种干预措施常常一起被运用。

8 扣押会对所有权人的处分权能产生影响。

(1)拍卖之命令作为让与之禁止(Veräuβerungsverbot)

---

〔3〕 抵押权人与所有权人之间的“免责约定”是没有物权效力的(《帝国最高法院民事判例集》,第125卷,362、365页);该约定肯定不可以对抗抵押权人的权利继受人。相反,如果前手所有权人将他基于该约定的权利移转给该权利继受人的话,那么权利继受人在所有权上,是可以以此为依据的。

通过强制拍卖的命令,扣押具有《德国民法典》第135条、第136条意义上的相对性让与禁止的效力(《强制拍卖与强制管理法》第23条第1款第1句)。虽然所有权人还可以对土地以及为扣押所涉及的标的物进行处分,但该处分相对于抵押权人以及土地之竞买获得人,是无效的(注意:《强制拍卖与强制管理法》第23条第1款第2句中对处分权能的扩张)。

(2)管理以及用益权能为强制管理所剥夺

9 通过强制拍卖的命令,扣押就剥夺了所有权人的管理权与用益权(《强制拍卖与强制管理法》第148条)。这些权能移转给强制管理人。

(3)对抵押责任澄清的检验步骤

10 在具体情况下,一定要检验下述问题:

a. 抵押责任包括该标的物吗?

b. 该标的物又从抵押责任中摆脱出来了吗?

c. 扣押后的法律状况如何?

11 下面是几个应当能阐明该问题领域之意义的例子:

(a)在E的地产上负担有G的抵押权,这一年丰收的庄稼已经被收割,而且已经被卖给了仓库[企业]K,并按照第930条的方式移转了所有权;根据G的申请,在进行强制执行以及强制管理的时候,K也已经支付了大部分价款。该庄稼也是采取措施的对象吗?

12 (b)E的“养老房”(Rentenhaus)是用G发放的贷款而建造的,该贷款被抵押权所担保。承租人M承担了6万马克的建筑费用参加额(Baukostenzuschuβ),该金额分摊到每月500马克,即10年“还清”。如果在G的申请下,对房屋裁定强制拍卖,那么,建筑费用参加额分摊为租金的约定,对G有效吗?对土地取得人K也有效吗?

(三)扣押*的概念与范围

对“扣押”还有一句话要说:[4]我们已经说过,它被理解为对强制拍卖(《强制拍卖与强制管理法》第20条)以及对强制管理的命令(《强制拍卖与强制管理法》第148条),而扣押的范围在每种情况下,都有所不同。 13

1.扣押与强制拍卖

强制拍卖涉及土地,以及按照《德国民法典》第1120条及其以下共同承担责任而且还没有从责任共同体中脱离出来的标的物**(《强制拍卖与强制管理法》第20条第1款、第2款),但是不涉及使用租赁与用益租赁债权,也不涉及那些已经分离,但并非土地从物的农业出产物(《强制拍卖与强制管理法》第21条)。设定该例外的原因在于,这里涉及的是土地的用益(Nutzung);对该用益的执行必须通过强制管理的方式进行(《强制拍卖与强制管理法》第148条)。 14

2.扣押与强制管理

强制管理涉及的是土地的收益,也就是自然孳息(庄稼,无论是否已经与土地分离)以及权利孳息,特别是使用租赁与用益租赁债权(《强制拍卖与强制管理法》第148条)。 15

如果土地被用益出租了,那么自然孳息(庄稼)归用益出租人所有(《强制拍卖与强制管理法》第21条第3款、第148条第1句)。作为平衡,用益租

---

* Beschlagnahme,一般是指对不动产的扣押,与Pfändung相对,Pfändung是对动产的扣押。

〔4〕 详见鲍尔/施蒂尔纳,《特别强制执行法》,卷I,边码35.9及其以下、边码37.2;布罗克斯/瓦尔特(Brox/Walter),边码858及其以下、边码1004;罗森贝格/高尔/席尔肯(Rosenberg/Gaul/Schilken),第62章I 3、第68章II 2。

** 抵押权效力所及的标的物,并且没有因为与土地脱离等原因而不再是抵押责任的标的物了。

赁债权也作为对抵押权人的担保(标的物),对此债权,抵押权人可以通过强制管理的方式执行。

3.《德国民法典》中关于责任的规定与《强制拍卖与强制管理法》中关于责任的规定的关系

16 上面的阐述已经让人们知道了《德国民法典》与《强制拍卖与强制管理法》中责任法上的规定的关系:

《德国民法典》确定责任空间(即“为什么”而承担责任?)以及责任范围(“什么”要为抵押权承担责任?)。

《强制拍卖与强制管理法》规定的是,责任如何可以被实现。在这里,关于强制干涉(即扣押)的范围,法条中指引到了《德国民法典》的责任范围之规定(《强制拍卖与强制管理法》第20条,《强制拍卖与强制管理法》第146条连同第20条第2款),还设置了一个考虑该强制干预特殊性的特别规则(尤其比较《强制拍卖与强制管理法》第21条、第148条)。

17 这个由《德国民法典》到《强制拍卖与强制管理法》的链条还为下述规定所延长,即在强制拍卖(《强制拍卖与强制管理法》第55条)以及拍定(Zuschlag)的范围(《强制拍卖与强制管理法》第90条第2款)之规定中,两个范围与扣押的范围关联在一起,就此也就与责任范围关联在一起了。所以,如果您要确认,一辆属于农庄,但在拍卖时还在修理的拖拉机,是否已经成为竞买获得人K的所有物了,那么《强制拍卖与强制管理法》第90条第2款会将您指向《强制拍卖与强制管理法》第55条第1款,该条款又指向《强制拍卖与强制管理法》第20条第2款,而该条款指向的是《德国民法典》第1120条及其以下。这些规定会告诉您,从物暂时的脱离是不会解消责任关联的(比较第1122条第1款),这样,K已经通过拍定而成为了拖拉机的所有权人(很有意思的典型案例,参见《联邦最高法院民事判例集》,第58卷,309页)。

4. 对单个共同承担责任标的物的扣押

最后，“扣押”也是指对一个共同承担责任标的物的强制执行，前提是，只要该强制执行是基于一个抵押权，也就是说是抵押权人根据一个物权性的名义进行的；法院执达员对庄稼的扣押（Pfändung，《德国民事诉讼法》第 808 条及其以下），或者执行法院对使用租金债权的扣押（Pfändung，《德国民事诉讼法》第 828 条及其以下），都是可以的。[5] 18

（四）责任联合体的范围与特定性

值得注意的是，责任联合体的范围只能取决于特定的、要被实现的抵押权。所以，从物之所以不承担抵押责任，是因为它曾属于另一个抵押权的责任组成部分。 19

（五）叙述顺序

下面要对每个属于责任联合体的标的物之责任进行研究，具体来讲，下面依次研究的是潜在的责任，标的物责任之免除（比如通过出让与分离（Entfernung）），通过扣押而激活责任以及扣押的效果。 20

二、土地的责任

被设定负担的土地承担抵押责任，而且如同在土地簿册中所记载的那样承担责任（法律意义上的责任，参见上文第十五章边码 18 及下一码）。所有权人对土地的处分并不受到阻碍，因为抵押权不会因为所有权人的处分而受到损害。所有权人也可以将土地的一部分剥离（abschreiben）登记（《土地登记法》第 2 条第 3 21

〔5〕 比较《帝国最高法院民事判例集》，第 81 卷，146 页；第 103 卷，137 页；另参见鲍尔/施蒂尔纳，《特别强制执行法》，卷 I，边码 18.2、34.12、34.29；另见下文边码 27。

款)；只要抵押权人没有交还被剥离登记部分(也就是说,在此范围内,根据第 875 条废止了抵押权),抵押权在被剥离登记的土地部分上继续存在(参见第四十三章)。

22 如果被负担的土地与另一块土地合一了,那么不动产担保物权继续存在于该土地上。如果该被负担的土地被合并登记(zuschreiben)到另一块土地上,那么适用同一规则,但主要土地上的负担延伸到被合并登记的土地上(详情参见上文第十五章边码 20 及其以下,以及在附录 3 中关于合并登记的例子)。

23 例子:20 亩大小的、建有商用房屋的土地属于 E 所有,其上负担有第一顺位抵押权,G 为抵押权人。K(E 的邻居)请求 E,让给他一小块共计 80 平方米的土地,建造一座饭店。E 期望能对他的商业有有利的影响,所以对此表示同意。该块土地必须从 E 的土地中分离出来登记,然后,或者合并登记入 K 的土地(在这里很少被接受),或者作为单独的土地登记,但也可能与 K 的土地合一。在所有情况下,只要 G 没有废止他的抵押权("交还"该被剥离登记的土地,"从担保责任中脱离出来"),或者主管机关没有按照《德国民法典实施法》(EGBGB)第 120 条(与州法相关联,比如《巴登—符腾堡州民法典实施法》)签发所谓的无损害证明(Unschädlichkeitszeugnis)(即 G 的抵押权没有因该地块的剥离登记而受到损害的证明),那么 G 的抵押权就保持不变。

如果被出卖的地块被合并登记到 K 的土地中,那么,在该土地上负担的抵押权扩张到被合并登记的土地上;但该抵押权的顺位在 G 的抵押权之后(第 1131 条)。G 的抵押权由登记职权部门一同移转到被出卖的地块之上(《土地登记法》第 148 条第 1 款第 2 句)。

三、成分(包括出产物)的责任

(一)潜在承担责任的成分与出产物

24 土地的重要与非重要成分,以及它的出产物,也要为抵押权承担责任(第 1120 条、第 94 条)。但表见成分不承担责任(参见第

95条以及上文第三章边码15)。

比如说,土地上的用益承租人在用益租赁期间,建造的车库就不承担责任(参见上文第三章边码13)。

只有在非重要成分属于土地所有权人的情况下,非重要成分才承担责任。

即使在成分*以及出产物与土地分离的情况下,第1120条(第一种类型群)也确定了其抵押责任,除非它们随着与土地的分离而归属于另一个人所有,即不同于原所有权人或者土地的单独占有人的另一个人。

25 原则上很容易理解该规则:如果所有权人收割了出产物,那么抵押权的安全不能因此而受到损害,所以责任之延伸作为一个基本原则。但如果所有权人将土地进行了用益出租,并且给予了用益承租人直接占有,或者在土地上存有一个用益权,那么该孳息随着分离而成为了用益承租人(《德国民法典》第956条)甚或用益权人的所有物。因此,一直到分离那一刻还存在的对抵押权的责任就此消灭。就用益租赁来讲,也是完全明了的:因为要用用益租金债权向抵押权人承担责任(《德国民法典》第1123条第1款),可以说,作为孳息之责任的替代物。所以,土地是在抵押权设定之前还是之后被出租的,是无所谓的。

26 比较有疑问的是,关于用益权的规则,特别是用益权在顺位上劣于抵押权的情况下。由于用益权的存在,孳息会随着分离而不再向抵押权人承担责任,而且也不像在用益租赁的情况下,有一个对等给付归入责任联合体。所以,部分文献认为,第1120条的规则不适用于顺位在后的用益权人。但这是不公平的;因为抵押权人可以通过强制管理之命令,而阻止顺位在后的用益权人的孳息收取权(就该争议问题,参见艾克曼(Eickmann),《慕尼黑德国民法典评注》,第1120条边码23及其以下,具有进一步证明)。

---

* 《德国民法典》第93—96条。

(二)责任为扣押所激活

27 所有权人如何才能激活成分之潜在责任呢？换句话说,他如何能进行扣押呢？

强制拍卖涉及的只是土地之实体,当然也涉及成分,但不涉及与土地分离的农业与林业出产物,除非该出产物是从物(《强制拍卖与强制管理法》第21条第1款)。要对它们进行扣押,必须要作出强制管理的命令(《强制拍卖与强制管理法》第148条第1款连同第21条第1款)。可以通过动产强制执行的途径扣押(Pfändung)任何一种与土地分离的成分,也就是说,由法院执达员根据物权上的名义进行扣押,〔6〕除非它们已经成为了从物(《德国民事诉讼法》第865条第2款)。

(三)责任之免除

28 就如我们上文所看到的,只要没有及时地采取扣押措施,所有权人对共同承担责任的标的物的处分权能是没有被限制的;换句话说,在一定条件下,成分以及出产物可以从对抵押权的责任中脱离出来。《德国民法典》第1121条、第1122条规定了该制度。这些规定是不容易理解的,根据经验,会给初学者带来一定的困难。但如果人们想到如下一点,困难就会被消除:从责任联合体中脱离出来,是与承担责任标的物的"经济上之从属性的终结"关联在一起的。根据生活观念,该从属性随着出让以及从(土地上)被移走(Entfernung)就终结了,或者如果移走是持续的话,那么随着被移走从属性就终结了。这样,就会理解什么是主要的责任脱离之构成要件(Freiwerdungstatbestände),只不过在单纯地移走的情况下,法律为了抵押权人的利益,还设

〔6〕 关于"破产中的抵押权责任联合体",参见鲍尔/施蒂尔纳,《支付不能法》,卷Ⅱ,边码15.1及其以下;将来《支付不能法》的第49条、第165条;《强制拍卖与强制管理法》第10条第1款Nr. 1a、第30d—f条、第153b条与第153c条;另参见第四十章边码52及其以下。

置了一个保障：出产物必须在正常经营的界限内与土地分离（《德国民法典》第1122条第1款），这样，所谓的对抵押权人不利的“生硬分离”应当就被避免了。

1. 扣押前

“最顺”的责任免除情况有：出让与分离发生在扣押前（《德国民法典》第1121条第1款），或者被分离的成分与出产物在正常的经营范围内被持续地移走（《德国民法典》第1121条第1款）。 29

例子：E将他地产上的庄稼之所有权移转给K；该庄稼被K运走了。抵押权人K就不能再对该庄稼采取执行措施（《德国民法典》第1122条第1款）。

E将粮食收成存放在L仓库的粮仓中，但还没有出让。即使如此，该收成也被免除了责任（《德国民法典》第1122条第1款）。

2. 扣押后

困难的是下面的情况，扣押发生在出让与移走之间，或者扣押发生在出让与移走之前，但取得人是善意的，也就是说，对扣押一无所知。 30

这里要注意的是，扣押具有《德国民法典》第135条、第136条意义上的相对的让与禁止之效力，或者——在动产执行的情况下——会使抵押权人获得一个扣押质权（Pfändungspfandrecht）。在两种情况下，都取决于取得人是否是善意的（《德国民法典》第136条、第135条第2款、第936条）。

当然在这里，不同的为了抵押权人的利益而进行的拟制会否定该善意性；即在下述情况下，扣押被视为是被知道的： 31

（1）在对强制拍卖或者强制管理申请知道的情况下（《强制拍卖与强制管理法》第23条第2款第1句、第146条）；

（2）在强制拍卖甚或强制管理之标注被登记在土地簿册之中

的情况下(《强制拍卖与强制管理法》第 23 条第 2 款第 2 句、第 146 条)。

32 例子:在抵押权人 G 的申请下,对 E 的土地进行了强制拍卖与强制管理的决定。E 秘密地向善意的 K 出卖了 50 公斤水果,K 立刻就将水果带走了。在这里,如果强制拍卖标注已经被登记在土地簿册之中的话,那么 K 即使是善意的,也是无济于事的。

如果 K 已经购买了该水果,也支付了,并且也进行了所有权之移转,但他还没有将这些水果运走,如果在这个时候进行扣押的话,那么即使 K 对土地上的抵押权负担一无所知,也是没有用的(《德国民法典》第 1121 条第 2 款第 1 句)。但如果 K 在不知道扣押的情况下,运走了该水果,那么水果就从担保责任中脱离出来了(《德国民法典》第 1121 条第 2 款第 2 句)。而在强制管理标注(《强制拍卖与强制管理法》第 148 条第 1 款第 2 句)被登记在土地簿册中的情况下,就不再是这么回事了。

另外比较有意思的案例有:《帝国最高法院民事判例集》,第 143 卷,33、241 页;另参见下文边码 40 及其以下关于从物之免责的判例。

四、从物之责任[7]

(一)所有权人的土地从物

1. 属于所有权人所有的土地从物

33 从物的责任源自于如下思想,即以土地为核心而构成一个经济统一体,抵押权人应当可以对该经济统一体采取执行措施。[8] 所以,《德国民法典》第 1120 条第二种类型规定将从物包括在抵押责任的范围之内,当然,只有在该从物属于所有权人所有的情

〔7〕 对此参见科尔豪瑟,《法学工作报》,1984 年,196 页(具有进一步证明)。

〔8〕 另参见第二十二章边码 22 及下一码;对于从物特性的较新案例:《联邦最高法院民事判例集》,第 85 卷,234 页(机动车停车厂,在德国法上不是从物);联邦最高法院裁判,载《新法学周刊》,1994 年,864、867 页(只要机器只是被用于企业的建筑工地,它们就不是从物);另参见第三章边码 16 及下一码。

况下。

在这里,无关紧要的是,一个物在抵押权设定的时候就是属于土地所有权人所有的从物,还是后来才是土地所有权人所有的。

如果它不属于土地所有权人所有,该从物的所有权人必须要自己去制止强制拍卖以及强制管理(《强制拍卖与强制管理法》第55条第2款、第37条第5项,《德国民事诉讼法》第771条),因为要不这样的话,强制拍卖与拍定,甚或强制管理的效力也涉及他人的从物;很有意思的典型案例:联邦最高法院裁判,载《新法学周刊》,1986年,59页及其以下;就整个问题,参见鲍尔/施蒂尔纳,《特别强制执行法》,第1卷,边码34.21及下一码具有证明。 34

2. 所有权人在从物上的期待权

对于在所有权保留条件下购买的从物,只有在支付了全部价款,并且所有权已经移转给买受人(即土地所有权人)的时候,该从物才属于抵押权责任范围吗?非常值得怀疑!这取决于,买受人的期待权是否被包括在抵押权责任范围内了。在这方面,对第1120条的文意有所偏离(对此参见赖尼克(Reinicke),《在基于附条件的所有权移转而产生的期待权上的法定质权和抵押权》,1941年,以及下文第59章)。该问题的实际意义可以通过下面的例子加以说明: 35

工厂主E为了他工厂里的起吊工作,在所有权保留条件下,从V处购买了一台可行驶的吊车,价格为15万马克。E的工厂所在土地上负担有银行G的抵押权。当吊车被支付到剩下5000马克的时候,E将基于附条件的所有权让与(根据第930条)产生的期待权,让与给了债权人X。在E破产的时候,G以及X都请求该吊车,G是作为抵押权人,X作为期待权人,二者都准备向V支付剩余5000马克价款。 36

该案例的答案很复杂,因为涉及了两个领域:

(1)X作为期待权的获得者,支付完剩余价款,是直接从V处取得,还是“间接地通过E”取得呢(E在所谓的法律上一瞬间取得过该所有权)? 37

在肯定第二种答案的情况下,吊车就被包括进抵押权的责任联合体中了。现在判例与学说(《联邦最高法院民事判例集》,第 20 卷,88 页)倾向于,认定从 V 到 X 的直接的所有权移转,而拒绝承认 E 享有过渡所有权(Durchgangseigentum)(详情参见下文第五十九章边码 34)。

38 (2)现在决定性的是,土地从物上的期待权是否在抵押权的责任范围之内。如果对该问题作肯定回答的话,在支付剩余价款之后(无论是谁支付的),虽然 X 取得了吊车上的所有权,但其上还是负担有抵押权。只有在"免责"的构成要件被满足的情况下(参见下文边码 40 及其以下),其对责任联合体的从属性才消灭。

与第 1120 条的文意相违背,用第二种选择来解决该案例:基于附条件的所有权让与产生的期待权是买受人的财产权,在很多方面与所有权是相同的,并且被同等对待(参见下文第五十九章)。所以,该权利也必须被包括在抵押权责任范围内(与被包括在法定质权(比如出租人质权)的责任范围内是一样的)(《联邦最高法院民事判例集》,第 35 卷,85 页;鲍尔,《针对青年法学者的判例汇编:物权,带有解释性评论的挑选之判决》,第 48 个案例;联邦最高法院判例,载《新法学周刊》,1965 年,1475 页,以及《新法学周刊》,1970 年,2212、2215 页;《联邦最高法院民事判例集》,第 92 卷,280 页;梅迪库斯(Medicus),《民法》,边码 484;姆斯克勒(Müschel),《企业顾问》,1970 年,237 页;赖尼克/蒂特克,《信贷担保》,316 页及下一页,有争议)。

(二)通过不动产强制执行方式的扣押

39 对从物的扣押只能通过强制拍卖(《强制拍卖与强制管理法》第 20 条第 2 款)或者(连同)强制管理(《强制拍卖与强制管理法》第 146 条)命令的方式进行,而不能通过动产强制执行方式进行,因为《德国民事诉讼法》第 865 条第 2 款第 1 句已经排除了这种对土地从物强制执行方式,而且是由物上债权人,还是由人上债权人进行的扣押,都是无所谓的,土地是否被设定了负担,也是无关紧要的。根据以前的判例,违反《德国民事诉讼法》第 865 条第 2 款第1句的扣押肯定是无效的；[9] 正确的应该是：在有效扣押的情况下，不产生扣押质权。[10]

(三)免责

将从物排除在责任联合体之外（“解脱或免责”Freiwerden）根据的是在成分以及出产物情况下的同样规则（参见上文边码28及其以下）： 40

1. 在不动产扣押之前

在不动产扣押之前，如果在正常经营范围内从物之特性丧失了（《德国民法典》第1122条第2款），或者从物被出让且被移走（《德国民法典》第1121条第1款），从物责任也就消灭了。 41

例如：关于《德国民法典》第1122条第2款的例子：所有权人登广告出卖一台旧的、不再需要的而且也不再被使用的拖拉机；其他例子：《联邦最高法院民事判例集》，第56卷，298页以及第60卷，267页；联邦最高法院裁判，载《新法学周刊》，1996年，835页（企业关闭不能带来在正常经营范围内对从物特性之消失！）。

关于《德国民法典》第1121条第1款的例子：所有权人将唯一的拖拉机出卖给了K，并移转了所有权。K将拖拉机从农庄拉走了。例子：《联邦最高法院民事判例集》，第60卷，267、270页；联邦最高法院裁判，载《新法学周刊》，1979年，2514页；对此参见帕兰特（Plander）文，载《法学教育》，1981年，565页。

土地从物上的期待权责任，因为保留所有权出卖人与保留所有权买受人之间的期待权废止协议而终止吗？联邦最高法院关于第1122条第2款的例

---

〔9〕《帝国最高法院民事判例集》，第78卷，35页；第135卷，197、206页；慕尼黑州高等法院裁判，载《德国法月刊》，1957年，428页。

〔10〕参见鲍尔/施蒂尔纳，《强制执行法、破产法与和解法案例评析》，案例15；鲍尔/施蒂尔纳，《特别强制执行法》，卷I，边码28.3；布罗克斯/瓦尔克，边码229；罗森贝格/高尔/席尔肯，第49章II 6 e；布伦斯/彼得斯（Bruns/Peters），第28章IV 1；尧尔尼希（Jauernig），第22章II 3。

子:《联邦最高法院民事判例集》,第 92 卷,280 页:肯定意见,我们的观点:否定。对此参见威廉(Wilhelm),边码 1244;作者同上,《新法学周刊》,1987 年,1785 页,有其他证明;韦斯特曼/艾克曼(Westermann/Eickmann),《物权法》,第 114 章 II 2,详见下文第五十九章边码 37。

2. 在不动产扣押之后

42 在不动产扣押之后,只有在根据第 135 条第 2 款连同第 136 条取得人是善意的时候,免责才是可能的(但要注意的是《强制拍卖与强制管理法》第 23 条第 2 款)。

例如:E 将属于他所有的可行驶工厂吊车的所有权让与担保给 X(按照第 930 条的交付替代方式)。该吊车并不因此而从抵押权责任中解脱出来。X 不可以主张,他对 G 在 E 土地上的抵押权一无所知(第 1121 条第 2 款第 1 句)。但在不动产扣押之前,吊车被 X 从土地中移走的时候,吊车上就无责任负担了。如果在下达了强制拍卖或强制管理的命令之后,吊车才被移走,那么要取决于 X 对不动产扣押是否是善意的(第 1121 条第 2 款第 2 句;但要注意的是《强制拍卖与强制管理法》第 23 条第 2 款!)。如果在已经进行不动产扣押之后,才有所有权让与担保以及物的移走,那么适用第 135 条第 2 款连同第 136 条、第 1121 条第 2 款第 2 句(但要注意的是《强制拍卖与强制管理法》第 23 条第 2 款!)。

另外比较好的典型案例:奥尔斯豪森(Olshausen)文,载《法学教育》,1990 年,816 页。

43 与从责任联合体中被排除出来的问题不同的是下面的问题,即抵押权人的损害赔偿请求权是否存在的问题(对此参见第四十章边码 9 及下一码)。就抵押权人与所有权人之间的免责约定而言,只有在该约定可以从拍定决定以及拍卖条款中可以被推断出来的时候,才可以对抗拍卖买受人(联邦最高法院裁判,载《新法学周刊》,1996 年,835 页;另参见上文边码 5 脚注)。事实上,买得人并不比任何其他买受人的地位差(《德国民法典》第 926 条,《强制拍卖与强制管理法》第 90 条第 2 款、第 55 条第 1 款、第 20 条第 2 款,《德国民法典》第 1120 条;另参见上文边码 33 及下一码,以及第二十二章边码

22及下一码)。

五、使用租金与用益租金债权之责任

(一)基本原则

在这里,基本原则也很简单:根据第1123条第1款,抵押权责任也扩及使用租金与用益租金债权。因此,抵押权人也得对土地的法律孳息进行收益。 44

基本原则很简单,而具体细节上则很复杂,尤其是与免责关联的具体问题。因为这个问题对债务人之债务人(即使用承租人或用益承租人),意义十分重大。

(二)不动产扣押

不动产扣押通过下述方式进行: 45

1. 通过强制管理决定(《强制拍卖与强制管理法》第148条第1款第1句),而不是通过强制拍卖决定(《强制拍卖与强制管理法》第21条第2款)的方式进行;

2. 通过动产强制执行方式,即基于强制执行法院的动产扣押裁决而获得的物上[执行]名义,对使用租金与用益租金请求权进行动产扣押(《德国民事诉讼法》第829条)。

(三)解脱

在这里,租金上也不可能永远潜在地负担抵押权。如果出租人收取了本月到期租金,那么抵押权人就不能说,该支付对他来讲没有效力。但事实构成常常不是那么简单的。比如承租人欠了6个月的月租金,而且现在下了强制管理的决定,在这种情况下,法律状况又是怎样的呢?或者,如果承租人提前支付了2年的租金,此时进行了强制管理,怎么办呢?或者,在他——主要是在60年代中期出现的情况——已经支付了“通过低租金返还的”建筑费 46

用参加额(Baukostenzuschuβ)的情况下,又怎么办呢?

在细节上,必须区分如下各种情况:

1. 到期的使用租金与用益租金债权

47 在到期后的一年经过后,到期的使用租金与用益租金债权就从抵押责任中解脱了(《德国民法典》第1123条第2款第1句)。对于约定预先支付的情况,《德国民法典》第1123条第2款第2句含有对该规则的限制。

48 例子:如果承租人欠有14个月的、每月要预先支付的租金,而且现在命令进行强制管理,那么,12月的赊欠租金属于强制管理的范围,而剩余的租金归出租人享有(不排除的是,债权人基于对人债务[执行]名义对该剩余租金扣押!)。

如果在1990年1月1日本应预先支付两年租金,但承租人在1991年3月1日还是没有支付一分钱,而且在这一天,强制管理的命令被下达,那么不能因为租金债权于1990年1月1日已经到期了,并且从那时起,已经过去一年了,而使所有的租金债权都被免责。在这里,自1991年4月1日起的租金属于强制管理的范围(第1123条第2款第2句)。

2. 所有权人的处分

49 实践上有意义的问题是,所有权人对租金请求权的处分相对于抵押权人的效力如何。这样的处分尤其是指收取租金以及将租金请求权让与第三人的情况。[11] 法律试图通过下述方式平衡抵押权人、所有权人(即出租人)以及承租人之间的利益冲突:

(1)基本原则:在不动产扣押之前的处分是有效的

50 常态是,只要该处分是在不动产扣押之前进行的,所有权人对租金的处分——可能是通过收取的方式、可能是通过让与的方式

[11] 关于被承租人进行的与被履行的承租押金的抵销,参见联邦最高法院裁判,载《德国司法》,1979年,53页。

(扣押、出质)、可能是抵消——对抵押权人就是有效的(第1124条第1款、第1125条)。[12]

典型案例:联邦最高法院裁判,载《新法学周刊——司法判例报告:民法》(租金转化为代替自有资本的、无租金的移转;另参见下文边码59)。

(2)例外:提前处分

但在第1124条第2款中,为了抵押权人的利益,该常态被打破了:如果进行了不动产扣押,那么处分(比如收取、让与)只在本月的租金范围内才是有效的,在一个月的15号之后进行的不动产扣押,该处分对下个月租金,也是有效的。 51

该例外是建立在如下的思想基础上:即在抵押权人申请到不动产扣押的情况下,抵押权人不得为出租人(即所有权人)的预先处分所损害。

例子:E将他的住宅(或者一层楼)出租给了M。根据合同,租金要按月提前支付。E为了清偿一笔贷款,而将1990年1月1日到8月31日的租金让与了X。抵押权人于1990年5月20日获得了不动产扣押令(基于物上[执行]名义对租金债权进行强制管理或者扣押),那么该先前之处分,对G来讲,从1990年7月1日起就不产生效力,换句话说,承租人M必须从这一时刻起,向强制管理人以及作为扣押质权人的G进行支付。 52

如果M于1990年1月1日,在没有合同上义务的情况下,向E提前支付了到8月31日的租金,那么他必须向G再次支付6月与7月的租金。

该基本原则在下述情况下会变得有问题,即在涉及根据租赁合同所进行的提前处分的时候,特别是在承租人已经负有义务,提 53

〔12〕 在不动产扣押之后的那段时间,适用第135条、第136条——没有善意(脱离不动产扣押的)取得的可能性(第153条第2款)!

前支付全部或部分的、一大段时间的租金，而且该义务已经被履行的时候。

54 帝国最高法院的判例（比较《帝国最高法院民事判例集》，第144卷，194页）否定了第1124条第2款意义上的提前处分，或者换句话说，提前处分对抵押权人（强制管理人、破产管理人、取得人）的有效性被肯定了。肯定的前提是，该提前处分在不动产扣押之前，于租赁合同中就被约定了，并且事实上也被履行了。新的判例越来越多地取消该限制，而且既适用于有规则的、阶段性的提前支付，也适用于长期的预先支付（汉堡州法院裁判，载《德国司法》，1995年，124页；哈姆州高等法院裁判，载《新法学周刊——司法判例报告：民法》，1989年，1421页；对于第574条，参见《联邦最高法院民事判例集》，第37卷，346、351页；《新法学周刊》，1967年，555、556页——但只适用于在阶段性地提前支付义务的情况下！）。我们原则上同意这种趋势，即具有或者不具有合同上义务的提前支付，原则上为第1124条第2款所调整。

(3)建筑费用参加额〔13〕

55 还有一个特别情况，即在承租人通过他的提前支付，而使所有权人对出租房屋进行装修成为可能，就是说一起对租赁客体进行资金支持。

例如，出租人（即所有权人）E的出租房屋，尚缺少12万马克的资金支持，那么他可以与承租人A、B、C约定每人4万马克的建筑费用参加额，而且是以如下方式，即每月将400马克算入每月800马克的租金。这种形式的余款融资方式在大约25年前是很流行的，但现在却不再那么重要了。

假设，对E的土地作出了强制拍卖与强制管理决定（或者开始了破产或者支付不能程序，《破产法》第21条第2款/《支付不能法》第110条，或者土

〔13〕 对此参见格兰斯（Granz）的综述，载《法学评论》，1960年，124页；文纳（Wunner）文，载《新法学周刊》，1966年，2285页；弗罗茨（Frotz）文，载《民法实务档案》，第164卷，309页。

地被直接地出让了),那么,对建筑费用参加额折算的约定,对于强制管理人、在强制拍卖中竞买获得土地者(《强制拍卖与强制管理法》第57b条)、破产管理人/支付不能管理人、通过法律行为获得土地的取得人,是否是有效的呢?

联邦最高法院在强调其经济与社会重要性之后,将承租人保护置于债权人保护之前。承租人通过支付建筑费用参加额,以与抵押权人一样的方式,为房屋建设作出了贡献。向抵押权人承担责任的物之价值,因此而被提高。所以,租金之提前支付对抵押权人来讲,也是有效力的(《联邦最高法院民事判例集》,第6卷,202页,涉及破产的情况;《联邦最高法院民事判例集》,第15卷,296页,涉及在强制拍卖中取得的情况,而且是在事后约定[不是在租赁合同中约定]的情况下;同样的还有《联邦最高法院民事判例集》,第16卷,31页)。在《新法学周刊》1959年380页的判例中,联邦最高法院再次重新明确了它的判例,但明显强调的是,作为建筑费用参加额(提前支付之租金)被支付的金钱,必须事实上真的(即使间接的也成)被用于建筑,在有争议的情况下,承租人必须举证。根据现存的或者要签订的租赁合同,建筑费用参加额也必须被支付。那种先是基于其他法律关系被支付的、后来被用于建筑的履行,并不是足够的(联邦最高法院裁判,载《新法学周刊》,1967年,555页)。 56

对这个判例,褒贬不一。我们认为,关键性的并不是"价值提高思想",而是承租人的社会弱势地位,即在住房紧缺的情况下,承租人被迫支付建筑费用参加额的时候,承租人之社会弱者地位。法律在很多地方(比如《强制拍卖与强制管理法》第57c条、《德国民法典》第557a条:在租赁关系结束后,偿还损失的建筑费用参加额[14])规定了一些规则,它们的基本思想已经为联邦最高法院的判例[15]所体现了。

---

〔14〕 深入的探讨参见弗罗茨文,载《民法实务档案》,第164卷,309页;《联邦最高法院民事判例集》,第53卷,35页。

〔15〕 另比较联邦最高法院判例,载《新法学周刊》,1959年,872页;《联邦最高法院民事判例集》,第29卷,289页;第37卷,346页;舒斯特(Schuster)文,载《德国法月刊》,1960年,181页,具有进一步证明。

3. 通过设定用益权来处分租金

57　另外一个从第 1124 条产生的问题涉及用益权之设定。有时,所有权人为抵押权人设定用益权(担保性用益权,参见上文第三十二章边码 6),这样,将使用租金与用益租金作为权利之孳息移转给了抵押权人。如果该用益权是为了后顺位的债权人而被设定的,那么在先顺位债权人对租金债权进行不动产扣押的情况下,若用益权之设定是一种对租金的处分的话(第 1124 条第 2 款),该后顺位债权人还是可以保有本月(也可能是下个月)租金的。帝国最高法院(《帝国最高法院民事判例集》,第 68 卷,10、13 页;第 101 卷,5 页)已经很有道理地对这个问题作了否定回答:用益权设定是对土地的处分,而不是对租金请求权的处分。用益权的顺位由实体不动产法来确定;后顺位的用益权人之利益,通过下面的方法很好地被保护了,即他可以在不动产扣押前,对于抵押权人也是有效地收取该租金(第 1124 条第 1 款)。

(四)反复性履行权

58　法律对反复性履行权利(即与土地所有权联系在一起的权利)之责任的处理,与对租金请求权的处理是类似的(第 1126 条)。主要类型是主观性物上实物负担(subjektiv – dingliche Reallast)之责任。*

(五)使用租金与用益租金债权之责任;资本保持规则

59　将使用租金与用益租金债权在责任法上划给抵押权人会造成一些难题,即有偿的移转使用违反了企业法上规定的资本保持规则,所以特别是在无支付能力的情况下,该使用之移转是不能持久的。该问题主要在企业分立的时候,有意义。

例子(根据的是《联邦最高法院民事判例集》,第 109 卷,55、56 页):X 有限责任公司与其成员 A、B、C 一起在成员 A 那儿,“承租”了一块企业用地。

---

* 参见《德国民法典》第 1105 条,本书上册第三十五章。

实际上,该使用之移转具有"代替资本之作用":正常的商人已经付出了资本,而不是将土地财产以租赁方式予以移转。在租金请求权必须为那些对于保全原始资本必要的资金所支付的时候,这些租金请求权不得被满足(《德国有限责任公司法》第32a条,《破产法》第37条第1款、第32a条以及《德国支付不能法》第143条第1款、第135条或者《德国有限责任公司法》第31条;对此参见鲍尔/施蒂尔纳,《支付不能法》,第2卷,边码34.38及其以下、边码34.44;为下述裁判所证明:《联邦最高法院民事判例集》,第127卷,1、7页;第127卷,17、21页;第121卷,31、43页)联邦最高法院的出发点是,不能被追索的租金请求权根本就没有产生,所以也不能承担抵押责任。假设银行H在A的土地上享有一个抵押权,那么该抵押权不能在第1123条、第1124条规定的范围内扩及租金债权(对此参见,卡尔斯鲁厄州高等法院裁判,载《经济法杂志》,1997年,1758页;慕尼黑州高等法院裁判,《有限责任公司法评论》,1997年,356页;批评意见,乌伦布鲁克(Uhlenbruck)文,载《海因修斯(Heinsius)纪念文集》,1991年,841页及其以下、846页;劳尔(Lauer)文,载《有价证券法通讯》,1990年,1693、1694页;布兰德斯(Brandes),载普里斯特/蒂姆(Priester/Timm),《企业分裂的预防》,1990年,44页及其以下;新的讨论状况,鲍纳赫/许克(Baumnach/Hueck),《有限责任公司法》,第16版,1996年,第32a章,边码32及其以下,有进一步证明)是否作为脚注?联邦最高法院的判例有它自己的逻辑,并恰当地斟酌了不动产担保物权人与其他债权人在企业分裂时的利益;当贷款给予人在这些情况下不得不削减其抵押权价值的时候,对他这样的要求是不过分的。

六、保险债权的责任〔16〕

(一)责任范围

基于对建筑物以及其他为抵押权承担责任的标的物的保险而产生的债权,在一定意义上是这些标的物的代位物(Surrogate)。所以,理所当然的,第 60

〔16〕参见肖尔林(Schorling),《抵押权人与火灾保险》,载《泛商法与经济法杂志》,第112卷,12页。

1127 条第 1 款规定,保险之债权被包括在抵押权责任范围内。

《德国民法典》第 1127—1130 条对此有规定。《保险合同法》第 99—107a 条对此进行了补充。对于该规则的具体问题,在这里就不深入研究了。对基本原则介绍一下就足够了。(例子:联邦最高法院裁判,载《新法学周刊》,1981 年,1671 页;《经济法杂志》,1997 年,232 页,附有里特巴斯基(Littbarski)的评论,《经济法判决集》,1997 年,325 页。)

1. 土地所有权人的保险义务

61 从法律中并不能得出,所有权人对抵押权人负有对建筑物以及其他共同承担责任标的物进行保险的一般性义务;但这通常会在信贷机构的给予贷款条件中被要求;对此不履行会使贷款人享有终止的权利(参见附录 5 二 6.1.2 以及附录 4a 6)。新的判例还认为,只有在建筑物遇火灾时,土地价值不再能满足不动产担保物权要求的情况下,才可以从第 1134 条第 2 款第 2 句中推导出火灾保险义务(《联邦最高法院民事判例集》,第 105 卷,230、237 页)。

在建筑物保险情况下,抵押权人可以向承保人申报他的抵押权。这意味着,投保人的义务违反(比如不支付保险金),对于抵押权人来讲,并不能导致不良的法律后果(比较《德国保险合同法》第 102 条、第 103 条)。

2. 抵押权人在建筑物保险时的法律地位

62 对于实践中特别重要的建筑物保险情况,第 1128 条已经赋予了抵押权人一个在不动产扣押之前、与担保权人地位相似的地位:在抵押权到期之前,承保人只可以同时向抵押权人以及被保险人履行(第 1128 条第 3 款连同第 1281 条),在抵押权到期后,仅向抵押权人履行;但基于实践的需要,第 1128 条第 1 款第 2 句规定了例外;因为抵押权人在大多数情况下重视的是,承保人重新建造建筑物。随着再建,保险债权就被排除在抵押权责任联合体之外(第 1127 条第 2 款)。

常常在保险条款中规定,保险数额必须被用于被保险标的物的重建

(《保险合同法》第97条、第98条)。这样的规定对抵押权人也是有效的(第1130条);抵押权人对承保人享有一个这样操作的请求权(《保险合同法》第99条)。

(二)对保险债权的不动产扣押

63 基于物上执行名义,通过进行强制拍卖(但参见《强制拍卖与强制管理法》第21条第1款)、强制管理以及先进行动产强制执行的方式,(对保险债权)进行扣押;在以不动产执行方式进行扣押之前,基于债法上的名义进行动产扣押,也是允许的(比较《德国民事诉讼法》第865条第2款),但该动产扣押不得损害抵押权人的优先权(详情参见鲍尔/施蒂尔纳,《特别强制执行法》,第1卷,边码34.28、34.29)。

(三)解脱

64 如果被保险的标的物被重新修复,保险债权就从抵押权责任中解脱出来了(第1127条第2款);另外,第1128条适用于建筑物保险,第1129条适用于其他类型的损害保险,第1129条援引了在使用租金与用益租金债权情况下的规则。

(四)被预告登记所担保的土地取得人之优先——损害赔偿请求权

65 为先顺位的土地所有权让与预告登记(Auflassungsvormerkung)所保障的买受人,可以先于后顺位的不动产担保物权人,对保险债权采取法律措施(扣押)(《德国民法典》第883条、第281条),而且合乎逻辑的是,他对那些根据《德国民法典》第1127条第1款、第1128条第3款收取保险债权的不动产担保物权人,享有不当得利返还请求权(第812条第1款第1句第一种类型)(《联邦最高法院民事判例集》,第99卷,385页及其以下;对此在第二十章边码42已经谈过了)。相反,将第1127条及其以下类推适用于由于建筑物毁损而产生的损害赔偿请求权,是不可以的(《联邦最高法院民事判例集》),第107卷,255页及其以下;对此参见卡·施密特(K. Schmidt)文,载《法学教育》,1989年,935页)。有些情况下,物上债权人必须主张基于第823条第2款、第1134条及其以下的请求权(对此参见第四十章边码10)。

第四十章　抵押权的实现

一、一般原则

1 与其他债权的实现一样,基于抵押权而产生的"请求权"必须是到期的(fällig),抵押权人要向所有权人主张该请求权。这就是人们所说的变价条件成熟(Pfandreife)(担保物,即土地到了可以被变价的程度了)。该担保物何时可以被变价,是下文边码2及其以下要阐述的内容。

很显然的是,抵押权人在担保物成熟之前的地位,与在担保物成熟之后的地位是完全不同的:在变价条件成熟之前,主要是保障抵押权人免受因抵押标的物贬损而产生的危险(参见边码9及其以下),在变价条件成熟之后,抵押权人可以主张抵押权,在不得已的情况下,通过强制的方式实现抵押权(参见边码16及其以下)。

参见第四十章末尾的概览表19。

二、抵押权的到期——变价条件成熟

(一)到期协议

2 通常情况下,在债权人与所有权人之间,会就抵押担保之债权的到期以及与此相连的抵押

权的到期(因为附随性!)进行约定。在此,实践中有如下的可能性:[1]

1. 附带期限与终止

(1)附带期限

3 为抵押权所担保的贷款之发放被限定在特定的几年内,也就是说,在某个特定的时间点(zu einem bestimmten Zetpunkt)上,就出现了到期。在这个时间点以前,债权人不可以主张债权以及抵押权;如果涉及的是投资性贷款,那么债务人可以不遵守第 271 条第 2 款的规定,而只在满足第 609a 条要件的前提下终止贷款合同(参见上文第三十六章边码 49 及下一页)。

(2)特别终止权

4 但是即使在确定期限的情况下,大多数人也会约定,在特定的前提出现的时候,特别是在债务人没有履行一定的承担的义务的情况下,债权人可以终止合同,并具有立即到期的效果(所谓的特别终止权 auβerordentliche Kündigung)。

就可以约定的特别终止权,比如有:[2]

a. 不按时缴纳利息(也包括在确定额分期付款型抵押权(Amortisationshypohekt)* 的情况下,不按时支付期款);[3]

---

[1] 对此可以参见上文第三十六章边码 44 及其以下。

[2] 参见本书后面的附录 5。

* 关于确定额分期付款型抵押权,参见第三十六章边码 52 以下。

[3] 在一般交易条件情况下,但判例倾向于,要求较高的终止要件,即从法定蓝本中得出的要件:《德国民法典》第 554 条第 2 款第 1 目;《消费者信贷法》第 12 条第 1 款(以前是《分期付款法》第 4 条第 2 款);《保险合同法》第 39 条第 1 款第 2 句;对此,《联邦最高法院民事判例集》,第 95 卷,362、371 页及其以下;第 96 卷,182 页;第 101 卷,380、390 页;联邦最高法院裁判,载《新法学周刊》,1991 年,2559、2562 页(建筑储蓄银行的提前到期条款);《负担平衡法》,哈姆州劳动法院裁判,载《经济法杂志》,1993 年,1254 页;另见第三十六章边码 52 及其以下。

b. 建筑物或者共同承担责任的标的物没有被保险；[4]

c. 就债务人或者所有权人的财产开始了破产或者和解程序；[5]

d. 对土地进行了强制拍卖与强制管理；

e. 使用租赁以及用益租赁利息债权被让与、被扣押或者被设定质权；

f. 没有债权人的同意就出让了土地（但不能约定债务人负有不出让土地的义务，这种约定是无效的，第 1136 条）。[6]

但值得注意的是，在流通性抵押权（Verkehrshypothek）的情况下，只有在这些特别终止原因体现在土地簿册之中（对登记同意的参照是允许的），或者所有权人的权利继受人知道这些终止原因，这些终止原因才是对所有权人的权利继受人有效的。[7]

(3) 附带额外终止权的期限之约定

即使对抵押权的存续期间进行了约定，该到期也可以附加地与债权人的终止权并列在一起。这就是说，该终止只有在确定的时间经过后，才是可能的： 5

"在 1998 年 4 月 30 日以前，该贷款是不可以被终止的；可以从 1998 年 5 月 1 日起，在季度末尾，以 3 个月的期限，行使终止权。"

就债务人的终止权，还是要注意第 609a 条的规则（参见上文第三十六章边码 49 及下一码）。

---

[4] 作为一般交易条件，也是无可质疑的：基于《联邦最高法院民事判例集》，第 105 卷，230、237 页；另参见第三十九章边码 61。

[5] 假如将附加利息的贷款化为双务合同，就有一个问题，破产或者支付不能管理人是否可以通过选择履行该合同，而是消除权落空（布伦斯（Bruns）文，载《民事诉讼法杂志》，第 110 卷，1997 年，305 页及其以下）。

[6] 相反，《联邦最高法院民事判例集》第 76 卷 371 页的判例，是很有疑问的！详情参见下文边码 14 及下一码。

[7] 帕兰克/施特雷克尔（Planck/Strecker），第 1115 条 5c；第 1141 条 4，就是这样的观点。由此会产生棘手的土地登记法官检查义务问题；对此参见第十六章边码 59 及其以下。

2. 因单纯的终止而到期

6 根据当事人之间的合同，到期与否，可以取决于终止权。在此可以约定，随着终止，贷款以及抵押权立即或者在终止期限经过后到期。除了这种正常的终止以外，还可以在这里约定一种特别的终止，比如说，在债务人没有履行他的义务的时候（参见上文边码4）。

通过约定可以使双方都享有终止权，但也可能进行如下的约定，只有债权人在他想要主张抵押权的时候，必须要通知终止，而对债务人无此限制，债务人可以随时清偿贷款与抵押权。

（二）附随性与终止

7 要是基于附随性原则可以得出，随着对人上的债权（比如贷款）的终止，抵押权也一定会到期。在债务人与所有权人不是同一个人的情况下，这可能会造成一定的困难。所以第 1141 条规定：要使抵押权也到期，债权人必须向所有权人作出终止的表示，或者所有权人必须向债权人作出终止的表示。这样做，可以避免所有权人因为不知道在债权人与债务人之间的关系中所约定的终止权而大吃一惊。

要注意的是，在证书式的抵押权情况下，行使终止权，在对方要求下必须出示抵押权证书（第 1160 条；参见上文第三十八章边码 53 及其以下）；就登记簿式抵押权人的有权证明问题，参见第 891 条、第 1138 条（参见上文第三十八章边码 52），就作为终止宣告受领人的所有权人的有权证明问题，参见第 1141 条第 1 款第 2 句。

（三）法定之到期

8 如果对抵押担保之债权的到期没有约定（这很少会发生），那么要适用第 271 条第 1 款的规则（立即到期），但很重要的是，对于贷款之债权，该规则为第 609 条所规定的通知终止之必要情况所排斥（对此参见第 609a 条）。

三、变价条件成熟前的债权人的权利

(一)法律上的规则

在变价条件成熟前,重要的是,抵押权人可以保有该担保。所以,必须要避免土地因状况恶化而带来价值贬损。第 1133—1135 条的目的就在于此;第 1133 条关注的是已经出现(schon eingetretene)的恶化,而第 1134 条关注的是有发生危险之虞(drohende)的恶化。在这两种情况下,所有权人对于土地状况的恶化是否负有责任,是无足轻重的。如果有过错,那么也可以根据第 823 条第 1 款与第 2 款(连同作为保护法则的第 1133—1135 条)要求损害赔偿。 9

1. 损害赔偿请求权

所有权人与第三人在违反第 1133 条、第 1134 条的时候,对抵押权人负有损害赔偿的义务。假若土地的恶化(《帝国最高法院民事判例集》,第 73 卷,333、338 页;《联邦最高法院民事判例集》,第 65 卷,211 页;第 105 卷,230、242 页)致使在强制变价时权利没有实现(比如致使价值减少的改建),该损害赔偿指向的是金钱支付。在正常经营规则之外,使从物恶化或者使从物脱离主物,也会引起赔偿义务(第 1135 条);在此要注意的是,根据第 1120 条的责任免除(对此参见第三十九章边码 40 及其以下)并不一定会排除赔偿义务,对该赔偿义务要进行单独评判(联邦最高法院裁判,载《新法学周刊》,1991 年,695、696 页;《新法学周刊》,1989 年,2123 页,对此论述的还有卡·施密特(K. Schmidt)文,载《法学教育》,1989 年,935 页;《新法学周刊》,1983 年,746、747 页)。有一种从物"脱离原物或移走"(Entfernung)或者"恶化"的特别情况,就是土地所有权人与保留买卖出卖人一致同意废止土地所有权人期待权的情况(《联邦最高法院民事判例集》,第 92 卷,280、292 页;对此在第三十九章边码 41 末尾已经探讨过;还有第五十九章边码 37),根据联邦最高法院存有争议的观点,该废止导致了责任之免除,并且作为一种"明智的买卖合同清理"(vernünftige Abwicklung des Kaufvertrages)措施是符合法 10

律规定的。只要实物补偿是可能的，在从物脱离原物的情况下，存在着交回原物（Rückschaffungspflicht）的义务（帝国最高法院裁判，载戈鲁赫（Gruch），《德国法注释文集》，第55卷，664、678页；奥尔斯豪森（v. Olshausen），《法学教育》，1990年，816、819页及其以下）。

2. 预防性的法律保护

11 作为预防性的法律保护，除了妨害防止之诉（或不作为之诉Unterlassungsklage）以外（第1134条第1款），还可以考虑申请法院作出防御措施规制（Abwehrmaβregel）的命令，比如命令签订火灾保险合同（《联邦最高法院民事判例集》，第105卷，230、242页）；根据《德国民事诉讼法》第887条，通过替代措施（Ersatzvornahme）进行执行。

3. 环境法上的状态责任

12 只要环境法上的状态责任改变了造成环境负担的土地的价值，并且使土地的可出卖性受到损害（尤其是违反《水预算法》（WHG）第26条第2款、第34条第2款或者违反《垃圾处理法》（AbfallG）第2条第2款、第4条第2款、第11条，堆积危险物质），那么第1133条、第1134条的规定就可能有一种新的用途。发放贷款的银行可以通过第1133条、第1134条阻止危害环境的土地上负担，并通过这种方式影响土地的生产过程。这一点使得银行在获得完全担保上存有自己的利益，尤其是在破产情况下，要优先履行公法上排除急迫妨碍现状的义务（非常有争议，参见施蒂尔纳（Stürner）文，载《Merz（默茨）纪念文集》，1992年，563页及其以下；卡·施密特文，载《企业顾问》，1991年，1273页及其以下；《新法学周刊》，1993年，2833页及其以下；《经济法杂志》，1997年，1441页；帕佩（Pape），《支付不能法杂志：破产—信托—重整》，1993年，551页及其以下；冯·维尔莫夫斯基（von Wilmowsky）文，载《经济法杂志》，1997年，389、1445页及其以下；巴伐利亚州宪法法院裁判，载《支付不能法杂志：破产—信托—重整》，1983年，462页及其以下；巴伐利亚州行政法院裁判，载《新法学周刊》，1984年，2427页；巴登—符登堡州行政法院裁判，载《经济法杂志》,1991年,393页及其以下;石勒苏益格州行政法院裁判,载《经济法杂志》,1993年,283页及其以下;吕内堡州行政法院裁判,载《经济法杂志》,1993年,1174页及其以下;萨克森州行政法院裁判,载《经济法杂志》,1995年,852页及其以下;格赖夫斯瓦尔德州行政法院裁判,载《经济法杂志》,1997年,1460页);那么,在结果上,发放贷款的银行就不能信赖,就未清偿的债权可以按比例地获得清偿。但要使贷款给予人在[所有权人]不尽责的情况下,成为公法上负责的妨碍人,贷款给予人的权能还不是足够的;只有在发放贷款的银行对企业经营产生了影响,从而具有了与企业相同的功能的情况下,人们才会认定这样的妨碍人责任(关于美国式的榜样,参见杨克/魏因赖希文,载《国际经济法杂志》(RIW),1991年,281页及其以下)。在一般交易条件中的环保产品规则往往是为了银行贷款给予人的利益,但这样的规则,在公法上的妨碍人责任问题上,很可能引起人们的警觉(schlafende Hunde wecken)!就目前的法律状况来看,可以考虑的是,清理费用由国家承担;相反,被清理土地的增值归进行变价的不动产担保权人享有;对此进行纠正,很可能会造就国家优先于不动产担保权人的特权(对于将来立法立场,参见维尔莫夫斯基文,载《法学者报》,1997年,817页及其以下)。

(二)通过合同约定的债权人之权利

《德国民法典》第1133—1135条在处理对所有权人的关系上,具有显著的“学术理论性”。在法律现实中,债务人与所有权人是同一个人的情况下,他受到贷款条款的严格约束;一旦违反了这些条款,债权人原则上就有权立即进行终止(参见上文边码4)。 13

所有权人的更换,对债权人来讲,总是有些危险;因为新的所有权人可能不像原来的所有权人那样尽心尽责地经营管理;所以,债权人倾向于禁止出让或者另外设定负担,是可以理解的。但这违反了第1136条的规定,该规则与第137条相反,该负担行为(Verpflichtung),即土地不得被出让或者被设定负担的约定,是无效的。法律之所以对这些约定进行禁止,是因为想使所有权人一 14

直享有经济上的活动自由。[8]

15 但如果司法实践(《柏林市高等法院关于非诉事件管辖案件之裁决年鉴》,第42卷,280页;巴伐利亚州最高法院裁判,载《德国公证杂志》,1981年,128页)认为,将"立即终止"(sorfortige Kündbarkeit)与出让或者另外设定负担关联在一起,是允许的(参见上文边码4),那么在第1136条中规定的禁止就不起作用了。我们认为,这种类型的终止条款是无效的,因为它们是对第1136条规定的规避(同样观点的现在还有维灵,《物权法》,第29章II a;不同意见的有,《联邦最高法院民事判例集》,第76卷,371页;对此,勒韦/沃尔夫施泰纳(Löwe/wolfsteiner),《施陶丁格德国民法典评注》,第1136条,边码8及下一码;艾克曼(Eickmann),《慕尼黑德国民法典评注》,第1136条,边码5处,认为违反《一般条件法》第9条)。

四、变价条件成熟后的债权人的权利——抵押权责任的实现

(一)自愿履行

1. 债务人(同时又是所有权人)履行

16 如果抵押担保的债权到期了,那么通常债务人(即所有权人)会自愿履行,在后果上,抵押权作为所有权人土地债务移转给他(第1163条第1款第2句,连同第1177条第1款)。

2. 所有权人(与债务人不是同一个人)履行

17 这里,所有权人可以解销(ablösen)抵押权。在变价条件成熟

〔8〕 对此参见德国最高法院裁判,载《德国法月刊》,1966年,756页;楼鲍(Lopau)文,载《土地法、建筑法与住宅法公报》,1979年,101页;一般的参见蒂姆(Timm)文,载《法学者报》,1989年,13页。

的时候,或者债务人得履行的时候(第 1142 条),所有权人有权解销。[9]

该解销具有一种法律效果,即债权连同抵押权移转给所有权人的效果(第 1143 条第 1 款第 1 句、第 1153 条)。当然,这不适用于下面的一种情况,即在所有权人与债务人内部关系中,所有权人应当是最终负担人的时候,比如在所有权人从债务人手中购买土地,并且从购买价款中扣除抵押权价值的情况下(《帝国最高法院民事判例集》,第 80 卷,317、319 页)。

例子:S 将负担有担保贷款的证书式抵押权(G 是抵押权人,抵押权担保 15 万马克)的房子,扣除抵押权价值,出卖给了 K。G 对该债务承担没有同意。所以,S 还是对人债务人(第 415 条第 1 款、第 416 条第 1 款第 2 句)。如果 K 作为现在的所有权人,在到期的时候,清偿了 G 的债权,那么在与 S 的关系上,他只是做了他必须做的事(第 415 条第 3 款第 2 句)。也就是说,G 的债权(连同抵押权)并不移转给他,第 1143 条第 1 款第 1 句是不可以适用的,但第 1163 条、第 1177 条是可以适用的。[10] 18

3. 与所有权人不是同一个人的债务人进行履行

如果并非是所有权人的债务人清偿了债,作为最终的负担人,通常他只是履行了他的义务。所以产生的是一个所有权人土地债务。但在该债务人可以向所有权人要求补偿的情况下,根据第 1164 条,抵押权要移转给该债务人。 19

---

〔9〕 解销权是不动产担保物权的不可附加条件的法定内容;但它只是赋予了一个完全的解销权(第 266 条),但没赋予部分履行权(《联邦最高法院民事判例集》,第 108 卷,372、378 页及下一页;赞同的有,尧尔尼希(Jauernig),第 1142 条,边码 1)。

〔10〕 其他人认为,只有针对与抵押权一同移转的债权,基于买卖合同,有一个抗辩权。

就上述案例,如果S已经满足了G,就是这样的结果!参见上文第三十八章边码97及下一码。

(二)抵押权证书与其他证书的交出

20 如果所有权人进行了履行,那么他可以要求相对人交出抵押权证书与其他证书,即“那些对土地簿册或者对涂销抵押权必要的证书”(第1144条;另参见第1167条)。

这些证书包括:

1. 更正准许书

21 如果债权连同抵押权,根据第1143条、第1153条,已经移转到(与债务人不是一个人的)所有权人手中,或者存在第1163条第1款第2句规定的所有权人土地债务类型情况,那么债权人要同意更正土地簿册,所有权人被登记为所有权人式抵押权甚或所有权人土地债务的拥有人(参见上文第十六章边码33)。

在证书式抵押权情况下,所有权人可以不要求更正准许书,而是要求债权人进行经过认证的承认(das öffentliche beglaubigte Anerkenntnis),即承认抵押权根据法律已经移转给所有权人了(第1155条第2句),那么,就不需要土地簿册更正了。

2. 涂销之准许

22 所有权人可以不要求更正准许书,而是根据第1144条要求涂销之准许;比如,在所有权人对后顺位债权人负有涂销移转给他的抵押权之义务情况下,所有权人就会这样要求(这是常例。后顺位债权人想要晋升——涂销请求权以及涂销之预告登记。参见下文第四十一章边码3、第四十六章边码33及其以下)。然后,所有权人还必须同意权利的涂销(《德国民法典》第875条、《土地登记法》第27条),就此,所有权人也废止了归其享有的所有权人土地债务(柏林高等法院裁判,载《州高等法院民事判例集》,1965年,92页)。

针对涂销准许之请求权，债权人不可以基于其他对人请求权，主张留置权(Zurückbehaltungsrecht)，因为要不是这样的话，该不动产担保物权就会被用于担保债权人的其他请求权，恰恰没有为这些请求权设定不动产担保物权(《联邦最高法院民事判例集》，第71卷，19、22页；联邦最高法院裁判，载《新法学周刊》，1988年，3260页，另参见第十八章边码40)。

3. 可用于涂销的收据

所有权人常常只是要求一个以认证形式颁发的可用于涂销的收据，也就是可以导致权利涂销的收据。在该收据上必须载明，谁已经履行了(债权人，所有权人，还是保证人)，所有权人与债务人是否是同一个人，以及何时进行的履行；因为，比如在债务人出示可用于涂销的收据的情况下，债权连同抵押权可能已经移转给了所有权人或者保证人，之所以移转，是因为二者之一，而不是债务人进行了履行。因此，所有权人或者保证人必须废止该权利，并且准许涂销，从而达到涂销不动产担保物权的目的(例子：柏林高等法院裁判，载《新法学周刊》，1973年，56页；对此拜尔(Bähr)文，载《法学教育》，1973年，384页)。 23

可用于涂销收据的内容〔11〕：“……我以此声明，基于前面标记的抵押权为土地所有权人所清偿，我承认基于法律而产生的抵押权移转，并且同意抵押权在土地簿册中涂销。”

(三)通过强制方式满足债权人

1. 流质条款之禁止

如果所有权人不自愿履行，那么债权人需要一个强制执行名义，因为他只可以通过强制执行的方式(nur im Wege der Zwangsvollstreckung)“从土地中获得清偿”(第1147条)。任何方式的私人执行都被禁止；所以，第1149条规定：在变价条件成熟前，流质 24

〔11〕 根据肖尔茨/卢瓦斯基(Scholz/Lwowski)，出处同上；典型案例：《巴伐利亚州最高法院民事判决集——非诉讼管辖实践》，1955年，22页。

条款以及通过强制执行方式以外的方法出让土地的权利都不可以被约定(保护债务人的思想)。[12] 而对于所有的强制执行,执行名义都是必需的。

2. 土地之所有权让与担保

25 值得思考的是,第1149条是否反对下述法律上的构造,即意图进行土地所有权让与担保的构造。在其他地方(第二十二章边码8),我们已经讲过了,第925条第2款并不阻止以下述方式进行土地所有权移转合意(Auflassung),即在土地所有权移转合意上不附加条件,但该合意受到为预告登记所保障的,并附加条件的、债权性的向回移转所有权的请求权(bedingter schuldrechtlicher Rückauflassungsanspruch)约束。* 按照通说,第1149条、第1129条只是保护不动产担保物权的特性不受到合同自治的改变,它们捍卫的是不动产担保物权的法定内容。而与没有物上担保的债权人约定的流质条款是允许的(《联邦最高法院民事判例集》,第130卷,101页及其以下;《新法学周刊》,1995年,2635页;巴伐利亚州最高法院裁判,载《德国公证杂志》,1997年,727页,附有艾克曼(Eickmann)的评论;批评意见,蒂特克(Tiedtke)文,载《经济法杂志》,1996年,57页)。

26 例子:K从V处取得了一块土地。价款融资来源是B银行的贷款,该贷款为该土地上的土地债务所担保。A还附加地提供了保证。A与K在公证文书中约定,在拖欠贷款偿还金额的情况下,A就有权终止贷款合同,K负有向A移转所有权的义务;A得到了将所有权让与自己的代理授权(Insichvollmacht 第181条)(参见《联邦最高法院民事判例集》,第130卷,101页及其以下)。这种构造是有效的,因为它没有触动不动产担保物权的法定内容。A也可以通过预告登记的方式来保全对K的土地所有权让与合意请求权(参

〔12〕 新例子:巴伐利亚州最高法院裁判,载《德国公证杂志》,1993年,386页。

* 根据《德国民法典》第925条第2款的规定,让与土地所有权不得附加条件,但人们可以约定一定条件下受让人负有将所有权让与给出让人的义务,并将出让人对此的请求权进行预告登记,出让人的目的因此可以实现。比如父亲有一个小商店,想赠与给儿子,但又怕儿子"败家",就约定,如果儿子经营不善到一定程度,就必须将该商店所有权再让与爸爸,为了保障爸爸的请求权实现,可以进行预告登记。

见第二十二章边码8)。同样,K也可以将土地所有权先移转给A,但约定在偿还贷款后,土地所有权要再次移转给K,该约定可以通过预告登记来保障。贷款发放人可以先受让土地所有权,赋予贷款承受人一个为预告登记所保障的向回移转所有权的请求权,而且将土地出租给贷款承受人,将租金作为清偿期款。这距离不动产融资租赁(Immobilienleasing,参见第四十八章边码8及其以下)就不远了。所有这些构造形式——与联邦最高法院的法律规则相反——都不是第1149条、第1129条所要阻止的,不动产担保物权必须在与格式条款构造的担保形式竞争中,证明其提供制度资源的能力。

3. 物上[执行]名义

如果债权人想基于抵押权进行强制执行,就是说,想行使在土地上的变价权,那么他要有一个所谓的物上执行名义。[13] 这个名义能证明他有实现自己的物上权利的权能。 27

就如我们反复研讨过的,要将"基于被担保债权"的诉讼与"基于抵押权"的诉讼区分开来。绝对可能的是,债权之诉是有理由的,而物上之诉却是无理由的,比如,由于抵押权作为物上权利没有被有效地设立,或者因为债权人同意抵押权延期实现等。

当然,没有为不动产物权所担保的债权人,也可以在土地上进行强制执行,即基于对人债务的名义而申请获得强制拍卖以及强制管理命令。但该债权人在顺位上劣于所有不动产担保物权人(参见《强制拍卖与强制管理法》第10条第1款第4项、第5项)。

所有权人作为担保人是不负有履行义务的;他只不过必须容忍、接受债权人行使变价权。所以,对所有权人发出的执行名义上,并没有说要履行一定金钱数额,而是要求"容忍就基于在抵押 28

[13] 根据通说,这也适用于强制抵押权(Zwangshypothek),对此参见霍尔茨(Holch)文,载《德国司法》,1993年,140页,但观点不同;详见鲍尔/施蒂尔纳,《特别强制执行法》,卷I,边码35.4、38.1,具有进一步证明。

权中所标明的金钱数额，对土地进行强制执行”，或者表明“债权人得基于该金钱数额从土地中获得清偿”。〔14〕

有法律效力的或者暂时的可执行判决(《德国民事诉讼法》第 704 条第 1 款)以及在《德国民事诉讼法》第 704 条提到的其他名义都可以作为执行名义。实践中很重要的是判决(参见下文边码 29 及其以下)以及可执行的证书(参见下文边码 36 及其以下)。

(四)作为执行名义的判决

1. 作为起诉人的抵押权人

29 真正的起诉人应当是抵押权人。在证书式抵押权情况下，他必须通过证书的占有以及证明(还有在第 1155 条中规定的“链条”)来证明自己的权利，而在登记簿式抵押权的情况下，则要通过土地簿册中的登记进行证明(第 891 条，参见上文第三十八章边码 52 及其以下)。

2. 土地所有权人作为被告

30 真正的被告是土地所有权人。为了使债权人的法律追究变得容易，法律作了有利于债权人的规定，即在土地簿册中被作为所有权人的人就被视为所有权人(第 1148 条)，在这里，并不取决于起诉人是否善意。但真正的所有权人可以在强制执行名义发出后，根据《德国民事诉讼法》第 771 条，以干预之诉(Interventionsklage)的形式，针对抵押权提出抗辩(第 1148 条第 2 句)。

31 基于没有正确反映实体法律状况的土地簿册，可能会产生很多困难：

例如：E 是个单身汉，向 G 贷了一笔款子，在他的土地上设定了抵押权作为担保。在他结婚的时候，他与他的妻子 F 约定了夫妻共同财产，那么现在

〔14〕 沃尔夫/赖泽尔(Wolff/Raiser)，第 139 章 I 中的表述形式就是如此。

根据法律,该土地就是婚姻共同财产(第1416条)。但没有进行土地簿册更正。如果G想在土地上进行强制执行,那么根据《强制拍卖与强制管理法》第17条,需要一个名义,一个针对在土地簿册中被登记为所有权人的人的名义;所以,即使他明知土地现在属于E与F的共同共有财产,他也可以起诉E(第1148条第1句),但他也可以同时向作为真正所有权人的E与F,要求他们容忍强制执行,[15]但这样的话,他就必须基于该名义,按照《土地登记法》第14条、第22条的规定,申请进行土地簿册更正,从而使《强制拍卖与强制管理法》第17条意义上的强制执行债务人与"土地簿册所有权人"一致起来。

如果G在E结婚前就获得了一个针对E的执行名义,这之后,E与F被登记为所有权人,那么G可以根据《德国民事诉讼法》第727条,可以申请改写执行名义,即现在执行名义针对的是作为E权利继受人的E与F。

3. 须主张的抗辩与无须主张的抗辩

关于所有权人可以对抵押权人行使的须主张的抗辩与无须主张的抗辩,我们已经在上文第三十八章边码64及其以下深入地探讨过了。我们还记得,可以涉及所有权人的须主张的抗辩与无须主张的抗辩,也可以涉及不是所有权人的债务人的这些抗辩,在那里,最后提到的是由所有权人与保证人类似的地位中得出来的。 32

4. 程序事务

级别管辖(Die sachliche Zuständigkeit)(决定在一审是由基层法院还是州法院管辖)根据的是所主张请求权的数额(目前的界限是1万马克;比较《法院组织法》(GVG)第23条第1项)。[16]地点管辖(Die örtliche Zustandigkeit)(决定哪些具体的基层法院或 33

〔15〕 在配偶双方共同管理共同财产的情况下,为了不让女方提出抗辩(《德国民事诉讼法》第771条),这里涉及的不是共同债务(比较《德国民事诉讼法》第740条;鲍尔文,载《泛亲属法杂志》,1958年,253、258页)。

〔16〕 价值限制,自1993年3月1日;1993年11月1日的《减除司法负担法》(《联邦法律公报》,第1卷,50页)。

者州法院在具体的案件中下判决）在《德国民事诉讼法》第 24 条中被作为专属管辖（ausschlieβliche Zustandigkeit）而被规定下来了：由“物所在地的法院”管辖。

34 在该法院，同时也可以提起“债务诉讼”（Schuldklage）（就如《德国民事诉讼法》第 24 条所表述的），如果两个诉讼都被提起了，比如：

“被告被判处：

（1）向原告支付 2 万马克（债务诉讼）；

（2）由于特里纳赫（Trienach）土地簿册第 5 卷 110 页第 3 部分号码 1 中登记的数额为 2 万马克的抵押权，容忍强制执行（物上诉讼）。”

这样就涉及一种客观上诉讼聚合（objektive Klagenhäufung）的情况。[17] 尽管存在这样的牵连，这两个请求权在程序上还会有不同的命运。比如，债务诉讼可能是成功的，而物上诉讼被认定为没有理由而被驳回（比如，因为抵押权作为物上权利没有被有效地设定）。

35 如果债务人与所有权人不是同一个人，那么如果他们被共同地起诉，他们就是所谓的《德国民事诉讼法》第 59—61 条意义上的简单共同诉讼人（einfache Streitgenossen）；[18] 但《德国民事诉讼法》第 25 条是不适用的，也就是说，如果对人的债务人在物上诉讼管辖法院地有住所的话（《德国民事诉讼法》第 13 条），或者基于其他原因（比如参见《德国民事诉讼法》第 29 条）只能在这个法院被请求，那么他只能在那里被起诉。有些情况下，根据《德国民事诉讼法》第 36 条第 3 项、第 4 项，对管辖法院进行确定也是可能的。

（五）可执行的证书作为执行名义及其在格式条款上的构造

请您首先阅读上文第三十七章边码 55。

---

〔17〕 对此参见鲍尔/格伦斯基（Baur/Grunsky），《民事诉讼法》，边码 120。

〔18〕 对此参见鲍尔/格伦斯基，《民事诉讼法》，边码 122。

1. 概念与作用

很明显,可执行证书[19]对于债权人来讲,有很多好处:在证书中,所有权人已经在设定抵押权的时候(即在所有权人因为他需要钱而“硬不起来”的那一刻!)服从对土地的强制执行(《德国民事诉讼法》第794条第1款第5项)。[20]如果服从执行条款(Unterwerfungsklausel)基于所有权人相应的表示而登记入土地簿册,那么该条款对抗该土地的任何所有权人都是有效的(《德国民事诉讼法》第800条)。[21]根据通说,债权人只需要证明抵押权已经到期(《德国民事诉讼法》第726条、第751条),并且从法院或者公证人处获得一个可执行的,也就是说标记有执行条款的证书文本即可。该文本必须被送达给所有权人(《德国民事诉讼法》第795条连同第750条第2款;注意《德国民事诉讼法》第798条中的等待期!)。 36

要将物上执行服从条款(基于在土地上的抵押权)与人上的执行服从条款(基于在整个财产上的债权)区分开。

例子:联邦最高法院裁判,载《新法学周刊》,1981年,2756页。

---

[19] 对此参见鲍尔/施蒂尔纳,《特别强制执行法》,卷I,边码16.14及其以下,以及鲍尔,《德曼留斯(Demelius)纪念文集》,1973年,315页及其以下;沃尔夫施泰纳(Wolfsteiner)文,载《可强制执行证书》,1978年;明希(Münch),《可强制执行证书与程序上请求权》,1989年(对此参见沃尔夫施泰纳文,载《德国公证杂志》,1990年,605页及其以下;明茨贝格(Münzberg)文,载《民事诉讼法杂志》,第104卷,1991年,227页及其以下);沃尔夫施泰纳文,载《德国公证杂志》,1990年,531页及其以下;其他文献见文中。

[20] 也不一定一直如此:在实践中可以观察到的是,金钱贷予者放弃可执行证书,也是不少见的;为了避免费用,部分情况下,只约定对立即强制执行服从之不可撤销的授权(这里杜克斯(Dux),《有价证券法通论》,1994年,1145页)。

[21] 对可立即执行性是不能“善意取得”的!对此参见《联邦最高法院民事判例集》,第108卷,372、375页以及第二十三章边码9。

2. 在法庭上针对执行进行权利捍卫

37 法庭上的权利捍卫要由[强制执行]债务人提出。如果他想主张,被担保的债权已经因支付而消灭了,或者抵押权没有有效地设立,或者债权人已经允许对抵押权延期,那么,他必须根据《德国民事诉讼法》第 767 条用对抗执行之诉(Vollstreckungsgegenklage)来对付该执行名义;[22] 也就是说,他必须提起诉讼,并力求获得一个判决,以判定基于该证书的强制执行是不被允许的。在这里,于对抗执行之诉(Vorstreckungsgegenklage)的框架内,[执行]债权人对作为请求权基础的事实承担举证负担(比如贷款债务通过贷款支出已经产生了),而[执行]债务人对须主张的抗辩与无须主张的抗辩负担举证责任(比如支付、延期、暂时的所有权人式的土地债务等)。对抗执行之诉会导致程序上的角色互换,但这并不影响举证负担普遍适用的基本原则。[23]

3. 支付请求权的确定性

38 到目前为止,对执行的服从必须明示地适用于确定的支付请求权。因此,通说否定了根据《德国民事诉讼法》第 800 条对具有变动性的债权存量的最高额抵押权,预定执行服从[条款]的可能性(第 1190 条;对此参见第四十二章边码 18 及其以下、边码 20)。但允许的是,就最高额限度以内,对确

〔22〕 现在根据判例,无论基于实体法的[执行]服从是否有效,都适用该规则,《联邦最高法院民事判例集》,第 118 卷,229 页,附有沃尔夫(Wolf)的评论;林德迈尔/莫林编,《联邦最高法院参考书》,边码 87,关于《德国民事诉讼法》第 767 条;《德国公证杂志》,1993 年,235 页,附有沃尔夫施泰纳的评论;另参见奥尔青(Olzen),出处同上,211 页,以及鲍尔/施蒂尔纳,《特别强制执行法》,卷 I,边码 45.4,具有进一步的证明。

〔23〕 另一种观点,联邦最高法院裁判,载《新法学周刊》,1991 年,1617、1618 页;与这里一样的观点,沃尔夫施泰纳文,载《新法学周刊》,1982 年,2851 页;明希文,载《新法学周刊》,1991 年,795 页;鲍尔/施蒂尔纳,《特别强制执行法》,卷 I,边码 16.23,具有证明。

定的部分(利息)金额服从执行,〔24〕就像完全可以就不动产担保物权确定的部分金额服从执行一样。〔25〕实践中往往通过作出中期确定的抽象(债务)承认(ein bestimmtes abstraktes Anerkenntniss)(第780条、第781条)的办法,来避免“确定性”的麻烦,该[债务]承认在承认人方面,为抵押权所担保,或者通过一个不依赖于债权的土地债务来担保。因为能保持价值不变的抵押权在实践中是很少的(参见第三十七章边码17),而且在德国法中,在变动利息率的情况下(参见第三十七章边码28),规定的是一个确定的服从执行部分之金额(Unterwerfungsteilbetrag),所以在不动产担保物权上的执行服从范围内,执行服从的“价值是否被保持”的(wertbeständige Unterwerfung)问题很少被提出来。〔26〕1999年1月1日版的《德国民事诉讼法》第794条第1款第1项放弃了对金钱数额确定性的明确提法,这样,现在在这方面,将要适用对程序上名义确定性的一般规则(对此参见鲍尔/施蒂尔纳,《特别强制执行法》,第1卷,边码14.4、边码16.16)。

---

〔24〕对此参见《联邦最高法院民事判例集》,第88卷,62页及其以下;巴伐利亚州最高法院判例,载《新法学周刊——司法判例报告:民法》,1989年,1467页;《联邦最高法院民事判例集》,第108卷,372、377页。但主流观点遭到了批评,因为主流观点没有将证书的程序上请求权与实体法上请求权区分开:只是程序上请求权必须被确定,而实体上请求权则不必被确定;对此参见鲍尔/施蒂尔纳,《特别强制执行法》,卷I,边码16.16;详情参见明希,《可执行之证书》,287页及其以下,具有进一步证明。

〔25〕《联邦最高法院民事判例集》,第108卷,372页及其以下、377页(最后是关于土地债务可被支付的部分金额)。

〔26〕该问题是悬而未决的,联邦最高法院裁判,载《泛亲属法杂志》,1989年,267页及其以下,具有证明;其动态发展参见施蒂尔纳/明希文,载《法学者报》,1987年,178页及其以下、181页及下一页;鲍尔/施蒂尔纳,《特别强制执行法》,卷I,边码16.16;罗森贝格/高尔/席尔肯(Rosenberg/Gaul/Schilken),第10章II 2a,bb,84页及其以下。在具有价值担保条款的定期实物负担情况下,有相同的问题(参见第三十五章边码9)。较早的出处:《联邦最高法院民事判例集》,第22卷,54页;波尔曼(Pohlmann)文,载《新法学周刊》,1973年,199页;梅斯(Mes)文,载《新法学周刊》,1973年,875页;与公开数据有关情况下对确定性放的比较宽的,参见联邦最高法院裁判,载《新法学周刊》,1995年,1162页,具有证明(对此参见明希文,载《德国公证杂志》,1995年,749页及其以下)。

4. 典型案例

39 用可执行证书来实现可能性的多样性，可以通过下面的例子来说明：

土地所有权人是继承共同体，包括 A、B、C；A 生活在德国，B 与 C 生活在海外。为了扩建房屋，必须要借贷。因为还没有确定贷款给予人，A 根据第 1196 条设定了一个所有权人土地债务，并且使继承共同体以及所有所有权上的权利继受人服从基于证书的立即执行。当该证书以认证的形式被授予后，土地簿册官员将抵押权连同执行服从条款进行了登记。现在，A“以继承共同体的名义并且具有继承共同体的授权”，将该所有权人土地债务转化为抵押权（第 1198 条）后，让与借款给予人 G。

该扩建很快就超出了继承共同体的经济能力。该共同体将土地卖给了 E。在买卖合同中约定，继承共同体清偿 G 的贷款之债，并让登记部门涂销抵押权；但这些没有发生。现在 G 向 E 追偿。

40 E 主张：

（1）执行服从表示是无效的；因为 A 是无代理权的代理人；该服从表示是单方的意思表示，按照第 180 条第 1 句，该种表示是不能为没有代理权的代理人作出的。涉及执行服从有效性的抗辩，E 必须根据《德国民事诉讼法》第 732 条通过诉讼的形式进行主张（《联邦最高法院民事判例集》，第 22 卷，54、56 页）。当然他不会成功的，因为《德国民法典》第 180 条第 1 句对于诉讼上的执行服从表示是不适用的（《帝国最高法院民事判例集》，第 146 卷，308 页；另参见联邦最高法院裁判，载《新法学周刊》，1985 年，2423 页，以及鲍尔/施蒂尔纳，《特别强制执行法》，第 1 卷，边码 16. 18）。

41 （2）执行服从条款之所以是无效的，是因为不动产担保物权的债权人还根本不存在。该抗辩也要根据《德国民事诉讼法》第 732 条进行主张；但该抗辩也达不到目标，因为执行服从表示并不要求有一个作为受领人的不动产担保物权人为前提（《联邦最高法院民事判例集》，第 64 卷，316、319 页；联邦最高法院裁判，载《新法学周刊》，1976年，567页）。[27]

(3) G已经向E表示了，他将在他基于抵押权对E采取措施前，首先在共同继承人的财产上进行强制执行；该抵押权根本就没有到期。因此，E可以主张一个他作为所有权人而享有的针对抵押权的抗辩。他必须通过反对执行之诉来进行主张（《德国民事诉讼法》第767条），就是说，在他那方面，必须采取主动，从而达到阻止基于执行名义进行强制执行的目的。因为要得到一个可执行的证书文本，G只须对抵押权的产生以及（根据通说）抵押权的到期进行证明；如果E想表示一个对抗权（这里是延期之抗辩），那么他必须要积极一点（要注意的是，《德国民事诉讼法》第797条第4款排除了《德国民事诉讼法》第767条第2款的限制性规定）。这意味着，通过对抗执行之诉的方式，针对可执行证书，也可以进行那些在设立证书的时候就可以进行的攻击。所以，比如可以陈述，所有权人在设定抵押权的时候被恶意欺诈，并且已经撤销了，或者整个法律行为因为违反善良风俗而无效。 42

5.《一般交易条件法》的控制

合同书的格式构造（该构造包含着执行服从条款）是预定条款构造法律实践作品。该构造引发了很多通过《一般交易条件法》控制的问题，这些问题并没有完全被澄清。 43

---

〔27〕 主流观点还对［执行］服从之表示可能性持放任态度。所以，将来之所有权人可以作出这样的［执行］服从之表示，即在他被登记为所有权人后，他所同意的［执行］服从表示（《德国民法典》第185条第2款），这样一来，在他于服从表示被登记的那一时刻被登记为所有权人就可以了（《联邦最高法院民事判例集》，第108卷，372、376页；另参见鲍尔/施蒂尔纳，《特别强制执行法》，卷Ⅰ，边码16.20）。将来的但确定之债权也可以成为［执行］服从对象（《联邦最高法院民事判例集》，第88卷，62页及其以下、65页）；如果人们将独立的诉讼上请求权视为［执行］服从之客体（明希，《可执行之证书》，276页及其以下），那么这也是理所当然的（鲍尔/施蒂尔纳，《特别强制执行法》，卷Ⅰ，边码16.16）。

(1)典型的预定条款构造*

44 与通过抵押权担保的支付性债权(大多数情况下是银行的借贷债权)相关联,典型的预定条款构造内容可以包含如下要素:就抵押责任服从执行(《德国民事诉讼法》第797条第1款第5项、第800条;《德国民法典》第1113条、第1147条);对作为原因的支付之债的执行服从(比如第607条),或者作为变化,对抽象的债务承认(《德国民事诉讼法》第780条、第781条)的执行服从,该债务承认是附加地为原因性债权而创设的,而且也同样导致的是完全的对人责任,并且使得对整体财产的强制执行成为可能(《德国民事诉讼法》第794条第1款第5项);抽象的债务允诺——不是原因性的债权——作为被抵押权担保的债权,具有双重的执行服从,在这里,担保约定将抽象的债务允诺与一个或多个原因性债权连接在一起;在关于根据执行服从设定条款的程序中,放弃要求对到期的证明(《德国民事诉讼法》第797条、第795条、第726条第1款)。

(2)抽象的债务允诺与执行服从

45 允许进行这些预定条款构造的判例,主要适用于那些在土地债务上的平行结构(通过土地债务对原因债权担保、抽象的[债务]承认、执行服从、放弃到期证明;对此参见第四十五章边码15),但在很大程度上,这些判例中的基本原则也可以被适用到抵押权担保情况下的法律状况。只要为了银行的担

---

* 预定条款构造法律实践是一个罗马法上的概念,在十二铜表法之前,法律专业知识、法律形成以及法律的发现是神职人员的事情,他们发展了宗教的以及世界范围的行为与程序格式,进行法律咨询,并提供法律专家意见。对于私人的法律行为,后来的法学家们从罗马贵族的立场继受了这种活动,尤其是合同条款的拟订;他们用这种所谓的预定条款法学建立了罗马法学的第一个时期的基础。该概念在今天常被用于通过预先制订的格式合约或一般交易条件对法律关系的构建,一般也被用于某些组织或法院辅助人员(特别是公证员、律师、经济法学工作者)的事前考虑的或计划的(合同)形成的活动,这些活动针对的是法庭的活动。参见克赖费尔茨(Creifels),《法律字典》,1997年,第14版,贝克出版社,696页。

保利益,需要运用抽象的债务允诺,联邦最高法院就会认为这样的法律制度是无可置疑的,该制度的主要作用在于举证负担倒置,与基于原因债权的情况相反;那么就不违反《一般交易条件法》第3条(令人吃惊之条款)、第11条第5项(不允许的举证责任倒置)或者第9条的情况(《联邦最高法院民事判例集》,第99卷,274、284页及下一页;施蒂尔纳文,载《法学者报》,1977年,638、639页;鲍尔/施蒂尔纳,《特别强制执行法》,第1卷,边码16.19)。在银行贷款格式中的执行服从条款也被联邦最高法院所接受,因为《德国民事诉讼法》没有规定一种范例,即根据该范例,判决程序原则上必须在强制执行之前(《一般交易条件法》第9条第2款第1项)。债务人的权利,按照联邦最高法院的观点,已经被《德国民事诉讼法》第767条、第769条以及银行的损害赔偿义务[28]所充分地保障了(《联邦最高法院民事判例集》,第99卷,274、284页及下一页;施蒂尔纳文,载《法学者报》,1977年,431、432、639页及下一页;鲍尔/施蒂尔纳,《特别强制执行法》,第1卷,边码16.19)。尽管联邦最高法院的观点不是很有说服力(在第一顺位不动产担保物权的情况下,许多银行自动地放弃聚集使用多种担保手段,《抵押银行法》认为,对于贷款给予人来讲,单单用第一顺位不动产担保物权进行担保,就是足够的了,"银行"在信赖程度方面是并不相同的),该争议可以载入法律史(现在可以证实这一点的有:联邦最高法院裁判,载《新法学周刊》,1991年,286、2559、2560页及下一页;1992年,971、972页)。对于其他贷款给予人(比如出卖人对剩余价款,等等)是否可以使用同样的格式化担保,至今还没有被最终决断;人们还是希望联邦最高法院在这里至少要很小心行事。联邦最高法院还是在这方面,打开了一个缺口(我们认为太晚了),在对债务人的请求权进行担保的情况下,如果该债务人与所有权人不是同一个人,带有执行服从的、抽象的债务允诺根据格式合同,导致的是所有权人的对人的共同责任(联邦最高法院裁判,载《新法学周刊》,1991年,1677页;《法学者报》,1991年,874页,附有艾克曼(Eickmann)的评论;《新法学周刊》,1992年,972页)——至少在只有统一的一个证书的情况下(对这个限制的批判,参见施

---

〔28〕 但根据主流观点,《德国民事诉讼法》第717条不可以适用于基于可执行证书的违法之执行:联邦最高法院裁判,载《有价证券法通讯》,1977年,657页;不同的观点参见鲍尔/施蒂尔纳,《特别强制执行法》,卷I,边码15.47,具有证明。

蒂尔纳文,载《德国公证杂志》,1992 年,97 页及其以下)。[29]

(3)抽象的抵押权

46 “抽象的抵押权”(对抽象的债务允诺的抵押权,该债务允诺担保了一个或多个债权,双重执行服从)与《一般交易条件法》第 3 条、第 9 条第 2 款第 1 项是否相一致,迄今没有最终决定(肯定的有斯图加特州法院裁判,载《新法学周刊》,1979 年,222 页及下一页;沃尔夫(Wolf),《物权法》,边码 713)。肯定的是,该抽象抵押权是不能用于担保针对那种债务人的债权,即与承担对人责任的所有权人不是同一个人的债务人(论据:联邦最高法院裁判,载《新法学周刊》,1991 年,1677 页)。但还可以特别提出质疑的有,在这种结构下,抵押权的附随性完全被破坏了,而且是以一种对于许多法学家来讲都是让人吃惊的、无法看透的形式。

(4)放弃要求到期证明

47 我们认为,在对可执行证书的条款制定程序中,“放弃要求不动产担保物权或者债权到期证明”,是符合《一般交易条件法》第 11 条第 15 项规定的。执行服从适用于程序上的请求权(明希(Münch),《可执行证书》),并且原则上是不可以附加条件的。放弃之条款或者明确,即根本就不能附加条件,也不是默示的;或者在执行条款是否被授予的审判程序(Klauselerteilungsverfahren)中,放弃之条款暂时地改变举证负担;同时,对于对抗执行之

---

〔29〕 对这一问题群的其他文献:金佩尔(Kümpel)文,载《有价证券法通讯》,1978 年,746 页;科尔豪瑟(Kollhosser)文,载《法学工作报》,1979 年,263 页;费尔(Fehl),《一般交易条件法的系统化》,1979 年,202 页及其以下;赖尼克/蒂特(Reinicke/Tiedtke),《信贷担保》,292 页及其以下;拉施泰特(Rastätter)文,载《德国公证杂志》,1988 年,462 页;艾克曼(Eickmann)文,载《经济法杂志》,1989 年,137 页及其以下;赖纳(Rainer)文,载《有价证券法通讯》,1988 年,1657 页及其以下;比洛(Bülow),《信贷担保法》,1993 年,第 3 版,边码 459 及其以下;布劳纳特(Bräunert)文,载《新法学周刊》,1991 年,905 页及其以下;哈恩(Hahn)文,载《经济法杂志》,1996 年,1233 页。

诉，保持举证状况不变（明希，《可执行证书》，1989 年；鲍尔/施蒂尔纳，《特别强制执行法》，第 1 卷，边码 16.16）。[30]

（六）其他执行名义

还可以作为执行名义的有：法庭调解（《德国民事诉讼法》第 794 条第 1 款第 1 项）以及被宣布为可执行的仲裁裁决（《德国民事诉讼法》第 794 条第 1 款第 4a 项），另外还有律师调解（der anwaltliche Vergleich）（《德国民事诉讼法》第 794 条第 1 款第 4b 项、第 796a—c 条）。与此相反，要“基于”抵押权，就是按照抵押权的顺位，进行强制执行，仅基于人上债权的名义是不足够的。 48

五、在土地上进行强制执行

（一）基本状况

如果债权人获得了一个物上执行名义，那么他可以在土地上进行强制执行。我们已经在上文第三十九章边码 13 及其以下，在探讨不动产扣押概念的时候谈到了各种强制执行种类。 49

法定债务人保护规定扮演着重要的角色，其意义与再法典化受到了联邦宪法法院的判例的影响（鲍尔/施蒂尔纳，《特别强制执行法》，第 1 卷，边码 35.21，可进一步证明）。参见《强制拍卖与强制管理法》第 114a 条，这一条经常被忽略（参见《联邦最高法院民事判例集》，第 99 卷，110 页，以及鲍尔/施蒂尔纳，《特别强制执行法》，第 1 卷，边码 36.21，附有一个例子）。

---

〔30〕 对该问题群的探讨，还有拉施泰特（Rastätter）文，载《新法学周刊》，1991 年，392 页及其以下；最近还有哈姆州高等法院裁判，载《新法学周刊——司法判例报告：民法》，1991 年，1051、1052 页，有证明；《德国公证杂志》，1994 年，57 页，附有明希的评论。

(二)不动产担保物权与强制抵押权的登记

50 在《德国民事诉讼法》第866—868条所称的土地强制执行的另外一种形式,即"为债权登记一个担保性抵押权"(所谓的强制抵押权),大多数情况下,对于抵押权人来讲是没有意义的,因为他已经控制着一个不动产担保物权。另外,不能就一个债权在同一块土地上设定两个抵押权,但至少可以设想的是,该附加的强制抵押权在另外其他土地上设定(比如巴伐利亚州最高法院裁判,载《德国司法》,1991年,53页,可进一步证明;科隆州法院裁判,载《德国司法》,1996年,153页;对债务承担的土地债务与强制抵押权)。强制抵押权通常是为了那些对人之债的债权人的利益,他们想通过这种方式在土地上获得一个物上权利,并且保障将来执行的顺位。

前提条件:对金钱债权的执行名义(目前至少是500马克,根据1999年《第二次强制执行修正法》,是1500马克;在数块土地上登记的情况下,分割是必要的,《德国民事诉讼法》第867条第2款)——执行条款(《德国民事诉讼法》第725条;在这种实践中重要的、有执行决定的情况下不是这样的,《民事诉讼法》第796条)——[执行]名义的送达(《德国民事诉讼法》第750条)。[31] 根据《土地登记法》第15条的临时性登记命令(Zwischenverfügung),在这里尤其重要!(参见上文第十六章边码64及其以下)。

(三)在共同承担责任的标的物上进行动产强制执行

51 如同我们已经知道的,可以在共同承担责任的标的物上——从物除外(《德国民事诉讼法》第865条第1款)——进行动产强制执行(即通过在法院执达员或者执行法庭进行动产扣押)。如果基于一个物上名义进行了这样的强制执行,那么这个执行中就包含着一个第1121条及其以下意义上的不动产扣押(对此参见第三十九章边码13及其以下、边码24至59)。

---

〔31〕 对于强制抵押权,详情参见鲍尔/施蒂尔纳,《特别强制执行法》,卷I,边码38.1及其以下;罗森贝格/高尔/席尔肯,第69章;布罗克斯/瓦尔特(Brox/Walter),第33章;尧尔尼希(Jauernig),第23章;还有第42章边码5及其以下。

六、支付不能[程序]中的不动产担保物权[32]

(一)作为"试金石"的支付不能

52 不动产担保物权不仅必须在特别强制执行中、与其他债权人的竞争中保全自己,在特别强制执行时,物上债权人优先于其他对人债权的债权人的权利被保障(参见第三十六章边码2及下一码)。在债务人或者所有权人破产的时候,反而是特别的考验(Nagelpnbe),这是一种灾难性的情况。在这里,保障的是不动产担保物权拥有优先于其他债权人的别除权(abgesonderte Befriedigung)。在不动产担保物权的法律构造上的费用是让人不能理解的,不动产担保物权在支付不能程序中是不具有特别让人瞩目的担保质量标准(Sicherheits standard)的。这种担保标准对于贷款给予人的贷款条件是决定性的,特别是对那些经营、使用他人金钱的银行。所以,支付不能程序中的担保标准,是一个一般经济的影响问题。[33]

(二)在《破产法》以及《和解法》中的别除受偿权

1. 避免破产的和解

53 抵押权人只在不能偿还的额度内参与《和解法》中的避免破产之和解(《和解法》第27条)。所以,物上责任要独立于和解程序、不打折扣地被实现——在必要的时候通过特别强制执行(《和解法》第47条)。只要该物上责任没有完全满足对人的债权,那么债权人就是和解债权人。

54 例子:G对V享有一个10万马克的借贷之债权,在V的土地上为该债权设定了一个抵押权。G可以不理会和解程序的开始,而实现该物上责任(第1113条、第1147条)。如果土地变价只有8万马克,那么G就2万马克参与和解程序,所以,在和解分配比例是40%的情况下,还能得到8000马克(《和解法》第27条、第82条第1款)。

---

〔32〕 鲍尔/施蒂尔纳,《支付不能法》,卷Ⅱ,边码15.15及其以下。

〔33〕 对于宪法上的理由,鲍尔/施蒂尔纳,《支付不能法》,卷Ⅱ,边码6.27、6.30。

55 如果V只是贷款债务人,而E是被设定负担土地的所有权人,那么全部的10万马克债权都是和解程序之债权。G可以得到他的40%的清偿比例,即4万马克。附加的,他还可以在E处第1113条、第1147条就所有的金额获得清偿;E对V或者对和解财团(Vergleichsmass)的追偿是被禁止的(《和解法》第82条第2款第2句;另参见《联邦最高法院民事判例集》,第55卷,117页及其以下;博勒·施塔姆海德(Bohle – Stamschräder),《和解法》,第9版,1977年,第82条,评注5)。如果E在和解程序开始前履行了,那么他在履行范围内是和解债权人(《德国民法典》第1143条第1款、第607条;《和解法》第33条、第82条第2款第2句)。

2. 破产

56 如果债权人在一块属于破产财团的土地上有一个不动产担保物权,那么他原则上可以自行从土地中获得清偿(第1113条、第1147条),就像没有支付不能程序那样(《破产法》第47条第2款)获得清偿,也就是说,他可以进行强制拍卖或者强制管理。

57 但破产管理人自己也可以申请强制拍卖或者强制管理(《破产法》第126条:"双重提议权"(Doppelinitiativrecht),只要不使抵押权人的获得清偿的可能性受到限制即可(《强制拍卖与强制管理法》第172条及其以下);同样,可以设想的还有,破产管理人出让设定负担的土地(《破产法》第17条),该行为同样也不会触及不动产担保物权人的地位。债权人仅就未获清偿的部分参加破产(《破产法》第64条)。

58 例子:银行B对G享有贷款债权10万马克,G的土地上设定一个抵押权作为担保。原则上,B也可以在支付不能开始之后,对土地进行强制执行。破产管理人虽然可以——为了更好地变价或者在有和解希望的情况下——达成一个延期清偿(《强制拍卖与强制管理法》第30c条),但是并不能最终阻止变价。如果银行拍卖土地后获得8万马克,那么它就以2万马克的数额参加破产程序,在10%的比例分配情况下,可以获得2000马克。

59 如果不是共同债务人(即破产人)G,而是E,是被设定负担的所有权人,那么情况就——像在和解的情况下一样——完全不一样了。那么,银行

B——《破产法》第64条不适用——要完全地参加G的破产程序，就是说，可以就10万马克登记，在10%的清偿比例情况下，获得1万马克（《帝国最高法院民事判例集》，第91卷，12、13页；第156卷，271、278页；联邦最高法院判例，载《新法学周刊》，1960年，1295、1296页）。除了对G或者破产财团请求以外，也可以对E在没有获得清偿的9万马克额度内进行请求（根据《破产法》第68条），对G以及破产财团的追偿（《德国民法典》第1143条第1款、第607条）是被禁止的。如果E已经在破产前清偿了银行B，那么他自己就是破产债权人（《德国民法典》第1143条第1款、第607条；《破产法》第3条）；对于与债务人不是同一个人的所有权人来讲，及时地支付，是完全值得的（详情参见格哈特（Gerhardt），《不动产担保物权》，53页及其以下，具有证明；另参见鲍尔/施蒂尔纳，《支付不能法》，第2卷，边码15.18，以及边码11.12、边码11.13）。

导致破产终结的强制和解与避免破产的和解，在效果上是一样的（《破产法》第64条、第173条、第193条第2句）。

（三）新的《支付不能法》* 中的别除受偿权

1. 基本原则

如果被设定负担的土地属于共同债务人（即破产人）所有，那 60
么新的《支付不能法》并没有根本地改变什么，但抵押权人在一定范围内要承担破产费用。根据《支付不能法》第49条、第52条，抵押权人可以与现在按照《强制拍卖与强制管理法》一样，实现物上责任，除此之外，支付不能管理人享有提议权（《支付不能法》第195条）。只是在不能清偿部分范围内，抵押权人成为了支付不能程序中的债权人。

但是，如果设定了破产管理人（旧版《强制拍卖与强制管理法》第10条 61
第1款第1a项），就是说，就像通常情况那样，没有进行所谓的自己管理

* 已经于1999年1月1日实施。

(《支付不能法》第270条及其以下),抵押权人就必须向破产财团支付动产标的物价值的4%,即那些一起被拍卖的动产(对此参见第三十九章边码16及下一码、边码24—34)。破产管理人首先要申请变价延期清偿(旧版《强制拍卖与强制管理法》第30d—c条、第153b—c条),该延期清偿大大扩展了以前就存在的可能性。该延期清偿也保障了企业的继续经营、破产计划的实施以及破产财团不可分割整体的变价。但在延期清偿期间,破产财团必须继续支付利息,而且有些情况下要对价值贬损进行补偿。

62 例子:在G的农业经营用地上,负担有B银行的10万马克的抵押权。土地价值8万马克,属于G所有的全部机器设备还值3万马克。在这里,银行B基本上不受支付不能程序的影响,而进行强制拍卖,但必须从拍卖所得中拿出从物价值的4%,也就是1200马克,交给破产财团。这样一来,在共同承担责任的动产方面,抵押权人与动产担保权利人的地位是一样的(《支付不能法》第170条第1款、第171条第1款)。

63 但如果破产管理人I在支付不能计划中意图继续经营企业,或者指望通过连同所有土地一起的企业整体出让,获得更好的变价,他可以申请延期清偿。但他必须继续支付贷款利息(旧版《强制拍卖与强制管理法》第30d条、第30e条,与《支付不能法》第38条、第39条第1款第1项、第52条相反),而且要补偿可能产生的价值损失。

2. 与债务人不是同一人的所有权人共同责任之特殊性

64 如果土地不属于共同债务人(即破产人)所有,而是属于E所有,那么与现在的法律一样,不适用《支付不能法》第52条,而是适用《支付不能法》第43条、第44条。在结果上,债权人可以就债法上的所有债权进行登记,并附加地就不能获得清偿部分向所有权人追偿。如果所有权人在程序开始前进行了清偿,那么他就是支付不能程序债权人(《德国民法典》第1143条第1款、第607条;《支付不能法》第44条)。

3. 支付不能计划程序

65 根据新的《支付不能法》,通过支付不能计划程序(Insolvenz-

planverfahren)而进行的和解规则也涉及不动产担保物权人(《支付不能法》第217条)。如果支付不能计划没有其他的规定,他们的权利就不受影响(《支付不能法》第223条),就是说,他们的债权与担保权一如既往地存在下去。但支付不能计划也可以干涉他们的权利,他们一个或多个小组参与计划创设程序(Aufstellungsverfahren)(《支付不能法》第222条第1款第1项、第223条第2款)。如果一个相应的计划被接受而且被法院确认的话(《支付不能法》第235条及其以下),支付不能计划甚至可以通过削减或者延期支付的方式,改变债权以及物上担保(《支付不能法》第223条第2款、第228条)。即使享有别除权的不动产担保物权人多数投票反对该计划(《支付不能法》第243条、第244条),该计划也可以生效,前提是,抵押权人没有处于比清算(Liquidation)时还差的地位(所谓阻碍之禁止(Obstruktionsverbot),《支付不能法》第245条)。反过来讲,如果被多数票胜过的单个抵押权人处于比清算时还差的地位,那么他就可以对该计划进行反对(《支付不能法》第251条)。

理论上,支付不能计划是不会损害抵押权的价值的。实际上,抵押权的实现却在很大程度上取决于法院是如何估计支付不能计划时的价值与清算时的价值。还要看一下,实践在这方面是否可以让人满意地胜任它的任务。对于不动产担保物权应当适用"有疑问时做有利于放款人(债权人)的原则"(In dubio pro creditore)(就这个问题,参见施泰特勒(Staedtler),《法国与德国支付不能程序中不动产担保物权的有效性》,1998年)。 66

例子:G是农业企业主,就G的财产进行着支付不能程序。在企业土地上(价值50万马克),负担有三个抵押权,10万马克为A,20万马克为B,20万马克为C。G一共还有大约20万马克的未担保债务。支付不能计划规定,该企业要被继续经营。未被担保的债权人必须接受将债权削减50%,即削减到10万马克,并且按层次地延期到2年(《支付不能法》第224条)。被担保的债权人应当分别接受10%(A)的债权削减,20%(B)的债权削减以及 67

20%(C)债权削减,其余的可以要求按照合同清偿(《支付不能法》第224条第2款)。这里已经出现了第一个麻烦:有的情况下,如果必须要将每一个不动产担保权利人编成一个组(《支付不能法》第222条第2款第1项、第2款,第226条),人们就要完全合理地区分。如果土地只能被卖出30万马克的价格,那么A可能也像B那样很少会被强迫加入计划(《支付不能法》第245条、第251条)。

68 C的地位是第二个难点:如果支付不能法院得出的结论是,土地价值下跌到8万马克,就是说,只能估价为42万马克,他就必须接受20%的债权削减(《支付不能法》第245条、第251条)。根据旧法,他可以通过拍卖,自己去测验一下价值是否可以保持不变。新法在这个问题上,交给法官与专家去判断专业评估取代了强制执行,那么在这里,土地的价值就可能因为管理不善,后来会下降!(有宪法上的怀疑,参见鲍尔/施蒂尔纳,《支付不能法》,第2卷,边码6.8)。

概览表 19　抵押权(土地债务)责任之实现

一、实现之前提要件	二、执行类型	三、抵押权责任范围
“物上”名义的存在(比如判决、强制执行裁决、可执行的证书),如果抵押权(土地债务)已经到期了的话(所谓的担保物成熟),该名义就允许基于抵押权(土地债务),对被设定负担的土地进行强制执行。 与此相区分的是“对人”的债务名义,该名义赋予了对全部财产强制执行的权利,但没有顺位上的优先权。	1. 强制执行(对实体的变价)。 2. 强制管理(对土地用益的变价)。 对1与2的规则有: (1)《德国民事诉讼法》第864条及其以下、第869条; (2)《强制拍卖与强制管理法》相关规定。 3. 对共同承担责任标的物的动产上强制执行方式(对已经分离的成分与出产物(三、1)以及债权(三、3,4)执行,但不能对附属物执行(三、2)。 《德国民事诉讼法》第865条第2款第1项	1. 附带有所有成分与出产物的土地;但是所有权人的自由处分权能,一直到通过强制执行程序进行了“不动产扣押”之时都享有(或者按照二、3方式执行):第1120—1122条。简便法则:在土地扣押之前已经被分离、出让以及移走的,就从抵押责任中摆脱出来了。 基本思想:所有权人在他的土地上还是自由主人,一直到“出现危急”的时候(不动产扣押!)。 2. 土地的、归属于所有权人的附属物,第1120—1122条。与上面1的简便法则一样,但也可以通过强制管理命令进行“不动产扣押”。 3. 使用租金与用益租金债权(第1123条第1款)。通过强制管理以及二、3进行“不动产扣押”。一直到“不动产扣押”所有权人都有处分权能,但事前处分(即在不动产扣押之后的时间之外)只是在有限的范围内(第1124条)才是可能的。租金提前支付的问题! 4. 保险债权(比如火险)第1127条(代位物思想 Surrogationsgedanke!)。

第四十一章　抵押权的消灭

一、一般原则

1 《德国民法典》第362条规定："当对债权人完成所负担之履行的时候，债务关系消灭"。这个原则不能一般性地转用到对抵押权人的清偿上：因为——就像我们早已经知道的——债权人（抵押权人）受到清偿通常不导致抵押权的消灭（Erlöschen），而是导致抵押权移转给另外一个人：

（1）可能是所有权人（《德国民法典》第1163条第1款第2句、第1143条）

（2）可能是债务人（《德国民法典》第1164条）

（3）可能是第三人（《德国民法典》第1150条连同第268条）

除此以外，还适用土地法上的原则，即定限物权在与所有权合归于一人的情况下，并不消灭（《德国民法典》第889条）。

那么就只剩下很少的消灭之事实构成了：首要的是通过法律行为进行的废止（参见下文边码2及其以下），还有基于土地的清偿（参见边码5）以及拍定（Zuschlag）（参见边码6及其以下)。

二、通过法律行为进行的废止

(一)他主之不动产担保物权

按照《德国民法典》第875条,通过法律行为进行的废止需要权利人的废止表示,以及——因为有"潜在的"所有权人土地债务——所有权人的同意,该同意要向不动产担保物权人作出(《德国民法典》第1183条,另参见《土地登记法》第27条)。 2

(二)所有权人之不动产担保物权

如果所有权人享有不动产担保物权,他自己也可以进行废止(《德国民法典》第875条)。他可能对后顺位或相同顺位的不动产担保物权人,但也可能对其他限定物权的拥有人(比如用益物权人)负有义务进行这样的废止,而且在不动产担保领域内,存在着法定涂销请求权(《德国民法典》第1179a条),另外,也可以约定一个通过涂销预告登记来保障的涂销请求权(比如用益物权人的涂销请求权),旧法第1179条(参见上文第十七章边码10及下一码、第二十章边码4及下一码,详细叙述的还有下文第四十六章边码33及其以下)。这样一来,在所有权与抵押权合为一人拥有的情况下,后顺位或者同顺位的、为法定涂销请求权或者经同意而进行的涂销预告登记所保护的权利人,保障了自己权利的顺位晋升,而且谁在这一时刻是土地的所有权人是无所谓的。后顺位被保护的不动产担保物权的主人在此期间是否进行了更换,也是无关紧要的。 3

在顺位相同的情况下,存有一个好处,即权利人将令人烦扰的、一直权利相同的竞争对手(在强制拍卖或者强制管理中)排除掉了。

(三)与放弃的区别

与废止相区分的是抵押权的放弃:放弃导致的不是物上权利 4

的排除,而是使抵押权作为一种所有权人土地债务,移转给了所有权人(参见上文第三十八章边码 91 及其以下)。

三、由于从土地中获得了清偿而消灭了抵押权

5 如果债权人通过强制执行的方式,从土地或者从共同承担责任的标的物中获得了清偿,那么抵押权就消灭(《德国民法典》第 1181 条第 1 款、第 3 款);当然,债权人现在是从实体中或者从土地的用益中或者从二者中获得的清偿,肯定的是,后顺位抵押权人——只要他们的抵押权没有消灭掉[1]——向前晋升;因为土地的全部价值现在反正没有被减少。

四、因为拍定而消灭

6 《强制拍卖法》建立在*承担原则*(Uebernahmeprinzip)之上;也就是说,优先于进行强制执行的债权人的权利,不得被强制拍卖所触及;这些权利为所谓的最低报价(das geringste Gebot)所包容(《强制拍卖与强制管理法》第 44 条第 1 款),而且要为土地获得者所承担。

相反,进行强制执行的债权人的不动产担保物权,以及顺位在它之后的权利,随着在强制拍卖中的拍定就消灭了(《强制拍卖与强制管理法》第 52 条第 1 款第 2 句、第 91 条第 1 款)。所以,它们只有一个机会,即从拍卖所得中被清偿。[2]

7 当人们将强制出卖替换为自愿出卖,即为要求获得清偿的抵押权人所进行的出卖,那么就会很容易理解该规则了:债权人期望,那些优先于他的权利的权利,在扣掉购买价格的前提下,为买受人所承担。因为该债权人作为后顺位的抵押权人,不能损害他们的权利,买受人也愿意在这个额度内不必用现金支付购买价格。但进行执行的债权人重视的是,尽可能多地获取现金,

---

〔1〕 在强制拍卖情况下,就是这样。

〔2〕 对此有意思的案例:《联邦最高法院民事判例集》,第 108 卷,237、239 页及下一页。

以达到自己从该出卖所得中获得清偿的目的。如果不成功的话,他更愿意自己购买该土地,因为这样一来,他为自己保留了一个将来价值上升的机会。基于这种原因,在强制拍卖程序中,有不少抵押权人竞买该负有负担的土地。[3]

法律事实:根据抵押银行的通告,无支付利息之财产——家庭住宅被强 8
制拍卖的主要原因——在很高比例上可以归因于离婚与失业。

〔3〕 对于强制拍卖的具体问题,参见鲍尔/施蒂尔纳,《特别强制执行法》,卷 I,边码 35.1 及其以下、边码 36.1 及其以下;艾克曼(Eickmann),《强制拍卖法与强制执行法》,1991 年,第 8 章到第 25 章。

第四十二章　担保性抵押权(包括最高额抵押权以及证券抵押权)

首先请阅读第三十六章边码83及84。

一、一般基本原则及适用范围

(一)严格的附随性

1 在作为抵押权常态的流通性抵押权情况下,为了正当的交易安全,严格的附随性基本原则被打破了:善意取得保护——如果粗陋地来讲——也涉及债权:债权在作为抵押权基础(根据附随性教义)的范围内被拟制地存在(第1138条)。

2 在担保性抵押权(Sicherungshypothek)的情况下:根据法律的规定(第1184条、第1185条),它具有严格的附随性;第1184条第1款规定,在担保性抵押权情况下,"债权人基于抵押权的权利只能为债权所决定,而且债权人并不能根据登记来证明债权"。这样一来,第1138条的适用就被排除了,而附随性原则被坚持了。

3 法律上强令命名的"担保性抵押权"是不准确的。因为流通性抵押权也是用于债权担保的;在流通性抵押权情况下,也只有在债权存在的时候,抵押权才可以作为抵押权而产生、存在。只有在为了善意取得人的利益,即信赖土地簿册(证书以及“链条”,第1155条)的善意取得人,才根据第1138条拟制了债权的存在。所以,人们完全可以为担保性抵押权重新下一个更好表现其特征的概念,比如“严格依附的抵押权”(streng angelehnte Hypothek),或者其他的名称。

(二)作为登记簿式抵押权的担保性抵押权

担保性抵押权并不是为了经常地、迅速地流转而规定的。虽然,它也可以被让与,但受让人只有在被担保的债权也存在的情况下,才能取得该抵押权。债权是否真的存在,取得人很难查证。所以,担保性抵押权在经济流通中没有特别大的吸引力。立法者可能就是想要求担保性抵押权进行登记,流转困难:所以它只能是登记式抵押权(第1185条第1款);为了在通过法律行为进行的交易中有所警惕,担保性抵押权必须在土地簿册中被标记出来(第1184条第2款)。 4

在这里,可能会出现一种不是很常见的情况,即当事人对抵押权种类的合意(流通性或者担保性抵押权),与登记部门进行的登记不一致的情况(比如登记部门忘记了标记“担保性抵押权”的字样);对此参见上文第三十七章边码39。

(三)适用范围

担保性抵押权作为通过法律行为而设定的抵押权,在法律生活中相对比较少;这表明,在大部分情况下,是作为贷款给予人的抵押权人决定抵押权类型的。对他来讲,当然不欢迎很难移转的担保性抵押权了。比较常见的是最高额抵押权(参见下文边码18及其以下)以及“证券抵押权”(Papierhypothek)(参见下文边码29及其以下)的特别形式。 5

而立法者也将担保性抵押权作为强制担保(zwangsweise Si- 6

cherung)的方式来规定;比如,就像我们已经知道的,它是对土地强制执行的一种方式:对所有权人享有可执行名义的人可以申请一个强制抵押权(Zwangshypothek)[1](《德国民事诉讼法》第866—868条),谁要是得到了一个暂执行命令(Arrestbefehl),谁就可以登记一个暂执行抵押权(Arresthypothek)(《德国民事诉讼法》第932条)。[2]

7 类似的情况还有,基于财政部门的申请,在税收债务人的土地上登记一个担保性抵押权(《纳税法》第322条)。与此相反,在第648条规定的所谓建筑人抵押权(Bauhandwerkerhypothek)[3]的情况下,涉及的是通过法律行为设定的担保性抵押权,但建筑企业对于担保性抵押权设定有一个请求权(很少有实际意义!轮到建筑人的时候,建筑土地在大多数情况下,已经以全部价值被设定了负担);典型案例有:《联邦最高法院民事判例集》,第102卷,95页;第91卷,139页及其以下(在一般交易条件中可以通过附加条件方式进行替代);联邦最高法院裁判,载《新法学周刊》,1974年,1761页;策勒州高等法院裁判,载《新法学周刊——司法判例报告:民法》,1996年,854页。

8 最后,作为"通过法律行为或者扣押"而获得的质权(即那种在请求让与土地所有权的债权之上设定的质权)的替代(《德国民法典》第1287条第2

---

〔1〕 对此参见尚茨(Schanz),《强制抵押权》,1933年;尼克利施(Nicklisch),《扣押抵押权》,载《民法实务档案》,第169卷,124页;哈伯迈尔(Habermaier),《民事诉讼法上的强制抵押权》,1989年,另参见第四十章,边码50。对于基于强制抵押权的强制执行,尤其是现在争议的问题,即这里是否必须有一个特别的物上名义,参见豪尔驰(Holch)文,载《德国司法》,1993年,140页;鲍尔/施蒂尔纳,《特别强制执行法》,卷I,边码35.4、边码38.1,有证明。第二次强制执行修正案规定了无需物上名义的强制执行性(《德国民事诉讼法》第867条第3款)。

〔2〕 比较有意思的案例是:鲍尔/施蒂尔纳,《案例评析》,第24个案例。

〔3〕 参见费尔(Fehl)文,载《企业顾问》,1987年,2038页;施勒希特里姆(Schlechtriem)文,载《考尔宾(Korbion)纪念文集》,1986年,359页;莫策克(Motzke)文,载《建筑人担保抵押权》,1981年;西格堡(Siegburg)文,载《建筑人担保抵押权》,1989年;科勒(Kohler)文,载《支付不能法杂志》,1989年,45页及其以下。

句，《德国民事诉讼法》第848条第2款第2句、第3句），担保性抵押权根据法律而产生。这种形式的担保性抵押权也不是很常见；因为对于债权人来讲，他的债务人享有的请求让与土地所有权的债权，只有在下述几种情况下才是有利益的，即在债务人已经支付了对价的时候，或者不需支付对价（比如在遗赠的情况下）的时候，或者在土地的价值大大高于（还没有被进行的）对等履行的时候。〔4〕

综上所述，对于担保性抵押权的适用范围可以简述如下：在实践中，它只被用作最高额抵押权、强制抵押权以及暂执行抵押权（也用于公法上的债权担保）。 9

二、担保性抵押权的特性

（一）一般规则的适用

首先要注意的是，适用于流通性抵押权的规则，也适用于担保性抵押权，只要没有基于担保性抵押权的特性而规定了其他规则，就可以。比如，对于它的产生，第873条连同第1113条到第1135条都适用，对于抵押权移转给所有权人（作为所有权人土地债务或者所有权人抵押权），适用第1143条、第1163条、第1168条，对于抵押权的消灭，适用第1154条第3款等。 10

还要注意的是，对善意取得人的限制只涉及债权，而不涉及作为物上权利的抵押权。

例子：如果E就一笔以前法律上有效付出的贷款，在他的土地上为债权人G提供了一个担保性抵押权，但该设定基于某种原因而无效了，而且G将该抵押权移转给了善意受让人Z，那么，该受让人取得该债权（因为债权真的存在！）以及该抵押权（根据第892条）。 11

---

〔4〕 例子：慕尼黑州高等法院，《农业法》，1960年，178页；对于整个问题的研究，参见鲍尔/施蒂尔纳，《特别强制执行法》，卷Ⅰ，边码31.13；对于土地所有权移转受让方的期待权之扣押，参见第十九章边码16及其以下。

(二)举证负担与善意取得

12 担保性抵押权的特殊性首先影响了举证负担:抵押权人——如果他想行使抵押权的话——不可以根据土地簿册的登记来作为债权的证明。所以第1138条连同第891条不能被适用(第1185条第2款)。〔5〕但当抵押权在物权上的存在有争议的时候,比如设定有效性出了问题,第891条还是适用的。

13 如果债权不存在的话,土地簿册上的状况也帮不了抵押权取得人;就是说,不适用第1138条连同第892条。但在债权存在、担保性抵押权设定无效、债权被让与的时候,第892条,如上面详细阐述的,可以被适用;受让人取得债权与抵押权。

如果所有权人主张,他或者与他不是同一个人的债务人已经清偿了担保性抵押权,那么他要承担举证负担(联邦最高法院裁判,载《新法学周刊》,1986年,53、54页)。〔6〕

14 另外,债务人(同时又是所有权人)可以以所有基于对人债务关系的抗辩,即那些相对于出让人而建立的抗辩,去对抗受让人。所以可适用的不是第1138条,而是第1137条。

相反,第1157条(所有权人对抵押权的抗辩)还是适用的。

例如:G为所有权人E将抵押权延展了3年,那么,只有该抗辩被登记人土地簿册的时候,才可以以之对抗对此一无所知的抵押权取得人(第1157条

〔5〕 对此参见联邦最高法院裁判,载《新法学周刊》,1986年,53、54页。如果出让人根据人上的债权已经被有法律效力的判决了,那么对于为意定设立的担保性抵押权所负担土地的取得人该证据也要被提交(联邦最高法院裁判,载《新法学周刊》,1960年,1348页,有争议;不同观点参见法兰克福州高等法院裁判,载《新法学周刊——司法判例报告:民法》,1988年,206页);如果第三人在登记后取得所有权的,与在强制性抵押权情况会有所不同(联邦最高法院裁判,载《新法学周刊》,1988年,828、829页)。

〔6〕 根据主流观点,对人上债务人的有效判决并不妨碍与之不是同一人的所有权人,行使无须主张抗辩权或者须主张抗辩权(不同观点认为,基于第770条只能使用须主张抗辩权,法兰克福州高等法院裁判,载《新法学周刊——司法判例报告:民法》,1988年,206、207页)。相反,在强制抵押权情况下,新所有权人只能行使那些债务人也能行使的无须主张的抗辩权,《德国民法典》第767条第2款(联邦最高法院裁判,载《新法学周刊》,1988年,828、829页)。另参见第三十八章边码64及其以下。

第2句)。

(三)未付出贷款、没有债权、终止

第1185条第2款明确地将第1139条的适用排除在外。这完全是可以理解的,因为所有权人可以向该受让人主张,贷款款项尚未被付出。 15

第894—899条在债权方面,也是不可以被适用的(第1185条第2款连同第1138条)。所以,如果被担保的债权没有产生,或者不再存在了,那么为了阻止对抵押权的善意取得,不能也不必进行异议登记(典型案例:柏林高等法院裁判,载《最高法院刑事判例集》,1937年,第110号)。

随着债权的终止,抵押权也就到期了,即使那个与债务人并非同一个人的所有权人,对此一无所知,也是如此;第1141条的适用为第1185条第2款所排除了。

(四)债权让与以及向登记上的权利人履行

在债权被让与的情况下,对债务人(同时又是所有权人)有效适用的是"历史性有权证明"(赫克语),而不是登记簿上的有权证明;第1185条第2款规定了第1156条是不可以被适用的。所以,在没有告知债务人(同时又是所有权人)而让与抵押权的情况下,如果该债务人还是向让与人进行了履行,那么该履行相对于受让人是有效的(第407条),抵押权就成为了所有权人土地债务。 16

有疑问的是,如果所有权人或者有清偿权的第三人,向在土地簿册中登记为抵押权人,而实际上并不享有债权的人进行了履行,第893条是不是可以被适用呢? 该问题的正确答案是否定的。

例如:E为了对S的贷款债务,为G在他的土地上设定了一个担保性抵押权。后来,G将抵押权移转给了Z。假设,该让与行为因为违反法律而无效。如果E通过向Z支付抵押权金额的方式而消灭了抵押权,那么,他不可以以第893条为根据,因为债权人的有权证明唯一指向的是债权,所以,他也没有按照第1143条的规定取得该债权与抵押权。他还像以前一样,对G负 17

有责任;他享有的只是对 Z 的不当得利返还请求权。

三、最高额抵押权

(一) 概念、作用与适用范围

1. 概念与作用

18 流通性抵押权与担保性抵押权一样,也可以为担保将来之债权而被设定(第 1113 条第 2 款);但即使如此,被担保的债权(贷款债权、加工承揽报酬之债权等)及其数额也必须被登记。但是,在很多法律关系上,不仅具体的被担保债权,而且它们的数额都不能一开始就被确定,但却从一开始就有对基于交易关系而产生之债权进行担保的需要。

人们可以想到的是,银行为顾客设立的交互计算信贷(Kontokorrentkredit)或者贴现信贷(Diskont)*(顾客得在一定数额的范围内出示票据进行贴现),或者是批发商给予零售商的货物信贷。比较少见的是,被信托管理财产之人,对将来由于经营管理不善而产生的损害赔偿请求权进行担保("押金式的抵押权"Kautionshypothek)。最后,还可能的是,基于不同权利基础而产生的债权(而该不同权利基础又是由交易关系中产生的),从一开始就有被担保的需要了。

19 为了满足这些需要,法律在第 1190 条规定了最高额抵押权。根据第 1190 条的法定定义,最高额抵押权是一种担保性抵押权,在这里,只有最高额,即土地应承担责任的最高额度被确定了,另外,债权的确定权被保留了。[7] 只有最高额是必须被登记入土地簿册的(第 1190 条第 1 款第 2 句);相反,不必精确地标出债务之原因。

格式大约如下:

"为住在斯图加特的债权人古斯塔夫设定的担保性抵押权,最高金额为 50,000 马克。根据 1991 年 10 月 1 日的登记之准许,于 1991 年 10 月 20 日被登记。"

---

* 在扣除利息后购买债权,比如债权为 100 元,银行支付 90 元,10 元是利息。

〔7〕 另一种称呼:最高抵押(Höchsthypothek);最大抵押(Maximalhypothek)。

登记准许(Eintragungsbewilligung)可能表述如下:

"我,爱尔温,所有权人,与债权人古斯塔夫存有信贷交易,为了担保债权人的、每笔已经从信贷交易中产生的或者将要产生的债权,我准许并申请就50,000马克的额度在我的土地上登记一个最高额抵押权……"

因为也可以用最高额抵押权来担保债权人对数个债务人的债权,所以最高额抵押权的应用范围得以扩张(比较《帝国最高法院民事判例集》第126卷,272页)。

2. 应用范围

尽管法律大大地迎合了经济的需要,最高额抵押权还是没有很广泛的适用范围。它的致命弱点主要有:根据第1190条第2款,利息要被折算入最高额度;就是说,债权人在给予贷款的时候,必须不停地将增长的和将来的利息大约地进行计算,不得为了他的利益而使贷款最高限额被用尽。关键的还有,到目前为止,根据有争议的,但主流的观点,所有权人不能因为最高额抵押权而服从于立即强制执行,因为缺少一个"确定的金钱数额"(参照《德国民事诉讼法》第794条第1款第5项);对债权的有编号的、特定部分的执行服从,是允许的。[8] 1999年1月1日版的《德国民事诉讼法》第794条第1款第5项是否可以对此提供补救,是很值得怀疑的(另参见第四十章边码38)。 20

3. 其他制度选择

鉴于上述,最高额抵押权越来越被下面三种制度所排挤:

---

〔8〕《联邦最高法院民事判例集》,第88卷,62、65页;第108卷,372、377页;巴伐利亚州最高法院裁判,载《新法学周刊——司法判例报告:民法》,1988年,1467页;对此,霍尔农(Hornung)文,载《新法学周刊》,1991年,1649页,以及明希(Münch)文,载《德国公证杂志》,1990年,596页;另参见第四十章边码36及其以下。

(1)土地债务

21 实践中最具有意义的代替制度是土地债务;对它不适用附随性原则。上述两个最高额抵押权的缺点在土地债务身上没有。如果所有权人不想公开贷款给予人,可以为自己登记一个证书式的所有权人土地债务,然后他可以“在土地簿册之外”,根据需求,将该土地债务让与该债权人或者出质(参见下文第四十四章、第四十五章)。

(2)隐藏的最高额抵押权

22 在实践中,最高额抵押权还被所谓的隐藏式最高额抵押权所排挤。在这里涉及的是流通性抵押权,但按照当事人的约定,在内部被看待为一个最高额抵押权,就是说,只对债权人最终确定的债权额进行担保(对此参见《帝国最高法院民事判例集》,第60卷,243页;第152卷,213、219页;沃尔夫施泰纳,《施陶丁格(Staudinger)德国民法典评注》,第1113条,边码19及其以下;对于该形式的怀疑——因为不可附条件性,第1163条!——参见韦斯特曼/艾克曼(Westermann/Eickmann),《物权法》,第127章I 3,具有证明)。

(3)抽象的抵押权

23 最后,不少见的是,所谓的抽象抵押权取代最高额抵押权。这里涉及的是一个担保一个抽象债务允诺的(证书式)抵押权,该债务允诺应当是为担保交替变化的原因债权而作出的(另参见第四十章边码46、第三十六章边码76)。

(二)最高额抵押权的特性

1. 最高额抵押权是担保性抵押权

24 根据法律,最高额抵押权是一种担保性抵押权,即使它——违反第1184

条第2款的规定——没有在土地簿册中被标记为担保性抵押权(第1190条第3款),也是如此。所以,对它适用所有我们在上文(参见边码1到17)所阐述的对于担保性抵押权适用的规则:

比如,只能是登记簿式抵押权——善意保护不延伸到债权。

最高额抵押权作为抵押权的一种,也服从于一般适用于抵押权的规定,只要它作为担保性抵押权以及这种抵押权类型子类型——作为最高额抵押权——的特性,不被强制偏离就行。

比如对抵押权的设定必需的有:当事人对权利产生的合意、在土地簿册中的登记(但在这里,债务原因只要"非常一般性地"被标志出来就可以,参见上文边码19)、债权的产生。

2. 确定的最高额抵押权与变化的贷款支出额

最高额抵押权最重要的特性是,责任的最高额度被确定了,但具体的责任范围则是变化不定的。 25

可以想一下为最高额抵押权所担保的交互计算信贷;通常该信贷每天的存量都是不同的。

而第1163条的规则是适用于最高额抵押权的:只要该债权人的债权是足够的,最高额抵押权就是真正的抵押权、他人抵押权;就超过该债权的部分,它是所有权人抵押权(参见《帝国最高法院民事判例集》,第120卷,110页;第125卷,133、136页)。

当然,所有权人土地债务是以责任空间的继续填充为解除条件的。所有权人不可以通过登记为所有权人土地债务拥有人的方式,要求更正土地簿册,因为该要求是违背其在担保约定中的所负义务的。他不可以处分该土地债务,因为他没有被作为所有权人土地债务的拥有人登记入土地簿册,该土地债务也不可以被扣押(参见《帝国最高法院民事判例集》,第120卷,110页)。

该一直是可能的存量变动(抵押权与所有权人土地债务之间的变动),在债权被"确定"的那一刻就结束了(参见第1190条第1款第1句)。从这一刻开始,最高额抵押权的状态就最终被确定为为债权人所享有的他人抵押 26

权，或者被确定为所有权人土地债务。

通常通过债权人与债务人之间的合同（比如在信贷关系结束的时候）来进行确定，在有争议的情况下，通过判决确定。但在债务关系当事人之间产生的判决，对与债务人并非同一个人的所有权人，是没有法律效力的；所以该所有权人没有被阻止，在针对他提起的“要求容忍的程序”（Duldungsprozeβ）中阐明，在前面程序中对债权人的债权的确定，是不正确的（这是每一个被请求容忍强制执行的、与债务人并非同一个人的所有权人都可以做的；这并不是最高额抵押权的特性；参见第三十八章边码 64 及其以下、第四十二章边码 12 及其以下）。

3. 债权被单独地、无形式要件地让与

27 在债权让与上还有一个特性：与第 1153 条规则相反，第 1190 条第 4 款允许债权单独地不伴随抵押权地、按照第 398 条及其以下、无形式要件地被让与。这样的债权在下述情况下就被排除在责任范围之外，既在当前作为该债权担保的最高额抵押权之部分变为所有权人抵押权的情况下。

4. 债权更换与转换

28 在被保护的债权范围方面，最高额抵押权也是可以被设计的：债权也可以根据第 1180 条，像其在其他类型抵押权情况下一样被更换（参见第 37 条边码 6 及其以下、边码 11 及下一码）。最高额抵押权也可以转化为一般性的担保性抵押权、流通性抵押权或者土地债务，但要进行物权合意与登记（第 1186 条、第 1198 条）。

在这里也表明了，最高额抵押权是很不实用的，就像下面根据《帝国最高法院民事判例集》第 125 卷，133、140 页中的判例改写的例子所表明的那样：

银行家 G 借给 E 一笔交互计算贷款，数额为 10 万马克，并从 E 处获得了在此额度范围内的最高额抵押权，作为担保。当贷款被发出 6 万马克的时候，G 将“与 E 的整个信贷关系”以及全额的最高额抵押权让与 Z。Z 下面的

观点是错误的,即现在是为了他,全部的信贷范围而被最高额抵押权所担保的:“让与的结果是,没有被付出对价的(最高额抵押权)部分,一如既往地被用于对原债权人的、基于与债务人的交易关系而产生的将来债权的担保(上文帝国最高法院裁判的判词)”。只有在根据第1180条债权范围被更换,并且Z同时作为新的债权人加入的时候,Z才可以就全部额度,为自己去行使该最高额抵押权。

四、证券式抵押权

首先请您阅读第三十六章边码92。

(一)概念与适用范围

比较大的工业企业往往通过进行举债而获得经常需要的资本金,[9]也就是说,它们发行无记名债券(Schulsverschreibungen auf den Inhaber)(第793条)。就它们的性质来讲,是无记名证券,它们的所有权人是体现在证券上债权的债权人。用“通常”的抵押权来担保这些债权,是很困难的;因为首先债权人在名字上是很难确定的。另外,在设定证书式抵押权的情况下,抵押权证书与无记名证券之间的冲突是不可避免的。另一方面,在这里,还存在着用不动产担保物权担保的需要。 29

该担保之需要,可以由所谓的证券式抵押权来进行(第1187—1189条)。 30
法律只允许用担保性抵押权的法律形式来担保基于无记名债券(以及指示证券(Orderpapier):票据、支票、《德国商法典》第363条规定的票据)[10]而产生的债券的担保(第1187条第1句、第2句)。

---

〔9〕 在资本性公司的情况下,也可以考虑提高资本金的办法。但在实践中,由于很多原因(无记名债券的债权人再次被甩开了,股东不愿意——因为目前的多数关系被移转了),经常不使用这种方法。

〔10〕 通过证券式抵押权担保这些票据,在实践中很少出现。

（二）证券式抵押权的特性

31 对之简单描述如下：在无记名债券情况下，对于证券式抵押权设定，所有权人对登记部门单方的表示就足够了（第1188条第1款）。——移转按照《有价证券法规则》进行；随着无记名证券所有权移转，债权人权利以及伴随着的抵押权（第1153条）也移转给证券的取得人[11]（第1187条第3句）。——债权人之权利可以为一个在土地簿册中登记的代理者（Vertreter）[12]所行使（第1189条）。

该特性是很容易被理解的。

1.单方设定之可能性

32 在无记名证券情况下，债权人还没有确定，所以债权人也不能被登记人土地簿册，除非第一个买主是将这批债券全部接受的银行（此处参见第1113条、第1187条——“发行人”）。所以，可以通过所有权人对登记部门的单方表示来设定抵押权（第1188条）。

关于登记的形式，参见《土地登记法》第50条。

格式：[13]“50万马克担保性抵押权，年息4%，自1991年1月1日开始计息，被用于担保X股份公司发行的1000张无记名部分债券，每张500马克，序号为A第1号到第1000号。根据1990年12月20日的登记准许而于某年某月某日被登记”。

---

〔11〕 与此相适应，在指示证券的情况下，随着背书与交付而移转。

〔12〕 参见黑格勒（Hägele）文，载《支付不能法杂志》，1960年，145页；韦斯特曼/艾克曼，第128章，IV。

〔13〕 来自德姆哈特（Demhardt），《土地登记法》，第21版，1995年，第50章，边码7；另参见伯林格（Böhringer）文，载《巴登—符腾堡州公证杂志》，1988年，25页。

2.按照有价证券法移转债权

无记名证券,就像指示证券一样,应当能迅速地流转;该功能不得为抵押权所妨害。所以,在这里,抵押权的附随性完完全全地被实现了:抵押权随着债权的移转而移转,但债权要按照《有价证券法》移转。就是说,债权在一定程度上,不为人所见地背着抵押权走。 33

例子:属于G所有的、为担保性抵押权所担保的、E股份公司发行的无记名证券,为G的职员D所侵吞。当债券可以被清偿的时候,D出示证券,要进行兑付。E向D作了履行。他就此从他的债务中解脱出来了;抵押权成为了所有权人土地债务(第793条第1款第2句连同第1163条第1款第2句)。如果D将债券出让给了善意的X,那么,该债的所有权人就已经成为了债权人与抵押权人,即使人们认为“侵吞”是一种非依本人意思脱离的类型(第935条第2款、第932条、第793条第1款第1句连同第1187条第3句)。

3.土地簿册中代理人与债权人之代理人

首先,在无记名证券情况下,债务人(同时也是所有权人)并不知道谁是债权人。所以可以为这些债权人设定一个代理人,即可以以债权人的名义——就是《德国民法典》第164条及其以下规定的代理人——行使抵押权,并且可以进行在设定中列举的处分行为;该代理人被登记在土地簿册中。 34

在上面的例子(边码33)中,X银行股份公司,已经在发行前,在发行条款中被指定为第1189条意义上的代理人,并被登记入土地簿册。抵押权被设定为第一顺位。当E股份公司想再次举新债的时候,该第一顺位也应当被保障。在设定证书中为此而被授权的X银行股份公司赋予新的抵押权以相同顺位。

该例子已经表明,按照第1189条的代理人制度首要是为了所有权人的利益而被创设的,从而使所有权人不必与不为人所知的债权人个别进行磋商。 35

帝国最高法院称之为“土地簿册中代理人”(《帝国最高法院民事判例

集》,第90卷,211、213页)。与此相区分的是1899年4月12日《债券占有人共同权利法》规定的"债权人之代理人";他可能与第1189条规定的土地簿册中代理人是同一个人。

(三) 土地债务对它的排挤

36 在司法实践中,证券式抵押权通常为土地债务所代替,所有权人(大部分情况下是借贷的债务人)为受托人设定一个土地债务,作为借贷的担保。受托人在大多数情况下,是中介发行的银行。虽然该银行是土地债务的法律上的拥有人,但它在与债权人内部关系中,只能为了债权人的利益而行事。抵押银行的担保证券(Pfandbrief)债权人的担保制度构造,已经在其他地方谈到了(参见第三十六章边码28及其以下)。

第四十三章　共同抵押权

一、概念、基础及其适用范围

（一）共同抵押权的概念与特性——抵押权人的“老爷式地位”

共同抵押权的特性在于，为了同一个债权，在多个土地上设定一个抵押权，而且是以如下方式，即这数块土地中的每一块都就债权的全部承担责任（第1132条第1款第1句）。在此，土地是否属于一个或多个所有权人所有，债务人是否同时又是所有权人，都是无关紧要的。 1

所以，共同抵押权以特别的、夸张的方式，迎合了债权人的担保需要：如果债务人的土地财产由几块土地组成，那么就存在如下的可能性，即债权以及抵押权方式的担保被分配到单个的土地上；因此，债权人就要承担其中之一土地价值贬损的风险。如果为债权人设定一个共同抵押权，那么该风险通常会被减少：因为该土地的价值贬损，会为另一块土地的价值储备甚至价值提高所平衡。因为债权人——就像一个抵押权大老爷一样（赫克语）——坐在土地之上，很少会遭受损失。 2

例子：E向G借贷20万马克，并在属于他所有的 3

土地a(农村住宅,价值18万马克)、土地b(花园、建筑用地,价值14万马克)、土地c(森林,价值5万马克)上,设定了20万马克的共同抵押权。假设该住宅由于一次不在保险范围内的意外事件(比如,建筑物保险不包括的地震)而灭失了,可能只剩有4万马克的价值了,那么,G还是可以完全被担保(而相反,假设他的债权被分配到单个土地上,那么分摊到住宅土地上的部分会部分地没有被担保,就是说,在强制拍卖的情况下,债权的大部分都会受损)。

(二)缺点与危险

4 所以,对于债权人来讲,共同抵押权是太好了,对所有权人(甚或多个所有权人)来讲,则是太不好了,对后顺位的抵押权人来讲,又太危险了。因为债权人可以“任意地”(第1132条第1款第2句字面上就是这么规定的)从每一块土地中全部地或者部分地获得清偿。[1] 他也可以先将债权的金额分摊到单个土地上,再获得清偿(第1132条第2款第1句)。[2]

5 一旦抵押权责任应当被实现了,人们无需很高的想象能力,就能够设想出朝圣债权人的那些忏悔者们会如何做:一方面,不同的、负担有共同抵押权的土地之所有权人在这里;另一方面,还有后顺位的抵押权人;所有这些人都按照那句施瓦本地区俗语来企求债权人的宽恕:“圣人弗洛里安啊,不要侵害我的房屋,点燃别人的房屋吧!”也不排除,这个或那个请求人可能以特别的“供品”来施加压力。

6 下面根据科隆州高等法院裁判(载《支付不能法杂志:破产——信

---

〔1〕 对此参见联邦最高法院裁判,载《新法学周刊》,1986年,1487、1488页;在债权人与所有权人之间有不同约定情况下不同,在[债权]让与情况下,适用第1157条(联邦最高法院裁判,载《新法学周刊》,1986年,1487、1488页);对此参见下文边码36及下一码。

〔2〕 例子:策勒州高等法院裁判,载《经济法杂志》,1997年,1830页(单个土地债务的顺位)。

托——重整》,1958年,155页;类似的还有联邦最高法院裁判,载《企业》,1976年,866页)改编的例子可能会说明,债权人选择权所带来的后果,并不是源自于教科书作者的假想:

G作为4万马克共同抵押权的拥有人,在A、B、C的土地上,进行了强制执行。这些土地被拍卖了,并拍给了K。在A的土地上分摊到4万马克的出卖所得份额。在B与C的土地上各分摊了2万马克的出卖所得。在拍定之后,G根据第1132条第1款第2句(连同《强制拍卖与强制管理法》第122条)以下述方式行使了他的选择权,[3]即他只对A的土地进行了请求。这意味着,被分摊给A土地的拍卖收益全部要被用于清偿G的债权,而B与C保有分摊到他们土地上的出卖收益。就是说,A承担了全部的共同抵押权之"负担",而B与C"全身而退"。因为——如我们要看到的——共同抵押权是"不可被追偿的"(regreβlos),就是说,没有与第426条第1款第1句相适应的规则,A不可以基于共同抵押权向B与C要求补偿。[4]

如果我们对该例子作如下补充,即在G的共同抵押权之后,在每一块土地上,分别为GA、GB、GC设定了第二顺位抵押权,那么我们的结果就是,GA的抵押权消灭,GB与GC的抵押权继续存在于拍卖所得收益之上(《强制拍卖与强制管理法》第37条第5项、第52条第1款第2句、第92条)。由此可以得出,在共同抵押权之后设定单个抵押权,可能是有些大意。作为后顺位的抵押权,常常只能是共同抵押权,因为它这样才可以相应地扩展到不为强制拍卖所触及的土地(以及分摊到其上的出卖收益份额)之上。 7

---

〔3〕 对此参见《联邦最高法院民事判例集》,1997年,第46卷,246页;《企业》,866页;策勒/施特贝尔(Zeller/Stöber),《强制执行法》,第15版,1996年,第122章,边码2.7。

〔4〕 主流观点否定了在通常情况下的补偿义务,并将之关联在特别之约定上;《联邦最高法院民事判例集》,第108卷,179、186页;《新法学周刊》,1976年,2132、2133、2140、2141页;《新法学周刊——司法判例报告:民法》,1995年,589页;不用参考其他著述,只要参见艾克曼(Eikmann)《慕尼黑德国民法典评注》,第1173条,边码9;米勒(Müller),边码1965;埃曼(Ehmann),《连带债务》,1972年,325页及其以下;威灵(Wieling),第31章II 3c;威廉(Wilhelm),边码833及其以下、852页及下一页;魏特瑙尔(Weitnauer)文,载《德国公证杂志》,1974年,82、85页;另参见下文二(二)2。

(三)成立之构成要件

8 尽管有这样的缺点与风险,实践中也不能完全避免设定共同抵押权,尤其是在土地占有被分割的情况下,更是如此。因为无数小地块的所有权人(人们可以想一下农业分散占有(Streubesitz)的地区)想借一大笔钱,那么债权人将会要求就所有土地设定一个抵押权,即共同抵押权,来担保该贷款。

9 通过法律行为来设定共同抵押权,需要就每一块土地进行特别的物权合意与登记。在单个土地上的抵押权通常已经随着在土地簿册上的登记而产生了。[5] 但当事人可以另作不同的约定(对此参见附录4二)。

10 在负担有单个抵押权的土地事后被分割的时候,或者在一个先是存在于一块土地上的抵押权,后来又扩及另一块土地的时候,即是该被扩及的土地也应共同承担责任的时候,也会产生一个共同抵押权。[6]

11 最后,在土地按照份额属于多个共同所有权人所有,而且在多个或者所有共有份额上为同一债权而设定抵押权的时候,也产生

〔5〕 通说情况下所有不同:共同不动产担保物权随着最后的登记而产生,对于权利之产生其他情况下,第139条又决定;比如,艾克曼(Eikmann)《慕尼黑德国民法典评注》,第1132条,边码14;尧尔尼希(Jauernig),第1132条,评注4a;慕尼黑州高等法院裁判,载《德国公证杂志》,1966年,371页;联邦最高法院裁判,载《德国公证杂志》,1975年,152页。

〔6〕 当第二块土地属于他人所有,第一个所有权人的同意对于共同负担是否是必需的问题,参见克林根施泰因(Klingenstein),《巴登—符腾堡州德国公证杂志》,1959年,323页;拉恩(Rahn)文,载《巴登—符腾堡州德国公证杂志》,1960年,33页。对于"后设定质权"一般地参见韦斯特曼(H. – P. Westermann)文,载《新法学周刊》,1970年,1023页;艾克曼(Eikmann)《慕尼黑德国民法典评注》,第1132条,边码15及其以下;埃特尔(Ertl)文,载《德国公证杂志》,1990年,684页及其以下;对于隐藏的后设定质权较新的例子:法兰克福州高等法院裁判,载《德国公证杂志》,1990年,741页及其以下;另参见第十五章边码29及其以下。

一个共同抵押权。

在这里，每一个所有权人是在他的份额上为全部债权，还是所有共同所有权人共同地在土地上设定了抵押权（《帝国最高法院民事判例集》，第146卷，363页；鲍尔，《针对青年法学者的判例汇编：物权，带有解释性评论的挑选之判决》，第39个案例；联邦最高法院裁判，载《新法学周刊》，1961年，1352页；1986年，1487、1488页；《联邦最高法院民事判例集》，第40卷，115、120页；第103卷，72、80页；第106卷，19、22页），是无关紧要的，最后，先是单个所有的土地，是否后来被出让给很多共同所有权人（按照份额或者多个住宅所有权人）（联邦最高法院裁判，载《新法学周刊》，1976年，2132、2133、2340、2341页），也是无关紧要的。 12

（现在您理解上文第二十九章边码11所提到的对住宅所有权人的危险了吧，在下述情况下，就会存在危险，即贷款金额没有被分摊到单个的住宅所有权人头上，而且每个所有权人没有就该部分金额在其住宅所有权上设定一个抵押权，而是如贷款给予人所要求的，住宅所有权人就全部金额在土地上或者每个住宅所有权上设定负担；在这两种情况下都产生了一个共同抵押权！） 13

（四）一般基本原则的适用

共同抵押权的重要特性在于，对同一债权，有多块土地承担责任，即责任客体的多样性（Mehrheit der Haftungsobjekte）。除了这一点以及由此产生的特性以外，适用一般不动产担保法：就附随性来讲，共同不动产担保物权可以是共同土地债务、共同流通性抵押权以及共同担保性抵押权。在流通形式方面，共同土地债务、共同流通性抵押权可以是证书式的或者登记式的权利，共同担保性抵押权只能是登记簿式的权利。 14

要注意的是，共同强制性抵押权是不可能的（参见《德国民事诉讼法》第867条第2款；联邦最高法院裁判，载《新法学周刊》，1991年，2022页；杜塞 15

尔多夫州高等法院裁判,载《德国司法》,1990 年,60 页;鲍尔/施蒂尔纳(Baur/Stürner),第 1 卷,《特别强制执行法》,边码 38.5),但按照《强制拍卖与强制管理法》第 128 条、第 130 条的共同担保性抵押权却是可能的(杜塞尔多夫州高等法院裁判,载《德国司法》,1989 年,339 页)。——还要注意的是,共同抵押权类型必须是一致的;就是说,共同抵押权不能部分是流通性抵押权,部分是担保性抵押权。但不是必要的是,共同抵押权在所有被负担的土地上具有相同的顺位(《联邦最高法院民事判例集》,第 80 卷,119、124 页)。

(五)土地簿册上登记

16 在土地簿册法上,《土地登记法》第 48 条要被注意。根据官方的范本,在最高额共同抵押权情况下(作为担保式抵押权),登记内容为:

“担保性抵押权,最高额为 5000 马克,为在柏林的约纳斯及其他合伙人的商事合伙而设定。土地第 1 卷第 9 页负担有……”

要注意的是,该共同负担责任之标注只具有宣示意义:如果两块或多块土地为一个并且是同一个债权承担责任,那么该负担就是共同抵押权,但鉴于第 892 条,共同承担责任标注是很有意义的。

二、在共同抵押权情况下的清偿与追偿

我们已经一再地描述了债权人的特别权利。

17 在共同抵押权情况下,最大的困难在于清偿问题[7]以及追

〔7〕 在第 1163 条最广泛的意义上被理解的!

偿问题。[8]第 1143 条第 2 款、第 1172—1176 条、第 1181 条第 2 款以及第 1182 条就是对这些问题的规定。为了对此能一目了然，最好是从简单情况入手，即所有被负担的土地属于同一个所有权人（参见边码 18 及下一码）的情况，对于在不同所有权情况下的难度较大的事实构成（参见边码 20 及其以下），以及与所有权人（们）不是同一个人的债务人进行支付的情况（参见边码 29 及其以下），则放在后面谈。在此，要将自愿清偿的情况与通过强制执行的强制性清偿情况区分开：

（一）同一所有权人的土地被设定负担

1. 没有债权以及债权消灭

如果第 1163 条的构成要件被满足了（比如债务人［同时又是 18
所有权人］已经偿还了被担保的贷款），那么所有权人就取得了该共同抵押权，即共同所有权人土地债务（第 1163 条、第 1177 条第 1 款）。

2. 通过强制执行方式来满足债权

如果债权人是通过对土地或者共同承担责任的标的物强制执 19
行的方式来得到满足的，那么抵押权不仅在土地上消灭，即在抵押权人进行强制执行的土地上消灭，而且在所有其他［土地］上也都消灭了（第 1181 条第 2 款）。

这对后顺位抵押权人意味着，在被拍卖土地上后顺位的抵押权消灭了（《强制拍卖与强制管理法》第 52 条第 1 款第 2 句），而在其他土地上的后顺位抵押权向前晋升。

---

〔8〕 对此参见彼得（Peter Bälow）文，载《舒尔茨（Schulz）纪念文集》，1987 年，49 页及其以下；哈特迈尔（Hartmaier）文，载《债权被多次担保情况下的补偿问题》（图宾根 1963 年博士论文）；芬格（Finger）文，载《企业》，1974 年，1416 页；赖尼克/蒂特克（Reinicke/Tiedtke），《信贷担保》，325 页及下一页；施勒希特里姆（Schlechteriem）文，载《克默雷尔（v. Caemmerer）纪念文集》，1978 年，1013 页。

（二）不同所有权人土地上设定负担

1. 没有债权以及债权消灭、所有所有权人共同履行、抛弃

20 如果被担保的债权没有产生（第1163条第1款第1句），或者所有所有权人共同清偿了抵押权人（第1163条第1款第2句），或者抵押权证书还没有被交付（第1163条第2款），或者抵押权人抛弃了在所有土地上的抵押权，那么该抵押权就归所有被设定负担土地的所有权人共同享有（第1172条第1款、第1175条第1款第1句前半句），而且是共同所有权人土地债务。其思想是：这里，没有一个所有权人进行了特别地履行，只有抵押权回归给所有所有权人，才是合理与公平的。但每个所有权人都可以要求分割共同所有权人土地债务（第1172条第2款、第1175条第1款第1句后半句）。

21 有争议的是，共同所有权人土地债务是所有权人们所共同共有的（这样的话，他们在分割之前只能共同支配该土地债务），〔9〕还是涉及的仅是按份共同体（效果是，每个所有权人可以就他的份额进行支配）。〔10〕后面一种观点比较好，因为缺乏共同共有式的共同体关系，以及所有权人之间的，作为这种共同体关系特征的特别财产。〔11〕

---

〔9〕 比如沃尔夫/赖泽尔（Wolff/Raiser），第148章Ⅶ 1b，具有进一步证明；法兰克福州高等法院判例，载《德国公证杂志》，1961年，411页。

〔10〕 实践就是如此，帝国最高法院裁判，载《法学周报》，1938年，3236页；柏林市高等法院，《非诉事件管辖与土地登记法上的判决年鉴》，第16卷，345、348页；鲍尔，《针对青年法学者的判例汇编：物权，带有解释性评论的挑选之判决》，第51个案例；施陶丁格/沃尔夫施泰纳（Staudinger）/Wolfsteiner），第1172条，边码6；比如，韦斯特曼/艾克曼，第125章Ⅴ 2（具有进一步证明）；米勒（Müller），边码1984；威灵（Wieling），第31章Ⅱ 3 b。

〔11〕 比如，韦斯特曼/艾克曼，第125章 Ⅴ 2；赖尼克/蒂特克，《信贷担保》，325页及下一页，以及联邦最高法院裁判，载《德国司法》，1986年，58页。

2. 只有一个所有权人进行了履行

在所有权人中的一个人对债权人进行了清偿的时候，情况就不同了。在他土地上的抵押权，无论如何都作为所有权人土地债务甚或所有权人抵押权而移转给他（第 1173 条第 1 款第 1 句前半句：他保有为他的履行而给予的对价）。 22

另外要区分的是：

(1)进行履行的所有权人没有追偿请求权

根据物上共同之责任，进行履行的所有权人，不得向其他所有权人要求补偿；[12] 该共同不动产担保物权自己——就像人们所说的——"无追偿性"。如果一个所有权人独自地、没有其他所有权人共同作用地进行了履行，那么，在他土地上的抵押权就消灭了（第 1173 条第 1 款第 1 句后半句）。[13] 其思想基础是：这些所有权人对债权人的清偿没有任何贡献，所以，抵押权也不需作为所有权人土地债务而归属于这些所有权人。 23

在共同土地债务情况下，如果土地债务被支付的情况下，出现相同的法律后果。如果相反，债权被支付了，那么共同土地债务保持不变，基于担保约定产生的抗辩权可能属于所有权人享有，基于这些抗辩权可以产生一个抛弃请求权（Verzichtanspruch）（第 1192 条第 1 款、第 1169 条；详情参见联邦最高法院裁判，载《新法学周刊》，1976 年，2132、2133、2340、2341 页）。 24

(2)进行履行的所有权人的追偿请求权

如果进行履行的所有权人，在内部关系上，可以向一个（或多 25

---

〔12〕 绝对通说：《联邦最高法院民事判例集》，第 108 卷，179、186 页；《新法学周刊——司法判例报告：民法》，1988 年，589 页；艾克曼（Eickmann），《慕尼黑德国民法典评注》，第 1173 条，边码 9；不同的观点，比如威灵（Wieling），第 31 章 II 3c；威廉，边码 883 及其以下，852 页及下一页；另参见上文边码 6，具有证据。

〔13〕 联邦最高法院裁判，载《新法学周刊》，1976 年，2132、2133、2140、2141 页。

个)所有权人请求履行(比如,根据第 426 条,当所有权人在人的债权方面是共同债务人的时候),那么,抵押权就该赔偿请求权额度内移转到他的手中;现在抵押权就这个额度担保该赔偿请求权,并且与在他自己土地上的抵押权一同成为了一个共同抵押权(第 1173 条第 2 款)。[14]

26 例子:E1 在他的土地上为 G 设定了 20 万马克的抵押权。E1 将他土地的一半出让给 E2,在这里约定,在内部关系上,每一个人应当就相同的数额对当前的共同抵押权承担责任。如果 G 要求清偿,而 E1 支付了全额,那么他获得了一个对 E2 的补偿请求权,数额为 10 万马克。现在,这在抵押权上意味着:就 E1 自己承担的 10 万马克的部分额度,G 的抵押权转化为所有权人土地债务移转给 E1。就 10 万马克的赔偿请求权数额,共同抵押权移转给 E1,现在担保的就是该请求权。[15] 所以,比如,E1 可以将所有权人土地债务移转给 X,其效果是,该所有权人土地债务现在是他人土地债务了,E1 也可以将共同抵押权移转给 Y。

3. 通过强制执行方式获得清偿

27 如果债权人进行了强制执行,那么适用如下已经研讨过的规则(参见上文边码 19),即在所有负担有共同抵押权的土地上的共同抵押权消灭(第 1181 条第 1 款、第 2 款)。然而,有一个例外,即在土地的所有权人(债权人从该土地中获得的清偿)可以向其他土地所有权人请求补偿的情况下:那么,在自己土地上的抵押权虽然消灭了,在他人土地上的抵押权却移转给赔偿权利人手中(第

〔14〕 参见赖尼克/蒂特克,《信贷担保》,328 页及其以下处,也是如此;有所有权人为共同债务人情况下的共同土地债务例子:联邦最高法院裁判,载《新法学周刊——司法判例报告:民法》,1995 年,589 页。

〔15〕 有争议,参见普朗克/施特雷克尔(Planck/Strecker),第 1173 条,评注 4 bβ,有进一步证明;泽格尔/康岑(Soergel/Konzen),第 1173 条,边码 6;韦斯特曼/艾克曼,第 125 章,V 4。

1182 条第 1 句)。而该被移转的抵押权要优先于所有相同顺位或者后顺位之权利(第 1182 条第 2 句句末)。

例子:为了 E1 的贷款债务,在 E1 与 E2 的土地上设定了一个抵押权,数额为 5 万马克;在 E1 与 E2 之间约定,“E2 不得受到损害”。G 在 E2 的土地上进行了强制执行,并且通过土地拍定给 X 而获得了清偿。这里,G 在 E1 土地上的抵押权移转给了 E2,而且是作为单个抵押权移转的,因为在 E2 上的抵押权已经消灭了。如果在 E1 土地上还现存一个第二顺位的、为了财政部门利益的强制性抵押权,那么该抵押权现在要滑到第一顺位,而现在是第一顺位的共同抵押权,即移转给 E2 的抵押权现在位于第二顺位(假若 E2 自愿地清偿了 G,那么根据第 1173 条第 2 句,共同抵押权就以原有的第一顺位移转到他手中了)。 28

(三)与所有权人并非同一个人的债务人进行履行

1. 基本原则:共同抵押权移转给所有权人(们)

这里还适用第 1172 条的规则(第 1163 条),即共同抵押权移转给被设定负担土地的所有权人(们)。 29

2. 在有权请求偿还的情况下,移转给履行人

但准用第 1164 条,也有一个例外,即在债务人内部关系上,可以向其他所有权人(们)或者一个参与的所有权人要求补偿的情况下。在第一种情况下,共同抵押权归有权请求赔偿的债务人所有(第 1164 条),在第二种情况下,在负有赔偿义务的所有权人之土地上的抵押权,移转给进行履行的债务人,在其他土地上的抵押权消灭(第 1174 条第 1 款)。 30

例子:与上文边码 28 的例子一样,只是加一个“续集”,E1(贷款之债务人)已经将他的土地卖给了 EX,而且将抵押权也算进了购买价格中。但 G 没有对债务承担进行追认,这样一来,对他来讲,E1(贷款债务人 S)一直还是债务人。在到期日,E1(S)必须支付。因为他对 EX 享有一个补偿请求权,所 31

以,在 EX 土地上的共同抵押权就移转给他了(第 1174 条第 1 款);该抵押权现在担保的是 E1 对 EX 的赔偿请求权;在 E2 土地上的抵押权消灭(第 1174 条第 1 款末尾)。

32 我们愿意再重复一遍,总结其他的、可以设想的模式:

(1)假若 EX——土地的购买者——已经支付了:他已经取得了在他土地上的抵押权,在 E2 土地上的抵押权就已经消灭了(第 1173 条第 1 款)。

(2)设定这种情况,即 E2 已经履行了。在这里,E2 根据第 1173 条第 1 款,已经取得了在他的土地上的共同抵押权,在 EX 土地上的抵押权按照第 1173 条第 2 款也归属于他了,因为 E2 可以从 E1 处作为 EX 的权利前手,要求补偿。

(四)其他情况

33 共同抵押权还造就了很多变化之可能性;重点说明如下:

1. 对单个土地责任之抛弃

不少见的是,抵押权人将所有权人之一"从担保责任中解放出来",即抛弃在该所有权人土地上的抵押权。根据第 1168 条的规则,该所有权人土地上的共同抵押权必须要作为所有权人土地债务移转到他的手中;但第 1175 条第 1 款第 2 句却使得在该单块土地上的共同抵押权消灭,而且也不需要所有权人的同意。只有在抵押权人抛弃所有土地上的共同抵押权的时候,该共同抵押权才转化为共同所有权人土地债务(第 1175 条第 1 款第 1 句):

在我们的典型例子中,债务人 E1 与 E2(在内部,他不得遭受任何损害)一样都对 G 的贷款债权负有责任。在共同抵押权之后,在 E1 土地上,债权人 H 的抵押权位居第二。H 说服 G 抛弃在 E1 土地上的抵押权。这意味着,在 E1 土地上的共同抵押权消灭,就是说,H 达到了他的目的,即他可以晋升了! G 在 E2 土地上的共同抵押权,仍然作为单个抵押权而继续存在。但以准用的方式,第 1165 条是阻止这种不公正的结果的。虽然 E2 同时并不是对债务人,[16]但 G 用抛弃的方法阻止了下面一种情况的发生,即如果 E2 必须履行的话,根据第 1173 条第 2 款,对其补偿请求权的担保就产生了。这里,G 的自由选择权不得被损害的抗辩[17]是没有用的:人们不必去强化这种很大程度上可能诱致贿赂的选择权。

2. 共同抵押权与保证

通过共同抵押权的方式进行担保,有时对于抵押权来讲,是不足够的,他还要求保证责任的承担。如果保证人履行了,那么在没有其他约定的情况下,他只能准用第 426 条第 1 款第 1 句、第 774 条第 2 款,向在物上共同承担责任的所有权人要求一半责任的补偿(参见第三十八章边码 100 及其以下,具有进一步证明)。就这个额度,共同抵押权移转给他(第 426 条第 2 款、第 412 条、第 401 条、第 1153 条);另外还存在一个共同所有权人土地债务,第 1172 条第 1 款(有疑问的!)。 34

但还可能的是,负担有共同抵押权土地的所有权人之一,同时为该债务提供了保证。如果他就保证责任进行了履行,那么他也可以在没有其他特别约定的情况下,只要求一半责任的赔偿;在另一块土地上的共同抵押权,以此数额移转给他(第 426 条第 2 款、第 412 条、第 401 条、第 1153 条)。在他的土地上存在一个所有权人土地债务(1173 条第 1 款第 2 句以及第 1772 条第 1 款、第 1163 条)。如果人们类推适用第 1173 条第 1 款,不能得出消灭的结果的话,那么在其他土地上的剩余抵押权就成为了所有权人土地债务(第 1172 条、第 1163 条)(很值得怀疑! 就全部的研讨,另参见韦斯特曼/艾克曼,《物权法》,第 125 章,V 4,在那里多个担保提供人的同一等级责任还没有被考虑到!)。 35

---

〔16〕 在这样情况下,适用第 1165 条是有疑问的(《帝国最高法院民事判例集》第 89 卷,77 页)。

〔17〕《联邦最高法院民事判例集》,第 52 卷,93 页,瓦克(Wacke)的评论,载《新法学周刊》,1969 年,1850 页;威廉,边码 850;韦斯特曼/艾克曼,第 125 章,V 7。如上文提到的赖尼克/蒂特克,《信贷担保》,326 页及下一页;未做决定的如尧尔尼希,第 1173 条,边码 3。

3. 与单个所有权人进行约定

36 最后,还有一个问题:下面的约定有何效果,即在债权人与负担有共同抵押权的土地所有权人之一之间的约定,比如关于抵押权的行使。

比如,G 向 E2 保证,他在经过两年后才对 E2 采取措施(或者,他只有在该时间段之后,才行使抵押权)。

首先这里适用如下规则,即在物权上,涉及共同抵押权的权利变动只能一体地,就是说只能为整个的共同抵押权而被约定。所以,比如,“债权人不可以在土地方面让与抵押权,在其他方面则予以保留;他同样也不可以将它们让与不同的人”(《帝国最高法院民事判例集》,第 63 卷,74、75 页)。

37 有争议的是[18] 如下的问题,即就每块单独的土地,是否可以约定不同的、具有物权效力的到期条件。在抵押权人与所有权人之一之间的债权性质的约定,肯定是被允许的;该约定赋予了该所有权人一个第 1157 条意义上的、针对抵押权行使的抗辩权(联邦最高法院裁判,载《新法学周刊》,1986 年,1487、1488 页;另参见巴伐利亚州最高法院裁判,载《新法学周刊》,1956 年,143 页)。

所以在上述例子中,如果 G 对 E2 采取行动,E2 可以以抗辩权的方式,对延期约定进行主张;只有在该约定为 G 的权利继受人所知道,或者可以从土地簿册中看出来的情况下(第 1157 条第 2 句:的确在不同的土地上有不同种类的登记!),该约定才对该权利继受人有效力。

如果 G 与 E2 约定,他只有在两年后才得行使抵押权,那么在其中——由于没有登记——共同抵押权的内容并没有变化(即使人们允许有利于第三人——即其他土地所有权人——的物权合意,也是如此)。但对于有利于其他所有权人的延期约定在债法上的效力,则没有什么可以异议的。

---

[18] 比较艾克曼(Eickmann),《慕尼黑德国民法典评注》,第 1132 条,边码 12;泽格尔/康岑,第 1132 条,边码 9。

第三分编　土地债务

第四十四章　抵押权与土地债务——共同点与不同点

参考文献提示：首先请阅读第三十六章所列举的文献。此外布洛迈尔、卡尔，《所有权人担保物权与所有人的不动产担保物权之设定权》，载《德国法学》，1941年，110、218页；伯默尔文，载《德国法学会杂志》，1940年，173、241页（关于中期贷款的担保）；布赫霍尔茨（Buchholz），《抽象原则与不动产法——不动产转让合意及土地债务的历史》，1978年；登普沃尔夫（Dempewolf）文，载《新法学周刊》，1957年，1257页，以及1959年，556页（关于回转请求权）；作者同上，《担保性土地债务上的回转请求权》，1958年；费尔根特雷格（Felgentraeger），《抵押权与土地债务》，载《基尔克纪念文集》，1950年，140页；胡贝尔，《担保性土地债务》，1965年；科里（Klee），《所有权人土地债务或者他人土地债务》，载《新法学周刊》，1951年，579页；科曼斯（Kommans），《担保性土地债务》，1939年；科瓦尔斯基（Kowalski），《土地债务的在现代土地簿册上的交易》，1932年；屈希勒尔（Küchler），《担保性土地债务》，1939年；波尔青(Polzin),《土地债务的实际应用》,载《民事实务档案》,第134卷,219页;韦伯,第13章(有大量的文献说明);乌尔布劳尔(Würbelauer)文,载《新法学周刊》,1958年,1705、1513页(关于所有权人土地债务)。更多的文献参见第四十五章和第四十六章章首和本章正文的文献。

参见第四十五章结尾的一览表20。

一、概念与适用范围

请先阅读上文第三十六章边码74—79。

(一)抵押权与土地债务

1 抵押权与土地债务的本质区别在于附随性方面:法律将抵押权塑造为具有附随性的权利,而将土地债务塑造为没有附随性的权利。当然,如我们大家所知道的那样,抵押权的附随性的程度也有很大的不同:担保性抵押权的附随性最严格,而出于正常流通的考虑,附随性对于流通抵押权则较为宽松。即使如此,抵押权是为了担保一项已经产生并且仍然存在的债权,抵押权与该债权不可分离地连在一起的原理,对于这种附随性宽松的流通抵押权也是适用的。土地债务就不同了:它并不以其所担保之债权的存在为前提条件。即使通常在实践中土地债务多是用以担保债权的,但这种担保功能一般并不导致不动产担保物权上的"物权"后果。*

《德国民法典》第1192条的规定,清楚地表达了二者之间的这种区别;该条规定,抵押权的规定相应地也适用于土地债务,只要不会造成如下后果即可,即土地债务须以债权之存在为前提。

---

* 这里的意思是,被担保债权与土地债务之间没有物权性的附随性。

2 土地债务对债权的这种不依赖性在以下情形仍然要坚决贯彻:在第四十五章讨论担保性土地债务的具体问题时,我们会发现通过法律实践,担保性土地债务在某些方面已经趋向于抵押权,但这种趋向并不能从根本上消除其差别。

3 例子:E 为了担保一笔预期的贷款,为 G 银行设定了一项土地债务。一旦该土地债务与所有权同归属于一人,E 对处于第二顺位的抵押权人 H 负有涂销该土地债务的义务(根据《德国民法典》第 1179a 条所确立的法定涂销请求权)。事与愿违,贷款没有被支出,G 有充分的理由予以拒绝,因为这与未来相关。于是,E 将对土地债务转让回来的请求权(Rückübertragungsanspruch)让与另外一位债权人 X,X 就此可以对 G 主张该请求权。H 认为这种让与对他而言是无效的,因为他受到涂销请求权的保护。

4 要解决这个案件,人们首先必须清楚地认识到,即使被担保债权尚未产生,该土地债务也已经有效设立了,而且是 G 的他人型土地债务,因此《德国民法典》第 1163 条第 1 款第 1 句对此不适用。这样的话,《德国民法典》第 1179a 条适用的前提(抵押权与所有权同属一人)就不存在了,那么涂销请求权也就不能发挥其效力。或者基于担保合同的不履行,或者基于不当得利(对此参见下文第四十五章边码 24 及其以下),E 对 G 享有一项债权法上的向回让与请求权(Rückabtretungsanspruch)。如果 H 想通过禁止 E 对让与回转请求权进行变价,而使自己受到保护,那么他自己可以将这一未来的请求权予以受让(参见下文第四十六章边码 48 以下)。

用这个故意复杂化的例子,主要是让人明白,土地债务与抵押权之间的根本区别不仅仅具有学术意义,而且有实践意义。

类似来自实践领域的例子有:联邦最高法院裁判,载《新法学周刊》,1985 年,800 页;哈姆州高等法院裁判,载《新法学周刊——司法判例报告:民法》,1990 年,272 页。

(二)抵押权和土地债务的适用领域

5 《德国民法典》确立了两种类型的不动产担保物权,因为这两种类型是历史上逐渐发展起来,并在司法实践中被广为应用的。

这种(不同地方各不相同的)实践并不是强制进行的。

这两种制度在今日的适用领域如何?尽管今天地区差异(对于不动产担保物权的选择)并非全无意义,但根据信贷行为种类的不同,其重要性也在发生变化。信贷机构的短期和中期信贷完全是通过土地债务,特别是证书式土地债务来担保。也就是说——正如我们前面所指出的那样——最高额抵押权几乎完全被土地债务所替代。对于长期信贷(投资贷款),有时会利用流通抵押权。但土地债务的使用非常广泛、极其深入人心,因为人们看重它以"非附随性"(Nichtakzessorietät)为核心的众多优点:作为对变换不定债权的总担保手段来使用、在短期信贷转换为长期信贷时节省费用、土地登记簿上较少变更等;至于对所有人的保护,通过消费者所喜欢的担保协议形式,至少不比抵押权方面的保护差(参见上文第三十六章边码 129)。

今天通过法律行为而设定的不动产担保物权中,大约有 19% 是抵押权,81% 是土地债务。[1]

"独立的"(isoliert)土地债务——对应的是为了担保特定债权的土地债务(所谓*担保性土地债务* Sicherungsgrundschuld)——是很少见的。只有当所有权人在债权人同意的前提下,不希望他的全部财产都受到债权人的干预,而只是其中的土地,或者当所有权人希望某人得到其土地的一部分价值的话,这种"独立的"土地债务才会出现,根本不需要一项被担保债权的存在。例如,父亲可以将在其所有的土地上设定的一项土地债务,作为嫁妆赠与给他的女儿。以法律行为设立的*所有人土地债务*(Eigentümergrundschuld),当然也是没有被担保债权的(《德国民法典》第 1196 条),这种情 6

〔1〕 参见亚当斯(Adams),《担保权的经济分析》,1980 年,11 页。

形下，只有当所有权人将土地债务让与其债权人时，这种所有人土地债务才转化为担保性土地债务。如果这种所有人土地债务是以证书土地债务的形式设立的，那么它可以在土地登记簿之外通过证书的交付和书面的让与声明被转让给债权人，但债权人并不出现在土地登记簿上，他至少可以在“破产”之前秘密地持有该土地债务。

（三）表述的顺序

7 下文将首先阐述适用于土地债务的一般规定（II—VII），接着是关于担保性土地债务的特殊规定（参见第四十五章），最后是关于所有人土地担保物权的特点（参见第四十六章）。

二、土地债务的产生

（一）合意与登记——证书的交付

8 土地债务的产生以物权合意和登记为前提（《德国民法典》第873条），除此之外，在证书土地债务的场合，只需要土地债务证书的交付（《德国民法典》第1117条），而不需要债权的产生。即使是为了担保一项债权而设定的土地债务，其设立也不需要债权的产生。不论债权是否已经产生或者根本就不会产生，土地债务都是他人型土地债务。[2] 在上文我们提到的案件中，所有权人只有一项土地债务回转请求权（Anspruch auf Rückgewähr der Grundschuld），而且是基于担保合同的回复清算（Rückabwicklung des Sicherungsvertrags）而产生的请求权。如果担保协议无效，则产生不当得利请求权。[3]

---

〔2〕 这里比较清楚的案例，参见联邦最高法院裁判，载《新法学周刊》，1981年，1505页。

〔3〕 对于这点区别详情参见第四十五章边码24到边码33。

如果土地债务证书还没有交付，那么按照《德国民法典》第1163条第2款，这种土地债务就是（暂时的、隐藏的）所有权人土地债务；因为《德国民法典》第1163条第2款的规定与附随性无关（《帝国最高法院民事判例集》，第77卷，106、108页）。最新的关于物权行为法律缺陷的例子：联邦最高法院裁判，载《新法学周刊》，1997年，2751页（《德国民法典》第873条、第878条、第1191条，参见上册第十九章边码35以下）。

（二）证书土地债务和登记土地债务，单一土地债务和共同土地债务

土地债务可以设定为证书式土地债务或登记簿式土地债务、单一土地债务或共同土地债务。并且证书土地债务可以转化为登记簿式土地债务，相反，登记簿式土地债务也可以转化为证书土地债务（《德国民法典》第1192条与第1116条第2款第2句、第1116条第3款）；同时，土地债务也可以随时通过内容的变更（《德国民法典》第877条）而转化为抵押权（《德国民法典》第1198条；这种例子的案例：联邦最高法院裁判，载《新法学周刊》，1968年，1674页），反之亦可。土地债务通常的形式是证书土地债务，设定登记土地债务，需要就证书的排除（Briefausschluss）达成合意，并将证书的排除（Briefausschluss）进行登记（《德国民法典》第1116条与第1192条）。 9

（三）土地登记簿上登记内容的最低要求

债权人必须在土地登记簿上登记土地债务的金额和利率（《德国民法典》第1115条）；被担保的债权在此无需注明，即使对于担保性土地债务也是如此。如果标注了，是不产生任何效力的。[4] 10

---

〔4〕对此参见下文第四十五章边码34及其以下。

11 这里,在土地登记法上一项与土地债务密切相连的优点,在一定程度上是显而易见的:抵押权被确定在一项特定的债权上。如果该债权消灭,比如偿还了借款,并不是任意一个新的债权就可以代替其地位的;因为随着债权的消灭产生了所有权人土地债务(《德国民法典》第1163条第1款第2句),且该土地债务已经成为第三人可以强制执行的标的,或者成为涂销请求权(和涂销预告登记,参见下文第四十六章边码33以下)的对象。土地债务则完全不同:在此被担保的债权可以任意更换,信贷关系也可以由完全不同的另外一个债务人来取代[5]等。土地债务是一项较容易操纵的担保手段。但对草率的所有权人,存在着一项风险:所有权人就像王侯向人群散发金币一样,将土地债务分发给其债权人们,而“大猫”在后面咧!

登记格式(证书式土地债务):

“为柏林的养老金领取人赫伯特·米勒设定1万马克、年利率12%的土地债务。就该登记得到了……的允许。”

12 土地债务的利息约定,可以独立于债权法上之债权的利率。例如,贷款可以约定6%的利息,而土地债务可以约定12%的利息(联邦最高法院裁判,载《新法学周刊》,1996年,253、256页,具有进一步证明)。担保约定之内容也适用于利息:在担保性土地债务场合,只有担保目的允许的情况下,利息才可以实现(参见第四十五章边码5、9及其以下)。

---

〔5〕 实践中会试图尽量阻止这类事情的发生,并且通过享有土地债务权利人与其继任的土地担保物权人达成一个相关的协议,约定土地债务“只能发放一次贷款”,也就是说,只是为了担保一项特定的贷款债权而使用;这种约定仅具有债权效力(参见科尔本施拉格(Kolbenschlag)文,载《德国公证杂志》,1966年,475页),除非后位债权人受让了预告登记所担保的回转请求权(参见第四十五章边码90及其以下、第四十六章边码48及其以下)。

三、土地债务的移转[6]

13 土地债务的移转[7]按照《抵押权法》进行(第1154条、第1155条;对此参见上文第三十八章),只是第1153条(债权与抵押权的不可分离的规定)的适用是被排除的。所以,被担保的债权与土地债务可以被让与不同的人(参见上文第三十六章边码79提到的例子)。债务人(同时也是所有权人)可以对抗债权的受让人,他只有在债权人交出[土地债务]涂销证书(Löschungspapiere)之后才支付,通过这个办法,债务人(同时也是所有权人)在那里[上文第三十六章边码79提到的例子]存在的危险可以得到减轻,但只有在新的土地债务权利人(Grundschuldinhaber)知道担保约定,或者担保约定可以从土地簿册中表现出来的情况下,该债务人才可以以担保约定来对抗土地债务权利人(详情参见下文第四十五章边码54及其以下)。

四、责任范围与责任之实现

14 责任范围与责任实现根据的是适用于抵押权的规定(即责任范围:第1120—1130条,基于强制执行名义,通过强制拍卖、[8]强制管理以及对共同承担责任的标的物的动产强制执行等方式实现责任)。物上[执行]名义与在抵押权情况下的执行名义一样,也特别要考虑可执行的证书(参见上文第三十九章、第四十章)。

---

〔6〕 实践有时试图避免土地债务的移转,而且通过由土地债务权利人与下一个不动产担保权人约定的方式,土地债务"只能被支付一次对价[即发放一次贷款]",也就是说,只能用于担保一个确定的贷款债权;该约定只具有债权效力(对此参见科尔本施拉格(Kolbrnschlag)文,载《德国公证杂志》,1966年,475页),但为预告登记所担保的向回让与请求权被让与给后顺位的债权人的时候,则不是这样(参见第四十五章边码90及其以下、第四十六章边码48及其以下)。

〔7〕 对于根据当事人约定的、土地债务的不可让与性,参见上文第四章边码20及其以下。

〔8〕 对于担保性土地债务,详情参见盖斯勒(Geiβler)文,载《法学教育》,1990年,284页及其以下。

五、债权人的合法性*与所有权人的防御

15 下文要研究的是，在行使土地债务时，土地债务权利人的合法性（参见边码16）以及所有权人对土地债务的对抗权（参见边码17及其以下、20及其以下）。

（一）债权人的合法性

16 对债权人合法性的要求，与在流通性抵押权情况下的要求，没有重大差别：在登记式土地债务，土地债务权利人要根据土地簿册上的登记（第891条）证明自己，在证书式抵押权情况下，要根据证书、与之关联的土地簿册上的登记以及认证的让与表示之链条（第1155条）来证明。与流通性抵押权的区别在于：在流通性抵押权情况下，只要债权构成了抵押权的基础，土地簿册上的登记之合法性效力也涉及债权，而在土地债务情况下，该合法性效力仅及于该物权。[9]

（二）无须主张的抗辩与须主张的抗辩

17 对于所有权人的对抗，可以考虑的有无须主张的抗辩与须主张的抗辩：

1.否定存在的或者改变存在的无须主张之抗辩

这样的抗辩权是指，那些针对物权的存在或者针对行使土地债务的那个人的权利归属的权利；我们已经在抵押权情况下，将这些抗辩权称为否定存在的或者改变存在的无须主张之抗辩（参见上文第三十八章边码64）。

当然，对基于土地债务而提起的诉讼，也可以进行如下抗辩：土地债务没有有效的成立，或者消灭了，或者土地债务被让与另一个人，或者它被抛弃

---

* 所谓合法性证明就是证明自己是有权人。

〔9〕 比较新的裁判：联邦最高法院裁判，载《新法学周刊》，1996年，1207页；蒂特克（Tiedtke）文，载《新法学周刊》，1997年，851页；另参见上文第三十八章边码57及其以下、108及其以下以及下文边码22。

了，准用第1168条，成为了所有权人土地债务。

2. 与所有权人有关的须主张之抗辩

属于这类的有，由所有权人与债权人之间的关系产生的须主张之抗辩（参见上文第三十八章边码67）。在涉及担保性土地债务的情况下，首先要考虑的是由担保合同中产生的抗辩权。 18

下文第四十五章将对此详细论述。现在简短介绍一下：比如，所有权人可以抗辩担保合同是无效的，所以他享有一个要求向回移转土地债务的请求权，也就是说，他享有一个基于不当得利的抗辩权，或者他［所有权人］已经分期清偿了贷款债权，那么，由担保合同中就产生了债权人向他移转土地债务的义务，等等。

3. 第1137条的不可适用性

第1137条不能被适用；也就是说，所有权人不可以向土地债务权利人行使债务人的抗辩权。 19

但可能的是，所有权人自己基于担保合同享有须主张之抗辩权（参见下文第四十五章边码72及其以下）。

（三）土地债务受让人的法律地位

1. 土地债务取得时的善意保护

这里，也要从第404条所遵守的、在第1157条第1句中为抵押权特别规定的基本思想出发，即所有权人的地位不得为权利的让与所损害。但是，我们已经在流通性抵押权情况下确定了，对该规定的几个重大违反（参见第三十八章边码71及其以下）；在否定存在的无须主张之抗辩方面，该违反产生于第892条连同第1138条，在与债务人相关的须主张之抗辩方面，根据的是第1138条，在与所有权人相关的须主张之抗辩方面，根据的是第1157条 20

第2句。与在土地债务情况下的法律状况相似，区别仅在于，第1138条在这里没有适用余地。

21 所以，比如，在土地债务出让人信赖土地簿册而取得土地债务的情况下（第892条），相对于土地债务出让人，所有权人不可以主张，土地债务没有有效地产生。

这里，在担保性土地债务情况下，还有一些特殊性（参见下文第四十五章）。这里，简要地说明一下，第1157条适用于基于担保合同产生的须主张之抗辩。这意味着，在这些抗辩权记载在土地簿册或者证书上的时候，它们就可以对抗取得人（第1157条连同第1140条）。

2. 具有消灭债务效力的履行

22 就在让与土地债务的情况下，所有权人得向谁履行的问题，也简单说几句。在流通性抵押权的情况下，我们已经确信（参见上文第三十八章边码57及其以下），在债权让与情况下使用的“历史性合法性证明”（赫克语），即第406—408条规则，在第1156条中，已经为了担保权人的利益，而被排除适用了。这也适用于土地债务。所以，所有权人下述清偿行为，都具有消灭债务的效力：对真正权利人的清偿，无论他是否具有充分的合法性证明；在无权利人通过登记簿册（或者证书+链条；第1155条）证明自己的情况下，对非权利人的清偿。[10] 但对土地债务的受让人的清偿，不具有消灭债务的效力，即使他对让与并不知道，也是如此；所以，他不可以为了自己的利益，以第407条为根据。[11]

---

〔10〕 对此参见联邦最高法院裁判，载《新法学周刊》，1996年，1207页；蒂特克（Tiedtke）文，载《新法学周刊》，1997年，851页；另参见上文边码16，以及第三十八章边码57及其以下、108及其以下。

〔11〕 对此参见联邦最高法院裁判，载《新法学周刊》，1976年，2213页。

这里，在担保性土地债务情况下，也产生了一些特殊性，尤其是在土地债务与债权分离移转的情况下。

六、对土地债务的清偿

所有权人（参见边码23及其以下）或者第三人（参见边码26）都可以清偿土地债务。

（一）所有权人进行清偿

如果所有权人清偿了土地债务，那么，土地债务就作为所有权人土地债务而移转给所有权人，也就是说，并不是单单赋予所有权人一个债权上的、将土地债务向回移转（Rückübertragung）的请求权，这样的处理方式是符合第1163条第1款第2句的目的的。在抵押权情况下，对清偿问题是一体解决的，而在土地债务的情况下，也没有与这种一体解决办法相对立的重大的理论上的异议。所以，人们一致认为，在结果上都产生所有权人土地债务（Eigentümergrundschuld）。只不过在理由上，存在很大的差别。 23

有人认为，要准用第1163条第1款第2句（比如威廉，《物权法》，边码917及下一页），另有观点认为（比如《帝国最高法院民事判例集》，第78卷，60、68页；联邦高等法院裁判，载《新法学周刊》，1986年，2108、2111页）援引第1142条、第1143条（涉及的是与债务人不是同一个人的所有权人的销除的权利；略有不同的还有曼弗雷德·沃尔夫，《物权法》，边码668：类推适用第1163条以及第1143条），还有其他的观点（比如沃尔夫/赖泽尔，《物权法》，第156章，评论11），适用第1168条、第1170条、第1171条。我们的观点是，德国高等法院以及联邦法院的观点具有优先地位（沃尔夫施泰纳，《施陶丁格德国民法典评注》，第1192条，边码17；韦斯特曼/艾克曼，《物权法》，第133章，III；威灵，《物权法》，第32章III3）。所有权人在清偿时，无权部分履行（《联邦最高法院民事判例集》，第108卷，372、379页；对此参见第四十章边码17处脚注）。 24

25 在担保性土地债务情况下,所有权人与债务人是同一个人时,部分履行就有问题了:如果他清偿的是土地债务,那么,如上所述,在结果上产生的是所有权人土地债务,而如果他清偿的是债权,那么他基于担保合同只有一个债权法上的请求权,即请求向回移转土地债务。但问题是,如何确定同时也为债务人的所有权人,清偿的是土地债务,还是债权?

这个问题只能先在这里点出来,因为在担保性土地债务一章中,还要重新讨论。在那里,还要研究的问题是,在所有权人清偿土地债务的时候,所有权人与基于人上之债的债务人不是同一个人时的情况。

(二)第三人清偿

26 对于第三人解销(Ablösung)土地债务的情况,适用第1150条连同第268条。如果解销人有解销权,那么土地债务就移转给他。[12]

(三)抛弃、废除、通过强制执行方式清偿

27 就像在抵押权的情况下那样,与土地债务的清偿要区分的情况有:

1. 土地债务的抛弃

与清偿要区分的首先是土地债务的抛弃;这里在构成要件以及效果方面,要适用第1168条;所有权人取得了土地债务(《联邦

---

〔12〕 对此参见《联邦最高法院民事判例集》,第104卷,26、29页;第108卷,372、379页;《新法学周刊》,1986年,1487页;1997年,190、191页(对此详情参见第三十八章边码108及其以下,就善意取得问题)。抵押权情况下的相似问题在第三十八章边码108及其以下论述了。如果没有消除权的第三人清偿了土地债务,那么就产生一个所有权人土地债务(萨布吕肯州高等法院裁判,载《州高等法院民事判例集》,1967年,102页;克斯特尔文,载《新法学周刊》,1984年,2548、2550页;悬而未决的,联邦最高法院裁判,载《新法学周刊》,1983年,2502、2503页;艾克曼,《慕尼黑德国民法典评注》,第1191条,边码129;关于第三人对人上债务的清偿,参见第四十五章边码96。

最高法院民事判例集》,第108卷,237、246页)。在担保性土地债务情况下,第418条第1款第2句的情况与抛弃一样对待。[13]

2. 土地债务的废止

28 与清偿泾渭分明的还有土地债务的废止,其根据是第875条、第876条,要求有所有权人的同意(第1183条,另参见《土地登记法》第27条),导致的是权利的消灭。

3. 通过强制执行满足土地债务权利人

29 最后与自愿的对土地债务清偿相区分的还有,通过在土地及共同承担责任的标的物的强制执行,来满足土地债务权利人。在这里,土地债务消灭(第1181条)。

七、附录:土地债务的扣押与出质

(一)扣押

30 根据《民事诉讼法》第857条第6款,对土地债务的强制执行,准用关于抵押权扣押的规定。也就是说,适用上文第三十八章边码125及其以下的论述。[14]

对于所有权人土地债务的扣押有特殊性;对此在下文第四十六章边码11及其以下对所有权人土地债务论述时再研究。

---

〔13〕 联邦最高法院民事裁判,载《企业》,1996年,601页;《有价证券法通讯》,1966年,577、579页(不同的观点,威廉,《物权法》,边码930)。担保提供人将回复请求权(第四十五章边码26及其以下、90及其以下;第四十六章边码48及其以下),让与给第三人之后,不是受让人的同意,而是所有权人的同意是决定性的(联邦最高法院裁判,载《新法学周刊》,1992年,110页;有争议,不同观点,肖尔茨(Scholz)文,载《新法学周刊》,1966年,1739页)。

〔14〕 对此还有,施特贝尔(Stöber)文,载《企业》,1964年,1457页;胡贝尔文,载《企业》,1965年,609页,以及萨布吕肯州高等法院裁判,载《州高等法院民事判例集》,1967年,102页;联邦最高法院裁判,载《新法学周刊》,1987年,1026页(如果土地债务属于最少报价(das geringste Gebot)范围内,在拍卖所得收益上的质权继续存在)。

（二）出质

31 根据第 1291 条，债权上的质权规定适用于土地债务的出质。在土地债务上设定质权中，可以看出有“部分让与”（Teilabtretung）的成分。这意味着，让与的规定也适用于设定质权行为（第 1274 条；具体参见上文第三十八章边码 120 及其以下）。

例子：《联邦最高法院民事判例集》，第 60 卷，174 页。

第四十五章　担保性土地债务

参考文献提示：参见上文第三十六章以前以及第四十四章，刚贝尔迪勒（Garberdiel），《通过土地债务进行的信贷担保》，1991年，第5版；克莱门特（Clemente），《担保性土地债务》，1991年，第2版；作者同上，《担保约定》，载《经济法杂志》，1990年，969页；艾克曼，《担保性土地债务的热点问题》，载《经济法杂志》，1989年，137页；拉恩（Rahn），《流通性抵押权与担保性土地债务》，载《巴登—符腾堡州公证杂志》，1959年，265页；耶克勒（Jäckle）文，载《法学者报》，1982年，50页；耶施泰特（Jestädt）文，载《舒尔茨（Schulz）纪念文集》，1987年，149页（首要是关于返还请求权）；科尔豪瑟（Kollhosser），《土地债务的让与以及出质中的新问题》，载《法学工作报》，1979年，232页；兰布（Lamb）文，载《法学工作报》，1987年，1页；楼鲍（Lopau）文，载《新法学周刊》，1972年，2253页，以及《法学教育》，1976年，315、553页；马奇尔（Matschl）文，载《新法学周刊》，1962年，2132页；彼得里（Petri），《土地债务作为银行信贷的担保工具》，1975年；赖尼克/蒂特克（Reinicke/Tiedtke），《信贷担保》，1994年，第3版，336页及其以下；海特曼（Reithmann）文，载《新法学周刊》，1977年，661页，以及《德国公证杂志》，1982年，67、70页；肖尔茨（Scholz），《担保权的返还请求权作为信贷担保工具》，载《默林（Möhring）庆祝文集》，1965年，419页及其以下；塞克尔曼（Seckelmann），《土地债务作为担保工具》，1963年；泽里克（Serick），《所有权保留与担保性让与》，1966年，第2卷，第28节；蒂特克，《担保性土地债务》，载《法律学习》，1980年，407页；作者同上，《关于在为无人格企业或者个人承担责任的成员设定的土地债务情况下的广泛的担保约定》，载《新法学周刊》，1991年，3241页；作者同上，《关于土地债务方面的联邦最高法院判例》，载《经济法杂志》，1997年，1949页；Hj.韦伯（Hj. Weber），《在没有被支付借款的土地债务情况下的返还请求权》，载《民法实务档案》，第169卷，237页；威廉（Wilhelm），《担保性土地债务与针对第三取得人的抗辩》，载《法学者报》，1980年，625页。

参见章末的概览表20。

一、概念与适用范围

（一）概念

1 为了担保债权而设定的土地债务被称为“担保性土地债务”（Sicherungsgrundschuld）。法律上并没有规定这个概念；理由很充分，因为按照法律的理解，土地债务恰恰就是以其独立于债权的特性为特点的。所以，这个概念只是想表明：在实践中，土地债务——与抵押权完全一样——也可以服务于债权的担保。但随着时间的推移，该概念也获得了法律实体上的意义，就这点而言，基于土地债务与债权的[法律]生活事实上的关联，得出了这种法律上的结论；在结果上，导致的是担保性土地债务与流通性抵押权的接近。

在这个方向上,赫克(Heck)走得最远(《物权法概要》,第100节)。他从“目的共同体”(Zweckgemeinschaft)的理论出发,主张土地债务是一种类似于“债务”(Schuld)与“责任”(Haftung)相连接的共同债务。这就导致了在债权领域的法律上的所有事件直接地作用于土地债务,反过来也是如此。在分裂的情况下,内部关系取决于《德国民法典》第426条,结果土地债务与抵押权极为近似。 2

虽然在大多数情况下,目的共同体的理论被拒绝了,但在许多有疑问的问题上——就如我们将要看到的那样,通说得出的结论与赫克的设想是一致的。 3

但“担保性土地债务”的称呼,从哪个观点来讲,都是不恰当的。因为这个称呼使人不由自主地想到了担保性抵押权,并且因此产生这样的想法,即好像这里涉及的是一种土地债务的法律模式,就像担保性抵押权一样,其标志是土地担保物权与债权的特别紧密地结合。但这根本就是不可能的。在这个保留意见的前提下,目前被采用的这个概念,在下文的论述中也将使用该概念。

(二)适用范围

担保性土地债务在信贷交易中,以多种多样的构造形式被应用着。它的主要应用领域最初是中短期信贷。但现在也被推广用于长期投资信贷(另参见第四十四章边码5)。 4

对此不必达到完全理解的程度,只要对下述的适用情况了解一下就可以了。

1. 贷款系列的担保

土地债务经常被用于银行与客户之间的信贷关系担保,对此设立一定的“贷款最高限额”(Kreditplafond),或者“一系列贷款”(Kreditlinie)。贷款的 5

利用率在具体情况下是波动的,土地债务以被设定的贷款数额为准而被设定。在此,大多数情况下,土地债务也被同意收取利息,其资本金与利息一同对该贷款金额及其利息与费用(比如法律上追索)进行担保。所以,完全可能的是,被要求的贷款与土地债务被收取不同的利息(联邦最高法院判例,载《新法学周刊》,1996 年,253、256 页;第四十四章边码 12),贷款利息(Kreditzins)与资本市场上的[供求]关系相适应,在数额上是变化的,与此相反,土地债务的利息(Grundschuldzins)是保持不变的。

土地债务以这种形式,在实践中取代了最高额抵押(对此参见第四十二章边码 20;案例:联邦最高法院裁判,载《新法学周刊》,1991 年,1286 页)。

所有权人也可以用土地债务担保债权人对第三人(对人债务人)的债权,但债权人在按照格式合同构建[条款]的情况下,必须注意可预见性(Vorhersehbarkeit)的界限(详情参见边码 15,具有证明)。

2. 货物信贷的担保

6 土地债务可以被用于担保送货人赋予长期连续进货的进货人的货物信贷(Warenkredit)。在这里,大部分情况下会约定,土地债务不仅要担保买卖价金债权,而且也担保所有基于交易关系产生的其他请求权,比如迟延损害,由于不履行产生的损害赔偿等。

3. 对长期投资贷款的担保

7 土地债务也被用于对长期投资贷款的担保。在这里,土地债务大部分情况下是与被发放的贷款数额一致,所以其与流通性抵押权的类似性是显而易见的。在这里可以约定,在一段时间后,或者在终止后,贷款以及土地债务以全部的数额到清偿期。但贷款被分期支付也是可能的。这样,土地债务就具有了分期清偿抵押(Tilgungshypothek)的功能,比如用于买卖价金融资。

新近比较有意思的案例参见:联邦最高法院判例,载《新法学周刊》,1998 年,453 页(土地债务在未成年人取得的情况下用于买卖价金融资——《德国民法典》第 1821 条第 1 款第 1 目的非适用性)。

4. 信托式土地债务

最后,担保性土地债务作为所谓的信托式土地债务,用于担保多个债权人对债务人的债权(例如,多个银行对一个债务人发放贷款:财团贷款(Konsortialkredit);土地债务可以为了一个信托人利益而被设定,担保性土地债务以这种形式,在实践中也排挤了对基于无记名债券(《德国民法典》第1187—1189条)产生的债权进行担保的抵押权。[1] 8

二、土地债务与担保约定(目的表示)

参见章末的概览表20。

我们已经知道,土地债务与抵押权不同,不依赖于债权的产生以及继续存在。尽管如此,不能否认的是,土地债务也服务于一定的"目的",大多数情况下是"担保目的"(Sicherungszweck)。在实践中,它通常是为了履行信贷合同(比如借款合同、买卖合同)而被设定的。该目的之确定一般被放在位于"目的表示(担保约定(Sicherungsabrede)——担保条款(Sicherungsklausel))"之中。[2] 通过这样的目的确定,土地债务虽然没有成为附随性的土地担保物权,但是对债权人来讲,物上权利的行使变得困难了,因为他作为自益的信托人(eigennütziger Treuhänder),他的扩张了的物上权利要受到债权的约束,[3] 这一点完全类似于在担保性所有权让与或者担保性债权让与情况下的构造(参见第五十七章边码15及其以下、第五十八章边码2及其以下)。 9

---

〔1〕 参见胡贝尔(Huber),出处同上,68页及其以下;另参见第四十二章边码36。

〔2〕 参见附录4a。

〔3〕 联邦最高法院裁判,载《新法学周刊》,1989年,1732、1733页。

10 担保约定确定债权人何时可以行使其物上权利,即可以基于土地债务采取措施(变价条件成熟 Verwertungsreife)。对此确定被担保的债权的范围(Kreis der gesicherten Forderungen)是必要的(参见下文边码 15)。如果被担保的债权没有产生或者消灭了的话(参见下文边码 24 及其以下),担保约定就来规定土地债务的命运(Schicksal der Grundschuld),而且它是债权人可以保有土地债务的法律原因(参见下文边码 24 及下一页)。大多数情况下,担保约定也包含着关于履行方式以及效果的规则(参见下文边码 41 及其以下)。

11 例如:〔4〕银行 B 发放给了 S 一笔 10 万马克的贷款,为期 4 年,年利率 7%。在 S 的土地上为它设定了一个 10 万马克的土地债务,年息 15%。根据担保约定,只有在 S 不支付利息或者在 4 年后不清偿该贷款的情况下,B 才能行使该土地债务;其他债权没有被该土地债务所担保。该担保约定是 B 取得并保有该土地债务的法律原因。如果 S 根本没有获得贷款,或者偿还了该贷款的话,那么 B 必须将该土地债务“还给”S。假设,尽管 S 一直按时地清偿,B 还是基于土地债务采取措施的话,那么 S 可以依据该担保约定对抗该请求。如果 S 向 B 进行清偿,那么按照约定他一般清偿的是贷款债权,即土地债务不受影响,一直到它被“返还”之时。土地债务的利息也独立于贷款债权的命运而继续计算,该利息与土地债务的资本金完全一样,也是服务于对贷款债权及其利息的担保,在这里,利息是不适用时效的,因为利息是被允许延期支付的(《德国民法典》第 202 条)。

〔4〕 联邦最高法院裁判,载《经济法杂志》,1993 年,257 页。

担保约定的性质与效力是许多文献研究的对象。[5] 下文的阐述试图对格式合同构建[条款]的法律发展(die kautelarjuristische Rechtsentwicklung)及其理论上的整体状况进行概述。 12

(一) 大众协议及其控制

担保约定可以以单个合同的形式(法律实践中极为少见),也可以在放款人单方事先起草的条款(商定)[6] 基础上,在土地债务权利人与所有权人之间订立。在这里常见的是,以表格确定条款的形式的约定。通常,实践确立的是附有土地登记法上意思表示、债务承认以及服从执行(Vollstreckungsunterwerfung)的土地债务设定证书。该证书被做成公证文书(《民事诉讼法》第794条第1款第5项、《土地登记法》第29条;参见附录4)。除了这个证书以外,还有含有其他条款的担保约定(参见附录4a)。两个证书的内容区分并不一直是强制性的,在法官审查的时候,被评断的必须是“总体协定”(Gesamtpakt),这就是为什么要进行一个统一的阐述的原因。当然,所有的条款都必须经受得住《一般交易条件法》的考验。特别要考虑的是第2条(条款要明确地被包含在合同之内)、第3条(内容上不正常的条款)、第5条(有疑问时作不利于条款制定人的解释)、第9条(有违诚实信用的亏待)、第11条第15目(举证负担的改变)。[7] 13

---

[5] 可以选择的有:参见上文边码1前提到的文献;还有布赫霍尔茨(Buchholz)文,载《民法实务档案》,第187卷,107页;克莱门特文,载《新法学周刊》,1988年,408页;格恩·胡贝尔(Gern Huber),《民法》,第26节;艾克曼(Eickmann),《慕尼黑德国民法典评注》,第1191条,边码13及下一码;帕波利克(Publick),《在土地债务情况下的担保约定的法律问题》,1988年;施韦尔特纳(Schwerdtner)文,载《法律学习》,1986年,259、370页;施陶丁格/沃尔夫施泰纳(Staudinger /Wolfsteiner),对第1191条及其以下的评注,边码17及其以下;拉斯塔特(Rastätter)文,载《德国公证杂志》,1988年,465页;佐斯特曼(Sostmann)文,载《德国公证杂志》,1995年,260页,都有进一步证明。

[6] 《一般交易条件法》第1条第2款。推定的目的确定的例子参见:卡尔斯鲁厄州法院裁判,载《德国公证杂志》,1995年,892页。

[7] 《一般交易条件法》对商人适用范围的限制(第27条)。

1. 在格式合同中包含将来债权

14 有问题的是，通过格式合同，债权人对设定人所有的未来债权，是否能有效地被包含在责任范围之内。联邦最高法院(《联邦最高法院民事判例集》，第 101 卷，29 页)对该问题作出了肯定回答。以格式合同方式对他人债务进行担保，也是允许的，但是不可以以格式合同方式的是，土地债务用来担保债权人对与所有权人不一致的贷款接受人的所有未来债权(alle künftige Forderungen)，而且该担保交易的理由并不能导致或者合理化这样广泛的条款；[8] 这一点也适用在非专用贷款的情况下(联邦最高法院裁判，载《新法学周刊》，1992 年，1822 页)。放款人要阐明并且证明，该广泛的担保约定基于特别的指示或者情况，对于所有权人是熟悉

〔8〕 判例通过《一般交易条件法》第 3 条来解决这个问题，因为目的表示的内容与范围没有在法律上确定(《一般交易条件法》第 9 条第 2 款第 1 目)，参见《联邦最高法院民事判例集》，第 83 卷，56 页；第 98 卷，256 页；第 99 卷，203 页；第 100 卷，82 页；第 101 卷，29 页；第 102 卷，152、158 页；第 106 卷，19、22 页及其以下；第 109 卷，197 页及其以下；《新法学周刊》，1990 年，392、393 页；1991 年，1286、1287 页；1991 年，3141、3142 页；1994 年，2145 页；1995 年，1674 页；《新法学周刊——司法判例报告：民法》，1992 年，1521 页；《新法学周刊》，1996 年，191、192 页；1997 年，2320、2321 页；《经济法杂志》，1997 年，1538 页；《新法学周刊》，1991 年，3241 页(企业法上的关联)。与此相对应，在保证与债务承担情况下，通过《一般交易条件法》第 9 条也进行类似的控制(《联邦最高法院民事判例集》，第 130 卷，19、31 页；第 132 卷，6、9 页；《新法学周刊》，1996 年，249 页)；对此批评的有《德国公证杂志》，1996 年，283 页及其以下；对第 1191 条及其以下的评论，边码 30 及其以下；《经济法杂志》，1997 年，1949 页；《德国公证杂志》，1998 年，581 页。

的、透明的。[9] 这样，在内容上，很大程度上，产生了对于基于保证、债务承担或者土地债务的第三人责任的统一规则(einheitliche Regeln für die Dritthaftung)(《联邦最高法院民事判例集》，第130卷，19、31页；第132卷，6、9页；《新法学周刊》，1996年，249、924页)。

2. 格式化的抽象债务允诺*与双重执行服从

15 有疑问的还有，除有因的贷款债权之外，是否能有效地在格式合同中附带地给予抽象的债务允诺(第780条、第781条)，还有与此关联在一起的、对基于土地债务在土地上执行之容忍的执行服从(《德国民事诉讼法》第794条第1款第5目、第800条)，以及基于债务承认(Schuldanerkenntnis)在全部财产上执行的执行服从(《德国民事诉讼法》第794条第1款第5目)。在抵押权责任的框架内，这个问题已经被详细地研究了(参见第四十章边码43及其以下)。判例认为，只要债务人与所有权人是一致的(《联邦最高法院民事判例集》，第99卷，274、284页及其以下；《新法学周刊》，1991年，286、1677、2559、2560页及下一页；1992年，971、972页)，而且，在银行上的担保需求相对于债务人的利益被衡量的情况下，这种构造就是允许的。与此相反，与债务人不同的所有权人的、格式化的"对人之责任"，至少不能通过具有执行服从条款的债务承认的方式，在土地债务设定文书中被有效地约定(联邦最高法院裁判，载《新法学周刊》，1991年，1677页；对这种形式上的解决方案的批评参见施蒂尔纳(Stürner)文，载《德国公证杂志》，1992年，97页及其以下)。基于进一步的根据以及其他的个别问题(特别是于给定执行服从条款的情况下，在格式中放弃

〔9〕 通常情况下，所有权人，根据担保约定的所有权人必须阐明或者证明，被担保的债权尚未到期，或者没有产生，或者已经被清偿(《联邦最高法院民事判例集》，第109卷，197、204页；第114卷，57、71页；《法学者报》，1991年，923、926页；《新法学周刊》，1986年，53、54页；《支付不能法杂志：破产——信托——重整》，1991年，461、464页)，与此相反，在未来债权之包含允许的情况下，债权人对该范围与数额负有解释与证明义务(联邦最高法院裁判，载《新法学周刊》，1991年，1286、1287页；《新法学周刊——司法判例报告：民法》，1986年，1459页)；这里含有对所有权人保护的思想。

* 也有译为债务约定者。

到期证明的问题),同样也基于这个批评,抵押式担保是可以进行的(参见第四十章边码43及其以下,具有进一步证明)。正确的是,联邦最高法院的出发点是,公证式的执行服从上的要式义务,并不及于对被担保债权范围的目的表示,这样一来,非要式的事后扩展是可以考虑的(联邦最高法院裁判,载《新法学周刊》,1997年,2163页);该事后扩展之允许与下述问题无关,即条款是被包括在公证式的土地债务设定证书之中,还是在书面约定之中。

3. 担保约定以及债务允诺与土地债务的叠加

16 抽象的债务允诺与土地债务作为担保工具并列存在,这里债务允诺应当是加强了土地债务的担保作用(联邦最高法院裁判,载《新法学周刊》,1990年,392、393页)。只要土地债务在执行的情况下,部分金额未受到清偿,那么债权人无论如何都可以基于附带执行服从的债务允诺,继续就清偿落空的金额进行执行(联邦最高法院裁判,载《新法学周刊》,1991年,286页;《新法学周刊——司法判例报告:民法》,1987年,59页;《经济法杂志》,1992年,104页,在土地债务没有登记的情况下)。另一个问题是,在债权人被清偿的情况下,为了兑现作为其他"有因债权"进行担保的债务承认,债权人是否可以与土地债务并列地对债务承认进行变价。对于这个附加,联邦最高法院有理由地没有进行整体判断(《联邦最高法院民事判例集》,第99卷,272、280页及281页;《新法学周刊》,1988年,707、708页)。如果对土地债务金额的承认是在土地债务设定证书中给出的话,联邦最高法院尤其不允许的是,基于债务承认中的执行服从继续进行执行;在两种担保[事后]"添加"式地附加的情况下,就不一样了。但在格式合同中,在有疑问的情况下,《一般交易条件法》第5条会导致反对叠加的决定。

4. 土地债务设定、担保约定以及消费者保护[10]

17 土地债务设定与担保约定是否可以在《一般交易条件法》以

〔10〕 对此非常广泛论述的有:比洛(Bülow)文,载《新法学周刊》,1996年,2889页及其以下。

及其他消费者保护法约束之外，是有些争议的。联邦最高法院最近肯定了《上门交易以及其他类似交易的撤销法》对担保约定的适用（联邦最高法院裁判，载《新法学周刊》，1996 年，55 页及其以下；但参见联邦最高法院裁判，载《新法学周刊》，1996 年，191、192 页），与此相反，消费者信贷法的适用则被拒绝了（联邦最高法院裁判，载《新法学周刊》，1997 年，1442 页及其以下）。

例子：(1) M 向 V 承租了工厂大厅，为了修建他的企业需要借款。银行 B 先是发放了 1 百万马克，但对于另外的 2 百万它想要一个担保。在丧偶的 V 的房子与住宅上，书面达成了如下协议：V 将为担保贷款设定一个土地债务（根据的是联邦最高法院裁判，载《新法学周刊》，1996 年，55 页及其以下，简单化了，并且有所变动！）。如果 V 对于该允诺反悔的话，那么她可以——假设她不是作为独立的营业（即作为商人）而进行出租的（《上门交易以及其他类似交易的撤销法》第 6 条第 1 目）——撤销她的允诺，而且要在书面告知后一周以内撤销（《上门交易以及其他类似交易的撤销法》第 1 条第 1 款、第 2 条第 1 款）。如果土地债务已经被设定了，但没有告知撤销权（Widerrufsrecht）之事，那么以后的撤销带来的效果是：根据《上门交易以及其他类似交易的撤销法》第 3 条第 1 款，返还土地债务（参见下文边码 26）。 18

如果享有撤销权的消费者自己设定土地债务用于担保，又撤销了作为基础的上门交易，那么担保约定在德国法上也是无效的（第 139 条，详情参见比洛文，载《新法学周刊》，1996 年，2889、2890 页）。 19

(2) 银行 B 给予 A 一笔 23 万马克的贷款，A 以此购买了一台牵引车，用于企业创建。E 进行了人上的债务承担的意思表示，并且在他的土地上设定了 4 万马克的土地债务。他服从于人上的与物上的立即执行；当 A 没有清偿的时候，B 进行了执行，E 用对抗执行之诉（Vollstreckungsgegenklage）进行了对抗（《德国民事诉讼法》第 767 条）。是否涉及消费者信贷交易，只能根据 E 的身份来判断，所以《消费者信贷法》第 3 条第 2 款第 2 目不能适用。如果无视《消费者信贷法》第 4 条第 1 款第 4 句第 1 目中的共同承担义务要求，那么他的债务参加（Schuldbeitritt）就是无效的（《消费者信贷法》第 6 条第 1 款；联邦最高法院裁判，载《新法学周刊》，1997 年，654、1443 页），而且没有 20

《消费者信贷法》第6条第2款中的有效补救的可能。与此相反,担保合同与土地债务的设定并不属于《消费者信贷法》第1条的调整范畴,这样一来,对根据土地债务的执行的对抗诉讼就落空了(联邦最高法院裁判,载《新法学周刊》,1997年,1442、1443页右半边:有争议!)。

21 如果消费者信贷的债务人应当自己设定土地债务,而且出现了根据《消费者信贷法》第4条第1款第4句第1目、第3条第2款第2目、第6条第1款无效的情况,那么担保约定也无效(第139条),而且债务人可以拒绝设定土地债务,或者根据第812条第1款第1种类型,要求返还已经设定的土地债务(参见下文边码24)。如果贷款已经被付出了,内容变化了的贷款合同与在高额贷款情况下的担保约定一样,会被视为瑕疵被治愈了(《消费者信贷法》第6条第2款)。在抵押权情况下类似情况在第三十七章边码52及下一码处讨论了。

5. 欧洲联盟以及欧洲法院法律的影响

22 《一般交易条件法》、《上门交易以及其他类似交易的撤销法》以及《消费者信贷法》,都是建立在欧洲联盟指令的基础上,而且必须与这些指令相适应(对此参见霍姆何弗/雅伊梅(Hommelhoff/Jayme),《欧洲私法》,1993年,第2号、第3号以及第7号)。在问题被提交后,欧洲法院来决定国内法如何做符合指令的适用(《欧共体合约EGV》第177条第1款b以及《阿姆斯特丹条约》第234条为依据进行判决;对此参见赫贝塔(Heβ)文,载《经济法杂志》,第108卷,1995年,59页及其以下、74页)。

23 关于土地债务的担保约定,属于《欧盟撤销权指令》(EG-Widerrufsrichtlinie)的调整范畴(联邦最高法院判例,载《新法学周刊》,1996年,55、56页),而《欧盟消费者信贷指令》却一直没有适用之可能(《欧盟消费者信贷指令》第2条第3款;当然还有联邦最高法院裁判,载《新法学周刊》,1996年,1442、1443页)。与此相反,《关于滥用条款的欧盟指令》及其一般条款(第3条),还有它的事实构成类型,对土地债务设定约定以及担保约定是适用的。

由于关于物上担保的约定——与人上担保不同[11]——迄今为止还没有提交给欧盟法院，这样一来，欧盟法上对土地债务的影响是不能被排除的，欧盟法院应当允许抽象性原则*不受影响，而且只进行对担保约定的控制，以及适用土地债务设定的有关规定。

（二）担保约定的缺少与消灭

土地债务可以没有有效的担保约定而被设定，被担保的债权也可能缺少或者消灭。两种情况要细致地被区分。 24

1. 担保约定的缺少与消灭

首先考察的是，担保约定的缺少[12]或者以后的消灭具有何种效果，在这里为了问题简单化，首先要假定债务人与所有权人是一致的。[13] 那么，债务人（即所有权人）基于无法律原因而设定的担保，享有一个不当得利请求权（第812条第1款第1句第一种类型，或者第1款第2句第一种类型），该请求权，按照所有权人的选择，可以指向土地债务之返还、放弃或者废止（《联邦最高法院民事判例集》，第108卷，237、242页及下一页；《新法学周刊》，1985年，800页）。如果土地债务的权利人行使土地债务的话，那么他可能会受到基于不当得利的抗辩权的对抗（第821条）。

所有权人对向回移转土地债务（Rückübertragung）的不当得利请求权，可以通过按照第1154条向其让与土地债务的方式得到清偿。随着让与的执行，所有权人取得了土地债务。如果所有权人选择了放弃作为请求权内容（第1169条、第1168条），那么土地债务随着放弃表示及其登记就移转给了 25

---

〔11〕 联邦最高法院裁判，载《新法学周刊》，1996年，930页（提交裁定）；欧盟法院裁判，载《新法学周刊》，1998年，1259页（我们认为有错误！）；联邦最高法院裁判，载《新法学周刊》，1998年，2356页（与上述观点一致的裁决）。

* 广义的抽象性原则，包括无附随性、抽象债务允诺、执行服从等。

〔12〕 与此相区别的是（物上）土地债务设定的无效（例如由于高利贷而无效），联邦最高法院判例，载《新法学周刊》，1982年，2767页：土地簿册更正请求权！

〔13〕 二者分裂的情况参见下文边码72及其以下。

所有权人；那么，在土地簿册上的登记仅仅是土地簿册更正而已。废止则根据第 875 条与第 1183 条进行。

例如：参见上文边码 21。

2. 被担保债权的缺少或者消灭

(1)返回请求权

26 如果担保约定虽然有效，但被担保的债权自始不存在，或者没有产生(贷款没有支出)，那么，并不像有些人认为的那样适用不当得利法，[14] 而是适用合同法。人们是否愿意适用《德国民法典》第 320 条及其以下(对土地债务第 320 条的抗辩，基于第 346 条第 1 句、第 326 条，在解除合同后的返回义务)，[15] 或者——可能更好——认为存在一个基于信托式的约定(aus der treuhänderischen Abrede)而产生的合同上的返回请求权(Rückgewähranspruch)(第 133 条、第 157 条)，更多的是一个结构上的问题，很少有实际作用。另外，现在观点一致的还有，被担保债权的履行或者信贷关系的终止会产生一个合同上的返回请求权。[16] 返回请求权可以作为抗辩权来对抗土地债务。[17] 但在担保关系被妨害或者信贷关

〔14〕 比如，韦斯特曼/艾克曼(Westermann/Eickmann)，第 131 节，III 4；对于担保约定作为土地债务设定的法律原因，参见联邦最高法院裁判，载《新法学周刊》，1989 年，1732、1733 页左半边；《新法学周刊——司法判例报告：民法》，1996 年，235 页。

〔15〕 这样的观点参见联邦最高法院裁判，载《企业顾问》，1967 年，1144 页；《有价证券法通讯》，1967 年，955 页；对此特别是《法学者报》，1982 年，50 页；反对第 320 条及其以下适用的有：边码 859(具有另外的理论解决办法)。

〔16〕 联邦最高法院裁判，载《新法学周刊》，1989 年，1732、1733 页左半边；1982 年，2768、2769 页；《新法学周刊——司法判例报告：民法》，1989 年，173、175 页；《新法学周刊》，1992 年，1620 页；还有韦斯特曼/艾克曼，第 131 节，II 2。对于在担保权人进行提存的情况下的法律状况，参见联邦最高法院裁判，载《新法学周刊——司法判例报告：民法》，1994 年，847 页，具有进一步证明。

〔17〕 联邦最高法院裁判，载《新法学周刊——司法判例报告：民法》，1987 年，1291 页。

系被妨害甚至被终止的情况下，无论如何都不会“自动”地产生一个所有权人土地债务，因为第1163条第1款第1句是不能被适用的。

例如：银行G给予了E一笔最高额贷款10万马克。E以此数额为G设定了一个土地债务。在贷款根本没有被要求支出的情况下，或者在该贷款虽然全部被支出了但被E部分地偿还了的情况下，或者在银行拒绝向E继续发放贷款，并且有效地终止信贷关系的情况下，土地债务也是属于G所有的。在最后提到的情况下，E对土地债务享有一个合同上的返回请求权（联邦最高法院裁判，载《新法学周刊》，1989年，1732、1733页）。在第二种情况下，如果通过部分债权的偿还最终出现了过度担保（Übersicherung）*的话，那么立即就产生了一个部分返回请求权（《联邦最高法院民事判例集》，第109卷，240、247页；《新法学周刊》，1981年，571页；1984年，169、171页；1994年，1796、1797页；1996年，253、255页；《新法学周刊——司法判例报告：民法》，1990年，455页；1990年，588、589页），在这里，存有疑问的时候，就会认定担保目的部分丧失，只有在例外情况下才会认定存在合同上所意愿的过度担保（《新法学周刊——司法判例报告：民法》，1990年，455页；另参见下文边码31及其以下）。在第一种情况下，只有在债权的不存在最终被确定的情况下，才可能存在一个现时的返还请求权。 27

（2）返回请求权的产生与内容

合同性的返回请求权在内容上与不当得利请求权一样（参见上文边码24及下一码），根据所有权人的选择（第262条），涉及土地债务的回转（第1154条）、放弃（第1169条、第1168条）或者废止（第875条、第1183条）。[18] 根据主流观点，返回请求权随着 28

---

* 即土地债务价值大大超过被担保债权之金额的情况。

〔18〕 关于全部，参见联邦最高法院裁判，载《新法学周刊》，1985年，800、801页；《新法学周刊——司法判例报告：民法》，1994年，847、848页左半边；哈姆州高等法院裁判，载《新法学周刊——司法判例报告：民法》，1990年，272、273页。

合同的签订就已经产生了,而且是以担保目的的灭失(例如,通过被担保债权的清偿)[19]为延缓性的条件。

29 所以,该返回请求权在条件成就前就可以变价了,即被让与、被设定质权以及被扣押(对此参见下文边码 90 及其以下),这对后顺位的、对涂销(第 1179a 条)寄予希望的(对此参见第四十六章边码 48 及其以下)债权人的利益是一种损害。如果担保权人(银行)在贷款被清偿后,按照形式要求(第 1154 条)将土地债务向回让与担保提供人(所有权人),而且土地债务后来应当被用于担保新的贷款,那么担保提供人仅仅将证书以及那时的银行的向回让与之表示(Rückabtretungserklärung)返还,是不充分的;还需要一个以第 1154 条要求的形式作出的让与。如果按份共有所有权人们设定了一个土地债务,那么他们就共同享有该返回请求权(第 741 条及其以下、第 747 条第 2 句)(《联邦最高法院民事判例集》,第 103 卷,72、79 页;《新法学周刊——司法判例报告:民法》,1990 年,1202 页)。

30 原则上,担保提供人对返还请求权的构成前提,以及对被担保债权不存在,承担阐明以及举证负担。但在土地债务设定的时候,债权的多少以及"债权本身"尚未被确定的情况下,适用不同的规则,比如在交互计算账户债权的情况下就是这样。[20]

(3)通过一般交易条件来构造返回请求权

31 返回请求权内容上的构造原则上服从于合同自由原则。但在通常的格式构造的情况下,要注意《一般交易条件法》第 9 条的界限。返回请求权的排除(Ausschluβ der Rückübertragung)会使担保

---

〔19〕 联邦最高法院裁判,载《新法学周刊》,1982 年,2768、2769 页;1985 年,800 页;《经济法杂志》,1986 年,900 页;《联邦最高法院民事判例集》,第 106 卷,375、378 页;《新法学周刊》,1989 年,1732、1733 页;1991 年,1821 页;《新法学周刊——司法判例报告:民法》,1994 年,847 页。

〔20〕 联邦最高法院裁判,载《新法学周刊》,1992 年,1620 页;另参见上文边码 14。

提供人极为不公平地受损，与此相反，对附带有特定［担保］覆盖界限(Deckungsgrenze)的退还条款(Freigabeklasusel)，没有上述要求。

例子：a. 所有权人E在自己的土地上为G1设定了第一顺位的土地债务 32
5万马克，为G2设定了第二顺位的土地债务10万马克。G1在他的一般交易条件中排除了在贷款清偿情况下的返还，并且将返回请求权［的内容］一般性地限制在放弃或废止上。当G1的贷款被清偿，土地债务对于G1继续不变地存在的时候，G2进行了强制执行。在拍定给A的情况下，G1的土地债务在最少应价(das geringste Gebot)的范围之内，保持不变(《强制拍卖与强制管理法》第44条第1款、第52条第1款)；继续存在的负担的价值，会在A现金应价(Bargebot)的时候被顾及(《强制拍卖与强制管理法》第49条第1款)。放弃以及废止形式的返回请求权免除了A的负担，而且不顾及E的［利益］，尽管他已经清偿了贷款债务，并且由于负担的存在而在土地上获得了较少的出卖收益。所以E必须能要求将土地债务移转给自己，以便于能向A主张土地债务(根据《联邦最高法院民事判例集》，第106卷，375页及其以下)。

b. 银行B给予了S一笔贷款20万马克。银行在S的土地上被赋予了一 33
个20万马克的土地债务。格式的担保约定不必明示包含退还条款。根据一直以来的判例，如果在一般交易条件中返还交由银行的公正衡量来决定，而没有确定明确的贷款对价界限(Valutierungsgrenzen)的话，也是足够的(联邦最高法院裁判，载《新法学周刊》，1981年，571页及其以下；1994年，1796、1797页；《联邦最高法院民事判例集》，第109卷，240、247页)。判例在变更了的动产担保情况下的，对担保覆盖界限以及估价，连同所有那里争议的问题(另参见第五章边码22以及第五十七章边码18及其以下)，在这里都不能适用，因为恰恰在这里没有不确定担保的情况，所以缺少对担保提供人特别的保护需要。这也适用于下述情况下：即在B除了土地债务之外，还保有作为附加担保的动产担保或者保证的时候(联邦最高法院裁判，载《新法学周刊》，1994年，1796、1797页及下一页)，或者在与S(债务人)不同的E(所有权人)给予担保的情况下。但自从联邦最高法院(大法庭)对回补(revolvierend)型概括让与的裁判(载《新法学周刊》，1998年，671页及其以下)以后，人们已经认为,在土地债务的情况下,合同性的退还请求权也随着被担保债权的清偿被持续地更新,而且不能再交由担保权人自由裁量了(《一般交易条件法》第9条第1款或者《德国民法典》第138条第1款)。担保覆盖范围可以与被担保债权、费用以及利息波动一起被计算入内,但很少或者绝对不会超过115%。担保物部分的价值低劣性(Unterwertigkeit)可能使得通过土地债务进行较高的担保变得有理由,只有在这种情况下,担保的估计价值(Schätzwert)才能在联合担保的情况下(比如土地债务、担保性债权让与、担保性所有权让与等)发挥一定作用(另参见附录4a第4条以及第5条)。

3. 所有权人针对土地债务的抗辩权

34 所有权人基于担保约定以及不当得利的权利(抗辩权),是基于土地债务权利人以及所有权人之间的债权关系而产生的。但是这些权利"对抗的是土地债务"(第1157条第1句的文意就是这样!)。所以,这些权利——尽管它们属于债权——也可以对抗土地债务的受让人,前提是这些权利在土地簿册或者证书上已经体现出来了,或者受让人知道这些权利的存在(第1157条第2句,具体参见下文边码54及其以下)。

35 这样就导致了,这些抗辩权也可以在土地簿册上登记或者在证书上标注。[21] 第1157条第2句就此赋予了土地簿册更正请求权以及异议权,尽管土地簿册不是不正确,而是被登记的土地债务负有了抗辩权负担。

36 在上文边码27的例子中,E担心在G终止信贷关系后,他将该土地债

〔21〕 比如帕兰特/巴森格,第1191条,边码25;艾克曼(Eickmann),《慕尼黑德国民法典评注》,第1191条,边码53;施陶丁格/沃尔夫施泰纳,第1191条,边码5及下一码;另一种观点,科隆州高等法院裁判,载《州高等法院判例集》,1969年,419页(与此相反的主张,参见胡贝尔文,载《企业顾问》,1970年,1233页,以及楼鲍(Lopau)文,载《法学教育》,1972年,502页)。科隆州高等法院意图通过对约定的让与禁止进行登记来弥补登记能力上的瑕疵;这种办法是通用的(参见第四章边码21及下一码),但由于缺乏贷款给予人的协助,很少能实行(楼鲍,出处同上)。

务——不再被给予对价[贷款]——让与第三人。E通过暂处分的方式(im Wege der einstweiligen Verfügung)进行了异议登记(第1157条第2句连同第899条)。尽管严格来讲,对返回请求权进行担保的预告登记,才是一贯的法律临时救济措施(Rechtsbehelf);[22]但这样一来,选择一个或者另一个法律救济措施就成为了可能。[登记]异议要以具体的"现时"的抗辩权为前提,而对于预告登记,将来的返回请求权就足够了!还要注意的是,这种担保约定[作为整体]是不能被登记在土地簿册之中,土地债务也不能在土地簿册中被标记为"担保性土地债务"(联邦最高法院裁判,载《新法学周刊》,1986年,53、54页;埃尔曼/拉弗尔(Erman/Räfle),第1191条;边码7;帕兰特/巴森格(Palandt/Bassenge),第1191条,边码13;有争议,另一种观点,比如威廉,边码904及其以下;作者同上,《法学者报》,1980年,625页;艾克曼(Eickmann),《慕尼黑德国民法典评注》,第1191条,边码41);这样做,会使本来不是附随性权利的土地债务标识为附随性权利;可以登记的只能是由担保合同产生的抗辩权(第1157条),即具体产生的抗辩权,而不是作为抗辩权基础的法律关系本身(胡贝尔,《担保性土地债务》,140页;泽里克,出处同上,第28节III,具有进一步证明)。

如果被担保债权经过了时效,土地债务权利人根据第223条第2款,仍可以从土地债务上获得清偿。但根据该条第3款,对于利息以及其他反复进行的给付,*适用的规则有所不同。如果在此范围内进行了强制执行,而且债务人在强制执行后才提出时效经过抗辩的,那么债务人就还享有一个基于侵害型不当得利的得利请求权。第222条第2款第1句在缺乏自愿履行的情况下,并不能阻碍该请求权,而且即使在债务人为了避免强制执行,已经进行清偿的时候,该规定也不能对抗该请求权(联邦最高法院裁判,载《新法学 37

[22] 关于(附延缓条件或者将来)的返回请求权的预告登记能力,参见哈姆州高等法院裁判,载《新法学周刊——司法判例报告:民法》,1990年,273页;埃尔曼/劳弗尔,第1191条;边码32;帕兰特/巴森格,第1191条,边码25;艾克曼(Eickmann),《慕尼黑德国民法典评注》,第1191条,边码93。登记需要土地债务权利人,即"为他人的土地债务"之债权人的准许(Bewilligung),与此相反,对将来请求权的预告登记来讲,只要所有权人土地债务还存在的话,所有权人的准许就是足够的了。另参见第二十章边码22及其以下,以及第四十六章边码48及其以下。

* 比如租金。

周刊》,1993 年,3318 页;另参见第三十八章边码 65)。

(三)抽象性切断之尝试

38 人们曾多次尝试过,使土地债务在其产生上紧密地依赖于债权,即间接地造就一种与抵押权近似的规则。

1. 行为一体性

39 根据第 139 条行为一体性的假定而进行的尝试,已经为《帝国最高法院民事判例集》第 145 卷 155 页中的裁判所拒绝。[23] 在物权上,将土地债务权利人的变价权能限定在债权的存续数额的范围内,也是不可能的(柏林市高等法院裁判,载《法学周报》,1932 年,第 1759 条)。

2. 条件关联

40 与此相反,部分地被认为允许的是,被担保债权的有效性或者消灭,明示地被作为土地债务产生或者存在的条件。

姑且不论债权人很少会进行这样的一种条件约定,还存在着反对这样解决办法的思考,即这里——违反法律规定(第 1192 条)——的确建立了一种土地债务对被担保债权物权上效果的依赖(关于讨论状况参见艾克曼(Eickmann),《慕尼黑德国民法典评注》,第 1191 条,边码 19,具有进一步证明)。

让我们再次确定一下结论:被担保债权或者担保约定的缺少或者无效,并不能改变土地债务的成立与继续存在;第 1163 条第 1 款第 1 句不能被适用。

(四)债权与土地债务为与债务人一致的所有权人所清偿

1. 原则上清偿的法律效果

41 债权的清偿与土地债务的清偿导致的是不同的法律结果。如

[23] 另参见第五章边码 55 及其以下。

果该债务人（所有权人）清偿的是土地债务，那么就产生了所有权人土地债务（参见第四十四章边码23及其以下，具有进一步证明）。相反，如债务人（所有权人）清偿的是债权，那么根据上述的考量（参见上文边码26及其以下），土地债务保持不变，只是基于担保约定的返回请求权（向回转让、放弃与废止）被激活了。

2.清偿[对象]之确定

如果债务人（所有权人）履行了，那么他清偿的是债权还是土地债务常常可能是不清楚的。与此相关联的对支付法律后果的模糊，是很棘手的。所以，尤其重要的是为此找到有用的准则，即何时债务人（所有权人）是向土地债务[24]支付，何时是向债权上支付。 42

在这里，观点有所分歧。通说认为，一般应由支付人的意思决定；可能的是，根据其意思，债权与土地债务都应当被清偿了（对此参见赛贝尔（Seiber）文，载《法学教育》，1984年，526页）。——与清偿的实体法效果相区分的是程序上的举证负担问题。债权履行的举证负担由债务人来承担（第362条）。如果所有权人也主张其对土地债务的履行，适用同样的规则。如果所有权人针对土地债务主张，基于对最初被担保债权的履行，担保目的已经丧失，那么他就负有举证责任（《联邦最高法院民事判例集》，第109卷，197、204页；第114卷，57、71页；《法学者报》，1991年，923、926页；《新法学周刊》，1986年，53、54页）；不同的是，在土地债务权利人对尚未清偿的、以后产生的债权进行主张（参见上文边码14）的情况下，或者在数额不确定的债权被担保的时候（参见上文边码28及其以下）。 43

（1）在单方确定清偿[对象]之前的合同上约定

首要起决定性的是当事人之间合同上的约定，该约定有约束 44

---

〔24〕 关于第三人对土地债务的清偿，参见第四十四章边码26具有进一步证明。

力地排除了支付人的确定权(Bestimmungsrecht)(第 366 条第 1 款)。[25] 如果没有约定,支付人明示的或者合逻辑的履行确定(Leistungsbestimmung)起决定性的作用(第 366 条第 1 款)。[26]

45 所以,在银行的抵押放款条件中,大多数情况下明示约定支付指向债权:"所有支付都是唯一地对被土地债务担保的债权的履行;对土地债务的利息以及资本金的结算,只能在对此达成一个特别的书面协议的情况下,才能进行"。但在所有权人与债务人事后向土地债务履行,并且债权人没有反对的情况下,该约定可能默示地被个别协商之合同附加了条件(对此参见联邦最高法院裁判,载《德国法月刊》,1971 年,120 页)。该约定也不涉及那种基于土地债务有被执行之虞的情况(联邦最高法院裁判,载《新法学周刊》,1986 年,2108 页;《新法学周刊——司法判例报告:民法》,1987 年,1350 页),在这种情况下,威胁执行使得所有权人一直享有对土地债务履行的权利。债权人与债务人方面的单个权利继受人不受清偿约定之约束(有争议,参见班贝克州高等法院裁判,载《德国司法》,1963 年,199 页)。

46 只要向土地债务履行是被允许的话,那么在所有权人与债务人一致的情况下,就被推定具有双重清偿的意思(Wille zur Dop-

〔25〕 比如一般性的有,《联邦最高法院民事判例集》,第 91 卷,375、379 页;《新法学周刊——司法判例报告:民法》,1995 年,1257 页;尧尔尼希/施蒂尔纳(Jauernig/Stürner),第 366 条,边码 4;另一种观点,原则上参见格恩胡贝尔,《履行》,第 7 节,I 5;在确定权继续存在的情况下,对债务人债权上的约束;施陶丁格/沃尔夫施泰纳,对第 1191 条及其以下的评注,边码 43 及其以下。关于债权清偿与土地债务清偿之间关系不同的判例,即那些在尽管存在合同约定的情况下,还是赋予支付人变通的确定权的判例(联邦最高法院裁判,载《新法学周刊》,1976 年,2133、2133 页;《德国法月刊》,1971 年,120 页),在这个恰当的一般性的基本解决办法面前,看起来似乎是讲不通的(联邦最高法院裁判,载《新法学周刊》,1969 年,2237 页)。

〔26〕 对此参见联邦最高法院裁判,载《新法学周刊》,1976 年,2340、2341 页;1983 年,2502、2503 页;1987 年,838、839 页;《经济法杂志》,1995 年,1404 页;《新法学周刊——司法判例报告:民法》,1989 年,1036、1037 页。

peltilgung)，这样就产生了一个所有权人土地债务，而债权也消灭了。[27]

与此相反，在没有特别的双重清偿之确定的情况下，如果与债务人不是同一个人的所有权人进行了履行的话，债权原则上保持不变（对此参见《联邦最高法院民事判例集》，第105卷，154、157页；第80卷，228、230页；《新法学周刊》，1980年，2198页；1987年，938、939页；《新法学周刊——司法判例报告：民法》，1990年，813、814页；《新法学周刊》，1991年，1821页，详情参见下文边码82及其以下，以及边码86及其以下）。[28]

（2）没有清偿之确定

如果没有合同上的约定，或者缺乏履行人的特别意思，或者这些情况不能被确定，那么根据利益状况，区分如下情况： 47

a. 持续的信贷合同

在一个尚在持续中的信贷合同的框架内，债务人将支付履行到自己的账户上，并不影响土地债务的存在。因为在这种情况下，与抵押权相反，为当事人所利用的土地债务的优点，恰恰就在于不能产生所有权人土地债务。[29]

即使信贷合同随着最终支付而终止了，一般情况下，该最终支付也是对

〔27〕 联邦最高法院裁判，载《新法学周刊》，1980年，2198页；1987年，838、839页；1992年，3228、3229页；《联邦最高法院民事判例集》，第80卷，228、230页；第105卷，154、157页。有意思的案例有：联邦最高法院裁判，载《新法学周刊》，1996年，1207、1209页：对登记簿上债权人的履行不得同时免除人上的债务；批评意见参见蒂特克，《新法学周刊》，1997年，851、852页；另参见第三十八章边码62、108及其以下；另外还有第四十四章边码22。

〔28〕 对于全部问题，参见D. 赖尼克（D. Reinicke）文，载《有价证券法通讯》，1987年，485页。

〔29〕 这样的还有联邦最高法院裁判，载《新法学周刊》，1983年，2502页，在II 2 b bb以下；《新法学周刊——司法判例报告：民法》，1993年，386、389页。

债权的履行。因为很难将如下内容假定为当事人的意思,即在合同终止前给予的履行,在法律上应当有一个不同于最终支付的效果。

b. 长期投资贷款的一次性清偿

48 如果长期投资贷款一次性全部被清偿的话,那么债务人(即所有权人)一般是想对债权以及土地债务同时履行,由此产生了一个所有权人土地债务。〔30〕

例如:所有权人E(即债务人)为了扩建他的工厂,凭着第一顺位的土地债务,而从G处获得了一笔1百万马克、为期6年的贷款。如果到期后,E向G进行了清偿,那么土地债务也应当被清偿了。

另外关于土地债务的到期,请注意第1193条! 第1142条不能被直接地适用于土地债务。〔31〕 而与债权到期在合同上进行关联,却可以准用第1142条;该关联可以通过对登记准许查照(Bezugnahme auf die Eintragungsbewilligung)的方式,成为土地债务的内容。通常,土地债务也被认定为到期。

c. 在长期投资贷款情况下的阶段性支付

49 最后,在下述情况下,尚存有疑问,即虽然存有一个长期投资贷款,但债务人只负有分期付款的义务,也就是说,存在一种与分期清偿抵押权类似的构成。在这里,如有疑问的话,按照意愿,分期支付的计算指向的只是债权。〔32〕

---

〔30〕 比如,联邦最高法院裁判,载《企业顾问》,1969年,698页;《德国公证杂志》,1981年,398页。与人上的债务人一致的土地所有权人的破产管理人,一直是对土地债务支付的(联邦最高法院裁判,载《新法学周刊》,1994年,2692页),因为他必须顾及别除权。

〔31〕 比较拉贝尔(Räbel)文,载《新法学周刊》,1953年,1247、1248页。

〔32〕 与这里一样的还有,哈姆州高等法院裁判,载《新法学周刊——司法判例报告:民法》,1990年,272、273页;另一种观点,雷姆斯巴彻尔(Rimmelspracher),第12节,边码800及其以下:向债权以及土地债务支付。

因为当事人恰恰想通过土地债务,避免分期清偿抵押权(贷款持续期间,在所有权人更替的情况下,会有不同的所有权人土地债务,该所有权人土地债务随着所有权人的每次更替,而不断地转化为他人土地债务——在涂销或者在为了一笔新贷款的发放而进行土地债务变价的时候,会有困难)的缺点。

(五)在强制执行中的返回请求权

50 债务人(即所有权人)的返回请求权在强制执行的情况下,也继续存在。在土地债务消灭的情况下,该请求权指向的是出卖收益以及在分配计划中的相应的考量(《强制拍卖与强制管理法》第114条),[33]在土地债务继续存在的情况下,指向的是向回转让。

51 例子:E的土地上负担有G的10万马克的土地债务,该土地债务通过一个对E贷款的形式,只被支付了5万马克的对价,顺位优先的抵押权人H进行了强制执行,Z赢得了拍卖。该拍卖所得收益满足了H的抵押权,还剩有7万马克,代替土地承担土地债务之担保责任(代位原则Surrogationsprinzip,参见《强制拍卖与强制管理法》第92条第1款;鲍尔/施蒂尔纳(Baur/Stürner),第1卷,《强制执行法》,第36节,边码25)。如果没有——就像常常在一般交易条件中那样——另外不同的约定的话,担保合同就会使得G作为E的信托人,在拍卖程序中负有义务,行使全部的基于土地债务产生的权利。如果G获得了该7万马克,那么E可以向G要求返还2万马克的“多出收益部分”。但E在分配程序中就已经可以主张自己的请求权了(联邦最高法院裁判,载《新法学周刊》,1975年,800页;1977年,247、248页;1981年,1505、1506页;1986年,2108、2111页;1992年,1620页;《联邦最高法院民事判例集》,第108卷,237、247、248页;《德国司法》,1991年,381、382页)。

---

〔33〕部分有争议,策勒/施特贝尔(Zeller/Stöber),《强制执行法》,1996年,第15版,第114节,边码7.5以及7.7;富有启发性的有联邦最高法院裁判,载《德国司法》,1986年,312、313页;迈尔(Mayer)文,载《德国司法》,1986年,443页。

52 如果G的顺位在先的土地债务不再会被完全支付贷款对价,而后顺位的抵押权人H进行了强制执行(对此参见联邦最高法院裁判,载《新法学周刊——司法判例报告:民法》,1989年,173页及其以下),那么G的土地债务就要继续存在(《强制拍卖与强制管理法》第44条第1款、第52条第1款),Z就最终E经济上所负担的部分,相应地少支付一些(《强制拍卖与强制管理法》第49条)。E对G的返回请求权保持不变(联邦最高法院裁判,载《新法学周刊——司法判例报告:民法》,1990年,1202页,具有证明)。如果Z清偿了G的土地债务——在没有不同约定的情况下,G必须按照担保约定对此进行照管——那么E也可以在这种情况下,基于返回请求权要求返还5万马克的"多出收益部分"(Übererlös)。如果G没有实现该"多出收益部分",但尽管如此还是准许[土地债务的]全部的消除,那么E对Z就其受益的"多出收益部分",没有不当得利请求权(第812条第1款第1句第2种情况);因为返回请求权不含有为Z所可能侵犯的归属(Zueisuags gehalt)之内容*(联邦最高法院裁判,载《新法学周刊》,1993年,1919页;1974年,2279、2280页;现在还有另一种观点,楼鲍(Lopau)文,载《法学教育》,1976年,315页)。E最多可以在G处获得补偿,如果G由于违反担保约定而负有损害赔偿之债的话(很有争议,鲍尔/施蒂尔纳,《强制执行法》,第1卷,第36节,边码39,具有证明)。

53 有争议的是,土地债务的权利人在强制拍卖程序中,是否也必须对其担保不必要的土地债务之利息进行照管。如果他要对利息进行照管,返回请求权就包括了利息的返还(联邦最高法院裁判,载《新法学周刊》,1981年,1505页及其以下)。在这一点上,土地债务权利人没有义务,因为在预先发生返还的情况下,第1197条第2款也同样不会赋予所有权人以利息(慕尼黑州高等法院裁判,载《新法学周刊》,1980年,1051页,附有沃尔克莫尔(Vollkommer)的评注;有争议,另参见埃克尔特(Eckelt)文,载《有价证券法通讯》,1980年,454页;施特贝尔(Stöber)文,载《经济法杂志》,1980年,976页;鲍尔/施蒂尔纳,《强制执行法》,第1卷,第36节,边码37,具有证明)。大多数情况下,会有一个对土地债务之债权人清偿的格式条款(另参见附录5 II,8.4)。

---

* 一般,物权具有归属内容。

三、债权与土地债务的让与

就抵押权而言,债权与不动产担保物权不可分离地结合在一起(第1153条)。这个原则不适用于土地债务(第1192条)。第401条的规则在此也不适用,根据该条,"担保物权"伴随债权的移转而移转;第401条有意识地限制在抵押权这一名词之下,因为土地债务根本就不应该随着债权"一起走"。所以,债权与土地债务分离,绝对是可能的。 54

债权与土地债务的分离会造成复杂化,所以人们都不希望这样。银行旧的《一般交易条件》第21条第3款第2句规定:银行只能与被担保的债权一起,直接出卖土地债务以及定期金债务,并且只能以与被担保债权相称的数额进行出卖(对此参见联邦最高法院裁判,载《新法学周刊》,1982年,2768页)。1993年银行新的《一般交易条件》中(《新法学周刊》,1992年,3278页),这些规则交由具体个别担保中的《一般交易条件》决定(对此参见默克尔(Merkel)文,载《有价证券法通讯》,1993年,725、732页;豪尔仁(Hoeren)文,载《新法学周刊》,1992年,3263、3264页左半边下面)。 55

(一)土地债务的让与

1. 一并让与土地债务与债权

债权与土地债务可以一起被让与。债权的让与根据的是第398条及其以下,土地债务的让与根据的是第1192条,连同第1154条及其以下。[34] 56

如果债权与土地债务在让与后还是归一个人享有,那么债务人(所有权人)的法律地位并没有显著地受到让与的影响。因为他基于担保关系,而对出让人享有的须主张的抗辩权以及无须主

〔34〕 对于代理行为,适用一般原则,参见联邦最高法院裁判,载《新法学周刊——司法判例报告:民法》,1993年,369、370页,关于在为了对第三人债务担保而进行的让与土地债务的情况下,对代理权的滥用;另外还有第三十八章边码38。

张的抗辩权,根据第404条(在债权方面),而且在第1157条的范围内,也可以对抗受让人。[35] 虽然受让人没有加入到原先土地债务拥有人与出让人之间的担保约定之中,也是如此,这样,在债权被履行之后,并不存在一个合同上的返回请求权。但是,在担保目的消失后,这样的一个请求权可以基于第1192条与第1169条而产生。[36]

57 如果担保的保持受到了危害,按照银行旧的《一般交易条件》第21条第2款,对债权以及作为银行的担保的土地债务,在变价到期(变价条件成熟)前,就已经可以进行变价实现。即银行可以在变价期满之前,就可以将土地债务连同债权一同让与(银行旧的《一般交易条件》第21条第3款)。现在,就相应的规则,1993年的银行《一般交易条件》允许个别的一般交易条件进行规定。

2. 单独让与土地债务

58 如果现在的债权人只让与了土地债务,法律状况就不一样了。[37] 在此,首先必须要考察的问题是,他何时得相对于债务人(即所有权人)进行这样的让与(他是可以这样做的,这是基于其作为土地债务拥有人的地位得出的结论),即什么时候他得在不同时转让债权的情况下,通过让与来变价实现土地债务。对这个问题的答案在担保合同之中。一般情况下,被担保债权到期后,通

---

〔35〕 关于土地债务,当然具有如下的限制,即受让人知道存在土地债务,或者它被登记在土地簿册之中了:《联邦最高法院民事判例集》,第103卷,72页、81页及下一页;德勒德(Derleder)文,载《法学教育》,90、93页。

〔36〕 对此参见联邦最高法院裁判,载《新法学周刊》,1985年,800、801页;另参见《联邦最高法院民事判例集》,第108卷,237、243页;不同于在返回请求权被进行合同性债务承担的情况下。

〔37〕 对于土地债务让与义务的履行地,参见联邦最高法院裁判,载《新法学周刊》,1995年,1546页(债权人所在地)。

过让与来变价实现,在债权人与所有权人(即债务人)的内部关系中是允许的。如果不是另有规定,在此之前进行变价实现是违背担保合同的。[38]

但在一般情况下,变价条件成熟(Verwertungsreife)之前的变价禁止(Verwertungsverbot),被解释为对物上权利的债权上的约束(对此参见联邦最高法院裁判,载《新法学周刊》,1982 年,2768、2769 页),而不是作为物权效果的让与禁止(第 399 条),这种物权上的让与禁止原则上也是可以的(参见第四章边码 21 及下一码),但需要登记。违反担保约定的约束,会产生基于积极违反合同(positive Vertragsverletzung)的损害赔偿义务,比如在单独让与导致双重请求的情况下(联邦最高法院裁判,载《新法学周刊》,1982 年,2768、2769 页;联邦最高法院裁判,载《新法学周刊——司法判例报告:民法》,1987 年,139、141 页)。变价条件成熟后通过让与方式进行变价的情况下,担保权人的行为是符合合同的:被担保的债权在所获得的[变价]受益范围内消灭(联邦最高法院裁判,载《新法学周刊》,1982 年,2768、2769 页;《有价证券法通讯》,1989 年,488 页),所有权人的返回请求权也消灭了(联邦最高法院裁判,载《新法学周刊》,1979 年,717 页),而且在担保权人重新获得被变价的土地债务的情况下,所有权人也不能再对抗担保权人。在变价的时候,担保权人也必须保障所有权人的利益,争取尽可能有利的变价,否则他要承担损害赔偿的义务。但债权人没有义务,将负有多个债务的债务人的部分给付,正好冲抵被担保的债权,或者首先对债务人的担保采取措施(联邦最高法院裁判,载《新法学周刊》,1997 年,2514 页;对此克莱门特文,载《经济法判决集》,1997 年,975 页);当然,可以进行不同的约定。 59

与土地债务变价前提要件的问题,相区别的问题是,债权人是否只能或者必须首先从土地债务中获得清偿,或者他是否得立刻基于对人债权,就全部的财产进行强制执行,换句话说,随着债权的到期,土地债务是否被看做是 60

---

〔38〕 比较联邦最高法院裁判,载《新法学周刊》,1979 年,717 页;《新法学周刊——司法判例报告:民法》,1987 年,139、141 页。

基于履行的原因(erfüllungshalber)* 而被交出的。对这个问题作肯定的回答,会导致如下的结果,即在债权人基于对人债权对债务人采取措施之前,债权人实际上必须首先基于土地债务,尝试进行强制执行。就土地债务而言,这样的一个先顺位的变价义务,单单从与强制拍卖联系在一起的复杂性来看,一般就是不符合当事人的意思的。[39]

3. 受让人与所有权人——债务人之间的关系

61 如果现在的债权人将土地债务"单独地"让与取得人,那么担保合同的内容在所有权人(即债务人)与受让人之间的关系上,并没有直接的意义。但这个原则大致是正确的,因为现在要用到前面已经提到的(参见下文边码 34 及其以下)第 1157 条的独特作用:债务人(即所有权人)基于其与让与人签订的担保合同产生的——在让与那一时刻已经产生的[40] ——抗辩权,就该关系而言,也是针对土地债务的。只要这些抗辩权体现在土地簿册(或证书)上,或者为受让人所知道(第 1157 条第 2 句),那么它们作为"由所有权人确定的"抗辩权,也可以对抗受让人。

62 这里首先有一个简单的案例:债权人 G 对他的债务人负有义务,只有在自债权终止 3 个月之后,才能对土地债务进行变价。G 违反了这个约定,立刻将土地债务让与 Z,Z 对 E 就土地债务提出了主张。在这里,如果 Z 知道,

---

* 即先以土地债务进行清偿。

〔39〕 详情参见科瓦尔斯基(Kowalski),出处同上,26 页;绝对的通说,《联邦最高法院民事判例集》,第 85 卷,388 页(对此予以批评的,威廉文,载《新法学周刊》,1983 年,2917 页);鲍尔,《针对青年法学者的判例汇编:物权,带有解释性评论的挑选之判决》,案例 52b;联邦最高法院裁判,载《新法学周刊——司法判例报告:民法》,1987 年,139、140 页。

〔40〕 《联邦最高法院民事判例集》,第 85 卷,388 页(对此予以批评的,威廉文,载《新法学周刊》,1983 年,2917 页);鲍尔,《针对青年法学者的判例汇编:物权,带有解释性评论的挑选之判决》,案例 52b;联邦最高法院裁判,载《新法学周刊——司法判例报告:民法》,1987 年,139、140 页。

或者延期抗辩体现在土地簿册上[41]的话(所以也包括异议登记允许的情况,参见上文边码35),E也可以以延期[变价]的抗辩对抗Z。

有疑问也有争议[42]的问题是,是否可以基于受让人如下的认知,即在让与给他的土地债务上,迄今为止涉及的是一个担保性土地债务,得出[他是]恶意的结论,由此是否产生一个特别的咨询义务,还有,因为受让人知道土地债务的担保性质,受让人将来是否必须承受如下异议抗辩,即债务人对让与人已经支付了。 63

首先根据判例以及通说[43]要强调的是,土地债务的受让人不得比流通性抵押权取得人的地位更差,流通性抵押权取得人,就其对土地簿册信赖上,为第1138条、第1156条所保护。[44]

(1)受让人没有咨询义务

就如下问题,受让人没有咨询义务,即目前被担保的债权是否全部存在, 64

---

[41] G与Z之间的约定对G与E之间的关系绝对是没有作用的(联邦最高法院裁判,载《新法学周刊》,1974年,185页)。

[42] 对此尤其参见布赫霍尔茨文,载《民法实务档案》,第187卷,107、128页;屈希勒尔(Küchler),出处同上,94页及其以下、100页及其以下;拉恩,出处同上,270页及其以下;胡贝尔,出处同上,141页及其以下,以及《企业顾问》,1970年,1233页;楼鲍文,载《新法学周刊》,1972年,2253页;巴登(Baden)文,载《法学教育》,1977年,75页;赖尼克/蒂特克,《信贷担保》,357页及其以下;蒂特克,《善意取得》,144页及其以下。

[43] 对此参见《联邦最高法院民事判例集》,第59卷,1页、2页及下一页;第103卷,72、82页;胡贝尔,出处同上,135页;施陶丁格/沃尔夫施泰纳,第1157条,边码20、22;韦斯特曼/艾克曼,第132节,III 2;另一种观点,现在参见艾克曼,《慕尼黑德国民法典评注》,第1191条,边码49及其以下、边码51。

[44] 反对该论据的有,楼鲍,出处同上;强烈倾向于对所有权人保护的有,威廉,边码904及其以下,以及《法学者报》,1980年,625页;艾克曼,《慕尼黑德国民法典评注》,第1191条,边码51。

让与人根据担保约定是否已经有权利进行土地债务的变价,所有权人是否可以要求土地债务的返还(十分明确的有《联邦最高法院民事判例集》,第103卷,72、82页;要求肯定明确的认知;取得人"必定已经估计到了基于担保约定的抗辩",是不充分的)。

(2)以后对让与人支付的非重要性

65 即使让与人知道土地债务在当时具有担保的性质,债务人(即所有权人)后来对让与人的支付,对他而言,也是毫无[法律]意义的。在此,只能对土地债务的拥有人进行履行。因为担保约定中的抗辩必须在土地债务让与那一时刻已经存在了;在已经存在的担保约定基础上,抗辩权的事后更新并不是充分的(《联邦最高法院民事判例集》,第85卷,388页;联邦最高法院裁判,载《企业》,1976年,1619页;联邦最高法院裁判,载《新法学周刊——司法判例报告:民法》,1987年,139、140页;韦斯特曼/艾克曼,第132节,III 2c)。

(3)对担保目的以及作为抗辩基础事实的明知

66 如果让与人知道土地债务的担保性质,并且知道没有放款的事实,[45]或者知道已经存在的返还请求权,甚或如果这些在土地簿册(证书)中体现出来了,那么由此产生出来的抗辩也可以对抗他(第1157条第2句)。所以,对担保目的以及作为担保基础的事实的知晓是必需的(《联邦最高法院民事判例集》,第103卷,72、82页)。只有在作为土地债务设定基础的担保合同不存在,并且受让人无偿地获得了土地债务的情况下,才会考虑到对受让人的不当得利抗辩权(第822条,《联邦最高法院民事判例集》,第108卷,237、243页)。

---

〔45〕 赖尼克/蒂特克,出处同上,357页,在土地债务没有被支付对价,"但还能被支付对价"(人们从哪里能知道能否被放款呢?)的时候,他们是绝对不想适用第1157条的。

例子:一个很小的私有银行 G 为 E 提供了一笔长期的贷款 10 万马克,并以此额度设定了土地债务。该银行自己为了获得贷款,而将土地债务让与 Z——一个对信贷事务很有经验的银行;此时,该土地债务已被支付了 5 万马克贷款的对价。后来,G 陷入了破产的境地;Z 就土地债务的全额主张权利。这个主张是合理的!虽然能够认定,Z 作为对信贷事务有经验的银行知道土地债务的担保特性,但这不能要求它去进行咨询,土地债务是否全部被支付了对价,以及按照作为基础的(G 与 E 之间的)合同,土地债务是否已经可以被变价了。因为它在流通性抵押权取得的时候,对此也不负有义务。即使 G 与 E 之间的信贷关系已经结束了,即 E 对 G 已经享有了一个返回请求权,Z 也成为了土地债务的拥有人,当然,如果它知道该返还请求权的存在,或者该返还请求权已经体现在土地簿册中了,其上则负有抗辩(第 1157 条)(参见《联邦最高法院民事判例集》,第 59 卷,1 页;第 103 卷,72、82 页)。[46] 67

在让与根据法律而产生的时候,善意地、无抗辩权地取得应当不在考虑之列,比如,按照第 1150 条(联邦最高法院裁判,载《新法学周刊》,1986 年,1487 页;《新法学周刊》,1997 年,190、191 页;在该一般状态下是不正确的;另参见第三十八章边码 108 及其以下,114 页)。

(二)单独让与债权

1. 事实构成以及后果

债权与土地债务的分离状态可以——像刚才所说的——通过下述让与产生,即目前的债权人仅仅让与了土地债务。但这种分离也可以通过下述方式形成,即债权人将债权让与给另一个人。在这两种情况下,所有权人的状况都不像乍一看所显示的那样那 68

---

〔46〕《联邦最高法院民事判例集》,第 66 卷,165、172 页中的裁判,对于特殊情况,放弃了对抗辩事实构成的明知的要求,该特殊情况如下:由消费者贷款交易(那时是分期支付交易)中产生的债权,为土地债务所担保,受让人在经济上参与了该交易。这种对"亲近的"人减弱保护的思想似乎是可以进行一般化的(韦斯特曼/艾克曼,第 132 节,III 2b),尽管这种思想又一次地使物权法的清晰明确性有所丧失。

么没有希望。因为债务人可以以所有产生于担保合同中的、须主张的抗辩以及无须主张的抗辩来对抗债权的债权人——还有受让人(第 404 条)。他可以——在被请求支付的情况下——要求,将对土地债务的确定以及消灭必需的证书以同时履行(Zug um Zug)的方式交给他[47](返还请求权:第 273 条);如果土地债务已经被让与另一个人的话,债权人就交不出该证书。虽然第 1144 条不能直接被适用,但是基于担保约定得出的是同样的法律思想。

2. 对土地债务一并移转的请求权

69 在单独让与债权的情况下,虽然土地债务作为抽象的担保权,并不根据法律移转与受让人(不可适用第 401 条)。但根据作为让与基础的债务关系,可以产生一个对物权担保一同移转的请求权(尧尔尼希/施蒂尔纳,第 401 条,边码 5);这也适用于法定债权移转的情况,比如根据第 774 条、第 426 条(《联邦最高法院民事判例集》,第 92 卷,374、378 页;第 88 卷,228、232 页;第 110 卷,41、43 页;《新法学周刊——司法判例报告:民法》,1993 年,386、390 页;1995 年,589 页;对此还有下文边码 82 及其以下)。所以,单独让与债权也不是一直任意地导致债权人方面分裂的。[48]

3. 与在单独让与土地债务情况下的债务人地位之对比

70 所有权人相对于土地债务受让人的法律地位取决于第 1157 条;这意味着,如果受让人已经知道这些基于担保合同的约定,或者这些约定已经体现在土地簿册之中了,那么这些约定也可以被用来对抗他(对此参见上文边码 61 及其以下)。即使在债权与土

---

[47] 联邦最高法院裁判,载《新法学周刊》,1982 年,2768、2769 页;1987 年,838、839 页;1991 年,1821 页。

[48] 对于担保目的是否会因为单独让与被担保的债权而消灭,从而担保提供人可以要求返还土地债务的问题,参见联邦最高法院裁判,载《德国公证杂志》,1992 年,51 页。

地债务分离之后，有人基于土地债务向所有权人请求，所有权人也是被确保免受双重请求（Doppelinanspruchnahme）风险的。此外，担保目的最终丧失的抗辩，赋予了所有权人一个对土地债务受让人的返回请求权，即根据第1169条的返回请求权。[49]

我们再设想一下上文给出的例子（参见边码67）：如果E为G所请求，那么G的破产管理人可以对E不主张5万马克的贷款。虽然G对E贷款债权并不随着E对Z的支付而消灭，但G的破产管理人的起诉，会由于形式上的原因而失败，即它不能交出土地债务的消灭证书（第273条、第404条：返回请求权），除此之外，E可以用担保合同违反产生的损害赔偿债权（在结果上他必须[向Z]支付，虽然他只获得了5万马克的贷款）进行抵消（Aufrechnung）（《破产法》第53条及其以下、《支付不能法》第94条及其以下）。 71

四、"被动方的"分裂

（一）与债务人并非同一人的所有权人的法律地位

对于所有权人与债务人不一致的情况，如我们所知道的那样，在抵押权法中的规定是很充分的。涉及终止（第1141条）、解销权（Ablösungsrecht）（第1142条、第1144条），在所有权人清偿抵押权的情况下，债权连同抵押权的一同移转（第1143条、第1153条），只要进行履行的债务人不能向所有权人要求补偿（Regreβ），抵押权就移转给所有权人了（第1164条）。所有这些情况也可能产生在担保性土地债务的情况下，但法律对此没有规定。 72

1. 所有权人作为担保合同的当事人

比较简单的是所有权人是担保合同当事人的情况；那么那些由担保约定中得出的权利以及抗辩，也归所有权人享有。 73

---

〔49〕 对此参见联邦最高法院裁判，载《新法学周刊》，1985年，800、801页；《联邦最高法院民事判例集》，第108卷，237、243页，以及上文边码56，法律上相似的情况。

案例:G 发放给 S 一笔往来最高额贷款(Kredit in laufender Rechnung);在担保约定中,E 负有义务设定一个土地债务,用于担保该贷款。如果贷款关系结束了,那么 E 就享有一个对 G 的返回请求权(对此参见联邦最高法院裁判,载《新法学周刊》,1989 年,1732、1733 页;上文边码 26 及其以下、边码 34 及其以下)。它也可以以抗辩的方式用这个请求权对抗 G。由 E 与 G 之间的担保合同并不能得出 G 负有义务,去获得 S 另外其他的担保或者不得退还 S 的其他担保(联邦最高法院裁判,载《新法学周刊——司法判例报告:民法》,1987 年,1291、1292 页;类似的还有联邦最高法院裁判,载《新法学周刊》,1997 年,2514 页——存有疑问! 基于第 1165 条的论据?)。

2. 担保合同当事人与土地债务当事人的分裂

74 当所有权人不是担保合同当事人的时候,法律状况又会怎样呢?

在这里,要区分两种典型的产生事实构成。债务人可以将属于他的或者在第三人土地上为他所创设的他人型土地债务,让与债权人(《联邦最高法院民事判例集》,第 88 卷,228、230、231 页),再或者,让别人为债权人重新设定一个土地债务(原始型担保合同当事人与土地债务当事人的分裂)。还有一种情况是,被设定负担的土地的所有权人最初是担保约定的当事人,但他在土地债务继续存在的情况下,将土地出卖给了第三人(次位型担保合同当事人与土地债务当事人的分裂)。

(1)原始型分裂

75 当债务人将他人土地上的土地债务作为担保进行移转,并且与债权上的债权人订立了一个相应的合同,那么在担保目的消灭的情况下,债务人享有一个返回请求权。他可以用不作为请求权(Unterlassungsanspruch)来阻止违反合同的变价行为,同时还存在一个合同性的损害赔偿请求权。

76 例子(根据的是联邦最高法院裁判,载《新法学周刊》,1989 年,1732 页及其以下)：G 发放给 S 一笔贷款。作为担保，S 让与了他在 E 土地上的土地债务（第 1154 条）。借贷之债被清偿后，S 可以要求同时进行（第 273 条）土地债务的返还（联邦最高法院裁判，载《新法学周刊》，1991 年，1821 页）。没有 S 的协助，G 既不能放弃土地债务，也不可以同意涂销土地债务。违反约定的抛弃以及违反约定的涂销在物权上是有效的，但会导致损害赔偿的义务。

所有权人 E 在这个案例中，对 G 没有合同上的返回请求权，也没有根据与 G 达成的担保约定——实际上不存在——对土地债务的抗辩权。另外的问题时，G 作为受让人是否必定受到由 E 与让与人 S 之间的担保约定中产生的抗辩权的对抗（第 1157 条第 2 句），而且，是否可以从这些抗辩中产生一个法定的放弃请求权（对此参见上文边码 56 及其以下，具有证明）。

(2)次位型分裂

如果与债权人订有担保约定的债务人（即所有权人），或者所有权人，让与了被负担的土地，那么只有在他通过法律行为加入该担保约定，或者至少基于担保约定的返回请求权被让与他的情况下，[50]也可以是在担保约定含有一个有利于第三人契约的情况下，[51]新的所有权人才可以主张行使担保约定中的权利。 77

例子：债务人（即所有权人）E 将他的土地让与 K，该土地上负担有一个为了 G 的利益，用于担保贷款的土地债务。如果 K 受让土地时，没有将土地债务考虑在购买价格之内，因为 E 对 K 表示，土地债务在信贷关系结束后就可以“消除了”，那么 K 只有在 E 让与他返回请求权的情况下，才享有该返回请求权。没有该让与行为，E 就一直是返还请求权的债权人，并且可以单独 78

---

〔50〕 比如联邦最高法院裁判，载《新法学周刊》，1990 年，576 页（在这方面于《联邦最高法院民事判例集》，第 109 卷，197 页中没有印出来）；1986 年，2108、2109 页（加入担保约定）；1983 年，2502、2503 页。

〔51〕 例子：联邦最高法院裁判，载《新法学周刊》，1992 年，1390 页，为了土地取得人的利益，银行免除义务的义务。

行使该请求权（另参见《联邦最高法院民事判例集》，第 104 卷，26、30 页；第 106 卷，375、378 页）。K 现在只能在内部关系上，向作为出卖方的 E 主张权利（《德国民法典》第 434 条、第 439 条第 2 款、第 440 条第 1 款、第 325 条第 1 款第 3 句、第 323 条第 2 款、第 281 条）。

79 如果土地债务已经被计算在买卖价格中了，那么这就意味着，K 就土地债务数额对于 E 另外的借贷应当负有担保责任，并且在信贷关系结束后，对 E 负有义务，还清 G 发放的贷款。在将土地债务计算入买卖价格情况下，通过买卖合同方式受让土地债务，在德国法上，这里存在着一个对 G 的返还请求权的默示让与（联邦最高法院裁判，载《新法学周刊》，1991 年，1821、1822 页；1983 年，2502 页）。另参见第三十八章边码 97 及下一码，在抵押权上的情况相同。

（二）土地债务的到期以及履行权

80 什么时候与债务人并非同一人的所有权人*必须*或者*可以*履行呢？

1. 土地债务的到期

土地债务的到期取决于在物权设定时达成的，并被记录在土地簿册中的约定；如果没有相关的约定，那么就适用第 1193 条。

因此，土地债务的到期并不取决于债权是否到期；但也没有如下的疑虑，即通过登记的约定，土地债务的到期会与对人债权关联在一起了。[52] 通常会约定并登记［土地债务］*即刻*到期（sorfortige Fälligkeit）。

2. 所有权人的履行权

81 根据第 1142 条第 1 款，如果债务人有权履行的话，所有权人就有权对债权人进行履行。但该规定是不能适用的。因为如果这样的话，债务人按照第 271 条第 2 款，在有疑问的情况下，一直有

〔52〕 另一种观点胡贝尔，出处同上，140 页；泽格尔/康岑（Soergel/Konzen），第 1191 条，边码 2，绝对的通说。

权进行履行,那么这将意味着,所有权人也是一直可以清偿土地债务。所有权人只有在土地债务到期的时候,或者在债权人与债务人之间的担保关系终结的情况下,才有清偿权(Befriedigungsrecht)(参见上文边码80)。

对于下文这个有意思的问题,即所有权人可否在一段时间后,自主地造成担保合同的终止(人们不能指望所有权人无期限地对发放给债务人的贷款进行担保),参见拉贝尔(Räbel)文,载《新法学周刊》,1953年,1248页。

(三)所有权人的履行[53]

如果与债务人不同的所有权人进行了支付,那么他是在向“土地债务”履行,他取得的是所有权人土地债务(参见上文第四十四章边码23及其以下、第四十五章边码42及其以下)。对人债务保持不动。[54] 与在第1143条中规定的不同,被担保的债权并不能根据法律而移转到他的手中,[55]因为该规定的前提是附随性;第426条第2款也不能被类推适用,因为债务人与所有权人并不是在“同一层次”上承担责任的。[56]但通说认为,所有权人享有一个对债权人请求让与被担保债权的请求权,有些人认为只有在 82

〔53〕 对于第三人进行的履行,参见第四十四章边码26,具有证明。

〔54〕《联邦最高法院民事判例集》,第80卷,228、230页(鲍尔,《针对青年法学者的判例汇编:物权,带有解释性评论的挑选之判决》,案例52c);第105卷,154、157页;联邦最高法院裁判,载《新法学周刊》,1980年,2198页;1987年,838、839页;1991年,1821页;《新法学周刊——司法判例报告:民法》,1990年,813、814页;绝对的通说;另参见上文边码46。

〔55〕 对于准用第1143条,持相反意见的参见威廉,边码922及其以下。

〔56〕《联邦最高法院民事判例集》,第105卷,154、157、158页(对此参见厄勒(Oehler)文,载《法学教育》,1989年,604页;蒂特克文,载《法学者报》,1988年,1006页);第108卷,179、184、187页;另参见,对于第426条第2款,还有上文边码1及其以下,具有证明。

内部关系上存有追偿权(Rückgriffsrecht)的情况下才可以,有些人则认为无需考虑追偿权。[57]

83 载《帝国最高法院民事判例集》第150卷371、374页中的裁判走的太远了,并有一个有趣的理由:"按照其经济性质,所有权人土地债务的担保性让与(Sicherungsabtretung einer Eigentümergrundschuld)和为对人债务进行抵押权设定是很类似的,对债权人进行清偿的债务人,基于土地债务享有一个权利,即通过让与对人上的债务人的债权,他应当与处于相同情况的抵押权债务人一样被对待"。柏林市高等法院,现在还有联邦最高法院,将让与的请求权与所有权人对债务人的追偿权(Rückgriffsrecht)联系在一起了(柏林市高等法院裁判,载《新法学周刊》,1961年,414页;联邦最高法院裁判,载《新法学周刊》,1994年,2692页右半边)。此外,联邦最高法院对让与请求权的问题暂时搁置了(《联邦最高法院民事判例集》,第88卷,228、231页;第105卷,154、158页;第108卷,179、184页)。[58] 只要债务人作为担保提供人,对债权人的双重结算(doppelte Liquidation)不能以担保约定进行抗辩(参见上文边码75),联邦最高法院就运用恶意之抗辩(Arglisteinrede)(第242条)来处理(《联邦最高法院民事判例集》,第105卷,154、158页),以避免双重支付。如果在与债务人的内部关系中,所有权人负有履行义务,那么他当然不能享有对人上的债务进行让与的请求权了(比照在抵押权情况下的相应情形,参见上文第四十章边码17及下一码)。

84 随着将债权人对债务人之债权让与所有权人,被附加设定的保证也移转给所有权人吗?假如没有约定的话,对于保证以及土地债务的归属问题,联邦最高法院就会在同一层次责任的意义上进行了判定(《联邦最高法院民事判例集》,第108卷,179、182页及其以下;《新法学周刊》,1982年,2308页;1992年,3228页;另参见第三十八章边码100及其以下)。

85 例子:银行G发放给S一笔7万马克的贷款。B对这笔贷款进行了保

〔57〕 韦斯特曼/艾克曼,第133节,III以及IV;帕兰特/巴森格,第1191条,边码33;埃尔曼/拉弗尔,第1191条,边码45。

〔58〕 联邦最高法院判例,载《新法学周刊》,1982年,2308页,涉及约定让与的情况。

证,E用在他土地上的土地债务进行了担保。如果在担保期满时,E首先被请求,那么在被担保的债权不被让与的情况下,清偿(Tilgung)只能由他来进行。如果保证人B首先被请求,土地债务并不随着被担保的主债务的移转(第774条第1款)而移转给他(缺乏第401条中要求的附随性!)。只有在存有让与土地债务之请求权(《联邦最高法院民事判例集》,第92卷,374、378页;对此参见上文边码69),而且已经进行了让与的情况下,才会有所不同。据此,先被请求的担保提供人要承担担保责任,具有很大偶然性——与在保证与抵押权重合的情况下,恰恰相反,在这里,由于附随性的担保要一同移转,先被请求的担保提供人可以使另一方最终承担责任(对此参见《联邦最高法院民事判例集》,第108卷,179、184、185页;详情参见第三十八章边码100及其以下,具有证明),也就是说,"狗咬到的总是最后一个"。在这两种情况下,联邦最高法院根据第426条第1款的思想,来决定担保责任的分配,这样一来,所有权人对被担保的请求权进行让与的请求权存在不存在,都会产生一个对担保人按份补偿的请求权。只有在担保人与债权人之间有不同约定的情况下,在债权让与后,保证的一同移转(第401条),才会导致保证人最终承担责任(这样的有,联邦最高法院裁判,载《新法学周刊》,1982年,2308页;另参见《联邦最高法院民事判例集》,第108卷,179、183页),相反,债权人与所有权人之间关于将土地债务让与给保证人的约定,则会导致所有权人最终承担责任(联邦最高法院裁判,载《新法学周刊——司法判例报告:民法》,1991年,170、171页)。与通说相反,许多人主张,原则上物权责任是第一位的,保证责任是第二位的(对此参见第三十八章边码100及其以下)。可在联邦最高法院允许对第776条在格式合同中进行排除之后(《联邦最高法院民事判例集》,第108卷,179、183页),也就是说,法定的担保分级大部分情况下都被通过协商改变了,该论据就失去了说服力。

(四)债务人履行

如果与所有权人不同的债务人进行了履行,那么消灭的只有 86

被担保的债权。[59] 但土地债务享有人基于担保合同负有义务返回该土地债务,并且,如果债务人——可能以前是所有权人——是担保合同的当事人的话,[60]就要返还给他。如果不是这种情况下的话,那么所有权人就享有该返还请求权。[61] 但他可能在内部关系上负有义务向债务人让与该请求权;因此,在实践中,得出了一个与第1164条相似的结果。[62]

87 例子:如果债务人S(即所有权人E)将负有负担的土地出让给K,并且约定,K要清偿发放给G的贷款——在将之计算入买卖价款的情况下,但G却对S提出了请求,那么S可以基于担保合同,要求E将土地债务让与他(假如K没有加入担保合同,返还请求权没有被让与他——对此参见上文边码77及其以下)。

88 所有权人E为放款人G设定了一个土地债务。S作为贷款人,但E与S在这里约定,贷款归E享用,而且E应当负有向G偿还的义务。如果S必须向G支付的话,那么S可以向E要求返还请求权的让与。S对G直接的土地债务移转请求权(迪克曼(Dieckmann),出处同上),为通说所否定。如果G已经将土地债务移转给了E,那么S对E享有移转土地债务的请求权。

89 还有一种特别情况,即当与债务人不是同一人的负担土地所有权人,同时也是债权的共同债务人,而且债权人G向人上的债务人S进行请求的时候(《联邦最高法院民事判例集》,第88卷,228页及下一页;对此参见赖尼

---

〔59〕 如果债权人对债务人享有很多债权(未必是所有的都被担保了!),那么所有权人就不享有对遵守特定清偿顺序的请求权,参见联邦最高法院裁判,载《新法学周刊》,1993年,2043页;1997年,2514、2515页。

〔60〕 详情参见上文边码74及其以下。

〔61〕 参见上文边码73。

〔62〕 对此参见普朗克/施特雷克尔(Planck/Strecker),第1192条,6(g);库驰勒(Küchler),出处同上,53页及其以下;帕兰特/巴森格,第1191条,边码34;迪克曼想走得更远,载《泽勒(Söller)纪念文集》,1990年,24页及其以下、32页及其以下,赋予债务人一个直接针对债权人的让与请求权;现在威灵(Wieling)也持这样的观点,第34节Ⅳ 2c。

克/蒂特克文,载《新法学周刊》,1981年,2145页)。在这里,只要S对E根据第426条享有追偿权,并且G对E的债权移转给他了,那么S对G就享有一个让与用于担保的土地债务的请求权(对此参见上文边码69)。

五、返还请求权的特别事实构成

(一)返还请求权的变价实现[63]

1. 变价的形式

返还请求权[64]在由当事人约定的担保目的[65]消灭后,可以为所有权人变价实现,这可能是通过让与,也可能是通过设定质权的方式。有意义的还有为目前还没有物上担保的债权人所进行的扣押。对于这些方式的变价是没有疑问的。在此,根据第398条及其以下进行无形式要件[66]的让与,设定质权根据的是第1273条及其以下,扣押以及移交根据《德国民事诉讼法》第857条。[67]设定质权,或者扣押(并移交Überweisung)后,质权人有权要求将土地债务移转给所有权人,他自己在所有权人土地债务上获得了 90

〔63〕 对此参见登佩沃尔夫(Dempewolf)以及霍赫(Hoche),出处同上;里梅尔施普拉赫(Rimmelspracher),边码836及其以下;胡贝尔,出处同上,190页及其以下、201页及其以下;肖尔茨,《担保权上的返还请求权》,载《默林纪念文集》,1965年,419页及其以下;韦伯文,载《民法实务档案》,第169卷,237页;韦斯特曼/艾克曼,第133节II 2;还有曼弗雷德·沃尔夫(Manfred Wolf),边码706;米勒(Müller),边码2125a及其以下。

〔64〕 它包含所有权人的向回移转的请求权,或者(根据他的选择)放弃土地债务的请求权,或者废止土地债务的请求权(详情参见上文边码24及下一码、边码26及其以下)。

〔65〕 根据被担保的只是一个特定的债权,还是所有由信贷关系产生的现在与将来的债权,情况会有所不同。

〔66〕 联邦最高法院裁判,载《德国司法》,1991年,381页。

〔67〕 联邦最高法院裁判,载《新法学周刊》,1975年,980页;《联邦最高法院民事判例集》,第108卷,237、245页;鲍尔/施蒂尔纳,《特别强制执行法》,第1卷,第32节,边码24,具有证明。

一个所谓的代替性质权(Ersatzpfandrecht),准用第1287条。[68]

91 例子:扣押人Pf——E的一个债权人——知道,G银行在E的土地上享有一个担保性土地债务。他也知道,E已经对G银行清偿了他的债务。他根据一个强制执行名义请求扣押了E对G的向回移转请求权,并且要求将之移交给他进行收取实现(初级法院作为执行法院的裁决——裁决送达给作为债务人之债务人的G以及作为债务人的E,《德国民事诉讼法》第857条,连同第829条与第835条)。根据该地位,Pf可以代替E行使向回移转请求权(第1279条、第1282条)。那么,E取得了一个所有权人土地债务,Pf在土地债务上取得一个质权。[69] 但如果G不是根据第1282条通过向回移转的方式清偿了返回请求权,而是放弃或者废止的方式,那么就产生不了代替性质权(比如《联邦最高法院民事判例集》,第108卷,237、247页,在放弃情况下,很有疑问!),那么,质权人Pf只有一个对G的损害赔偿请求权(第280条)。

92 与此完全一样,在强制拍卖给竞买人Z之后,如果返还请求权延伸到继续存在的G的土地债务,或者在消灭的情况下,延伸到出卖收益之上(对此参见上文边码50及其以下)的话,质权人Pf的权利在拍卖后也得到了保障:如果G的土地债务仍然存在的话,那么类推适用第1287条,在G移转给E的他人型土地债务上就产生了一个质权;在消灭的情况下,只要拍卖收益是代替消灭的土地债务而产生的,那么Pf作为返回请求权的质权人,就可以对该收益采取措施(对此参见《联邦最高法院民事判例集》,第108卷,237、247页及下一页;联邦最高法院裁判,载《新法学周刊》,1987年,1026、1027页;1992年,1390页;《德国司法》,1991年,381、382页,是一个特别情况,为了扣押质权人的利益,土地债务权利人的意定代位诉讼

[68] 对此参见《联邦最高法院民事判例集》,第108卷,237、246页,具有证明;霍赫文,载《新法学周刊》,1959年,413、414页;施奈德(Schneider)文,载《法学周报》,1938年,1630页;登佩沃尔夫文,载《新法学周刊》,1959年,556页;胡贝尔,出处同上,206页及其以下;泽里克,第3卷,246页及其以下。

[69] 对此参见第四十六章边码7及其以下;对于变价参见联邦最高法院裁判,载《德国法月刊》,1961年,675页;登佩沃尔夫文,载《新法学周刊》,1959年,556页。

(gewillkürte Prozeβstandschaft))。

2. 将来返还请求权的变价

93 有疑问的是,返还请求权是否可以在信贷关系结束(Beendigung des Kreditverhältnises)前被转让或者被变价。其回答是肯定的。虽然这里涉及的是一个将来的[70]请求权,但该请求权已经很充分地被标志出来了。

94 该问题点很类似于在抵押权情况下、将来的所有权人型土地债务时的问题点(参见上文第四十章边码 29 及其以下)。这里涉及的是将来的财产价值,但现在该价值已经出让给另一个人,或者为该人所扣押。在所有权人的多个债权人就该将来的、他们债务人的财产增加发生争执的时候,就产生了困难:

95 例子(根据联邦最高法院裁判,载《德国公证杂志》,1958 年,383 页):[71]为了担保贷款,E 为 G 设定了一个土地债务。5 月 21 日,E 将在偿还以后产生的向回移转请求权让与了 X。同年 7 月 17 日,Pf(E 的一个债权人)也扣押了该向回移转请求权,并且移交给他进行收取价值。与帝国法院

---

〔70〕 在判例中,也被认为是附加了延缓条件:联邦最高法院裁判,载《新法学周刊》,1977 年,247 页;《新法学周刊——司法判例报告:民法》,1994 年,847 页;还有联邦最高法院裁判,载《法学周刊》,1985 年,800 页;对于整个问题,参见上文边码 28 及其以下,具有证明,以及胡贝尔,出处同上,182 页;泽里克,第 3 卷,246 页及其以下;格哈特(Gerhardt)文,载《经济法杂志》,1980 年,165、168 页;赖尼克/蒂特克,《信贷担保》,385 页及下一页。将来返回请求权的让与,主要在对于后顺位不动产担保权人进行担保的情况下,发挥着重要作用:《联邦最高法院民事判例集》,第 104 卷,26、27 页;第 110 卷,108、109 页;详情参见下文边码 100 以及第四十六章边码 48 及其以下。

〔71〕 其他对返回请求权"多方请求"的案例:联邦最高法院裁判,载《新法学周刊》,1985 年,800 页(对此,卡·施密特(K. Schmidt)文,载《法学教育》,1985 年,314 页);联邦最高法院裁判,载《德国司法》,1986 年,312 页;《联邦最高法院民事判例集》,第 104 卷,26、29 页(对此,卡·施密特文,载《法学教育》,1988 年,906 页)。

意见一致,联邦最高法院[72] 认为,附加条件的向回移转请求权(正确的应是:将来的向回移转请求权),随着将之让与X,已经被排除在E的财产之外;所以Pf在时间上迟到的请求权扣押,就"落空"了,该请求权没有负担Pf的质权,归作为受让人的X所有。如果E的土地被强制拍卖,或者为E的破产管理人直接进行了出让的话,那么X的向回移转请求权将会延伸到收益的相应部分(《联邦最高法院民事判例集》,第108卷,237、247、248页;《新法学周刊》,1992年,1620页;《德国司法》,1991年,381、382页;详情参见上文边码50及其以下)。

3. 在土地出让的情况下不存在自动之债权让与

96 向回转让请求权并不会自动地移转到土地取得人的手中;而在取得人受让了为土地债务所担保的对人债务的时候,该请求权的让与则是当事人的意思(对此参见联邦最高法院裁判,载《新法学周刊》,1991年,1821、1822页;1990年,576页;1986年,2108、2109页;1983年,2502页;参见上文五(一)2(2),具有证明)。[73] 如果该请求权被让与后顺位的不动产担保权人,它并不作为"从权利"(Nebenrecht)(第401条),随着后顺位不动产担保物权的让与一同移转,而是需要另外进行一个法律行为式的让与(《联邦最高法院民事判例集》,第104卷,26、29、30页)。

---

〔72〕《帝国最高法院民事判例集》,第143卷,113、117页;联邦最高法院裁判,载《德国公证杂志》,1958年,383页;《新法学周刊》,1985年,800页;《联邦最高法院民事判例集》,第104卷,26、29页;类似的还有,石勒苏益格州高等法院裁判,载《经济法判例集》,1997年,355页(曼科夫斯基(Mankowski)对此进行了评论)。

〔73〕 在债务人(即所有权人)同意下,第三人清偿了人上的债权(不是清偿土地债务!对此参见第四十四章边码26),情况是类似的(石勒苏益格州高等法院裁判,载《经济法判例集》,1997年,355页,附有曼科夫斯基评论)。对于在返回请求权让与第三人之后的债务承担,参见联邦最高法院裁判,载《新法学周刊》,1992年,110页,以及第四十四章边码27及其中的脚注。

4. 预告登记的附随性

97 如果为了返还请求权而同意了预告登记，并且也进行了预告登记的话（哈姆州高等法院裁判，载《新法学周刊》，1990 年，273 页；上文边码 36），那么该预告登记伴随着被让与的请求权一同移转到受让人的手中（第 401 条；另参见第二十章边码 51 及其以下）。

5. 可让与性的排除

98 可让与性的排除以及土地债务权利人的同意权的保留，原则上在个别约定合同中是可能的（第 399 条）。而在一般交易条件中以及格式条款中，如果让与限制阻碍了作为担保提供人的所有权人，以他的土地作为抵押进行进一步贷款的话，就可能会违反《一般交易条件法》第 9 条，因为所有权人不能为后顺位的债权人提供一个附加的返回请求权的担保，该请求权担保了对先顺位权利的解销（第 1179a 条；对此参见第四十六章边码 48 及其以下）。在被担保债权的债务人，转让一个他人型的土地债务用于担保的时候，情况有所不同：在这里，银行对向回转让请求权债权人上明确性的利益，优于债务人对自由可让与性的利益（《联邦最高法院民事判例集》，第 110 卷，241 页及其以下，具有证明）；另参见上文边码 31 及其以下。

6. 区别：向第三人让与土地债务的义务

99 与上述向回转让请求权的变价相区别的是，在土地债务不再被支付贷款对价的情况下，土地债务权利人对第三人允诺让与该土地债务，该让与允诺通常为预告登记所保障（巴伐利亚州最高法院裁判，载《德国司法》，1983 年，267 页）。

（二）对涂销预告登记以及向回转让请求权

100 显然，后顺位（或者同顺位）的不动产担保物权人想阻止向回转让请求权被让与其他人，因为这样一来，他们的顺位晋升就不可能了。问题是，被让与的返回请求权以及为了他们的利益登记的涂销预告登记，甚或涂销请求权在多大程度上是相互交错的。我们只有在对这些制度进一步研究之后，才能回答这个问题（参见下文第四十六章边码 48 及其以下）。

（三）基于返还请求权的取回权

101 在贷款发放人破产的情况下，返回请求权赋予了担保提供人以及信托提供人一个对土地债务的取回权（《破产法》第 43 条、《无支付能力法》第 47 条）。在扣押的情况下，可以准用《德国民事诉讼法》第 771 条（具体细节参见里梅尔施普拉赫（Rimmelspracher），第 12 节，边码 843；还有鲍尔/施蒂尔纳，《特别强制执行法》，第 1 卷，第 46 节，边码 8；《无支付能力法》，第 2 卷，第 14 节，边码 24）。

概览表 20　抵押权与土地债务

事实构成	抵押权	土地债务
一、产生上的瑕疵	1. 根据第 1113 条以及第 873 条，对物上合意的无须主张之抗辩（比如欺诈，第 123 条）：不存在抵押权，仅有人上债权的情况。 2. 对债权的无须主张之抗辩；所有权人土地债务：第 1163 条第 1 款、第 1177 条第 1 款。	1. 根据第 1191 条以及第 873 条，对物上合意的无须主张抗辩（比如欺诈，第 123 条）：不存在土地债务，仅有人上债权的情况。 2. 对基本关系的无须主张之抗辩： （1）没有债权：合同上的返回请求权； （2）没有担保约定：第 812 条第 1 款。 注意：没有以债权的存在为解除条件的土地债务（论据：第 1192 条第 1 款）。

续表

事实构成	抵押权	土地债务
二、清偿	1. 通过债务人(即所有权人)清偿:第1163条第1款第2句、第362条第1款、第1177条第1款。 2. 债务人清偿:第1163条第1款第2句、第362条第1款、第1177条第1款;例外情况,第1164条。 3. 所有权人清偿:第1143条、第1177条第2款。	1. 通过债务人(即所有权人)清偿: (1)清偿债权:债权消灭,第362条第1款;合同上的返回请求权; (2)清偿土地债务:所有权人土地债务(第1143条);债权也消灭。 特别规则: 根据约定(目前有争议)或者当事人意思(第366条第1款)确定清偿客体;在分期支付情况下清偿的是债权;全部清偿指向的是债权以及土地债务。 2. 债务人(非所有权人)清偿:清偿的是债权;作为担保合同当事人的所有权人或者债务人的合同上返回请求权。 3. 所有权人清偿: 对土地债务清偿;所有权人土地债务以及对债权让与的请求权(有争议)。
三、让与	1. 具有形式义务的债权让与(第1154条)。 2. 附随性,第1153条、第401条。	1. 债权与土地债务的让与: (1) 债权让与,第398条及其以下,无形式要求; (2) 土地债务让与,第1192条、第1154条,形式义务。 注意:无附随性。 2. 只让与债权:可能对出让人也享有让与土地债务的请求权。 3. 只让与土地债务:以担保约定为准,自到期(可以变价)开始。

续表

事实构成	抵押权	土地债务
四、善意取得	1. 对不存在的债权不能善意取得(第398条及其以下;例外:第405条)。 2. 债权存在时,尽管存在物权上设立瑕疵,也可对抵押权善意取得:第892条。 3. 在缺少债权的情况下,抵押权(不包括债权!)的善意取得(第1138条、第892条)。 保障措施:异议,第899条、第894条。	1. 没有对债权的善意取得。 2. 根据第892条,对土地债务进行善意取得。
五、无须主张与须主张抗辩的继续存在	1. 对抵押权无须主张抗辩属于第四栏2的情况,对债权的无须主张抗辩属于第四栏3的情况。 2. 对债权的须主张抗辩(比如延期支付):第1138条、第1137条、第892条。 3. 对抵押权的须主张抗辩:第1157条、第892条(比如延期支付)。	1. 对债权的无须主张与须主张的抗辩:第404条。 2. 对土地债务的无须主张抗辩(比如物权上设定上的瑕疵):第892条。 3. 对债权的抗辩:与担保约定相违背的,可以用来对抗受让人,第1157条、第892条。 保障措施:将来返回请求权的预告登记;异议(对具体产生的抗辩的登记)。

第四十六章　所有权人土地债务

参考文献提示：首先参见第三十六章、第四十四章以及第四十五章前面的文献；另外还有希尔施（Hirsch），《权利行使的转让》，1910年，第1卷，445页；洛伦茨（Lorenz），《对所有权人土地债务破产法问题的进一步质疑》，载《支付不能法杂志：破产——信托——重整》，1962年，28页；欧本奈克（Oberneck），《实践中的所有权人抵押权》，306页；奏通（Sottung），《所有权人土地债务的扣押》，1957年；扎瓦（Zawar）文，载《新法学周刊》，1976年，1823页（关于判例）。

请您首先阅读上文第三十六章边码95及其以下。

一、概要、适用范围以及功能

（一）叙述先后顺序

1 我们已经在上文第三十六章边码95及其以下相当深入地阐述了所有权人土地债务，并在那里研究了其主要适用情况。这样做是十分必要的，以便于使读者对他人型土地债务与所有权人土地债务的区别有一个印象。在这里必要的是，在简短重复的概述（参见边码2—14)后,对所有权人设定的所有权人土地债务进行介绍(参见边码15及其以下),接着对下面的问题进行研究,即与暂时的以及将来的所有权人土地债务之处分相关联的问题(参见边码19及其以下)。最后研究的是涂销的预告登记以及涂销请求权的几个特别问题(参见边码33及其以下)。

(二)概念以及产生原因

1.基本类型

2 我们已经在第三十六章边码100及其以下已经做出了努力,使概念尽可能地清晰化:在属于所有权人的不动产担保物权仍然以指向另一个人的债权为基础的情况下,所有权人土地债务也就是所有权人抵押权(类型:第1143条),如果不是这种情况,就只是所有权人土地债务(类型:第1163条)。所有权人土地债务可以是暂时的(比如第1163条第2款),或者最终的(比如第1163条第1款第2句),可以是初始的(比如第1196条)或者事后的(比如第1163条第1款第2句),可以是隐藏的(比如第1163条)或者公开的(比如第1196条)。

人们也可以选择另一种分类,[1]区分传来的——即由当前的他人不动产担保物权产生出来的——所有权人土地债务类型,以及初始并开放的(第1196条)以及初始并隐藏的(比如第1163条第1款第2句、第2款)所有权人土地债务类型。

我们还记得,曾试图将实体法上的产生原因分类;我们认为有法律行为式的设定情况(第1196条),在关键词"产生性问题"(没有债权、缺少证书交付)下的设立情况,"清偿"(被担保债权消灭、涂销、放弃)情况以及"混合"(Konsolidation)情况(根据第889条,抵押权与所有权归一人所有)。

2.特别情况

为了全面起见,现在接下来讨论另外几个不太常见的情况:

---

[1] 布洛迈尔(Blomeyer),出处同上,116页。

(1)失败了的债务承担

如果为抵押权所担保的债权的债权人同意了债务承担,而土地所有权人对债务人的更换并不同意(第418条第1款第2句、第3句),那么这就会被看做,债权人放弃了抵押权(第1168条)。 3

例子:所有权人E准许为债权人G设定一个抵押权,担保债务人S的债务。后来,S的债务为Ü所承担。G对此表示同意,但E不同意。结果:所有权人土地债务[的产生](《德国民法典》第418条连同第1168条)。原因:人们不能过分要求E为一个他不知道其能力的新债务人Ü承担担保责任。由此还得出,第418条只适用于免责性的债务承担(die befreiende privative Schuldübernahme),而不适用于债务共同承担(即累加的债务承担 kumulative Schuldübernahme);在这里E继续为S的债务担保,而且只为这个债务担保。[2]

(2)公示催告程序

可以通过所谓公示催告程序的途径,将不知道的抵押权人连同他的权利排除在外(第1170条、第1171条)。如果这样做了,所有权人就取得了该抵押权(第1170条第2款、第1171条第2款连同第1163条第1款第2句)。 4

(3)在强制执行抵押权或者暂执行抵押权情况下执行名义的消灭

我们已经多次提到了强制执行抵押权(《德国民事诉讼法》第866条及其以下),以及暂执行抵押权(《德国民事诉讼法》第932条)。在这里可能的是,基于一个强制执行名义而进行了抵押权登记,但后来该名义被废止了,或 5

---

〔2〕 对于土地债务上类似情况,参见第四十四章边码27。

者其可执行性被排除了。那么,根据《德国民事诉讼法》第 868 条、第 932 条第 2 款,尽管该名义消灭或者其可执行性消失了,但债权仍然继续存在的情况下,所有权人就取得该抵押权,即所有权人抵押权;而在债权不再继续存在或者消灭的情况下,是所有权人土地债务(第 1163 条,另参见鲍尔/施蒂尔纳,《特别强制执行法》,第 1 卷,第 38 节边码 8、边码 9 以及第 52 节边码 20)。

(三)顺位储存与顺位返回

6 如果人们浏览以下所有权人土地债务的所有情况,那么,或许人们可以将之总结为"顺位储存"或者"自动的顺位返回":所有权人可以为自己(第 1196 条)或者为别人储存顺位。如果他人性不动产担保物权完成了它的任务,那么法律一般不愿意让后顺位权利人向前晋升,而是自动地返回给所有权人,[3] 而且是在自动的(即法律规定的)移转的那一刻返回给所有权人。所以,在设定不动产担保物权时是所有权人,而后来将所有权转让给另一个人的那个人(参见上文第三十六章边码 120 及其以下),取得不了该所有权人不动产担保物权。该所有权人不动产担保物权也不会在下述意义上成为所有权的"从物",即在它与所有权一同移转的意义上,而是在所有权让与的情况下,它变成了一种他人不动产担保物权(参见上文第三十六章边码 120 及其以下)。

(四)所有权人的法律地位

7 所有权人不动产担保物权的拥有人手中握有他的所有权客体(参见上文第三十六章边码 124)。他可以对之进行处分(比如通

[3] 这里还有卡·布洛迈尔(K. Blomeyer),出处同上,116 页中所表述的观察,所有权人,即将抵押权作为所有权人土地债务受让的所有权人,虽然从当前的抵押权人手中得到了更正证书,但长期由于疏忽而没有进行更正甚或涂销。这样,他手中持有的是一个他人无法查知的财产价值。还会出现的情况是,他将该证书连同必要的让与表示书交付给一个新的债权人,而没有在土地簿册上进行登记。

过转让以及设定质权），[4]该担保物权可以被它的债权人扣押并变价实现。

我们会在下文边码19及其以下看到，在将来的以及暂时的所有权人土地债务情况下的“变价”，并不是很简单的。

土地债务的法律规则（第1177条）也适用于该所有权人的土地债务（无关紧要的是，是所有权人抵押权还是所有权人土地债务，作为这种担保物权是否已经在土地簿册中显示出来了，或者是否仍然被登记作他人不动产担保物权）。但所有权人的法律地位为第1197条所限制了：他既不可以自己进行强制执行，[5]也不可以要求利息。理由是：他不得通过强制拍卖来达到消灭后顺位担保物权的目的（《强制拍卖与强制管理法》第52条第1款第2句）；[6]作为用益权利人，一般情况下，他肯定可以从土地的收益中“为自己”收取利息。[7]但该限制在其转化为他人土地债务的情况下，又会消失，在这里，转化的理由是无关紧要的。 8

例子：(1)E在他自己的土地上享有一个利息为8%的（从一个抵押权转化而来的）所有权人土地债务。如果E的一个债权人Pf扣押了该所有权人 9

---

〔4〕 参见上文第三十六章边码119中的例子。

〔5〕 但这并不妨碍强制执行之服从及其登记，根据《德国民事诉讼法》第800条，因为它在所有权人土地债务让与后，就获得了意义（另比较《联邦最高法院民事判例集》，第64卷，316、319页；联邦最高法院裁判，载《新法学周刊》，1976年，567页，以及上文第四十章边码41）。

〔6〕 对此基础性的裁判参见《联邦最高法院民事判例集》，第64卷，316、319页：“以排除后顺位债权人为自己的目的启动强制执行”。

〔7〕 对此参见巴伐利亚州最高法院裁判，载《德国司法》，1979年，100、101页，在对动议案参照之下；对第1197条第2款详细的叙述，参见拜尔（Bayer）文，载《民法实务档案》，第189卷，470页及其以下。

土地债务,并被移交(überweisen)进行利益收取,那么有疑问的是,第1197条第1款的强制执行限制是否也适用于他。[8] 如果不是向Pf支付(an Zahlungs Statt),而是向Pf移交所有权人土地债务(《德国民事诉讼法》第835条、第837条,《德国民法典》第1291条、第1282条第1款第3句),根据一般观点,第1197条第1款肯定是不会阻止Pf对土地进行强制执行的;那么,因为这里涉及的是"让与"(Abtretung),他会成为他人型不动产担保物权人,但他还要承担该担保物权变价的风险。而按照这里接受的观点,如果为了支付而向Pf进行移交的话,第1197条也是不适用的(《联邦最高法院民事判例集》,第103卷,30、37页,以及耶施泰特文,载《舒尔茨纪念文集》,1987年,163页)。

10 (2)所有权人E在银行B那儿获得了一笔5万马克的贷款,并被收取了5%的利息,每季度都可以终止。E按约定计划清偿了该贷款,则该E土地上的、为了该贷款而设定的第一顺位分期清偿抵押权,就此转化为了"隐藏的"所有权人土地债务(第1163条第1款第2句、第1177条第1款)。现在,如果该土地因为没有被担保的债权人G进行的强制执行而被拍卖了,那么该所有权人土地债务在最少报价(das geringste Gebot)的范围之内,会继续存在(《强制拍卖与强制管理法》第44条第1款、第52条第1款);如果竞买获得人Z以15万马克的价格获得该土地,那么现金报价为10万马克(《强制拍卖与强制管理法》第49条)。随着由于拍定而产生的所有权转换(《强制拍卖与强制管理法》第90条),所有权人土地债务会变为他人土地债务,E为债权人,Z为被负担的所有权人(参见上文边码6)。对于利息以及到期的问题,按照以前的贷款条款(第1177条第1款第2句,《联邦最高法院民事判例集》,第67卷,291页;第71卷,37页)。

(五)所有权人土地债务的扣押

11 上面举的第一个例子引发了这样的一个问题,即所有权人土

---

[8] 对此参见鲍尔/施蒂尔纳,《强制执行法、破产法与和解法案例评析》,案例10;鲍尔/施蒂尔纳,《特别强制执行法》,第1卷,第32节边码22,以及上文第三十六章边码119。

地债务如何被扣押，特别是在它在土地簿册中还没有作为所有权人土地债务出现的时候：

例子：Pf 了解到，他的“债台高筑”（über den Schornstein hinaus）的负债人 E，已经全部地（或者一半）偿还了 E 土地上的 G 的抵押权 2 万马克。Pf 想对该财产价值采取措施，但在土地簿册中作为抵押权的拥有人被登记的仍然是 G。

准用《德国民事诉讼法》第 857 条第 1 款第 2 句连同第 829 12
条，扣押要以*扣押裁决*（Pfändungsbeschluβ）的形式进行；该裁决必须要被送达给债务人（即所有权人）。只有在为了排除第三人善意地（无负担地）取得的时候，扣押在土地簿册中的登记或者取走证书才是必要的。

与这里接受的观点相反，通说〔9〕将抵押权扣押的法律运用到了所有权 13
人土地债务的扣押之上（即《德国民事诉讼法》第 857 条第 6 款连同第 830 条）。这使得扣押变得困难了，因为要想使扣押生效，抵押权证书的交付或者取走（《德国民事诉讼法》第 830 条第 1 款第 1 句），或者——在登记簿式抵押权的情况下——在土地簿册中的登记（《德国民事诉讼法》第 830 条第 1 款第 3 句）是必要的（参见上文第三十八章边码 125 及其以下）。在抵押权人仍然作为权利人登记在土地簿册中的时候——大部分情况下是这样，这种要求是很难达到的。这样一来，所有权人享有的更正请求权以及证书返还请

---

〔9〕 参见联邦最高法院裁判，载《新法学周刊》，1961 年，601 页；《联邦最高法院民事判例集》，第 58 卷，298 页（在联邦最高法院裁判，载《新法学周刊》，1979 年，2045 页中尚悬而未决），还有鲍尔/施蒂尔纳，《特别强制执行法》，第 1 卷，第 32 节边码 19 及其以下，以及鲍尔/施蒂尔纳，《强制执行法、破产法与和解法案例评析》，案例 10，具有证明；布罗克斯/瓦尔（Brox/Walker），边码 737 及其以下；滕佩尔（Tempel）文，载《法学教育》，1967 年，215、268 页；另参见汉堡州高等法院裁判，载《德国司法》，1976 年，371 页。

求权也必须被扣押,并且被移交进行利益收取(zur Einziehung überweisen)。在部分性的所有权人土地债务(Teileigentümergrundschulden)情况下,由此产生的困难几乎是不可能被克服的(比较《帝国最高法院民事判例集》,第59卷,313、318页);通说所提出的理由主要是对《德国民事诉讼法》第857条第6款文意的遵守,即通过如下的论据,所有权人土地债务也是一个"土地债务"(与此观点相反的参见鲍尔/施蒂尔纳,《特别强制执行法》,第1卷,第32节边码19及其以下;罗森贝格/高尔/席尔肯(Rosenberg/Gaul/schilken),第58节III 1 b)。

(六)涂销请求权

14 值得注意的是,所有权人土地债务的变价会多次地被涂销之预告登记以及涂销请求权所挫败。这样一来,对于后顺位的债权人,在所有权与不动产担保物权合一的情况下,他们的向前晋升得到了保障(参见上文第十七章边码10及下一页、第二十章边码4及下一页,首要的是下文边码33及其以下)。

二、所有权人设定的土地债务

(一)目的以及产生

15 对于该法律制度的目的我们已经多次地研究过了:它在同等程度上,用于对所有权人将来接受贷款做准备(顺位保存 Rangwahrung),以及——在作为证书式所有权人土地债务被设定的情况下——服务于所有权人保有秘密的利益。[10]

根据第1196条第2款,对于担保物权的设定,所有权人相对于登记机关作出的表明该意思的、实体法上的表示以及在土地簿

---

〔10〕 对此另参见艾克曼(Eickmann)文,载《新法学周刊》,1981年,545页;波尔青(Polzin)文,载《民法实务档案》,第134卷,233页。——对于同时服从执行,参见《联邦最高法院民事判例集》,第64卷,316、319页;《新法学周刊》,1976年,567页,详情参见第四十章边码41。

册中的登记是必需的。

在《土地登记法》上,(登记在先的)所有权人以认证或公证*形式(《土地登记法》第19条、第29条),作出登记准许以及登记申请(Eintragungsantrag)是必要的。与此相对,实体法上的表示不以任何形式为前提,它也可以被包含在登记准许之中。如果设定之表示无效或者被撤销了,那么土地簿册就是不正确的了。 16

按照第1196条第2款后半句,也适用第878条;这意思是说:如果所有权人对土地登记机关已经作出了设定的意思表示,并且也提出了登记申请,那么即使所有权人在登记前,处分权受到了限制,随着登记也产生了一个所有权人土地债务;如果一个有瑕疵的申请被驳回了,处分权限制也产生了,而之后才提出一个新的、正确的申请,那么情况就不同了(对此参见联邦最高法院裁判,载《新法学周刊》,1997年,2751页;施蒂尔纳/博尔曼,《经济法判例集》,1997年,887页;另外还有第十九章边码35及其以下)。 17

与第1117条的规定相反,证书式的所有权人土地债务已经随着在土地簿册上的公布而产生了,而不是随着证书的颁发才产生;所以,第1163条第2款在这里——可以理解——是没有适用余地的。

所有权人也可以将一个为了将来的他人型土地债务权利人的利益而作出的抽象债务允诺要约(第780条),与所有权人土地债务的设定连接在一起。[11]

(二)所有权人的变价之可能性

在所有权人土地债务被设定后,所有权人有着广泛的变价之可能性:他可以将他的权利作为土地债务让与给另一个人——大部分情况下是他的债权人,其后果是可以产生一个上文第四十五 18

---

* 认证是指对签字的公证,公证是对内容的公证。

〔11〕 对此参见联邦最高法院裁判,载《新法学周刊》,1976年,567页;1991年,228、229页。在该将来债务承认之下的强制执行之服从,也可以被立即作出!对于这种标准合同的构成,详情参见第四十章边码36及其以下、第四十五章边码15。

章所述的担保性土地债务，[12]或者他也可以为他设定质权。另外，他还可以将他的权利，在转化为抵押权之后，让与给他的债权人，[13]在这里——只要涉及的是登记式的权利——担保性抵押权的形式也是可能的。但不允许的是——因为在法律中没有规定——所有权人土地债务转化为所有权人抵押权；第1198条在这种意义上是不可以被适用的。

三、暂时的与将来的所有权人土地债务[14]

19 所有权人不动产担保物权是所有权人手中的一种财产价值。所以没有什么奇怪的，在实践中有一种趋势，所有权人对暂时的或将来的所有权人土地债务的处分也是可能的，这可能是以自愿让与或者设定质权的形式，也可能是通过扣押的途径进行强制的处分。

（一）对暂时性所有权人土地债务的处分

1. 处分之客体

20 当抵押权为了将来的或者被附加条件的债权而被设定的时候（第1113条第2款），或者在被担保的债权还没有产生的时候（第1163条第1款第1句），或者在证书还没有被交付的时候（第1163条第1款），就会产生一个暂时性的所有权人土地债务。在这里，所有权人享有一个附解除条件的所有权人土地债务，“抵押权人”

---

〔12〕 实践允许那种对所有权人土地债务法律行为方式的、具有溯及位于让与之前利息起始点的让与（对此参见巴伐利亚州最高法院裁判，载《新法学周刊——司法判例报告：民法》，1987年，1418页；策勒州高等法院裁判，载《德国司法》，1989年，323页）；类似的联邦最高法院判例的情况是，让与后的利息计算被溯及既往地进行了约定，并进行了登记（联邦最高法院裁判，载《新法学周刊》，1986年，314页），但在这里，要注意第1119条！第1197条第2款，在事后的利息计算方面，并不保护后顺位的债权人！

〔13〕 典型案例：联邦最高法院裁判，载《新法学周刊》，1968年，1674页。

〔14〕 对此参见艾克曼（Eickmann），《慕尼黑德国民法典评注》，第1163条，边码44及其以下，具有进一步证明；赖尼克/蒂特克，《信贷担保》，388页及其以下。

享有一个期待权，该期待权随着产生构成要件的满足而自动地转化为抵押权。

2. 所有权人进行的处分

肯定的是，抵押权人将来的完全权利不能被所有权人中间的处分所损害（第161条的法律思想）。但有疑问的是，对下述问题作肯定的回答，即所有权人是否可以处分他的暂时性的权利：由于《土地登记法》第39条程序规定*（在先已登记原则 Grundsatz der Voreintragung）的原因，所有权人虽然在“技术上”不可以处分该登记簿式的所有权人土地债务（因为抵押权人已经作为权利人登记在土地簿册中了）；[15] 但在证书性权利情况下就不一样了。 21

（1）为了担保中间贷款而进行的让与

实践将暂时性所有权人土地债务的让与可能性运用到对所谓中期信贷（Zwischenkredit）的担保；对此在上文第三十七章边码41及其以下处已经谈到了。具体细节可以用下面的例子叙述： 22

为了重新建筑他的房屋，E从银行G处获得了一笔5万马克的贷款允诺，并为银行设定了第一顺位的抵押权（作为证书式的权利）。根据银行的章程，在该房屋初建完毕后，银行才可以付出该贷款。所以，E寻找并找到了一个中间放贷人。他向该中间放贷人书面（在交付了抵押权证书条件下）让与了他的——暂时性的——所有权人土地债务，同时也让与了对G的付出贷款请求权（Anspruch auf Auszahlung des Darlehens）。如果该证书已经在G的手中了，那么根据第1154条第1款第1句的后半句，连同第1117条第1款第2句以及第931条，该交付可以为所有物返还请求权（Herausgabeanspruch）（第985条）所代替；因为一直到G全部支付了贷款，E都是证书的所

---

* 程序性规定之违反，并不导致无效。

〔15〕 但注意《帝国最高法院民事判例集》第120卷110页，该案例是关于在违反《土地登记法》第39条的条件下进行登记的情况；还有巴伐利亚州最高法院裁判，载《德国司法》，1970年，24页；哈姆州高等法院裁判，载《德国公证杂志》，1982年，257页。

有权人(第952条)。[16] 这样一来,中间放贷人就成为了附解除条件的他人土地债务以及对G的“支付请求权”的拥有人;他可以给予E一笔中间贷款。如果该毛坯房初建完毕了,那么G就可以将贷款金额支付给作为E的受让人的中间放贷人(在这里,如果G手中没有握有抵押权证书的话,中间放贷人要将该抵押权证书在同时履行(Zug um Zug)条件下交付给他);G就此履行了他的贷款允诺,为抵押权所担保的债权产生了,解除条件也成就了,中间放贷人作为暂时的他人土地债务的拥有人的法律地位也就此自动终结。

23 如果E在接受这笔中间贷款后将该土地让与E1,在结果上也没有什么两样。虽然所有权人土地债务——假设E没有将该所有权人土地债务让与中间放贷人的话——随着所有权的转变而变成了一个暂时性的他人土地债务,但该他人土地债务也被附加了解除条件(即在G方面支付贷款金额的条件),《帝国最高法院民事判例集》,第153卷,167页。这不会因为对中间放贷人的让与而有所改变。

24 对于在部分支付贷款以及在登记簿式不动产担保物权情况下的法律状况,参见上文第三十七章边码43及下一码。

如果最终的贷款应当为土地债务所担保,并且中间融资是必要的话——就像现在通常的那样,那么要考虑下面的其他可能性:

a. 土地债务会为了中间放贷人而被登记;它担保的是中期贷款。随着G向中间放贷人支付贷款数额,中间放贷人将土地债务就让与G(与上文第三十七章边码42处的抵押权设定情况下的过程是类似的)。

b. E立即为G设定了土地债务。E、G以及中间放贷人约定,G在中间融资期间,信托式地为中间放贷人持有该土地债务,并且以后将贷款金额直接支付给中间放贷人(参见科尔豪瑟文,载《法学工作报》,1979年,176、180页)。

(2)质权设定以及扣押

25 对于暂时性所有权人土地债务适用的规则,也适用于质权设

---

〔16〕 对此参见《联邦最高法院民事判例集》第53卷60页,(在G还没有在土地簿册中登记的时候,这种形式的中间融资甚至应当——作为将来权利的让与——也是可能的);伯默尔(Boehmer)文,载《德国法学会杂志》,1940年,173页以及242页。

定以及扣押;[17]“抵押权人”的期待权,不能被债权人在暂时性所有权人土地债务上的质权所侵害,这与从第161条第1款第2句中推导出来的思想一样。

即使据此扣押也是允许的,但E的债权人也不能基于扣押裁定达到他在土地簿册中登记的目的(《土地登记法》第39条!);对他来讲,取走证书也是做不到的,因为证书大部分情况下已经在抵押权人那儿了。姑且不谈按照这里支持的观点(参见上文边码12及下一码),对于所有权人土地债务的扣押,扣押裁定就是足够的了,根据通说,在后来证实贷款数额最终不会被支付了,而被登记的抵押权最终成为了所有权人土地债务的情况下,扣押裁定才会具有意义。[18] 26

3. 将来抵押权人进行的处分

作为“抵押权人”被登记而在实际上只是期待权人的人,并不会为所有权人方面对暂时性所有权人土地债务的处分所阻止进行下述处分,即在同时让与将来债权的条件下,去处分他的法律地位,而且是以第1154条的形式进行的处分。那么,受让人取得的是在贷款数额被支付给所有权人的那一时刻的抵押权,无关紧要的是,是让与人还是受让人进行了支付(参见上文第三十七章边码20)。 27

如果让与人与事实相违背,将该权利作为已经支付贷款对价的完全权利进行了让与,那么受让人——以他的善意为前提——在让与那一刻,就已经获得了一个没有债权附随的抵押权(第1138条)。就此,所有权人将暂时性 28

---

〔17〕 对此参见鲍尔/施蒂尔纳,《特别强制执行法》,第1卷,第32节,边码19及其以下;施陶丁格/沃尔夫施泰纳,第1163条,边码107。

〔18〕 对此参见滕佩尔文,载《法学教育》,1967年,217页。其他证明参见上文第三十七章边码4及其以下,以及上文边码11及其以下。

所有权人土地债务让与的那个人的权利,也就消灭了。虽然贷款数额没有被支付,即该解除性条件没有成就,但第1138条为了正当善意交易的利益,导致的是相同的效果。

(二)对将来的所有权人土地债务的处分

1. 可能处分的客体

29 在每一个抵押权的背后都隐藏着一个潜在的所有权人土地债务;这是一个我们已经多次遇到的结论。担保性土地债务同样也可以通过向回转让而变为所有权人土地债务。值得思考的是,这个将来的所有权人土地债务——比如它在被抵押权所担保的债权消灭的情况下,在土地债务被所有权人清偿的情况下,在对土地债务放弃的情况下,或者在向回转让请求权将来能产生的情况下——是否可以作为处分(让与、设定质权以及扣押)的客体。

为了避免误会:这里,涉及的不是已经产生的,但其自身在土地簿册中尚没有被表现出来的所有权人土地债务。这种类型——就如我们所知道的(参见上文边码7及其以下、边码11及其以下)——可以被所有权人进行任何形式的处分;只会由于土地簿册技术上的原因(在先登记! 证书出示!)而出现一些困难。

2. 原则上的不允许处分

30 与《帝国最高法院民事判例集》,第145卷,343、353页的观点一致,对于将来所有权人土地债务的处分现在一般是不允许的。[19] 理由一直变化不定:一种援引的是土地簿册上的困难;另一种是根据对土地簿册的概览性以及清晰性的威胁(帝国最高法院上述的判例就是这样的);最后一种观点认为,对将来所有权人

〔19〕《联邦最高法院民事判例集》,第53卷,60、64页;帕兰特/巴森格,第1163条,边码17,具有证明。

土地债务的期待权，在抵押权情况下，是所有权的构成部分，不可以与之分离。沃尔夫/赖泽尔(Raiser)就是这样的观点，第146节III 1 c。

在这里一再重复的理由中，只有第一种是有说服力的：对于将来的所有权人土地债务的处分事实上会面临一种不可克服的技术上的困难：在登记簿式的不动产担保物权情况下，该让与必须被登记入土地簿册(第1154条第3款)，在证书式不动产担保物权情况下，证书必须被交付(第1154条第1款第2句)。与此相反，按照这里支持的观点，扣押不会遇到这样的障碍，因为对于出让禁止(Veräuβerungsverbot)意义上的扣押，登记以及取走证书不是必要的；仅仅是不能根据第135条第2款、第136条，进行阻止善意取得的登记。[20] 31

3. 将来的所有权人土地债务移转请求权的预告登记能力

按照通说，将来所有权人土地债务的不可处分性具有如下的结果，只要所有权人土地债务是基于抵押权而产生的，对将来的所有权人土地债务移转请求权同样不应具有预告登记能力(哈姆州高等法院裁判，载《新法学周刊——司法判例报告：民法》，1990年，72页)。相反，人们一般认为，在他人土地债务下，返还请求权的预告登记是可以的(哈姆州高等法院裁判，载《新法学周刊——司法判例报告：民法》，1990年，272、273页；另参见第二十章边码22及下一码；第四十五章边码36，还有下文边码48及其以下)。虽然这里存在一定的矛盾。但只要人们认为这里的土地登记法上的困难，与在对将来的所有权人土地债务处分的情况下的困难一样是十分重要的，那么，该区分对待就是符合事物本质的：在土地债务情况下，返回请求权的债务人体现在土地簿册上，而将来的所有权人土地债务的返回请求权的债务人是没有体现在其上的。但以前的涂销之预告登记(Löschungsvormerkung)以及新法中 32

〔20〕 另一种观点参见施陶丁格/沃尔夫施泰纳，第1163条，边码106(具有进一步的证明)。

的第1179条对这个问题,也是很宽松的,因为相应的涂销之预告登记过去是可以登记的,而且现在——有限制地——也是可以登记的!

四、涂销之预告登记——涂销之请求权[21]

33 关于该制度的目的与内容,我们已经多次谈过了(参见上文第十七章边码17及下一码、第二十章边码4及下一码、第四十一章边码3)。

为1977年6月22日的法律(《联邦法律公报》1998)所重新构造的法律状况,使人们很难理解。人们只有首先描述一下以前的法律状况及其发展,才能消除理解上的困难。

(一)以前的法律状况及其发展

1. 以前的法律状况

34 在一个在先(或者相竞争的同一顺位)的权利移转给所有权人的情况下,后顺位(也包括同一顺位)的权利人,自然对于其法律地位的改善是有利益的。这种情况比如有,在抵押权由于清偿而转变为所有权人土地债务(第1163条),或者他人土地债务通

---

〔21〕 文献指引:哈丁/韦尔特(Hadding/Welter)文,载《法学评论》,1980年,89页;基斯克(Jerschke)文,载《德国公证杂志》,1977年,708页;基塞尔(Kissel)文,载《新法学周刊》,1977年,1760页;科尔豪瑟(Kollhosser)文,载《法学工作报》,1979年,61、176、232页;莫尔布特(Mohrbutter),《支付不能法杂志:破产——信托——重整》,1978年,17页;拉姆鲍德(Rambold)文,载《德国司法》,1995年,284页;沙普(Schapp)文,载《法学教育》,1979年,544页;施特贝尔文,载《德国司法》,1977年,399、425页;泽格尔/康岑,对第1179条及其以下的评注;泰希曼(Teichmann),《所有权人土地债务的消灭或者作为抵押权法定内容的涂销请求权》,1968年;H. 韦斯特曼(H. Westermann),《抵押权与土地登记法改革之建议》,1972年;作者同上,《索提斯(Sontis)纪念文集》,1977年,253页;作者同上,《作为物上请求权的、根据德国民法典第1179a条对不动产担保物权的涂销请求权》,载《豪斯(Hauβ)纪念文集》,1978年,395页;韦斯特曼/艾克曼,第124节,III;威灵(Wieling),第30节,3与4;威廉,边码747及其以下;曼弗雷德·沃尔夫,边码671及其以下;察格斯特(Zagst),《涂销之预告登记法及其改革》,1973年;威瑞驰(Weirich)文,载《法律学习》,1980年,127页。

过转让而移转到给所有权人手中（基于担保约定的返回请求权）。所以，他们以前常常在设定他们的权利的时候，就与所有权人约定，在先顺位的（或者同顺位的）权利与所有权统一归为一人所有的时候，所有权人就负有义务，涂销（比较正确的说法应当是废止）该权利。由担保约定中产生的请求权通常通过一个在土地簿册中登记的预告登记——所谓的涂销之预告登记——所保障。在前提要件以及效果方面，第 883 条及其以下对于涂销之预告登记是决定性的，但有一个特别之处，即涂销之请求权可以涉及一个将来才落到所有权人手中的权利（旧法第 1179 条）。

在不动产担保物权领域，这样的涂销之预告登记已经成为了惯例：尤其是，后顺位的不动产担保物权人以此来保障其将来的顺位晋升。主要是在土地簿册技术方面，这样的实践具有一种令人不愉快的效果：土地簿册由于数量众多的涂销之预告登记（每年大约有 1 百万），而变得无法概览——相关权利的涂销预告登记必须要标注在不动产担保物权证书上，也造成了巨大的困难。 35

2. 法定涂销请求权的导入

如果在不动产担保物权领域，涂销之预告登记已经成为了惯例，那么与此相差不远的是，承认后顺位（或者同顺位）不动产担保物权的债权人享有一个法定的、无登记义务的、作为其不动产担保物权内容的涂销请求权。换句话说，到目前为止的实践现在变成了法律规则，但具有很大的不同，即在土地簿册中的登记以及在证书上的标注被取消了。这就是第 1179a 条的意义。 36

但现在要注意的是，其他权利人（比如用益权人）对于将来移转给所有权人的权利之涂销上也可能具有利益。在这里，新规则（新法第 1179 条）还是保留在原来的法律状况上，也就是说，还是用被所有权人准许的涂销之预告登记，作为约定的涂销请求权的 37

担保。

38 最后还要注意的是,新规则是于1978年1月1日生效的。以前设定的涂销之预告登记"继续按照旧法进行下去",而且为了以前设定的后顺位的旧有权利的利益,旧有权利的涂销之预告登记还可以被进行(《联邦最高法院民事判例集》,第80卷,119、122页)。与此相反,为了后来登记的受益的权利的利益,即使相关的先顺位的权利是旧有的权利,也存在一个法定的涂销请求权(《联邦最高法院民事判例集》,第80卷,119页及其以下;第99卷,363页及其以下)。这些过渡性规则是符合宪法的(详情参见《联邦最高法院民事判例集》,第99卷,363页及其以下;对此参见卡·施密特文,载《法学教育》,1988年,154页)。

3. 担保效果、顺位效果以及完全性效果

39 法定涂销请求权的效果与被准许的预告登记的效果是一样的(第1179a条第1款第3句),即担保效力;阻碍或者损害涂销请求权的处分之相对无效性(第883条第2款第1句与第2句),[22] 顺位效果涉及被涂销权利的顺位变更,相对于涂销权利人无效,完全性效果;破产管理人相对于涂销权人也负有涂销的义务(参见上文第二十章边码33及其以下)。

下文首先研究的是法定涂销请求权的特别之处(参见边码40及其以下),然后是被准许的涂销之预告登记(参见边码46及其以下),最后是几个特别的问题(参见边码48及其以下)。

---

〔22〕 典型案例:《联邦最高法院民事判例集》,第99卷,363、367页(所有权人土地债务的让与)。

(二)法定涂销请求权

1. 请求权以及适用范围

涂销请求权是不动产担保物权(抵押权、土地债务或者定期金债务)的内容,所以归下述债权人享有,即与作为同顺位或者先顺位所有权人土地债务拥有人的所有权人相对的债权人(《联邦最高法院民事判例集》,第93卷,363、370页)。如果在"受益"的权利登记的时刻已经出现了混同的情况(Vereinigungsfall),那么它就是现时的请求权,如果该混同以后才出现,那么它就是将来的请求权(第1179a条第1款第1句)。由于债权"还没有产生"(第1179a条第2款第1句连同第1163条第1款第1句)以及由于证书"还没有交付"(第1179a条第2款)而产生的暂时性所有权人土地债务,不能被视为混同的情况——道理很简单,因为在这里一般只是出现了暂时的混同,还有,通过法律行为设定的所有权人土地债务也不是混同(第1196条第3款)——这同样也是很明确的,因为所有权人以后想通过让与的方式将之用于信贷目的。[23] 40

但如果对放款人已经进行了这样的让与,而且土地债务后来回到了所有权人手中——比如在清偿贷款后,那么因此会导致涂销请求权的产生(《联邦最高法院民事判例集》,第99卷,363、367页及下一页;第1196条第3款)。[24] 这导致了困难,因为应当被让与所有权人土地债务的放贷人不能肯定的是,该所有权人土地债务是否已经被让与了一次,或者是否已经负担了涂销请求权。与此产生的结果是,以前所有权人土地债务的优点被贬损了(对此以及对于该规则对于中间融资的意义,参见科尔豪瑟(Kollhosser)文, 41

---

〔23〕 对此参见《联邦最高法院民事判例集》,第108卷,237、241页;第99卷,363、367页及下一页。如果所有在土地上负担的不动产担保物权与所有权都合一了,依此类推适用第1196条第2款(联邦最高法院裁判,载《德国公证杂志》,1998年,289页)!

〔24〕 按照正确的观点,这不取决于被让与的土地债务是否被支付了对价(策勒州高等法院裁判,载《德国司法》,1986年,398页及其以下)!悬而未决的裁判,《联邦最高法院民事判例集》,第99卷,363、368页。

载《法学工作报》,1979 年,179 页及下一页,以及 232 页;哈丁/韦尔特文,载《法学评论》,1980 年,89、91 页)。

2. 请求权相对人

42 对于涂销(即废止),所有权人负有义务,但只是在他享有所有权期间存在的混同方面,负有这样的义务(第 1179a 条第 2 款第 1 句与第 2 句)。

例子:H1 在 E1 土地上的抵押权,担保的是提供给他的 1 万马克贷款。"在 H1 之后",为 H2 登记了一个抵押权。

(1) E1 向 H1 偿还了贷款。H2 涂销请求权的债务人为 E1。

43 (2)在 E1 向 H1 偿还了 6000 马克之后,他向 E2 出让了该土地。然后,E2 向 H1 偿还了剩余部分。现在,就这 6000 马克,E1 成为了他人土地债务的拥有人,但这一情况在他享有所有权期间就产生了,所以 E1 负有义务涂销该他人土地债务。在 4000 马克的数额范围内,E2 是所有权人土地债务的拥有人,对此所有权人土地债务,他必须进行涂销。如果在偿还 6000 马克之后,E1 将所有权以及已经产生的所有权人土地债务转让给 E2,那么 H2 可以选择,他是愿意向 E1 或者向 E2 主张涂销请求权(通说就是这样的,鉴于第 1179a 条第 1 款第 2 句的文意:由于他当前的所有权而产生的合一;参见韦斯特曼文,载《豪斯纪念文集》,1978 年,395、405 页及下一页;帕兰特/巴森格,第 1179a 条,边码 3)。

3. 在合同上排除涂销请求权

44 在通过混同而受益的权利上,法定涂销请求权可以全部或者就特定的混同情况被排除在外;这需要在土地簿册中登记(第 1179a 条第 5 款)。

这样一来,尤其是,产生了对已经清偿的不动产担保物权要再次进行支付的可能性(参见科尔豪瑟文,载《法学工作报》,1979 年,232 页;另参见《联邦最高法院民事判例集》,第 93 卷,363、372、373 页)。也可以由所有权人(即土地债务设定人)单方进行排除(杜塞尔多夫州高等法院裁判,载《新法学周刊》,1988 年,1789 页,具有证明;对于这样的一个意思表示的解释,参见巴伐利亚州最高法院裁判,载《新法学周刊——司法判例报告:民法》,1992 年,306 页;《德国公证杂志》,1992 年,306 页)。在共同抵押权的情况下,该涂销之排除是可以被限定在具体标的物之上的(《联邦最高法院民事判例集》,第 80 卷,119、125 页)。

4. 根据第 1179b 条的涂销请求权

第 1179b 条涉及的是,为了被登记的、被涂销权利的债权人利益的涂销请求权。 45

首先,该规定的意义是很难理解的,因为这里涉及的既不是顺位上的晋升,也不是对竞争权利的排除。该规定带来的是有利于信贷机构的程序简化,尤其在分期清偿不动产担保物权的情况下,可以使得信贷机构无需去检查谁是所有权人土地债务的(部分是过去的?)拥有人,以及该所有权人土地债务是否已经在土地簿册之外被转让给了其他人等。因为对非真正的拥有人作出的更正以及涂销准许可以导致损害赔偿的义务(对于所有权人土地债务"分期"的产生的情况,参见第三十六章边码 120 及其以下)。该机构可以发出一种所谓的抽象的涂销(abstrakte Löschungsbewilligung)准许,并且自己向这时的所有权人要求对涂销的同意(朱斯克(Jerschke),出处同上,721 页及下一页,具有进一步证明;科尔豪瑟(Kollhosser)文,载《法学工作报》,1979 年,178 页及下一页;韦斯特曼/艾克曼,第 124 节 III 3 1;对于该规则在标准合同中的前身,参见联邦最高法院裁判,载《新法学周刊》,1980 年,228 页)。

(三)被准许的涂销之预告登记

根据以前的法律,所有权人与第三人可以约定,在与所有权相混同的情 46
况下涂销限制物权,并且通过在土地簿册中进行涂销之预告登记的方式进行担保。

现在,根据旧法第1179条,该须经准许的涂销预告登记的适用范围受到了限制。即权利人只可以是:

1. 限制物权的拥有人,但不动产担保物权除外(涂销请求权属于它的法定内容)

例如:为了N的利益,登记了一个用益权(Nieβbrauch),N与E约定了在下述情况下的涂销义务,即H先顺位的抵押权变为所有权人土地债务的情况。其他例子参见:巴伐利亚州最高法院裁判,载《德国公证杂志》,1980年,483页;《新法学周刊》,1981年,2582页;柏林高等法院裁判,载《德国公证杂志》,1980年,487页。

47 2. 对设立这样的土地物权或者对土地上所有权的移转享有请求权的人

例如:V向K出卖了一块土地,这块土地已经负担有H的抵押权了,在买卖合同中,V同意在贷款偿还给H后,他要将该抵押权涂销。这之后被登记的涂销请求权会阻止,V在将该抵押权作为所有权人土地债务取得之后,将之让与第三人,或者阻止该所有权人抵押权被V的一个债权人Gl扣押,如此等等。V于是负有涂销之义务;D或者Gl必须对此同意(第888条)。

(四)特别问题

1. 涂销请求权与返回请求权

48 需要特别加以研究的是,在土地债务情况下涂销请求权与返回请求权之间的关系。在土地债务情况下,当所有权人向土地债务履行的时候，[25]当土地债务拥有人放弃土地债务的时候[26]（《联邦最高法院民事判例集》，第108卷，237、240页），或者在根据担保约定或者基于不当得利而产生的返回请求权已经导致了将土地债务向回让与所有权人的结果的时候[27]（《联邦最高法院民事判例集》，第99卷，363、366页），就产生了导致涂销请求权的混同情况。但涂销请求权不能阻止所有权人将返回请求权让与第三人，或者所有权人的债权人扣押该返回请求权。[28]如果涂销请求权的拥有人要想针对这些或然性得到保障，那么唯一可能的是，他从所有权人那里受让——将来的——向回转让请求权，[29]并且受土地债务权利人准许的预告登记所担保（哈姆州高等法院裁判，载《新法学周刊——司法判例报告：民法》，1990年，272页）。[30]但这样的向后顺位土地债务权利人的让与，在有疑问的情况下，只是服务于顺位改进（担保的加强），而不能用于担保空间的扩展（对于一般交易条件，参见《联邦最高法院民事判例集》，第110卷，108页及其以下）。[31]

例如：(1)E的土地负担有G1的土地债务10万马克，以及G2的土地债务20万马克。两个土地债务担保的是一个贷款。如果E偿还了G1的贷 49

〔25〕对此参见上文第四十四章边码23及其以下；第四十五章边码41—49；第82条及其以下。

〔26〕对此参见第四十四章边码27；第四十五章边码24及其以下。

〔27〕对此参见第四十五章边码24及其以下、边码72及其以下。

〔28〕详情参见第四十五章边码93及其以下，具有证明。

〔29〕对于可让与性，参见第四十五章边码90—95；在一般交易条件中对可让与性的排除，参见第四十五章边码98。

〔30〕对此参见第二十章边码22及下一码；第四十五章边码36；另参见柏林高等法院裁判，载《德国司法》，1976年，128页；察格斯特，出处同上，137页及下一页。

〔31〕对于可让与性在格式条款中的排除，参见上文第四十五章边码98，以及参见《联邦最高法院民事判例集》，第110卷，241页及其以下，具有证明。

款,那么就产生了一个向回转让请求权,对此请求权的履行会产生一个所有权人土地债务,这样一来,为了 G2 的利益,可以适用第 1179a 条。但如果 E 将返回请求权转让给了新的债权人 G3,或者对该土地债务"重新支付对价",G2 就无法防御了。所以,他必须受让该将来的、被明确定义的返回请求权,并且预告登记他的请求权(第 883 条),对此预告登记,G1 的准许是必需的;那么,G1 的任何阻碍 G2 请求权实现的处分都是无效的,任何阻碍 G2 请求权实现的强制执行措施也是无效的。因此在土地债务的情况下,第 1179a 条的简单化之效果是非常有限的!

50 (2)E 的土地负担有 G1 的土地债务 5 万马克,G2 的土地债务 7 万马克,G3 的土地债务 10 万马克。G2 受让了 E 对 G1 的返回请求权。G3 就所有先顺位土地债务的返回请求权的让与进行了约定;如果这些请求权已经应当被让与了,那么 E 对这些返回请求权向回让与的请求权也就被让与了。如果 G1 进行了履行,G1 的土地债务移转给了 G2,并重新发放了贷款,那么 G3 就不能受到足够的保护。向 G3 让与的 E 对 G2 的请求权没有排除对 G1 的土地债务重新发放贷款。返回请求权没有保护后顺位债权人的利益(《联邦最高法院民事判例集》,第 108 卷,237、244 页)。只有在下述情况下,即在 E 与 G1 之间的债务被清偿以前,E 在 G2 处的债务已经被清偿了,E 与 G2 之间的请求权的让与才能成功,即将 E 与 G1 之间的向回让与请求权的对象是返回请求权(类似于债权让与的结构);该向回让与请求权也不能阻止 G2 充分利用他的法律地位(这个例子是《联邦最高法院民事判例集》,第 104 卷,26 页及其以下中的案例的变化与简化)。由此可见,应用之标准合同对后顺位土地债务权利人的顺位晋升之排除不是没有问题的!

51 (3)E 的土地负担有 G1 的土地债务 5 万马克,G2 的土地债务 10 万马克。E 将他对 G1 的返回请求权让与 G2,该请求权被进行了预告登记。后来,G2 将土地债务转让给了银行 B。但银行不能"自动地"成为返回请求权的债权人,因为这里不适用第 401 条;所以,B 必须另行受让该返回请求权(对此参见第四十五章边码 96;《联邦最高法院民事判例集》,第 104 卷,26、29、30 页)。

52 (4)如果在前面的例子中,G2 主张该返回请求权,那么,他可以就 10 万马克在第一顺位受偿。他不能就 15 万马克来利用担保,以便于保障对 E 的其他债权。这与担保约定是相违背的。只有在这一点在格式条款中明示地、清楚地规定了(《一般交易条件法》第5条),或者就此有个别的合同约定,情况才会有所不同(《联邦最高法院民事判例集》,第110卷,108页及下一页)。[32]

2. 在强制拍卖中的涂销请求权

就像我们所知道的那样(参见上文边码39),涂销请求权具有与基于准 53
许而进行的涂销之预告登记一样的效果。与此相关联的完全性效果(参见上文第二十章边码45及其以下)意思是,涂销请求权的权利人也可以在强制拍卖中实施该请求权。在拍定以及先顺位权利消灭后,涂销请求权也就消失了,目前的所有权人将分摊到所有权人土地债务上的金额,在下述范围内让与该涂销权利人,即假使所有权人土地债务在拍定之前就已经被涂销的话,他所能享有金额的范围内(《联邦最高法院民事判例集》,第108卷,237、240页;第99卷,363、365页;泽格尔/康岑,第1179a条,边码18;埃克曼,《强制拍卖与强制管理法》,1991年,第21节III)。第1179a条在强制执行法上的作用范围与在土地债务情况下,返回请求权在强制执行法上的效力是相适应的:只要让与后顺位的土地债务权利人,该请求权——与上所述——涉及的就不是分摊到被向回转让的土地债务上的收益(另参见第四十五章边码50及其以下),而是涉及与在消灭情况下一样的优先顺位上的考量("顺位晋升")。

3. 涂销请求权与顺位回落

对于在不动产担保物权顺位回落情况下的涂销请求权,参见第1179a条 54
第4款;施特贝尔文,载《德国司法》,1978年,604页;科尔豪瑟文,载《法学工作报》,1979年,179、181页;策勒州高等法院裁判,载《德国公证杂志》,1978年,628页。

---

[32] 参见本书后面的格式合同实践,附录4第4条以及附录4a第2条。

第四十七章　无记名土地债务——定期金债务

1 这两种法律制度的相同之处在于，它们都是土地债务的子类型——而且在法律实践中很少会出现。基于这两种原因，我们把它们放在最后一章来谈。

一、无记名土地债务

2 根据第 1195 条，在证书式土地债务的情况下，证书可以被签发给拥有人。据此，证书可以作为无记名证券——即通过物权合意以及交付——流通起来（第 1195 条第 2 句连同第 793 条及其以下、第 929 条及其以下）。

3 工业企业运用的无记名土地债务的法律形式，应该有利于资本之创造。它与有价证券抵押权（参见上文第四十二章边码 29 及其以下）一样没有什么特别的实践价值，因为为受托人设定一个土地债务可以满足同样的需求。但至少很有意思的是，这两种法律制度，在实践中可以被替换使用，而在学理上它们处于不动产担保物权相对应的两翼的一翼：有价证券抵押权位于具有严格附随性的最外面的右翼（抵押权在这里是债权的附属物，即作为无记名证券任意可流通的债权的附属物），而无记名土地债务则是完全无附随性的现代的左翼。一方面，债权作为无记名证券（指示证券）随着抵押权背书流转；另一方面是成为无记名权利的不动产担保物权。

二、定期金债务

(一)概念与适用范围

根据第1199条第1款,定期金债务是一种土地债务,通过这种土地债务,土地上负担了定期金。定期金的意思是,于规律的、反复出现的时点支付特定金额。所以,债权人有对该定期金请求的权利,在必要的情况下,可以通过在土地上强制执行的方式收取定期金。与此相对应,所有权人有权通过支付解赎金(Ablösungssumme)来清偿该定期金债务(第1201条第1款)。通过这一规定,可以阻止在土地所有权上设定“永久的”定期金负担;所以,该赎金必须从一开始就被确定并记载在登记簿册中(第1199条第2款)。 4

定期金债务的适用领域是很狭窄的。它在实践中为分期清偿抵押权以及实物负担(Reallast)(参见上文第三十五章)所排挤了;实物负担之所以很有优势,是因为在实物负担情况下,所有权人对于每笔到期的履行,还承担着人上的责任(第1108条)。所以,在没有自愿履行的时候,实物负担权利人不必一定要在土地上进行强制执行,他也可以在所有权人的其他财产上进行执行;这在定期金债务情况下是不可能的。 5

(二)具体细节

1.形式

定期金债务可以作为登记簿式的、证书式的、无记名证券式的定期金债务被设定;实物负担只可以是登记簿式的,但与定期金债务相反,它可以为了他人土地之利益而被设定(第1110条)。定期金债务可以转化为其他形式的不动产担保物权(第1203条),而实物负担不可以。 6

2.内容

定期金债务指向的是有规律的、反复产生的金钱履行,而实物负担指向 7

的是有规律或者无规律的、反复产生的金钱、实物或者劳务型履行。尽管存在上述差异，但金钱定期之实物负担（Geldrentenreallast）是能满足定期金债务的功能的。

3. 责任

在定期金债务情况下，所有权人只“用”土地来承担责任（也就是说，他必须容忍在其土地上的强制执行），而在实物负担的情况下，所有权人对于在其持有所有权期间到期的履行还负有人的责任（《德国民法典》第1108条）。

4. 解销

在定期金债务情况下，解赎金必须一直是确定的，而在实物负担的情况下，只有在土地法上对此有规定的时候，才会这样。如果定期金债务被解销了，那么它就移转到所有权人的手中（《德国民法典》第1200条第2款），而实物负担在这种情况下就灭失了。

典型案例：联邦最高法院裁判，载《新法学周刊》，1980年，2198页及下一页。

第六编

现代混合形式：融资租赁使用移转以及信贷担保的

第四十八章　融资租赁——不动产融资租赁

参考文献提示:1. 重要的综合介绍:马丁内克(Martinek),《现代合同类型》,第1卷:《融资租赁与保付代理》,1991年;卡纳里斯,《银行合同法》,1981年,第2版,边码1710及其以下;拉伦茨/卡纳里斯,《债权法教科书:分则》,第2卷,第2册,1994年,第13版,第66节;吉特(Gitter),《使用让与合同》,1988年;赖尼克/蒂特克,《买卖法》,1997年,第6版,边码1503及其以下;格拉夫·冯·威斯特法伦(Graf von Westphalen),《融资租赁合同》,1992年,第4版;哈伯扎克(Habersack),《慕尼黑德国民法典》,1995年,第3版,第515条;埃瑟斯(Assies),《融资租赁》,1995年,497页(关于新发展)。

2. 重要论文:卡纳里斯文,载《新法学周刊》,1982年,305页(融资租赁与解除);作者同上,《民法实务档案》,第190卷(1990年),第410页(基本原则以及法律性质);作者同上,《经济法杂志》,1993年,401页(《融资租赁与消费者信贷保护法》);克斯勒·瓦特金(Coester-Waltjen)文,载《法律学习》,1980年,123页、186页(基本结构与保护性立法);迪茨

(Dietz)文,载《民法实务档案》,第190卷(1990年),235页;埃本罗斯(Ebenroth)文,载《法学教育》,1985年,425页(履行障碍);埃梅里希(Emmerich)文,载《法学教育》,1990年,1页(基本问题);格哈特,《K. H. 施瓦布(K. H. Schwab)纪念文集》,1990年,139页(无支付能力问题);哈斯默尔(Häsemeyer)文,载《泽里克纪念文集》,1992年,153页(无支付能力问题);科柔克(Kronke)文,载《民法实务档案》,第190卷(1990年),383页(法律比较);利布(Lieb)文,载《有价证券法通讯》,1992年,增刊6(风险分配);迈因克(Meincke)文,载《民法实务档案》,第190卷(1990年),358页(税法问题);H. 罗特(H. Roth)文,载《民法实务档案》,第190卷(1990年),292页(内容控制);蒂特克文,载《法学者报》,1991年,907页(瑕疵担保责任);格拉夫·冯·威斯特法伦文,载《企业顾问》,1991年,149页及其以下(出卖与售后回租);作者同上,《新法学周刊》,1993年,3225页(《消费者信贷法》)。

一、经济上的意义、概念以及种类

(一)购买、用信贷与租金购买

1 融资租赁发源于美国的经济与法律实践,在最近一段时间,这种制度在我们这里也获得了重大的意义。“Lease”的意思是:让与使用、使用出租、用益出租,但也指使用承租、用益承租。实际上该制度的出发点是:比如某人为了他的企业或者“个人”长期需要一辆汽车,那么,他可以在生产商或者零售商那儿购买。如果他的资金不够,那么他可以在信贷机构那儿进行贷款,或者在零售商那儿分期付款购买汽车;但一般他必须提供担保,可能是将该汽车为了担保移转给银行,也可能是出卖人在保留所有权的条件下交付该汽车。但他也可以采取另一种办法：他在出租汽车企业那儿租赁汽车；尤其在他只于特定时间段内需要该汽车的时候，他会这样做。他享有一个好处，不需要拿出全部价金，即保持资金“流动”，并且增强他的自有资本基础。还有一个好处，在他为了自己的职业或者企业需要汽车的时候，在税收上，可以扣除作为经营费用的租金。[1] 但他[承租人]要支付的租金却不是很低，因为出租人必须重新“补上”他已经支付的价款；另外，他必须为承租人保养该汽车，使之一直具有可供使用之性能，并且承担损坏或者被盗的风险。最后，他也想有所盈利。

（二）作为“被修正了的租赁”的融资租赁

通过上述分析，我们已经了解了融资租赁交易的重要的关键点：原则上，涉及将融资出租人的物出租[2]给融资承租人。在此，或者就通常使用期间的全部转让使用（完全性分期清偿合同 Vollamortisationsvertrag），或者就使用时间的一部分转让使用，那么就后者而言，融资出租人可以对融资承租人享有就特定价款残值的出售权（Andienungsrecht），或者享有索回权（Rückgaberecht），以便于自己进行变价。某些时候，还同时伴随有融资承租人对残值购买的选择权（Optionsrecht）（部分性分期清偿合同 Teilamortisationsvertrag）。与在一般租赁的情况下不同，严格来讲，在这种通行的融资租赁模式上，涉及的不是使用与使用价值的交换，而是另一种情况，即与使用收益相对应的是，作为对价的被投入资本之支付以及融资出租人的 2

〔1〕 但在这里要注意《税务法》第39条第2款第1项（对此参见格拉夫·冯·威斯特法伦文，载《企业顾问》，1988年，1829页以及下文边码5）。

〔2〕 虽然对此是有争议的（比较马丁内克，出处同上，65页及其以下的证明；拉伦茨/卡纳里斯，出处同上，第66节II；赖尼克/蒂特克，出处同上，边码1514及其以下；哈伯扎克，《慕尼黑德国民法典》，第515条，边码21及其以下），但这是与联邦最高法院的判例相符合的：《联邦最高法院民事判例集》，第68卷，118、123页；第81卷，298页；第96卷，103、106页；第97卷，135、139页；第106卷，304、308页；有争议的判例。

毛利(Gewinnspanne);对于融资承租人来讲,融资租赁具有融资功能(Finanzierungsleasing)。[3] 在此,融资承租人承担“分期清偿之风险”:融资出租人虽然必须持续地让与使用,但他按照合同并不承担瑕疵担保责任,也不负责修理,并且不承担灭失的风险等。但根据联邦最高法院的判例,[4]必须约定,融资出租人将他对生产者的瑕疵担保请求权进行让与;在相对于生产商解除合同(Wandlung)的情况下,与融资出租人关联的融资租赁合同也要被解除(交易基础的丧失 Wegfall der Geschäftsgrundlage)。[5]

3 现在,与消费者签订的融资租赁合同受《消费者信贷法》中的保护性条款调整(对此参见马丁内克,出处同上,109 页及其以下;格拉夫·冯·威斯特法伦文,载《新法学周刊》,1993 年,3225 页)。虽然《消费者信贷法》第 3 条第 2 款第 1 项排除了几条规定对融资租赁合同的适用效力,但特别的是,仍要适用《消费者信贷法》第 4 条第 1 款第 1—3 句(书面形式要求)、《消费者信贷法》第 7 条(撤销权),以及《消费者信贷法》第 12 条对解除保护之规定(联邦最高法院判例,载《新法学周刊》,1996 年,2033、2035 页左半边)。有争议的是,《消费者信贷法》第 9 条是否适用于对生产者的瑕疵担保请求权,从而使交易基础丧失学说的解决办法作废了(对此参见马丁内克,出处同上,第 5 节 II 2;拉伦茨/卡纳里斯,出处同上,第 66 节 IV 3;利布,《有价证券法通讯》,1991 年,1533 页;格拉夫·冯·威斯特法伦,《企业顾问》,1994 年,增刊 6,11 页及其以下)。如果联邦最高法院在迟延退还的情况下,想适用《德国民法典》第 557 条的话,是与分期支付的思想不太相一致的(《联邦最高法院民事判例集》,第 107 卷,123 页;有争议)。

---

〔3〕 对于融资租赁的性质,参见联邦最高法院判例,载《新法学周刊》,1996 年,2033 页。

〔4〕 《联邦最高法院民事判例集》第 94 卷,44、47 页;第 97 卷,135、140 页;第 104 卷,232 页;第 106 卷,304、309 页。

〔5〕 《联邦最高法院民事判例集》,第 81 卷,298 页;第 94 卷,44 页;第 97 卷,135 页;第 109 卷,139 页。

售后回租(sale and lease back)是一种法律构成。在这种构成上,融资承租人对该以后出现的融资租赁物享有所有权,他将之让与给融资出租人,然后再"向回融资承租"。这些办法可以使资金流有所改善(Liquiditätsverbesserung),并且与此同时可能享有税赋上的好处。在所谓的生产商融资租赁(Herstellerleasing)的情况下,生产商是融资出租人,该融资租赁在分期信贷的基础上代替了出卖。对于国际融资租赁,存有一个欧洲私法协会(Unidroit)协定(对此参见塔戈弗德(Dageförde),《国际融资租赁》,1992年;费拉里(Ferrari)文,载《法学者报》,1998年,9页及其以下、14页及下一页)。

(三)结算与税法

4 融资租赁物体现在融资出租人资产负债表的资产栏,数额为购置或者生产的费用,并且按照经验的使用期间进行折旧。在融资承租人方面,融资租赁期款作为费用记载在盈余与损失计算栏中,而不是相反,将全部的融资租赁债务记载在资产负债表的负债栏之中。

5 但被追求的收入税以及企业(所得)税上的(einkommen - und körperschaftsteuerliche)效果是有一定的前提的,即应防止在融资承租人处,产生一个比通常的经济物折旧(Abschreibung eines Wirtschaftsgutes)不当的较优地位。融资租赁合同一定要这样构建,从而使得决定性的"经济上所有权"(wirtschaftliches Eigentum)(《税务法》第39条第2款第1项)在事实上还可以被归属于融资出租人(《德国财税法院判例集》,第97卷,466、483页;《新法学周刊》,1970年,1148页)。联邦财政部的多个命令(概览参见哈伯扎克,《慕尼黑德国民法典》,第515条,"融资租赁",边码17—20,具有证明)针对的——按照不动产与动产融资租赁以及完全性与部分性的分期清偿的不同而进行了区分——就是这个问题;对于在融资承租人方面的经济物的税法上之归属,这些命令首要地为使用期间以及"相关约定"的构建确定了前提。在不动产上,地产与房屋的归属被进行了区分;在所谓的完全为了满足融资承租人的需要,而进行的房屋"特殊融资租赁"(Spzi-

alleasing)的情况下,房屋就一直归属于融资承租人。税收上的框架条件对民法上的合同构建是决定性的,但不能决定民法归类(对此参见联邦最高法院判例,载《新法学周刊》,1996 年,2033、2034 页右半边:在《消费者信贷法》第 3 条第 2 款第 1 项意义上,对融资租赁的单独评价)。

(四)动产融资租赁、不动产融资租赁与物权法

6 如果融资租赁的客体是不动产的话,那么人们就称之为——就像我们已经看到的那样——不动产融资租赁,在动产上,就是动产融资租赁。虽然融资租赁合同在类型上作为租赁合同,属于债权法内容,但在这两种类型上,的确与物权法存在着紧密的关联,一方面,在买卖合同基础上通常的使相对人获得所有权(Eigentumsverschaffung)[的义务],为债法上的使用之让与(Gebrauchsüberlassung)所代替,另一方面,其他必要的通过不动产担保物权、所有权保留或者担保性所有权让与进行的信贷担保被取消了,但在这里,上文提到的信贷担保工具在一定程度上可以另一种方式出现,而且是在融资出租人自己必须“再融资”的时候,即他为了能够取得或者能够生产向融资承租人“融资租赁”物之时,需要信贷。但融资出租人只能在他能够提供担保的情况下,他才能得到贷款。那么,通常恰恰是这个他让与给融资承租人使用的物上的所有权,能够被用于担保!

在下文边码 8 及其以下,我们探讨一下不动产融资租赁。对于动产融资租赁的详细叙述参见第五十六章边码 10 及其以下。

7 通过融资租赁方式进行的投资,在 1994 年末,大约有 2280 亿马克。它签订的合同:1986 年一年就有 230 亿马克,1988 年大约有 310 亿马克,1995 年大约 580 亿马克,其中大约 106 亿马克涉及不动产融资租赁。

二、不动产融资租赁

(一)作用与结构

8 就如我们到目前为止对不动产担保物权所展示的那样,法律是从如下的设想出发的,即想要建筑的人要从他人那儿设法搞到为了取得土地以及(或者)建筑房屋的必要的资金,他还要设定一个不动产担保物作为此资金的担保。不动产融资租赁违反了该设想:融资出租人取得该土地,并且以自己的费用建造房屋,然后将该房屋长期"融资租赁"给融资承租人。

9 在实践中,在涉及经营性用地,有可能附带有从属的机器以及其他的设备。这里涉及的价值可能十分高;比如说,在"融资租赁的基础上"建设一个核动力工厂!——在实践中,人们还可以观察到如下的解决办法:如果融资承租人已经是土地的所有权人,那么融资出租人不可以在其上建筑房屋,该房屋的所有权会归属于融资承租人(重要成分!)。所以融资承租人为融资出租人设定一个地上权(《地上权法》第12条)。地上权被负担有一个为了担保再融资资金的不动产担保物权(参见第二十九章边码28及其以下以及边码40及其以下)。在这里涉及的是"售后回租"的特别形式,因为不是该土地,而"只"是地上权被融资承租人卖给了融资出租人。

如果一个建筑物被进行了融资租赁,那么可能有疑问的是,融资出租人的出租人质权与银行的担保性所有权之间的关系如何(融资承租人向该银行让与了其在该建筑物中的仓库货物的所有权)(对此参见H.韦伯/朗特尔(H. Weber/Raunter)文,载《新法学周刊》,1988年,1571页)。

(二)物权法上的信贷担保与不动产融资租赁

10 我们已经说过,"通常"的担保工具在一定程度上可以以另一种形式出现:融资出租人对他必须进行的贷款进行担保,可能是为了放款人(大部分情况下是银行)的利益设定不动产担保物权,还可能是事先进行的、对融资承租人的租金债权进行担保性让与。

如果我们想到,不动产担保物权的责任不仅涉及土地,还会延伸到构成部分以及从物之上,而且在一定范围上还包括了使用租赁以及收益租赁债权(参见上文第三十九章),那么很容易理解的是,这里"在担保变价的情况下",可能会在融资出租人、融资承租人(即承租人!)、发放贷款的银行以及(比如机器的)供货人之间产生巨大的冲突!

(三)购买选择权的预告登记

11 如果融资承租人为融资出租人赋予了一个权利,即在合同上的使用期间届满后(或者在其他情况出现的时候),对该土地上所有权进行取得的权利,那么就产生了与物权法的另一个关联;这个将来的请求权可以被预告登记所保障(对此参见第二十章边码 22 及其以下、第二十一章边码 38 及下一码)。

在实践中,人们还可以观察到相反的情况,融资承租人负有义务,在特定的条件下取得该土地。在两种情况下,都要注意遵守第 313 条的形式要求。

12 例如:(1)A 股份公司是一个砖瓦厂,与不动产融资租赁有限责任公司 I 签订了一个合同,按照该合同,I 有限责任公司将一块土地连同其上的制造设备融资租赁给 A 股份公司 30 年。但 A 股份公司作为 I 有限责任公司的总承包人,自己建造了工厂设备;它在总承包人合同中承担了对 I 有限责任公司的瑕疵担保责任(对《联邦最高法院民事判例集》第 106 卷 305 页及其以下的简化)。当该建筑物后来真的有瑕疵的时候,A 股份公司向 I 有限责任公司主张出租物之瑕疵(Mietmängel);而 I 有限责任公司主张默示的担保责任之排除(Gewährleistungsausschuss)。联邦最高法院驳回了起诉。虽然融资承租人原则上可以向融资出租人主张出租物瑕疵担保责任,但假若融资承租人基于被让与的请求权,可以要求生产者补偿自己损失的话,出租物瑕疵责任就可以被排除(边码 2,有证明)。在融资承租人自己是生产者的时候,人们应当可以认为默示的责任排除是可能的;当融资承租人对其分包人的请求权超过了诉讼时效的时候,也是如此。

13 (2)我们假设,I 有限责任公司用 D 银行股份公司的贷款承担建筑费用,并且在被融资租赁的土地上设定了土地债务。A 有限责任公司的机器设备在所有权保留的前提下卖给了 C。在这里,虽然土地债务的责任延伸不到设备所有权上,但却可以延伸到其期待权上(第 97 条、第 98 条、第 1120 条)。如果 D 银行股份公司进行了强制执行,那么竞买获得人在拍定之后,无论如何都会取得该期待权(《强制拍卖与强制管理法》第 20 条第 2 款、第 55 条第 1 款、第 90 条第 2 款)。假如 C 不进行防卫(《德国民事诉讼法》第 771 条、《强制拍卖与强制管理法》第 37 条第 5 目),那么机器上的所有权就会被一同拍卖(《强制拍卖与强制管理法》第 55 条第 2 款、第 90 条第 2 款),C 只能在出卖收益份额上获得补偿(对此参见第三十九章边码 33 及其以下,以及鲍尔/施蒂尔纳,《特别强制执行法》第 1 卷,第 34 节,边码 21 及下一码)。土地债务之责任也将融资租赁(即租金)期款(Leasingraten)包括在内(第 1123 条及其以下),那么,对此期款,I 有限责任公司就不能简单有效地进行支配了(参见第三十九章边码 44)。人们可以看到:"融资租赁"在许多情况下,都可以归属到物权法上信贷担保的典型问题领域。

(3)如果融资租赁关系在 30 年后结束了,那么 A 股份公司可以被赋予 14
一个对连同设备让与土地的"选择权"(参见第二十一章边码 38 及下一码)。S 股份公司可以通过预告登记的方法,来保障对 I 有限责任公司、将来的让与所有权的请求权(参见第二十章)。如果 I 有限责任公司在 A 股份公司的土地上只设定了一个地上权,那么在通常的合同构成上,该融资租赁的期限为 30 年,那么,在[地上权]消灭的情况下,必须支付建筑物的残值之补偿(《地上权法》第 27 条,另参见第二十九章边码 28 及其以下、边码 43),而现在建筑物归属于作为土地所有权人的 A 股份公司。

第四部分

动产物权法

第一编

动产上的权利

第四十九章　动产上的权利的种类和意义

第一节　不动产物权和动产物权

土地是每个人赖以生存的基础，[1] 人们藉此满足自己最基本的需求：居住、食物和衣着。由于每个人都懂得或者肯定预知了这一关联，大多数人对土地所有权的态度，完全不同于对动产的态度；人们或许可以用一个标语性话语（Schlagwort）来表达：人们虽然在与其动产（seinem beweglichen Vermögen）的关系上可能还是非常"现代主义的"（modernistisch），但在与土地的关系上则是保守的！从经济视角上看，与生产和消费物的市场相比，土地市场发挥着微不足道的作用。所有这些也必然会作用于法律的调整上：土地和它的所有权人被仔细地记录下来，其上的权利变更（Rechtsänderungen）需要特殊的形式，土地所有权受到了特殊的保护。对土地的利用导致了与邻居以及与公共团体（der öffentliche Gemeinwesen）之间的利益冲突。因而，立法者也必须在内容上规范、塑造土地所 1

[1] 对此参见上册第二章边码15。

有权,包括多个土地所有权人相互之间的关系以及在土地所有权人和国家(die öffentliche Hand)之间的关系上。

2 动产的情况下则是另一番景象。它的功能是变换的、可操纵的:书店中的书的功能和读者手中的书或者阅览室书架上的书的功能就明显不同。对运输企业的带挂卡车(Lastzug)的评判就应明显不同于对赛车运动员的汽车的评判,最后对纺纱机(Spinnereimaschine)的评判也应不同于对原棉或已完成的桌布的评判。人们一直愿意将之标识为不同的功能或者功能转换(如生产和消费物;投资和流通财产等),但可以肯定的是,法律不可能完全跟随这种多样性。它应当满足的是关于财产流通和财产保护的技术规则的规定。人们必须放弃对动产所有权在内容上(大概相当于典型的使用目的)进行塑造。(动产)所有权的这种特性与任何一种通过某种方式形成的秩序思想(Ordnungsdenken)是相抵触的。

3 另外在这里也证实了这一规则:成分和从物的主要情形是将动产放入到土地联合体中——在土地买卖(第 314 条)、所有权让与(第 926 条)和设定质权(第 1120 条以下)的情形中,必须考虑到动产和土地为了满足一定的目的而发生的结合。但这只是实体法上规则中很微弱的部分(sehr schwache Ansätze),通常只要立法者对形式上的、不取决于动产的各种功能的规则的最少存量(Mindestbestand)进行确定,就足够了。

第二节 动产物权中许可的类型

一、法定类型

4 在动产权利上同样也适用物权类型法定的原则,故而其合同当事人之间的内容形成自由受到限制。但这种类型限制不是为了保护所有权人,使其所有权免予受到过度的限制,而是专门通过明确确定界限和进行规范的物权类型来保护交易利益。与不动产物权相比,动产物权类型的选择较少:作为动产上的限制物权,法律只承认了一种使用权,即用益权;一种担保权,即质权。

(一)用益权

在某个特定动产上成立用益权,实践中很少发生。至多在无记名有价证券上会以用益权形式出现(如关于严格承认的负载证券上已经被作成证券(verbrieften)的债权之上的用益权)。较常见的是,在从属于某动产的财产上会成立用益权(参见下文第六十一章)。

(二)质权

动产上的质权实现着所有权的担保功能和变价功能。动产质权是以占有担保权的形式塑造的,因此动产质权使所有权人失去了利用(质物)的可能。正因如此,现今动产质权受到了担保性所有权的排挤。

二、从实践中发展出的物权

法律实践从以下两个方向挣脱了物权类型法定的限制(nu- 5
merus clausus):

(一)担保性所有权

(实践中)通常是担保性所有权让与替代了动产质押:债权人借助让与合意以占有改定(第930条)方式成为担保物的所有人,债务人仍然保留着对担保物的直接占有和利用。在此期间,债权人的所有权是“隐藏的”,只有当债务人不履行债务,或者其他债权人通过强制执行或破产的途径对担保让与之物采取措施时,担保性所有权才会发挥其作用。显而易见,所有权这种单纯的担保功能,在担保权人(债权人)和担保设定人(债务人)之间以及担保权人和第三人之间,都会产生很多特殊的问题。

首先第一个问题是,债权人何时可以变卖为担保而让与给他的物?以何种形式变卖？第二个问题是，在第三人对担保物进行扣押时，债权人是否有权依据《德国民事诉讼法》第771条提起第三人异议之诉？或者是否拥有依据《德国民事诉讼法》第805条优先受偿的权利？详细内容请参见下文第五十七章。

（二）期待权

对标的物以所有权保留的形式而获得，即以价金的全部支付为延缓条件而进行的所有权让与的买受人，以其法律地位的形式出现的期待权，在动产物权上具有特殊的意义。在本书上册第三章边码44我们已经确定至少会产生以下三组问题：

转让问题（买受人可以向第三人转让期待权吗？以何种形式转让？有什么效力？）；

扣押问题（买受人的债权人是否可以扣押其期待权？以何种形式扣押？）；

最后是保护问题（当第三人侵害期待权时，买受人将怎样受到保护？）。

详细内容请参见下文第五十九章。

（三）所有权功能的分离

6 随着担保性所有权让与和基于附条件让与而产生的期待权的出现，引起了学术界和实务界讨论的兴趣。尽管他们在学说上存在着分歧，但都有着一个共同的出发点：在担保性所有权让与和期待权都表现了人们这样的一种努力，即所有权人的担保功能和使用功能如此有意义的分离，要使其一个功能尽可能的少地影响到另外的一个功能：

在所有权保留场合，出卖人使买受人能马上对标的物进行使用（就像他已经是所有权人一样），但出卖人在其价金请求权实现前，仍然“保留”着其“所有权”。

担保性所有权让与仍然允许债务人继续占有、使用其担保物，但是为了担保其对债务人之债权的实现，债权人具有了担保物所有权人的地位。

这两种制度之间类似的利益状态，使得我们可以将二者置于直接联系下进行讨论（参见下文第五十七章和第五十九章）。

第三节　叙述思路

我们按照在研究土地权利时选择的结构，首先研究动产上的权利（参见 7
第五十章），接着研究取得方式，而且包括意定与法定取得，从有权人处取得以及从无权人处取得（参见第五十一章到第五十三章）。其次在第三编接着叙述的是作为动产上用益物权的用益权（参见第五十四章），最后在第四部分研究的是动产上的担保物权，先是法定秩序中规定的质权（参见第五十五章），然后是担保性所有权让与（参见第五十七章），最后是所有权保留（参见第五十九章）。

第二编

动产所有权

第二册

第五十章 动产所有权的内容、限制和形式

首先参阅上册第二十四章和第二十六章。

第一节 动产所有权的内容

上文第二十四章由《德国民法典》第903条和《德国基本法》第14条发展而来的基本原理,同样也适用于动产所有权。比如,《德国基本法》第14条所包含的关于团体和个人法律地位的保障,对动产所有权的保障同样也起到积极的作用。《德国基本法》第14条第2款中所规范的约束内容(Bindungsgehalt),以及第14条第3款中的关于防止财产被剥夺的保护内容,也都适用于动产所有权。[1] 1

但是,这些基本原理在动产所有权领域的适用,并不像在不动产所有权领域那样是显然的、现实的。个中原因有以下几点:

---

〔1〕 关于从对土地所有权的限制引申出来的基本原理(参见上文第二十四章)同样也适用于动产所有权(联邦最高法院裁判,载《新法学周刊》,1965年,1080、1082页;又参见《联邦宪法法院判例集》,第20卷,351页:对疑有狂犬病之狗的屠杀),至于即将讨论的特殊性则参见边码2—4。

2 1. 在动产所有权领域,与他人利益及公众利益发生冲突的可能性要远小于不动产领域。而正如我们所知道的,不动产所有权的波及面是如此地广泛,以至于随着其内容的确定就已经(几乎是自然而然地)规定了有利于邻居和公众利益的约束和限制。与此相反,动产所有权的运用是在所有人的"私生活"(Intimsphäre)范围内的事情(用一个标语性的语词),他人和公众利益不会因该人动产所有权的使用而受影响或者说是受到本质的影响。

对此的几个例子:如,农民如何使用他收割的马铃薯,是将其卖掉、喂猪,还是酿酒,对于公众而言是无所谓的。只有在困难时期,马铃薯可能被严格限制于食用时,情况才两样。

又如,一个工厂主生产什么,如何销售、销售给谁,是不涉及公众利益的。只有当他以非法方式触犯他人利益时(如不正当竞争)或其产品用于公众供给时,他的经济行为才具有法律上的重要性。

3 上述例子说明,总体而言,动产的使用既不涉及他人利益,也不涉及集体利益。利益冲突并不多见,一旦出现冲突,立法者必须尝试通过影响动产所有者行为来解决冲突。只有在出现紧急或长期苦难时期时,国家才会剥夺动产所有权。而这种措施的程度也不同:从剥夺所有权到剥夺使用权,再到生产和分配的强制规定(统购配给 Bewirtschaftung)。

这种例外情况在计划经济(Planwirtschaft)中是普遍的。计划经济要服从国家规定的经济运行。对所有权的限制是显而易见的——如果还算得上是所有权的话。

4 2. 动产在通常情况下是可以互换的:一件物品可以被等值替换。国家为了实现公共任务而恰好需要动产所有者的某一物品的情况是很少见的。因此,只要国家具有通过购买获取动产的必要资金，也就足够了。换句话说，获取公共动产的手段不是征收，而是通过税收！

如果一个国家在管辖范围内建造道路，官方需要一块不动产（土地），那么最终的手段就是征收（Enteignung）。但是，谁也不会想到通过征收建筑企业的财产来获取建造道路所需的机器。这些机器是国家通过公共税收中所能支配的资金购买而来的。

以上事实说明，国家使用公民的动产通常是间接地——作为全部财产的组成部分——通过税收和特种税来实现的。这样就达到一个普遍的、涉及所有人的效果：征收的典型缺陷，即对单个人侵犯和特别牺牲（Sonderopfer），不复存在。

但是税收也可以间接导致所有权和财产的重组。这样所谓的掐大脖子税（Erdrosselungssteuer）〔2〕实际上就有征收的效果。比如高额的遗产税，就是强制财产所有者交出价值丰厚的财产（英国就是如此！）。

因此，下文将很少论及动产所有权的限制问题。只会从技术层面描述根据《联邦征收征用补偿法》（Bundesleistungsgessetz）所能采取的作为征收类型的几种措施以及相应的限制，这种限制是为了经济调控。

〔2〕　例如，请比较联邦行政法院裁判，载《新法学周刊》，1958年，960页。

第二节　动产所有权的限制和剥夺[3]

一、根据《联邦征收征用补偿法》进行占用

5 根据《联邦征收征用补偿法》的第 2 条，可以对动产的使用、利用提出要求，也可以对所有权提出（强制）要求。前提是，这种占用（Inanspruchnahme）是基于公众利益的考虑，在此必须符合《联邦征收征用补偿法》第 1 条所列的构成要件。此外还需要一个前提，这种需求不能以其他方式，或不能及时地，或只能用过度的资金来满足。相对于使用私人法律手段的获取途径而言，这种占用始终是辅助手段（《联邦征收征用补偿法》第 3 条）。即使是在具有这些前提的情况下，也要公正地衡量“公众利益和当事人利益”（die Interessen der Allgemeinheit und der Beteiligten gerecht abzuwägen）（《联邦征收征用补偿法》第 3 条第 3 款第 1 句）。生产和贸易企业不应被（硬性）要求，（也即不能用硬性的方法实现国有化！《联邦征收征用补偿法》第 3 条第 5 款）相关者的生活需求也不应该受到损害（《联邦征收征用补偿法》第 3 条第 6 款第 2 句）。

这种占用不仅限于不动产，也包括动产。只是后者根据《联邦征收征用补偿法》不能进行所有权的剥夺，这里这种（强制）要求仅限于使用和其他利用。

有趣的是，和不动产一样，可以对动产提出停止使用的要求，但在不动产情况下，还可能对一些影响予以容忍（《联邦征收征用补偿法》第 2 条第 1 款第 6、7 项）：

比如在一个军事雷达站附近就不允许建立私人电台。

要进行占用，就得根据《联邦征收征用补偿法》第 35 条及以下几条所规定的行政程序进行。其主要内容是一个书面公布、被送达的给付通知（《联邦征收征用补偿法》第 36、37 条）。在行政法庭上，这种给付通知书可能会

---

〔3〕 基于刑事诉讼可能发生的所有权限制，在此未能叙述（例如，请比较罗克辛，《刑事诉讼法》，1995 年，第 24 版，§65；彼得斯，《刑事诉讼》，1985 年，第 4 版，第 14 章 Ⅰ，10 与第 31 章 Ⅳ；埃泽尔，《针对所有权的刑事惩戒》，1969 年）。

被撤销(《行政法庭法》第40条)。基于给付通知书,所有权就被“原始地”转到了给付受领人(Leistungsempfänger)那里(《联邦征收征用补偿法》第13条)。

有趣的是,公法上的取得过程和义务人给付行为的联合。如果给付义务者不给付或给付不良,那么依据《联邦征收征用补偿法》第17、18条,在各个方面,民法的规定都会适用于义务人(《联邦征收征用补偿法》第27条第2款)。

《联邦征收征用补偿法》第20条规定了补偿义务。使用和用益的补偿以在经济往来中普遍的、可作参考的给付报酬为标准,对所有权的征收,按一般价值(der gemeine Wert)进行补偿。除此之外的财产缺损在重新购置费用(Wiederbeschaffungskosten)的框架中进行补偿(《联邦给付法》第21条)。

二、基于经济调控的限制

关于这一广泛领域,我们在上文的第二十六章边码21和——特别在农业领域——第二十七章边码25以下已经谈过了,可以参阅以上内容。 6

涉及动产的经济调控手段逐渐被消解了。除了一些特定的农产品的价格规则以外,价格法的规定也几乎不存在了。但是,随着1959年12月22日的《工商业经济区给付保障法》(载《联邦法律公报》,第1卷,785页),创造了空白规范(Blankettnormen),这一规范使得困难时期的经济控制和与此相连的所有权限制成为可能。

这里还要指出另一个与此相连的问题:国家的经济控制和价格制定将会消失;取而代之的是以卡特尔、康采恩等方式组织的经济中的措施,这常常可以取得同样效果(如果有人以固定价4马克买了一管牙膏,固定价1.20马克买了汽油,那么,到底是谁制定的价格,是国家机关、价格卡特尔、垄断资本家还是名牌商品的生产者,对这个人来说是无关紧要的)。但是在这种“以经济进行经济控制”(Wirtschaftslenkung durch die Wirtschaft)的情形之中,完全是其他的动机在起决定性作用。当然国家也试图施加影响;尤其所谓的《卡特尔法》(反对限制竞争法)是其法律基础,该法是1990年2月20日的版本,(载《联邦法律公报》,第1卷,235页)。

最后,应注意的是对所有权的限制,这些限制产生于为了实现欧洲经济

一体化而缔结的,并以法律系形式宣布的、对各国内部有约束力的条约。〔4〕

第三节　动产所有权的形式

首先参阅第三章边码25以下。参考文献提示:格哈特(Gerhardt),《动产所有权(占有——所有权——质权)》,1995年,第4版。

一、概论

7 和不动产所有权一样,动产所有权也可以是独立所有权、共同共有所有权或者按份共有所有权。我们记得,共同共有所有权的特性是:物属于共同共有共同体的财产,而按份共有所有权是指多个所有权人中的每个人都享有该物的观念中的一部分。以上由第三章边码25以下发展而来的基本原则也适用于动产的按份共有所有权。

二、按份共有所有权

8 动产的按份共有所有权很少是基于法律行为的,而更多的是基于法律而产生的:

(一)与共同共有所有权的区别

动产的特性一般排除了没有共同目的维系的按份共有所有权和按份共同使用权的可能性。但如果约定去实现某个共同目的,那么就是民法上的合伙*(也可能是商法上的)。为了达到目的而获得的动产是共同共有所有权,而不属于按份共有所有权之列。

---

〔4〕 对此参见施泰因霍夫,《联邦德国经济法导论》,1985年,第2版,27页以下;林克/施瓦克,《经济法》,1986年,第6版,第7节以下;里特纳,《经济法》,1987年,第2版,54页以下;施威策尔/胡梅尔,《欧洲法》,1999年,第5版;奥普费尔曼,1991年,6页。

* 与商法上的合伙相对。

例子：A、B、C 三个学生决定共同去希腊旅行，为此目的买了一部 1979 年产的二手货车。在旅行结束时，又要把这部车转让出去。这里就涉及一个民法上的临时合伙（Gelegenheitsgesellschaft），[5] 这部货车属于共同共有所有权。

A——货车司机和 B——目前是商业职员想共同开一个运输企业。他们买了一辆货运火车，并主要用它从鲁尔区往南德运钢管：无限公司*（新《德国商法典》第 105 条第 1 款连同第 1 条第 2 款），即使 A 和 B 没有签订旨在建立无限公司的合同——对该货运火车享有共同共有所有权，哪怕这是该公司的唯一财产。

（二）按份共有所有权的建立

1. 以法律行为方式成立的："简易的权利共同体"

由于通常都有一个目的关联存在，人们不禁要问，通过合同建立起来的对动产的按份共有所有权是否可能呢。事实上，在共同取得时，简易的权利共同体和公司组织之间的是很难区分的。而使用规则可以作为区分的依据：如果共有人之间的使用是划分的，而共有的目的仅限于保持物品的共有的状态，那就是简易的法律共同体（即按比例的共有所有权） 9

两个共用办公室的律师 A 和 B（每个人都独立办业务，只是办公室是共用的）共同购买了帝国最高法院的民事判例集，一人出了一半钱。其结果就是：对半的按份共有所有权。

2. 根据法律成立的：附和和混合

基于法律产生的按比例分配的按份共有所有权，是通过动产 10

---

〔5〕 参见帕兰特/托马斯，《德国民法典评论》，第 705 条，边码 14 与 44。

* 即商事合伙，以下用的公司的概念，包括了合伙。

的不同所有者附和混合而产生的,即第947、948条规定的情况。

具体细节详见第五十三章第一节。为了便于理解,这里先举一个例子:粮食批发公司A和B把粮食存放在磨粉厂C的贮谷仓里。如果A放了25吨,B放了50吨,那么A就占有共同份额的1/3,B占有2/3。C只是保管者(仓库主,《德国商法典》第467条)和直接占有者。如果他有权在A和B的指示下将粮食交给第三者,那他就是以A和B的名义支配他们的共有财产(同样参见《德国商法典》第469条)。

在实际运用中,(按份)共有所有权产生的一个重要情况是:《有价证券保管与购置法》第5条及其以下规定的对有价证券的共同保管(Sammelverwahrung):应交由银行保管的有价证券通常不会被单独保管(即Streifbanddepot),而是和其他客户的同种有价证券共同保管(这样管理有其优点,比如收取利息和股息)。通常不是在银行进行这种共同保管,而是在有价证券集中银行(Wertpapiersammelbank)(即Girosammeldepot;概念定义:《有价证券保管与购置法》第1条第3款)。每个顾客都享有同种被代管的有价证券的部分所有权,其比例由其有价证券的票面价值决定。商业银行可以通过所谓的有效支票(Effektenscheck)的方式(为其自己的客户)处分(按份)共有所有权的份额(Effektengiroverkehr)。[6]

(三)利于(按份)共有所有权所有者的继受让与保护

11 第1010条规定,在不动产的(按份)共有所有权的情况下,只有特别权利继受者被登记在土地簿册里,涉及共有物的管理和使用的规则才对他们有效力,在动产的情况下,同样的规定当然是不可能的。这样我们就看到了一个特殊结果:对于特别权利继受者,共同所有人(一个由多数决达成的管理和使用秩序)的债法合意

〔6〕 对此基本参照策尔纳,《有价证券有体化因素的削弱》,载《赖泽尔纪念文集》,1974年,249页;其他证明参见边码53、12以下;瓦尔茨文,载《立法与法律科学评论季刊》,1986年,136、160页。根据策尔纳,《有价证券法》,第1章Ⅲ2;第26章Ⅴ5,在有效支票的实践中逐渐被商业银行的所谓送交之清单"Lieferlisten"所替代。

有效(第746条),即有物权作用(继受让与保护)。在此,是否向权利继受者阐明是无关紧要的。第936条既不能直接适用,也不能间接适用(尽管主流观点认为该限制是“(按份)共有所有权份额上的真正负担”)。[7]

假如在上面的例子中,律师A和B约定,一直到双方中的一方死亡(或职业终结)都要避免对判例集(Endscheidungssammlung)的(按份)共有所有权予以分割,那么,如果B将他的事务所卖给了K,这个合意对于K仍有效(第751条第2句),但是,如果B的一个债权人扣押了B的部分所有权,并有权对其进行收取,那么上面的合意对于这个债权人是无效的,对于合同上的扣押债权人也无效(第1258条第2款第2句后半句)。

(四)投资公司的特殊性

最后要指出的是:由于投资公司的参与而出现的特殊性。[8] 由投资公司用储户资金形成的特殊财产或者是公司的信托所有权,或者是份额所有人的(按份)共有财产(该法的第6条第1款第2句)。在后一种情况下,不能要求废止共同体关系(Gemeinschaft),即使扣押债权人也不可以(第11条第1款)。但是,份额所有人的请求权会被体现在份额凭证(Anteilsschein)上,份额凭证可以是指示证券,也可以是不记名证券(第18条第1款),随着份额凭证的移转,对特殊财产的按份共有的份额也发生转移(第18条第3款)。对该共有份额可以扣押,也可以质押(第18条第3款第2句)。[9] 12

---

〔7〕 比较沃尔夫/赖泽尔,《物权法》,第88章I 1;赫克(Heck),《物权法概要》,第71章4(特别是第1010条);也请比较施陶丁格/朗海姆,第746条,边码1、8。

〔8〕 1957年4月16日颁布的法律(载《联邦法律公报》,第1卷,378页),1970年1月14日版。文献方面参见策尔纳,《有价证券法》,第30章和卡纳里斯,《银行合同法》,注释,1094页以下。

〔9〕 详细请参见策尔纳和卡纳里斯,同上书。

第五十一章　从有权人处的所有权取得

参考文献提示：阿芬那留斯（Avenarius），《非占有物的转让和所有物返还请求权的让与》，载《法学者报》，1994年，511页；M. 鲍尔文，载《博施（Bosch）纪念文集》，1976年，1页（动产所有权让与情况下的占有的公示功能）；冯·克默雷尔，《所有权转让的法律比较和改革》，载《拉贝尔外国私法与国际私法杂志》，第12卷，675页；作者同上，《通过指示交付进行的所有权让与》，载《法学者报》，1963年，586页；恩斯特，《自主占有和动产取得》，1992年；弗吕（Früh），《案例准备中的物上请求权》，载《法学教育》，1995年，221页；戈特海纳（Gottheiner），《动产买卖中的所有权让与》，载《拉贝尔外国私法与国际私法杂志》，第18卷，350页；古尔斯基文，载《法学者报》，1991年，497页（对新的最高法院判例的评价）；欣德林（Hinderling），《占有让与对动产法种德法律取得的意义》，载《瑞士法杂志》，第111卷（1970年），159页；许布纳，《动产法中的权利丧失》，1955年；科勒，《合同和交付》，载《民法档案》，第18卷，1页；克劳泽，《物权合意原则和新构成》，载《民法实务档案》，第145卷，312页；库皮施,《转手取得(Durchgangserwerb)抑或直接取得》,载《法学者报》,1976年,417页;冯·吕布托,《"小额交易"(Die Geschäft "für den es angeht")和所谓的"预期占有改定"》,载《泛商法与经济法杂志》,第112卷,227页;马丁内克,《交付原则与指示取得》,第188卷,573页;皮克尔文,载《民法实务档案》,第188卷,511页(对此参见上文第四章,边码9,说明1);施米茨文,载《法学教育》,1975年,451、572、717页;1976年,169页;聚斯,《交付原则——物权法的回潮》,载《马丁·沃尔夫纪念文集》,1952年;瓦克,《法制史与法律教义学上作为替代交付的占有改定》;维泽文,载《黑施勒纪念文集》,1982年,283页(证书的所有权)。进一步的文献参见下文。

第一节　基本思想

参见第五十二章结尾的概览表21。

一、所有权让与的原则

(一)分离原则和交付原则

《德国民法典》立法者所规定的动产转让的原则,在第929条第1句中有清楚的表述:要有一个物上的要素,即物被所有权人交付给取得人,和一个法律行为上的要素:所有权人和取得人必须就所有权让与问题达成合意。[1] 由此可见,该法律明确了两项准则: 1

〔1〕 合意也可以在以下情况中发生,请比较联邦最高法院指导性的案件,载《新法学周刊》,1990年,1913页,附有卡·施密特(Karsten Schmidt)的评论,《货币交付的所有权取得》,载《法学教育》1990年,846页。

(1)不是债权行为(例如买卖),而是独立于其外的物权转让行为引起了所有权让与效果(Übereignungseffekt)的产生,换句话说,该法律承认了分离原则(参见上文第五章边码40以下)。[2]但可以想见的是,在其他法域(Rechtkreis)中,债权行为引起所有权让与效果的产生,可能是有效的法律。

(2)对于所有权让与而言,仅有出让人和取得人就所有权让与达成合意是不够的,此外还必须获得占有。[3]

(二)可以设想的两个原则的组合

2 各种形式的组合尽管是可以设想的,并且在其他法律秩序中也出现了的,但这两个问题领域还是必须要区分开的。

(1)第一种组合:随着买卖合同所有权也发生转移:即所谓的纯粹的合意原则(即既无分离原则,也无交付的必要性!);法国法律是这样规定的(《法国民法典》第711条、第1138条第2款、第1583条)。[4]

(2)第二种组合:除了债权法的,同时导致所有权让与的基础法律行为以外,必须还要进行物的交付(不是分离原则,但是交付原则);《普鲁士的一般邦法》即如此。[5]

(3)第三种组合:除基础法律行为外还要有物权合意,但不需要物的交付(即分离原则,但没有交付要件);比如,德国现行法上,对权利之让与没有特别规定的,关于各种权利让与的规则,第413条和第398条及其以下。

(4)第四种组合:债权行为和物权行为要分开——为了使所有权转移,除物权合意外,必须进行交付(登记)(即分离原则和交付原则);现行的德国

---

〔2〕 特别参见拉伦茨,第2卷,第1册,第39章Ⅱ。

〔3〕 这里谈到"强制执行要素"——正如多次发生的那样——是不值得推荐的:占有的移转并不是物权合意的执行。

〔4〕 第711条:"财产所有权,因继承、生前赠与或遗赠以及因债的效力,取得与转移。"(对此参见费里德/松嫩贝格,《法国私法》,第2册,1986年,第2版,第2章,109页以下。)

〔5〕 这里也有法律政策上的建议,参见拉伦茨,第2卷,第1册,第39章,Ⅱd。

法律对于动产所有权让与〔6〕就是这样规定的。

二、交付原则的击破

法律严格地遵守了分离原则(即债权行为和物权行为的分离)以及与之相连的抽象原则(两个法律行为在法律上是相互独立的);但相反,交付原则却在很多地方被突破了: 3

(1)如果取得人已经占有该物,那么只需要一个所有权让与合意就够了:即所谓的简易所有权让与(Uebereignung kurzer Hand, brevi manu traditio):第929条第2句。

V向K出租了一台电视机,由于"越看越好",K决定把它买下来(V从一开始就是这么盘算的)。这里再要求什么交付,显然是多此一举,只需要一个物权合意就足够了(如果K是基于所有权保留以分期付款的方式来购买该电视机的话,物权合意上通常可能是附条件的)。

(2)如果目前的所有权人想保留对物的占有,那就可以用一个占有媒介关系约定来代替实际交付:即所谓的通过占有改定(Besitzkonstitut)进行的所有权让与(constitutum Possessorium):第930条。

担保性所有权让与为其主要适例:S要将一台机器的所有权让与给他的债权人G,但他根本不能没有这台机器(他也不能把机器质押给G, 因为那样他就必须在事实上把机器交付给G:第1205条——纯粹的交付原则)。

(3)如果需要让与所有权的物品在第三人处,那么代替交付的可以是返还请求权的让与:所有权通过返还请求权的让与(Ab-

〔6〕 对动产的限制物权的设立也同样适用。

tretung des Herausgabeanspruchs）而转让：第931条。

V把打字机租给了M，他又把它转让给了K（K也有意继续出租）。那么，V只要转让了返还请求权并和K达成所有权让与合意就可以了。

4 我们以后还要慢慢谈到，还存在许多突破交付原则的情况，但就刚刚谈到的例子就会出现两个问题：

（a）这种突破现象能够重要到使人合理地怀疑我们的法律秩序中的交付原则的有效性（Geltung）吗？

（b）在将来的立法中，坚持抽象原则和交付原则是否可取呢？

两个问题并不总是泾渭分明的。第一个问题涉及对现行法律的解释，第二个问题必然引发一些对法律政策问题的探讨。

对于（a）认识得最清楚的赫克（Heck）[7]认为，虽然法律是建立在交付原则基础之上的，但并没有规定交付之强制。他想以此说明的是：虽然占有之变更是惯例，但如果当事双方都认为单纯的物权合意就足够了，那么就不应设置法律上的障碍！

对该观点，我们不能赞同：对现行法律而言，规定的只是——要进行所有权让与，必须满足第929条到第931条的构成要件。[8] 所以，只有在简易的所有权让与情况下，单纯的所有权让与合意才是足够的（第929条第2句），在其他情况下，要产生所有权让与效果，必须要有交付或者所谓的交付之替代。[9]

就（b）而言，对于保留或放弃抽象和交付原则这一法律政策问题，请参见第五章边码43以及下文边码44）。

三、叙述思路

5 我们想首先回顾一下适用于物权合意的基本原则（参见边码66以下），

〔7〕 参见第五十六章。

〔8〕 同样的观点请见拉伦茨，第2卷，第1册，第39章Ⅱd。

〔9〕 比较例外的构成要件，如边码25和37。

然后专注于通过物权合意和交付进行所有权让与的一般情况(参见边码 12 以下),然后讨论从第 929 条第 2 句到第 931 条的特殊情况(参见边码 20、21 以下、边码 41 以下)。接下来我们要处理一些法律政策问题。

第二节　物权合意

这里主要涉及的是在上文第五章已叙述过的专门针对动产所有权让与的说明。

一、作为法律行为的物权合意

6 第 929 条及其以下各条意义上的合意是属于物权法的法律行为,也是所有权让与构成要件的一部分。总论部分的规定也适用于物权合意,诸如关于权利能力与行为能力的规定、法律行为和合同的规定,关于条件、代理、事前同意和追认的规定。

具体如下:

(一)无须形式要件

7 物权合意没有形式要件(formlos)也是有效的。即使该物权合意在法律上可能是与基础法律行为分离的,尤其是在一手交钱一手交货的日常买卖中,但该合意可以是在基础法律行为订立的那一刻就已经存在了。如果交付是在基础法律行为结束后的一段时间之后进行的,那么一般比较符合当事人意愿的说法是:物权合意在交付时才被表示出来的;物权合意也可以默认的形式发生。

例如:K 在 V 处选了一台打字机,并用现金买了下来。这里在买卖行为中也存在着所有权让与的合意,尽管 V 要在稍晚的时候才能用送货车将打字机运到 K 家里,也是如此。

如果 K 在邮售商店 V 那里订购了一台打字机,并且得到了 V 的确认(这样购买合同就已缔结),那么只有在机器被寄出并且 K 愿意接受的时候,才有物权合意(《帝国最高法院民事判例集》,第 102 卷,38、40 页)。

(二)确定性原则

8 物权合意必须指向某一特定物(特定性原则;参见上文第四章边码 17 以下)。集合物在其存量上必须是可以确定的(这在整体存量的一部分的所有权被让与的情况下,尤其重要,联邦最高法院裁判,载《法学者报》,1988 年,471 页。)

在担保性所有权让与的情况下,物权合意中标的物的确定性问题,尤其重要,因此在下文将会对其深入探讨(参见下文第五十七章边码 12、13)。

(三)附条件的所有权让与

9 由《德国民法典》第 455 条可以得出:附条件的所有权让与(与第 925 条第 2 款相违背!)是允许的:即所有权保留。这里所有权让与的构成要件在订立时就已经被满足了,但所有权是随着延缓条件(支付买卖价款)的成就而移转的。详情参见下文第五十九章。

可以以协议的方式附加条件,使物权合意取决于买主对所有权让与物的认可。

在担保型所有权让与的情况下,会存在着附解除条件的所有权让与的例子——要看双方是否有约定,比如下面的情况:随着被担保的贷款的偿还,所有权应当自动地转移到债务人(即担保提供人)手里。

(四)代理

10 在物权合意表示的情况下,代理当然是可能的,在交付为以法律行为方式作出的表示(第 930、931 条)所代替的情况下,[10] 也当

〔10〕 在根据《德国民法典》第 854 条第 2 款移转占有时,也是如此。

然可能。但是,当其涉及根据第854条第1款规定的直接占有让与时,却不可以代理;但如果代理人是取得人的占有辅助人(第855条)或存在占有改定之情形,在这里,也可以达到同样的效果(具体参见上文第八章边码5以下和下面的具体的所有权让与构成要件部分)。

二、物权合意的可撤销性

最有争议的问题就是:这样的物权合意是不是具有约束力的, 11
也就是说,是否可以被撤销。就这一问题我们在上文第五章边码36、37中已经解释过了。

这里我们再举个例子:E临终前将一幅名贵的画以低于其价值的价钱卖给了K,并和他约定,他随时可以取走该画。这里,买卖合同与物权合意都已存在了,但还没有进行交付。如果E死了,其物权合意表示的效力并不会因此受到影响(第130条第2款)。如果其继承人(或是女佣根据其继承人或死者本人的指示)交付了该画,那么K就成了所有权人。但其继承人也可以在物的交付之前宣布不承认该物权合意——合同的另一方已经知道了该物权合意,因为这一物权合意对这些继承人没有约束力,就像对死者没有约束力一样(联邦最高法院裁判,载《新法学周刊》,1978年,696页)。说这个合意随时可以被撤销可能让人吃惊,但该物权合意上的确没有债权法的要素。

如果E的继承人因为进行撤销而违反了买卖合同上的义务,并因此有可能以后还要被判决再作出物权合意表示,物权合意仍然可以被撤销(《德国民事诉讼法》第894条)。相反的观点没有注意到第873条第2款,该规定只是将有约束力的物权合意作为特例来看待的。[11]

这样就得出结论,作为所有权让与的"未规定的构成要件要素",在交付那一刻,所有权移转的意思必须还存在(主流观点:比较维甘德,《施陶丁格德国民法典评注》,第929条,边码71—84,有进一步的论证)。这里并不要

---

〔11〕 参见赫克,第55章7;韦斯特曼/H. P. 韦斯特曼,第1卷,第38章,4;也请比较奥特文,载《法律学习》,1993年,643页,附有关于著名案件"Bonifatiusfalls"的讨论(参见《帝国最高法院民事判例集》,第83卷,223页)。

求有实际的对法律后果的意识。[12]

第三节 作为所有权让与一般情况的物权合意和物的交付（第929条第1句）

一、概论

12 有道理的是，作为起点，在第929条第1句中，法律规定了所有权让与构成要件的通常情况，即所有权人将物交付给取得人。这种方式的所有权移转过程符合一般的生活事实。

经验事实已经表明，在许多所有权让与中会有某个“中间人”（占有辅助人、占有媒介人），这样，就不应从字面上理解物由所有权人向取得人交付的构成要件要求。这里不能超越交付原则，而且必须注意第929条第1句的基本思想。显然，这里起决定作用的是：

(1)所有权人一方[13] 放弃了对物的直接占有。

(2)取得人一方[14] 获得了直接占有。

(3)这种取得是在所有权人的策动下进行的。

二、交付的组成部分

(一)占有放弃

13 “所有权人一方”的占有放弃(Aufgabe des Besitzes)可以通过如下方式进行：所有权人自己移转占有（通常情况），或者指示他的占有辅助人或直接占有人（他的占有媒介人），将物交付给取

---

〔12〕 比较联邦最高法院裁判，载《新法学周刊》，1995年，1085、1086页；也可参见第五章边码37。

〔13〕 这里暂且允许这种模糊表达。

〔14〕 这里暂且允许这种模糊表达。

得人。

例如：V 将买来的书交给了 K；

V 指示他的职员 A，将电话订单送交给 K（在此，可以有几个 V 的占有辅助人相继参与工作：比如，V 将电话订单交给部门主管 A1，A1 委派职员 A2 完成送交任务）；

V 之前把这本书借给了 M，现在 V 指示 M 把书交给 K（与此相区分的是第 931 规定的返还请求权的让与，如果 M 继续直接占有这本书，而 K 已经成为所有权人的话，那就是第 931 条规定的情况）。

如果目前的所有权人使他的占有辅助人成为了直接占有人，或反过来他想成为未来的取得人的占有辅助人，那么也充分构成了占有放弃。这里的交付是通过废止或者建立第 855 条所要求的依附关系来进行的。[15] 14

例如：GH 将公司职员 R 正在使用的公司汽车的所有权让与给了出差中的 R；

迄今一直在使用自己汽车出公差的 R——将车转卖给了其老板 GH，但"受公司委派"继续使用该车。

目前所有权人所进行的占有放弃最终也可以在下列情况中出现：

目前的所有权人指示其占有辅助人将来遵守取得人的指示。

V 将其业务（通过旅行代理人[16]推销产品）转让给了 K。他将此事告知

---

〔15〕 并非通过单纯"合意"，如同聚斯，同上，151、152 页和夸克，《慕尼黑德国民法典评注》，第 929 条，边码 158 的意见，对此韦斯特曼/H. P. 韦斯特曼，《物权法》，第 1 卷，第 40 章 Ⅲ 2 有详细论证。

〔16〕 正确应为：出差中的职员。

了各位旅行代理人,并请求他们今后按 K 的指示行事。代理人使用的公司货车也因此而转让给了 K。

当前所有人委托他的占有媒介人与取得人约定一种占有媒介关系。占有媒介人遵照委托履行了这一任务(《帝国最高法院民事判例集》,第 103 卷,151 页;联邦最高法院裁判,载《新法学周刊》,1959 年,1536、1539 页,II;《帝国最高法院民事判例集》,第 92 卷,280、288 页)。

例如(依据《帝国最高法院民事判例集》,第 103 卷,151 页):V 在 L 处贮藏了 50 箱油浸沙丁鱼,他将这些沙丁鱼转卖给了 K,并将此事告知了 L,并指示他,"下一步事情与 K 协商"。K 与 L 签订了一个仓储合同,那么就实现了第 929 条第 1 句意义上的物的交付(注意:这里并不是第 931 条所说的所有权让与,因为在 V 与 L 的合同关系中,并未转让返还所有权,而是在 K 与 L 之间签订了一个新的仓储合同!)。

15 最后,甚至在直接占有人(没有为所有权人的间接占有进行媒介的人,如作为拾得人),受所有权人的指令(Geheiss)而将物交付给了取得人的情况下,[17] 或在直接占有人将来为取得人建立占有媒介关系的情况下,所有权人也算完成了占有放弃(所谓的指令取得 Geheisserwerb)。

E 准备好了一个大的衣服包裹,他将这批衣服寄赠给一个登记在册的青年社会工作协会,该协会应该自己来领取包裹,但 D 偷了这件包裹。E 将此

---

〔17〕 通说参见:联邦最高法院裁判,载《新法学周刊》,1979 年,2037、1973、141 页;《联邦最高法院民事判例集》,第 36 卷,56、60 页;参见冯·克莫雷尔文,载《法学者报》,1963 年,586 页;马丁内克文,载《民法实务档案》,第 188 卷,573 页(以上第 4 章边码 9);恩斯特,同上,87 页。

事实在媒体上曝了光，并请求D不要“破坏了美好的意图”。D于是通过邮局将包裹寄给了那个青年社会组织。

（二）占有取得

占有的取得可以通过取得人（通常情况）或者其占有辅助人或占有媒介人获得对物的直接支配[18]来实现： 16

例子：V将买的一本书交付给了K；

K让他的职员A去V处去取这本电话订书；

V（书店）按照K（出借图书馆）的指示，将其所买的书交给了M，此前M向K出借了该书。

其他情况——在我们对第一部分和第二部分的探讨中已经出现过——是通过成为直接占有的占有辅助人来实现占有取得的：

出差的职员R通过购买的方式为公司取得了运货车。

还有一种占有取得方式，即占有辅助人或占有媒介人转入到取得人的支配领域。

V将营业转让给了K，并告知了出差在外的代理人；

在出让人的促成下，仓储人与取得人签订了仓储合同。

有疑问[19]的是下面一种法律情况，即当根据取得人的指示而将物交付给某人，而该人并未对取得人的间接占有进行媒介，这 17

〔18〕 此处参见上文第七章边码13以下。

〔19〕 此处参见夸克，《慕尼黑德国民法典评注》，第929条，边码146；施陶丁格/维甘德，第929条，边码50—54；马丁内克文，载《民法实务档案》，第188卷，573页有进一步的论证；沃尔夫，第5章，A Ⅳ c 2，221、222页；威灵文，载《法学者报》，1977年，291、294页和《物权法》第9章Ⅷ；判例方面参见古尔斯基文，载《法学者报》，1991年，496、498页。

在指令性取得情况下并不少见:取得人指示出让人,立即将物转让给取得人的买主(即第三人)。那么取得人因此获得占有了吗?

例如:K已经确定在V处买一台机器,并付了款。过了几天K指示V,将机器交给他转卖的下家D。V按照指示办了事。我们不能说,是直接在V与D之间进行的所有权让与。一方面是因为V有可能根本不知道D到底是该机器的买主、租主、保管人或其他什么人。另一方面在所有权保留的前提下将机器送交给D(如在分期付款的情况下)这一点上,K也可能存有利益。所以,我们必须把这个过程分为V和K与K和D两个所有权让与过程。只有认为物由V向D的交付算作向K的交付,K才能获得所有权。虽然K从没有获得任何形式的占有,这一点也应得到肯定。只有把V对K的有关物的指示权能之授予看做是占有媒介关系的协议,才能避免与之相关联的、与交付原则的矛盾(对此持批评意见的是蒂特克(Tiedtke)文,载《法学者报》,1989年,179页。另参见《联邦最高法院民事判例集》,第36卷,56页;冯·克默雷尔文,载《法学者报》,1963年,586页;瓦尔德(Walde)文,载《法学者报》,1974年,689页;对所谓的"延长交易"(Streckengeschäft)的总结参见帕代克(Padeck)文,载《法律学习》,1987年,460页;持不同观点的:《尧尔尼希德国民法典评注》,第929条,边码17)。

对指令性取得[20]的其他的例子:联邦最高法院裁判,载《新法学周刊》,1986年,1166页;1974年,1132页和1982年,2371页(连环买卖(Kettenhandel)——延长性交易;参见卡·施密特所做的清楚的描述,载《法学教育》,1982年,858页和马丁内克文,载《民法实务档案》,第198卷,615页);哈格尔文,载《经济法杂志》,1993年,1446页(联邦最高法院裁判,载《经济法杂志》,1993年,98页)。

---

〔20〕 此处参见弗卢梅文,载《E.沃尔夫纪念文集》,1985年,61页;梅迪库斯,《民法》,边码563以下;冯·奥尔斯豪森文,载《法学者报》,1975年,29页;皮克尔文,载《新法学周刊》,1974年,1790页。

(三)出让人的占有让与意愿

18 取得人必须是在当前所有权人的促成(auf Veranlassung des bisherigen Eigentümers)下获得的对物的占有。但一方当事人的占有让与意思和另一方的占有取得意思一样,是不具有法律行为性质的(参见上文第七章边码15、26)。

但在占有让与是根据第854条第2款,即通过纯粹的物权合意进行时,它就具有了法律行为的性质(典型例子:对森林中的木材的占有的转让;参见第七章边码19和联邦最高法院裁判,载《新法学周刊》,1979年,714页)。在这里所有权是通过两个物权合意被让与的:关于所有权移转的合意和关于占有移转的合意。两者可以合而为一,也可以分离:

在黑森林地带的木材拍卖中,K得到了森林所有权人V的"拍定"(即买卖合同的签订),一手交价款,一手交"木材订单"(即物权合意),然后在拍卖结束时,签发"运货许可"(即根据第854条第2句的交付)。

(四)总结

19 如此众多方式的物的交付,不免让人眼花缭乱。经验告诉我们:它们会给我们的记忆带来沉重的负担。所以我们必须时刻牢记以下基本原则:当前所有权人及其"依附人"的占有放弃,取得人一方的占有取得,而且这二者都是在所有权人的促成下实现的。在《帝国最高法院民事判例集》,第137卷,23、25页(鲍尔,《针对青年法学者的判例汇编:物权,带有解释性评论的挑选之判决》,第19个案例)中,帝国最高法院对此是这样表达的:"必须要进行占有转让,也就是说,要有一个事实上的力,出让人不得留有占有的丝毫残余(den geringsten Rest eines Besitzes)(从事实力的意义上来讲)(这是第一个前提),取得人必须全面占有物(这是第二个前提)。这里还必须要有出让人希望取得人获得占有的意思,因为不然的话,就是禁止之私力(verbotene Eigenmacht)行为(第三个前提)。"

第四节 根据第929条第2句进行的简易的所有权让与

20 (1)如果取得人已经获得了对物的占有,那么只需要所有权让与的合意即可。在这里,没有采用交付原则而采用了简化结果(Vereinfachungseffekt),或者说——像聚斯(Süβ),同上,151页所说的,“他主占有变为了自主占有”(补充:基于物权合意,占有人有权进行变更)。在此,取得人是直接占有者还是间接占有者,他到目前为止是否为出让人的间接占有进行了媒介,他从何人那里取得的占有,都无关紧要。

例如:V将迄今为止一直租用给K的物品出让给了K(假如K是V的占有辅助人,那么所有权让与属于第929条第1句的范畴;参见上文边码16—18)。

V将打字机租给了K——而K将打字机转借给了L——现在V将打字机转让给了K(也就是说,K只是间接占有者),或者V将打字机转让给了L。

V的一台打字机被盗。后来发现,它为打字机出租店K所获得,[21]并且,K将其租给了M(V与K之间没有占有媒介关系!)。在K支付“补偿费”之后,V同意K可以保留这台机器。

(2)如果在占有取得的时候,物权合意是不可以被撤销的,那么一个预期的物权合意(antezipierte Einigung)就足够了。[22]

例如:V将书借给了K;K再也找不到这本书了。K也弄不清,自己是把

〔21〕 这里不发生所有权取得:第935条!

〔22〕 参见施陶丁格/维甘德,第929条,边码119;韦斯特曼/H. P. 韦斯特曼,第1卷,第40章Ⅳ。

书乱放在什么地方了还是借给别人了，或者是被人偷走了。这件事让K很为难。他按书的价值补偿了V，并和他约定，如果书又“找到了”，K得自己保留该书（如果他还占有着该书，按第929条第2句发生所有权让与；如果书丢了，也按第929条第2句发生预期的所有权让与；如果书被偷了，按第931条发生所有权让与！）。

第五节　通过第930条规定的占有改定进行的所有权让与

首先请阅读第七章边码30以下。

主要在担保性所有权让与的情况下（参见第五十七章），交付之替代有现实意义；从各式各样的担保意图的表达中，可以出现值得探讨的复杂情况。所以，这里推荐，首先尽量简单地描述基本的构成要件，然后再处理错综复杂的特殊形式。

一、基本的构成要件

和第929条第2句一样，第930条也源自于简化原则（Vereinfachungsprinzip）：如果目前的所有权人还想对物的直接占有再保留一段时间，但此刻他已经将物进行了转让了（例如他需要钱），那么根据第929条第1句，他就需要将物交付给取得人，这样他才能使后者获得所有权。取得人可以随后将物出租给当前所有权人，但必须在此将物重新交出。在这里，如果让出让人保留物品，并和取得人订好符合其未来法律地位的合同，就要简单得多。这样一来，当前所有权人就成为了他主占有，而取得人就成了间接的自主占有者和所有权人。和简易所有权让与的情况一样，从外表上很难看到这种占有人地位的变更。这种类似性是显而易见的：在第929条第2句的情形中，作为当前的他主占有者的取得人成为了自主占有者，在根据第930条让与所有权的情形中，作为当前 21

的自主占有者的出让人成为了他主占有者。如果不考虑所有的特殊构成要件,那么在两种情况中都涉及直接地对物的使用:在第929条第2句中物的当前使用者希望成为所有权人,在第930条中当前的所有权人愿意保留物的使用者地位。

第930条的基本构成要件这样看来就很简单了:当前的所有权人如果愿意继续保持对物的占有,那么他就必须和取得人——除达成物权合意之外——约定一种第868条意义上的占有媒介关系。

由于第868条除了用益权、质权、用益租赁、租赁、保管之外,还把"类似关系"当做占有媒介关系,我们已经在第七章边码35以下努力找出了这种"类似"关系的标志性特征,即:直接或间接的他主占有〔23〕——占有权之继受(Besitzrechtsableitung)——时间上受限制的他主占有——所有物返还请求权。现在,在讨论大量的可疑情形时,对这些特征要牢牢把握。这些特征可以总结为如下几条:是具体的还是抽象的(占有)改定?有法律效力的改定(rechtsgültiges Konstitut)?根据法律存在的占有媒介关系?通过自己(双方)代理(Insichgeschaeft)的(占有)改定?预期的改定?

二、对于占有媒介关系的要求

(一)具体的或者也可能是抽象的改定

22 第868条要求一个关于特定的占有媒介关系的约定。在实践中,如果出让人就物未来应有的地位,被确定为特定的用益或是担

---

〔23〕 因此在《德国民法典》第930条的情况下,以下条件就足够了:转让人是间接占有人,以及他使取得人获得高等级的间接占有。

例如,帝国最高法院裁判,载《德国法莱比锡杂志》,1920年,235页:V把他的车辆出质给Gl,并根据借贷合同的约定把车辆交付给K。G1是直接的质权占有人,V是间接借用占有人(第一等级),K是第二等级的间接占有人。根据《德国民法典》第931条的所有权移转在此不予考虑,因为V在汽车的"被解赎"——从现在开始作为直接的他主占有人——又重新得使用该车了。

保类型(例如,作为用益权或是质权人),这种要求也就绝对被满足了。在担保性所有权让与的情况下,却不是这样,在这里,担保提供者希望像从前那样“作为所有权人”来使用该物,而取得人的所有权只能在“情况危急”的时候,才出现:即当担保提供人没有履行义务,尤其是陷入了破产或者物被其他债权人扣押的情况下。在这里,单纯的表示,即担保提供人希望将来取得人能够占有物的表示,是不够的。[24]

但是,确定双方关于担保财产的权利和义务的担保合同,却是足够的(参见上文第七章边码 47、48;下文第五十七章边码 9)。现在,也可以通过概括地与担保性所有权让与制度进行关联的方式,[对占有媒介关系]进行确定(为了担保而让与所有权)。在这种情况下,双方必要的、最低的权利和义务要求产生于为数众多的裁判和交易惯例。[25]

(二)有法律效力的(占有)改定

关于占有媒介关系是否一定要有法律效力的问题,我们已经 23
在上文第七章边码 45 讨论过了。我们认为,如果——在无效合同关系中——存在着返还请求权,并且出让人承认了取得人的上位占有人(Oberbesitzer)的地位,就足够了。通常无效之原因也涉及物权合意,致使所有权让与因为该原因也归于无效。

---

〔24〕 通说,例如联邦最高法院裁判,载《新法学周刊》,1953 年,217 页(鲍尔,E. Slg. 案例 23);《新法学周刊》,1979 年,2308 页;韦斯特曼/H. P. 韦斯特曼,第 41 章 Ⅱ 2b;尧尔尼希,《尧尔尼希德国民法典评注》,第 930 条,边码 11;帕兰特/巴森格,第 930 条,边码 6;泽格尔/米尔,第 930 条,边码 12;夸克,《慕尼黑德国民法典评注》,第 930 条,边码 25;对通说持批评意见请见施陶丁格/维甘德,第 930 条,边码 14 以下。

〔25〕 参见泽格尔/米尔,第 930 条,边码 32;帕兰特/巴森格,第 930 条,边码 7;夸克,《慕尼黑德国民法典评注》,第 930 条,边码 38;留待解决的参见联邦最高法院裁判,载《新法学周刊》,1979 年,2308 页。

例如,如果为了进行担保,无行为能力人S把他收集的邮票之所有权让与给了债权人G,并预定了“借用”作为占有媒介关系,那么,G并没有获得间接占有:因为他没有对S的返还请求权(无论根据合同还是根据第985条,或是根据第812条,都没有)。此外,物权合意也是无效的。因此,集邮上的所有权也没有被让与给G。

(三)基于(成文)法律存在的占有媒介关系

1.典型情况

24 如我们所知(参见第七章边码47以下),第868条意义上的“类似关系”完全可以直接根据法律的规定;属于这类法律规定的有:在孩子财产上的父母与子女关系、立遗嘱人和继承人之间的关系以及破产管理人与债务人共同体之间的关系。〔26〕

现在的问题是,这种基于法律的占有媒介关系之产生,能否被看做是根据第930条进行所有权让与的充分基础。第930条之文意似乎对此问题作了一个否定回答。然而这个条文却不能无度滥用。因为起决定作用的是要有一个法律状态,基于这个法律状态,占有媒介人(出让人)在未来承认取得人的上位占有(Oberbesitz)。〔27〕

例如:在一家庭中有如下习惯,即在长女16岁生日时,父母要将祖传的银盒送给她。女儿只能缔结纯获利益的法律行为的物权合意(第107条)。但作为儿童财产组成部分的这一财产,在未来也要归父母管理;也就是说,父母是直接的他主占有者(管理占有者),女儿是间接的自主占有者。父母也非常清楚地知道,他们必须要在女儿成年之后将银盒交给女儿。这就足以满

〔26〕 破产中的占有情况参见卡·施密特,《支付不能法杂志:破产——信托——重整》,1984年,345、387页。

〔27〕 类似意见参见《帝国最高法院民事判例集》,第108卷,122页;反对意见参见《帝国最高法院民事判例集》,第126卷,21、25页;也请比较尧尔尼希,《尧尔尼希德国民法典评注》,第930条,边码13以下。

足第930的构成要件了(联邦最高法院裁判就是这样的态度,载《新法学周刊》,1989年,2542页)。[28]

在基于法律产生占有媒介关系的情况下,单纯的合意就足可以导致依据第930条的所有权让与。

2. 特殊情况:配偶之间的所有权让与

同样复杂的是配偶之间的所有权让与问题(Übereignungsvorgänge zwischen Ehegatten)。在净益共同(Zugewinngemeinschaft)财产制的情况下——这是一种法定财产制,以及在分别财产制情况下,必须承认夫妻双方对于共同使用的一定物品,尤其是家用器具的共同占有。与此相反,在确定的属个人使用的物上,由该人单独占有(参见上文第七章边码81、82)。在后一种情况下可以,根据第929条第1句或第2句进行所有权让与: 25

丈夫送给妻子他所拥有的关于歌德的书籍,妻子把它们放在了自己的书架上(第929条第1句)。或者这些书现在已经放在了妻子的书架上;那么它们的所有权应当是属于妻子的(第929条第1句)。

但如果在占有关系上根本就没有变更,要怎么办呢?

丈夫送给了妻子一块昂贵的地毯,铺在了共同使用的客厅里,或者他把地毯让与给妻子,作为妻子从个人财产中借给他的钱的偿还担保,或者作为妻子在丈夫的企业中工作的补偿。这里不存在根据第929条第1句所产生的所有权让与,因为丈夫作为出让人依然继续共同占有着物,也就是没有放弃他的占有。在这里,有人试图论证妻子根据第868条获得了间接占有,即

[28] 对于父母亲赠送礼物给最小的孩子时,所发生的各式各样的难题,请比较冯·吕布托(1949年)和施蒂尔纳文,载《民法实务档案》,173、402页。

依据第 930 条来评判所有权让与,〔29〕但这一尝试显得十分牵强。在这里,只是构成要件之一被满足了,但是只要有夫妻间关于所有权让与的单纯合意这一点,就应当足够了。〔30〕

对于由此会产生不利于债权人操纵之可能性的担忧,是没有理由的。因为一方面,第 1362 条的所有权推定(Eigentumsvermutung)和《德国民事诉讼法》第 739 条的执行法的规定都是有利于债权人的,另一方面,债权人还可以证明,所有权的让与是出于损害债权人利益的目的而进行的(《支付不能程序以外的法律行为之撤销法》第 1 条及其以下、《破产法》第 29 条及其以下、《支付不能法》第 129 条及其以下)。

例如:债权人 G 获得了对丈夫 M 的 2000 马克的强制执行的名义。法院的执达员扣押了放在该夫妇住宅中的地毯。执法人员依据《德国民事诉讼法》第 739 条有权这样做;对他来讲,只要可以断定地毯是夫妻一方占有的或双方共同占有的,就足够了(《德国民事诉讼法》第 739 条和《德国民法典》第 1362 条)。如果 M 的妻子 F 在第三人异议程序中(《德国民事诉讼法》第 771 条)向债权人 G 主张,地毯是她的单独财产,那她必须证明她的所有权的取得(联邦最高法院裁判,载《新法学周刊》,1976 年,238 页)。即使她真的证明了地毯是 M 过圣诞时送给她的礼物,G 也可以提出异议,认为这种赠与是出于损害债权人的目的进行的(比较,特别是旧的《支付不能程序以外的法律行为之撤销法》第 3 条第 1 款第 4 项以下或 1999 年《支付不能程序以外的法律行为之撤销法》的第 4 条第 1 款)。〔31〕 尽管是自己的财产,妻子 F 也不

---

〔29〕 参见《帝国最高法院民事判例集》,第 73 卷,253 页(鲍尔,《针对青年法学者的判例汇编:物权,带有解释性评论的挑选之判决》,第 19a 个案例);参见整个领域的,瓦尔特,《婚姻中的所有权取得》,载《法学者报》,1981 年,601 页。

〔30〕 参见施陶丁格/维甘德,第 930 条,边码 27;韦斯特曼/H. P. 韦斯特曼,第 1 卷,第 41 章Ⅱ3。

〔31〕 在《撤销法》的新的文本中——支付不能法改革之后——关于夫妻间赠与的一个特殊规则(在《支付不能程序以外的法律行为之撤销法》第 3 条第Ⅰ款第 4 项的意义上)没有被规定。1999 年《支付不能程序以外的法律行为之撤销法》的第 4 条Ⅰ的一般规则也可适用(也可参见鲍尔/施蒂尔纳,《特别执行法》,第 1 卷,边码 26、30)。

得不接受G的强制执行。[32]

3. 附加讨论:婚姻财产关系中的典型问题

在这种关联中涉及两个问题:

(1)对于净益共同财产状况,第1370条规定:如果原物品属于配偶一方,那么为了替代该不再存在的或是已失去价值的物品而购买的家用物品,其所有权还是属于该一方配偶。这里涉及的是一种代位(Surrogation),在这种替代的情况下,用谁的资金购买的物品以及出让人把所有权转让给谁了,都不是关键问题。 26

妻子结婚时带来的桌布经过一段时间破了,丈夫又买了一块。即使所有权被让与给他了,根据第1370条,还是妻子取得了所有权(案例:纽伦堡州高等法院裁判,《泛亲属法杂志:公法与私法中的婚姻与家庭》,1964年,297页;巴伐利亚州最高法院裁判,载《泛亲属法杂志:公法与私法中的婚姻与家庭》,1970年,31页)。

对于那些在婚姻关系存续期间购买的,还没有替代目前的家用器具的家用器具,法律状态是什么样的呢? 27

例如:用一个玻璃的闪着彩光的电动厨房器具代替了完全还能用的"简

---

〔32〕 对这个规则的深入比较,参见鲍尔,《泛亲属法杂志:公法与私法中的婚姻与家庭》,1958年,253页;鲍尔/施蒂尔纳,《特别执行法》,第1卷,边码19.3以下;格恩胡贝尔/克斯特尔—华特金(Waltjen),《亲属法教科书》,第22章Ⅱ;赖尼克,《企业》,1965年,961页;泽格尔/朗格,边码2,对《德国民法典》第1362条的评论——有意见认为,《德国民法典》第1362条与《德国民事诉讼法》第739条是违宪的(布罗克斯文,载《泛亲属法杂志:公法与私法中的婚姻与家庭》,1981年,第1125条有进一步的论证),其他的论据有,没有事实上的理由可以支持这样的观点,即在强制执行法方面,配偶要比非婚姻的生活共同体的地位更糟糕。但这种考虑似乎可能导致,《德国民法典》第1362条与《德国民事诉讼法》第739条也适用于这样的生活共同体(这样的观点参见夸克,《慕尼黑德国民法典评注》,第1362条,边码11)。

易木板”(制作一种施瓦本的地方菜的用具)。那么这个电动厨房器具属于谁呢?是否取决于是谁付的钱呢?在有争议的情况下怎么证明呢?或者它就是属于被让与所有权的那个人呢?

无需进行匪夷所思的构想,〔33〕这里归根结底要根据夫妻双方的意愿而定,而无需考虑出让人向谁移转了该物的所有权。在有疑问的情况下,如果这里涉及的是共用的或者属于家庭财务的物,就应认为是夫妻的共同财产,〔34〕否则就属于使用该物的一方的单独财产。

在我们的例子中,我们要看根据夫妻之间的协议,谁应是机器的所有权人。如果不能确定有这样的协议,就认定为夫妻共同所有。

如果这里涉及的取得在第 1370 条所规定的当家权事务(Schlüsselgewaltgeschäft)的范围内,那么只要不适用第 1379 条的规定,通说就认为,夫妻双方对其享有按份共同所有权(参见鲍尔文,载《拜茨克纪念文集》,1979 年,111 页;克普勒文,载《民事实务档案》,第 179 卷,146 页;米卡特文,载《泛亲属法杂志:公法与私法中的婚姻与家庭》,1981 年,1128 页;帕夫洛夫斯基,《作为组织的民事婚姻》)。联邦最高法院在其《联邦最高法院民事判例集》,第 114 卷,74 页(79 页);载《新法学周刊》,1991 年,2283 页这一判决中并没有将第 1357 条第 1 款适用于物权行为,但在向夫妻中的一方出卖家用器具的情况下,肯定了向相关的一方进行的所有权让与为日常生活之交易。——比较:克斯特尔—沃特金(Waltjen)文,载《泛亲属法杂志:公法与私法中的婚姻与家庭》,1991 年,923 页;其他观点,吕克(Lücke)文,载《法学评论》,1992 年,287 页;关于非婚姻的生活共同体参见:莱波尔德(Leipold)文,载《格恩胡贝尔纪念文集》,1993 年,705 页。

28 (2)第 1370 条的代位原则目的在于:以一种简单的方式维持夫妻各自的财产地位,与此规则相比,第 1365—1369 条中的法律考虑的是家庭财产保护问题。因此,在净益共同财产关系中,配偶

〔33〕 参见德尔文,载《新法学周刊》,1989 年,810 页。

〔34〕 准确地说,是按份共有而不是共同共有,就像慕尼黑高等法院采纳的观点一样,载《新法学周刊》,1972 年,542 页[人们不能以冷漠的方式(auf dem kaltem Weg)来建立一个部分的夫妻共同财产制]。

中的一方想要完全处分他的财产，需要另一方对于负担行为和处分行为的同意（第1365—1368条；参见上文第二十二章边码17以下）。[35] 这一点同样适用于对婚姻性家用之物进行的负担行为和处分行为（第1369条）。没有这种同意，负担行为和处分行为也最终无效。即使取得人是善意的，也于事无补；他是否根本不知道他的合同伙伴已婚，或他是否相信对方配偶已经同意，也是无关紧要的。

这从交易利益（Verkehrsinteresse）的角度来看，该规则的结果是非常奇怪的，在下面的例子会清楚地展现该规则的结果：[36] 29

E同妻子F之间是法定的净益共同财产关系，由于财政拮据，E将属于他的一台收音机以500马克的价格卖给了K。当出差了一段时间的妻子F得知这个消息之后，对其丈夫表示拒绝同意；这样一来，买卖合同和所有权让与都是无效的（第1369条第3款和第1366条第4款）。F和E都有权从K那里索回这台收音机（第1368条及第985条），而K不能因其享有第812条的回复请求权（Rückforderungsanspruch）（已支付了价款！）而具有第812条规定的对收音机的留置权（有争议，参见泽格尔/朗格，边码14对第1368条的评论；拜茨克/吕德里茨，《家庭法》，第14章Ⅱ，分别有进一步的论证[37]）。即使当初E在K问到时，称自己尚未结婚或和妻子处于财产分离的状况，这种结果都不会改变（有争议，参见拜茨克/吕德里茨，第14章Ⅱ，有进一步的论证）。但当E是在第1357条的框架下进行的交易，就不必须征得妻子F的

〔35〕 在这里，如果由整个财产形成的标的物不是一块土地（就像上文第二十二章边码17一样），而是其他财产标的物（例如，股票组合（Aktienpaket）），也适用《德国民法典》第1365条。

〔36〕 参见格恩胡贝尔/克斯特尔—沃特金，《亲属法教科书》，第35章Ⅲ，与拜茨克/吕德里茨，第14章Ⅱ以及梅迪库斯，《民法》，边码541；帕夫洛夫斯基，《作为组织的民事婚姻》，1983年，32页；蒂特克文，载《法学者报》，1984年，1018页。

〔37〕 关于此处所发生的程序上的难题，参见鲍尔文，载《泛亲属法杂志：公法与私法中的婚姻与家庭》，1958年，253、256页与1962年，508、510页；芬格文，载《纪念文集节选》（FS Wahl），1973年，475页；林德施帕赫尔，同上（在第9章前），158页以下。

同意,因为此时她也负有履行的义务。

如果收音机不是属于丈夫 E 而是属于妻子 F(或是 E、F 共有)的,那么根据其字面(他所属的),第 1369 条就不适用;但根据该规定的意义,却可以予以相应的借用(同样的有科隆州高等法院判例,载《德国法月刊》,1968 年,586 页;有争议)。如果收音机是属于配偶共同占有,第 935 条就会适用(但在非基于本人意思而丧失占有之物[即脱离物]的情况下,不存在善意取得!)。这一点对于如下情况有其意义:即 K 已经将收音机转让给了 D。因为缺少配偶的同意虽然可以阻止 K 的所有权取得,但却不能阻止善意的 D 取得所有权;与此相对,根据第 935 条,非基于本人意思而丧失占有这一瑕疵也可以被用来对抗后继的取得人(案例:巴伐利亚州最高法院,《泛亲属法杂志:公法与私法中的婚姻与家庭》,1865 年,331 页;对此,参见格恩胡贝尔/克斯特尔—沃特金,第 35 章 I 8)。

(3)离婚后的家用器具:只要家庭事务法院(Familiengericht)没有根据《家庭住宅与家用器具处理条例》(Hausrat VO)第 9 条,把单独拥有的所有物分配给另一方(非诉案件程序中的决定性的所有权取得!),那么根据第 985 条,在必要时,夫妻一方可以索回其单独拥有的所有物。属于双方共有财产的家用电器,根据提议,由家政法官根据《家庭住宅与家用器具处理条例》第 8 条进行分配[38](决定性的)。另参见《德国民事诉讼法》第 621 条第 1 款第 7 项——分居情况下的规则:《德国民法典》第 1361a 条和《家庭住宅与家用器具处理条例》第 18a 条(福格尔文,载《泛亲属法杂志:公法与私法中的婚姻与家庭》,1981 年,839 页,有进一步的论证)。

在附加讨论之后我们继续回到通过占有改定进行的所有权让与!

(四)通过对己代理*的(占有)改定

30 在上文第七章边码 38 我们已经明确,以第 181 条的方式通过对己代理也能产生占有媒介关系,只要代理人对此有权利或以此

〔38〕 关于这个规定的历史,参见舒伯特文,载《法学者报》,1983 年,939 页。

* 包括自己代理与双方代理。

履行对被代理人的一种义务。

除了预期改定制度(参见边码31)以及“小额交易制度”(Geschäft wen es angeht)(参见下文边码43)之外,通常在为他人管理事务的情况下,为间接代理选择这样的结构,即对己交易方式的占有改定,以便立即将所有权转让给“幕后人”(比较上文第七章边码39的例子)。[39]

最主要的情况是采购行纪;行纪人——作为间接代理人——首先成为所购买货物的所有权人;但他通过对己代理方式将所有权让与给委托人,以此来履行他对委托人所负的义务(《德国商法典》第384条第2款后半句)。但是,所有权让与的意思必须被表现出来,比如通过行纪人将所购买货物贴上委托人的名字,或——在有价证券买卖情况下的法律调整的特殊情况——将证券目录(Stueckeverzeichnis)寄给委托人(比较《有价证券保管与购置法》第18条)。这样行纪人就使得对己代理在外部得以明确。[40]

(五)预期[41]改定

这种法律制度最主要的适用情形是:存量不断变动的库存货物上的担保性所有权让与。 31

---

〔39〕 对此特别论述参见施拉姆,《慕尼黑德国民法典评注》,第164条,边码145以下(有进一步的论证)。

〔40〕 参见韦斯特曼/H. P. 韦斯特曼,I 第43章 Ⅱ2b;施陶丁格/维甘德,第930条,边码34。——关于通过银行的中介(Vermittlung)所有权取得证券(Effekten)(例如,股份或股票(Aktien)),参见卡纳里斯,《银行合同法》,1988年,第3版,评释,865页以下;沃尔特(Wolter),《所有权取得》,1979年;策尔纳,WPR,29II。

〔41〕 在教学法上比预期改定(antizipiertes Konstitut)这一称谓更好,对今天的语言推荐上可能也更合适。因为在使用“anti”的情况下,人们今天大多会想到“敌对”或类似的表达;而法律制度与此无关。此外,在历史上“antezipiert”和“antizipiert”一样得到了确立;因为在古拉丁文中除“anticipare”外还存在“antecapere”的形式,参见Thesaurus linguae Latinae和其他的拉丁词典。

例如：为了担保G(银行)同意给予他的交互计算账户式的贷款，S将放置在某处的仓库存货让与给了G。如果该存货被"冻结"，对于S和G来讲都没有好处。S必须出卖存货来一点点还债；G也授予了他这种出卖的权利(第185条)，只要这种出卖是在"正常的交易过程中"进行的，就可以。双方都愿意将"新进入仓库的货物"用于担保。这里并没有规定可能比较符合目的的法定代位。[42]

对于这些情况，发展出了通过事先进行的占有改定方式的所有权让与。

在这里，有两个层次的预期：

1. 物权合意：我们知道，物权合意可以在交付之前产生，如不被撤销，就一直存在。

2. 对占有媒介关系的协议：此刻双方已达成合意，担保提供者应为担保权人保管新获得的物。

今天这种法律制度已经被普遍认可。有争议和疑问的只是：整个过程是否需要被标明(如通过给担保权人邮寄新到货物的账单副本的方式)。

帝国最高法院(试比较《帝国最高法院民事判例集》，第78卷，35页；第73卷，415、418页；第140卷，223、231页)曾要求"外界能识别的实施行为"(Ausführungshandlung)(相似的有《联邦最高法院民事判例集》，第21卷，52页；联邦最高法院裁判，载《德国法月刊》，1958年，509页)，据此为下文结论提供了根据，即原则上坚持要求所有权移转的可识别性(Erkennbarkeit)(《帝国最高法院民事判例集》，第140卷，231页)。

为什么要求所有权移转必须能够从外部识别，所提出的理由并不能让人信服，因为根据第929条第2句到第931条所规定的、

〔42〕 比较《德国民法典》第1370、2019、2041条。

占有移转之替代的构成要件的特性，恰恰是它们没有外在可见性，而是通过当事人双方协议的方式进行的。因此，可识别性是确定性原则（Bestimmtheitsgundsatz）所要求的。必须确定的是，预期的所有权让与包括哪些将来为担保提供者所获得的物。〔43〕

这里还要区分另一个问题，即在担保提供者（S）从供货商处获得对物的直接占有的时刻，他是否还有成为取得人的占有媒介人的意思。通说（比较施陶丁格/维甘德，第930条，边码33）的回答是肯定的，这的确是合理的，因为占有媒介关系的建构就是基于占有媒介人的意思（伦佩瑙（Lempenau）与通说不同，在移转未来权利情况下的直接取得或过渡性取得，1968年，53页及其以下）。

担保权人的取得——我们认为这种预期改定的主要适用情况是所有情况的代表——是通过担保提供人的取得这一途径而实现的。担保提供人成为了所有权人，即所谓的过渡取得——哪怕只有“逻辑上的一秒钟”那么长。其结果可能是：为了担保而被让与的物上负担着一个质权，并是担保提供者的所有物： 32

S将其现今的和将来的放置于固定地点的货物作为担保，让与给了他的债权人G。半年之后，原来的存货完全被替换了。如果S迟延缴纳租金，这个属于G所有的库存的上面是否负载着为了房主E的利益而产生的E的承租人质权？对这个问题的回答是肯定的：因为首先是S成为了所有权人。

三、第930条中对实践有重要意义的特殊情形

在这一条目下要谈到第930条中的几组特殊情况，这些情况

---

〔43〕 与结果类似的现今通说参见夸克，《慕尼黑德国民法典评注》的详细论证，第930条，边码38；泽里克，Ⅱ第20章；施陶丁格/维甘德，第930条，边码32；韦斯特曼/H. P. 韦斯特曼，Ⅰ第41章 Ⅲ 2。

在实践中并不少见：

（一）被选定的物品

33 这里所指的情况是，有人已经在卖主处选好了商品，说定要买了，甚至有可能已经付了钱，但是由于某种原因，比如：

"装饰品"——"太大了，以至于Y不能马上拿走"——"将由我们的安装工人带到您那里。"

货物暂时仍保留在卖主处。此时买主已经成为所有权人了吗？

这个问题具有很强的实用意义：可以设想，卖主的债权人将物品扣押，或者卖主破产，或者卖主的供货商想行使他的所有权保留中的权利。

这里并没有一个适用于所有情况的答案：关键要看个案的情况和协议。基本立足点在于：

1. 在特定物买卖（Spezielskauf）时，如果取得人选定一个商品，买下来并已付了钱，通常就存在了第930条规定的所有权让与；因为这里买主立即成为所有权人的利益，值得保护。[44] 第930条所要求的占有媒介关系存在于卖主对保管或运输义务的承担上。

这种所有权取得是如何作用于第446条、第447条中所谓的价金风险（Preisgefahr）的转移呢？可以说，卖主虽然没有交付，但所有权已经完全转移了，履行了购买合同规定的义务，这里要适用如下的原则：物主承担事故（casum sentit dominus）！而拉伦茨[45] 认为，只有当买主也获得了对该物的经济上的用益时，他才承认这一点。其间为买主保管货物，并将其运送到买主处，通常是买卖合同的附随义务，此前买卖合同并没有完全被履行，这样一来，只有（将物）的实体交付到购买人手中（第446条）或者交付于送货人手中（第447条），才是完全履行。买主已经成为所有权人，而价格风险仍保留在卖主

〔44〕 参见赫克，《物权法概要》，第57章Ⅴ。

〔45〕 参见Ⅱ/1第42章 Ⅱ a。

处这一结果,也是符合当事人利益的,因为第 446 条规则是以风险控制思想(Gefahrbeherrschungsgedanke)作为基础的。[46]

2. 在种类物买卖(Gattungskauf)情况下,只有在为买主确定的物品被具体化后,所有权才转移;因此通常要适用第 929 条第 1 句。只有在例外情况下,才出现第 930 条规定的占有改定:

K 在 V 处——一家机器工厂——买了 5 个特定型号的马达。过了一段时间之后,V 通知 K——他是转卖人,这 5 个特定型号的马达“已经可以随时取货”,同时要求 K 立即付款。K 证实了这封信的内容,并且汇了购货款。这里就出现了根据第 930 条规定的所有权转移;占有媒介关系存在于取货前的保管义务中。

(二)事后的所有权保留

所有权保留意味着,所有权的移转上被附加了一个条件,即以全部支付价款作为延缓条件(第 455 条)。如果物的所有权已经无条件地被转移了,那么根据判例的观点,“事后的(约定的)所有权保留”实质上就是根据第 930 条的方式将物的所有权返回给出卖人,紧接着根据第 929 条第 2 句的方式将所有权有条件地让与买受人。在此,判例认为,双方下述协议并不足以构成第 930 条和第 868 条规定的占有媒介关系,即买受人将来作为保留买主(Vorbehaltskäufer)对物占有的协议(联邦最高法院裁判,载《法学周刊》,1953 年,217 页;鲍尔,《针对青年法学者的判例汇编:物权,带有解释性评论的挑选之判决》,第 23 个案例参考《帝国最高法院民事判例集》,49、170 页;第 54 卷,396 页;在《联邦最高法院民事判例集》,第 42 卷,53、58 页中没有最终解决)。 34

〔46〕 我们认为,《德国民法典》第 446 条第 2 款中关于不动产的特殊规则,不会导致不同的解决方案。

文献[47]拒绝了这个忽略了双方协议的解决方案，是有道理的。在事后商定和在事前商定所有权保留的情况下，当事人的法律状况可能都是相同的，但这一情况在事实上并不是提出反对理由的障碍。当然第三者在此期间的正当权利不能因向回让与所有权而受到损害。

联邦最高法院（《联邦最高法院民事判例集》，第98卷，160页；对此参见亨克尔（Henckel）文，载《法学者报》，1987年，359页）也认为如果买主确认商品是以所有权保留的分期付款形式供货的，是有效的（所谓的确认或断定合同），对此参见鲍尔文，载《伯蒂歇尔（Bötticher）纪念文集》，1969年，1页；《论文集》，第1卷，151页。

与事后的所有权保留不同的是：在买卖合同中没有谈及在所有权保留条件下的送交货物，但卖主在送交时却明确地表示要进行所有权保留。这样，就不存在对所有权无条件转移的物权合意，如果他对卖主关于有条件转移所有权的要约进行了承诺，那么买主获得了一个负有延期条件的所有权（期待权）；如果他对卖主有条件移转所有权的要约没有承诺，他就根本获得不了所有权，也获得不了什么期待权（联邦最高法院裁判，载《新法学周刊》，1953年，217页；鲍尔，《针对青年法学者的判例汇编：物权，带有解释性评论的挑选之判决》，第23个案例，附有赖泽尔的评论）。在该第二种情况下，卖主违反了其在买卖合同中的义务这一点，并不能改变上述对这一事件在物权法上的判断。如果买主若对其期待权人的地位不满，可以提出要求无条件所有权让与的诉讼。

---

〔47〕 比较赖泽尔文，载《新法学周刊》，1953年，217页；泽里克Ⅰ，93页以下；德内克文，载《法学教育》，1988年，965页，有进一步论证。

第六节　基于第931条的、以返还请求权让与形式进行的所有权让与[48]

一、基本思想

第931条引入了另一种交付替代形式，即"物的返还请求权的让与"，这符合简化原则（Vereinfachungsprinzip）：如果第三者占有物，他并不必将物返还给出让人（Veräuβerer），[49]以便出让人再把物交付给取得人，再由取得人将物亲手交给第三者。 35

此外，在出让人没有能让取得人获得直接占有的情况下，第931条也赋予一种转移物的所有权的可能性。

二、构成要件的选择

很显然，第931条包括了两组构成要件——虽然它在字面上并没有明确作出表述。

一组是：出让人（比如出租人）是间接占有人，

另一组是：仅存在基于第985条的所有物返还请求权，而并不存在占有媒介关系（所有权人——小偷）。

由此产生了一个问题，即哪些请求权可以被让与：在两种情况下基于第985条的请求权或是第一种情况中源自占有媒介关系的请求权？对这一问题的回答存在争议；[50]为了清楚起见，必须将两组构成要件分开来探讨：

---

〔48〕 对此参见诺伊迈尔文，载《朗格纪念文集》，1970年，305页以下。

〔49〕 对此在某些情况下他根本不负有义务，例如当他在某段特定时间出租该物时。

〔50〕 参见施陶丁格/维甘德，第930条，边码13以下。

（一）出让人是间接占有者

36 如果出让人是间接占有者，那么根据第 870 条，这种间接占有可以通过返还请求权的让与转让给取得人，这种返还请求权产生于占有媒介关系，但不必到期。这种返还请求权的让与，连同物权合意一起也产生了第 931 条意义上的所有权让与。[51] 这里所指的既不是基于第 985 条的请求权的让与，也不是产生于第 985 条和占有媒介关系的请求权的累加让与（kumulierte Abtretung）。[52] 联邦最高法院裁判，载《新法学周刊》，1959 年，1538 页：根据《德国民法典》第 931 条的意义，在占有媒介关系的情况下，出于所有权让与的目的而让与返还请求权的含义不过是：根据《德国民法典》第 870 条，对于占有让与（Besitzübertragung）所必须的返还请求权之让与……而且是基于占有媒介关系的“债法上的返还请求权的让与”。

借助这样进行的所有权让与，取得人也拥有了基于第 985 条的请求权。

（二）无占有的出让人

37 如果出让人不是间接占有人，[53] 就只需考虑所有权的返还请求权的让与。这里出现两个值得考虑的问题：

（1）一个实践上问题：如果没有人占有物，所有权让与如何进行？（比如物品丢失了，但没有人发现）；

（2）一个法律逻辑问题：如果所有权人不是间接占有人，那么保留在他那里的所有权实质上仅剩所有权返还请求权这一内容了。如果他同意了所有权的转让，那么在思维逻辑上，必然存在着

---

〔51〕 参见联邦最高法院判例，载《新法学周刊》，1959 年，1536 页及该通说；也可参见泽格尔/米尔，第 931 条，边码 4，有进一步论证。

〔52〕 参见《帝国最高法院民事判例集》，第 52 卷，385、394 页；厄尔特曼（Oertmann）文，载《民法实务档案》，第 113 卷，78、90 页。

〔53〕 当占有媒介关系无效时，情况也是相同的。

所有物返还请求权的让与。[54] 在这种情况下，要将所有权转让给取得人，只要有一个单纯的物权合意就足够了。[55]

三、根据第398条以下的让与

返还请求权的让与也可以以默示方式进行，它通常与物权合意合在一起。[56] 此时无需通知物的直接占有者；因为这里适用的是第398条以下的规则，这些规则并不要求这种通知： 38

V把收音机放在R处修理。他依据第931条、第870条将其转让给了K。这样K就成了所有权人，同时也成为了间接占有人。但是，R的留置权（第273条、第404条）、承揽人法定质权（第936条第3款）都不因此而受影响；直接占有人的法律地位不会因根据第931条的让与而受到影响（另参见第986条第2款）。

如果R在修好之后将收音机还给了V（因为他不知道收音机所有权已经转让给了K），那么，他就有效地履行了他对K的义务（第407条；因此建议最好是将转让之事通知给R！）。但是，K可以要求V交出收音机，而且，请求权基础既是买卖合同（后效应！），也是第816条第2款。

补充一点：R的承揽人法定质权（Werkunternehmerpfandrecht）随着向V的交送而不复存在（第647条、第1253条和第1257条）。就维修费用，R只能向V索取，因为他是与V签订的承揽合同。R也没有权利把维修费用作为费用补偿（第1001条）向K进行索取。因为在K与R的关系中缺少所有物返还请求权的状态（Vindikationslage）；R是有权占有人（比较对此问题参见赖泽尔文，载《法学者报》，1958年，681页；舍恩菲尔德（Schönfeld）文，载

---

〔54〕 这是有正当理由的，韦斯特曼/H. P. 韦斯特曼，Ⅰ第42章 Ⅱ 4 b，施陶丁格/维甘德，第931条，边码14；结果相同的有，泽格尔/米尔，第931条，边码4；沃尔夫/赖泽尔，第67章 Ⅱ 2；此外还有E. 沃尔夫，第5章 A Ⅶ c 4，227页。

〔55〕 这也适用于对于未占有物的交付（例如，交付一艘沉船）。对此参见韦斯特曼/H. P. 韦斯特曼，Ⅰ第42章 Ⅱ 3与施陶丁格/维甘德，第931条，边码17；其他观点：皮克哈特，《德国民法典评注》，第931条，边码9；对此比较阿芬那留斯文，载《法学者报》，1994年，511、512页。

〔56〕 对此参见泽格尔/米尔，第931条，边码7。

《法学者报》,1959 年,301 页和上文第十一章的边码 12、18 和边码 54 及其以下)。

对基于占有媒介关系的未来的返还请求权进行让与,也是可以的(参见皮肯特(Pikant),《德国民法典评注(RGRK)》,第 931 条,边码 31),一个附条件的返还请求权也可以被让与,但在这种情况下要注意的是,取得人的法律地位取决于条件,并且也不能善意取得"不受条件之约束"(Bedingungsfreiheit)(比如准用第 936 条!)。

四、特殊情况

(一)多级占有

39 如果出现多级关系的间接占有(比如,V 将物品出租给了 M1,M1 又将其出租给了 M2),那么出让人(V)让与的是因占有媒介关系产生的针对下一级占有者(M1)的请求权。

(二)在第 930 条和第 931 条之间选择的可能性

在第 930 条和第 931 条的方法之间经常可以产生一种选择的可能性:出让人作为间接占有者为取得人设立了次级间接占有(第 930 条),或者根据第 870 条将(返还)请求权让与给取得人。

例如:V 已将一台打字机出租给了 M,又要将这台机器出让给 K,这样就可以为 K 确立一种进一步的间接媒介关系(在 V 与 K 之间),或者将对 M 的返还请求权让与(给 K)。如果 V 不得最终与机器相关的法律关系相脱离,就要用到第一种情况(这是在向 K 进行担保性所有权让与的情况),相反如果 V 将机器最终地转让出去了,就要考虑运用第 931 条规则。

(此外,正如我们在上文边码 14、15 以及边码 18、19 所了解到的,如果 M 受 V 的鼓动与 K 签订了租赁合同,这里还可能出现根据第 929 条第 1 句的所有权转让!)

(三)交付证券[57] *

在商法的某些特定情况中,货物可能被作成交付证券。这些是指示证券(Orderpapier),对有体货物的交付可以为证券的转让和背书所取代;但必须加上物权合意。指示仓单(《德国商法典》第475g条)、提单(《德国商法典》第448条和第444条以下)和海运提单(《德国商法典》第647条和第642条以下)都属此类。除了交付(Tradition)的可能性之外,这些证券还有一个优点,就是赋予了取得人合法地位,这一点在根据第931条转让所有权的情况下,是没有的。 40

例如:海尔布隆的V卖给了杜塞尔多夫的K150吨(to)盐。他将货物装载上了莱茵河上的独立运输人F的船只,F交给他一个指示提单(Orderladeschein,也称内河运输提单 Binnenkonossement)。V将这个标记有背书的提单寄给了K,这和货物的交付具有同等效力(《德国商法典》第448条)。如果再加上所有权转让的合意,K就成为了所有权人(第929条第1句)。K可以将还在"河上漂着的"货物再转让给D。那么D就具有了收取货物的合法地位(《德国商法典》第446条)。提单的内容适用于D和F之间的法律关系(《德国商法典》第444条第3款)。这里是典型的有价证券法上的抗辩限制;特别是不能用对他的前手K的抗辩——与《德国民法典》第404条相反——对抗D(更多的例子:《联邦最高法院民事判例集》,第36卷,329页)。

该交付证券的签发并不能妨碍根据第929条第1句和第931条,对作成证券的货物进行所有权让与,但是在第931条的情况下,该交付证券必须被交付(Traditionspapier)(《联邦最高法院民事判例集》,第49卷,160页)。

---

〔57〕 对此参见泽里克文,载《施密特纪念文集》,1959年,315页以下;策尔纳,《有价证券法》,第25章Ⅳ;卡·施密特,《商法》,第23章Ⅲ;韦斯特曼/H.P.韦斯特曼Ⅰ,第42章的附录;哈格尔文,载《有价证券法通讯》,1980年,666页;蒂特克文,载《有价证券法通讯》,1979年,1142—1146页(仓单与善意取得);联邦最高法院裁判,载《新法学周刊》,1979年,2037页。

* 有译为"物权凭证"者。

要注意的是,托运单副本(Frachtbriefdoppel)、供货单、[58]汽车执照[59]都不是交付证券:在托运单副本上,铁路部门会对货物的接受进行确认;这里涉及证明证书。在向取得人交付副本时,通常存在根据第931条进行的让与。根据判例(《帝国最高法院民事判例集》,第102卷,96页),这一点特别适用于买卖合同附有如下条款的情形:"净值换取托运单副本"(Netto Kasse gegen Frachtbriefduplikat);因为在这种情况下显然是同时履行(Zugumzugleistung)(一方交钱,一方按照第931条的方式使对方取得所有权)。

第七节　通过以及向代理人进行的所有权让与——所涉及人的交易

一、直接代理

41 我们已经多次谈及了通过以及向代理人进行的所有权让与的特殊性;这里仅总结一下其结论就可以了:

(1)在物权合意上,代理是没有问题的;在物权合意情况下还涉及合同,此时,直接适用第164条以下。

(2)在交付问题上,只要交付处于法律行为中,代理也是可以的(第854条第2款!)或是为法律行为所代替(第930条、第931条)。

(3)如果像第929条第1句所规定的常态那样,交付意味着使对方有形地获得让与物上的直接占有,那么在法律技术意义上,运用代理是不可想象的,因为第164条以下的规则只与意思表示

---

〔58〕 参见《帝国最高法院民事判例集》,第103卷,151、153页;联邦最高法院裁判,载《新法学周刊》,1971年,1608页(凭借运输单证彻底处理(durchhandeln)货物)。

〔59〕 参见联邦最高法院裁判,载《新法学周刊》,1970年,653页;1978年,1854页。

有关。但是,如果代理人作为出让人一方或者取得人一方的占有辅助人或占有媒介人而出现,实际上就可以达到直接涉及让与者或取得人的改变占有的效果。

例如:

①在 V 的书店里,他的职员 A(《德国商法典》第 56 条!)以现金方式卖给了 K 一本书(出让人方面,占有辅助人进行代理)。

②独立的商事代理人 H 把 V 的商品、以 V 的名义卖给了 K(出让人方面,占有媒介人进行的代理)。

③在上面(1)的例子中,K 的一个职员 D 以 K 的名义买了一本书(取得人方面,占有辅助人的代理)。

④如果我们假定,以 K 的名义在 V 处买下这本书的 D 不是职员,而是 K 的一个好朋友,而 D 以 K 的名义买下这本书,是为了自己马上读到这本书:取得人方面,占有媒介人的代理(借用关系)。

⑤V 交给他的职员 A 一个任务,即以他(V)的名义用现金方式出卖他的一辆用旧了的私车。A 将车卖给了 K,并将所有权也让与给了 K,但这不是以现金方式,而是以收取票据的形式(三个月的承兑汇票)进行的。但 A 忽略了车子只有在所有权保留情况下才能出卖这一点。K 的一个债权人 G 扣押了这台车。V 十分恼火!法律状态如何呢?

A 是 V 的代理人和占有辅助人。但这种代理权限于以现金方式出卖。因此 A 以 V 的名义签订的买卖合同的效力待定,而在 V 拒绝追认(十分恼火的情况下!)后,这一合同就归于无效了(第 177 条)。但对代理权的限制只能不牵涉到所有权让与,因为所有权让与没有“债权法的内容”。这里也不能运用第 139 条(法律行为整体性 Geschäftseinheit)(抽象原则!)。A 作 V 的占有辅助人,按 V 的指示将车交付给了 K,至于 A 没有正确遵照 V 的指示办事,也是一样处理。即使缺乏法律原因,K 也成为了所有权人。V 的干预之诉(Interventionsklage)是没有理由的。

(注意,在简单的情形下掩藏着大量的法律问题,这些问题让我们就每个疑点所选择的解决方案并非不容置疑。对代理权的限制也作用于所有权让与?——法律行为整体性?——占有辅助人对指示的错误执行?——把依据第 812 条的所有权返还请求权作为干预之诉的基础?)

二、间接代理

42 (1)出让人方面:在这里,间接代理人以自己的名义执行物权合意,但是有所有权人的授权(第 185 条),即作为所有权人的占有辅助人或占有媒介人移转占有:

V 授权其职员 A(占有辅助人)或艺术馆馆主 H(占有媒介人),在油画拍卖会上以他们(A 或 H)的名义出卖一幅珍贵的画。

(2)取得人方面:间接代理人在为本人(Geschäftsherrn)获得的物上自己获得了所有权。如我们所知,本人对立即获得所有权的让与,享有合法的利益,可能是通过第 181 条、第 930 条中的对己代理的占有改定(Insichkonstitut)方式(参见上文边码 30),也可能是通过第 930 条中的预期物权合意和预期的占有改定方式(参见上文边码 31)。

三、小额交易〔60〕

43 如果代理人是为想取得物的本人(幕后人)去获取物,而出让人又不在意谁是取得人,那么在上述所处理的取得人一方间接代理的情况中,本人之后是否能立即获得直接的所有权——即没有代理人的过渡所有权问题时,就是个问题。

引入一个例子(根据《帝国最高法院民事判例集》,第 100 卷,190 页):新郎 K 根据新娘 B 的委托,用新娘的钱在 V 处购买了将来结婚新房所需的家具。在此,从外部看,他并不是作为代理人出现的,也不能确定他此前或此后

〔60〕 对此参见吕布托文,载《泛商法与经济法杂志》,第 112 卷,227 页以下;进一步论证参见拉伦茨/沃尔夫,《民法总论》,第 46 章,边码 79 以下;韦斯特曼/H. P. 韦斯特曼,第 43 章 Ⅳ。

会将家具所有权转让给 B(通过预期改定或对己代理之占有改定)。

有一点是肯定的,即 V 和 K 之间的买卖合同已经成立。但 B 成为了所有权人了吗?

现今,小额交易(Übereignung wen es angeht)的可能性很多,特别是在日常生活中以现金方式进行的买卖交易中(《帝国最高法院民事判例集》,第 100 卷,190、192 页即如此)。事实上,这里的出让人通常并不在意将所有权转让给了谁,是转让给了作为生意伙伴的出现在他面前的人,还是转让给了根据委托人和受托人内部关系承担交易得失的人。这样,对第 164 条第 2 款所包含的原则的击穿,也得以正当化,因为这里没有保护出让人的必要性。

《帝国最高法院民事判例集》,第 100 卷,190、192 页大体上也是如此。但是这种法律判决却常常混淆了"所涉及人的行为"和预期改定或对己代理之占有改定的构成前提(比如《帝国最高法院民事判例集》,第 99 卷,208、209 页;第 140 卷,223、229 页)。

我们也可以确定:如果出让人不在意取得人是谁的话(取得人获得了占有,为此,这个中间人只要是占有媒介人或者占有辅助人就可以了;具体参见上文第五十一章边码 16—17),无法辨别是以他人名义行为的受托人的、为本人取得(所有权)的意思,使本人直接取得了所有权。

要注意的是,这些基本原则对于债权行为是不适用的;因为此时出让人对知道买卖合同的权利人和义务人是谁,存有利益。[61]

---

〔61〕 对此有争议:参见施瓦布/普律廷,第 32 章Ⅳ;其他观点:施拉姆,《慕尼黑德国民法典评注》,第 164 条,边码 47;也请比较联邦最高法院裁判,载《新法学周刊》,1955 年,587(590)页。

这一原则的一个例外以及对所涉及人的债权行为的适用,可以在联邦最高法院裁判,载《新法学周刊》,1955 年,587、590 页中找到。但是这种事实情况是非常罕见的(大众汽车储户的诉讼),提醒人们不要对这一判决的规则一般化。

第八节　法律政策展望[62]

44　在我们把当前的法律规则都梳理了一遍之后,还要再次深究一下这一问题,即我们在将来物权法的新规则中是否还要坚守抽象性原则和交付原则。在此,对这一问题,仅针对动产上权利进行回答。

(1)抽象性原则:用这一原则要达到什么目的呢?这一原则的基础是交易安全和交易便捷的思想。如果 A(将物)让与给了 B,B 又让与给了 C,那么 C 的所有权的取得不应因为 A 和 B 之间的个人的债法上的关系中可能存在的瑕疵而受到质疑。

这一原则无疑具有权利清晰的优点。另一方面它却遭到"脱离生活"的指责——这也不是毫无道理的。"分离原则"(债权行为和物权行为的分离)和抽象性原则(这些法律行为在相互之间的互不依赖性)在商业交易中从来没有实行过,它被当做脱离生活的法学的居留地。但也有很重要的理由来支持这种债权行为和物权行为的分离以及这两种法律行为的互不依赖性。虽然法律交易(Rechtsverkehr)的利益可以通过善意取得的可能性而受到充分保护:即使买卖和所有权让与是被作为一个法律行为进行,第三取得人 C 也无需关心 A 与 B 之间的法律行为的有效性。与此相对,使其强制执行的效力依赖于原因行为的有效性,涉及取得人(B)的债权人的利益(弗卢梅,第 2 卷,第 12 章Ⅲ 3 正确地指出了这一点)。[63]

(2)在是否要保留交付原则的问题上,显然关系到取得过程的公示。在现行法中交付强制已经从惯例变为了例外的论据(第 854 条第 2 款、第 929

---

〔62〕 参见拉伦茨,Ⅱ/1 第 39 章Ⅱ;韦斯特曼/H. P. 韦斯特曼,Ⅰ第 4 章 Ⅲ;威灵,《物权法》,第 1 章 Ⅲ 1 d 与第 51 章;其他观点:特别参见瓦克,同上书(边码 1 以前)。

〔63〕 有关这个相当复杂的难题的进一步论据,参见本书第五章边码 43,以及施塔德勒,《形成自由(Gestaltungsfreiheit)与交易保护》,1996 年。

条第2句、第930条、第931条)是不充分的;因为也可以有这种观点,即在将来必须进一步强调真正执行行为的必要性。[64] 事实上使取得过程有更好的外部公示是人们所期望的。但是,一方面由于在经济中的取得过程的复杂性,另一方面由于担保性所有权让与这类被引入的制度,这种理想在立法上并没有被实现。

如果取得过程中双方都有几个独立的或是不独立的人员参与,根据现行法——就如我们所知道的那样——就很难确定对所有权让与具有决定意义的交付行为;这种行为从外部很可能是根本看不出来的。在担保性所有权让与情况下,所有权之移转是在当事人的密切关系人不知道的情况下进行的。在今天,从占有上推断所有权反而比以往更缺乏正当性了。即使如此,在实际生活中,交付还是被看做所有权让与已经进行的表征,并在种类之债(Gattungsschuld)中,被看做已被进行的[种类物]具体化的表征。不过重点在于包含买卖和所有权让与之内容的合同的签订,这在现金支付中是无条件的,而在信用买卖中是附加条件的。在将来的新规则中,不应忽略这一法律事实的构成。在动产担保上,要注意通过登记进行公示的国际趋势(对此问题参见第十四章边码5、6)。

〔64〕 比较拉伦茨,Ⅱ/1第39章Ⅱ d。

第五十二章　从无权利人处取得

参考文献提示:参见第五十一章前所做的介绍。其他:伯默尔,《民法基础》,II 2,1952年,第23章;布劳恩文,载《法学者报》,1993年,391页(《德国民法典》第935条第1款第2句表述得过严);卡纳里斯,《德国私法中的善意取得》,1971年;德勒德文,载《法学教育》,1979年,477页;多伊奇文,载《法学者报》,1978年,385页;恩斯特,《自主占有和动产取得》,1992年;作者同上,载《格恩胡贝尔纪念文集》,1993年,95页(善意的动产取得是法律外观的效力吗?);弗罗茨,《善意的动产取得和法律外观原则》,载《卡斯特纳纪念文集》,1972年,131页;吉尔文,载《善意的动产取得——教义和法律效力》,载《民法实务档案》,第161卷,357页;哈格尔文,载《经济法杂志》,1993年,1446页(延长交易和善意取得);哈格尔,《交易保护和善意取得》,1990年;科勒文,载《法学者报》,1972年,646页(共同所有权份额情况下的善意取得;对此另参见蒂特克,《善意取得》,55页以下);冯·吕布托,《以手护手》,载《第41届德国法学工作者大会柏林法律系纪念文集》,1955年,120页以下;米哈尔斯基文，载《民事实务档案》，第181卷，384页；米勒/霍斯特，《比较法视角上的善意取得的思想》，载《比较法杂志》，第4卷，1963年，2页；米勒/武尔夫，《秘密的善意取得》，载《民事实务档案》，第137卷，86页；穆谢拉克文，载《法学教育》，1992年，713页（依据《德国民法典》第932条以下的动产取得）；奥尔岑（Olzen）文，载《法律学习》，505页（善意取得的历史）；彼得斯，《通过善意取得获取动产所有权》，1991年；皮克尔文，载《民事实务档案》，第188卷，511页（间接占有、从占有和所有权推定对善意取得的意义）；胡索斯（Roussos）文，载《法律学习》，1987年，403页；雷贝（Rebe）文，载《民法实务档案》，第173卷，186页（参见《德国民法典》第935条）；西勒（Sieher），《动产善意取得》，载《比较法学杂志》，第80卷（1981年），273页；泽尔纳文，载《科英纪念文集》，1982年，第Ⅱ册，363页；蒂特克，《善意取得》，1页以下；乌尔班奇克文，载《埃尔兰根大学施瓦布纪念文集》，1990年，23页；韦尔斯巴赫，《外部事实的信赖》，1906年；韦斯特曼，《善意保护的基础》，载《法学教育》，1963年，1页；维甘德文，载《法学教育》，1974年，201、545页；维尔伯格（Wilburg）文，载《巴尔特尔（Baltl）纪念文集》，1978年，557页；茨威格特/康拉德，《对于动产善意取得的法律比较与批评》，载《拉贝尔外国私法与国际私法杂志》，第23卷，1页（关于外国法上的该规则，那里有一个特别清楚的概览，它对于初学者而言也具有良好的可读性）。

第一节 基本思想

1 根据经验,要理解善意取得人从非所有权人那里取得所有权所依据的规则,常常会出现很大困难。因为从中立、自然的角度观察,没有人"能将自己所享有的权利之外的权利让与给他人"(nemo plus iuris ad aleum transferre potest quam ipse habet)[1]这一原则,比善意取得的规则更具有说服力。这一点在不动产法领域可能很容易让人明白,因为在这一领域完善的土地簿政策保障了真正的法律状态与土地簿册的状况相一致。如果情况不是这样,权利人必须一直享有迫使这种一致性达成的可能性(土地簿册之更正)。这样对土地簿状况的信赖的保护也就有了内在的理由。

但在动产法中的情况却不是这样;这里的经验事实是,所有权和直接占有常常是分开的:

E将他的打字机出租给了M,将他的书借给了L,将他的表放在了R处修理,将他的收音机以所有权保留的形式卖给了K。

首先要赋予占有以所有权推定的效力(第1006条);据此只是确立了一个证明规则,而该规则没有触及实体权利(das materielle Recht)。但是,只要存在使取得人信赖合理化的占有状态,他就可以从无权利人处获得所有权,制定这样的法律条文看起来有些冒险。

在我们尝试证明这一规则的合理性之前(第二部分),首先要对材料作一个简单的、暂且忽略细节的描述(第一部分)。

参见第五十二章结尾概览表21和格恩胡贝尔(Gernhuber)的《民法》第8章(对权利外观的概述)。

一、法定规则

(一)前提要件

2 在《联邦最高法院民事判例集》第19卷81页中,其基本原则被形象地进行了描述:"动产所有权的善意取得的前提,除了善意

[1] Dig. 50. 17. 54.

以外，还要有建立在占有基础上的权利外观”(Rechtsschein)。

除了合意之外，从无权利人处取得的前提还有：

1. 正当的占有状态

首先必须要存在一个——作为权利外观载体的——特定的占有状态。这种状态应必须使取得人有充分理由在出让人身上发现所有权人的特征。如果出让人将物交付给了取得人(第932条第1款第1句和第929条第1句)或者在让与之前就进行了交付(第932条第1款第2句和第929条第2句)，或者在出让人将对物的间接占有让与给取得人时(第934条的第一种情况)，法律就认为这一前提要件已经被满足。引人注意的是，通过占有改定(第930条)方式的出让和通过返还请求权方式(并没有使对方获得间接占有)的出让，并没有被提及；这里，只有当“出让人将物交付给取得人”(第933条)时，或者当“取得人从第三人那里获得对物的占有时”(纯粹的返还请求权的让与：第934条的第二种情况)，法律才允许进行善意取得。由此可见，仅仅有在出让人处的正当占有状况并不是足够的(因为这在占有改定的情况下也会存在)，取得人还必须获得通过某种特定形式的占有。具体是哪种形式，似乎很难进行一般性的确定；因为，比如在以占有改定形式进行的所有权让与中，单单有间接占有的取得是不够的(第933条)，但在以间接占有的让与形式进行的所有权让与中却是足够的(第934条的第一种情况)！总归一句话，取得人必须获得占有，[2]而且是一种排除出让人拥有任何一种形式占有的占有[3](《联邦最高法院民事判例集》，第56卷，123、129页，即是如此)。 3

2. 取得人的善意

第二个前提是取得人对出让人的所有权存在善意。比较第 4

---

〔2〕《德国民法典》第934条第二种情况对此作出了解释！

〔3〕在这一点上，《德国民法典》第933条和第934条的区别是明显的。

932 条第 2 款的法律定义。明知或出于重大过失而不知出让人是无权利人的情况下,也不能进行取得(注意与第 892 条的区别!)。此时,正如第 932 条第 1 款第 1 句所表述的(除非……),善意是被推定的(证据规则 Beweisregel)。

3. 通过法律行为取得

5 只有通过法律行为的取得才受到保护(所谓的"交易性法律行为"Verkehrsrechtsgeschäft)。与此相对的是原始的所有权取得和依据法律的所有权取得(参见下文第五十三章)。如果被出让物的拥有人没有真正地变换(权利主体的变换),[4]那么不存在适用交易保护(Verkehrsschutz)和权利外观思想(Rechtsscheingedanken)的问题。在以强制执行方式进行取得的情况下,要注意《德国民事诉讼法》第 898 条。

(二)法律后果

6 如果有了这些前提,取得人就可以获得所有权,而且是无负担的所有权(第 936 条)。在这里,它是有偿取得的还是无偿取得的则无关紧要(但是参见第 816 条第 1 款第 2 句:通过不当得利请求权而予以平衡!)。

(三)例外:第 935 条

7 "如果物被偷、遗失或出于其他原因而非基于所有权人意思而脱离占有",就不再适用该基本规则(第 935 条第 1 款)。所有权人非自愿的占有丧失(unfreiwilliger Besitzverlust)情况下,不得善意取得!但这个例外又会为一个"次级例外"所打破,也就是说,该基本规则可以被重新适用:即在这种非自愿的占有丧失所涉及的是货币、无记名证券或者是"以公开拍卖形式让与"的其他物

[4] 比较施陶丁格/维甘德,第 932 条导言,边码 44;夸克,《慕尼黑德国民法典评注》,第 932 条,边码 24;蒂特克,同上,6 页以下;在不动产法上类似的问题,参见本书第二十三章边码 24 以下;关于回转取得(Rückerwerb),参见边码 34 以下。

的情况下(第935 条第2 款)。

作为引言部分的结尾,举几个例子:

(1) E 把他刚买的手表拿到 R 处作保修修理。R 将这块表和出厂的新手表弄混了,并将这块表卖给了 K,K 就在善意的前提下成为了所有权人。

(2) R 的辅助人 G“侵吞”了这块表。这块表因而非基于所有权人意思而丧失了占有,因为 G 只是占有辅助人(具体情况参见下文边码 39)。从 G 手中购买了手表的 K 并没有成为所有权人。

(3) 同样在例2 中,G 只是将手表拿到当铺 L 处作了质押。L 也没有获得质权(第 1207 条连同第 935 条第 1 款)。但是因为 G 没有偿还贷款,该质物归质权人所有(流质),在此之后,如果 L 将表公开拍卖(第 1235 条第 1 款),拍得人(Ersteigerer)K 就成为了所有权人(第 1244 条;注意在第 1244 条中并未提到第 935 条!)。

二、法律政策上的正当性

这一原则的正当性是什么呢?[5] 是什么原因使得我们的法 8
律秩序优先考虑取得人的利益,而不是所有权人的利益呢?难道这一善意取得的原则不意味着对所有权人的所有权“征收”吗?既然给予了取得人优先照顾,那为什么在所有权人非自愿丧失占有的情况下,又不如此了呢?

迄今为止,对这一问题还没有令人满意的答案。我们不能简单地依赖于法律史而做出结论,认为这里涉及的无非是德国法上的“以手护手”(Hand wahre Hand)原则的延续(向你赋予信赖之处予以寻求 Wo Du Deinen Glauben gelassen hast, muβt du ihn suchen)。即便忽略这个历史切入点的可疑性,[6] 单单是引用历

---

〔5〕 对此特别参见吕布托/许布纳/茨威格特,同上书;格恩胡贝尔,《民法》,第 8 章 I 。

〔6〕 参见茨威格特,同上书,11 页;黑克,第 58 章 I 。

史纪录这一点并不足以使得现代事物被正当化。而且与此相关的诱发思想(Veranlsssungsgedanke)(与风险负担思想相近)也不令人满意。虽然这一思想可以用来解释第932条以下的具体规则:

只有在所有权人引起正当的占有状态时,才会适用善意取得,非自愿丧失占有时不会适用善意取得(对于货币等物存在例外!)。

但这并未能成为忽略不计所有权人利益的理由。因为,在一个人以最大善意(besten Glaubens)将其所有权由手中交出这一点上,并不存在对自己的过错,即使权利丧失正当化的过错。[7]

赫克[8]以及追随他的沃尔夫/赖泽尔,[9]还有茨威格特[10]都着眼于交易的安全和便捷的一般利益(allgemeine Interesse an der Sicherheit und Leichtigkeit des Verkehrs),即交易利益。这种利益为削弱所有权提供了充分的理由,这种削弱正存在于那种被提供的危险之中,即对自愿给出的物丧失所有权的危险。这种理由就把问题说清楚了。把这种思想总结得更明确一些,那么有两点考虑对于正当性问题起了决定作用:

9 (1)第一个观点是:通常没有对出让人生活圈子的了解,动产取得人无论如何也不可能断定,出让人是否就是所有权人。

如果某人(V)将邮票卖给我,大部分情况下,并不可能指望我,也就是说我不可能去验证,V是否买下了邮票并支付了价款,或者他是否是以所有权保留的形式得到的邮票,或者他只是受行纪委托而出卖的,或者别人把邮票

[7] 对此有正当理由的见解,参见茨威格特,同上书,13页。
[8] 第五十八章 一(一)。
[9] 第六十八章 二(一)。
[10] 同上注,14页。

放在他手中只是让他估估价。如果我们作出不同于上述的判断，即使抛开人们得对买主“侦察”能力的期待这一点不谈，实际上也肯定会使商业和交易陷于瘫痪。为了保险起见，买主就必须要对以前的取得过程进行核查，一直到他可以确信，在其权利前手之一处，时效取得(Ersitzung)的前提已经存在了，才可以(参见下文第五十三章边码 88 及下一码)。

(2)另一个考虑是，所有权人将物托付给某人，他肯定比取得人更有能力去估量该人的可靠性。 10

换句话说，只有同时基于保障法律行为方式交易的思想和信赖思想，才能在一定程度上使善意原则(Redlichkeitsprinzip)获得令人满意的正当性根据。

三、叙述思路

我们从第 932 条到第 934 条以下规定的通常情况出发，首先探讨一下在具体的所有权让与过程(参见边码 12 以下)中使善意取得正当化的占有状态，然后探讨“善意”的概念(参见边码 25 以下)和善意取得人的法律地位(参见边码 33 以下)。接下来探讨脱手物的例外规则构成要件(参见边码 36 以下)。最后叙述无负担的取得(参见边码 51 以下)。 11

第二节　正当的占有状态——所有权让与的构成要件

占有的权利外观必须有利于出让人；这一常见的关注点并非多余。因为法律并没有一般的说明，什么时候一个占有状态才具有正当化的效力，只是公布了每一个具体的所有权让与的构成要件。那么我们除了使用这一方法之外，也别无选择。 12

一、通过物权合意和交付进行的所有权让与(第929条第1句)

(一)交付的要求

13 如果出让人交付给取得人的是他人之物(fremde Sache),那么取得人——在善意的前提下——就获得了所有权(第932条第1款第1句连同第929条第1句)。[11]

作为让与形式,我们要考虑到上文在第五十一章边码12以下中探讨的所有类型:也就是说,包括出让人的占有媒介人和占有辅助人所进行的交付,只要交付是按照出让人的指示(Geheiβ des Veräuβerers)进行的,也包括交付给取得人的占有媒介人和占有辅助人。

例子:

(1)NE[12] 将某物出让给K,并指示他的职员A(或仓库主L),将物交付给K(或者K的职员)。

(2)在上例中,NE指示仓库主L与K签订一个新的仓储合同;L这样做了。这样,K就成为了所有权人(通过与NE的当前占有媒介人签订合同,K的间接占有得以确立,该间接占有的确立就被视为是交付:联邦最高法院裁判,载《新法学周刊》,1959年,1536、1539页)。

(3)有问题的是,在出让人并非是间接占有人,而直接占有人根据他的指示将物交付给取得人的情况下(所谓的指示取得Geheiβerwerb),是否也可以成立善意取得。[13]

在慕尼黑州高等法院(OLG)所判的,载《新法学周刊》1957年875页的案例中,根据NE的指示,E将以所有权保留方式出卖给NE的三台机器——即NE还不是所有权人——直接送交给了K。K以为NE是所有权人。在这

[11] 对共同共有份额的善意取得,参见克勒文,载《法学者报》,1972年,646页;蒂特克,《善意取得》,55页以下。

[12] "NE"即非所有权人。

[13] 韦斯特曼/古尔斯基,I第47章I 1;马丁内克文,载《民法实务档案》,第188卷,573、622页以下。

里，出让人 NE 既没有直接占有，也没有间接占有。根据沃尔夫/赖泽尔《物权法》的第 69 章Ⅱ 2a，K 可以善意取得。即使 E 不是 NE 的占有媒介人，但只要直接占有人 E 执行了出让人的指示——这一指示要真正存在——进行了占有交付就足够了(存在争议，另参见《联邦最高法院民事判例集》，第 36 卷，56、60 页；《新法学周刊》，1979 年，203 页，以及 1973 年，141 页和上文第五十一章边码 17 末尾所提到的)。

载《新法学周刊》1974 年 1132 页的联邦最高法院裁判的情况很特殊：M 以自己的名义将 E 的衬衫卖给了 K；K 将购货款付给了 M。E 又将衬衫送交给了 K，因为他以为 M 是以他的名义签订的买卖合同。联邦最高法院否定了根据第 929 条第 1 句的向 K 的所有权让与，因为 K 把 M 当成了所有权出让人，但肯定了根据第 932 条第 1 款第 1 句的 K 的所有权取得，因为 K 得认为，E 是按照卖主 M 的指令供的货。所有权人 E 被臆想为非所有权人 M 的“受指令人”(Geheiöβperson)！对此有道理的批评，参见威特瑙尔(Weitnauer)文，载《新法学周刊》，1974 年，1729、1732 页；皮克尔文，载《新法学周刊》，1974 年，1790 页；梅迪库斯，《民法》，边码 564；另参见马丁内克文，载《民法实务档案》，第 188 卷，627 页，具有进一步证明；泽格尔/米尔，《民法典评论》，第 932 条，边码 6；尧尔尼希，第 932 条，边码 15；同意联邦最高法院意见的有，施陶丁格/维甘德，第 932 条，边码 24；韦斯特曼/古尔斯基，第 1 卷，第 47 章，I 1a；比较联邦最高法院裁判，载《经济法杂志》，1993 年，98 页及其评注；哈格尔文，载《经济法杂志》，1993 年，1446 页。

(4)与上述不同的是下面这种情况，即取得人知道，出让人不是所有权人，而认为对出让同意的第三者是所有权人：NE 将物出租给了 M，M 又将物转让给了 K。K 知道，M 并非是所有权人，但是将对让与表示同意的 NE 视为所有权人。

根据《联邦最高法院民事判例集》第 10 卷 81 页中的判例，这里存在足够的占有状态，因为 NE 作为表示同意的非所有权人对物享有间接占有。但是，如果事实上这样一个占有媒介关系不存在，而取得人误以为存在，占有状态就不充足。

(二)完全地丧失占有

14 如同从有权人处取得的情况一样(参见上文第五十一章边码19),在这里也是必要的是:“出让人不能够再保留任何一点占有的残余”。

例如:珠宝商 NE 通过把钥匙交付 K,而将仅由他单独封锁的钢橱里的首饰让与给了善意的 K,但他自己又借助保有另一把钥匙的方式,而保留了提取个别首饰去加工的权利。K 并未成为所有权人。

(三)取得构成要件完成上的善意

15 在整个取得构成要件——物权合意和交付——完成那一刻,取得人必须是善意的;如果所有权的让与是附条件的(所有权保留!),那么在条件成就(Bedingungseintritt)时,就不再必须具有善意了(《联邦最高法院民事判例集》,第 10 卷,69、72 页;第 30 卷,374、377 页;另参见边码 28)。

二、“简易的”所有权让与(第 929 条第 2 句)

16 在这里,取得人必须是从出让人处获得的占有,并且必须在物权合意的那一刻还是善意的(第 932 条第 1 款第 2 句)。

例子:

(1) NE 将一直租用给 K 的物出让给了 K。

(2) 不一定要求 K 仍是直接占有者;比如在上述例子中,K 将物借给了 L 或弄丢了。

规则是,出让人,即以前的占有人(取得人从该人手中获得了占有)和假定的所有权人是同一个人(林德迈尔/莫林编,《联邦最高法院参考书》,《德国民法典》第 932 条第 6 目):

非所有权人 NE 租给 V 十四马,V 又把其中的两匹借给了 K。后来征得

NE 的同意后,V 又将马出让给了 K。K 知道 V 不是所有权人,但认为 NE 是所有权人。这里出让人和臆想的所有权人虽然不是同一个人;K 还是成为了所有权人,因为他的占有来自于臆想的所有权人。

《联邦最高法院民事判例集》第 56 卷 123 页:D 以所有权保留的方式向 Sch 送交了一台挖土机。为了担保,Sch 把由此产生的期待(权)转让给了被告(Bekl.),后来原告(Kl.)——一家融资银行——将购货款付给了 D,在这家银行事先和 Sch 签订了一个担保合同后,该银行在 Sch(在付过购货款之后,Kl. 以为 Sch 是所有权人)的同意下,让 D 将挖土机转让给他。

随着原告 Kl. 支付货款,作为期待权拥有者的被告(Bekl.)就成为了所有权人。这样 Kl. 只能根据第 932 条以下获得所有权。由于通过与 Sch 签订担保合同,Kl. 已经成为了间接占有人,这里就要考虑适用第 932 条第 1 款第 2 句。至于 Kl. 已经知道 D 不是所有权人并无妨碍,因为原告(Kl.)认为表示同意的 Sch 是所有权人(参见上文边码 13,例子 4)。但是,因为"出让人一方"(即 Sch)还保留有直接占有,所以这里没有所有权的取得(对此参见威泽(Wieser)文,载《法学教育》,1972 年,567 页,以及瓦克(Wacke)文,载《法学教育》,1973 年,683 页)。

三、通过占有改定的所有权让与(第 930 条)

(一)交付的含义

在非所有权人一方,以占有改定方式进行的所有权让与,并不会导致所有权的取得。只有在出让人将物交付给取得人,并且取得人在这一刻是善意时,他才成为所有权人(第 933 条)。 17

也就是说,在这里,法律认为关于占有改定的约定是无意义的,对这种情况的处理,同对预期之物权合意,并在之后交付占有的情况的处理是一样的(第 929 条第 1 句)。

人们不禁要对忽略这种占有方式的正当性提出质疑,[14] 因为权利外观

---

〔14〕 对此特别参见皮克尔,出处同上;黑克,第 59 章 4;伯默尔,同上;瓦克,同上。

思想在这里似乎也完全可以被适用:像在其他所有权让与的情况中一样,取得人也信赖出让人的占有;区别只在于,他仍然让出让人保留了占有,而自己满足于间接占有。至于他和所有权人一样给予出让人同样多的信赖,作为一个理由是不充足的。伯默尔(Boemer)关于可以避免秘密交易和舞弊行为的考虑,作为正当性的理由也是不充分的,虽然这样一来,规则的理想结果被正确地勾画出来了,也不能否认其不充分性。事实上,这条规定的法律条文遵循的是第932条以下的基本思想,即取得人的占有状态必须是纯粹的,占有人的任何一种占有都必须被排除。所以,在取得人与出让人的关系上,出让人的占有所造就的权利外观必须导致的是取得人的单独占有。换句话说,为了实现权利的取得,取得利益必须通过对取得人的占有状态的确定而得到加强。

(二)取得人方的排他性占有

18 第933条意义上的"交付",应被理解为是第929条第1句意义上的,在取得人方面的排他性占有的实现(对此参见上文第五十一章边码12及其以下、边码19)。

根据《联邦最高法院民事判例集》第67卷207页中的裁判,单方的取走也不是足够的,即使出让人在让与时已经赋予了取得人取走的权利,也不是足够的;对此参见达姆劳(Damrau)文,载《法学教育》,1978年,519页;施陶丁格/维甘德,第933条,边码21、22;穆谢拉克(Musielak)文,载《法学教育》,1992年,718页,那里的批评是正确的。

出让人和取得人方都可以有辅助人(占有辅助人和占有媒介人)来进行活动,只要交付根据的是出让行为,并且"出让人方""手中不再留有任何一点占有的残余"即可(《帝国最高法院民事判例集》,第137卷,23、25页;鲍尔,《针对青年法学者的判例汇编:物权,带有解释性评论的挑选之判决》,第19个案例;联邦最高法院裁判,载《新法学周刊》,1959年,2206页,以及1979年,714

页;《法学者报》,1978 年,104、105 页)。

例如:非所有权人 NE 将一台机器出让给了 K,但根据租赁关系的协议,保留了对机器的使用,"一直到有新的代替物抵达"。后来 NE 将机器交付给了 K 的一个职员(占有辅助人),〔15〕或者根据 K 的指示交付给了 M,此前 K 已将机器出租给了 M。〔16〕如果 K 在这一刻还是善意的,那么他就取得了所有权。

为了担保,在约定占有媒介关系的前提下,NE 将 E 的一台建筑机器出让给了 G1。后来 NE 将物交付给了 B,而 B 既不是 G1 的占有辅助人,也不是它的占有媒介人,G1 就没有获得所有权,即便事后他同意 B 来使用该台机器(根据的是联邦最高法院裁判,载《法学者报》,1978 年,104 页;对此参见多伊奇文,载《法学者报》,1978 年,385 页)。

(三)第 933 条的重要应用领域——担保性所有权让与

第 933 条最主要的应用领域在于担保性所有权让与的领域, 19
特别是在判定担保性所有权让与和所有权保留之间利益冲突的情况下:

作为担保,S 将其某一处仓库的所有权让与给了 G。对仓库中的一些货物,E 还保留着所有权。对这些货物 G 并未获得所有权——尽管他是善意的。

由第 933 条得出一个原则:所有权保留优先于担保性所有权

---

〔15〕 但是,占有移转不得仅仅以象征方式进行:慕尼黑州高等法院裁判,载《新法学周刊》,1970 年,667 页(取得人雇佣的职员的短途试车);法兰克福州高等法院裁判,载《企业顾问》,1976 年,573 页(提交图片)。

〔16〕 这个例子很清楚地说明了,只要转让人处不再保留占有,间接占有的取得(K 为 M 进行占有媒介)即足够了!(参见联邦最高法院裁判,载《新法学周刊》,1978 年,696 页;联邦最高法院裁判,载《新法学周刊》,1959 年,1536 页)。

让与。但是如果后来担保提供人成了所有权人——比如就以所有权保留的方式送交的货物,他向 E 支付了货款,那么紧接着担保权人也就成了所有权人(第 185 条第 2 款的第二种情况)。

问题是,对仍处在所有权保留状态下的物,根据第 933 条没有成功进行的"所有权让与",可否被转换解释为属于保留买主(即担保提供者)的期待权的让与。明确的是,基于附条件的所有权让与而产生的期待权可以被移转给担保提供人,而且是以移转所有权的形式,也就是按照第 930 条的形式(《联邦最高法院民事判例集》,第 10 卷,69、72 页;第 28 卷,16、21 页)。还有一点是肯定的,即在这里不需要通知保留卖主或获得他的同意,在条件成就时,卖主的完全所有权转移到期待权取得人处,保留卖主并没有"在此期间"取得过所谓的过渡所有权(Durchgangseigentum)(参见《联邦最高法院民事判例集》,第 20 卷,88、100 页;鲍尔,《针对青年法学者的判例汇编:物权,带有解释性评论的挑选之判决》,第 24 个案例;第 28 卷,16、22 页)。但还存在一个疑问,还处在所有权保留下的物的"所有权让与"——最初还没有效力——是否可以被看做是期待权的转移(转换,第 140 条)。

例子(依据林德迈尔/莫林编,《联邦最高法院参考书》,《德国民法典》第 929 条第 11a 目):S——一家家禽厂的厂主——将当时所有的家禽和"新增的家禽"的所有权作为担保而让与给了他的债权人 G。S 定期从 V 处购进鸡雏,而 V 是在所有权保留的形式下供应鸡雏给 S 的。S 破产了,G 宣布,一旦剩余的货款得到支付,他作为担保性所有权人,对于尚处于所有权保留状态下的鸡享有别除权。

首先,G 当然没有获得还属于 V 的鸡的所有权(第 933 条)。S 也没有——过去完全有可能发生——根据第 930 条将期待权(他曾经拥有过期待权)让与给 G。但是在这个不成功的所有权让与中,至少蕴藏着所意愿的期待权让与;"因为期待权是一种与所有权本质相同的权利,它不是别的,而是一项小一号的所有权(ein Weniger),这样一来,由于还存在着所有权保留,在出让人因此不能将完全的所有权让与给取得人时，取得人至少获得了对所有权的期待权”（联邦最高法院裁判，出处同上）。[17]

经常得到尝试的是，通过进行根据第929条第1句（然后第932条第1款第1句！）方式的所有权让与，来回避源自第933条的对担保权人的危险：债务人将仓库交付给债权人的一个职员（即占有辅助人！）或一个信托人（Treuhänder 即占有媒介人）；但允许他可以更换仓库里的存货。这种规避尝试大多数情况都会由于媒介人的恶意而失败，[18] 而且，债权人处是否完全没有“残余的占有”（Restbesitz），也是一个问题。[19]

四、通过返还请求权的让与进行的所有权让与（第931条）

我们知道（参见上文第五十一章边码36及其以下），在通过返还请求权的让与进行的所有权让与的情况下，要区分两种情况：一种是，出让人是间接占有人，他将基于占有媒介关系的请求权让与给取得人，这样取得人因此成为了间接占有人，另一种是，出让人转让的只是没有占有媒介关系的返还请求权——真实的或是臆想的返还请求权。 20

（一）占有状态的正当化效力

第934条赋予了间接占有以权利外观的效力（第一种情况）；如果没有间接占有，那么只能在取得人“从第三人处获得对物的占有”，并且这一刻他是善意的情况下，他才可以成为所有权人（第二种情况）。

---

〔17〕 关于基于《德国民法典》第455条的期待权的进一步论述，参见下文第五十九章边码32及其以下。——此外，《德国民法典》第185条第2款（第二种构成类型）不能有助于债权人，因为此时破产程序将会开始（《破产法》第15条；参见鲍尔/施蒂尔纳，《支付不能法》，第2卷，边码8.12以下有进一步论证）。

〔18〕 参见伯默尔，同上注，32页以下，是有正当理由；也可参见上文第八章边码8。

〔19〕 参见韦斯特曼/古尔斯基，第1卷，第49章Ⅰ6。

在这一点上令人惊讶的是,法律在此处赋予了间接占有使善意取得正当化的效力,而在第933条中,却没有这种效力;这就导致了相当奇怪的结果:[20]

非所有权人NE按照第930条将不属于他的机器让与了K,K没有成为所有权人。

如果NE将机器出租给M,再按照第931条将机器的所有权让与给K,K就成为了所有权人(第934条的第一种情况)。相反,假如NE通过另外的占有改定协议,出让了机器的所有权(M是直接占有者,NE是第一层的间接占有者,K是第二层的间接占有者),K就又得不到所有权!

这种看起来十分任意的规则总是受到攻击。法律如此规定,我们不得不接受(对此参见《联邦最高法院民事判例集》,第50卷,45、51页;鲍尔,《针对青年法学者的判例汇编:物权,带有解释性评论的挑选之判决》,第20个案例),这里我们还是要坚持区别对待,法律关注的是出让人完全的占有丧失:在第934条的第一种情况中是这种情况,而在第933条中却不是这样!

(二)第934条的占有状态

1.第一种情况:无权出让人是间接占有人

21 在这里,只要取得人是善意的,他就随着返还请求权的让与而成为了所有权人。返还请求权要产生于占有媒介关系;[21]它必须真正存在,而不是仅仅说说而已。

下面这种情况是成问题的(比较联邦最高法院裁判,载《新法学周刊》,1959年,1535页):作为担保,非所有权人NE将本不属于他的建筑吊车的所

---

〔20〕 对此首先参见伯默尔,同上,32页以下;在第933条与第934条第一种情况之间的评价矛盾"Wertungswiderspruchs"的正当化,参见米哈尔斯基,《民法实务档案》,第181卷,384、420页以下(结论是令人信服的)。

〔21〕 参见联邦最高法院裁判,载《新法学周刊》,1959年,1536页;1979年,2037页;虽然存在间接占有关系,但经过特别合意可签发记名仓单(对此持批评意见有卡·施密特,《商法》,第24章 Ⅲ 4)。

有权根据第930条转让给了债权人G;G没有成为所有权人(第933条)。现在G——也需要钱——通过让与对NE的返还请求权而将担保性所有权转让给了信贷人(Geldgeber)D,如果G对NE的返还请求权曾经存在的话,D就成了所有权人。但这一点被否定了,〔22〕因为NE向G所做的失败的所有权让与也导致了占有媒介关系的无效。这一结论并不是强制性的;因为当事人直到可能出现的交付的那一刻,都对NE的保管义务享有合法利益,到那时G就有可能能够取得所有权了(第933条)。G在与NE的关系中,在债权法上也享有变价权。

《联邦最高法院民事判例集》,第50卷,45页;鲍尔,《针对青年法学者的判例汇编:物权,带有解释性评论的挑选之判决》,第20个案例中的裁判也有疑问(因为联邦最高法院没有深入讨论过并存占有(Nebenbesitz)的问题):原告(Kl.)以所有权保留的方式供给H一台铣床。为了担保,H冒充所有权人,按照第930条方式将铣床所有权转让给了C。C没有获得所有权(第933条)。C根据第931条将他的权利让与了被告(Bekl.),按照联邦最高法院的观点,依据第934条,被告成为了所有权人(对该案例的讨论:海尔曼朗格(Hermann Lange)文,载《法学教育》,1969年,162页;梅迪库斯,《民法》,边码559—561以及鲍尔,《针对青年法学者的判例汇编:物权,带有解释性评论的挑选之判决》,第20个案例处的评论)。

2. 第二种情况:无权出让人不是间接占有人

在这里,自称的和真正的让与都不充分;取得人必须获得占有,间接占有也可以(参见联邦最高法院裁判,载《企业》,1969年,436页;《新法学周刊》,1978年,696页),而且他的这种占有是基于出让行为而获得的。 22

---

〔22〕 例如,沃尔夫/赖泽尔,第69章 Ⅱ 2 d;未能解决的,参见联邦最高法院判例,载《新法学周刊》,1959年,1538页;其他参见《联邦最高法院民事判例集》,第50卷,45、48、49页;鲍尔,《针对青年法学者的判例汇编:物权,带有解释性评论的挑选之判决》,第20个案例。

比较一下上文第七章边码 46 的例子,令人吃惊的又是:通过第三占有人实现的间接占有就足够了,而在出让人自己根据第 930 条将间接占有让与给取得人时,却是不充分的(第 933 条!)。要证明这种法律状况的正当性,就必须再次强调,法律关注的不仅是出让人的合法的占有状态,更关注出让人“不能留有一点点占有的残余”这一点。

3.“受妨碍”的占有媒介关系

23 还有一些问题与此相关,如在占有媒介人改变了他的占有意愿(1)或者为两个间接占有者进行媒介,或看似为两个人进行媒介(2)时,善意取得是如何构成的:

(1)尽管支持间接占有人的法律关系依然存在,他还是失去了占有,如果占有媒介人改变了他的“占有想法”(Besitzergesinnung),并宣布他现在开始愿意为另一个人占有。那么另一个人也可能根据第 934 条的第二种情况取得所有权。

例如:E 将表交给 R 修理。他把维修单弄丢了,非所有权人 NE 捡到了,NE 以交付维修单的方式将表出让给了善意的 K。这样 K 还没有成为所有权人(第 934 条的第二种情况)。但如果 K 得到了 R 的确认,在 K 交付了维修单并付了费之后 R 会将表交给他,那么他现在就通过间接占有的取得获得了所有权,尽管 R 没有尽到对 E 的承揽合同中存在的注意义务,也是如此。

(2)“并存占有”的问题

24 如果目前的间接占有人的占有关系还没有被解除,与其并存着“新”间接占有人的占有关系(对此参见上文第七章边码 58、

59)，[23]如何解决就是个问题。

例如(依据《帝国最高法院民事判例集》，第 135 卷，75 页和第 138 卷，265 页)：V 在所有权保留的情况下出让给 NE(非所有权人)一批白糖，又“为了担保”而将货存放在仓库主 L 处；L 签发给 V 一张仓单。通过让与他所谓的对 L 的返还请求权的方式，NE 将这批白糖的所有权让与给了 K。L 也给 K 签发了仓单，但一如既往地按照 V 的指示向 NE 的顾客供应白糖。

帝国最高法院强调，新的占有媒介关系(L—K)的建立破坏了旧的占有媒介关系(L—V)，所以，帝国最高法院承认 K 取得了所有权；联邦最高法院裁判，载《新法学周刊》，1979 年，2037 页也是如此。与此相反，沃尔夫/赖泽尔，(第 68 章评注 22)和威灵，第 1 卷第 6 章Ⅲ 3b 中强调，这里存在着并存的间接占有(V 和 K 的)；这意味着，V 还保有着占有法上的位置，因此也和 K 一样值得保护；按照这种观点，K 的所有权取得就被否认了。

我们认为，应当区分两种情形：

a. 没有问题的情况是，占有媒介人令人明确地最终解除了与迄今为止的间接占有人之间的、在占有法(besitzrechtlich)上的关系；在这里后者的间接占有消灭了(参见上文边码 23)。

b. 有问题的是下述情形，即在有了新的间接占有人(K)之后，占有媒介人(L)继续承认以前的间接占有人(V)，即有意识或是无意识地——玩了“一仆二主”的游戏。L—V 之间的占有媒介关系是否因此结束，而 K 依据第 934 条的第二种情况就可以善意取得了呢？(肯定意见：帝国最高法院上述裁判)。如果对这个问题的答案是否定的，那么就会出现进一步的问题：他到底还是获得了间接占有这一点，对于按照第 934 条第二种情况的所有权取得来讲，是否是足够的呢，或者 V 继续存在的间接占有阻止了 K 的所有权取得了吗？帝国最高法院的解决方案失败之处在于：L 还一如既往地遵照 V 的

---

〔23〕 对此参见米哈尔斯基文，载《民法实务档案》，第 181 卷，384、389 页以下；梅迪库斯文，载《许布纳纪念文集》，1984 年，661 页；皮克尔文，载《民法实务档案》，第 188 卷，513、533 页以下(批评意见，拒绝该解决方案的观点)；蒂特克文，载《有价证券法通讯》，1979 年，1143 页，1981 年，1097 页与《善意取得》，36 页；胡索斯(Roussos)文，载《法律学习》，1987 年，403 页。

指令办事。这样就存在两个占有媒介关系(V的和K的),那么实际上V和K都应该受到保护;也就是说,否定了K的所有权取得。只有当K获得了直接占有或在L断绝了与V的占有媒介关系时,K才有可能取得所有权。〔24〕

在上述案件中,即使按照第870条返还请求权让与的形式,K这方面将白糖出让给D,也没有所有权的取得;这里虽然存在着第934条的第一种情况,但是V依然保有的间接占有仍会阻止D的所有权取得。

第三节 善 意

一、恶意:概念、举证负担、上诉

25 只有是以法律行为方式,并在取得人为善意的情况下,才可能从无权人处取得。同不动产法(第892条)不同的是,这里的恶意包括了已知和由于重大过失而不知出让人不是所有权人的情况。所有权人要想阻止这种权利取得,必须证明这种恶意(第932条第1款第1句:除非……)

取得人善意与否,只能在具体案件中对所有情况进行评价之后才能裁决。在具体程序中要注意以下几点:

1. 故意和重大过失都是法律概念。在具体案件中是否被法官正确认定,可以在上诉法院被重新审查。

2. 与此相对的有一个问题,取得人是故意还是重大过失,完全任由事实审判法官(Tatrichter)的判断判决,而在上诉法院只能进行有限的审查(《联邦最高法院民事判例集》,第10卷,14、16页;联邦最高法院裁判,载《新法学周刊》,1981年,226页;1994年,2022页;鲍尔/古尔斯基,边码224)。

3. 如果法官不能根据证据调查和对所有实际情况的评价确认取得人是否是善意的,那么就要运用到了举证负担规则(所谓实体上的举证负担)。那么法官会作出有利于否认善意取得的那个人的判决。但举证负担之分配

〔24〕 对于该全部的问题,特别参见皮克尔,出处同上,皮克尔发现了并存占有解决方案的弱点,但他的"推定成立的与相对人的物上关系"建议,也让人不敢苟同。

并不意味着法官只关心举证责任人的查证申请。

例如：非所有权人 NE 在车辆出租中心 E 处租了一辆轿车，租期为 14 天。之后他将车辆让与了 K。州法院（Landgericht）和州高等法院（Oberlandgericht）把这视为"因重大过失而不知"，因为 K 没有要求对方交付汽车持有证（车持有证一直还在 E 处！）。如果在这里，两个法院都是基于正确的重大过失概念进行裁判的，就事实情况被涵摄于这一概念之下的问题，再上诉法院（联邦最高法院）不会再进行复审。

如果 NE 交付给 K 一个假的车持有证，那么 K 是否由于重大过失而没有识别出这种造假，就很重要了。为了弄清这个问题，法庭可以而且必须评价 K 和 E 所提供的证据手段（证人等）。如果事实无法完全澄清，那么可以以 K 的善意为出发点进行判决。

4. 在意思表示瑕疵而进行撤销的情况下的恶意，参见第 142 条第 2 款，以及联邦最高法院裁判，载《新法学周刊》，1988 年，482 页。

二、重大过失

根据通常的表述，在取得人"根据整体情况以一种不寻常的重大程度违反了必要的谨慎，而且未注意到在该案中任何一个人都本应弄清楚的东西时"（《联邦最高法院民事判例集》，第 10 卷，14、16 页；鲍尔，《针对青年法学者的判例汇编：物权，带有解释性评论的挑选之判决》，第 21 个案例），他就具有重大过失。在具体的案情中，检查和报告义务的范围还是有疑问的。 26

这里取决于取得人个人（有经验的商人或善意的同时代人）、出让人个人（令人信任的、受尊敬的公民——心怀鬼胎的主体）以及行为的方式（日常的交易行为——信贷行为）和众所周知的经验规则（对此参见《帝国最高法院民事判例集》，第 143 卷，14 页；第 146 卷，321 页；《联邦最高法院民事判例集》，第 10 卷，69、74 页；林德迈尔/莫林编，《联邦最高法院参考书》（BGH LM）《德国民法典》，第 932 条，边码 12；联邦最高法院裁判，载《新法学周刊》，1961 年，777 页，涉及的是法律错误问题（Rechtsirrtum）；联邦最高法院裁判，载《法学者报》，1978 年，400 页，家庭银行（Hausbank）的恶意，比如它已知担保提供人悲惨的经济境况;联邦最高法院裁判,载《新法学周刊》,1982 年,38 页;1981 年,1271 页:作为"内部知情人"的遗嘱执行人的恶意)。

例如:在高额的投资物品或消费品的情况下,应预计到前供货人(Vorlieferant)进行了所有权保留关系。只允许经销商在正常的交易过程中(Geschäftsgang)进行让与(第 185 条)。所以,如果你在一家非常熟悉的卖收音机的商店里买了一台收音机,就不必担心所有权保留的问题。但当这些货物是在信贷担保(联邦最高法院裁判(LM)《德国商法典》,第 365 条,边码 1)或低于买卖价(林德迈尔/莫林编,《联邦最高法院参考书》(BGH LM)《德国民法典》第 455 条,边码 23)的条件下取得时,情况就不再一样了,此时根据案件的情况,取得人就不能只满足于卖主进行了保证,即保证自己已经支付了价金,而是必须要根据具体情况进行进一步的调查和索要证明(泽格尔/米尔,《民法典评注》,第 932 条,边码 15)。在获取一批由供货商供应的布料制成的女式衬衣时,总是要预计到材料供应商可能进行了延长性所有权保留。如果取得人在他的一般交易条件(AGB)中排除了出让人向供货商让与价金债权的可能性,那么他就是在考虑,对供货商延长的所有权保留进行阻止(《德国民法典》第 399 条)。如果他没有询问所有权保留问题,他的行为就具有重大过失(《联邦最高法院民事判例集》,第 77 卷,274 页;鲍尔,《针对青年法学者的判例汇编:物权,带有解释性评论的挑选之判决》,第 26a 个案例;要注意《德国商法典》第 354a 条)。但在业主容许建筑企业主安装以延长所有权方式供应的货物时,他就没有询问义务(联邦最高法院民事裁判,载《企业》,1991 年,159 页)。他甚至也不会为其"轻过失"而根据第 823 条承担损害赔偿责任。

如果有人通过担保性所有权让与得到的货物,也无需去询问这批货是否以其他方式作出了担保性所有权让与(联邦最高法院裁判,载《法学者报》,1970 年,27 页)。但由此产生的担保性所有权让与和所有权保留的区别却令人怀疑(施陶丁格/维甘德,《民法典评注》,第 932 条,边码 64)。

如果有人取得一辆机动车,却没有被交付持有证,通常存在重大过失(《联邦最高法院民事判例集》,第 10 卷,69、74 页;第 30 卷,374、380 页;第 68 卷,323、325 页;联邦最高法院裁判,载《法学者报》,1965 年,219 页;联邦最高法院裁判,载《新法学周刊》,1970 年,653 页;1981 年,227 页)。[25] ——特殊的案情,杜塞尔多夫州高等法院裁判,载《新法学周刊》,1985 年,2484 页(对此,米腾茨韦(Mittenzwei)文,载《新法学周刊》,1986 年,2472 页)。二手车交易中,在机动车持有证中没有车主信息的情况下,存在调查义务(联邦最高法院裁判,载《新法学周刊》,1994 年,2022 页;联邦最高法院裁判,载《法学教育》,1996 年,458 页和卡·施密特(K. Schmidt)的评注;类似案情:联邦最高法院裁判,载《新法学周刊》,1993 年,1649 页以及卡·施密特的评注,载《法学教育》,1993 年,868 页)。

如果取得人是轻过失,从不法行为(第 823 条第 1 款)的角度讲,他没有义务将所有权返还给原来的所有权人。虽然法律上的效果也是第 823 条第 1 句意义上的"对所有权的侵害",但第 932 条第 2 款的规定了只限于故意和重大过失,所以,在轻过失情形下,也不适用这条侵权法规定(联邦最高法院裁判,载《法学者报》,1956 年,490 页,以及《联邦最高法院民事判例集》,第 37 卷,363、386 页)。 27

三、决定善意要件的时点

取得人必须在最后取得行为那一刻是善意的;但在附延缓条件的所有权让与的情况下,并不要求在条件成就的那一刻具有善意(《联邦最高法院民事判例集》,第 10 卷,69、73 页;另参见上文边码 15)。 28

四、善意的客体

只有在善意涉及出让人有缺陷的所有权时,善意才会导致权利的取得,而在善意涉及的是出让人的行为能力和处分权能时,就没有这种效力。但对于后者存有一个例外,即《德国商法典》第 29

〔25〕 对此参见施特希特里姆,载《新法学周刊》,1970 年,2088 页。

366 条，商人在经营其企业的时候，无权出让不属于他的物的情况。[26]

例如：E 将其照相机借给 NE，NE 将其出卖给了 K，并且对 K 谎称，他虽然不是所有权人，但 E 允许他在有利时机将照相机出卖：K 没有取得（所有权）。

但是，当 E 将照相机交给相机营销商 NE 修理，而后者将相机出让的时候，K 就取得了（所有权）。如果 E 的相机被偷，这里仍没有出现 K 的所有权取得；因为在《德国商法典》第 366 条的框架下也适用第 935 条。

在《德国商法典》第 366 条的情况下，进行出让的商人是相信他具有处分权能，还是知悉他的处分权的不存在，都是无关紧要的；授予该商人的处分权是否没有效力（例如因为处分权是由非所有权人授予他的），也无关紧要。

如果在诉讼过程中无法确定，取得人是把出卖商当做了所有权人还是只把他当做具有处分能力的人，那么，法庭可以基于这两条规定，肯定善意取得（比较第 959 条、第 1080 条）。

有一点我们要坚持：第 932 条只涉及对所有权的善意，不涉及行为能力，也不涉及处分权（例外：《德国商法典》第 366 条）。[27]

30 与上述情况不同的是：出让人虽然是所有权人，但在处分上（in der Verfügung）为法律或法院的命令（相对的出让之禁止（relatives Veräuβerungsverbot））所限制。[28] 在这里，在大多数情况下，取得人善意相信处分限制的不存在的，也受到保护（比较第 135 条第 2 款、第 136 条、第 2113 条第 3 款），但在破产诉讼程序开始的情况下（基于《破产法》第 7 条第 1 款后半句、《支付不能法》第

〔26〕 对此参见联邦最高法院裁判，载《新法学周刊》，1975 年，735 页；更详细地参见卡·施密特，《商法》，第 22 章；比洛文，载《民法实务档案》，第 186 卷，576 页；博施文，载《法学教育》，1988 年，439 页。

〔27〕 关于银行家正当性的排除，参见《德国商法典》第 367 条。

〔28〕 关于处分的禁止，参见比洛文，载《法学教育》，1994 年，1 页。

81 条第 1 款第 2 句的反推），以及在第 1365 条、第 1369 条的情况下（绝对的让与禁止！（absolute Veäuβerungerungsverbot））不受保护。

要区分下列为物权法初学者整理在一起的情况： 31

出让人是所有权人	根据第 929 条以下取得所有权
出让人不是所有权人，但有处分权	根据第 185 条取得所有权（或《破产法》第 6 条第 2 款、《支付不能法》第 80 条第 1 款、《德国民法典》第 2205 条第 2 句等）
出让人不是所有权人却假扮成所有权人	根据第 932 条到第 934 条取得所有权
出让人不是所有权人也没有处分权，却谎称自己有处分权	例外情况下根据《德国商法典》第 366 条和第 929 条以下取得所有权
出让人是所有权人，但处分权受到限制	在法律规定的情况下不具有相对无效性地取得所有权（例如第 135 条第 2 款、第 136 条）

五、通过代理人取得时的善意

在通过代理人取得所有权时（对此参见上文第五十一章边码 41 以下）应得到检验的是，谁——代理人还是被代理人——必须是善意的。第 166 条给出了答案：关键取决于代理人本人（第 166 条第 1 款）。只有代理人根据授权人的确定指示行事时，二者才必须都是善意的（第 166 条第 2 款）。 32

例如：K 处于附带有允许之保留（Einwilligungsvorbehalt）的照管状态之下，K 的照管人 B 为了投资，从非所有权人 NE 处买了有价证券。如果 B 是善意的，那么 K 自己就取得了所有权，即算 K 已经知道 NE 没有所有权，甚至是K向B指出了,B再从非所有权人NE处取得,K就取得了所有权(第166第2款只涉及授权!)。

善意的K通过善意的被授权人V从NE处取得了一台机器,K又让人交付给了他的职员A(占有辅助人)或机器的租赁人M(占有媒介人)。即使A或者M是恶意的,也没有影响,因为这里重要的是物权合意时的代理(《帝国最高法院民事判例集》,第137卷,23、27、28页;鲍尔,《针对青年法学者的判例汇编:物权,带有解释性评论的挑选之判决》,第19个案例)。

在法定代位(第1370条、第1646条)和"小额交易"(Übereignung wen es angeht)的情况下,可以准用第166条。

如果父母用未成年女儿的钱,从无权人处买了一台打字机,那么在父母双方(共同代理)都是善意的情况下,女儿就成了所有权人。

对法人而言,它的机构成员的恶意也要归属于它。[29] 当所涉及的机构成员没有参与法律行为,甚至被排除在法律行为缔结之外,这条规定也适用。[30] 但是对知悉归责(Wissenszurechnung)的理由却一直有争议。有时也应考虑到第166条第1款,[31] 相反的意见建立在《德国民法典》第31条中所表达的一般法律思想的基础上(参见上文第五章边码13、第二十三章边码36)。[32]

第四节　善意取得人的法律地位

一、对无偿取得在不当得利法上的平衡

33 如果存在第932条到第934条规定的前提,而且该物并非违反本人意思而脱手(第935条),那么善意之人取得完全的所有权。在此,他是有偿还是无偿取得的,都无关紧要。但是,根据第

---

〔29〕 参见《联邦最高法院民事判例集》,第20卷,149、153页;第41卷,282、287页。

〔30〕 参见《联邦最高法院民事判例集》,第109卷,331、332、327页(有争议)。

〔31〕 参见泽格尔/莱普廷,第166条,边码4、5;没有定论,施拉姆,《慕尼黑德国民法典评注》,第166条,边码19、20。

〔32〕 卡·施密特,《公司法》,第10章Ⅴ2b。

816 条第 1 款第 2 句，在无偿取得情况下，所有权人享有不当得利返还请求权，这种请求权针对的正是物的所有权的返还。

例如：为了担保一笔发放给他的贷款，非所有权人 NE 将储藏在 L 处的属于 E 的谷物、以返还请求权让与的形式转让给了 G。G 获得了所有权（第 931 条、第 934 条的第一种情况）。根据第 816 条第 1 款第 1 句，E 对 NE 有请求权——先不谈基于违约或不法行为的请求权。E 对 G 有第 816 条第 1 款第 2 句规定的权利吗？这个问题的答案显然取决于 G 是否是“无偿”地获得一种法律利益的（第 816 条第 1 款第 2 句），在否定的情况下，取决于发放给 NE 的贷款是不是第 816 条第 1 款第 1 句意义上的“所得”。

肯定的是，不符合第 816 第 1 款第 2 句的要件。因为，如同人们一直评价贷款和担保性所有权让与之间的关系一样，G 总归不是无偿的，即没有对待履行而取得谷物的。问题更大的是，如何评价基于第 816 条第 1 款第 2 句的针对 NE 的请求权。我们可以说，NE“通过”谷物所有权的让与担保而获得贷款了吗？通说认为没有。通过担保性所有权让与，NE 只“获得”了使用贷款的利益；这种利益他必须返还。〔33〕

二、非所有权人的回复取得

上文刚刚所举的例子将我们引到所谓的无权人的回复取得问题上来。 34

如果我们假设，NE 向 G 清偿了贷款债务，那么所有权会是回归到 NE 处，使之成为所有权人，还是回归到 E 那里呢？

（一）基本原则

我们要坚持的出发点是，善意的取得人取得了所有权，在他将

〔33〕 对于该难题，参见克默雷尔，《出质他人之物的不当得利求偿》，载《莱瓦尔德纪念文集》，1953 年，433 页以下；克拉维里克（Krawielicki）文，载《法教义学年刊》，（DogmJb）第 81 卷，257 页。

所有权继续转让时，他是作为权利人转让的，第三人是从有权人处取得并且成为了所有权人，即使他事先知道，出让人是从无权人处取得的，也是如此，最后，当最初的无权人从善意的取得人处回复取得时，他也可获得所有权。

（二）限制

在下述情况下，最后一句话必须要被限制——这是法感觉所要求的。[34]

（1）首先，在当回复取得只表现为非所有权人和"善意之人"之间的法律关系的回复（Rückabwicklung）时，这种回复是基于解除（Rücktritt），因瑕疵担保责任而解约（Wandlung）还是不当得利，都是无关紧要的：

NE 将属于 E 的一台机器让与给了善意的 K。K 由于物的瑕疵而进行了解约，解约之后 E 成为了所有权人，而不是 NE！

如果 NE 的处分是没有法律原因的，NE 行使了不当得利返还请求权，那么所有权归属于 E。[35]

（2）其次，在 K 的所有权取得从一开始就是暂时的情形下；比如，当非所有权人根据第 929 条、第 931 条把他人的物作为担保让

---

〔34〕 对此参见克拉普，《无权人的取回（Rueckerwerb）》（美茵茨大学博士论文，1955 年）；尼斯根斯，《非权利人的取回》，1939 年；格恩胡贝尔文，载《法学教育》，1988 年，363 页；维甘德文，载《法学教育》，1971 年，62 页；楼鲍文，载《法学教育》，1971 年，233 页；进一步论述参见古尔斯基，58 页以下；其他观点参见夸克，《慕尼黑德国民法典评注》，第 932 条，边码 62 以下；皮克哈特，《德国民法典评注》，第 932 条，边码 34；帕兰特/巴森格，第 932 条，边码 17。

〔35〕 对于这个问题，即不是非所有人，而是所有人享有该请求权，参见《联邦最高法院民事判例集》，第 37 卷，363、367 页；冯·克默雷尔文，载《伯默尔纪念文集》，1954 年，145 页以下；古尔斯基文，载《法学者报》，1962 年，207 页；施洛瑟文，载《法学教育》，1963 年，141 页；维特赫尔特文，载《法学者报》，1963 年，286 页。

与给——善意的——债权人 G 的时候。随着贷款的清偿,物的所有权就回归到最初的所有权人手中,至于人们是否从一开始就将担保性所有权让与视为附加了解除条件的——即返还贷款作为解除条件,或者我们只赋予担保提供人债权法上的向回让与所有权请求权,都是无关紧要的。

(3)最后,在恶意的非所有权人为了通过回复取得手段获得所有权(从一开始就有预谋的回复取得),而作了有利于善意者的处分的情形中。

但是就这一限制也还存在许多疑问,例如以下情况所表明的:

E 作为隐名合伙人(stiller Teilhaber)参与了 NE 的生意,他将十支股票作为投资让与给了 NE。后来他发现,他在参与这笔生意时犯了一个第 119 条第 2 款规定的严重错误,并有效地撤销了所有权的让与。但在他获得返还的名义(Titel)并且委托法院执达员取回之前,NE 已经出于清偿的目的,将股票出让给了他的债权人 G。不管撤销是否存在,只要 G 在可撤销性方面是善意的,G 就成为了所有权人(第 932 条和第 142 条第 2 款)。G 又将股票做了转让。后来事情变得让 NE 很难堪,他在市场上又取得了这十支股票(或同一公司的股票)。在他还没能将股票还给 E 之前,他的一个债权人将这些股票扣押了。虽然这些股票在 NE 看来应该是 E 所给股票的代位物,但所有权还是不可能回归给 E。

三、不存在销除请求权

我们的法律也没有规定销除请求权,[36]在根据第 932 条到第 934 条取得的情况下,在非自愿脱手物(第 935 条)情况下,都没有销除权。 35

〔36〕 但是瑞士法律对此承认了销除请求权!《联邦最高法院民事判例集》,第 100 卷,321 页(对此参见霍洛赫文,载《法学教育》,1988 年,157 页)。

例如:E 将珍贵的、古老的家庭首饰送到 NE 处“翻新”。NE 将首饰让与给了 K。E 表示,只要 K 愿意将首饰还给他,他愿意付给 K 他已支付的、可补偿首饰价值的钱。但是他不能强求 K 这样做。

如果 E 的首饰被偷了,那么他就有权从善意的 K 处索回物品(第 935 条),而 K 却不能要求 E 补偿他购买时所支付的货款。

第五节 脱 手 物

一、基本思想

36 根据第 935 条第 1 款,在所有权人或者其占有媒介人非自愿地丧失直接占有的情况下,不能善意取得。所有权人没有将其物品交给别人的事实,使其维持利益(Erhaltungsinteresse)看起来比取得利益更值得受保护。但是,当金钱或无记名证券脱手或物以公开拍卖的形式被出让时(第 935 条第 2 款),所有权人的利益必须让位于权利交易需要之后。

二、脱手

37 法律首先举出了两个“脱手”的具体例子:“被偷——丢失。”通过对这两个概念的分析得出的结论是:有两点很关键,即直接(unmitterbar)占有的丧失和丧失的非自愿性(Unfreiwilligkeit)。所以,只要在物品没有基于直接占有者的意愿而让直接占有者失去占有的情况,物就脱手了。[37]

(一)丧失占有

1. 直接占有丧失的决定性因素

38 起决定作用的是所有权人或占有媒介人(第 935 条第 1 款第 2 句)丧失了直接占有(也包括直接共同占有)。如果所有权人是

〔37〕 马丁·沃尔夫的这个措辞虽然不是很优美,却是恰当的经典表述,沃尔夫/赖泽尔,第 69 章 I 1。

间接占有人,而占有媒介人放弃了占有,那么物并没有脱手。

例子:E 的自行车被偷了。

E 将他的自行车借给了朋友 F。在 F 手中自行车被盗。小偷的买主 K 没有取得所有权(第 935 条)。

相反,如果 F 将车出让给了 K,K 就取得了所有权(第 932 条)。至于 E 这样就失去了间接占有这一点,并没有法律意义。

当物脱离于直接占有人,而对于所有权人来讲,间接占有关系之媒介不存在时,适用第 935 条就有问题:

E 将自行车拿到 R 处修理。R 将车私吞了,并出让给了同谋犯 H(该人由于是恶意,所以没有取得所有权)。在 H 处,车被偷了,小偷将车卖给了善意的 K。

通说〔38〕认可了这种善意取得,好像不大公正。虽然第 935 条第 1 款第 2 句的表述支持这一学说,但考虑到法律的倾向是"在非自愿的占有丧失的情形中排除善意取得",这一表述显得过于狭隘。善意取得的可能性因此被否认。〔39〕

2. 由于占有辅助人的不忠而脱手

另一个非常有实际意义的有争议的问题和占有辅助人的法律地位有关:在占有辅助人私吞了物品,即未经占有人同意自己使用该物或给了别人的情形下,物是否算脱手了? 39

---

〔38〕 参见杜塞尔多夫州高等法院裁判,载《法学者报》,1951 年,269 页;赖泽尔,同上;黑克,255 页;施陶丁格/维甘德,第 935 条,边码 6;韦斯特曼/古尔斯基,Ⅰ第 49 章Ⅰ5。

〔39〕 同样观点参见马丁·沃尔夫的第 9 版教科书(第 69 章Ⅱ2);韦斯特曼,第 5 版,第 49 章Ⅰ5;也请比较布劳姆文,载《法学者报》,1993 年,391 页。

通说[40]对这个问题的回答是肯定的,但其他学说[41]却认为,只有在占有辅助人对外具有可以与占有媒介人相比较的法律地位时,才有善意取得的可能性,应当遵循通说;在确定真实的占有状态时,法律从来都没有依据下述关键点:权利交易中,是否可以根据外观将某人视为直接占有人。根据第 855 条,只有占有主人(Besitzherr)是直接占有人。

例子:E 的收音机专卖店里的售货员 NE 拿了一台袖珍收音机回家,先是自己用,后来又将其卖给了善意的 K。K 没有成为所有权人。

当 NE 是 E 的非独立的旅行代理人并将放映机出让给 K 时,结果并无不同。

但是当涉及《德国商法典》第 54 条到第 56 条的特殊条款时,法律状况就不一样了。在第一个例子里,当 NE 在 E 的商店里违背指示将袖珍收音机出让给 K,根据法定的出让授权(Veräuβerungsvollmacht),K 就获得了所有权。

最后,以下这种情况也存在问题,占有辅助人虽然从店主那里获得了交付物的委托,但在行动中——有意或无意地——违背了指示:旅行"代理人"NE 必须以自己的名义缔结交易,但却不是货物的所有权人,他必须在每一方面都听从 E 的指示。比如,他得到指示,只有支付现金才能让与所有权。但是他将货物的所有权让与了 K,尽管 K 采用了分期付款的形式。我认为,普通的占有交付的权能不能因个案中的错误执行而被取消。[42] K 因此成为了所有权人——当然以善意为前提(另参见上文第五十一章边码 41 的例 5)。

相反,当法人或者无限公司 OHG(两合公司 KG)的机关(Organ)在超出

---

〔40〕 比较,例如《帝国最高法院民事判例集》,第 71 卷,248、252 页;第 106 卷,4、6 页;鲍尔,《针对青年法学者的判例汇编:物权,带有解释性评论的挑选之判决》,第 22 个案例;施瓦布/普律廷,第 9 章 V;韦斯特曼/古尔斯基,第 1 卷,第 49 章 I 6,有进一步论证。

〔41〕 例如泽格尔/米尔,第 935 条,边码 2;施梅尔茨艾森文,载《民法实务档案》,第 136 卷,149 页;韦斯特曼,前一版,第 49 章 I 6;施陶丁格/维甘德,第 935 条,边码 14。

〔42〕《德国民法典》第 185 条第 1 款不能适用,因为 NE 超越了授权范围。

他们经理权和代理权的情况下交出占有，第 935 条却不适用；因为机关实际上是为法人行使对物的实际支配（参见上文第七章边码 70、80）。

3.（虚拟的）继承人占有的丧失

根据第 857 条，即使继承人还未行使或者还不能行使对物的实际权利，被继承人的直接占有也转移给了继承人。如果有人将遗产中的一件物品出让了，当继承人根据第 857 条成为直接占有者的时候，该物就是脱手物。只有当出让人作为表见继承人（Scheinerben）获得了继承证书（Erbschein）时，所有权取得才有可能（第 2366 条）： 40

被继承人 E 在 1977 年的遗嘱中把他的儿子 S 指定为唯一的继承人。1980 年他去世了，S 将一批珍贵的古老铜版画让与给了 K，而他却没有出示继承证书（Erbschein）。1982 年发现了 1979 年的一个遗嘱，在这份遗嘱中——由于 E 和 S 闹翻了——他将侄子 N 指定为了唯一的遗产继承人，这样 1977 年的遗嘱就被撤销了（第 2258 条）。N 从头至尾是全部遗产的所有权人，也成为这批收藏的直接占有者。K 没有成为所有权人，因为对于 N 而言，物是非自愿脱手物（第 857 条、第 935 条）。[43] 在此，S 是否是作为继承人出现的，是无关紧要的。反过来，如果 S 获得并出示了继承证书，那么 K 就可以获得收藏物的所有权，无论 S 是否是以继承人身份出现的，也无论他在第一种情况中是否向 K 出示过继承证书（不同观点参见帕侯迪（Parodi）文，载《民法实务档案》，第 185 卷，365 页），都是如此。

（二）脱手情况下的意思因素

占有丧失必须是非自愿的，物必须是在没有（并不需要达到 41

---

〔43〕 对于这个问题，即临时继承人的处分是否能被对待处理，参见基普/科英，第 90 章，评释 8；朗格/库兴克，第 5 章 Ⅲ 4；埃尔曼/施吕特，第 1953 条，边码 2；莱波尔德，《慕尼黑德国民法典评注》，第 1953 条，边码 4（有进一步论证）。

违背的程度）直接占有人意思的情况下而脱离占有的。即使此处涉及的是所谓的“事实上的”，而非“法律行为上的”意思，对此确信还是有无法排除的疑问，这些疑问主要关系到无行为能力、意思瑕疵和主权措施的影响。

1. 在无行为能力的情形下的脱手

42 通常的说法是，无行为能力人占有交出（Besitzweggabe）构成了脱手，而限制行为能力人的占有交出则不构成。这可能是一种确定规则（Faustregel），但现在也不这么说了。要能够正确地解释占有交出的意义，起决定性作用的就是这种行为能力。[44]

脱手的情形：一个5岁的儿童将儿童自行车“送”给了陌生人——一个精神病人出让一件珍贵的家庭首饰。

非脱手的情形：一个处于合意保留照管状况下的人未经照管人的允许，而将钱包“送给”了人。——一个17岁少年送给他的新娘一枚戒指，这枚戒指是他的父母以出借的方式放在他那里的（注意：这里仅涉及的问题是：脱手与否，而不是这种所有权让与是否有效！）。

2. 意思瑕疵情况下的脱手

43 意思瑕疵的影响是很有争议的。可以肯定的是，撇开第854条第2款的情况不算，关键并不在于撤销和它的效力，因为占有交出不是意思表示，而且也不能等同于意思表示。但如果联邦最高法院（《联邦最高法院民事判例集》，第4卷，10、34页及其以下）仅在不可抗拒的身体力量或相同的精神强迫的情况下才承认存在脱手，我们就不能予以遵循了；因为撇开——正如联邦最高法院自己所说的——取走和强迫交出之间的界限并不总是容易划分不

〔44〕 对于这一问题特别参见许布纳，同上（参考文献提示），116页；弗卢梅，Ⅱ第13章，11d；泽格尔/米尔，第935条，边码2；韦斯特曼/古尔斯基，第49章Ⅰ3；慕尼黑州高等法院裁判，载《新法学周刊》，1991年，2571页。

算，根据赫克[45]的观点，在胁迫情形下的交出一直被认为构成脱手；但——如第123条所要求的——直接占有者在胁迫的情形下、违法地被强迫放弃占有，那么占有者对这种强迫的状态是有认识的（与错误和恶意欺诈相对）；因此就不存在自由的意思决定（Willensbestimmung）。

所有权人不得不交出价值连城的首饰，是在手枪的威逼下，还是由于被威胁要点燃他的房屋，还是由于被威胁告发其犯罪行为，都应是无关紧要的。

3. 主权行为情况下的脱离

国家的主权行为的影响也是有疑问的。这里要区分的情况是： 44

（1）如果国家的主权行为是依法进行的，那就不存在脱手的情况，相关人是（主动）将物交出还是物被取走的，无关紧要。

法院执达员根据判决扣押了属于债务人的物，将它出让给了K，并自己保有了所得收益。

行政机关根据《联邦征收征用补偿法》将所有权人的机动车取走"用益"。如果他们把车出让给了K，K就成为了所有权人。如果是机关中的一个职员贪污了车，并将其出让给了K，那么第932条的保护就不起作用了，因为车对于机关来说是脱手物。至于机关也许没有为所有权人媒介间接占有这一点，并不能改变什么（参见上文边码38）。

（2）如果主权行为是违反法律的，并因此可以在行政法院被撤销，那么这种行为直到被废止（Aufhebung）之前都应被视为是有效的行政行为。因此，机关基于这样一种行政行为的占有理由首先是合法的，应不存在脱手的情况。[46]

---

[45] 第60章5；跟随他的观点还有，韦斯特曼/古尔斯基，第49章Ⅰ3。

[46] 该问题相当有争议，只比较《联邦最高法院民事判例集》，第4卷，10页以下，与帕兰特/巴森格，第935条，边码3有进一步论证。

（3）相反，如果行政行为无效（参见《行政程序法》（VwVfG）第43、44条[47]），那么就出现了脱离的情形；干预人缺乏公法上的权能。[48]相应地，对于所谓的“非管理行为”（Nichtverwaltungsakte）也是这样。[49] 在此，是机关基于一个这样的行政行为取走了物，还是直接占有人将物交给了它，都是无关紧要的。

县长办公室（Landratsamt）从事工商管理法调研（gewerberechtlichen Fragen）的职员NE为自己搞到了一张根据《联邦征收征用补偿法》没收私人轿车的表格，假造了县长的签名，而且趁没人注意盖了公章。他前往村里找到了农厂主E，“没收了”他的私人轿车，并将车出让给了K。这里是所谓的非管理行为。私人轿车是脱手物；在这里，是NE将轿车取走的，还是E把车交出来的，并无区别。[50]

4. 有负担的客体脱手的情况

45 原则上要看直接占有人的意愿。但如果所有权人对从直接占有者处取走物是同意的，或是自己拿走的，那么物只是对于占有者来说是脱手的，显而易见——对于所有权人并没有脱手。当占有人对占有享有限制物权的时候，[51]这种区分还是很有意义的；这种权利对于善意取得者来说也继续有效：

E将首饰出质给他的债权人G。后来X在E的鼓动下或者E自己偷偷地从G处将首饰取回来，并将首饰出让给了K，而K对这一过程一无所知。这里K虽然成为了所有权人，但是G的质权并没有消失（参见下文边码51

[47] 对此参见毛雷尔，第10章边码31以下——有例子说明。

[48] 参见施陶丁格/维甘德，第935条，边码17；比较帕兰特/巴森格，第935条，边码3；其他观点参见夸克，《慕尼黑德国民法典评注》，第935条，边码14。

[49] 一般的意见参见夸克，《慕尼黑德国民法典评注》，同上；概念请见科普，《行政程序法》，第43章边码22、28、29。

[50] 同此的意见，如韦斯特曼/古尔斯基，第1卷，第49章4。

[51] 在《德国民法典》第936条的意义上，所有权保留下买受人的期待权也属于这类（参见下文边码54与第五十九章边码46）。

及其以下）。

三、脱手的后果

脱手阻止了善意取得，并且这一瑕疵一直附随于物，这样以后所有的取得人都不能取得所有权，除非存在时效取得的前提或者物是通过公开拍卖的方式被出让的（例如慕尼黑州高等法院裁判，载《新法学周刊》，1987 年，1830 页）。 46

现在，时效取得制度的意义在于：对脱手物的所有权原始取得（参见第五十三章边码 86）。

四、例外的例外：货币——无记名证券——拍卖取得

（一）尽管有脱手的情况还是能够善意取得

在这些情形下（第 935 条第 2 款），法律又重新回到关于善意取得的一般规定上来。也就是说，忽略了脱手这一关键点。但必须要有取得人的善意和第 932 条到第 934 条中所列举的各种所有权让与的构成要件之一。 47

但是初学者太容易忽略这一点了！我们绝不可能对被盗的货币等“无条件地”获得所有权。

经验表明，强调第 935 条第 2 款和假钞的取得没有关系这一点并不多余：取得假钞的人会成为假钞的所有权人。因为假钞不是货币，所以不考虑善意因素，它也不会获得货币的特性。相反，对于“真”币来说，它是在已合法流通后被让与给善意之人，还是在银行的地下室被偷后又被让与给善意之人，都是没有关系的（普罗斯特（Prost）文，载《法学者报》，1969 年，786 页；曼（Mann）文，载《法学者报》，1970 年，212 页（参照第 794 条）；弗根（Fögen）文，《金钱与货币法》，1969 年，22 页（受限的））。其他参见埃贝尔（H. Ebel）文，载《法学者报》，1983 年，175 页。

（二）货币和无记名证券

48 “货币”应被理解为包括本国货币和外国货币。无记名证券包括无记名债券（第793条及其以下）、无记名股票（《股份法》第10条）、无记名的股份凭证（Inhaberinvestmentanteilscheine）、无记名票证（第807条），但指示证券（试比较《德国商法典》第365条、《票据法》第16条第2款、《支票法》第21条）和基于第808条的权利证书（Legitimationspapiere）却不包括在内。

例如：E丢了车票（第807条），拾得者NE将车票卖给了K。K就成为了所有权人。

NE偷了E的存折（第808条），并将其出让给了K。那么这里的K就不能成为所有权人，因为存折的所有权是和债权人的地位密不可分的（第952条）。但银行是否能够有效地对K付款是另一个问题；对这一问题的回答是肯定的（第808条）。[52] 但是K必须将取出的钱如数奉还给E（第816条第2款）。

E是空白背书（即没有指明被背书人）的汇票（《票据法》第13条第2款）的持有者。汇票被偷了。NE将其出让给了善意的K。K就成为了证券的所有权人和汇票债权的债权人（《汇票法》第16条第2款）。

（三）拍卖

49 这里也存在一些易引起误解的情形：法律在第383条第3款中指明了“公开拍卖”（öffentliche Versteigerung）的法定定义，它指的是在民法框架内的拍卖。由此得出的结果是：

（1）在第383条第3款规定的公开拍卖中涉及的是法律行为上的取得，竞拍得主（Ersteigerer）必须是善意的。

（2）如果公开拍卖是在强制执行的框架内进行的，也就是根

---

〔52〕 银行明知无权人其他情况（参见策尔纳，《有价证券法》，第28章Ⅲ 2 a）。此外参见第五十三章边码38、39。

据《德国民事诉讼法》(《德国民事诉讼法》第 814 条以下)的规定进行时,原来的竞拍得主通过国家的主权行为原始地获得了所有权;他能否取得并不取决于善意(《帝国最高法院民事判例集》,第156 卷,395、398 页)。[53]

例子(这些例子表明,这里可以出现不同的拍卖方式):[54]

①NE 将从 E 处偷来的一车桔子卖给了 D。当 D 拒绝取货时,NE 让人根据第 383 条(连同《德国商法典》第 372 条第 1 句和第 373 条第 2 款)将货拍卖。K——对桔子的来历一无所知——竞拍成功。他就成为了所有权人(第935 条第 2 款)。

②以同样的事实情况为出发点,桔子在 NE 处被其债权人 G 扣押。在拍卖中 K 通过法院的执达员(《德国民事诉讼法》第 817 条)取得了桔子:无需考虑其善意的所有权取得。

③NE 将从 E 处偷来的一串珍珠质押给了他的债权人 G。G 没有获得质权(第 1207 条和第 935 条)。如果 G 让人将这串珍珠拍卖,那么竞拍得主 K就成为了所有权人。但不是根据第 935 条第 2 款,而是根据第 1244 条;因为G 不是作为所谓的所有权人,而是以所谓的扣押债权人的身份进行拍卖的。就质权而言,K 必须是善意的。

④NE 在邮局拾到一把手杖伞。根据第 979 条到第 982 条,邮局将雨伞作为“拾到物”进行了拍卖。竞拍得主根本不可能是善意的,因为他知道这是一把遗失的伞;但这里他也不需要这种善意。因为在这种法律允许的拍卖中存在法定授权。

---

〔53〕 详细论述,参见鲍尔/施蒂尔纳,《特别强制执行法》,第 1 卷,边码 29.3 以下。

〔54〕 对于任意拍卖(例如拍卖绘画)参见冯·霍伊宁根—许纳文,载《新法学周刊》,1973 年,1473 页。这里也可能发生善意取得脱手物,联邦最高法院裁判,载《新法学周刊》,1990 年,899 页。

(四)附加讨论:根据《德国民事诉讼法》第898条的善意取得

50 如果出让人[55](非所有权人)被确定地判决,将一动产的所有权让与他人,并且为了将该动产交付给买主,法院执达员将这一动产取走了(《德国民事诉讼法》第897条),在买主是善意时,买主就成为了所有权人;因为判决和法院执达员的取走,在此处代替了法律行为上的物权合意表示和出让人的交付行为。买主必须是善意的,而不是法院执达员必须是善意的(《帝国最高法院民事判例集》,第90卷,92、198页)。

第六节　没有负担的取得

一、基本思想

51 第936条使得动产的无负担取得成为可能。如果一个善意取得人虽然拥有了物的所有权,但物又可以被一个限制物权人收取,那对于善意取得人而言通常是得不到多少益处的。在动产情况下,就这些限制物权可以是用益权和质权。

E将他的表质押给了债权人G。G将表送到R处修理。R又将表出让给了善意的K。G将表交付给R的行为并未使其丧失质权(第1253条)。但K获得了无负担的所有权。若G的质权还存在,K就不得不将表交还给G以实现对质物的变价(第1227条)。

二、第936条的前提

(一)所有权的取得

52 取得人必定获得所有权,在这里,依据第932条以下各条,他

---

〔55〕 或者对其他人有请求交付该物的请求权。

是从所有权人手中取得,还是从非所有权人手中获得,都是无关紧要的。

在上面的例子中,K 根据第 932 条获得了所有权,而且根据第 936 条(该所有权)是无负担的。如果物是脱手的,那么所有权的取得因为第 935 条的规定而失败,那么也就无需考虑无负担的取得了。因为第 936 条第 1 款第 1 句规定的是:"……伴随所有权的取得"。

(二)基于第 932 条以下各条的占有状态

根据第 932 条到第 934 条(第 936 条第 1 款第 2、3 句),取得人必须同从无权人处取得一样的占有地位(Besitzposition)。而且,当所有权来自于有权人处时,也是如此。

例子(出租人质权):E 作为租户住在 V 处。他欠了几个月的租金。他将自己的一个立钟卖给了 K,并转移了所有权,但他和 K 商定,继续把钟留在手里 3 个月。K 立即获得了所有权(第 930 条),但只有当 E 将立钟交付给他,而且他也是善意的时,所有权才是无负担的(第 936 条第 1 款第 3 句连同第 933 条)。

(三)和无负担相关的善意

在无负担方面,取得人必须是善意的(第 936 条第 2 款)。如果他已经知道物上存有负担或由于重大过失而不知道,他就不是善意的。在程序上,善意首先是被推定的;根据各种情形可以对这种推定进行异议。如果一个人在租户的房间里取得了物,通常会被认定为恶意——如同联邦最高法院裁判,载《新法学周刊》,1972 年,43 页,通说也是如此——是不合适的;怀疑每一个租户都不按时交租金是没有道理的。相反的观点认为,必须完全以第 560 条的前提为准绳。

关于对银行家的善意的排除,请参见《德国商法典》第367 条!

(四)并非脱手的情况

对于物权人而言,物不得是脱手的(第935条的相应适用!)。

第935条在这里扮演着双重角色:如果物对于所有权人而言是脱手的,那就不会有所有权取得的可能,也就不会有无负担的取得(参见上文边码52)。——虽然物对于所有权人来讲不是脱手的,但对限制物权人而言可能是脱手的,那么在这种情况下,取得人虽然获得了所有权,但不是无负担的。

E将其货车放到R处修理。他因为没有付账而担心R主张承揽人质权(Werkunternehmerpfandrecht)(第647条),就将车偷偷取走并出让给了K。K就成为了所有权人,但R的质权继续有效。

(五)根据第931条的出让的例外

53 即使根据第931条进行了让与,并且物权人占有了物,限制物权仍没有消灭;在这里,该占有的权利外观向取得人表明了限制物权存在的可能性(第936条第3款)。

例子:E在搬走之前必须将打字机留给房东V,因为他没有付房租。如果他根据第931条将写字台出让给了K,那么V的出租人质权依然存在于其上。当E将其放在R处修理的货车卖给K,并根据第931条进行了所有权让与时,情况也是如此。[56]

三、特殊情形

54 (1)《德国商法典》第366条(对于处分权的善意)在这里也可以适用(《德国商法典》第366条第2款)。

(2)第936条——除了用益权之外——还包括各种形式的质权,合同上的或法定的以及扣押质权。

---

〔56〕 对于这个问题,即《德国民法典》第936条是否也能适用于进行占有的所有权人,参见韦斯特曼/古尔斯基,第1卷,第50章3。

例如：G根据他享有的债权，通过法院执达员在S处扣押了一台音箱；法院执达员在给扣押物贴上封条以后，将其留在了S处（《德国民事诉讼法》第808条第2款第2句），S取下了封条（侵害查封，《德国刑法典》第136条），并将音箱出让给了善意的K。K就获得了没有负担的所有权（《帝国最高法院民事判例集》，第161卷，109、119、120页）。

（3）此外，第936条第3款可以被准用于保护基于附（延缓或解除）条件的所有权让与而产生的期待权。 55

参见下文第五十九章边码3和边码46；此外夸克，《慕尼黑德国民法典评注》，第936条，边码5；维甘德，《施陶丁格德国民法典评注》，第936条，边码2、边码16；梅迪库斯，边码462；无区别的，泽格尔/米尔，《德国民法典评注》，第936条，边码3；帕兰特/巴森格，第936条，边码1。

（4）如果让与物属于不动产担保物权（Grundpfandrecht）的责任范围，那么就要适用第1120条到第1122条的特别规定（此处参见上文第三十九章边码28及其以下和边码40及其以下）。

概览表21 动产情况下的所有权取得

取得方式:物权合意(E.)+交付		物权合意(E.)+简易交付(brevi manu traditio)	物权合意(E.)+占有改定	物权合意(E.)+返还请求权的让与
I.从有权人处取得	是 (第929条第1句)	是 (第929条第2句)	是 (第930条)	是 (第931条)
II.1.从无权人处的取得	是 (第932条第1款)	是 (第932条第1款)	否 (第933条) 迟后取得占有	否 (第929条第1句) 除非是: (a)根据第868条让与请求权或 (b)迟后才取得占有
2.在非自愿脱离等情况下从无权人处取得 (a)动产((b)的情况除外) (b)货币、无记名证券(第935条第2款)	否 是(同II.1)	否 是(同II.1)	否 否(同II.1)	否 否(同II.1)

第五十三章　不同于依法律行为所有权取得的原因

概　　要

与“原来的”（originärer）或“原始的”（ursprünglicher）所有权取得（Eigentumserwerb）这一关键词联系在一起的事实类型群，只是在一个消极的要素方面是共同的，即在这里，所有权的取得，并非建立在前手权利人以及权利继受人依法律行为的意思（Willen）的基础上，而是直接建立在法律的基础上。但在这里促使立法者不顾参与人的意思而强令所有权取得的原因是多种多样的，并不能确定一个基本准则。 1

(1)人们可以用不可分（Untrennbarkeit）这一关键词来标记第一种法定取得事实。附合（Verbindung《德国民法典》第947条以下）与混合（Vermischung《德国民法典》第948条）都属于该类。其特征为，一人的所有权并入他人的所有权或二者的共有权（Miteigentum）之中，因为对原来所有权的标的物之确定，根本是不可能的：

E 将 50 吨小麦存放在粮仓中,在粮仓中已经存有归另一个所有权人所有的 100 吨小麦。

或者

因为分离虽然还是可能的,但经济上很可能是没有意义的,从而为法律所禁止。

比如,为了实现在砌墙方石上的所有权而拆毁房屋。

所以,换句话说,这里所得出的结论的根据是物的成分属性(Bestandteilseigenschaft)(参见下文边码 3 及其以下)。

当然一个人在这里所遭受的权利丧失,无论以何种方式都必须得到补偿。可以通过规定迄今所有权人在共同物(物之存量 Sachbestand)上共有的方式,进行物权性补偿(Ausgleich);补偿也可以建立在合同性合意的基础上,但最终还是建立在不当得利法的基础上(参见下文边码 23 及其以下)。

(2)与刚才提到的事实构成类似的是*加工*(Verarbeitung)的事实构成(《德国民法典》第 950 条)。只不过这里涉及的不是多个物的所有权人之间的利益冲突,而是物的所有权人与通过*劳作*(Arbeitsleistung 在最广的意义上理解)对物进行改造、加工的那个人之间的利益冲突。在这里,应该是物的所有权人,还是加工人具有优先性呢? 这个问题将在边码 13 及其以下得到回答。

木匠将他人的木材以及五金加工成一个新的书桌。一个画家在饭店的菜单上素描了旁边桌子引人注目的绅士们的面部。

即使法律在《德国民法典》第 950 条中使加工人在物权上具有了优先性,但这也不意味着,无补偿(entschädigungslos)地忽视材料所有权人的利益。这里必须给予一个补偿,其基础既可能是合同法,也可能是不当得利返还法(参见下文边码 23 及其以下)。

(3)一个物与一个权利,特别是债权的附合,与物的附合之问题存在着某种关联。关键词:债权证书上的所有权(参见下文边码 37 及其以下)。

(4)基于物的分离(Sachtrennung),产生了一个与目前的事实构成相反的问题:

"苹果落了"——它属于谁?

答案显得很简单:属于母物(Muttersache)的所有权人。但问题是不能一直被这么简单地解决的。因为物的用益权与物的所有权经常是分离的,就比如,所有权人将土地以用益出租方式出租,或在其上已经设定了用益权。应当将果实的所有权归物的所有权人所有,或者归用益权人所有,还是或许归一个善意地将不是所有权人的人视为所有权人的占有人所有呢?这个问题会在下文边码 45 及以下予以研究(比较《德国民法典》第 953 条到第 957 条)。

(5)在关键词"物的附合"——"物的加工"——"物的分离"之下,到目前为止出现的类型群显现出一定的"亲属"关系。该关系并没有包含下一个类型,即位于关键词先占(Aneignung)之下的类型:某些物生来就是无主的,例如在露天猎区里的动物,或者某些物通过所有权人(的行为)而变为无主的(占有的抛弃(Derelik-tion)、抛弃(Aufgabe):《德国民法典》第 959 条)。谁可以先占这些无主物呢?每个人(《德国民法典》第 958 条),还是特定的先占权人(例如狩猎权人)?对此参见边码 67 及以下。

(6)一定程度上与此类似的是拾得人的所有权取得(Eigen-tumserwerb des Finders)。虽然遗失物不是无主的,拾得人也不可以保有它,而是必须将之交出来。但是当遗失人缄默时,那么拾得人取得——作为准先占权人(quasi als Aneignungsberechtigter)——该所有权(《德国民法典》第 973 条及以下;参见下文边码 77 及以下)。

概览表 22　原始所有权取得原因(并非完全的概览表)

	土地附合(Grundstücksverbindung)(《德国民法典》第 946 条)	动产附合(Fahrnis – verbindung)(《德国民法典》第 947 条)	混合(Vermischung)(《德国民法典》第 948 条)	加工(Verarbeitung)(《德国民法典》第 950 条)	孳息之取得(Fruchterwerb)(《德国民法典》第 953 条到第 957 条)
内在理由 ratio	分离不可能或不经济	同左	同左	制造成果的估价增加	确定物上之收益的所有权之必要性。决定性的:用益之接近(Nutzungsnähe)
事实构成	动产与土地的附合	动产相互附合	动产的混合	加工成新物	孳息物从"母物"中分离出来
基本法律效果	土地所有权人的所有权取得(《德国民法典》第 946 条)	(a)多个迄今为止的单独所有权人的共有,或者 (b)主物所有权人的单独所有权(《德国民法典》第 947 条)	(a)多个迄今为止的单独所有权人的共有,或者 (b)多数存量的所有权人的单独所有权(《德国民法典》第 948 条)	制造人的所有权(《德国民法典》第 950 条),只要该制造人不是为他人(例如为了在延长的所有权保留的情况下的保留出卖人)制造的	(a)债务性使用权人的所有权取得(《德国民法典》第 956 条) (b)物权性使用权人的所有权取得(《德国民法典》第 954 条) (c)母物所有权人的所有权取得

续表

	土地附合（Grundstücks－verbindung）（《德国民法典》第946条）	动产附合（Fahrnis－verbindung）（《德国民法典》第947条）	混合（Vermischung）（《德国民法典》第948条）	加工（Verarbeitung）（《德国民法典》第950条）	孳息之取得（Fruchterwerb）（《德国民法典》第953条到第957条）
次法律后果	不当得利返还请求权（Kondiktion）（《德国民法典》第951条对迄今为止动产所有权人所遭受的权利丧失用金钱加以补偿。《德国民法典》第951条是法律基础指引条款，即指向了《德国民法典》第812条）	同左	同左	同左	—

（7）对所付出的所有权辅助给予报酬的思想，对拾得人所有权取得起了一定的作用；虽然很少会出现，但的确在这里显露出持久思想（Beharrungsgedanke）。这一思想在时效取得（Ersitzung《德国民法典》第937条至第945条）中完全处于中心地位：谁经过很长时间善意地认为自己为所有权人，就应当根据法律成为所有权人（参见下文边码85以下）。 2

第一节　附合与混合

参考文献提示：参见第三章A I.评注1；托比亚斯（Tobias），《通过附合的所有权取得》，载《民事实务档案》，第194卷，371页；另参见，马丁·沃尔夫（Martin Wolff），《他人土地上的建筑》，1990年；威灵（Wieling）文，载《法律者报》，1985年，5页及其以下。

请先阅读第三章边码6以下。

3 这里要讨论的事实构成——如同我们讲过的——的特征为不可分性。详细来讲可以区分为如下类型:

1. 动产与土地的附合(关键词:土地附合(Grundstücksverbindung),《德国民法典》第946条,参见下文边码4及其以下)。

2. 一个动产与另一个动产的附合(关键词:动产附合(Fahrnisverbindung),《德国民法典》第947条,参见下文边码8及其以下)。

3. (流体)的混合(Vermischung)与(固体动产)之混合(Vermengung)(关键词:混合,《德国民法典》第948条,参见下文边码11及下一页)。

一、土地附合

(一)重要成分——表见成分

4 动产作为土地的重要成分而附合在土地之上,导致的是所有权以及其上限定物权(die beschränkten dinglichen Rechte)的丧失(《德国民法典》第946条、第949条)。

关于"重要成分"(Wesentlicher Bestandteil)这一概念,法律将之规定在《德国民法典》第93条到第96条。只有一个动产在该规定的意义上成为了重要成分的时候,才会有土地所有权人原始的权利取得以及动产所有权人因此而遭受的权利丧失。即使将在法律上保障土地经济一体性(die wirtschaftliche Einheit)的思想全部地贯彻在该规则中,该原则也不是没有例外地适用的,而是在法律规范的个别构建中存有例外(参见上文第三章边码6及其以下)。

当用益权人(Nieβbraucher)在土地上建起一座房屋时,因此就形成了经济上的整体;尽管如此,该房屋并不成为土地的重要成分(《德国民法典》第

95 条第 1 款第 2 句)；它继续保持为“动产”，因此，比如说，其所有权应根据《德国民法典》第 929 条以下被转让。

这同样适用于下列情况，即承租人或用益承租人(Pächter)处于临时性的目的——诸如在承租期间内——在交付给他的土地上建筑房屋(《德国民法典》第 95 条第 1 款第 1 句)，或者将属于他所有的物出于同样的目的放入属于(土地)所有权人的房屋内。

例子(依据《联邦最高法院民事判例集》第 23 卷 27 页)：P 在 E 的土地上作为用益承租人建了一座木屋。在租赁期间届满后，他就搬出去了，但他的家人仍住在那儿。K 从 E 那儿取得了土地的所有权，现在 K 认为，他已经成为了木屋的所有权人。

该木屋的所有权首先属于 P；因为它是按照可认知的意思、仅为用益租赁期间内而被建造的(《德国民法典》第 95 条第 1 款第 1 句)。问题是，该房屋是否在 P 与 E 的租赁关系终止的那一时间点已经成为土地的重要成分。如果人们给予肯定回答的话，那么 E 就已成为木屋的所有权人，并且已将木屋的所有权一起与土地转让给了 K。可联邦最高法院却认为，建立在《德国民法典》第 95 条第 1 款第 1 句基础之上的成分性质(Bestandteilseigenschaft)的排除并不伴随着附合的初始目的(这里是指伴随用益租赁关系)的终结而终结。相反，P 仍为所有权人。假如 E 要成为所有权人，那么 P 就必须根据《德国民法典》第 929 条将所有权转让给 E。(另外，K 并不可以引用《德国民法典》第 892 条为根据，因为《德国民法典》第 892 条并未说明，一个外在呈现为重要成分的房屋上是否在实际上也就是重要成分！)。

其他例子参见《联邦最高法院民事判例集》，第 8 卷，1 页；林德迈尔/莫林编，《联邦最高法院参考书》(BGH LM)，《德国民法典》第 95 条，边码 5 以及 泽格尔/米尔(Mühl)，第 946 条，边码 6。

(二)强制性的法律后果

谁进行了附合，以何种方式进行附合，对土地所有权人的所有权取得来讲，都是无关紧要的，行为人是否是正当的，或者行为人是以何种意思方向(Willensrichtung)进行活动的，也是无关紧要的。即使参与人意思一致也不能排除《德国民法典》第 946 条与 5

第949条的法律后果,即它们是强制法(zwingendes Recht)。

新闻上有一则消息,一个建筑工人在自己的土地上用完全是偷来的材料建造了一座房子。这个"能干"的男人成了房屋的所有权人。另外,如果据在新闻消息中进一步所说的:受害人们现在开始着手拆卸该房屋,比如将屋盖揭下来,那么他们做的就不对了。虽然他们当然有损害赔偿请求权(《德国民法典》第923条、第249条、第251条),但是他们不再是物的所有权人,从而也就没有了自力救济权。[1] 他们也不可以任意地取走那些被交付的、所有权保留之下的、尚没有被建造入房屋的物。[2]

6 《德国民法典》第946条与第949条的强制性首要的当然是建筑材料供应人与建筑承造人的眼中钉(ein Dorn im Auge);因为这些规定,于被交送的、所有权保留之下的物之分离在技术上是十分容易、可能的情况下,也阻碍了所有权保留的持续进行(例如洗手盆被拆卸下来,房盖被揭开,电梯被拆卸下来)。所有权保留随着砌入以及嵌入而消灭。《德国民法典》第648条(规定)的建筑承造人抵押权(Bauhandwerkerhypothek)也很少奏效,因为在大部分情况下,产生建造人抵押权时,土地上一直到烟筒的部分都负担了建筑贷款抵押权了(Baugeldhypothek)。这促使了立法者创立了对建筑承造人担保的新规则。根据(通过1993年4月27日法律)被新添加的第648a条,在建筑定作人(Werkbesteller)拒绝向建筑承造人提供相等于预计的报酬请求权(Vergütungsanspruch)数额的担保时,建筑承造人享有拒绝履行权。"新设"的第648a条好处在于:其一,提供担保(Sicherheitsleistung)的请求权(不同于基于第648条的请求权)不是在开始建筑后才存在的,而且它不可以附加条件;其二,现在通过该担保(不一定是物上担保),定作人(其自身常常并不是土地所有权人)的融资也服务于担保。这里有意义的首要的应是为该

---

〔1〕 按照第951条第2款第2句的取走权也只能通过法院来实现(第258条第2句)。

〔2〕 对此参见皮珀(Pieper),《在担保物自力取回情况下的占有权与损害赔偿》,载《茨魏布吕肯州上诉法院(德国)诞生150周年庆祝文集》,1969年,231页及其以下。

计划提供资金的银行的支出保障(Auszahlungs-garantie)。[3] 对于建筑材料供应人根本不适用《德国民法典》第648条。他们也可能"通过受让一部分承建企业对起造人的债权的方式"来获得担保(比较《联邦最高法院民事判例集》,第26卷,178页),如果事先该债权已经被让与给他人(例如该企业的银行),那么这就不起作用了。[4]

对于地上权(Erbbaurecht)适用特别规定(建筑物是地上权的重要成分,而不是土地的重要成分,参见上文第二十九章边码28及其以下),对于越界建筑(Überbau)时的法律关系也适用特别规定(在允许的越界建筑情况下,超过边界建造的建筑物部分是那块土地的重要成分,即超出该土地而产生的越界建筑,参见上文第二十五章边码13)。 7

二、动产附合

(一)法律规则

如果(多个)动产附合为统一的物,而且是该物的重要成分的话,那么首先要说明的是,迄今的物的所有权人们就丧失了他们的所有权(《德国民法典》第93条)。 8

但谁是新的统一物的所有权人,则不能被同样绝对清晰地规定:

(1)如果多个物中的一个物被视为主物(Hauptsache),那么该主物的所有权人在全部物上取得单独所有权(《德国民法典》第947条第2款)。

如果在他的所有权上存有限定物权的话,那么它们现在就延伸到该统一物之上(《德国民法典》第949条第3句)。而在其余物上设立的限定物权则

---

〔3〕 参见帕兰特/托马斯(Thomas),第648a条,边码1;斯拉普内卡/维格尔曼(Slapnicar/Wiegelmann),《对于建筑承造人的新担保》,载《新法学周刊》,1993年,2093页;古特布罗德(Gutbrod),《企业》(DB),1993年,1959页。

〔4〕 1909年6月1日的《关于建筑债权的担保法》(《帝国法律公报》,49页)并没有获得实际意义。

消灭了(《德国民法典》第949条第1句)。

(2)如果多个物中没有具有主物性质的物,那么就产生了迄今的物的所有权人们的共有(《德国民法典》第947条第1款前半句)。共有份额的多少按照这些物在附合时的价值比例来确定(《德国民法典》第947条第1款后半句)。

在迄今为止独立物上存在的限定物权继续存在于共有份额上(《德国民法典》第949条第2句)。

该——枯燥——的法律状况描述并没有让人知晓隐藏在其中的问题。在实践中,再次涉及担保权,特别是所有权保留的持续甚或消灭。

E在保留所有权的情况下,将发动机送交给摩托车制造商F;F将它们装入摩托车中。F破产了。200台摩托车尚在仓库中。E要求将发动机作为他的所有物而取回。

(二)重要成分——主物

9 法律上的难点明显地就存在于“统一物的重要成分”(wesentliche Bestandteile einer einheitlichen Sache)这一概念之中,此外——如果人们在具体案例中肯定了该前提的话——也存在于“主物”这一概念之中。

所有权保留出卖人首先要为否定“统一物的重要成分”这一特征而斗争。因为那样一来他们就保有了其所有权(如果人们预见到了《德国民法典》第950条的问题的话)。但如果该特征被肯定的话,那么就要继续进行为“主物”这一概念的斗争;因为如果他们最后以胜利告终的话,那么他们至少是共有人!

对该问题的决断之所以经常是十分困难的，是因为批量制造使任意更换整体物（Gesamtsache）的部分成为可能，另外也因为确定一个物为主物并不总是很容易的。

在发动机于很短时间内可以被另一个所代替的情况下，发动机是载重汽车的重要成分吗？载重汽车的轮胎（是重要成分吗）？

就一辆载重汽车来讲，什么是“主物呢”？发动机？汽车底盘？

判例并不统一；[5]但趋势是，否定作为重要成分的性质，[6]或者不考虑主物（在《德国民法典》第947条第2款的意义上）的确定，从而肯定配件供应人的共有权：

（1）在这里，判例的观点是，人们必须严格地坚持《德国民法典》第93条的原文，即这不取决于分离之后的统一物的命运，而只取决于有争议的（迄今的）单个物。

所以，在成批制造的载重车发动机情况下，重要成分的性质已经被否定了（《联邦最高法院民事判例集》，第18卷，226页；第61卷，80页），但在被登记入船舶登记簿中的船舶的发动机之情况却被肯定了（《联邦最高法院民事判例集》，第26卷，225页；原因：船舶与土地的地位相同；但是注意《德国民法典》，第94条第2款！）。[7]

（2）多个附合物中的一个此后是否被视为主物，而且是哪一个，由交易观念（Verkehrsauffassung）来决定。在这里，根据判例，

---

〔5〕 参见泽格尔/米尔，第93条边码8及其以下，以及第947条边码3、4那里的汇编；泽里克，《作为借贷担保工具的附合条款》，载《企业顾问》，1973年，1045页。

〔6〕 参见科隆州高等上诉法院裁判，载《新法学周刊》，1991年，2570页；《经济法判决》（EWiR），1992年，379页。

〔7〕 对此参见格劳厄（Graue）文，载《企业顾问》，1959年，1282页。

其取决于其他成分是否在不损害物的本质的前提下可以缺少（《联邦最高法院民事判例集》，第20卷，159、163页；育尔根·鲍尔，《针对青年法学者的判例汇编：物权，带有解释性评论的挑选之判决》，第28个案例，在下述的提示下：《德国英占区最高法院判例集》（OGHZ），第2卷，389页；第3卷，348页）。

这个没有深思熟虑的表述，实际上只在涉及用来装饰的附属物（Beiwerk）以及这一类物时，才为一个作为“从物”（Nebensache）的物的判定提供了可能！所以联邦最高法院在上述案例中，没有把医疗技术仪器的铝壳作为从物来处理。该判例清楚地表明了如下的努力，即尽可能地避免所有权的消失，从而尽可能地认定为共有。

（三）共有的安排

10 《德国民法典》第1008条、第1009条第1款、第1011条以及关于共有关系（《德国民法典》第741条到第758条）的规定适用于在共同物上的共有（Miteigentum）。

每一个共有人在任何时候都可以要求终止共有关系（《德国民法典》第949条）；终止必须通过出卖的［方式］来实现（《德国民法典》第753条）。

共有的产生不得以下列方式排除，即部分的价值比例不能被明确地确定（联邦最高法院裁判，载《德国法月刊》，1958年，687页）。如有疑问时，那么份额就是等同的（《德国民法典》第742条）。〔8〕

〔8〕 另外的观点参见上述联邦最高法院裁判；同上，魏特瑙尔（Weitnauer）文，载《鲍尔纪念文集》，1981年，709页；还有赖尼克/蒂特克，《买卖法》，边码1248及其以下，以及下文第五十五章边码55。

三、(流体)的混合——(固体动产)的混合

(一)《德国民法典》第948条的事实构成

关于"动产附合"的规定准用于(流体)混合或者(固体动产)的混合。[发生混合的]前提是,属于不同所有权人的物根本不能被分开或只有支付不成比例的费用才能被分开(《德国民法典》第948条)。 11

E在看错了的情况下将1马克扔入A的小匣子中,那里已经有99个一马克的硬币;不可分:因为属于E的硬币不再能被确定了。

E在所有权保留的前提下将钢条送交给了K,K将这些钢条与自己的存放在一起。材料检测或许使分离成为可能:(但)费用不成比例。

参引《德国民法典》第947条的结果是:

(1)多个物的所有权人的共有形成,只要没有;

(2)一个"存量"(Bestand)被视为主物。

那么在同种物的情况下,如果一个物数量上占有优势,它被视为"主物"呢,[9]还是考虑共有的形成呢?[10] 那么在我们上述的案例中,A在全部的一马克硬币上获得单独所有权呢?还是在E与A之间以1比99的比例形成共有关系呢?并不存在一个优待数量上优势的实质需要,所以《德国民法典》第947条第2款在这里并不适用。

在金钱混合的情况下还会产生一个困难:如果在总体上产生了数人的共有,那么必须签订一个分配合同(《德国民法典》第749条、第752条),然后每个共有人才能重新支配"他"的钱。这样很烦琐;赫克(赫克,《物权法》第62节边码3)赋予每个共有权人一个单方的分离权(Sonderungsrecht)。[11]

---

〔9〕 参见梅迪库斯(Medicus)文,载《法学教育》,1983年,896页。

〔10〕 参见帕兰特/巴森格,第948条,边码3。

〔11〕 遵循他的观点的还有,韦斯特曼/古尔斯基,第52节Ⅲc;沃尔夫/赖泽尔,第72节,注释22;泽格尔/米尔,第948条,边码3。

所以,E 在我们的案例中得以自力从钱匣中拿走 1 马克。

(二)法律规定的特别情况

12 法律上特别规定的特别情况有集中仓储营业(Sammellagergeschäft)与集中保管(Sammelverwahrung)。

(1)关于货物仓储(如粮食、煤等)法律问题规范的法典出处(sedes materiae)为《德国商法典》第 469 条。该规定首先包含了混合的禁止:仓库营业人(Lagerhalter)只有在参与的仓储人(Einlager)明示同意的情况下,才有权混合。即使有这样的同意,仓库营业人通常也不能成为所有权人(而是根据商法典第 469 条第 2 款,伴随着入库——不是从混合时起——产生对仓储物的共有),但他有权独自在共有人之间进行(财产)分割,以便于他向任何一个仓储人交割其应得的部分。

(2)对于证券的集中保管适用《证券保管法》第 5 条以下(对此上文第五十章边码 10 已经提到了)。这里集中保管也只有在寄托人(Hinterleger)授权的前提下才是允许的(《证券保管法》第 5 条),同样有意思的是,寄托人在同种类被保管的证券总体上的共有不是自混合时产生的,而是在证券收入时就产生了(《证券保管法》第 6 条)。在这里还存在着规定法律上的危险共同关系(Gefahrengemeinschaft,比较《证券保管法》第 7 条第 2 款)。[12]

---

〔12〕 参见策尔纳(Zöllner),《有价证券法》,第 15 版,1992 年,第 1 节 III;卡纳里斯,《银行合同法》,第 3 版,1988 年,边码 2080 及其以下; 许克/卡纳里斯:《有价证券法》,第 12 版,1986 年,第 1 节 III 1;万尔—科丁 Mayer - Cording 文,载《有价证券法》,第 3 版,1992 年,A VII; H. P. 韦斯特曼(H. P. Westermann)文,载《拉贝尔外国私法与国家私法杂志》(RabelsZ),第 49 卷(1985 年),214 页。——关于集中保管证书参见普莱尔(Pleyer)文,载《维尔纳(Werner)纪念文集》,1984 年,639 页。

第二节 加 工

参考文献提示:冯·卡默雷尔(von Cammerer),《延长之所有权保留与联邦最高法院》,载《法律者报》,1953 年,97 页;多勒察勒克(Dolezalek),《对民法典第 950 条限制的辩护词》,载《民事实务档案》,第 195 卷(1995 年),392 页;冯·兰布斯多夫(v. Lambsdorff),《不管所有权保留下送交货物的加工以及再出卖[的情况下]之代替物取回请求权》,载《经济法判决》,1989 年,1017 页;劳夫克(Laufke),《按照民法典第 950 条进行所有权取得》,载《许克(Hueck)纪念文集》,1959 年,69 页及其以下;尼克尔(Nickel),《产品责任义务保险中的附合、混合、加工》,载《保险法》,1990 年,702 页;尼尔韦特贝格(Nierwetberg),《在延长所有权保留中加工后的供应者与制造者的法律地位》,载《新法学周刊》,1983 年,2235 页;卡·施密特(Schmidt K),《所有权保留情况下的赔偿取回》,载《法学教育》,1990 年,237 页;施里克(Schricker),《对科学工作资料进行的著作权上与所有权上的评判》,载《经济法判决》,1991 年,第 85 条;施蒂尔纳(Stürner),《发动机装入机械性机器中的情况下法定的所有权丧失》,载《经济法判决》,1992 年,379 页;瓦德勒(Wadle),《他人所进行的加工的问题》,载《法学教育》,1982 年,477 页;瓦格纳(Wagner),《第 950 条中制造人性质的片面性》,载《民事实务档案》,第 184 卷(1984 年),14 页;维甘德(Wiegand),《在对债权关系上的物权之发展》,1990 年,112 页;措伊纳(Zeuner),《作为归责问题的他人进行的加工》,载《法律者报》,1955 年,195 页。

一、基本思想

(一)分歧的背景

13 在德国民法典中,很少会有另外一条规定像第950条一样,为分歧与曲解留下了余地。其原因过去与现在都是,人们认为他们的解释既要能服务于社会政策(sozialpolitisch)的利益,又要能服务于经济政策的利益;在社会政策方面,于该规定中,人们在资本与劳动的冲突中看到了可乘之机(有利于劳动的决断),在经济政策上,因为人们——顺便提一下自古以来就——认为有利于加工人而使材料所有权人承担负担是错误的,并且要求宣布立法者的决定是不合适的。在此制造人的利益经常处于次要地位。该争执经常发生在"材料"的提供人与制造人的债权人之间;即该"新物",也就是制造人的产品,已经为了担保他们发放给制造人的借贷而被进行了所有权让与;这可能是货物借贷,也可能是银行借贷。赫克[13]已经正确地注意到:"通过加工(Spezifikation)的所有权取得,一般来讲,对于取得者的债权人比对[取得者]自己还要重要!"

针对本导言的例子:

雇用了10个学徒和帮工的木匠师傅H,要建造卧室。材料在保留所有权条件下交送于他,而且他是从制材厂S那儿得到的木材,从F那儿得到了贴面板,从B那儿取得了小五金。在他陷入破产时,还有10个卧室的库存。破产管理人依据《德国民法典》第950条,为破产财团而对之行使请求权,而提供人S、F以及B则主张,已经约定了一个延长的所有权保留;在他们的"一般交付条款"中——H已经接受的——这样写道,H"为提供人"制造家具。该约定得优先《德国民法典》第950条。第1个问题:《德国民法典》第950条是任意可被处置的吗?如果是,那么谁现在是卧室的所有权人?(第2个问题)。

---

〔13〕 参见第六十二章边码4。

(二)规则目标

肯定的是——而且今天也不再怀疑的是——《德国民法典》第950条没有作出社会政策的决定,即完全没有说明,工人是否以及以何种形式参加劳动成果的分配。即使不考虑这样的观点*是完全远离于1900年立法者的[想法],《德国民法典》第950条也没有包含任何规则,即在法律实践上使该利益冲突被予以解决成为可能的规则。 14

所以《德国民法典》第950条仅是对材料所有权人与加工人(制造人)的利益冲突进行了判断(§ 950 will also nur den Interessenkonflikt zwischen Stoffeigentümer und Verarbeiter(Hersteller) entscheiden),而且是有利于加工人的判断。如果人们在其中看到了相对于被加工的材料,对“劳动”的较高价值的承认,那么这只具有一定的正确性:因为其并不取决于将该新物在事实上制造出来的人(工人或工人们)的(功绩),而是取决于制造人的功绩,即我们今天所说的:企业主的功绩。但所有情况下,其中不仅含有若干人的手工与精神劳动(包括制造人的组织(功绩)),而且首要地包含着资本的投入。所以,这也应依据《德国民法典》第950条的价值判定而给予报酬。另外可能的是,在“材料”中已经存有了劳动,即当被送交的是半成品而制造人只是使之改良时。那么这里存在着两个——从劳动的角度来看——同等价值的当事人。尽管如此,法律还是宣布所有权归该改良者所有。

所以,人们总体上的印象是,法律想以快刀斩乱麻的方式解决问题,赋予制造人——部分是由于对劳动(功绩)的承认,部分是因为这里的确有一个“另外的”、“新的”物出现在法律交易中了——以优先权,从而打破通常适用的基本原则,即物的材料之改

---

* 指的是工人参与分配的观点。

变并不触及到所有权。

（三）所有权分配的任意性

15 显然，下面的问题还没有被谈到，即《德国民法典》第950条是否为不容协商的、强制的法律，“为另一个人制定条款”是否是不可能的，或者在由立法者来决断的利益冲突并不存在时（因为当事人已经通过相应的约定解决了该冲突），该规定是否——如弗卢梅（Flume）所愿意的那样[14]——在具体案件中丧失了它的适用范围呢？弗卢梅是对的，他说，人们在回答这个问题时，应该避免过多的教条考量。但立法者自己在这里却让人琢磨不透：《德国民法典》第950条的地位——一方面为附合、混合；另一方面为债权证书（Schuldurkunde）上的所有权，毫无疑问，二者之间纯粹是那些具有强制性的、确定归属特性的规定——表明的是，在这里原始所有权取得也应被强制地规定。另外，在对《德国民法典》第950条立法准备时被讨论的是，是否应该添加一个补充，即“让人加工”的人也可以成为所有权人，是否应在法律中将对加工的他人作用（Fremdwirkung）固定下来。该补充被视为“理所当然”地放弃了。[15] 现在，如果立法资料在法律中并没有被直接地表述出来的话，人们可以对之不加理会：在《德国民法典》第651条中，立法者即在承揽供给合同（Werklieferungsvertrag）（企业主提供材料）中，使企业主负有向定作人转移所制造物的所有权的义务。在承揽合同中（定作人运交材料）则没有这样的义务；但因此被认可的是，《德国民法典》第950条在承揽合同的情况下并不适用，换句话说，被约定的合同类型比规定了原始所有权取得的《德国民法典》第950条之规定还强一些。

---

〔14〕 参见弗卢梅（Flume），《延长的与扩展的所有权保留》，载《新法学周刊》，1950年，841页。

〔15〕 参见《民法典制定记录》，第三部（Protokolle III），239页及以下。

我认为,从中只能得出如下结论:《德国民法典》第950条虽然含有一个原始所有权取得原因,但优先适用材料提供人与制造人之间的合同约定。[16]

在文献中的通说[17]的出发点却是将工作成果原则上分配给制造人,但通过下述方式得出的却是类似的结果,其方式为,或者在一定范围内允许加工的"他人作用"(Fremdwirkung),或者允许通过预期的占有改定将新物的所有权转让给材料提供人(延长的所有权保留)。判例并不统一,但大多数用对"制造人"概念进行宽泛理解的办法来应付(比较例如《联邦最高法院民事判例集》,第14卷,114、117页;第20卷,159页;鲍尔,《针对青年法学者的判例汇编:物权,带有解释性评论的挑选之判决》,第28个案例;夸克(Quack),《对民法典的慕尼黑评注》,第950条,边码22及其以下)。

(四)法律原文及其于动产范围上的限定

《德国民法典》第950条的前提是,通过加工,一个新物被制造出来,而且加工出的价值并不能明显地少于材料的价值。 16

现在,对于其事实构成是值得提一下的。——可以注意到,并没有与《德国民法典》第950条相适应的土地"加工"的规定:谁要是在一块几乎没有价值的他人土地上建造一个很棒的房屋或者在荒地上开垦出繁花似锦的花园,并不能因此而成为土地的所有权人。因此在柏林墙上大面积作画的艺术家们,在它后来被拆除并被拍卖时,也是不能提出请求的([西柏林]高等法院裁判,

---

〔16〕 结果上一致的还有,弗卢梅,出处同上;泽格尔/米尔,第950条,边码3;赖尼克/蒂特克,《买卖法》,边码1184及其以下;多勒察勒克文,载《民法实务档案》,第195期,392页;劳夫克文,载《许克庆祝文集》,1959年,74页。

〔17〕 参见韦斯特曼/古尔斯基,第53节III 2(与其观点一致的有,梅迪库斯,《民法》,边码517及其以下:这取决于该加工是否典型地为他人所确定);E.沃尔夫(E. Wolf),第4节G III e,198页;比洛,边码1228及下一页;布雷克(Brecher)文,载《朗格(Lange)庆祝文集》,1970年,123、157页;雷姆斯巴彻尔(Rimmelspracher),第4节,171页;瓦德勒文,载《法学教育》,1982年,477页;瓦尔特(Walter):《买卖法》,第10节V 2 b。

载《工商业法律保护与著作权》(KG GRUR),1994 年,212 页;就这点而言,在联邦最高法院判例中(《新法学周刊》,1995 年,1556 页)得到证实)。

二、前提

(一)加工

17 按照《德国民法典》第 950 条,对于所有权取得首要的是,通过加工或物的改造,一个新物被制造出来。法律规定了两个前提,并参照了交易观念(Verkehrsauffassung)。

按照语言惯用法,"加工"—"改造"的概念就已经表明自身的意义为,集中体现为被加工材料的改变的工作效果(Arbeitsleistung)。

这里存在着与纯粹的修理或物的保养的区别(比较《德国英占区高等法院判例集》,第 3 卷,348 页)。

加工大部分是以一个手工成果以及一个或多或少有强度的精神成果(Leistung)为前提的。但一个基本上是精神的劳动也是符合条件的:

就如,当一个化学家通过一定的操作程序,没有剧烈的体力劳动就从一个或多个材料中制造出一个新物。

加工并非法律行为活动,而是所谓的事实行为,这是不需要再加以强调。因此它既不取决于加工人的行为能力,也不取决于加工人加工时的意思方向(Willensrichtung),在他使用了他人的,例如偷来的材料的时候,也不取决于其正当性。代理也是不可设想的。因此准用《德国民法典》第 164 条以下条款的尝试,或者通过一个按照制造人的意思的、"他人确定"的加工让所有权取得发生在另一个人那里，而不是制造人那儿的尝试都是注定要失败的。

将偷来的银子制造成贵重器皿的小偷成为该器皿的所有权人。

谁作为加工人与另一个人约定，新物上的所有权应归这个人所有，他并不作为其代理人而行事，也不能——准用《德国民法典》第868条——作为这个人的占有媒介人。他使另一个人成为所有权人的意思并不是决定性的；因此这也不取决于他是否在劳动过程中改变了该意思。上述所说的另一个人成为了所有权人，因为合同约定优先于《德国民法典》第950条。该规定只包含了一个“赔偿分配”（Ersatzzuordnung）[规则]（参见上文边码13及其以下）。

根据法律的拟制，在《德国民法典》第950条第1款第2句中提到的活动被视为加工。

我们的漫画家在一张菜单上用绘画铅笔画下了旁边桌子的绅士们，他就成为了画的所有权人。

(二)“新”物

被加工出来的物必须是新的。[18] 我们已经确定，劳动的结果对立法者的评价是决定性的出发点。这里交易观念（Verkehrsauffassung）也是决定性的。在此，具有另一个名称的产品的标志经常给予人以提示。 18

布＋衬里＋纽扣＝西服。——木头＋贴面板＋小五金＝衣柜。——烧葡萄酒＋葡萄蒸馏物＝白兰地酒（《联邦最高法院民事判例集》，第56卷，88页；对此，参见梅迪库斯，《民法总论》，边码520）。

---

〔18〕 对此参见霍夫曼（Hofmann）文，载《新法学周刊》，1961年，1246页。

新涂上漆的汽车可能“像新的一样”,但不是新的。

虽然小牛通过饲料变成了一头“肥牛”,但不是“新物”(联邦最高法院裁判,载《新法学周刊》,1978年,697页)。

根据联邦最高法院裁判,(《新法学周刊》,1995年,2633页,被加工的发动机条块变成完整的发动机),被制造物的崭新性存在于其独立的、与原来物相对的、继续下去的功能。[19]

(三)价值比例

19 “如果加工的价值明显地比材料的价值,而且是加工者所受领的材料的价值小的话”,制造人就没有取得所有权。[20]

所以,如果制造人使用的是半成品,那么该半成品的价值是价值计算的起点,而不是为此所使用的原材料的价值。

例如,动物的皮肤——生皮——鞋,钢材——曲轴——机器。

价值比例可以通过下述办法确定,从新物的价值中减去材料的价值(或者材料);其结果就是加工的价值(《联邦最高法院民事判例集》,第56卷,88页;第46卷,117页;联邦最高法院裁判,载《新法学周刊》,1995年,2633页:加工的基本最低价值至少是60:100的比例)。

这里也会产生巨大的困难;因为在我们的分工经济中,常见的是,新机器的全部零件在所有权保留的前提下由配件供应人交送;制造人的功绩(Leistung)只存在于或多或少的创造性组装的行为以及在此附带产生的手工劳动。因为对于价值比例,它并不取决于产品的实际出卖价格,而是取决于它

〔19〕 对此参见卡·施密特的评论文,载《法学教育》,1995年,1133页。

〔20〕 正确的如韦斯特曼/古尔斯基,第53节Ⅱ4;沃尔夫/赖泽尔,第73节,评论7。

的客观——不得已时通过专家断定的——价值，如果制造人的给付（Leistung）在价值上明显少于在所有权保留前提下交送的物的价值的话，制造人就不能成为所有权人。即使配件供应人没有约定延长的所有权保留，也是他们，而不是制造人成为机器的所有权人（《德国民法典》第947条）。但这并不是所想要的（结果）。因为配件供应人（们）不考虑进行延长性所有权保留，这一点就可以说明，他们已经明确地认可了，制造人应该成为产品的所有权人。在这一点上，从这里所支持的观点出发，合同上的约定也是必须优先于在《德国民法典》第950条中对所有权取得所提出的要求的。

三、所有权取得

如果《德国民法典》第950条的前提具备了的话，那么制造人就成为新物的所有权人。材料提供人的所有权消灭，同样在材料上存在的物权也［消灭］（《德国民法典》第950条第2款）。对于材料所有权人的权利丧失的补偿，或者来自于参加人的合同约定，或者基于不当得利（《德国民法典》第951条，参见下文边码23以下）。 20

（一）制造人

谁是“制造人”，要按照语言惯用法以及交易观念来确定。它们并不将在新物上付出手工或其他的劳动的人称为制造人，而是将企业的主人称为制造人，新物是从该企业中生产出来的。要确定这一内涵，人们无需去解决“他人作用的加工”（fremdwirkende Spezifikation）的问题，人们也不必如反复发生的那样，去创造一个与《德国民法典》第855条占有辅助制度（Besitzdienerschaft）类似的制度。因为语言惯用法与交易观念一样既不将工人视为制造人，也不将其发明使产品的制造成为可能的发明人视为制造人，也不会将其组织能力作用于工作过程安排的主管雇员视为制造人，而是将企业、工厂的所有权人视为制造人。[21]

在结果上人们是一致的，但在理由上无疑是存在分歧的。[22] 根据企业成员的意思或将之作为合理化的根据，无论如何都是不合适的，这些人已经通过劳动合同限制了自己的权利范围，这些都不是决定性因素。《德国民法典》第 950 条既不是立法者有利于工人的社会性的功绩，也不是对工人“奴役”的表述。该规定不带有任何强烈的感情色彩（sine ira es studio），只不过想决断材料所有权人与制造人之间的利益冲突而已，并没有站在“制造人一边”对下述问题发表观点，即将他人劳动成果的收益归企业主所有，是否公平。必然是这样的，这对 1900 年时的立法者来讲也是毫无疑问的。

另一个问题是，当时理所当然的出发点，今天对于我们来讲是否也是不言而喻的，并因此是否企业收益的一部分也不应分给工人们呢。但是这个多次被讨论的问题——不要与工人们的社会与经济参与决定权相混淆——无论如何不能在单个劳动产品上用物权方式来解决。还没有人这样做过。最多考虑以某种（诸如职工股）方式来参与企业，或者参与企业盈利（参与分配盈余 Gewinnbeteiligung）。

因为它不取决于产品的制造时工人的意思方向，他也不能成为在工厂秘密为自己制造的物的所有权人。如果他将材料带回家中，那么他是制造人，并且成为了所有权人，但是材料是他偷的，所以按照《德国民法典》第 823 条（连同《德国民法典》第 992 条）他负有损害赔偿义务。但此时，他的雇主并不能要求返还该被制造的物，而只能要求以金钱来赔偿材料的[价值]（《德国民法典》第 251 条）。

（二）在承揽合同与承揽供给合同中的所有权分配

21 承揽合同的特征是，承揽人从定作人的材料中生产出了一个新物：

---

〔21〕 与在大学中的关系不同：不是大学，而是搞研究的高校教师取得研究材料的所有权（《联邦最高法院民事判例集》，第 112 卷，243 页）。

〔22〕 参见泽格尔/米尔，第 950 条，边码 7 中的证明；劳夫克，同上。

裁缝用顾客带来的布料制造了一件新西服。——木工用建筑起造人的木材制造出房屋的屋梁构架。

现在谁在这里成为新制造物的所有权人,是定作人还是承揽人呢?人们完全会意见一致地认为,只有定作人才可以;因为并不存在理由,将所有权宣布归承揽人所有,反正按照《德国民法典》第647条,他会通过一个法定担保物权(gesetzliches Pfandrecht)获得保护的(另外,这是一个恰巧从定作人的所有权取得出发的规定!)。所以人们是从所盼望的结果出发来加以判断的,其理由当然是十分不一样。联邦最高法院(《联邦最高法院民事判例集》,第14卷,114、117页;第20卷,159、163页;鲍尔,《针对青年法学者的判例汇编:物权,带有解释性评论的挑选的判决》,第28个案例)在这里有点让人误解,根据的是交易观念对制造人下的定义,虽然更确切地说,承揽人据此得被视为"制造人"。[23] 定作人之所以被联邦最高法院视为"制造人",是因为他典型地是在"让别人去制造"。

按照这里所支持的观点,虽然承揽人是《德国民法典》第950条意义上的"制造人",但是承揽合同约定——作为制造人与材料所有权人之间的合同性利益冲突之规则——优先于《德国民法典》第950条法定所有权分配规则的适用。就"承揽合同"这一类型的规则而言,法律的出发点是,定作人为所制造物的所有权人,即其材料所有权继续存在于加工物(Werkstück)的所有权之中。

在约定的承揽合同无效时,例如当一个无行为能力人让人用他的材料制造西服时,该观点看起来无疑就不起作用了。即在这里,在定作人尤其值得

〔23〕 这样的还有,施瓦布/普律廷(Schwab/Prütting),第38节 III 3。

保护的时候,却恰恰不受保护了。但是,在无行为能力人依据合同信赖另一个人或将自己的财产价值托付于另一个人的地方,到处都是这样的结果;这恰恰导致了事实合同法律制度的发展。所以在这里,在无行为能力人具有对"行为之社会典型意义的理解"的时候,人们也可以认定这是足够的了。[24]

在承揽供给合同中,承揽人也可能具有"为"定作人制造新物的意思。但是一般来讲,该意思并不是合同约定的对象。《德国民法典》第651条已经明确地表明了这一点,它使承揽人负有将被制造的物的所有权转移给定作人的义务。事实上,对于一个当事人之间的约定而言,也不存在理由拒绝自己支配材料的承揽人在其劳动成果上取得所有权。

这里,在具体事例中的确也可以另作其他约定,例如,在定作人已经事先支付了全部加工物价款的时候。这里的出发点是,材料的所有权已经被移转给定作人了(《德国民法典》第930条),另外《德国民法典》第950条也被私人约定所排除适用了。所以加工物一直就归定作人所有。

(三)延长的所有权保留[25]

22 实践已经表明,允许出卖人与买受人进行所有权保留的约定,制造人(即保留买主)"为了保留卖主"而去制造新物,所以,保留卖主的被保留的所有权继续存在于加工物(Werkstück)之上。可其根据——视出发点而定——是非常不同的;人们或者根据的是制造人的广义概念(联邦最高法院就是这样的),或者根据的是加工人的意思(以前的文献持这种观点),或者主张准用《德国民法典》第868条(参见措伊纳前文),[26]或者认为约定中有一个预期

[24] 参见拉伦茨/沃尔夫,《民法总则》,第30节,边码26及其以下。

[25] 对此参见下文第五十九章中的相关部分。

[26] 参见施瓦布/普律廷,第38节III 2,也是如此。

的占有改定(antezipiertes Besitzkonstitut)。[27]

观点的不同对于下述问题的决定也是有影响的,即制造人是否取得了过渡所有权(Durchgangseigentum):就前两个观点而言,没有[取得],就最后提到的观点而言,就取得了。

根据这里发展出来的观点,即与弗卢梅一样(出处同上),利益冲突的合同解决办法优先于法定决定的观点,对于该问题的处理也具有决定性作用。由此产生了如下[规则]:

(1)如果只有一个原料提供人延长性地保留了所有权,那么准用《德国民法典》第947条,他就成为了被制造物的共有人,而且是按照其交送原料的价值与最终产品价值的比例。[28]

(2)如果存在一个多个原料提供人的延长性所有权保留,那么他们就按照其送交材料的相应价值比例成为共有人。[29] 因为在《德国民法典》第950条被合同约定排除后,就有机会适用《德国民法典》第947条了。如果其中一个物被视为主物,那么其所

---

〔27〕 对此参见泽里克,第4卷,第1册,115页及其以下(具有进一步证据);以及《经济法杂志》,1982年,507页。

〔28〕 同样的有泽里克,第1卷,107页及下一页,447页及下一页;另参见《联邦最高法院民事判例集》,第46卷,117页。加工人是作为共有人而参与的。对于(1)与(2)可设想的案例构造,尤其参见瓦格纳文,载《民事实务档案》,第184卷,14页。

〔29〕 同样的有弗卢梅(出处同上);对于这里设想的案例构造之细节,参见泽里克,第4卷1,230页;另外还有联邦最高法院裁判,载《企业顾问》,1972年,197页,以及《联邦最高法院民事判例集》,第46卷,117页。在这里,加工人作为共有人而参与的协议也是被允许的;被允许的还有,对共有份额的协议,该共有份额产生于原材料与加工的价值额同其他材料供应价值的比例,以至于一个比加工之价值还高的共有份额落到提供人的头上。只要共有份额的计算建立在工资以及经营成本的基础上,在可确定性方面,联邦最高法院(出处同上,121页)就会表示疑虑。但这些疑虑至少在工资成本方面是没有说服力的,因为这可以为有专门知识的第三人,用与原材料成本一样的方式计算出来(对此参见肖尔茨/卢韦斯基,边码1024及其以下、边码1028及下一码)。

有权人也就是最终产品的所有权人(《德国民法典》第947条第2款)。

不得不说的是,在该解决办法中——此外,同样也在其他的解决尝试中〔30〕——还是存在着问题的:在所有权保留下的所有权之让与致使买受人取得了期待权,它的经济比重是与已经履行的支付的多少相适应的。问题是,在产品制造出来后,是否原料提供人的所有权(原料提供人们的共有权)通过价款的全部支付而被成就解除条件,换句话说,买受人是否在新物上也享有他在加工前确实曾拥有的期待权。在结果上,人们会与弗卢梅(出处同上)一样对该问题进行肯定回答,但人们不能不清楚在这里出现的基本难题〔31〕(诸如,在多个材料提供人(即最终产品的共有人)中的一个已经受到了清偿,其他人却没有受到清偿的情况下)。

第三节 对物权上权利丧失的债权上的补偿

参考文献提示:鲍尔/沃尔夫,《在对他人债务错误给付情况下的不当得利请求权——非占有人的取走权》,载《法学教育》,1966年,393页;博伊廷/韦伯,《不当得利与费用赔偿》,1976年,65页及其以下;博伊廷,《三角关系中的给付与费用》,载《法学教育》,1987年,841页;贝格(Berg),《在民法典第951条第1款情况下的通过给付以及其他方式的不当得利》,载《民事实务档案》,第160卷,505页;冯·克默雷尔,《不当得利与不正当行为》,载《拉

〔30〕 一个类似的问题,我们会于第五十九章边码49及其以下、在(货物提供人的)延长的所有权保留与(为了银行利益的)全部继受(Globalzession)同时发生的情况下遇到。

〔31〕 对此另参见第950条边码10;同上,77页及其以下(在那里也涉及在配件供应人中只有一部分人在所有权保留条件下进行供应时的法律状况);泽里克,第4卷1,159页及下一页。

贝尔纪念文集》,第 1 卷,1954 年,333 页及其以下;卡纳里斯(Canaris),《三人关系中的不当得利之补偿》,载《拉伦茨纪念文集》,1973 年,799 页;格茨(Götz),《根据民法典第 951 条第 1 款的报酬请求权》,1975 年;哈丁文,载《米尔庆祝文集》,1981 年,255、260 页;U. 胡贝尔(U. Huber),《他人土地上建筑时的不当得利请求权》,载《法学教育》,1970 年,342、515 页;雅各布斯(Jakobs),《干预性取得与财产之移动》,1964 年;科彭施泰因/克拉默(oppensteiner/Kramer),《不当得利》,第 2 版,1988 年;库皮斯(Kupisch),《不当得利法中的法律实证主义》,1978 年;拉伦茨文,载《冯·克默雷尔纪念文集》,1978 年,209 页;勒文海姆(Loewenheim),《不当得利法》,1989 年;洛伦茨,《在他人材料建入情况下的不当得利之补偿》,载《泽里克纪念文集》,1992 年,255 页;毛瑟(Mauser),《根据民法典第 951 条第 1 款的报酬请求权的前提条件》,图宾根,博士论文,1965 年;夸克,《慕尼黑德国民法典注评》,第 951 条以前(广泛的文献说明);赖默尔(Reimer),《强迫不当得利》,1990 年;罗伊特/马丁内克,《不当得利》,1983 年,第 8 章、第 10 章;罗特霍弗(Rothoefe),载《民事实务档案》,第 163 卷,215 页;沙伊欣(Scheyhing),《根据民法典第 951 条的不当得利请求权》,载《法律者报》,1956 年,14 页;沙伊欣,《给付[不当得利]返还请求权与"以其他方式"的不当得利》,载《民事实务档案》,第 157 卷,371、381 页;施勒希特里姆(Schlechtriem),《对不当得利法的判例概览》,载《法律者报》,1984 年,509 页及其以下、555 页及其以下;施图尔姆(Sturm),《论根据民法典第 951 条第 1 款第 1 句的不当得利请求权》,载《法律者报》,1956 年,361 页;蒂尔曼(Thielmann)文,载《民事实务档案》,第 187 卷,23 页(不当得利法中的补充性之教义);魏特瑙尔,《不当得利法中的中期平衡表》,载《企业》,1984 年,2496 页;威灵(Wieling),《论在物之附合情况下的消灭的、安眠的以及觉醒的所有权》,载《法律者报》,1985 年,511 页;

曼弗雷德·沃尔夫,《占有人在请求权体系中的费用赔偿请求权》,载《民事实务档案》,第166卷,188、199页。

一、基本思想

(一)权利丧失的补偿

23 在"土地附合"(《德国民法典》第946条)、"动产附合"与"混合"(《德国民法典》第947条、第948条)以及"加工"(《德国民法典》第950条)的情况下出现的权利丧失现象,即某人的所有权投入了他人的所有权之中。在几个案例类型中,该权利丧失是由于恢复原来所有权关系的不能(Unmöglichkeit)而产生的(例如在混合的案例类型中)。在其他案例类型中,或许这样的分离是可能的,但从保持曾被创造出来的经济整体的角度来讲,是不适合的。

对所有权丧失的牺牲者绝对是要进行补偿的。因为,如果法律规定一个人的所有权消灭在另一个人的所有权之中,那么被创造出来的经济上的整体,也要在物权法上被一体化地处理,但不能让新所有权人以牺牲"旧"所有权人为代价获得不当得利且不给予补偿。代替——已经失去的——所有权的是基于不当得利的请求权;《德国民法典》第951条对此清楚地规定:"权利丧失"被"金钱补偿"。现在,作为物权的所有权在纯粹的、债权性质的不当得利请求权中继续发生作用。

人们可以与公法上的牺牲请求权(Aufopferungsanspruch)类比:它的对象是针对受益人的补偿请求权,因为牺牲者必须为了公共利益而容忍对其个人空间(persönliche Sphäre)或财产的侵犯,而该侵犯超出了对于每个人来讲合理的牺牲界限。在《德国民法典》第946条到第950条中,对新产生的经济整体进行一体化法律处理是为了公共利益,所以立法者规定了权利丧失。在这里也不存在理由对这种牺牲不予以补偿。

如果代替所有权产生了对(金钱补偿)的不当得利请求权的话,那么表面上令人满意的解决办法掩盖不住的是,债权请求权不是所有权全部价值的代替。当受益人陷入财产衰败境地时，这一点就立刻变得显而易见的了；消灭了的所有权可能仍体现在最低破产分配率（Konkursquote）之中（而所有权人可以行使取回权，《破产法》第43条，《支付不能法》第47条！）。由此产生了一个与法律实践相同的法律趋势，尽可能地限制所有权的丧失；大家还会记得，在《德国民法典》第95条情形下的土地附合，尽管固定地附合在一起，作为重要成分的性质还是被否定（用益权人、租赁人的建筑），在动产附合、流体附合的情况下，首先产生了现在物的所有权人的共有，最后在加工时，由于多种多样的，但却导致一致结果的理由而允许“他人作用”（Fremdwirkung）。但是在这些情况下，所有权客体或者它的法律形式可能被改变了：

代替被交送原材料的是新物（《德国民法典》第950条）——由单独所有权变为了共有（《德国民法典》第947条第1款）。

但迄今的所有权仍继续存在于所有权之中，并没有为不当得利的补偿留有余地。

（二）法律原因上的引致

首先，对《德国民法典》第951条无成见的读物似乎没有发现难题：谁按照《德国民法典》第946条到第950条遭受了权利丧失，谁就应当可以要求以金钱进行不当得利上的补偿。但这里已经出现的疑问是：《德国民法典》第951条应当创设一个独立的不当得利事实构成，并且仅仅在不当得利请求权内容方面才应当指引到一般不当得利返还请求权法吗（法律效果上的引致 Rechtsfolgenverweisung）？或者在《德国民法典》第951条中所指的是整个的［不当］得利法，这样一来，在《德国民法典》第812条中规范的不当得利的构成前提——特别是法律原因之丧失——也必须具备吗（总体引致Gesamtverweisung、法律原因上的引致Rechtsgrundv- 24 erweisung)?[32]

法律原因上的引致意味着对全部不当得利法(按照其前提以及效果)的引致。通常涉及的是“以其他方式”*产生的不当得利的情况,[33]它——虽然不是完全恰当的——大部分被称为侵害型不当得利返还请求权(Eingriffskondiktion)(区别于给付型返还请求权 Leistungskondiktion)。这里它的出发点是,所有权继续在不当得利请求权中发挥作用;“不当得利之所以是不正当的,是因为它违背了在所有权中的财产分配或归属(Güterzuweisung)”(《从他人之物中的不当得利》,冯·克默雷尔),与给付型返还请求权不同——对一种虽然为当事人所意愿的、但有瑕疵的、因为缺少原因的财产移转(Güterverschiebung)进行回复是它的特征——侵害型返还请求权的目的在于,对他人财产实际使用情况下的补偿。不可忽视的是,侵害型不当得到与《德国民法典》第823条以下的规定的对他人财产侵权性的、有过错的干涉是相类似的。因此并非偶然的是,在《德国民法典》第951条第2款中恰恰指向了侵权法,并且强调,侵权法的适用范围并不被《德国民法典》第951条限制。

(三)竞合的请求权

25 对他人财产的干涉——粗略地叙述一下——受到三重的惩罚,在这里,前提要件与效果不断地增强:

---

〔32〕 所以,通说根据的是冯·克默雷尔(v. Caemmerer)同上中的观点(比较,如《联邦最高法院民事判例集》,第40卷,272页;即鲍尔,《针对青年法学者的判例汇编:物权,带有解释性评论的挑选之判决》,第29个案例,第41卷,159页;第55卷,176页;泽格尔/米尔,第951条,边码1)。

* 即《德国民法典》第812条第1款第1句第二种情况的表述。

〔33〕 第812条第1款第1句第2种案型;参见帕兰特/巴森格,第951条,边码2及下一页,具有进一步的证明。

(1)在无过错干涉他人财产范围时的侵害型不当得利返还请求权,该干涉导致了与财产分配(Güterzuweisung)相违背的结果。[34]

效果:所得的返还(《德国民法典》第 812 条、第 816 条)、价值补偿(《德国民法典》第 951 条连同第 818 条第 2 款)。

(2)在有过错、违法地干涉他人财产时的侵权性之请求权。效果:全部损害补偿(不仅仅是在(1)情况下的价值补偿)。

(3)在对他人权利故意的、未经授权的干涉时,基于所谓的自己认为有权的(越权)行为(Geschäftsanmaβung)(不真正的无因管理,《德国民法典》第 687 条第 2 款)产生的请求权。效果:所获得收益的返还。[35]

例如:"摩托车迷"M 用 E 的废料场中的零件,没有任何过错地制造了一辆"快马":《德国民法典》第 950 条——《德国民法典》第 951 条第 1 款——《德国民法典》第 818 条第 2 款:零件的价值补偿。

如果 M 有过错(fahrlässig)的行为,那么他还必须赔偿超过零件价值的、相应造成的损害:《德国民法典》第 950 条——《德国民法典》第 951 条第 2 款——《德国民法典》第 823 条——《德国民法典》第 249 条及其以下。

如果 M 知道他加工的是他人的零件,那么他必须将摩托车返还给 E:《德国民法典》第 950 条——《德国民法典》第 687 条第 2 句——《德国民法典》第 667 条,然后,他当然也可以向 E 请求劳动成果价值的补偿:《德国民法典》第 687 条第 2 款第 2 句连同《德国民法典》第 684 条第 1 句。

---

〔34〕 如同每一个对概览性描述的尝试一样,本描述在结果上也有些不准确:关于干涉型不当得利的类型学说,尤其要比较的是冯·克默雷尔,同上注;菲肯切尔(Fikentscher),第 99 节 IV;格恩胡贝尔,《民法》,第 45 节;梅迪库斯,边码 703 及其以下;埃梅里希,《债权法分则》,第 17 节 I;拉伦茨/卡纳里斯,II/2,第 69 节;利布,《慕尼黑德国民法典评注》,第 812 条,边码 182 及其以下;施陶丁格/洛伦茨,第 812 条,边码 25 及其以下;其他文献参见上文第十三章边码 10。——应该注意的是,在所有权人错误地将自己的材料用在他人的土地上的时候,也要考虑干预性不当得利返还请求权的适用;即该不当得利返还请求权并不必须要以违法之干涉为前提(拉伦茨/卡纳里斯,II/2,第 69 节 I 1 b;梅迪库斯,同上;利布,《慕尼黑德国民法典评注》,第 812 条,边码 204 及其以下)。

〔35〕 对此参见冯·克默雷尔,同上,359 页;埃梅里希,《债权法》,第 12 节 ,IV;弗兰克(Frank)文,载《法学教育》,1981 年,102 页;梅迪库斯,《民法》,417 页及其以下。

二、不当得利请求权

(一)当事人与条件

26 通过加工等遭受权利丧失者,是不当得利请求权的债权人,经常也就是所有权人(但也可能是消灭的限定物权的享有人);请求权的债务人是产生了有利于他的权利变动的那个人,例如在土地附合情况下的土地的所有权人、在加工情况下的制造人。一方的权利丧失,另一方的权利“获得”都必须是没有法律上的原因而出现的。因此,如果双方参加人被合同关联所约束,该约束使丧失的一方负有义务去放弃他的所有权,那么就不能适用《德国民法典》第951条。[36]

(二)给付链条

27 当多个人参与导致权利变更的过程时,这个显得简单的法律状况就变得错综复杂了。

例子(根据《联邦最高法院民事判例集》,第56卷,228、239页,以及联邦最高法院裁判,载《新法学周刊》,1954年,793页):E——一个建筑材料批发商行——在所有权保留的前提下向建筑商U送交了建筑材料,U用此在被告人B的土地上建造了一座建筑物。U已经破产了。原告E将依据《德国民法典》第951条向被告B请求。

(1)有效的合同法律关系

28 建筑材料商(Baumaterialhändler)这里遭受权利丧失的法律原因,在于他与建筑商(Bauunternehmer)之间的合同关系。相对于土地所有权人,权利丧失也不是没有法律原因而出现的,因为建筑

---

〔36〕 或者在基于第951条的请求权被通过合同附加条件的情况下(联邦最高法院裁判,载《新法学周刊》,1959年,2163页,以及《新法学周刊》,1967年,1223页)。

商已经被[建筑材料]批发商授权，将建筑材料造入[建筑物]。我们的法律中一般并没有越位诉讼(Versionsklage)*——超出合同参与人以外的直接追诉(Durchgriff)。

在下述情况下，利益状况也是如此，即当某人根据相对于另一个人负有的合同义务，自己放弃他的所有权，例如，当一个安装人基于一个与建筑商签订的合同，将他自己的材料建筑入他人的土地(案例：林德迈尔/莫林编，《联邦最高法院判例集》，《德国民法典》第812条，边码14；哈姆州高等法院裁判(OLG Hamm)，载《新法学周刊》(NJW-RR)，1992年，1105页及以下)。

如果人们用《德国民法典》第985条、第986条的法律思想来解释《德国民法典》第951条的话，在结果上也没有什么两样(《德国民法典》第951条作为所有物返还请求权((rei vindicatio)它伴随着所有权丧失而消灭)的权利之继续存在!)：因为U相对于E既有权占有，也有权再出卖材料，所以B也可能已经成为了有权(rechtmäβig)的占有人，而且是作为不受E的所有物返还请求权(Herausgabeanspruch)影响的占有人，那么E也不能基于《德国民法典》第951条对B享有不当得利请求权。

所以，关于第一个规则是一致的：如果B的"收益"在有效的E与U以及U与B的合同关系中获得了正当性支持的话，那么就不会产生基于《德国民法典》第951条的请求权。

如果E与U的合同关系是有效的，但是U没有授权或者附条件地授权再出卖或者建筑入[房屋]，那么只能给予基于E与U的合同关系的请求权，但E针对B的不当得利请求权则不能被赋予。[37]

---

* 罗马法上的物上诉讼，向实际上受益的人要求返还所支出费用的诉讼。

〔37〕 参见帕兰特/巴森格，第951条，边码6；拉伦茨/卡纳里斯，II/2，第70节，II 2 a；梅迪库斯，《民法》，边码729。

(2)全部或部分无效的合同关系

29 与此相反,当两个合同关系中有一个无效的时候,就会出现不是很明确的法律状况。

①E 与 U 之间的合同关系无效。通说[38]认为,侵害型不当得利返还请求权相对于给付型不当得利返还请求权是第二位的。因此根据通说,在结果上,这里只考虑 E 对 U 的给付型不当得利返还请求权,而不考虑根据《德国民法典》第 951 条 E 对 B 的直接追索(Durchgriff)。必须在建筑材料批发商与建筑商的关系中进行回复(Rückabwicklung)。

由此来说第二个规则:若失去所有权的当事人(E)与将[材料]建筑入[房屋]的当事人(U)之间的合同关系无效,则此方(E)只能向彼方(U),而不是向第三人(B)请求。

若人们再次准用《德国民法典》第 985 条、第 986 条的规定,则该结果在一般情况下没有什么不同:在材料被建筑入[土地]之前,虽然 E 对 B 享有所有物返还请求权,但是只有在 B 不是正当地依据《德国民法典》第 932 条及以下取得建筑材料的情况下[E 对 B 才可以行使该请求权]。

如果这样的所有权取得的确——由于《德国民法典》第 935 条——是不可能的,那么 E 对 B 享有侵害型不当得利返还请求权;比如,在 U 已经将从 E 偷来的材料建筑入了 B 的土地中的时候;因为在筑入之前 E 可以根据《德国民法典》第 985 条来对抗 B;B 既不可以以善意取得为根据,也不可以以与 U 签订的有效合同为根据进行主张(对于这些有分歧的观点,比较梅迪库斯,

---

〔38〕 参见《联邦最高法院民事判例集》,第 40 卷,272 页;即鲍尔,《针对青年法学者的判例汇编:物权,带有解释性评论的挑选之判决》,第 29 个案例(对此参见鲍尔/沃尔夫文,载《法学教育》,1966 年,393 页);第 36 卷,30 页(对此参见贝格文,载《法学教育》,1964 年,137 页);冯·克默雷尔,出处同上,373 页;考彭斯蒂纳尔(Koppenstein-er)/克拉默,《不当得利》,第 2 版,1988 年,第 11 节;勒文海姆,出处同上,59 页及其以下;泽格尔/米尔,第 951 条,边码 3、4;比较沙伊欣,出处同上。

《民法总论》,边码730;另外,魏特瑙尔文,载《德国公证杂志》,1968年,706、707页;邓克(Denck)文,载《法学教育》,1981年,9、10页)。

另外的例子(根据《联邦最高法院民事判例集》,第56卷,131页):

原告的皮革被人偷走了,被告——善意地(redlich)——购买了该皮革,皮革加工后,被再次出卖给了顾客。这里原告可以在加工前根据《德国民法典》第985条要求返还皮革;在加工后,他可以根据《德国民法典》第951条与第812条对被告之顾客享有一个价值补偿请求权。但他也可以根据《德国民法典》第816条向被告请求出卖皮货的收益;按照联邦最高法院的观点,事后之同意(Genehmigung)[之要件]不能通过下述方式而被排除,即被告的顾客已经按照《德国民法典》第950条取得了所有权(类似案例:《联邦最高法院民事判例集》,第47卷,128页;第55卷,176页)。此外,被告不可以扣除他已经向皮革提供人支付的买受价格;他也不能以此针对所有物返还请求权(rei vindicatio)进行抗辩(《联邦最高法院民事判例集》,第55卷,176页:"小牛案")。

② U与B之间的合同无效。这里按照一般观点仅可以考虑 30
的是,根据《德国民法典》第812条第1款第1句前半句,U对B享有一个[给付型不当得利]请求权,但不能考虑有一个直接追索(Durchgriff)。在E与U的关系中,存有的只有合同性请求权。[39]

E对B的直接追索(Durchgriff),只有在人们愿意使用《德国民法典》第985条、第986条的法律思想时,才可以被考虑。但是,也只赋予了E对B的、向U交还(Rückgabe)的请求权(《德国民法典》第986条第1款第2句),而且该请求权也可以被按照《德国民法典》第932条以下的善意取得所排除。但B最终也不得保有他的"取得",因为U与B的原因关系无效。

由此来说第三个规则:如果导致所有权丧失的一方(U)与取

---

〔39〕 参见帕兰特/巴森格,第951条,边码6;沃尔夫/赖泽尔,第74节I2;施陶丁格/古尔斯基,第951条,边码7,具有进一步的证明。

得所有权的一方(B)之间的合同关系无效的话,那么只产生一个U对B的不当得利请求权,而不是E对B的不当得利请求权。

31 ③两个合同都无效。在所谓双重瑕疵的情况中,按照现今的通说,E对B的直接请求权也是被排除的,[40]因为B只与"合同相对人"进行清算的信赖是值得保护的。因此仅仅在两个给付(Leistung)关系内部进行返还。

(3)错误给付

如果失权一方(E)错误地认为,他根据合同负有向取得权利一方(B)进行给付的义务,而在事实上只在他(E)与建筑商(U)之间以及在建筑商(U)与委托人(B)之间存在合同关系,在这个时候,法律状况如何呢?

例子(根据《联邦最高法院民事判例集》第40卷,272页;即鲍尔,《针对青年法学者的判例汇编:物权,带有解释性评论的挑选之判决》,第29个案例;另参见第三十六章边码30):定作人B委托承揽人U安装暖气设备(Heizkörpern)。U在E处订购了该物,E以为是与B签订的合同成立了,将暖气设备运送到建筑工地。U将之安装完毕。现在E向B要求买卖价款的支付或者至少补偿暖气设备的价值。

这里人们可能会考虑到给付型不当得利返还请求权。[41] 但主流观点[42]有理由地否定了这样的请求权;因为B在其信赖方面,即对涉及的是其合同相对人(U)的给付之信赖,是必须受到保护的。

三、不当得利请求权的内容

32 就不当得利请求权的内容而言,《德国民法典》第951条第1

〔40〕 参见梅迪库斯,《民法》,边码670;罗伊特(Reuter)/马丁内克,第8节,II;埃尔曼/黑费梅尔(Hefermehl),第951条,边码6;施陶丁格/古尔斯基,第951条,边码8。

〔41〕 比如,魏特瑙尔文,载《德国公证杂志》,1968年,706、707页。

〔42〕 参见《联邦最高法院民事判例集》,第40卷,272、278页,具有进一步的证明;即鲍尔,《针对青年法学者的判例汇编:物权,带有解释性评论的挑选之判决》,第29个案例;另外比较泽里克,第4卷,第1册,II 2。

款规定：

积极方面的，该请求权指向的是金钱补偿。

消极方面的，不可以要求恢复原状（Wiederherstellung des früheren Zustandes）。

法律想以此维持曾被创造出来的经济整体；但是它在不同情况下承认了取走权（Wegnahmerecht），并且因此放弃了自己所强调的基本原则（参见下文边码34及其以下）。

（一）请求权范围

以金钱进行补偿请求权（Vergütungsanspruch in Geld）指向的是价值补偿（Wertersatz）（《德国民法典》第818条第2款连同第951条第1款第1句）。即不是赔偿在失去利益者处（der Entreichrte）出现的损失。另外，其损失可能也少于另一方的得利。所以起决定性作用的一直是在得利人那出现的、客观的财产之增加（objektive Vermögensvermehrung）。[43]

例子：

（1）U拿走属于E的房瓦——没有任何过错——用来建筑他的房屋。如果E自己的建筑由于缺少房瓦而被延缓，那么他不可以要求赔偿由此产生的损害（损害超出了U的得利）。

（2）如果房瓦对E来讲没有任何价值（它们对于建筑是多余的）的话，那么E也可以向U请求［赔偿］该价值（《联邦最高法院民事判例集》，第17卷，236页：得利高于受损）。[44]

在所有权丧失时刻的财产增加是关键性的，例如在建筑物完

〔43〕 参见施陶丁格/古尔斯基，第951条，边码24及其以下；罗伊特/马丁内克，第15节Ⅱ。

〔44〕 参见施陶丁格/古尔斯基，第951条，边码24及其以下；罗伊特/马丁内克，第15节Ⅱ。

工时(《联邦最高法院民事判例集》,第10卷,171页;林德迈尔/莫林编,《联邦最高法院参考书》(BGH LM)《德国民法典》第951条,边码9;联邦最高法院裁判,载《新法学周刊》,1954年,265页;1962年,2293页)。基于建筑物的用益不能被请求(联邦最高法院裁判,载《新法学周刊》,1961年,452页;但另参见《联邦最高法院民事判例集》,第37卷,356页以及第64卷,322页)。[45]

得利人不能以取得费用为由,根据《德国民法典》第818条第3款,进行得利不存在之抗辩(Entreicherungseinrede)。所以与《德国民法典》第816条的情况一样,这里的不当得利债务人不能扣除他自己为了履行所花费的金额(《联邦最高法院民事判例集》,第47卷,130页;第55卷,176页)。

如果B为了自己建造而使用了D从E那儿偷来的材料,E根据《德国民法典》第951条对B采取措施,那么B不可以抗辩说他已经向小偷D支付了材料价款。

(二)对"强迫得利"的防御

33 在"取得"一方的得利是被强迫的时候,法律状况如何呢?[46]

例子(根据《联邦最高法院民事判例集》,第23卷,61页;其他例子参见联邦最高法院裁判,载《新法学周刊》,1959年,2163页):P从E处用益性地承租了一块农用土地。尽管用益租赁合同中有约定,即只有在E的允许下,

---

〔45〕 与这里一样:帕兰特/巴森格,第951条,边码16;夸克,《慕尼黑德国民法典评注》,第951条,边码18;不同的是,施陶丁格/古尔斯基,第951条,边码31。

〔46〕 关于强迫得利参见泽格尔/米尔,第951条,边码12;法伊勒(Feiler),《在使用租赁人与收益租赁人付出费用情况下的强加得利》,1968年;勒文海姆,100页及其以下;哈斯(Haas)文,载《民法实务档案》,第176卷,1页;科勒(Koller)文,载《企业》,1974年,2385、2458页;拉伦茨文,载《冯·克默雷尔庆祝文集》,1978年,210页;梅迪库斯,《民法》,边码899、952;罗伊特/马丁内克,第15节Ⅲ2。

才可以建造坚固的建筑物，但是P还是建造了坚固的房屋，并且不仅仅是为了暂时的目的(《德国民法典》第95条第1款第1句!)。在用益租赁关系结束后，P根据《德国民法典》第951条要求价值补偿。

联邦最高法院准用了《德国民法典》第1004条第2句；土地所有权人可以通过下述办法来对抗起造人的不当得利请求权，即他将建筑物交由起造人拆毁，而且，“如果建筑物应强加于他的话，那么他只能花费相对于收益来讲巨大的费用来改造它”，则无论如何都可以交由起造人拆毁，其他观点[47]则根据《德国民法典》第1004条赋予得利人一个抗辩权，因为他享有一个排除[障碍]请求权(Beseitigungsanspruch)。[48] 另外，试图通过下述办法来帮助所有权人，即不当得利请求权的数额取决于对他[所有权人]来讲可实现价值的多少，在这里设置了一个主观准则。[49]

人们必须要区分：

(1)如果进行了[建筑物]妨害之排除(Beseitigung)，那么得利(《德国民法典》第818条第3款)以及因此按照《德国民法典》第951条的补偿请求权都消灭了。

(2)在所有权人要求(联邦最高法院裁判，载《新法学周刊》，1965年，816页)并可以要求排除妨害时，可能根据的是合同(积极侵害债权[positive Vertragverletzung]连同《德国民法典》第249条，如上述例子)，也可能根据的是《德国民法典》第1004条，排除障碍前的补偿请求权之主张属于滥用权利。因为“失败方”(der verlierende Teil)不能要求就他负有义务排除并且被要求排除的建

---

〔47〕 关于整个问题领域，另参见冯·克默雷尔文，载《冯·克默雷尔纪念文集》，1978年，210、366页。

〔48〕 林登迈尔(Lindenmaier)与默林编辑的《联邦最高法院民事判例集》，第951条，第21号；鲍尔文，载《民法实务档案》，第160卷，465、492页。

〔49〕 对此参见帕兰特/巴森格，第951条，边码21；威灵(Wieling)，第1卷，第11节II 5a，aa；罗伊特/马丁内克，第15节III 2；克劳泽尔(Klauser)文，载《新法学周刊》，1958年，47页；1965年，513、516页。

筑物进行补偿。

(3)如果例外的不存在排除妨害之义务的话——如同在《联邦最高法院民事判例集》,第41卷,157页;[即鲍尔,《针对青年法学者的判例汇编:物权,带有解释性评论的挑选之判决》,第34个案例]判决的例子一样——那么还是没有被赋予根据《德国民法典》第951条的补偿请求权(Vergütungsanspruch)。因为强迫得利的情况被视为违反所有权人意思的对所有权人权利范围的干涉。基于《德国民法典》第996条以及关于无因管理的规定,连同《德国民法典》第670条,被推断出来的一般思想是:在该干涉是无权的,并且干涉是在违反必要注意(Sorgfalt)的情况下进行的时候,那么价值赔偿义务就消灭了。[50]

如果该前提条件不存在,即被赋予了不当得利请求权的话,那么所有权人作为补偿请求权的债务人被通过如下办法加以保护,即请求权的范围被限制在所有权人所得到的、剩余的、经济的建筑物(比如大楼)之收益范围内。[51] 补偿请求权的最高限额始终为"失败方"所花费用的价值。

另一个马上要研究的、与这个问题相区别的问题为,起造人是否享有取走权。

四、取走权[52]

(一)特别规定的可适用性

34 为了维持被创造出来的、经济上与法律上之整体利益,《德国

〔50〕 比较《联邦最高法院民事判例集》,第39卷,186、189页,以及施陶丁格/古尔斯基,第951条,边码46及其以下。

〔51〕 价值计算通常取决于收益价值(比较《联邦最高法院民事判例集》,第10卷,171、180页;泽格尔/米尔,第951条,边码16)。出卖价值在客观计算情况下,很少与收益价值偏离,该出卖价值只有在支付不当得利补偿之前进行出卖的情况下,才是决定性的。

〔52〕 对此参见威灵文,载《法学者报》,1985年,511、515页;罗伊特/马丁内克,第12节II。

民法典》第951条第1款第2句排除了失去利益者(der Entreichrte)恢复原状的请求权。这样的基本原则并非到处都得到了贯彻。相反,在无数的情况下,法律赋予暂时的用益权利人"取走他装配给某物的设施的"权利,诸如在《德国民法典》第547a条中的承租人(用益承租人,《德国民法典》第581条第2款)、在《德国民法典》第601条第2款第2句中的借用人、《德国民法典》第1049条第2款中的用益权人、《德国民法典》第1216条第2句中的质权人、《德国民法典》第2125条第2款中的先位继承人(Vorerben)。取走权所处于的思想上的关联如下:如果该暂时使用权人已经在该物上花费了费用,那么对其合同相对人(例如出租人)是否必须补偿该费用,法律必须加以规定。例如在《德国民法典》第547条第1款第1句中,法律规定,必要费用(notwendige Verwendungen)必须被补偿,在其他地方(例如在《德国民法典》第1049条第1款中),法律指向了关于无因管理的规定。但无论如何,被装备给该物的"设施"都可以被取走。

例子:承租人——在没有合同约定的情况下——装修了房屋,并且在浴室中安装了电动热水器。他可以将该热水器再取走,无论在这里是否存在必要的费用(《德国民法典》第547条第1款),也无论该热水器是否变成了重要成分。于是他必须以他自己的费用将浴室"恢复到原来的状况"(《德国民法典》第258条第1句)。如果房屋已经返还给了出租人,那么承租人享有对取走之允许的请求权(《德国民法典》第258条第2句)。另一个案例参见《联邦最高法院民事判例集》,第81卷,146页。

"设施"还被人们理解为一个实体的、具体的隶属于主物的使用。所以,例如设施是洗手盆、浴缸、花园中的装饰灌木等,但不能是裱糊纸,也不能是在土地上建造的建筑物(对此参见《联邦最高法院民事判例集》,第101卷,37、41页)。

《德国民法典》第951条第2款第1句允许了取走权的存在。

失去利益者(der Entreichrte)可以代替补偿请求权而主张取走权。补偿请求权伴随着该权利的事实上的行使而消灭(联邦最高法院裁判,载《新法学周刊》,1954 年,265 页)。

(二)根据《德国民法典》第 997 条的取走权

35 费用问题(Verwendungsproblem)也是我们在探讨所有权人——占有人关系(Eigentümer - Besitzerverhältnis)时所讨论的问题(参见第十一章边码 54 以下)。这里,当占有人将另一个作为重要成分的物与所有权人的物附合在一起时,《德国民法典》第 997 条赋予了占有人"分离权与先占权"(Abtrennungs - und Aneignungsrecht)。这种形式的取走权,与关于费用补偿的规定完全一样(《德国民法典》第 994 条及其以下),还是仍然存在的(《德国民法典》第 951 条第 2 款第 1 句)。

可是必须注意的是,根据《德国民法典》第 997 条的取走权与上面探讨的暂时用益权利人的权利存在着三点区别:

(1)《德国民法典》第 997 条的适用范围被限制于不法的自主占有人(unrechtmäβiger Eigenbesitzer)范围内,即不适用于适法的他主占有人(rechtmäβiger Fremdbesitzer),而且只有在合同类型——在该合同类型的基础上不法的他主占有人信赖而去占有——含有这种取走权的时候,该条才适用于不法的他主占有人(参见上文第十一章边码 56)。

(2)一个按照《德国民法典》第 997 条进行取走的权利也会被赋予,但只有在它不涉及"设施"(Einrichtung)的时候,才是如此。

(3)在《德国民法典》第 997 条第 2 款的情况下,取走权是被排除的。

例子:善意误信的继承人 S - E 住在属于遗产的房子里。他让人重新裱糊了房间(这是十分必要的),自己安装上了双层窗户,并且用一个热水器替换了加热炉。五年后,他必须将房屋返还给真正的继承人。他不可以请求裱糊的补偿(《德国民法典》第 994 条第 1 款第 2 句),也不可以取走双层窗户,因为双层窗户对他来讲是没有价值的(《德国民法典》第 997 条第 2 款),但根据《德国民法典》第 996 条,他可以请求对双层窗户的价值补偿。只要真正的继承人没有补偿他热水器的折旧价,他就可以取走热水器(第997条第2款)。

(三)根据《德国民法典》第951条第2款第2句的独立取走权

最后,《德国民法典》第951条第2款第2句还创设了一个独立的取走权:在"土地附合"以及"动产附合"的情况下,"附合"物可以被取走,即使失去利益者(der Entreicherte)不是主物的占有人,[53]也是如此。但这里《德国民法典》第997条,特别是它的第2款是可以被适用的,这样一来,提供价值补偿可以阻止对物行使取走权。 36

还要注意的是,在第三人不能按照《德国民法典》第951条第1款主张补偿请求权的时候,他的取走权就消灭了。

---

〔53〕 联邦最高法院在《联邦最高法院民事判例集》第40卷,272、280页中;即鲍尔,《针对青年法学者的判例汇编:物权,带有解释性评论的挑选之判决》,第29个案例,表述了另一种观点。它也想将基于《德国民法典》第951条第2款第2句的取走权只赋予占有人,但与《德国民法典》第997条相比,有所扩展,即附合不仅能为占有人,而且也能为第三人所实施。但《德国民法典》第997条的意义与目的与此是相矛盾的,该意义与目的应当对《德国民法典》第946条及其以下的"剥夺性之作用",通过取走权之赋予进行弥补(Motive III 414)。因此,基于《德国民法典》第997条的取走权是一种"基于所有权而继续发生效力之权利"(Rechtsfortwirkungsrecht)。与此相对,仅限于占有人的限制,仅仅具有偶然的、基于体系上的联系(所有权人——占有人!)来解释的意义,该意义在《德国民法典》第951条第2款第2句范围内则消失了。所以,基于《德国民法典》第951条第2款第2句的取走权作为"基于所有权而继续发生作用之权利",与基于《德国民法典》第951条第1款第1句的"基于所有权而继续作用之请求权"一样,归"遭受权利丧失"的那个人享有。如联邦最高法院所认为的那样,《德国民法典》第951条第1款第2句与此并不对立。该规定排除了恢复原状的请求权。尽管有取走权,该规定还是保留在这里,该取走权只是赋予了与容忍请求权(《德国民法典》第258条第2句)连接在一起的形成权。取走费用之承担(《德国民法典》第258条第1句)也具有重大意义(对此完整的参见夸克,《慕尼黑德国民法典评注》,第951条,边码25,具有进一步的证明;泽格尔/米尔,第951条,边码22)。

所以在我们的最后一个例子中,安装人(替换了加热炉的那个人)只能向S-E请求,而不能向真正继承人请求,因此他不可以从他那儿取走热水器。不同的是,如果安装人安装了偷来的热水器时。在这儿,热水器的原所有权人可以行使取走权。[54]

所有取走权的共同点是,它们只是债权性质的请求权。因此在所有权人破产时,它们并不能赋予该人以[破产]取回权(Aussonderungsrecht)。

第四节　债权证书上的所有权

参考文献提示:施勒希特里姆,《商人证券的民法问题》,载《新法学周刊》,1970年,1993页,特别是2088页;策尔纳(Zöllner),《有价证券情况下票面化因素的遏制》,载《赖泽尔纪念文集》,1974年,249页(有进一步的证据);魏玛(Weimar),《债务证书之所有权》,载《德国法月刊》,1975年,992页。

一、基本思想

(一)不可分原则

37 “土地附合”(《德国民法典》第946条)以及“动产附合”(《德国民法典》第947条、第948条)的事实构成只顾及了多个物附合成经济上的整体的情况,这些事实构成对该整体在法律上给予保障。相同的利益状况也可能出现于一个物与一个权利附合的情况下,而且存在于一个证书(物)以任何一种形式被负载了一个权利的所有情况下,可能是权利自己被证券化在证书上(如在无记名

---

〔54〕 具体的还有很多争议:比较泽格尔/米尔,第951条,边码22;罗伊特/马丁内克,第12节II,具有进一步证明。

证券的情况下),可能是仅仅为了证明目的而设立的证书(例如负债字据),最后也可能是为了权利资格的目的(Legitimationszwecken)(例如储蓄存款簿)。在这里,证书中表示出来的权利与证书上的物之所有权(Sacheigentum)分离,似乎是不可以的。不管以什么方式,证书只不过是一个"附属的物"(Anhängsel)、权利的重要成分(即使不是在技术的意义上)。《德国民法典》第952条表现了该思想,即将债权证书上以及"关于其他权利"(凭着该权利可以要求给付)的证书上的所有权,判定给该债的债权人,或者——一般地来讲——权利的拥有人所有,甚至不仅在证书签发的一刻,而且在以后的每一次权利转让时:权利拥有人一直都是证书的所有权人。

(二)有价证券法上的关联

当然,为了能够完整地理解《德国民法典》第952条,必须——在广泛的有价证券法关联中进行理解:[55] 该法律规定了有价证券的形式,在这些形式下,权利被体现在证券上,即为了转让权利,一个物权法上的过程是必要的,但一个物权法上的过程也就足够了。这适用于无记名证券(例如无记名债券、无记名股票)以及指示证券(汇票*、支票):[56] 在这些证券的情况下,要转让权利,根据《德国民法典》第929条及其以下,合意与证券的交付是必要的,就该合意而言,背书与交付是必要的。所以,这里权利与证券的结合已经被物权法上的移转形式所保障了。人们说:"在 38

〔55〕 参见策尔纳,《有价证券法》,第3节,具有进一步证明。

* "Wechsel"同时有本票与汇票的含义,译者将之译为本票,仅为行文方便。

〔56〕 支票卡、信用卡不是支票,而是权利证书(参见赖夫纳(Reifner)文,载《新法学周刊》,1987年,630页;韦勒(Weller),《德国信用卡程序》,1986年)。

证券上的权利之后才是基于证券的权利"。[57]

39 对于所有其他的有价证券(如禁止背书转让之证券)以及债权证书而言,遵循《德国民法典》第 952 条的规则,人们将该规则概括为一句话:"在基于证券的权利之后才是证券上权利"(Das Recht am Papier folgt dem Recht aus dem Papier)。

所以,《德国民法典》第 952 条是一种基本规则,即对无记名证券以及指示证券适用的规定而言,包含了一个例外的事实构成的规则。由此可以得出结论,《德国民法典》第 952 条在例外事实构成不充分的范围内,可以被适用于无记名证券以及指示证券:例如,如果一个汇票债权不是通过合意、背书以及交付,而是通过《德国民法典》第 398 条及以下规定的让与(Abtretung)方式而被转让的,这是允许的,那么就按照《德国民法典》第 952 条来确定汇票证书上的所有权。这同样适用于在被拒绝的汇票按照《有价证券法》第 20 条第 1 款第 2 句被转让的时候。这里《德国民法典》第 952 条在一定程度上又作为填补空缺的规则发挥着作用。

对于禁止背书转让之证券(Rektapapieren),还有句话要说:权利被体现在证券上也是它的特征,因此为了权利的产生,证券的签发是必要的,而且——大多数情况下——为了权利的转让,证券的交付也是必要的。但是,与无记名证券以及指示证券相反,它缺乏流通的目的(Umlaufzweck);所以权利的拥有人为在证券中被标记的债权人。可是,证券(以及与此相随的权利)流通的不可取消性(Nichtabheben)并没有将个别继受排除掉;但个别继受并非按照物权法基本原则而产生。禁止背书转让之证券的例子,如抵押证书(Hypothekenbrief):对于证书式抵押权的产生来讲——如同对于它的让与(Abtretung)——抵押证书的交付是必要的(《德国民法典》第 1117 条、第 1154 条)。但是单单有抵押证书的交付,占有人还没有成为抵押权人(比较

〔57〕 对由于许多有价证券集中保管产生的变化,参见普莱尔,《在证券交换情况下的所有权法律问题》,1985 年;许克/卡纳里斯,第 1 节 III;策尔纳:《有价证券法》第 1 节 III;策尔纳文,载《赖泽尔纪念文集》,1974 年,249 页;另参见上文第五十三章边码 12。

《德国民法典》第 873 条与第 1154 条）。只有在抵押权成立或让与（Abtretung）的其他前提存在时，抵押权人才成为证书的所有权人，而且要依据《德国民法典》第 952 条。

《德国民法典》第 808 条的所谓的适格的权利证书（die qualifizierten Legitimationspapiere）经常在总体上也属于禁止背书转让之证券，例如储蓄存款簿。[58] 但这至少是让人误解的：因为这里没有证券时，权利（例如对储蓄银行的债权）也是存在的。它只是被用做债权人的凭证，并给予了债务人向证券持有人进行具有免责效果之履行的可能性。证券上的所有权取决于债权人地位；《德国民法典》第 952 条适用于禁止背书转让之证券，同样也适用于权利证书（Legitimationspapiere）。

二、《德国民法典》第 952 条的适用范围

《德国民法典》第 952 条适用于各种债务字据（Schuldscheine），它是否仅——如通常的那样——被用于证明目的或具有推定作用，是无关紧要的，比如债务允诺（Schuldversprechen）的情况。在《德国民法典》第 952 条第 2 款中，适用范围扩及到关于各种权利（根据该权利可以要求给付）的证书，在这里被特别地提及的如不动产担保物权（Grundpfandrecht）。人们不能从《德国民法典》第 952 条第 2 款提出下述结论，即这里所指的只是关于债权法上请求权与物权法上请求权的证书。相反的，还包括关于成员权（例如有限责任公司的股款缴纳凭证）、物权法上的法律关系（例如担保凭证（Pfandschein）、汽车牌照，联邦最高法院裁判，载《新法学周刊》，1963 年，1413 页；即鲍尔，《针对青年法学者的判例汇编：物权，带有解释性评论的挑选之判决》，第 30 个案例；联邦最高法院裁判，载《新法学周刊》，1978 年，1854 页；施勒希特里姆文，载《新法学周刊》，1970 年，2088 页）的证书。 40

---

〔58〕 对此参见策尔纳：《有价证券法》，第 28 节，特别是 II；第 2 节 II 2 c 以及 d；里夏迪（Richardi）：《有价证券法》，第 10 节。

与此相反,《德国民法典》第952条不能适用于法庭证书与公证书,这些证书没有书面确认任何请求权;同样也很少适用于其他“文件”上的所有权(例如办公文件、企业文件。例如,企业的决议委员会(Betriebsrat)的文件属于谁所有呢?)。

三、法律效果

(一)所有权取得与债权人地位

41 《德国民法典》第952条规定了债权人地位与证券所有权的物权法上的附合。在此谁占有该证券是无关紧要的。

例子:

(1)G按照《德国民法典》第398条向Z让与了他对储蓄银行S的债权。因此Z也就成为了储蓄银行存款簿的所有权人,即使它仍处于G或者S或者第三人的占有之中,也可以要求所有权返还(联邦最高法院裁判,载《德国法月刊》,1972年,775页;载《企业顾问》,1972年,1343页)。

(2)经过长期的谈判,S终于承认了他欠G一万马克。该债务承认书(Schuldanerkennung)为G的所有权,即使它尚在正在起草其内容的律师X的手中。

伴随着权利的产生以及证书的签发,债权人(即权利之拥有人)成为了所有权人,而在附将来的、延缓条件或附期限的权利的情况下,只要之前没有根据《德国民法典》第929条及其以下进行证书所有权之转让,那么,只有在将来的事件出现时,[债权人才可以成为所有权人]。

应注意的是,这里并不取决于权利的到期;债权人的借贷债权五年后才到期,但他现在就已经是为了担保而设定的抵押权的拥有人了,并因此成为了抵押权证书(Hypothekenbrief)的所有权人!

(二)数人时的情况

当数人参与了债权人方面的时候,难题就会出现了: 42

(1)第三人受益的情况

这种情形经常发生在,以第三人名义而将储蓄存款存入汇划账户或者有价证券账户(Giro-oder Wertpapierkonto)。这里可能有疑问的是,谁是对银行债权的债权人呢,是存款人还是被标记为账户拥有人的人。[59] 如果想设定的是一个有利于第三人的合同,那么,即使请求向第三人履行的权利按照《德国民法典》第335条归允诺受领人(Versprechensempfänger)所有,第三人也是债权人(《德国民法典》第328条),因此也是储蓄存款簿的所有权人。

(2)共同的权利

如果在证书上体现的权利归多个人共同所有,那么证书处于共同的所有权之下,而且所有权形式取决于在债权上的共同权利的形式。

例子:

①如果G是在银行S的储蓄存款的拥有人,他的遗产被他的孩子K1、K2所继承的话,那么,K1、K2就成为了储蓄存款簿的公同共有人(Gesamthandseigentümer)。

②如果G将他的储蓄存款出质给D,在这里已经具备了《德国民法典》第1279条、第1280条的特别形式(储蓄存款簿的交付即不是必要的,也不是

---

〔59〕 对此比较卡纳里斯文,载《新法学周刊》,1973年,825页;《联邦最高法院民事判例集》,第21卷,148页;联邦最高法院裁判,载《企业》,1965年,1590页;联邦最高法院裁判,载《新法学周刊》,1967年,101页;法兰克福州高等法院裁判,载《新法学周刊》,1986年,64页,以及科布伦次(Koblenz)州高等法院裁判,载《新法学周刊》,1989年,2545页。

充分的),[60] 所以 G 仍为储蓄存款簿的所有权人,D 根据法律在其上取得了质权(《德国民法典》第 952 条第 1 款第 2 句)。

③如果 G1、G2 在 S 有过错地造成的事故中受到了损害,S 在负债字据(Schuldscheine)中,允诺支付给二人一共 1000 马克,那么按照每人拥有负债字据的一半,他们成为了连带债权人(Gesamtgläubiger《德国民法典》第 428 条)以及共有人(Miteigentümer)。

(三)权利之移转的自动机制

43 伴随着体现在证书中的权利的移转,证书上的所有权也随之移转到新的权利人手中,在这里证书在哪儿,是无关紧要的,权利移转是建立在法律行为之上,还是在法律之上,也是无关紧要的。

例子:

(1)S 为他的债权人 G 签发了一张负债字据,B 为该债务作了保证。如果 B 进行了履行,那么 G 对 S 的债权就移转给他(《德国民法典》第 774 条第 1 款第 1 句);因此 B 也成为了负债字据的所有权人。

(2)如果 G 在他的债务人 S 的土地上享有 1 万马克的证书式抵押权(Briefhypothek),债务人 S 偿还了借款 5000 马克,那么随着 S 对所有权人之土地债务的取得,S 就此数额在证书上也取得了一半的共有权(《联邦最高法院民事判例集》,第 59 卷,313、318 页;第 69 卷,36、40 页),在这里当然要注意《德国民法典》第 1145 条的规定。

(四)在清偿时类推《德国民法典》第 952 条

44 最后一个案例引出了这样一个问题,《德国民法典》第 952 条是否也可以被适用,当债务人已经清偿了体现在证书中的债的时候,他是否因此成为了债务证书的所有权人。肯定的是,按照《德

---

〔60〕 在储蓄簿被设定质权时,如果没有根据第 1280 条告知银行,在有疑问的情况下,将被视为担保性(债权)让与(参见《联邦最高法院民事判例集》,第 51 卷,83 页!)。

国民法典》第 317 条，他享有一个债权法上的返还请求权(Rückgabeanspruch)，有问题、也有争议的是，他是否已经自动地成为了证券的所有权人。对该问题的回答是肯定的，因为《德国民法典》第 952 条可以被准用于消灭之事实构成(Erlöschenstatbestand)。[61]

第五节　孳息取得

参考文献提示：赫泊(Raape)，《先占之转让》，载《法教义年刊》，DogmJ，第 74 卷，179 页；以及《民法实务档案》，第 136 卷，210 页；施诺尔·冯·卡侯斯费尔德(Schnorr von Carolsfeld)，《出产品取得的社会构建》，载《民法实务档案》，第 145 卷，27 页。

一、基础

(一)规则目的与规则体系

45 到目前为止，我们已经研究了由物的附合产生的问题。在物的分离时也会产生所有权问题，即当出产物(Erzeugnisse)或其他(迄今的)重要成分从“母物”中被分离出来的时候，也就是它自己的生命开始了。谁应当是它的所有权人呢？如果所有权人的母物是所有权人自己所经营的，这个问题就很容易回答了：当然——人们会这样说——他成为所有权人。但这么简单是不能一直理顺该关系的。法律中有各种各样的在他人物上的用益关系，物权性的(如用益权)、债权性的(如用益租赁)。但法律也必须考虑到——当然也不是特别经常发生——如下情况，即只是某人认为，自己是

---

〔61〕 与这里一样的如威灵(Wieling)，第 9 节 IX 1 b；埃尔曼/黑费梅尔，第 952 条，边码 6；另一个观点是：帕兰特/巴森格，第 952 条，边码 4，具有进一步证明，还有尧尔尼希/施蒂尔纳(Stürner)，第 371 条，边码 1。

所有权人或用益权利人(Nutzungsberechtigter),事实上该法律地位并不属于他。

法律在《德国民法典》第953条到第957条中处理了所有这些具体情况。这里法律在技术上运用了“提取公因式原则”(Schachtelprinzip),这造成了初学者的困难:它从基本事实构成出发,即所有权人自己用益该物(《德国民法典》第953条)。但一个物权性的用益权利*的拥有人优先于所有权人(《德国民法典》第954条),这是很容易理解的,因为所有权人已经放弃了他自己的用益之权利。在为了行使一个想象的物权性用益权利而为占有(《德国民法典》第955条)的善意的(redlich)自主占有人与善意的他主占有人,享有优先于所有权人的顺位以及用益之权利。债权性的先占权人(例如用益承租人)的顺位优先于上述所有提到的人(《德国民法典》第956条),即使他是善意地从非权利人处取得的权利(《德国民法典》第957条),也是如此。

所以人们必须在具体情况下,“从后面开始阅读”该法律:如果一个债权性的先占权人占有了该物的话,那么他将成为孳息的所有权人(《德国民法典》第956条),对于孳息取得,物权性的用益权人或母物所有权人自始就被排除在外了!在技术上,法律是通过“只要没有”(soweit nicht…)——“尽管”(unbeschadet)的表述来表达该层次的。

(二)规则范围的界限

46 《德国民法典》第953条以下只是解释了从母物分离出来的出产物的所有权问题,而没有规定如下问题:

(1)孳息的取得人是否可以保有该孳息,他是否——在法律的措辞中所说的——“应得到”(gebühren)该孳息。按照当事人的约定来回答该问题,或者——缺少这样的约定的话——按照当事人所选择的合同类型,最后按照《德国民法典》第101条来决定。

---

* 在本教科书中,用益权利是Nutzungsrecht的对译,包括物权性与债权性权利,用益权是Nieβbrauch的对译,特指物权性用益权。

例如,在10月1日撤出的用益承租人成为了粮食庄稼的所有权人,这是没有疑问的。他可以全部带走吗?答案是:在没有其他约定的情况下,参见《德国民法典》第591条、第594条(该种类的其他规定,例如《德国民法典》第1039条、第2133条、第987条、第988条、第990条)。

(2)孳息的取得人是否由于收取孳息而违反了他的合同上的义务,而且他是否一般地——虽然他已经成为了孳息的所有权人——负有损害赔偿义务。

如果森林的用益权人采伐的木材,超出了与正常经营(ordnungsmäβige Wirtschaft)相适应的数量,那么他还是成为了木材的所有权人;但"只要被砍伐的树木是违反正常经营的规则而产生的",他就不应得到它们(《德国民法典》第1039条);如果他有过错地违反了作为用益权人的义务的话(《德国民法典》第1039条第1款第2句:……"尽管存在着他的对于过错的责任"),那么他就对所有权人负有损害赔偿的义务。

(三)《德国民法典》第953条及其以下的概念

出产物"以及其他成分",在分离后必须是物。所以,《德国民法典》第953条及其以下不包括那些没有物的特性的孳息。 47

就比如,指的不是借贷债权的利息(直接权利孳息(unmittelbare Rechtsfrucht):《德国民法典》第99条第2款),或者在土地用益出租时的用益租金(间接的物的孳息(mittelbare Sachfrucht):《德国民法典》第99条第3款;参见上文第三章边码22)。

这里谁有孳息收取权,按照产生孳息的源泉来确定。

比方说,孳息收取权人在借贷利息时是借贷债权人,在用益租金时是用益出租人。但如果在该权利上设定了一个用益权,那么间接的物与权利的孳息归用益权人所有,即使该法律关系(例如用益租赁合同)在用益权开始前就已经建立了(《德国民法典》第1068条、第1030条、第577条、第571条),也是如此。

对《德国民法典》第953条及其以下的适用,母物是土地还是动产,是无关紧要的。

例如,在一群羊的幼崽上的所有权也按此来确定(比较《德国民法典》第90a条第3句),该羊群的所有权人将之交给了用益权人N,以供用益!

法律提及的是"出产物"与"其他成分"。什么是物的出产物,取决于交易观念(Verkehrsauffassung),而不取决于自然科学的定义。所以被采伐的果树是土地的出产物,虽然人们从自然科学的角度来看,很少会将它视为土地的自然孳息。

成分首先被理解为(迄今的)重要成分。非重要成分只有在它们以前已经属于母物的所有权人的时候,才适用于该规定。表见成分(Scheinbetandteile)(《德国民法典》第95条)根本不被包括在其中。

如果某人为了建造苗圃而用益承租了一块土地10年,那么土地中的树苗,即使在分离后,也一直属于用益承租人(《德国民法典》第95条第1款第1句)。

二、所有权人的孳息取得

48 《德国民法典》第953条规定了该常例:随着分离,母物的所有权人成为了被分离的出产物以及成分的所有权人。谁分离了该出产物,是无关紧要的,所有权人是否占有母物,也是无关紧要的(只要没有另外一个用益权利人居于优先地位!),最后,出产物上的功劳归属于谁,也是无关紧要的(所以适用的是分离原则(Tren-

nungsprinzip)，而不是生产原则(Produktionsprinzip)!)。

苹果属于果园土地所有权人所有，即使小偷将它们采摘下来，也是如此——在邻居误将树木种在他人土地上，也是如此。

应当注意的是，在母物上存在的质权，继续存在于被分离的出产物上(比较《德国民法典》第1120条、第1212条)，但是大部分有负责或解脱(Freiwerden)的可能性(比较《德国民法典》第1121条、第1122条)。

三、物权性的用益权利人的孳息取得

(1)如果所有权人把一个物权性的用益权利(Nutzungsrecht)分离出去的话，那么孳息取得权因此也要归用益权利人所有。出产物的所有权随着分离归该人、而不是所有权人享有(《德国民法典》第954条)，在这里，谁进行了分离，还是无关紧要的。 49

孳息取得的范围按照被设定的用益权利的内容来确定。作为这样的权利，首先要考虑的是物上的用益权(《德国民法典》第1030条及其以下)、在动产上的用益质权(Nutzpfandrecht)(《德国民法典》第1213条)、地上权、地役权以及限制人役权，只要它们包含有用益权利即可(比较上文第三十三章边码9及其以下、第三十四章边码2及其以下)。

例子：如果E为了D的利益，在他自己的土地上建立了一个作为限制人役权的砾石开采权，那么D成为了获得的砾石的所有权人，即使不是他自己，而是第三人(或者所有权人)对砾石无权地进行了开采，也是如此。

(2)如果母物上负担了担保物权(例如抵押权)，那么问题是，该出产物是否被担保责任所包括在内。在不动产担保物权的情况下，《德国民法典》第1120条已经(通过“只要就从句”)对该问题作出了否定的回答，即使用益物权比不动产担保物权顺位靠后，也是如此(参见上文第三十九章边码24及其以下)。在动产上质权的情况下，有所不同：《德国民法典》第1212条规定，质权还延伸至出产物；但这只意味着，顺位在先的质权优先于顺位在后的用益权。

四、正当自主占有人与用益占有人的孳息取得

（一）《德国民法典》第 955 条的适用范围

50 《德国民法典》第 955 条规定的是下述情况的孳息取得，在母物处于某人的善意自主占有之中，或者他在行使不存在的用益权利时善意地占有了母物的情况。主要适用情况为未遂的所有权转让或者未成功的用益权利设定的情况：

V 将他自己的土地出卖给了 K，并移转了土地所有权；K 作为所有权人在土地簿册上进行了登记。该法律行为——如后来所证实的——无效，因为 V 处于带有事前同意保留的照管（Betreuung mit Einwilligungsvorbehalt）之下，而且他的照管人对此交易没有事后之承认（《德国民法典》第 1896 条、第 1903 条）。

B 将他的房子交付给了他的侄子，但自己在果园上保留了用益权。该用益权的设定——像我们所假定的那样——由于不合意而无效。

这里法律必须进行规定，想象的所有权人以及用益权人是否为孳息的所有权人。与此仍须区分的问题是，他得以保有由他收取的孳息呢，还是必须将它还给所有权人？对此的答案在关于法律关系的回复请求权（Rückabwicklung）规定之中，例如在《德国民法典》第 987 条及其以下中。

例子：如果 H 将在上述例子中的土地赠送给了 K，那么虽然 K——以他的善意（Redlichkeit）为前提——按照《德国民法典》第 955 条成为了孳息的所有权人，但是他必须按照《德国民法典》第 988 条——因为是无偿的自主占有——向 V（甚或他的照管人）“返还”，也就是说转移所有权。

如果 K 是恶意的，那么不是他，而是 V 成为孳息的所有权人（《德国民法典》第 953 条）。因为他占有该孳息，他必须将孳息返还给 V（甚或他的照管人），也就是说，移转占有（《德国民法典》第 985 条）。

最后，尤其要注意的是，孳息收取权按照《德国民法典》第 955 条，只是关系到《德国民法典》第 99 条第 1 款意义上的物的孳息，而不是相反，涉及其他重要成分。

所以，K 可以取得土地的水果收成，也可以取得位于土地上的采石厂的石头，但相反，不能取得房屋的拆毁材料。

(二)根据《德国民法典》第955条孳息取得的前提

(1)善意

当占有人对于他的无权性(缺乏所有权甚或没有物权性的用益权利)既不知道,也不是因为重大过失而不知道(《德国民法典》第932条第2款)的情况下,占有人是善意的。有决定意义的时间点是在占有取得时;以后的重大过失并不损及[善意性];只有事后对“权利瑕疵”的明确知道才会妨碍所有权取得(《德国民法典》第955条第1款第2句)。对于恶意(Bösgläubigkeit)的举证负担由对抗权利取得的人负担。 51

在我们第一个例子中,如果K事后考虑了,V是否真的具有完全行为能力,并没有关系。只有在他知道了,V处于带有事前同意保留的照管之下,而且他的照管人对土地所有权的移转没有事后之承认,这时,孳息取得才被排除。

与《德国民法典》第932条及其以下并不相同,善意性与那个人的所有权并不相关,即那个将该物——臆想为有效地——出卖或者在其上设定了一个用益权利的人。《德国民法典》第955条只要求善意地对孳息取得之自身法律地位的信赖。因为这里与实体(土地)上的所有权(用益权利)是否被取得,并不相干。

在我们的例子中,K与B都没有取得所有权甚或用益权。但如果K将土地再卖给D,那么D按照《德国民法典》第892条就成为了所有权人,然后,他的孳息取得取决于《德国民法典》第953条!

(2)自主占有或者用益占有

孳息取得人必须对母物进行自主占有或者用益占有,而且是在分离的那一刻。间接的自主占有是不符合条件的，除非占有媒介人自己享有孳息收取权。[62] 按照《德国民法典》第 955 条第 3 款短期的、非自愿的占有丧失是无关紧要的。

在阅读《德国民法典》第 955 条时，应当注意的是，该法律首要根据的是自主占有（《德国民法典》第 955 条第 1 款第 1 句）。如果自主占有人没有权利进行自主占有，或者另一个人根据物权享有孳息收取权，那么，自主占有人就可以他的善意为依据，主张善意取得（第 955 条第 1 款第 2 句）。

（三）法律后果

52 如果自主占有人或者用益占有人是善意的，所以上述前提条件便具备了，那么随着该分离，他就取得了物的孳息上的所有权，在这里，同样无关紧要的是，谁实施了该分离。

需要注意的是，《德国民法典》第 955 条也可以有利于所有权人或者用益权利人自己，其前提是，当他无过错地或者轻过失地不知道他人用益权利的存在的时候，或者，当他没有预料到会有一个优先于他的用益权利，或者他善意地超过了他的物权性用益权利的界限的时候。

在 E 长期不在的期间内，他的代理人 V 为 D，以限制人役权的形式设定了一个砾石开采权。但 D——一个建筑商——目前没有进行使用。当 A 回来时，他对砾石矿井进行了开采。《德国民法典》第 955 条有适用的余地。

在 N 的用益权（Nieβbrauch）优先于作为砾石矿井的开采人 D 的时候（可是在这里，鉴于土地簿册，正当性是很难想象的），也可以准用该条。

---

〔62〕 参见沃尔夫/赖泽尔，第 77 节，III 2。

(四)类推《德国民法典》第935条

还要被考虑的是,是否可以准用《德国民法典》第935条:[63] 53

流浪者D偷走了E的鸡,一小时后作为"种鸡"卖给了"善意"的K,在K那儿,该鸡立刻下了蛋。

如这个案例所展示的,该问题并没有重要的意义。通说否定了对被偷物的成分的所有权取得,但肯定了孳息取得,而且即使该孳息实质上在偷窃的那一刻已经存在了,也是如此。

所以K取得所有在他那儿鸡下的蛋。

五、依据先占许可的孳息取得

(一)概要

所有权人以及债权性用益权利权人(例如用益承租人)的用益,在生活中最经常发生的是物的用益。因此法律必须特别地关照债权性权利人的孳息取得。这规定在《德国民法典》第956条之中,即所谓的*先占许可*:法律选择了一般性的表达"许可"(Gestattung),并且想以此说明,它涉及的是一个并不导致一个物权产生的、孳息收取权人所进行的孳息收取权的转让,[这里的有权人]可能是所有权人(《德国民法典》第953条),或者是物权性的用益权利人(《德国民法典》第954条),或者是正当的自主占有人或用益占有人(《德国民法典》第955条),最后也可能是被某个自己也只是通过先占许可而享有孳息收取权的人: 54

所有权人(用益权人、善意的自主占有人)将土地用益出租给P。P将之

〔63〕 比较韦斯特曼/古尔斯基,第57节Ⅱ3 c以及梅迪库斯,《民法》,边码603。

继续用益出租(转租)给X。

许可自身与它所根据的债权合同并不是同一的;该合同只不过是原因,许可建立在此基础上。《德国民法典》第581条第1款第1句对于用益租赁,非常清楚地表达了该事实情况,即该事实使用益出租人负有义务,“同意……用益承租人……对孳息的享有”。这里的同意(Gewähren)只不过就是《德国民法典》第956条第1款第1句的先占许可。

(二)《德国民法典》第956条的二者择一的事实构成

55 (1)在第一种情况下,母物上或分离的特定出产物上(该条第二种情况,参见下文边码63)的占有被转让给了权利人。在这里,他已经在分离那一刻成为了出产物的所有权人,就这点而言,等同于物权性的用益权利人。

农庄的用益承租人取得所有分离的农庄出产物,该分离被什么或被谁所造成的,是无关紧要的。

如果一个能够产生孳息的动产在保留所有权的前提下被交送,那么,对所有权保留买方的先占许可存在于其中。

(2)在第二种情况下,母物上的占有没有授予权利人,这可能是一开始就没有进行让与,也可能是他后来将——先前被转让——的占有丧失了。[64] 在这里,进行占有(Besitzergreifung)后,他才取得了所有权。

种有果树的土地的所有权人E,将“草与水果收成”以用益租赁的方式出租给了农民B。B在收割后取得草的所有权,在采摘后取得水果收成上的所

〔64〕 短期中断是没有关系的(第955条第3款,准用第940条第2款)。

有权。被风吹掉的苹果首先归属于E的所有权，但是用益承租人有权对这些苹果进行先占，即通过占有之实施产生的先占。

当B在E长期离开的期间，自作主张占有了该土地时，法律状况也是一样的；虽然此后他占有了母物，但是该占有不是“转让”给他的。

所以第一种类型群(1)的特征为——除了持续的必要的先占许可以外——从许可人处的占有之派生，以及占有的持续。第二种类型群(2)具有相对应的反面特征：或者缺少占有之转让，或者缺少占有的持续。

(三)先占许可的法律性质

(1)取得事实构成的特征

对先占许可进行法律上的归类具有一定的困难；这些困难是 56
由于该事件(Vorgang)的不同特征所造成的：

①第一种是，某人通过许可成为受益人，但并没有给予他一个在母物上的物权，只是赋予他一个在被分离的孳息上的形成所有权的取得权(Erwerbsrecht)；许可人不仅仅负有向他移转被分离的孳息上所有权的义务，而且还许可给他一个孳息收取权(Fruchtziehungsrecht)。

②在这里，第二种涉及的是一个“隐藏的取得事实构成”：除了许可以外还必须添加上孳息的分离以及在其上的占有之实施(Besitzergreifung)。

这些隐藏的取得事件(Erwerbsvorgänge)，对于我们来讲并不陌生：大家想一下物权合意(即不动产转让之合意)以及登记(《德国民法典》第873条)、物权合意与交付(《德国民法典》第929条)在时间上的先后顺序性，以及将来债权的让与。如同在这些情况下一样，这里也产生了下述问题，即在许可(Gestattung)与分离(Trennung)之间产生的、处分权能以及权利归属(Rechtszuständigkeit)的丧失，具有何种效果。

③《德国民法典》第956条讲的是,所有权人许可另一个人先占。它的意思是什么呢,即涉及的是许可人的单方处分行为,还是合同性的、与动产所有权转让可比较的约定(Übereinkunft)呢?

(2)理论上的争论

57 对此有两种理论。所谓的转让理论(Übertragungstheorie)〔65〕在《德国民法典》第956条中,只看到了法定的、特别规定的、将来物之所有权转让的情况。合意之要约(Einigungsofferte)位于许可之中,承诺则体现在受益人所进行的在母物上的占有之持续,一直到分离(第一组案例群),甚或体现在对孳息的占有之实施上(第二组案例群)。在文献中与此相对的、占主导地位的先占理论(Aneignungstheorie)〔66〕(也被称为取得或期待权理论)认为,通过作为单方法律行为的许可,由此受益的人被赋予了一个物权性的先占权(Aneignungsrecht)或取得权。

与本教科书所遵循的方法相适应,即并不基于对一个特定的理论去解决该有疑问的法律问题(对此的范例如《联邦最高法院民事判例集》第27卷,36页),我们不会宣称一个或另一个观点是正确的,而是更愿意没有这样的依据穿过疑问的灌木丛。或许首先只能讲这么多:先占理论不像转让理论那么矫揉造作;因为后者必须将占有以及占有取得等纯粹的事实性事件(Vorgänge)作为法律行为来处理,根据的是一种拟制。

(3)许可的法律行为性质

58 肯定的是,许可是许可人的、需受领的意思表示;所以它可能、例如因为违法而无效,因为意思瑕疵而可撤销等。《德国民法典》第130条第2款也是可适用的。

---

〔65〕 参见帕兰特/巴森格,第956条,边码1,具有进一步证据。

〔66〕 参见沃尔夫/赖泽尔,第77节,评注26;韦斯特曼/古尔斯基,第57节,III 2 b;施瓦布/普律廷(Prütting),第41节 V 3;夸克,《慕尼黑德国民法典评注》,第956条,边码2,具有进一步证明。

如果许可人在[意思]表示发出后,但到达受领人之前死亡了,那么该许可还是有效的。该[意思]表示是否可以被继承人撤销,取决于《德国民法典》第956条第1款第2句(参见下文边码61)。

当孳息收取人在受领许可表示后变得无行为能力或在行为能力上受到限制时,对于孳息取得是没有影响的:尽管如此他还将成为孳息的所有权人(按照转让理论导致另一种结果;但我也没有见到过任何一个观点,说要在这里反对在行为能力上受损者的所有权取得!)。

(4)许可的处分特性

肯定的还有,先占许可是处分行为(Verfügung)。 59

的确凭着这个定论并不能获得太多[答案]。还是要回答下列问题:支配什么?谁有权支配?处分人或他的权利继受人受到该处分的约束吗?

如果我们从常例出发,所有权人许可另一个人进行孳息收取,那么在其中存在着一个包含在所有权之中的孳息收取权的分离,也就是对所有权的部分处分(Teilverfügung)。这也相应地适用于被物权性用益利权人许可的情况下。[意思]表示在下述情况下显得很棘手,即由善意的自主以及用益占有人进行的许可时(《德国民法典》第955条),或者由那些自己根据许可而具有孳息收取权的人进行的许可时;这里许可人只具有孳息收取权;他通过先占许可的方式,对该权利进行了处分。

该处分行为——像其他处分行为一样——是抽象的,独立于基础行为的存在与有效性。如果缺少该基础行为,那么一直到许可人撤销时(《德国民法典》第956条第1款第2句),都适用不当得利返还法,对于那些在撤销后产生的孳息,《德国民法典》第985条是可以适用的。

由上所述还会产生的[问题]是,谁有权进行许可:是所有权人(《德国民法典》第953条)、物权性用益利权人(《德国民法典》

第954条)、善意的自主以及用益占有人(《德国民法典》第955条)、还是按照《德国民法典》第956条的先占权人自己(《德国民法典》第956条第2款);在此与"提取公因式原则"(Schachtelprinzip)相适应,权利的先后顺位与刚刚所进行的列举正好相反。

(四)继续存在的处分管领

60 仍有问题的是,什么时候权利归属(Rechtszuständigkeit)与处分权能(Verfügungsbefugnis)必须具备,是在许可的那一刻,还是在孳息分离甚或占有之实施(Besitzergreifung)的那一刻。

E将农庄出租给P。后来他又将之卖给了K或者他破产了(比较一个有趣的案例,《联邦最高法院民事判例集》,第27卷,360页;即鲍尔,《针对青年法学者的判例汇编:物权,带有解释性评论的挑选之判决》,第1个案例;对此参见邓可(Denke)文,载《法学者报》,1981年,331页)。

在这里观点有了很大的分歧,而且在两种理论内部也是如此:比如说,沃尔夫、赖泽尔与韦斯特曼,两方都认为先占理论是正确的,但却持有不同观点:韦斯特曼[67]认为许可的时间点是具有决定意义的,而沃尔夫、赖泽尔却认为应依据分离以及占有之实施。[68]

根据《联邦最高法院民事判例集》,第27卷,360、366页;即鲍尔,《针对青年法学者的判例汇编:物权,带有解释性评论的挑选之判决》,第1个案例,出发点应当是,通常在处分应当有效的那一刻必须确定权利归属以及具有处分权能。这是一般规则,当然偶尔会被例外所中断(比较《德国民法典》第878条、《破产法》第15条第2句;《支付不能法》第91条第2款)。许可人以先占许可

---

〔67〕 第57节 III 2 c,一直到第5版(但现在观点不同了,韦斯特曼/古尔斯基,第57节 III 2 c;这样观点的还有普朗克/布罗德曼(Brodmann),第956条,评注2)。

〔68〕 第77节 IV 4。

的形式,转让他的孳息收取权。该权利的范围不是不变的。它是否存在以及是否还存在,只有在它被实现的那一刻,即伴随着孳息的分离或者孳息的占有取得,才表现出来。在孳息取得的许可的情况下(隐藏的取得事实构成),对于权利归属与处分权能的问题,取决于孳息取得的那一刻。

如果许可人在许可之后陷入了破产,或者他的权利被扣押,或者他完全丧失了他的权利(例如用益权、用益租赁),那么该处分限制或权利丧失,对于通过许可而受益的人的孳息取得也会产生作用。判例以及主流观点[69]得出的也是同样的结果(比较,代替被有理由地解释的《联邦最高法院民事判例集》第27卷360页中[的判例],期待权法律制度在这里也没有导致别的结果)。

可是要将之与下文马上要讨论的问题区分开来,即许可人的权利继受人是否受许可的约束,例外的情况下,权利归属的更换[70]对于受益人的孳息取得是否会没有意义。

(五)许可的可撤销性

许可是可撤销的;与物权合意(Einigung)一样,它并不含有债权因素。在撤销人因此而违反了一个合同性的义务的时候,该撤销也是有效的。这可能会导致许可之诉或者损害赔偿请求权的产生。 61

一个地方自治单位将一块属于它的土地上的水果收成用益出租给了P,为期10年。5年后它终止了该用益租赁合同,因为为了建筑的目的,它需要这块土地。用益租赁合同的终止是无效的,但包含在其中的许可的撤销是有效的。结果:地方自治单位的损害赔偿义务。

---

〔69〕 参见夸克,《慕尼黑德国民法典评注》,第956条,边码6,具有进一步证明。

〔70〕 在破产、支付不能的情况下,在处分权能上。

但在所有权人负有许可的义务,并且受益人占有转让给他的物的时候(《德国民法典》第956条第1条第2款),先占许可是不可撤销的。占有以及债权上的权利使得受益人的地位十分牢固,单方不得收回该地位(期待权)。

(六)对权利继受人的约束

62 基于立法者的决断,也要回答下述问题,即权利归属的继受人(如土地的取得人)或者处分权的继受人(例如破产管理人)是否也受先占许可的约束,换句话说,即该转换对孳息收取权产生作用与否。如果许可的义务也涉及权利继受人,并且受益人占有该物的话,该约束是被予以肯定的。

因此继承人肯定是受约束的,因为许可义务移转给了他;被用益出租的土地的取得人也是如此,因为他根据《德国民法典》第581条、第571条加入了用益租赁关系;破产管理人或者支付不能管理人只在《破产法》第21条(或者《支付不能法》第108条、第110条及其下一条)的情况下,或者当他按照《破产法》第17条、《支付不能法》第103条已经选择履行合同的时候,才以同样的方式[受约束];最后,当其他权利继受人通过债务承担的方式,承受了基于作为许可基础的合同关系之义务,或者事后同意了该许可(《德国民法典》第185条;《帝国最高法院民事判例集》第78卷,35页)的时候,他也是受约束的。

其他情况下该约束是被否定的。[71]

例如:E基于伐木合同,许可K在特定的林区伐木。在此发生之前,E将森林卖给了D。D并不受该许可的约束,即使人们假定,K已经被赋予了对被砍伐的树木的部分或全部占有的情况下,也是如此;因为许可义务并没有

---

〔71〕 另一种观点参见E.沃尔夫,第4节J III c 3 gg,213页。

移转给 D。《德国民法典》第 986 条第 2 款也不能被准用。[72]

(七)孳息取得

(1)对母物占有的意义

63 如果该类有权人许可了先占,那么受益人就取得了在“出产物以及物的其他成分”上的所有权。在此存有——如同我们已经知道的——一个区别,即母物上的占有,有没有被转让给被先占许可的权利人;他在第一种情况下,随着分离取得了孳息,而在第二种情况下,随着对出产物的占有之实施而取得孳息。主物上占有的转让根据的是《德国民法典》第 854 条,或者通过许可人一方的交付(第 1 款),或者通过在《德国民法典》第 854 条第 2 款情况下的纯粹合意而发生;在两种情况下都必要的是,直接占有的“任何部分都没有”残留在许可人手中(《联邦最高法院民事判例集》,第 27 卷,360 页;即鲍尔,《针对青年法学者的判例汇编:物权,带有解释性评论的挑选之判决》,第 1 个案例)。

对下列问题的回答是有疑问的:

①在应该被分离的出产物上的直接部分占有(Teilbesitz),就足够了吗?E 已经将树干上的木材卖给了 K,并许可他采伐以及用车运走。这里 K 随着对被伐倒的树干上的占有之实施,才成为所有权人。

但是,当应该被伐倒的树干在 E 的同意下已经被标记上了 K 的名字的时候,法律状况又怎么样呢?到这里,人们将会发现所谓的授予直接部分占有,其结果是,K 随着分离成为了树干的所有权人,由谁进行的分离是无关紧要的(《帝国最高法院民事判例集》,第 108 卷,269、271 页及其下一页)。

②先占权人的间接占有是足够的吗?当直接占有人享有一个优先于间接占有人的孳息取得权的时候,如在用益权人将物用益出租给用益承租人的

---

〔72〕 有些学者对此有争议,参见帕兰特/巴森格,第 956 条,边码 2;泽格尔/米尔,第 956 条,边码 4。

时候,那么这肯定不是足够的。但即使不是这种情况,在许可人保留直接占有的时候,间接占有对于构成《德国民法典》第 956 条第 1 款第 1 句的前半句的要件,也不是足够的。

例子(根据《联邦最高法院民事判例集》,第 27 卷,360 页):P 许可他的债权人 G,在他用益承租来的各块田地上进行收割。在这里,即使人们将 G 视为田地的间接占有人,他的间接占有也不能与直接占有处于同等地位,因为 P 作为许可人保留着直接占有。《联邦最高法院民事判例集》,第 27 卷,360、363 页,在这里有理由地指向了《德国民法典》第 929 条第 1 句的类似规定——像我所知道的那样——出卖人必须丧失任何直接占有的痕迹。所以 G 只有随着占有之实施才能成为田地收成的所有权人。

(2)孳息取得的范围

64 孳息取得的范围与方式取决于许可的内容。大部分情况下它要与许可人的债权上的义务相适应。所以用益出租人必须按照第 581 条赋予相对人享有孳息,“只要按照正常的经营秩序它们可被视为收益即可”。

如果一片森林属于被用益出租的农庄,那么用益承租人不能成为违背合同而砍伐的树木的所有权人。用益出租人已经成为了所有权人,他可以按照《德国民法典》第 985 条要求返还该木材,并且同时要求损害赔偿。

65 最后,下面的例子应当能展示出,各种“孳息候补人”(Fruchtanwärter)的“混乱状态”是多么的复杂:

E 将他的农庄用益出租给了 P。E 负了很多债。他的一个债权人,在收成前几个星期扣押了大量的待收割的小麦。对“收割前孳息”的扣押是许可的(《德国民事诉讼法》第 810 条)。E 在分离前仍是小麦的所有权人。尽管如此,[在这里]扣押还是不被许可的,因为 E 没有占有带有孳息的土地(《德国民事诉讼法》第 808 条),而且孳息在分离后不属于 E 的所有权的范围,而是 P 的所有权的范围。P 既可以根据《德国民事诉讼法》第 766 条提起异议

(Erinnerung),也可以根据《德国民事诉讼法》第 771 条提起异议之诉(Widerspruchsklage)。[73]

如果 P 的债权人扣押了孳息,那么 E 不可以——虽然他是土地的所有权人——根据《德国民事诉讼法》第 771 条进行对抗。因为随着分离,P 成为了所有权人,E 也不可以撤销该许可。他(E)只有权——由于他的用益出租人的质权(Verpächterpfandrecht)(该权利根据《德国民法典》第 592 条第 1 句也不延伸于分离的孳息;参见埃尔曼/朔普(Schopp),第 592 条,边码 3)——根据《德国民事诉讼法》第 805 条诉请提前清偿,但也只有在 P 拖欠租金的时候才可以。[74]

六、特别情况:非权利人的先占许可

(1)通过先占许可的孳息取得的前提——如同我们所知道的——是许可人自己享有孳息收取权,即所有权人、用益权人、善意的自主占有人或者用益占有人。但是,当许可人对于许可根本没有权利,但受益人善意地认为他是有权的时候,法律状况如何呢?对此,《德国民法典》第 957 条给出了答案:在母物上占有之转让[75] 的情况下,当受益人在转让那一刻是善意的,并且直到分离时也不知道该权利瑕疵的时候,或者在母物上没有占有的情况下,在占有取得时,对于许可权是真诚相信的时候,他就成为了孳息的所有权人。 66

对处分人占有的善意是否必须是正当有理的,法律并没有规定。这点一般是被肯定的,人们根据的是权利表象思想的构思(例如,比较《德国民法典》第 932 条)。结论是,一个既没有母物上的占有,也没有出产物上部分占有的非权利人,是不能使善意人获得先

---

〔73〕 结果上同样如此,参见帕兰特/巴森格,第 956 条,边码 3。

〔74〕 比较鲍尔/施蒂尔纳(Stürner),《强制执行法》,第 1 卷,第 46 章,边码 30 及其以下。

〔75〕 在这里,在孳息上进行部分占有,也是足够的。

占权的(《帝国最高法院民事判例集》,第108卷,269页)。

如果人们要与善意的用益占有人(《德国民法典》第955条)做个比较的话,那么其不同之处无疑是让人惊讶的:该占有人只需要在被他行使的用益权方面是正当的,他的臆想的权利是否是从母物的占有人那儿继受来的,是无关紧要的!这里的矛盾只能以此来解释,即用《德国民法典》第955条,首要应当调整的就是所有权或者用益权利转让有瑕疵的情况,所以这里的"处分人"一般来讲也就是权利拥有人。

(2)如同上述(参见边码53),在《德国民法典》第955条范围内也产生一个《德国民法典》第935条准用的问题。该问题的答案同上述一样。

第六节　无主物的先占

一、适用范围

67 第958条规定,谁自主占有了无主动产,谁就取得了所有权。该规定的适用范围是很窄的:地球上的财产被分配给"固定的主人"——在人为无主物,特别是为猎物留下生活空间的地方,人们将对它们的先占权类型化,并以狩猎权以及捕鱼权的形式赋予给特定人(例如土地所有权人)或者其他人(参见上文第二十七章边码65及其以下)。该种类的另一个先占权被包含在矿山所有权(Bergwerkseigentum)之中(参见上文第三十章)。所以,可归属于任何人的、第958条提及的先占权仅限于那些无主物,即没有承受任何特别的先占权(第958条第2款)的物,比如限于不可被狩猎的动物、海洋的鱼,另外还限于被迄今的所有权人所抛弃的物(第959条)。

二、无主性

(一)野生动物的无主性

68 在自由中的野生动物是无主的(第960条第1款第1句)。

“野生的”这个概念与危险性没有关系。按照其特性，脱离人的控制的动物是野生的。即使是这种情况，它也不是处于自由之中，特别是被关在篱笆里（封闭的栅栏、池塘等）的时候，那么它就不是无主的（第 960 条第 1 款第 2 句）。如果拆下这些篱笆，那么它又是无主的了（第 960 条第 2 款）关于被驯服的野生动物参见第 960 条第 3 款。如果被驯服或被关起来的野生动物逃走了，在该动物被无迟延地、持久地追踪着的情况下，那么该动物上的所有权就没有丧失。[76]

注意：“非野生”动物（家畜）并不因为它们被撒开了或者变野了而成为无主。

（二）被抛弃物的无主性

当所有权人为了抛弃某动产的所有权，故意地放弃对它的占有的时候，该动产就成为无主的了（第 959 条，抛弃（Dereliktion）即所有权放弃（Eigentumsaufgabe））。 69

例子：被扔掉的香烟——人们放在火车车厢分隔间的报纸。但藏的是如此的严实，以至于再也找不到了的首饰，不是无主的；遗失物不是无主的，即使在放弃了寻找它的时候（因为人们不再相信会找到它了），也不是无主的；为了慈善目的而被提供的集装货物的所有权被转让给募捐的组织者，并没有被抛弃。[77] 有争议的是，以垃圾事先放在街上的方式所进行抛弃的问题。拉文斯堡州法院（《新法学周刊》，1987 年，3142 页）在其中认为存在一个对垃圾经营者的所有权转让的要约。被支持的还有，垃圾权的抛弃禁止（das abfallrechtliche Dereliktionsverbot）与第 134 条相连接，阻止了一个有效的抛弃。[78] 该评价是值得怀疑的，因为从家里清除的再也不需要的废旧物品的

---

〔76〕 波恩州法院（LG Bonn）裁判，载《新法学周刊》，1993 年，940 页；对此比较布雷姆/贝格尔（Brehm/Berger）文，载《法学教育》，1990 年，12 页；阿芬那留斯（Avenarius）文，载《新法学周刊》，1993 年，2589 页。

〔77〕 参见施瓦布/普律廷（Prütting），第 42 节，II。

〔78〕 参见夸克，《慕尼黑德国民法典评注》，第 959 条，边码 4。

人，并非明确地完全不反对，这些垃圾再被任何人拿走并且继续使用。最后，对于那些虽然应当被清除、但应被保护免受无权侵犯的物品（例如个人文件），也有比放在开放的大街上更适合被清除的方式！我们认为应区分公法上义务的违反以及故意的所有权抛弃在所有权法律上的有效性。[79]

（三）抛弃的事实构成

70 第959条的文意已经表明了，我们又碰到了双重构成要件，一个是意思要素，一个是在外在世界中的实体变更（reale Veränderung）。

（1）对所有权处分的权利人必须具有放弃他的所有权的意思。

这里存在一个单方面的、无需受领的意思表示，该法律行为可以按照第119条及其以下被撤销，以行为能力的具备为前提等。

（2）必须出现一个占有的放弃，所以该物必须呈无人占有状态。

因此下文的案例是不能用第959条、第958条来解决的：E将他的一本书借给了他的老板L，这本书由于他的漫不经心而没有标记上他的名字。当L长期没有返还该书的时候，他没有勇气去提醒L还书。最后他想："可能L想保留这本书！"这里既没有放弃意思的告知，也没有放弃间接占有。L也没有根据第929条第2句成为所有权人，因为没有存在一个关于所有权转让的合意。所以E还是所有权人，虽然他在内心已经抛弃了该所有权！

此外，下列情况是可以设想的，即所有权放弃发生在占有放弃之后：比如，E误将一本书放在了火车车厢隔间，事后思考片刻后，还是没有返回去将

〔79〕 参见帕兰特/巴森格，第959条，边码1；巴伐利亚州最高法院（BayObLG）裁判，载《德国司法》，1983年，308页。

之取回,比如说,考虑到,这可能是一个善行,以这种方式可以使人们得到好的读物。

最后可能还要注意的是,按照第 119 条及其以下,随着所有权抛弃意思表示的撤销,被扔掉的物并不是第 935 条意义上的脱手物。[80]

三、先占

(一)先占权人的优先性

无主物的先占首先归先占权人所有,例如对可猎取的野生动物[先占]归狩猎权人,对鱼的[先占]归捕鱼权人。从第 958 条第 2 款的表述中,就可以解读出先占权人优先于其他任何占领者(Okkupanten)。 71

(二)合法进行的自主占有

如果一个先占权不存在,并且先占并没有在法律上被禁止(例如在鸣禽的情况下),那么那个对该无主物进行自主占有的人取得该所有权。其所进行的占有——与抛弃相反——不是法律行为,因此孩子、无行为能力人也可以以这种方式取得所有权,只要他们具有将该物“作为属于他们的”而进行占有的能力就足够了(第 872 条)。 72

(三)非法进行的占有

对处于他人先占权之下的物进行自主占有的人,肯定是不能成为所有权人的(第 958 条第 2 款)。肯定的还有,他损害了第 823 条第 1 款意义上的“其他权利”,所以负有返还与损害赔偿的义务。[81] 但在违法先占的物上法律关系是有疑问的,例如在被偷猎者猎获的狍子上:通说认为,该物继续为无主的,一直到先占权人对它进行占有或者善意第三人取得它[82](《帝国最 73

---

〔80〕 但令人怀疑的是,是否没有遗失:无人占有,但不是无主!

〔81〕 参见联邦最高法院裁判,载《德国法月刊》,1958 年,325 页。

〔82〕 所以准用第 932 条。

高法院刑事判例集》(RGSt),第39卷,427页;另参见林德迈尔/莫林编,《联邦最高法院参考书》;《德国刑法典》第242条,边码9,现在韦斯特曼/古尔斯基也是这样的观点)的时候。按照相反的观点,[83]一旦该猎物被某人所占有,便自动产生了狩猎权人的所有权。在这里被称述的理由有,无主性的原因在于缺乏特定性以及事实上的控制。但这些条件随着有权的或无权的占有行为而被取消了。该观点是可以被遵循的。偷猎者的猎获物在他的手中,而不是无主的。所以对被无权人占领物的偷窃也是可能的(参见韦塞尔斯(Wessels)文,载《法律工作报》,1984年,221页)。

四、蜜蜂权[84]

74 第961条到第964条规定的是蜜蜂权。他们处理的是蜂群的特别问题:

(1)从何时开始它是无主的,何时被某人占有的?答案:第961条。

(2)即使所有权人因为追踪蜂群而损害了他人利益,他也可以追踪蜂群吗?答案:第962条。

(3)当外出的蜂群与另一群或另一种蜂群形成了一体,法律状况如何呢?答案:第963条、第964条。

作为这些问题比较重要的是如下法律问题,即因为由工业(化学废气)或者被现代化学杀虫剂所造成的蜜蜂的损害而产生的法律问题。该问题的意义在林德迈尔/莫林编,《联邦最高法院参考书》第831条(Fc),边码6中联邦最高法院的判决(对植物防护剂违反操作规程的使用),以及在《联邦最高法院民事判例集》,第16卷,366页(按照操作规程的使用)中得到了澄清。在第一个案件中,联邦最高法院肯定了基于侵权的损害赔偿请求权,在第二个案件中,牺牲请求权(Aufoperungsanspruch)被否定了;此外,还有《帝国最高法院民事判例集》,第159卷,68页。

---

〔83〕 参见威廉,《物权法》,边码465。

〔84〕 参见施韦尔特纳,《蜜蜂权手册》,1989年,第一部分D;格尔克(Gercke)文,载《自然与法律》(NuR),1991年,59页。

五、补充:土地之抛弃

75 土地的抛弃以及它的占有我们曾以补充的方式指出过(参见第十九章边码44):根据第928条,所有权人为了抛弃而为的放弃的表示必须面向土地登记处作出,而且该放弃须在登记簿册中登记;在土地上的物权(例如土地担保权)并不因此而被触及(参见《德国民事诉讼法》第58条、第787条)。无主土地上的先占权[85]归国库(Fiskus)所有;国库通过被登记在土地簿册中而成为所有权人(第928条第2款)。案例:巴伐利亚州最高法院裁判,载《德国司法》,1983年,308页。

76 在完全负债过多的、无利可图的土地上会出现抛弃(祖先遗留的"宫殿"Das Schloβ der Ahnen)。当然,所有权人不能摆脱那些通过土地担保的个人债务。只是他在抛弃后不再遭受抵押之诉了(对此参见《德国民事诉讼法》第58条、第787条)。由此可能会产生的法律麻烦(先前的所有权人还上了贷款的情况下,结果如何? 或者国库作为新的所有权人清偿了债务:适用第1143条?)是很明显的;但是这并不具有重要的实践意义(案例:柏林高等法院裁判(KG),载《新法学周刊》,1989年,42页)。

对于共有人抛弃的争执的可能性,比较《联邦最高法院民事判例集》,第115卷,1页。

第七节　拾　得　权[86]

一、基础——体系上的归类

77 法律让遗失物的发现者为了遗失人的利益而负担如下义务,即相当于基于无因管理的义务(第677条及其以下)。作为法定

[85] 对此参见《联邦最高法院民事判例集》,第108卷,278页,汉堡州高等法院(LG Hamburg)裁判,载《新法学周刊》,1966年,1715页。

[86] 参见密特兹维(Mittenzwei)文,载《德国法月刊》,1987年,883页;施赖伯(Schreiber)文,载《法律学习》,1990年,446页;利努斯(Linus),《德国民法典上的拾得权》,1994年。

事务处理关系(Geschäftsbesorgungsverhältnis),拾得权在体系上属于债权法。物权法上的相关规定之所以是有理由存在的,是因为发现人——在一定程度上作为他为该物所作贡献的大致补偿——在一定时间后获得了该物上的所有权;因此,法律以此规定了一种原始所有权取得原因。对于所有权取得的前景与期待是与拾得联系在一起的,但是存在实践上特别重要的例外,即所谓的交通场所的发现(Verkehrsfunden)(第978条及其以下)。

二、概念:遗失物——拾得人

(一)遗失物

78 如果人们从语言惯用法出发去尝试下定义的话,那么首先肯定的是,遗失人还是将遗失物视为他的所有物;所以首先从反面来讲,该物不得由于遗失而成为无主的;在抛弃时“遗失”是不被考虑的。按照语言惯用法,有特点的还有,遗失人不知道该物在哪儿。但这样一个不确定的“遗失”的概念,在法律上是不能运用的,因为它也可能包括了“把某物放地找不到”的情况。所以无论好歹,人们必须翘首以待一个具体明确的标准;占有就是这样的[标准]:该物必须成为无人占有的。所以遗失物的概念为:无人占有的、但不是无主的。

遗失了的如:用手绢时掉在街上的钥匙——被一个5岁的孩子扔掉的钱袋——小偷扔掉的偷窃物——小偷停泊的一辆偷来的小汽车!哈姆州高等法院裁判(OLG Hamm),载《新法学周刊》,1979年,725页;对此参见戈特瓦尔德(Gottwald)文,载《法学教育》,1979年,247页——在抛弃被撤销后的被抛弃物[87]——因为借用者对借来的书的内容很恼火,所以将之扔掉。[88]

没有遗失的如:所有权人在其图书馆中再也不能找到的书——“被房屋吞掉了”的眼镜——过分小心的人在到国外旅游前,埋在他的花园中的、而

〔87〕 参见上文第五十三章边码70最后一句。

〔88〕 遗失(verloren)与脱手(abhandengekommen)的概念并不总是一致的。

后再也找不到的首饰盒；参见第七章边码16以及下文边码83。

（二）拾得人

对于作为事务处理行为的“拾得”具有决定性意义的不是遗失标的物的“发现”，而是“拿在自己这儿”（Ansichnehmen）（第965条第1款）、“进行占有”。[89] 79

在“超市”中被一个顾客发现的纸币的拾得人，是该顾客将该钱送交给的那个市场的所有人（《联邦最高法院民事判例集》，第101卷，193页：“一般的占有取得之意思”Besitzerwerbwille）。

一个孩子，看到了有一个钻石戒指在大街上，并指给一个成年人看，然后该成年人将之放在自己这儿，这个孩子得不到拾得人酬金；该成年人是拾得人。

占有辅助人，在他的委托范围内“拾得”了一个标的物，为了本人而对它进行了占有，本人在6个月后成为所有权人（《联邦最高法院民事判例集》，第8卷，130页；即鲍尔，《针对青年法学者的判例汇编：物权，带有解释性评论的挑选之判决》，第31个案例：“引座员的拾得”——关系到的是最初适用的一年期限，参见旧法第973条）。

在这些情况下，法律感好像作出了异样的决定，但当人们在拾得中认识到了为遗失人的事物管理[性质]（对此存疑的有，克格尔（Kegel）文，载《冯·克默雷尔纪念文集》，1978年，149、169页），以及新近对于第一个案型的论述（古尔斯基（Gursky）文，载《法学者报》，1991年，496、497页具有证明，以及杜博斯卡尔（Dubischar）文，载《法学教育》，1989年，703页），法律感就应该平静下来了。

---

〔89〕 参见密特兹维（Mittenzwei）文，载《德国法月刊》，1987年，883页；威廉，《物权法》，边码573及其以下。

三、遗失人与拾得人之间的法定债务关系

80 (1)随着拾得人将遗失物拿到自己这儿,产生了一个事务管理类型的法定债务关系。当事人为拾得人以及“受领权利人”(第956条第1款);谁是这些当事人,按照实体权利来确定。

受领权利人并非一直与遗失人为同一个人:如果小偷遗失了偷来的钻石戒指,那么所有权人是受领权利人。可是当拾得人将戒指返还给遗失人的时候(第969条),那么拾得人就从他的义务中解脱出来了。

(2)拾得人负担告知、保管以及返还的义务(第965条到第967条)。

对已知的受领权利人的告知义务(Anzeigepflicht)一直存在,而无需考虑拾得物的价值多少。如果不知道遗失人是谁或者他的居留地何在的话,在遗失物的价值高于10马克的时候,应负有向主管部门告知义务(第965条第2款;广泛流传的观点是错误的,即拾得人对于价值微小的标的物可以一直保有!)。

送交给受领权利人的义务(Ablieferungspflicht)(第985条至第681条第2句、第667条)或者送交给主管部门的义务(第967条);通过后者,拾得人可以从他的持续的保管义务(第966条)以及向受领权利人返还的义务摆脱出来,而不会丧失他的权利(第975条)。

拾得人的责任限于有故意或重大过失的情况(第968条):情谊给付(Gefälligkeitsleistung)。

(3)拾得人可以请求他所支付的费用的补偿(第970条)以及拾得酬金(Findlohn)(第970条)。

留置权*——支付请求权，但只有在受领权利人重新获得了该物并且事后同意了拾得酬金的时候（第972条）。

四、拾得人的所有权取得

（一）前提要件

第973条规定了拾得人的原始所有权取得，但必须是从在主管部门处进行拾得之告知时起、已经经过6个月，并且受领权利人既没有在警察局提出他的权利，也没有被拾得人所知晓的情况下，才可以。除了期限届满以外，还必须附加一个缄默的事实构成。 81

特别是在所谓的小物件拾得时，参见第973条第2款。

还有在6个月期限届满之前，受领权利人已经被发现了或者他已经在主管部门提出了自己的权利的时候，如果受领权利人已经使第974条规定的期限（"您愿意满足我的拾得人请求权吗？"）经过了的话，拾得人可以取得所有权。

如果遗失物或取而代之的拍卖所得在主管部门那里，那么拾得人的所有权取得并不因此受到阻碍。拾得人对公法性质的主管部门（国家）享有返还请求权（不来梅州行政高等法院[VGH Bremen]裁判，载《德国行政公报》，1956年，628页）。

对于慷慨的拾得人，参见第976条。

（二）取得人的法律地位

该所有权取得是原始的。遗失人是否也是该物的所有权人，是无关紧要的。在该物上的限制物权消灭。人们可以将在所有权取得前拾得人的法律地位称为期待权（Anwartschaft）；它是可以被出让的，也是可以被继承的（准用第929条及其以下）。可是，取 82

---

* 在德国法上，这是一种抗辩权。

得效力并不溯及拾得的那一刻。[90]

拾得人的所有权取得还要"负担一个抵押权"3 年之久:遭受权利丧失之人(特别是所有权人),在此期间内对拾得人(或者在第 976 条情况下的主管部门)享有一个基于不当得利的请求权,即请求"返还因权利变更而产生的所得"(第 977 条),主要是要求拾得物所有权的转让或者价值补偿。

案例:价值不菲(500 马克)的德国牧羊犬"Ajax"从它的主人那儿跑散了,并被 F 作为散开的狗捕捉住了。F 在报纸上进行了告知(30 马克),并且每天支付 3 马克的饲料费用。2 个月后 E 出现了。但当他应当支付 210 马克的费用以及拾得酬金的时候,他根据第 974 条的期间经过了。F 成为了所有权人。即使如此 E 还可以在 3 年内要求(补偿费用后)狗的返还。

所以,总的来讲,拾得人的法律地位被规定的还相当不够。对于所有的情况,合适的做法是,拾得物被立刻送交给警察局,以便避免因保管而产生的责任!

五、所谓的交通场所的拾得

83 如果一个物在行政机关的空间内、在行政机关的运输工具中或者在公共交通工具[91] 中被人拾得的话,适用特别法。拾得人虽然负有交付的义务,但是他只有在遗失物至少价值为 100 马克的时候才能获得拾得酬金(详细的参见第 978 条;对此《联邦最高法院民事判例集》,第 101 卷,186、192 页;巴森格文,载《新法学周刊》,1976 年,1486 页,艾特(Eith)文,载《德国法月刊》,1981 年,189 页)。

---

[90] 有争议,但通说较好:施陶丁格/格林(Ring),第 973 条,边码 4;施瓦布/普律廷(Prütting),第 45 节 IV 4 具有进一步证明。

[91] 根据通说,不能将第 978 条及其以下类推适用于商店、银行等场所中的遗失物;另参见上文边码 78 以及第七章边码 16。

六、埋藏物之发现

谁发现了埋藏物并进行了占有,谁就取得了一半的共有权;另一半归含有埋藏物之物的所有权人所有,埋藏物被隐藏于该物之中(第984条)。对于"埋藏物"的概念,第984条含有一个法律定义:"一个长期处于隐藏状态"的物,以至于所有权人不再可能被查清了。 84

所以,与无主物相反,前提要件并不是所有权人已经抛弃了该物;与在拾得时也不相同的是,该物是"无人占有的",并不是一定必需的。

比方说在挖掘一个古老的地下室时被发现的1750年的银币,就属于"埋藏物"这一概念的范畴,1975年在土地上耕作时重见天日的标有1898年的戒指也属于"埋藏物"。

第984条中的概念规定不得被过窄的理解。可能从未属于任何人所有的标的物,也属于此类,例如被发掘出来的化石以及其他古物的发现(Altertumsfunde)(但是大部分情况下,州法律上的发掘或者文物保护法对此要加以干预,这些法律经常导致的是国家对埋藏物的经济特权)。[92] 对于隐藏物的概念,比较科隆州高等法院裁判,载《新法学周刊》,1992年,966页,附有K.施密特的评论。

当该物被占有时,发现人取得共有权;是被他还是被另一个人[占有],是无关紧要的。同时,另一半共有份额归"母物"的所有权人所有。

所以这里决定性地取决于——与在拾得权中不同——发现。该功绩应得到物权法上的回报。对物照管的思想在这里不予考虑。

案例:E在1975年将他的满是废墟的土地卖给了K,并转让了所有权,K让建筑商建造一座办公大楼。在挖土机驾驶员B挖出地下室的时候,他发现了一个首饰盒,从它的内容可以得出,涉及的是E的父母在第二次世界大战时在这里埋藏的首饰。不存在埋藏物的发现!所有权人是作为其父母继承人的E(而不是K)。

如果B发现了一个装有金币的口袋——铸造时间为1809年——那么这

---

〔92〕 比较《〈德国民法典〉实施法》第73条与州法上的发掘以及文物保护法;例子:联邦宪法法院裁判,载《新法学周刊》,1988年,2593页;联邦行政法院裁判,载《公共管理》,1965年,643页。

里涉及埋藏物。K以及B(而不是E)成为了共有权人,每人各一半(K并不是作为建筑起造人,而是作为土地的所有权人[成为共有权人的],作为建筑商的U不能[成为共有权人])。如果K在该土地上推测有埋藏物,并且在之后已经让人进行了寻找的话,该案例应被作不同的判定,《帝国最高法院民事判例集》,第70卷,308页;《联邦最高法院民事判例集》,第103卷,101页(古尔斯基(Gursky)的评论,载《法学者报》,1988年,668页);"卢卑克埋藏物之发现"——另参见联邦宪法法院裁判,载《新法学周刊》,1988年,2593页;对此,施罗德(Schroeder)文,载《法学者报》,1989年,676页。

第八节　时效取得

一、引言

(一)适用范围——基本思想

85 谁善意地占有动产10年,谁就取得了其上的所有权(第973条);善意(fides)、自主占有(Possessio)以及时间经过(Tempus)根据法律导致了所有权变更。

该制度在今天真的还有其适用范围吗,或者它只不过是基于某个时代的历史残余物[93]呢?在那个时代,从无权利人处善意取得是不可能的,而且土地交易中取得过程的登记有很大的不完善之处,所以不得不对时效取得思想予以承认。事实上,善意取得的可能性的确使取得时效的意义受到了巨大的限制;时效取得在今天只是在非典型的案例群中起作用:如在遗失物的取得的情况下(第935条),在由无行为能力人或对无行为能力人进行出让的情况下;一句话,在占有人于继受或原始取得时认为自己为所有权人的所有情况下,其实并非如此。

〔93〕 对此参见卢伊格(Luig)文,载《科隆法律系纪念文集》,1988年,95页及其以下。

E 遗失了一本书;F 认为这是被抛弃的,从而“据为己有”。

V 向 K 就一幅属于 E 的绘画发出了买卖要约,并宣称该画并非真迹,他就出卖以及所有权转让被授予了权利或被授予了全权。不考虑《德国商法典》第 366 条,K 没有成为该绘画的所有权人,但他可以通过时效取得它。

通过时效取得的所有权取得是建立在自主占有人持久利益(Beharrungsinteresse)的基础上的。对此产生了一般的需要,即消除一定时间经过后的、真实与臆想的法律状况之间的不一致,并且清除由于时间经过造成的举证困难。在这里时效取得等同于其他制度,即时间经过导致了一方受益以及另一方的权利丧失或者权利受损的制度,就如消灭时效(Verjährung)、(被同样对待的)登记取得(Tabularersitzung)制度以及以公示催告程序的途径对所有权人的排除制度。

(二)时效取得的意义

对时效取得权的法院判决的数量是极少的,这使人们认识到,该制度在 86
我们的法律秩序中没有特别的意义。不同于在所有没有善意取得的法律秩序中的时效取得制度;这里时效取得有一个代替作用。它使买方[94] ——大部分在相当短的时效取得期间——取得所有权,即他认为通过出让行为所获得的、但实际上不能取得的所有权。

比如说在普通法上,除了善意(fides)、自主占有(Possessio)以及时间经过(Tempus)以外,还必须添加其他的前提要件:一个被据为己有的物(res habilis)(例如不是被偷的物)以及正当性(titulus)(使占有取得具有正当性的原因,例如买卖)。所以,那时“通常”的时效取得,恰恰是在它今天变的有现实意义的地方不起作用了!因此还有特别的时效取得,在这种情况下,时效取得时间与所有物返还请求权(rei vindicatio)的消灭时效(Verjährung,30 年)恰好相合。按照其功能,更确切地说,我们今天的时效取得与普通法上特别时效取得是类似的。

---

〔94〕 或者另一个取得者。

(三)具有可比性的法律制度

(1)登记取得

87 所谓的土地上权利的登记取得与动产时效取得是相类似的现象:30 年的——非法存在的——在土地簿册上作为所有权人的登记,[95] 连同一样长的自主占有使被登记人获得了所有权(第 900 条第 1 款)。善意在这里——与动产的时效取得相反——不是必要的。[96]

例子:V 于 1928 年将他的土地出卖给了 K 并进行了不动产所有权让与的合意,K 作为所有权人已经被登记入土地簿册。当 V 于 1960 年去世时,他的继承人对于 K 的所有权取得进行了抨击(该土地的价值在此期间已经达到了一个不寻常的高度!)。他们证明,该出让行为在那时由于缺乏有关机关的批准是无效的。但是 K 在此期间已经成为了所有权人(第 900 条第 1 款;如果 V 已经给予了 K 一个用益权的话,可以准用该条,第 900 条第 2 款)。

(2)通过公示催告程序对所有权人的排除

以公示催告程序的途径对所有权人的排除(《德国民法典》第 927 条与《德国民事诉讼法》第 977 条到第 981 条)有别于登记取得(Buch - oder Tabularersitzung)。在登记取得时自主占有与土地簿册状况是相一致的,而对于该所有权人之排除的特征是,自主占有与土地簿册状况是不相一致的。但是该土地簿册状况必须是特别的:后者真正的所有权人根本没有登记,或者虽然他登记了,但是已经去世了或者下落不明,并且土地簿册状况 30 年以来没有变更过。

例子:[97] E 于 1905 年移居到美国。他将他的土地交给他的兄弟 B 管

---

〔95〕 或者作为用益权人、居住权人(比较第 900 条第 2 款)。

〔96〕 对此参见霍夫迈斯特(Hofmeister),《土地簿册与时效取得》,载《瑞士证书制作与土地簿册法杂志》,1978 年,321 页。

〔97〕 这在实践中遇到过! 另外的例子:巴姆博格州高等法院(OLG Bam 贝格)裁判,载《新法学周刊》,1966 年,1413 页;《联邦最高法院民事判例集》,第 76 卷,169 页,以及联邦最高法院裁判,载《新法学周刊》,1980 年,2529 页。

理。B于1920年去世了。他的儿子S,对于他的父亲与E之间的协议并不知道,将该土地作为自己的而进行经营。当他于1960年想在土地中的一块设定负担的时候,才确知E还被登记在册。因为S对该土地进行自主占有30年有余了,E也下落不明,而且在30年期间内没有土地簿册登记发生,所以目前的所有权人(或许E的一个孙子作为其继承人)被排除了。S可以在排除判决具有法律效力后作为所有权人登记入土地簿册,并因此获得所有权。

当人们回想起,法律并不愿意许可一般的针对土地簿册的时效取得(即没有"违反登记的取得"(Contratabularersitzung)),那么第927条复杂的前提要件还是可以理解的。所以如果E于1928年移居到美国,在那里身体非常健康并与德国的亲属进行书信往来的话,那么对于S来讲没有将自主占有增强为所有权的可能性。

最后要注意的是,所有权与占有的长期分离在土地法上是可能产生的。例如,在买方(即占有人)基于一个土地买卖合同而享有的不动产所有权让与请求权在30年后经过了消灭时效的时候,买方不能再强迫土地所有权的转让了;但反之,卖方(即所有权人)也不可以凭着所有物返还请求权(rei vindicatio)而要求返还占有;虽然该请求权没有经过消灭时效(第902条第1款第1句),但是买方可以基于买卖合同主张他对占有的权利。

现在言归正传,我们还是探讨动产的时效取得问题,现在检验其前提要件,在此我们想放弃一些太深入的细节。

二、时效取得的前提条件

(一)善意的自主占有

对于自主占有来讲,其取决于占有人的意思(第872条,参见上文第七章边码88及其以下)。行为能力不是必要的,同样意义不大的是作为占有基础的法律原因(即不需要合理的债上的原因(iustus titulus))。 88

善意性涉及的是——如同在第955条一样——时效取得人臆想的所有权,而没有涉及——如同第932条一样——在占有中的、可能的前手的法律地位。在占有取得时,重大过失也是不利的,占有取得后,只有在肯定地知道自己是无权的,才是不利的。

在上文边码85末尾的例子中,K知道V不是所有权人。虽然如此,如果他认为V是被授予出让权的人,从而没有重大过失而相信了其作为所有权人的特别法律地位,那么他还是善意的(第937条第2款)。

应当注意的是,间接的自主占有也是足够的,如在K将该绘画作为"永久的出借物"让与给一个艺术团体的时候。

(二)期间届满

89 第二个前提条件是10年时效取得期间之届满。它开始于正当自主占有的事实构成之满足,大部分情况下开始于占有的取得,在这种情况下,第938条的推定效力能使时效取得人受益:如果他现在是占有人的话,那么他在此之前也是占有人(Olim possessor et hodie possessor, interea possessor)。

法律已经作出了巨大的努力,去规范在该时间经过的期间内所可能产生的所有的可能性:

(1)最重要的情况为权利之继受的情况,比方说,在我们的案例中,K将该绘画——这次假定一下,该画是偷来的——转让给了D或者被他所继承了。法律(第943条)中没有——该规定并没有减轻理解的困难——关于在时效取得期间内自动的权利继受的规定。这意味着,就D来讲,善意的自主占有之前提要件必须具备,以便能够使在K那儿经过的时效取得期间作有利于他的计算。

所以,如果在我们的案例中,K是善意的,并且相信D在他的法律地位上也没有重大过失,那么期间在K处就开始起算。

如果K是不善意的,那么只有在善意的D那儿,时效取得期间才开始起算,而且,如果他是K的继承人的话,只有从被D所进行的善意自主占有成立后才开始起算;[98]因为这之前,该占有以下述形式转移给继承人,即与其在K处存在的那样,作为恶意的自主占有的形式(第857条)。

---

〔98〕 最近部分地很有争议!就整个问题参见克尼特尔(Knütel)文,载《H. 朗格纪念文集》,1992年,903页;克雷默文,载《新法学周刊》,1997年,2580页;芬尼克淖尔(Finkenauer)文,载《新法学周刊》,1998年,960页(琥珀房屋—马赛克Bernsteinzimmer – Mosaik)。

关于继承时占有的法律状况，参见第944条，以及泽格尔/米尔的评论。

(2)时效取得期间可以基于同样的原因，如同消灭时效一样被中止(第939条连同第202条及其以下)，例如，当所有权人基于一定的事实上或法律上的原因不能主张权利的时候。

(3)时效取得期间由于一定的事件而被中断，其后果为，在中断前经过的期间将被忽略不计(第942条)。这样的事件为自主占有的较长地持续丧失(第940条)，或者对时效取得占有人或他的占有媒介人的起诉(第941条)，当然还有事后对无权利状态的知道的情况(第937条第2款后半句)。

三、时效取得的效果

(一)所有权取得与负担免除

时效取得的效果是所有权的取得(第937条第1款)，而且只要对限制物权的不存在的认识也是善意的，就可以无负担地取得所有权(第945条)。对负担免除(Lastenfreiheit)的单独的时效取得也是可能的。 90

例子：E将她的首饰借给L参加“舞会”。L需要钱花，就将首饰出质给了G，G因此获得了质权(第1207条)。后来L偷偷地从G那儿拿走了该首饰，并且出让给了K，在出示一个伪造的授权书的情况下，K对她非常相信，即所有权人E已经授予了她出让的权利。这里K没有取得所有权，该质权一如既往地存在着。但是K可以在10年后、在第937条及其以下的前提要件下成为无负担的所有权人。

如果L将他自己的首饰出质给G的话，那么依据第929条K自始就成为了所有权人，但是他的所有权负担有质权。K可以对负担免除(Lastenfreiheit)时效取得。

(二)对时效取得的所有权不得适用不当得利返还请求权

有一个与时效取得占有人的原始所有权取得相关联的、著名的争议问题，即该时效取得的所有权，是否可以对抗基于合同或者不当得利的请求权而得以实现，它是否自身包含着它自己的法律原因。 91

用两个例子作为引言：

不为人所知的精神病人 E 将他的钻石戒指卖给了 K，并且转让了所有权。10 年后 K 成为——只要具备第 937 条及其以下的前提要件——所有权人，所以，E 的所有物返还请求权（rei vindicatio）被排除了；还存在——30 年才时效消灭的——不当得利返还请求权（虽然 E 只是“交付”了占有，现在指向的是戒指的所有权返还）吗？

E 将他的图书馆出租给了 M，然后依据第 929 条第 2 句将该图书馆所有权让与给 M，但在此时他是无行为能力的。他在 10 年后还可以“基于”该——有效的——租赁合同请求返还吗？

人们可能对该争议问题〔99〕置之不理，因为它——如上述案例所表明的——没有太大的实际意义（至少帝国最高法院在《帝国最高法院民事判例集》第 130 卷，69 页；即鲍尔，《针对青年法学者的判例汇编：物权，带有解释性评论的挑选之判决》，第 27 个案例的判例中致力的就是该问题）。但是基于两个原因，使得该问题很有意思：

（1）其一，之所以如此，是因为该问题以类似的形式一再地被我们碰到；关键词：通过登记最终确定顺位关系？（参见上文第十七章边码 14 及其以下）。——按照第 946 条到第 950 条所有权取得的债权性补偿？立法者的回答是：第 951 条！（参见上文边码 23 及其以下）。

（2）其二，说明了下述现象，即消灭时效期间与时效取得期间不同的经过而产生的法律上的分歧（赫克：“法律之残疾”（Rechtskrüppel））。

法律感表明，根据时效取得应赋予所有权取得以“绝对的”效力。但是这导致了提不出根据的结果：

在我们的第一个例子中，如果只是 E 与 K 之间的买卖合同无效了，而不是所有权转让无效了，那么 K 就立刻变成了所有权人，但要承受给付不当得利返还请求权 30 年之久，这——按照时效取得最终效力理论——不是这种情况，即当他还没有获得所有权的时候，必须进行时效取得的情况。（但某些人通过下列方式绕开该难点，即他们在第一种变化的情况下简单地按照意

〔99〕 关于通说，首要要比较韦斯特曼/古尔斯基，第 51 节 III；另一种观点：施瓦布/普律廷（Prütting），第 39 节，VI；帕兰特/巴森格，在第 937 条边码 2 之前，他的依据是，第 937 条不像第 951 条与第 977 条那样包含了对不当得利法的指引。

义适用时效取得法,并且在10年后不给予不当得利返还请求权!)

或者

S将E的非脱手(abhandenkommene)物赠送给了B。B成为了所有权人(第932条),但是于30年内必须向E按照第816条第1款第2句返还该物。如果该物是被无行为能力人E向B所赠送的话,那么B——按照时效取得最终效力理论——于10年后取得不可侵犯的所有权!

这在事实上是不可以忍受的结果。所以人们必须肯定在《帝国最高法院民事判例集》第130卷,69页;即鲍尔,《针对青年法学者的判例汇编:物权,带有解释性评论的挑选之判决》,第27个案例中接受的解决办法:

(1)当取得人没有法律上原因而获得了占有的时候,合同性的返还请求权与不当得利请求权同样很少被时效取得所触及(给付不当得利返还请求权)。

所以,在我们的两个案例中,买方K或者承租人M——虽然他们已经成为了所有权人——仍负有物的返还(正确的是:向回转让所有权的返还)义务。

(2)相反,不能适用所谓的侵害型不当得利返还请求权(Eingriffskondiktion);也就是说,所有权人根据第985条的返还请求权被时效取得所排除了,所有权人也不能引用第812条第1款第1句后半句为据。

例子:D将E所偷来的钻石戒指卖给了善意的K。10年后E即不可以基于第985条,也不可以根据第812条向K请求返还该戒指。

第三编

动产上的用益权利

第五十四章　动产上的用益权[1]

第一节　基础——适用范围

一、法律上的类型化

作为动产上的限制物权,法律只规定了用益权(Nieβbrauch)与质权(Pfandrecht),即一个是用益权利,一个是担保物权。相对于土地上限制物权的多样性,立法者[在动产上]的“供应”就显得相当地少了。但是这种保守态度是建立在动产的性质的基础上的:与土地不同,动产是短命的,对此大部分情况下是为了特定人的个性而设置的。因此,为用益物权与担保物权的区分性之类型化留下很狭窄的空间。事实上,同样只有向另一个人转让物之用益或者变价权的可能性,该人代替所有权人地位行使这些权利。 1

〔1〕 参考文献指示参见上文第三十二章以及下文第六十一章;另参见米勒,边码 2988 及其以下(第 14 章:动产上用益权);舍恩,《物上用益权》,1992 年;维德曼(Wiedemann),《在商事企业情况下的成员权的转让与继承》,1965 年,第 17 节;卡·施密特,《商法》,第 6 节具有进一步证明。

关于一般的用益权以及它在土地上的制度构造,我们已经在上文第三十二章进行研究了。所以在这里只需对动产上用益权的特别之处进行研究,就可以了(参见本章第二节)。

二、动产上用益权的适用范围

2 动产用益权(Fahrnisnieβbrauch)的适用范围很窄。单个动产上的用益权,在实践中几乎不为人所知。用益权存在于其成分(也)是动产的财产之上、物之集合体(Sachgesamtheit)上或被交给用益权人的土地的从物上(第1031条)。在此,在作为财产或属于物之集合体的物上,并没有一个统一的用益权,而是必须在每一个物上建立一个独立的、一个在它的法律的存在上完全独立的用益权;即使相关原因行为(Kausalgeschäft)的内容是在财产上或作为整体的物之集合体上设定用益权的,也是如此。[2]

关于在动产上用益权之设定的例子:

E以遗嘱的方式将在其财产上的赡养用益权(Versorgungsnieβbrauch)遗赠给了他的夫人F。动产(土地的从物、房屋中的陈设等)也被包括该财产之中。

E——他在经营扩展了的牲畜交易的同时,还运营着一个运输企业——为他的债权人G在该运输企业连同8辆卡车上设定了质权,并为他设定了5年的用益权(以此E的债务可以被逐渐地偿还)。现在,G就有权自己承担风险地经营E的运输企业。

最后提到的例子指向的是在商业上的(《德国商法典》第22条第2款)、企业上的用益权(Nieβbrauch an einem Handelsgeschäft, an einem Unternehmen)(对此参见上文第二十八章)。该事件的问题很少涉及用益权之设定;对于企业的单独部分,用益权之设定根据的是那些对其适用的规则(动产情况下的物权合意与交付等),在物权法上无法理解的企业核心中的[制度]安排无疑也属于这些规则之中。但难点却产生于,用益权人经常以自己的名字从事交易,即虽然企业的实体并不属于他的所有权,他却成为了

〔2〕 对此具体比较米勒,边码2993及其以下;埃尔曼/米哈尔斯基(Michalsky),第1030条,边码2。

企业主(联邦最高法院判例,载《新法学周刊》,1975年,210页;林德迈尔/莫林编,《联邦最高法院参考书》(BGH LM),《德国民法典》第930条,边码12)。其对商业经营执行必要的处分自由,常常通过下述方式扩展,即将在可消费物上的所有权赋予给他(第1067条),关于流通财产的其他标的物,则给予他以处分授权(所谓的处分用益权(Dispositionsnieβbrauch);另见第1048条)。在所有权人的同意下,他可以继续使用该现今的商号(《德国商法典》第22条第2款)。对于迄今所建立的交易债务(Geschäftsverbindlichkeit)的责任,根据《德国商法典》第25条来处理;对于新成立的交易债务,只能由用益权人的财产来承担责任,而且承受用益权的财产中的可消费物,以及从企业中获得的纯收益也属于承担责任之财产![3]

案例:联邦最高法院判例,载《新法学周刊》,1975年,210页;林德迈尔/莫林编,《联邦最高法院参考书》(BGH LM),《德国民法典》第930条,边码12)。

关于用益权延伸于物的重要与非重要成分参见米勒,边码2995及其以下。

第二节　动产上用益权的特别之处

一、用益权的设定

根据第1032条,对于动产所有权转让适用的规定准用于用益权的设定。所以,关于用益权设定的合意、交付及其替代形式都是必要的。用益权的善意取得(类推适用第932条及其以下)与时效取得(类推适用第932条及其以下)[4]也是可能的。 3

例子:E为N在他的财产上设定了用益权。其中有一台不属于E所有的

---

〔3〕 关于十分复杂的细节比较下文第六十一章所述;另外M. 沃尔夫(M. Wolff)文,载《埃伦贝格(Michalsky)手册》,Ⅳ 1,18;泽格尔/施蒂尔纳,第1085条,边码6—8(企业上的用益权),第1068条,边码7—9b(企业份额上的用益权)。

〔4〕 比较泽格尔/施蒂尔纳(Stürner),第1032条,边码1。

打字机,他已经将之出租给了M。如果N是善意的,那么她取得在该打字机上的用益权(第1032条连同第931条、第934条),该用益权在用益期间内相对于真正的所有权人X是有效的(但要注意《德国民法典》第816条第1款第2句!)。

虽然用益权人有权利对物进行直接占有(第1036条第1款),但是,他[是否]保有该直接占有,对于它的设定以及它的行使都不是必要的(联邦最高法院裁判,载《德国公证杂志》,1954年,399、402页)。所以,在我们案例中,顺便说一下,即使N让M保留该物的时候,其在与M约定的租赁期间内对此是负有义务的(第1065条连同第986条),N也是用益权人。

二、所有权人之用益权

4 与土地所有权人不同(参见第三十二章边码7),动产的所有权人不能为了自己的利益设定用益权。[5]

三、在消费物上的用益权

5 消费物上(第92条)的用益权被法律重新解释为用益权人的所有权(第1067条),这是否与当事人的意思相适应,是无关紧要的。因此,用益权人可以对物进行支配,但在用益结束之后,负有价值补偿的义务(第1067条)。在此,在用益权设定的时候,该物的价值是无需被用益权人所补偿的,偿还义务的高低是由当事人任意处置的。也可以约定,在用益结束那一刻的价值之补偿,或者补偿同样种类与质量的物。

四、带有附属物的土地上的用益权——“归并”的概念

6 当在带有附属物的土地上设定用益权时,用益权人可以不必成为所有权人,而在正常的经营范围内支配该附属物(法定的处分授权)。但是他必须设法搞到代替物,即那个随着归并,逐渐变为附属物所有权人的所有权的

---

〔5〕 有争议,通说与这里一样:姆驰库姆/佩措尔德(MünchKomm/Petzold),第1032条,边码21具有进一步证明;舍恩,同上,225页及下一页。

代替物（第 1048 条第 1 款第 2 句）。[6]

这里可能是——虽然不是系统地，但是为了理解——对归并（Einverleibung）的概念最合适说上几句的地方了：

法律在用益权这里（第 1048 条）以及在用益租赁（第 582a 条第 2 款第 2 句）的相应情况下，使用了这个概念。该事件的独特性在于，用益权人（收益承租人）自己首先在代替标的物上取得所有权，但是迄今的附属物所有权人——大部分情况下是土地所有权人——在归并那一刻获得了在代替标的物上所有权。在此并不取决于，这是否与用益权人的意思相符合，只要他在该附属物上进行了归并，就可以了。范例：《联邦最高法院民事判例集》，第 35 卷，53 页。

例子：一个农庄的用益权人 N 将属于土地所有权人破旧的耕地拖拉机以及奶牛出卖了。农业仓库 V1 在所有权保留的前提下，以分期付款的方式卖给了他一辆新的拖拉机，他在牲畜销售商 V2 那儿买了一头牛。他在农院里使用这两个物。因此 E 成为了牛的所有权人（但如果该牛是偷的话，那是不行的！）；在拖拉机上的所有权，随着最后一期金额的支付才归他所有，而且，即使 N 为了自己而保有该拖拉机，并只想转让给 E 旧拖拉机出卖的收益，也是如此。

如果涉及在一个工商企业上的用益权的话，对该问题的判定是相似的（准用第 582a 条第 2 款第 2 句，直接适用第 1048 条）。对于先位继承（Vorerbschaft）的情况，相应的规定在第 2111 条第 2 款，但在这里是在广泛的代位范围内，[7] 另外还在第 1370 条的规定中（参见上文第五十一章边码 26 及其以下）。

---

〔6〕 指所有附属物被按照估计价值被承受的情况。

〔7〕 对此参见鲍尔文，载《法学者报》，1958 年，465、467 页及其下一页；（即鲍尔，《论文集》，第 2 卷，235 页）；泽格尔/哈德（Harder），第 2111 条，边码 4 具有进一步证明。

第四编

动产上的担保物权

第五十五章　动产上的质权（法律秩序）

参考文献提示：达姆劳（Damrau），《慕尼黑德国民法典评注》，对第1204条及其以下的评注；赖尼克/蒂特克，《信贷担保》，第4版，1994年；泽里克，《德国动产担保：概述与基本思想》，1988年；施陶丁格/维甘德，对第1204条及其以下的评注；哈·韦伯，《信贷担保》，第5版，1995年，第6节；维特（Witt），《农业企业附属物上的质权》（Hohenheimer，1974年博士论文）；瓦克（Wacke），同上（上文在第五十一章之前）；比洛，《信贷担保法》，第4版，1997年。

参见第五十五章末尾的概要，边码23。

第一节　基本思想——适用范围

一、基本思想

（一）物之担保信贷

在土地担保物权（参见上文第三十六章） 1
的研究中，我们已经认识到：通常只能在提供物权担保的条件下才能发放信贷，即为物之担保信贷；与此相对，人的信款（Personalkredit）——也包括为保证（Bürgschaft）所加强的情况——

退到了次要的地位。不仅被土地担保物权所担保的信贷，而且被作为意定动产质物（Faustpfand）的动产之交付所担保的贷款，也被称为物之担保信贷。[1] 作为动产质权（Fahrnispfand），它的特征还有，为了债权人债权的安全，债权人被赋予了一个在出质物上的、物权性的变价权。该变价权赋予了该债权人相对于无担保的债权人的优先权，而且在强制执行（《德国民事诉讼法》第805条）的情况下，以及在所有权人破产时（《德国破产法》第48条、《支付不能法》第50条：别除权），也是如此。在被担保的债权到期时，可以通过出卖质物（Pfand）而行使该权利（第1228条及其以下）。

（二）产生原因

2 根据产生的方式，人们将之区分为：

1. 通过法律行为设定的质权——动产质物

E将他的表出质给了借贷给他50马克的G。

在陷入严重的经济窘境时，E带着他的表来到了典当行（Pfandleihhaus），在那里获得了为表上质权所担保的贷款。

2. 法定质权：在法定前提满足的情况下，质权无须任何意思合致而产生

E以承租的方式居住在V处。当他没有支付房租的时候，V可以行使他的法定出租人质权（第559条）。——E委托行纪人K收买一枚稀有的金币。在E不能支付收买费用以及佣金的时候，K可以在——还属于他的物上！——行使他的法定质权（《德国商法典》第397条、第398条）。

---

[1] 关于不一致的用语，参见上文第三十六章边码4。

3. 扣押质权

G 基于一个执行名义在他的债务人 S 处对 S 的钢琴进行了扣押，并因此取得了扣押质权，从而使他有权拍卖该物。

法律在质权的规则上运用了下述技巧：

从第 1204 条到第 1256 条详细地规定了意定质权。然后，这些规定又被宣称为可以准用于法定质权(第 1257 条)。对于扣押质权，首先适用《德国民事诉讼法》第 803 条及其以下；是否同时或者在多大的范围内准用关于意定质权的规定，是有争议的。

我们遵循导言的顺序，首先处理意定质权(第二节)，然后法定质权(第三节)，最后扣押质权(第四节)。

(三)质权的基本原则

如同土地担保物权一样，动产的质权也被法定化了，对当事人的合意加以了限制(在内容形成自由的意义上的合同自由之限制)。对于该法定化(Typisierung)，一定的基本原则是至关重要的，这些基本原则或者对于质权之本质是内在的，或者是为参与人或没有被物权担保的债权人之利益所要求的。作为这些质权基本原则，包括我们已经在土地担保物权情况下了解的附随性(Akzessorietät)、特定性(Spezialität)、公示性(Publizität)以及优先性(Priorität)等原则(参见上文第三十六章边码 62 及其以下)。这些基本原则稍加变化后也适用于动产上的质权。基于第 1204 条第 1 款中质权的法律定义(为担保债权而在动产上设定的带有债权人变价权的负担)，产生了动产质权的附随性以及特定性。 3

1. 附随性

质权具有严格的附随性：只有在被担保的债权存在的时候，它 4

才能产生(第 1204 条第 1 款;但注意第 1204 条第 2 款!)。第 1204 条第 1 款——它只能连同债权一起被转让,并且随着债权的转让而转到了新的债权人之手(第 1250 条)——它随着该债权的消灭而消灭,它是为了该债权的安全而被设定的(第 1252 条)。

债权不存在或消灭后的所有权人质权(Eigentümerpfand)这一法律制度(比较第 1163 条!),在这里是没有规定的。对此也很少存在需求,因为在一个或同一个物上很少有多个质权。可能的后顺位债权人的晋升是可以被接受的。在所有权与质权归为一体的时候,也不会产生所有权人质权(第 1256 条第 1 款第 1 句;但注意在第 1256 条第 1 款第 2 句以及第 2 款中的例外情况)。

2. 特定性

5 特定性原则也适用于动产上的质权:只有单个物才能作为出质物;法律并没有关于对债务人全部动产上的"概括质权"(Generalpfandrecht)的规定,也没有在一个集合财产上(Sachgesamtheit)的质权的规定。

多个出质物的联合关系的确是没有害处的;法律自己也在第 559 条第 1 句提及了承租人的"携入之物"(Eingebrachte Sachen),并且显然指的是物的可能变化的存量(第 560 条第 1 句)。因此具有变化存量的仓库也可以被出质,前提是,将来被容纳在仓库中的物也要准用第 1205 条、第 1206 条而进行交付。

S 将他的仓库以下述方式出质给了他的债权人 G,即将钥匙交给 G 的雇员 A。A 按照 S 的要求交出每天商品交易所需的货物,并接收新买进的货物入库(还可以比较《帝国最高法院民事判例集》,第 77 卷,201、207 页)。

还要注意的是,特定性原则并不排除共同质权(Gesamtpfandrecht)(与共同抵押权是可以类比的);多个物中每一个(它们是属于一个还是多个所有权人,是无关紧要的)都要就全部的债权承担责任(第1222条);债权人享有选择权,可以决定指向哪一个物。

在“出质”物转为债权人的所有权,并且在债务清偿后应当将所有权重新又转让给债务人的情况下,人们会提到“不规则质权”(irregulären Pfandrecht)。* 就如,当用益承租人将小饮食店——比如说面包店——交给用益出租人作为担保,在用益出租关系结束的时候,该担保须保障用益出租人对用益承租人的请求权。这里在内部准用《德国民法典》第1204条及其以下(例子:克布伦次州高等法院判例,载《企业顾问》,1974年,199页;具体细节参见哈·韦伯,第7节Ⅲ)。

通过所谓的瓶子质物(Flaschenpfand)并没有建立一个质权:供应者仍是瓶子(“空的容器”——“须退还的包装”)的所有权人。该“押金”(Pfandgeld)保障了供应者对空的容器的请求权(细节请参见科尔豪瑟/博尔克(Kollhosser/Bork)文,载《企业顾问》,1987年,909页;马丁内克文,载《法学教育》,1987年,514页,都有进一步证明)。

3. 公示性

(1)通例:占有 6

动产上质权的公示工具为占有。对于交付的要求,在意定质权的情况下比在所有权转让的情况下还要严格:通过占有改定设定质权的形式是不可以的——通过基于占有媒介关系的返还请求权之让与方式的质权设定,占有媒介人必须被通知到(第1205条第2款)。——在出质物返还于出质人或所有权人的情况下,质权消灭,即使质权人并不愿意如此,甚至在他已经表达了相反的意思的时候(第1253条),也是如此。

这种对公示性的苛刻要求,是担保性所有权让与以及所有权保留以多种

---

* 指担保性所有权让与等。

多样表现形式发展起来的原因。另外,在个别的意定或法定质权情况下,公示原则有所减弱。

(2)登记

在一定情况下,法律要求在公开的登记簿上登记质权(登记型质权 Registerpfandrecht)。属于这种情况的,例如电缆质权(对于远洋电缆的出质,根据1925年3月31日的法律,载《帝国法律公报》,第1卷,37页)、飞行器上的质权,根据1959年2月26日的《关于飞行器上权利的法律》,载《帝国法律公报》,第1卷,1页(对于飞行器上质权在登记簿中的登记;对此参见文特(Wendt)文,载《德国法月刊》,1963年,448页),还有一个收益承租人的附属物上(Inventar)的质权,根据1951年8月5日的《用益租赁贷款法》,载《联邦法律公报》,第1卷,494页(书面质权设定合同,在区法院处存放);例子:《联邦最高法院民事判例集》,第54卷,319页。

(3)携入

另外,质权人的非占有型质权(Pfandrecht ohne Besitz)为几个法定的质权,如出租人、用益出租人以及饭店店主对合同相对人携入之物的质权。

4. 优先性

7 优先性原则适用于在同一动产上存在多个限制物权的情况下;在此,设定时间一直是至关重要的(第1209条)。

在一个或同一动产上存在多个限制物权,无疑,比在土地的情况下要少得多;相比于动产,土地在自身上存在广泛的用益与担保空间。还有,土地簿册使得明了的公示(Sichtbarmachung)成为可能,而作为公示工具的占有在原则上是不可分割的。但出租人质权与扣押质权[2]之间的竞争以及多个扣押质权之间的竞合,在实践中肯定是会出现的。

二、适用范围

意定质权在实践中有一个不是十分广泛的、但也不是没有意义的适用范围: 8

(一)典当企业

属于此类的,首先是凭借意定动产质物而获得的日常生活的小额贷款,该小额贷款商业化的一种典当行业。

这里适用1961年2月1日的《关于职业典当行的商业活动的行政法规》(《联邦法律公报》,第1卷,58页;1976年5月30日的版本,《联邦法律公报》,第1卷,1335页),该法规首要处理的是行业警察的基本原则,但也对《德国民法典》的质权进行了规定,比如要求签发出质单据(Pfandschein)的(第808条意义上的权利证书)情况(第6条),或者质物出卖条款对《德国民法典》的规定有所修改的情况,或者质权人的权利只限于对出质物的变价权,即对债务人其他财产采取措施是被排除的情况(第5条)。这里,被作为基本原则确定下来的也是质物被设定质权后才付出贷款。

(二)银行的质权

银行在有价证券、贵金属以及货物上的质权,在经济上是很重要的。实践上出现了两种形态:

1. 在被指称的标的物上设定质权后,才发放贷款(所谓的设质贷款)。

商人S在G银行获得了10,000马克的贷款,并且在他已经放在银行保

---

〔2〕 对此参见《帝国最高法院民事判例集》,第60卷,70页;《联邦最高法院民事判例集》,第27卷,227页;鲍尔/施蒂尔纳,《强制执行法》,第1卷,第46节,边码35。

管箱之中的有价证券之上,设定了质权作为担保。[3]

2. 银行质权依据的是它们的一般交易条件(银行一般交易条件第14目以及储蓄银行一般交易条件第21目)。[4]

例子:K向他的海外出卖人V,通过他的银行提供了一个凭船货提单(Konnossement)[主张的]信用证(Akkreditiv)[5](《德国商法典》第647条)(K即信用证提供人,V即信用证受领人,B即信用证银行)。在V交付背书信用证后,海外分行(或者B的往来银行)向V支付货款,并将代替交付之证券(Traditionspapier)转交给B。依此,B在货物上获得了一个质权,该质权对于银行B基于事务处理(第675条、第670条)的请求权,给予了担保,这些请求权是通过对买卖合同的"预先支付"(Bevorschussung)而产生的。

明示的质权设定并不是必需的,因为从银行的一般交易条件中已经得出了银行的质权。

根据联邦最高法院裁判,载《新法学周刊》,1988年,3260页 Ⅲ 2,顾客在对一般交易条件合意的时刻,是有行为能力的,但在后来签订明示担保

---

〔3〕 对此参见卡纳里斯,《银行合同法》,边码1360及其以下;卡·施密特,《商法》,第21节Ⅱ2。

〔4〕 出质条款不适用于银行信托式地受让的财产价值:联邦最高法院裁判,载《新法学周刊》,1985年,1954页;联邦最高法院裁判,载《经济法杂志》,1987年,1419页。——对于《一般交易条件法》对银行一般交易条件的影响参见联邦最高法院裁判,载《新法学周刊》,1983年,2701页;1988年,3260页Ⅲ 2。沃尔夫/霍恩(Horn)/林达彻尔·沃尔夫(Lindacher - Wolf),第9节,3—5页,具有进一步证明;另参见下文第六十二章边码4及下一页。

〔5〕 文件信用证(Dokumentenakkreditiv)为可撤销的与不可撤销的、债务人(买方)对银行的指示,对债权人(卖方),根据对体现出被购买货物的文件(例如船货提单)的提交,而可撤销地或者不可撤销地负有支付义务;对此察恩(Zahn),《对外交易中的支付与支付担保》,第6版,1986年;卡纳里斯,《银行合同法》,边码916及其以下;艾泽曼(Eisemann)/许策,《在国际商事交易中的信用证》,第3版,1989年——实践中的例子:《联邦最高法院民事判例集》,第101卷,84页;联邦高等法院裁判,载《新法学周刊》,1985年,550页,以及1989年,159页。

协议时,没有行为能力的情况下,银行的质权也得产生(我认为,对该判决是值得思考的,因为银行通过担保协议这一表象表明了,该协议是不以一般交易条件中的质权为依据的。对此还要考虑到对无行为能力人的保护)。

相似的规则还出现在德国承运人一般条款第50条之中。——对于在担保交易情况下对所有权的债权性约束(Vinkulationsgeschäft):即通过对返还请求权之让与而进行的担保性所有权让与,参见斯考勒兹/卢瓦斯基(Scholz/Lwowski),边码501及下一码。

第二节　意定质权

一、参与人——关于该阐述的概要

在通常情况下,债务人为他的债权人在属于他的物上设定质权;债务人、所有权人、出质人是同一个人。这样的一种三位一体也不是必然的;人们可以马上设想出,所有权人为了他人之债而交付自己的物作为质物。还有一种分离的情况如下:即某人在不属于他的物上为了自己或他人的债务而设定质权。在复杂的情况下,在消极的一面,债务人、出质物的所有权人以及出质人都不是一个人。 9

例子:

S将他的集邮品出质给了他的债权人G(正常情况)。

E为了S的债务而将他的集邮品出质给了S的债权人G(第一种在消极方面的复杂化)。

V为了S的债务,而将为了试看由E交付给他的集邮品出质给了G(第二种在消极方面的复杂化)。

消极一面的参与人与质权人的法律关系,以及参与人相互之间的法律关系必须被予以澄清,这增加了理解的难度:

(1)债务人在他对债权人的地位上,并不因为质权的设定而受到触及;

他不可以让向他要求清偿的债权人去进行质物的变价(例外:《德国民事诉讼法》第 777 条,在债务人与所有权人是同一个人时,所谓的物上的执行(beneficium excussionis realis))。

在出质人与质权人之间产生了一种法定的债务关系(第 1214 条及其以下),例如使得债权人负有保管的义务(第 1215 条),出质人负有补偿费用的义务。引人注目的、并且不太好的是,并没有与所有权人之间建立起来该债务关系;因为所有权人才是真正的相关人。

当涉及质物的变价的时候,所有权人的利益就变得明显了(重要的如第 1234 条、第 1237 条第 2 句、第 1241 条)。

(2)但在消极方面的参与人之间的关系,建立在存在于他们之间的法律关系之上;所以,那个将不属于他的物设定质权的人,基于第 823 条或者基于合同违反向所有权人负有损害赔偿的义务。另外,谁为了他人的债务而将他的物作为质物任由其支配(E 为了 S),一般情况下,谁就有权要求对其费用进行赔偿,例如,如果质物被拍卖的话,赔偿质物的价值(第 670 条)。如果他清偿了质权人,那么债权与质权就转到了他的手中(第 1225 条、第 1249 条;所以这里产生了一个在自己物上的质权,第 1256 条第 2 款)。

在下文的阐述中,我们将从通常情况出发,即债务人、所有权人以及出质人是同一个人的情况。另外,阐述的过程遵循日常实践中质权关系的时间流程,即从质权设定开始(参见边码 10 及其以下),将参与人的地位放在变价权开始的前面(即变价条件成熟(Pfandreife),参见边码 20 及其以下),然后是变价权自身(参见边码 24 及其以下),最后处理的是质权的转让(参见边码 31 及下一码)以及消灭(参见边码 32 及其以下)。

二、质权的设立

10 与抵押权相类似,动产上的质权也是作为附随性的物权而被构建的。所以可以按照上文第三十七章在抵押权上所做的阐述顺序进行阐述:首先列举可能的负担客体,然后详细准确地说明被担保的债权,最后研究物权性的设定行为。

(一)负担客体

(1)动产

质权的客体可以是动产(第1204条),也可以是在动产上的共有权(第1258条)。质权[范围]也将物的重要成分包括在内,但不能将其从物包含在内(与在抵押权的情况下不同!)。

重要成分不能成为独立的质权标的(与《德国民事诉讼法》第810条不同:禾秆上的果实之扣押!),但从物却可以(与《德国民事诉讼法》第865条第2款)。合意质权与扣押质权在这里并不是十分地和谐一致:

执行名义的所有人可以扣押禾秆上的果实,但不能扣押土地的从物!反过来,土地的所有权人不能为他的债权人在田地中的庄稼上设定质权,[6]但却可以在土地的从物上设定质权!还有,不可扣押物(《德国民事诉讼法》第811条)可以被设定质权,只要设质没有违反善良风俗即可:设质建立在债务人自由的意思决定(Willensentschluβ)之基础上(芬恩(Fenn)文,载《泛亲属法杂志:公法与私法中的婚姻与家庭》,1971年,110页;另参见法兰克福州高等法院判例,载《新法学周刊》,1973年,104页)。

例如:①E——农庄的所有权人,农庄上负担着为了H的利益而设定的抵押权——为他的债权人在农庄的两辆拖拉机上设定了质权。质权的设定是有效的。《德国民事诉讼法》第865条第2款没有适用余地。但是抵押权也延伸到拖拉机之上,优先于G的质权。拖拉机并不因为设质而从抵押责任中摆脱出来,除非第1122条第2款的例外事实构成(在按照正常的经营范围内对附属关系的废止)得以成立。H可以对G享有将拖拉机重新返还到土地上的请求权。[7] 另外,为H所获得的土地扣押也牵涉到质权标的物,即使该标的物在G处也是如此。如果善意优先顺位取得的前提按照第1208条(在这里大多数情况下G是存在重大过失的,因为要求G在土地簿册中看

---

[6] 这里至少要转化为质权取得构成的意思,准用第956、957条;比较沃尔夫/赖泽尔,第161节IV 1。

[7] 有争议;对此参见施陶丁格/斯彻尔羽伯尔(Scherübl),第1135条,边码6;与此相反,艾克曼(Eickmann),《慕尼黑德国民法典评注》,第1135条,边码16。

一眼是不过分的)具备的话,G 才能在拖拉机上取得一个优先于抵押权的质权。在出质物被 G 以质物出让的方式实现了价值的时候,抵押权责任当然消灭,因为那样的话,第 1121 条第 1 款或(以及)第 1244 条的前提就具备了。

②作家 S 在手头紧的情况下,将他的打字机出质给了贷与人 G。虽然按照《德国民事诉讼法》第 811 条第 5 款扣押是被排除的,但也是有效的!

(2)物的集合

11 因为特定化原则的缘故,这样的物的集合之设质是不可能的。但是多个被设定质权的物的联合关系是允许的(参见上文边码 5)。

(3)有价证券

无记名证券以及指示证券按照物权的基本原则被设定质权(第 1292 条、第 1293 条);对于所有的其他有价证券以及只被用做资格[或权利]或者证据的证券,质权按照它们所体现的权利的基本原则来设定:

S 通过合意与交付,为 G 在属于他的无记名债券上设定了质权。

如果他向 G 交付了他的储蓄簿作为"质物",那么因此并没有在对储蓄银行的债权之上产生质权,因为设定质权需要对该机构的通知(第 1280 条)。但只要 S 没有清偿完 G 发放给他的贷款,G 就可以依据有效的担保约定对抗 S,但只要 S 能充分地证明自己的身份,就肯定不能阻止 S 在储蓄银行将他的存款取走,不能被排除的情况还有:另外一个债权人 D 对该债权采取[强制]措施(比如说通过扣押以及移交裁定,《德国民事诉讼法》第 829 条、第 835 条)。

(二)被担保的债权

(1)附随性

12 质权必须服务于"债权的安全"(第 1204 条),所以它——与抵押权一样——具有附随性。如果被担保的债权——也可以是将来的或附条件的——不存在的话,那么就不会产生质权。它随着债权的消灭而消灭(第1252条),并随着债权转到受让人手中,而无需质物的交付(第1250条)。这里并没有债权有瑕疵或消灭时的所有权人质权制度。

在几种但不太多的情况下是有疑问的,这些情况将在例子中被予以说明:

①G发放给了S一笔贷款,S通过有价证券上设定质权的方式为该贷款作了担保。如果该贷款由于任何一种原因而无效了,那么有问题的是,该质权现在是否担保该不当得利请求权。该问题被予以肯定地回答(联邦最高法院裁判,载《新法学周刊》,1968年,1134页;即鲍尔,《针对青年法学者的判例集:物权,带有解释性评论的挑选之判决》,第53个案例;其他的观点只愿意赋予G一种留置权;另参见上文第三十七章边码48)。

②G与S打赌50马克,S赌输了,就交付了他的表作为质物,因为他身上没有现金。根据第762条的意义,自然债务不能通过质权来加强:在该表上没有G的质权。

③S用下述约定赋予G一个质权,即G只是保有该出质物,而且S没有权利通过对债务的清偿来赎回出质物。这里在事实上缺乏一个被担保的债权;G的质权没有产生(联邦最高法院裁判,载《新法学周刊》,1957年,672页)。

④在诉讼程序中,在主张被担保的债权后来消灭了的情况下,关于举证负担,参见联邦最高法院裁判,载《法学者报》,1986年,686页(附有鲍姆格特尔的评论);《新法学周刊》,1986年,2426页。

(2)将来的与附条件的债权

质权可以——与抵押权一样(第1113条第2款)——为了一个将来的或附条件的债权而被设定(第1204条第2款)。但由于这里没有所有权人质权的规定,为了将来以及附条件债权的质权随着设定就产生了,而不是随着债权的产生才产生的(《联邦最高 13

法院民事判例集》第 86 卷,340、346 页;[8] 联邦最高法院裁判,载《新法学周刊》,1983 年,1619 页)。因此质权人现在就有权占有出质物了,他根据第 1227 条为不作为请求权与返还请求权所保护,质权的顺位——顺便提一下,与在抵押权所担保的贷款尚未被支付的情况下一样——根据其设定的时间来确定(第 1209 条)。

我们回想一下银行的一般交易条件第 14 条第 2 款,据此,出质物为银行对其客户的"所有存在的、将来的以及附条件的请求权"作担保(参见上文边码 8)。必要要件只有如下一点:将来的债权在其产生原因上是可以确定的;与此相反,甚至债权的多少——与在抵押权的情况下不同:第 1113 条第 1 款——也不是必须要确定的;就这一点来讲,动产上的质权的构建要比最高额抵押权自由得多!

例如:S 从他的银行 G 处以往来账户的方式获得了企业资金贷款(Betriebsmittelkredit);他在妻子 V 的同意下,在 V 的价值连城的首饰上设定了质权作为担保。这对于质权的产生就是足够的了。该质物为基于贷款关系而产生的债权的全部金额作担保,即使后来超过了最初预计的"贷款最高限额"(Kreditplatfond),也是如此。

其他例子参见联邦最高法院裁判,载《新法学周刊》,1988 年,3260 页,Ⅲ 2(对此的思考参见第五十五章边码 8 末尾)。

(3)金钱债权或货币价值的债权

14 与在抵押权的情况下不同,被担保的债权不必一定指向金钱,它只要必须在质物出卖的那一刻能够转变为金钱债权就可以了(第 1228 条第 2 款第 2 句)。

例子:V 向 K 允诺送交某物。V 在他的有价证券保管箱上为 K 设定了质权作为担保。该质权担保的是对送交(Lieferung)的请求权,该请求权按照

---

〔8〕 对此参见达姆劳(Damrau)文,载《法学评论》,1983 年,290 页。

第325条以及第326条可以转化为金钱请求权(转化的其他可能性:第280条、第283条)。

(4)人的一致性

被担保债权的债权人以及质权的拥有人必须是同一个人。相 15
反——如同我们已经知道的——质物所有权人、出质人以及债务人可以是不同的人。类似于抵押权(第1137条)与保证(第768条),出质人与质物所有权人也可以用归债务人享有的抗辩权,来对抗质权人(第1211条)。

(三)物权法上的设定行为

(1)概述

限制物权的意定设定行为实质上就是从所有权中分裂出部分 16
权利。所以,与所有权转让相适应,质权的设定也需要物权合意与交付(第1205条)。但为了出质人的其他债权人的利益,对“交付”公示的要求则更高:

通过占有改定的质权设定(准用第930条)是不可能的(长期的实践通过担保性所有权转让的方式突破了该限制)。

通过返还请求权的让与的交付代替方式(准用第931条),出质人须是间接占有人,而且就设定质权事宜要通知占有媒介人(第1205条第2款)。

另外,在与所有权转让(Übereignung)的关系上,也规定了简易方式:按照第929条转让所有权的前提是,出卖人“没有保有任何一点占有”,与之相比,通过给予适格的、公同的共同占有的方式来设质是允许的,而且是那种,即被出质的物位于债权人与出质人共同管领(Mitverschluβ)之下,或者位于第三人的占有之下的情况,该第三人只能向债权人与出质人共同返还该物(第1206条)。这个可能性是立法者就参与人相互不信任的情况所做的妥协:债权人与出质人都不能单方处分该质权标的物或者对该标的物产生影响！

（2）具体问题

17 下文就交付与交付之代替的几个细节部分提纲式地说明一下：

①交付即第854条第1款以及第2款意义上的直接占有之转让：例如将所有的房屋（出质物位于该房屋之中）钥匙交付给债权人或者他的占有媒介人或者占有辅助人，但不是交付给出质人的占有辅助人，除非就出质物而言，该占有辅助人只听从债权人的指示，而不再听从出质人的指示（《帝国最高法院民事判例集》第77卷，201、208页及其以下）：所以以下列方式，在位于特定空间的债务人货物之上设定质权是有效的，即钥匙被交给S的雇员A，并且他［A］——根据唯一有权对此指示的G的指示——只有在相应的新的库存被收入在该仓库中的情况下，才可以返还该货物。

其他有意思的判决如：《帝国最高法院民事判例集》第103卷，100页（出质人秘密留置的钥匙）；第118卷，250页（通过代理人的占有取得）；第74卷，146页（单纯地作上质物标记——与《德国民事诉讼法》第808条第2款第2句——并不是足够的）。

②短手交付是可能的（第1205条第1款第2句），而且在债权人只是间接占有该物的时候，也是如此，但此时第三人是占有媒介人，而出质人不是占有媒介人（对此参见里特纳（Rittner）文，载《法学者报》，1965年，274页）。

③根据第870条基于占有媒介关系的返还请求权之让与（不是另外别的返还请求权！）以及对占有媒介人的设定质权之通知构成了充分的交付之代替（第1205条第2款）。通知是一种须受领的意思表示（另一种观点参见E.沃尔夫，第8节BⅢb，341页："让人知道之表示"（Wissenserklärung））。占有媒介人对设定质权的单纯知道并不足够（比较《帝国最高法院民事判例集》第89卷，289页）。——对于另外的设定质权的可能性（"事后设定质权"（Nachverpfändung））参见帕兰特/巴森格，第1205条，边码8，以及法兰克福州高等法院裁判，载《德国司法》，1989年，191页。

④通过适格的共同占有（第一等级）的赋予方式的交付替代，第1206条中的第一种情况。法律提到了"共同管领"，并且指的是，只有债权人与出质人共同（不是每个人为自己）才能接近出质标的物（所谓的公同共同占有）：

E以下列方式为G在他的汽车上设定了质权,即他(E)保有汽车钥匙,而将点火开关钥匙交给了G。该汽车停泊在E的车库里,这并不妨碍质权的产生。

有疑问的是,在银行保险柜中的(保险箱、抽屉)内容上设质时的法律状况,该保险柜是出质人在银行租用的:虽然银行与承租人只能有规则地共同打开该保险抽屉,就这点而言,在保险抽屉上存有共同占有;但在内容上,客户(即承租人,参见《帝国最高法院民事判例集》,第141卷,99页)享有单独的占有。[9] 所以设定质权只有这样才能产生,即债权人在保险抽屉方面被赋予共同占有(与银行一起),在内容方面(例如放在保险抽屉中的小盒子)被赋予单独占有或公同占有。

⑤通过第一等级(《联邦最高法院民事判例集》第86卷,300、310页)以及第二等级(间接共同占有)特别的共同占有的赋予方式的交付之代替:第三人的占有是必要的(所谓的质物持有人(Pfandhalter)),该第三人只得同时向债权人与出质人返还(第1206条中的第二种情况):

S在银行B的保管箱中存放了一些有价证券。他可以为他的债权人G,以下列方式在有价证券上设定质权,即他指令B将来只能将这些证券共同返还给G与S。B将来是否知道他现在保管的是被设定质权的有价证券,并不是必要的(帝国最高法院裁判,载《法学周报》1938年,867、869页)。因此大多数情况下使用的表述"质物持有人合同"(Pfandhaltervertrag)过于狭窄了;它只适合于与出质人(通常情况下也是债权人的)与质物持有人的合意,即质物持有人在将来将该物作为G的质物而占有,并只能向双方返还,所以在我们的例子中,当S已经以相应的约定将证券转交给了银行的时候,[就是这样的]。

特别经常发生的是,存放在银行保管箱中的有价证券的设质,在这些有价证券上,银行自己设定质权,用做银行发放给客户贷款的担保。这种质权

---

〔9〕 有争议,参见比洛,边码410处的证明。所以,银行在保管箱的内容上,就基于保管箱出租而产生的债以外的其他债,是没有质权的,除非银行的客户以设定质权为目的赋予了一个单独占有。——对于保管箱内容的所有权转让参见奥尔登堡州高等法院裁判,载《新法学周刊》,1977年,1780页(对此,卡·施密特文,载《法学教育》,1978年,54页,以及维尔纳文,载《法学教育》,1980年,175页)。

已经根据一般交易条件而归银行享有了(第 14 号;参见上文边码 8)。如果有价证券处于证券保管代收银行的混合寄托(Sammelverwaltung)状态下,那么在混合保管箱上的共有份额(《保管箱法》第 6 条)必须被设定质权(对此参见奥皮茨(Opitz)文,载《法学周报》,1928 年,2603 页)。关于被保管有价证券的设质,该设质是为了银行方面获得贷款的再融资,参见《保管箱法》第 12 条。

(3)质权的善意取得

18 质权人通常并不能确定,出质人也是出质标的物的所有权人。为了使动产上设定质权符合实际,法律(第 1207 条)必须规定从无权人处善意取得质权之可能性。[10] 这是通过向关于善意所有权取得的相应规定的指引:第 932 条、第 934 条以及第 935 条(第 933 条除外,因为通过占有改定的质权取得是不可能的!)来解决的。在这里,第 932 条被准用于第一等级特别共同占有的赋予,第 934 条被准用于第二等级特别共同占有的获得。

S 将属于他妻子所有的有价证券寄存在银行 B 处。如果他按照第 1206 条第二种情况将有价证券出质给他的债权人 G,那么只要该债权人是善意的,他就取得了一个质权(另外,按照一般交易条件第 14 目,这同样适用于银行自身,只要它是善意的;[11] 还可以比较《保管箱法》第 4 条第 3 款,而且关于质权,按照《一般德国承运人条款》第 50 条 a 款,《联邦最高法院民事判例集》,第 17 卷,1 页)。——其他例子:《联邦最高法院民事判例集》,第 86 卷,300 页;联邦最高法院裁判,载《新法学周刊》,1981 年,226、227 页。对于举证负担,参见联邦最高法院裁判,载《新法学周刊》,1982 年,38 页。

---

〔10〕 对此,赖尼克/蒂特克文,载《法学工作报》,1984 年,202 页,具有进一步证明,208 页中也论述了,基于一般交易条件而取得质权(参见下文边码 40;《联邦最高法院民事判例集》,第 68 卷,323 页,第 74 卷,87、277 页;联邦最高法院裁判,载《新法学周刊》,1988 年,3260 页Ⅲ2);蒂特克文,载《善意取得》,60 页及其以下。

〔11〕 善意要件为《德国商法典》第 367 条所限制。

(4)特别之处

下列事实构成与根据第1207条质权之善意取得有所不同： 19

①知道无权人的无权状态、但相信他有处分权(Verfügungsmacht)情况下的从无权人处的质权取得：只在《德国商法典》第366条的框架内是可能的，但这种取得又被《德国商法典》第367条所限制！

②对先于在被设质之物上已经存在的限制物权的优先顺位的善意取得，依据第1208条。

G让法院执达员在S处扣押了属于S之物，法院执达员作了扣押标记。S将标记拿掉后，将该物出质给另一个债权人D。D的质权——以D的善意为前提——比G的质权——该质权没有消灭！——优先。

③在以出质物变价方式出让出质标的物的情况下，善意取得所有权，但出卖人并不因此享有质权：第1244条(参见下文边码27；首要的是在脱手物被设定质权的时候，债权人依据第1207条以及第935条并不能取得质权！)。

三、变价条件成熟前的参与人之地位

(一)变价条件成熟的概念

我们已经在抵押权中研究过了变价条件成熟的概念(参见第四十章)，并且确定，以此标明了下述时间点，即在此时间点上，债权人有权变价出质物。该时间点随着被担保债权的到期而出现(第1228条第2款第1句)；如果债权在最初并没有指向金钱的话，那么根据第1228条第2款第2句，在债权已经转化为金钱之债的时候，变价条件才成熟(例如按照《德国民法典》第280条、第283条以及第325条)。 20

(二)变价条件成熟前的债权人保护

在变价条件成熟前，首先——与在抵押权上相类似——涉及 21

保护质权人。因为他有权利进行占有,所以法律保护他(第 1227 条),如同保护物的所有权人一样,准用第 985 条及其以下(返还、使用、损害赔偿)以及第 1004 条(排除妨害权以及除去请求权)。

例子:S 将 E 的物——正当地——出质给了 G。当 E 质问 S 的时候,S 秘密地从 G 那儿将该物取走。因为 G 按照第 1207 条已经获得了质权,所以他可以向 E 要求返还该物(第 1227 条以及第 985 条)。由于 G 有过错地违反了作为设质基础的合同,以及基于第 823 条第 1 款,他对 G 享有损害赔偿请求权(对此参见《帝国最高法院民事判例集》,第 100 卷,274、278 页)。

(三)债权人与出质人之间的法定债权关系

22 与在抵押权时不同,立法者的任务源自于下述事实,即质权人占有该质权标的物(而在土地担保物权的情况下,土地的所有权人继续占有、用益该土地):在债权人与出质人之间产生了一种法定的债务关系,其内容在许多方面上类似于保管合同。

(1)债权人之权利

债权人有权占有以及收取用益(在约定用益质权(Nutzungspfandrecht)时,比较第 1213 条以及第 1214 条);他可以要求费用的补偿(第 1216 条)。

关于在有腐烂或者价值贬低危险的时候的紧急出卖之权,参见第 1219 条到第 1221 条。这里规定的拍卖,与在抵押权情况下不同,没有导致债权人的立即清偿,而是出卖所得代替了质物继续承担担保责任(第 1219 条第 2 款第 1 句)。出质人可以通过提供另外一个担保的方式避免该拍卖(第 1218 条)。

(2)质权人之义务

债权人必须谨慎地(第 276 条)保管质物,第 1215 条、第 1217 条(损害赔偿请求权的消灭时效,参见第 1226 条),并且在质权消灭后返还该质物(第1223条)。

(四)解销权

已经在变价条件成熟之前——即在债权人有权对债务清偿的时候(第271条!)——出质人(第1223条第2款)、出质物所有权人以及特别为将来质物的出卖所损害的每一个人(第1249条),就可以解销该质权了。这涉及相同的法律思想,即我们已经在土地担保权中遇到的法律思想(第1150条、第268条)。 23

随着该解销,债权以及质权转到解销人之手(第1225条、第1249条连同第268条第3款、第1250条)。案例:策勒州高等法院裁判,载《新法学周刊》,1968年,第1139页;即鲍尔,《针对青年法学者的判例集:物权,带有解释性评论的挑选之判决》,第54个案例。

这里也产生了——与在土地担保权上相似〔12〕——补偿的问题,特别是:

(1)在保证人与质物所有权人之间的关系中:首先进行解销的保证人取得了连同质权的债权了吗(第774条第1款、第1250条)? 或者反过来,质物所有权人(出质人)根据第1225条第1句、第1249条、第268条第3款连同第412条、第401条,取得对保证人的债权了吗? 保证人被给予优先照顾了吗?〔13〕

(2)在多个质物所有权人相互之间:这里一般地说,第774条第2款、第

---

〔12〕 对此参见第三十八章边码100及其以下,以及第四十五章边码84及下一码。

〔13〕 非常有争议;比如参见克雷格尔(Kregel),《德国民法典评注》,第1225条,边码6;另一种观点:达姆劳,《慕尼黑德国民法典评注》,第1225条,边码10,具有进一步证明。联邦最高法院认为,在保证与土地上债务之间的关系上,担保提供人之间有一个按份额的补偿义务,即根据第776条并不能推导出保证人的优先地位;参见上文第三十八章边码100及其以下,以及第四十五章边码84及下一码。

426 条的法律思想被准用,该法律思想导致的是按份额的补偿。[14]

四、质物之变价

(一)基本思想

(1)债权人之满足

24 通过出卖方式变价质权标的物以及从该收益中的满足债权人之债权(第 1228 条第 1 款、第 1247 条),是质权的目的。但是债权人没有义务去变卖该质物;他也可以指向债务人的其他财产(例外:《德国民事诉讼法》第 777 条,在债务人与所有权人同一,而且尚在强制执行中的情况下!)。

一个容易想到的解决办法可能是参与人的合意,即在债务不被清偿时,物的所有权应归属于债权人(lex commissoria:流质 Verfallpfand)或者被转让于债权人。[15] 法律基于保护债务人的原因禁止这些条款,只要它们是在变价条件成熟前被约定,就不可以(第 1229 条)。

(2)质物变价之法定结构

25 法律并没有使对质物变价的理解变得容易,而且,一方面通过变价方式多样化的方式:

债权人的私人出卖(通常形态第 1223 条第 1 款);

按照执行法的变价(第 1233 条第 2 款);

按照当事人约定的变价(第 1245 条);

与法院的判决相适应的变价(第 1246 条)。

另一方面通过下述方式,即颁布了一系列有利于债务人以及质物所有权人的保护规定,但这些规定具有不同的效力:部分涉及质物出卖的合法性规定,部分涉及秩序规定,违反这些秩序规定对

〔14〕 联邦最高法院裁判,载《有价证券法通讯》,1991 年,329 页。

〔15〕 参见达姆劳,《慕尼黑德国民法典评注》,对第 1229 条的评注。

质物出卖的合法性没有影响。

(二)通常情况:债权人进行拍卖

(1)公开拍卖的要求

法律授予质权人对质权标的物出让的权利,而无需已经获得了针对债务人的一般执行名义或者针对所有权人的以容忍为内容的强制执行名义(Duldungstitel)(第1228条第1款、第1233条第1款)。但是债权人不得寻找单个的买受人——这可能导致"欺诈",并因此可能会造成债务人与所有权人的受损——而是必须以公开拍卖的方式出卖该物(第1235条第1款);以此来保证拍卖中出价者的多数能够入场。 26

对于具有股市或市场价格的质物,有限制的直接出卖是被允许的(第1235条第2款连同第1221条;还有第1240条第2款)。

涉及以公开拍卖方式(第383条第3款)出卖的事实,不得掩盖出卖人是质权人[的事实]:他——为拍卖执行人所代理——与取得人签订合同(拍卖之拍定:第156条),并且根据第929条及其以下通过合意与交付向取得人转让质权客体的所有权(这是一种法定的处分授权的情况)。

关于瑕疵担保责任(第461条)的例子:《联邦最高法院民事判例集》,第96卷,214页。

(2)合法性前提要件

第1234条列举了出卖的合法性前提要件: 27

质权;

变价条件成熟(第1228条第2款);

出质物的大多数的出卖不被视为是必要的(第1230条第2句);

拍卖的公开公告(第 1237 条);

公开拍卖(第 1235 条);

在金银物品的情况下,金属价值的实现(不是质权标的物交易价值的实现!)。

但并不是所有这些合法性前提都是不可或缺的:即如果买受人对于不存在的质权或另外一个合法性前提是善意的,那么在下述最低限度前提要件被满足后,他将根据第 1244 条成为所有权人:

公开拍卖(第 1233 条第 2 款连同《德国民事诉讼法》第 814 条及其以下,或者第 1235 条)

或者

对于具有股市或市场价格的质物(第 1235 条第 2 款连同第 1221 条;对于金银物品参见第 1240 条第 2 款),通过居间人或类似的[中间人]进行直接出卖。

该规则的意义在于,为了正确地变价质物,必须有一个最低保证(Mindestgewähr)。

例如:在珠宝商 E 处,一个价值连城的金表被偷走了。经过多次流转最后终于落到了善意的 S 的手中(没有所有权取得:第 935 条)。S 将该手表出质给他的债权人 G(没有质权取得:第 1207 条连同第 935 条)。G 让人将该表进行了公开拍卖(第 1235 条第 1 款),在这里,由于疏忽没有进行拍卖日期的公开告知。如果买受人 E 对于 G 的质权以及没有进行的公告是善意的,那么他就成为了所有权人;至于涉及的是被偷走的表,则是无关紧要的(第 1244 条),同样,该表在金属价值以下被拍定的,也是无关紧要的(第 1240 条第 1 款在第 1244 条中并没有被作为不可缺少的前提要件!)。

如果拍卖人因为没有达到金属价值而拒绝该拍定,并且他现在(以 G 的名义)根据第 1240 条第 2 款将该表直接(freihändig)出卖给 K,那么 K 成为所有权人,虽然该表以前是从 E 那儿被偷走的(第 935 条第 2 款不能使该结论正当化,因为现在没有涉及公开拍卖,第 1244 条的确没有一般性地提到第 935 条!)。现在的前提肯定是黄金价值的实现(第 1240 条第 2 款)。事实上是一个棘手的规则!

假设 G 在质权届满之前,以冒充为表的所有权人的方式,直接出让了该表的话,那么对此要适用第 932 条及其以下,还有第 935 条。

(3)秩序规定

单纯的秩序规定有： 28

出卖质物之威胁，第 1234 条第 1 款 拍卖的通知，第 1237 条第 2 句 一个月期限的遵守，第 1234 条第 2 款 拍卖结果的通知，第 1241 条	有过错的违反情况下： 损害赔偿义务：第 1243 条第 2 款
只有在支付现金以及规定失权条款(Kassatorische Klausel)情况下才能出卖，第 1238 条第 1 款	没有被支付的价款相对于质权人来讲被视为已经支付了，第 1238 条第 2 款

对合法性或秩序性规定的违反可以被治愈，例如在所有权人事后同意了该直接出卖(der freihändige Verkauf)的情况下(联邦最高法院裁判，载《新法学周刊》，1995 年，1350、1351 页，有进一步的论证)。

注意：质权人以及所有权人可以在拍卖时一起应价(第 1239 条)；二者对于质物不被低于其价值而被拍定都存有利益。[16]

(4)基于质物出卖的收益

如果买受人将该收益支付给作为质权人代理人的拍卖人，那么他就以此清偿了该价款，并且使质权人的价款债权消灭。但首先法律还必须规定下述问题，即该支付如何作用于债权人与质物所有权人之间的关系。不是十分容易让人理解的第 1247 条对此进行了规定： 29

①只要出卖质物之收益是应给予质权人作为对他的清偿的话，那么“该债权被视为为所有权人所清偿了”(第 1247 条第 1 句)。

这里，就好像质物所有权人清偿了该债权人一样(这是他在事实上间接地以下述方式所做的，即他的所有权已经被拍卖了！)。这意味着，在质物所有权人与债务人分离的情况下，债权人对债务人的债权就转到了质物所有权

〔16〕 对这里出现的结构上的难题，参见泽格尔/米尔，第 1239 条，边码 4。

人的手中(第 268 条第 3 款第 1 句、第 1249 条)。

②但是什么是“应给予的”呢？以此法律想说明,只有在债权人有权享有该债权与质权的时候,而且只要他有权享有该债权与质权的话,那么该收益就应归属于他。然后质权才是被正当地实现了。

如果不是这种情况的话,那么应当适用代位原则(der Grundsatz der Surrogation):“出卖收益代替了质物”(第 1247 条第 2 句),所以出卖收益归入了质物所有权人的所有权之中,也可能(一般地)归入到债权人与质物所有权人的共同所有权之中。对于这种代位,首要要考虑下述情况:质押债权不存在——质权没有产生(例如因为涉及偷窃物)——出卖收益超过了被担保的债权。

例子:从珠宝商 E 那儿偷来的、为了 S 的债务而被出质给 G 的表,被 K 以 100 马克的价格竞买而获得;K 成为了所有权人(第 1244 条)。但该出卖收益不“应给予”G,因为他无权享有质权。所以,虽然是 K 向 G 转移的该钱的所有权,但是 E 成为了 100 马克的所有权人(第 1247 条比第 929 条的效力强!)。在与 G 自己的钱混合之后,适用第 948 条与第 947 条。

如果 K 没有取得表上的所有权(例如因为他知道质权是不存在的,第 1244 条连同第 932 条),那么 E 继续为表的所有权人,所以可以向 K 要求返还该表。如果 E 事后同意了该拍卖(第 185 条),那么他可以根据第 816 条(准用)要求返还该出卖收益。

如果在完全合法的质物出卖情况下,100 马克的出卖收益超过了 70 马克的债权,那么在该出卖收益上就以 7 比 3 的比例产生了 G 与 E 的共同所有权。G 进行分配,他自己保有 70 马克,并将 30 马克支付给 E。

(三)质物出卖的特别情况

30 法律承认对通常情况各种各样的变通。

(1) 根据执行法的变价:第 1233 条第 2 款

债权人取得了针对质物所有权人的、对在出质物上强制执行容忍的[执行]名义(判决、执行裁定);该具有执行文句的[执行]名义与抵押权人对土地所有权人的执行容忍名义(在抵押权情况下,这是通常情况)是类似的。

一个一般性的、指向支付的执行名义(Vollstreckungstitel)是不够的。按照《德国民事诉讼法》第808条及其以下的扣押不是必要的。由法院执达员根据《德国民事诉讼法》的规定进行质物变价:第814条及其以下,即如同该出质物以前已经被法院执达员有效地扣押了一样。

(2)通过当事人合意的变价:第1245条

法律并不强制质物出卖的参与人:他们可以作出不同的、使质物出卖复杂化或简单化的合意。但被规定的质物出卖的最低前提条件,在这里也是——在变价条件成熟前——不容商讨的(第1245条第2款)。

(3)与法院的命令相适应的变价:第1246条第2款

如果与质物出卖的不同方式,和参与人的利益是相适应的,并且一个对此的合意不能达成的话,就由法院来判决(《自愿管辖事宜法》(FGG)第166条)。

例如:E(即S)将他的贵重的小提琴出质给了G。基于可以理解的原因,通过一个"通常的"拍卖,并不能期望到与小提琴价值相应的结果。E想将小提琴交给一个专业店,以行纪方式进行出卖,G坚决反对。E可以向区法院起诉。

假如G取得了对E的以容忍为内容的强制执行名义,那么执行法院基于《德国民事诉讼法》第825条还有其他更多的可能性。例如,它可以将小提琴以确定的价格转让给G。

五、质权的转让

(一)附随性的作用

动产上的质权具有严格的附随性。因此,随着被担保债权的移转——并且只能伴随该移转——质权也移转到新的债权人的手中(第1250条第1款,比较第401条);在此,债权的移转是建立 31

在——不具有形式要件的也是可能的[17]——让与人(Zedent)与受让人(Zessionar)之间的合意基础上,还是建立在法院的行为(例如根据《德国民事诉讼法》第835条第2款的移交裁定)基础上,抑或建立在法律规定(例如基于第1249条)基础上,都是无关紧要的。质权的移转甚至可以在让与人与受让人之间以合同的方式被排除,[18]但之后这会导致质权的消灭(第1250条第2款)。

例如:如果在我们的最后一个例子中(大师小提琴),E与G约定,该质权不应转让给一个受让人,那么这只具有债权上的意义(第137条)。如果在没有排除质权的情况下,G将该债权让与给Z的话,那么Z也就取得了该质权,但G将负有损害赔偿的义务。假如G遵守该约定,那么该质权便消灭了。

(二)受让人的权利

受让人可以——因为随着债权的移转质权归他所享有——向让与人要求交出该质物(第1251条第1款)。他进入了与出质人的法定债的关系之中(第1251条第2款)。

(三)不存在之质权的善意取得

32 有疑问的是,受让人对不存在之质权的善意取得是否是可能的。如果被担保的债权不存在的话,那么对此绝对是否定的回答。但如果只是质权没有被给予的话,那么该怎么样呢?

S将E出租给他的打字机出质给了他的债权人G。G没有获得质权,因为他知道这不是S的所有物(第1207条连同第932条)。他向善意的Z让与他的质权,并将质物交付给了Z。

---

〔17〕 即与在抵押权情况下不同:第1154条。

〔18〕 与第1153条第2款第1种情况不同。

通说否定了这种善意取得,将 Z 置于比担保性抵押权(Sicherungshypothek)的取得人(第 892 条)更差的地位之上。这一观点可以被遵循。按照在《德国民法典》中选择的结构,只有在法律明示地允许善意取得或者一个与法定规则相适应的信赖事实构成(Vertrauenstatbestand)具备的地方,才可以考虑善意取得的[适用]:质物的取得人获得该质物,因为他取得了该债权(而且只有在他取得债权的时候),而不是通过让与人的占有交付[而取得]。[19]

六、质权的消灭

(一)附随性的影响

作为附随性权利,质权"随着它为之存在的债权"的消灭而消灭(第 1252 条)。所有权人质权不产生。 33

在质权是为了多个现在与将来债权的范围,或者为了往来账户式的贷款而被设定的,并且被担保之债权首先被清偿的时候,法律状况怎么样呢?只要该贷款关系继续存在,质权就不消灭(第 1204 条第 2 款)。这同样适用在多个债权中的一个债权不附带质权而被让与的情况下,即不能适用第 1250 条第 2 款。[20]

质权在混同(Konfusion)的情况下也消灭,也就是说,当债权人地位与债务人地位恰好相合的时候。所谓的物权混同(Konsolidation)的情况,有些复杂,即当所有权与质权归属于同一个人的时候(《联邦最高法院民事判例集》,第 27 卷,227、233 页)。这里法律奉行的也是质权消灭的基本规则(第 1256 条第 1 款第 2 句、第 2 款)。如果所有权人与债务人是同一个人的话,那么第 1252 条不是优先于第 1256 条第 1 款第 2 句,而是优先于第 1256 条第

---

〔19〕 对此参见赖尼克/蒂特克文,载《法学工作报》,1984 年,202、211 页;蒂特克,《善意取得》,62 页。

〔20〕 这样是正确的,参见韦斯特曼/古尔斯基(Gursky),第 67 节 I 1a;泽格尔/米尔,第 1252 条,边码 3。

2 款。[21]

E 即 S 在有价证券上为 G 设定了质权。后来 G 作为 E 的单独继承人继承了 E 的遗产。债权与债务、质权与所有权归属于同一个人。即使由于一个为了 D 的利益还存在的第二顺位的质权,G 对质权[指第一顺位的质权]的继续存在还存有利益,该质权也要消灭。

(二)废止与返还

34 在债权人废止质权的时候,或者在他将质物返还给出质人或所有权人的时候,尽管债权仍然存在,但质权消灭了,而且即使他在此保留了质权的持续存在,也是如此(第 1253 条第 1 款)。

该规则的意义是显而易见的:质权应当是占有质权并且一直保持着该[占有]。通过交出质物并立即返还的方法来达到无占有的质权之效果的可能性(即担保性所有权让与!),应该被杜绝。

返还必须是自愿的,并且不是暂时出现的,而且应向出质人或所有权人返还;而向非所有权人的债务人返还,不能导致质权消灭。

注意第 1253 条第 2 款的推定以及在第 1254 条中对返还的权利!

例如:E 将他的打字机出质给 G。后来他说服 G 将之返还,以便于能够用该打字机进行工作。即使双方都认为质权还是存在的,质权也消灭了;不能变通解释为担保性所有权让与,因为这比质权之设定的要求还高,要让与所有权。

不同的是,在 E 凭着假象而促使 G 的妻子返还了该机器,而 G 对此同意的时候,或者 G 已将该机器短期交给 E 修理的时候,或者 G 已将该机器短期

[21] 有争议,参见泽格尔/米尔,第 1256 条,边码 3。

交给 R 修理的时候。

珠宝商 J 将属于他的存放在银行保险库中的珠宝,以下述方式出质给了 G,即他将他的保险箱的钥匙交付给了 G。如果 G 允许 J 每次从保险箱中取走为了加工所需要的珠宝,并以相应的指示将钥匙交给了银行,那么在此不存在返还,即使 J 违反约定在加工后没有将珠宝放回到保险箱中,[也是如此]。

(三)出质人之权利

在质权消灭后,出质人有权向质权人要求返还质物(第 1223 条第 1 款)。但所有权人也享有同样的权利(第 985 条)。 35

由这个规则产生了两个有争议的问题,联邦最高法院在《联邦最高法院民事判例集》第 73 卷 317 页中对此进行了表态(在对文献的全部引用的前提下):

(1)质权人只能在返还质物后,向出质人同时要求支付吗? 在第 273 条的适用中,该问题被予以肯定的回答(对此参见厄斯特勒文,载《法学者报》,1979 年,634 页;邓克(Denck)文,载《法学教育》,1981 年,9 页)。

(2)在出质人既不是所有权人、相对于所有权人也没有权利进行占有的时候,还适用该规则吗? 联邦最高法院也对此问题进行了肯定回答,因为质权人不知道所有权人与出质人之间的内部关系。根据在文献中的主流观点,相对于所有权人无权进行占有的出质人,只能要求向所有权人的返还(对该问题参见米勒—劳贝(Müller－Laube)文,载《民法实务档案》,第 183 卷,215 页)。

第三节 法定质权

一、基础

(一)先为给付与担保需求

36 法律——《德国民法典》、《德国商法典》以及特别法——规定了无数的法定质权的情况。如果人们试图为这些质权创立一个共同基础的话,那么就会碰到下列现象:对于一些合同关系,合同一方的先为给付(Vorleistung)是典型的,即使不是法律上必要的,比如说出租人以及用益出租人(即将出租[用益出租]的空间随时供人用益的人)的先为给付义务,运输人(Spediteurs)以及承运人(Frachtführer)(即为了运送而接受货物的人)的先为给付义务。从该典型的先为给付义务产生了履行人的担保需求。属于这一类的有,在一些情况下,先为给付对于另一方合同当事人的特定利益是有益处的,就如承揽人的工作,但——在广泛的意义上——也包括仓库保有人以及所有方式的运输人的工作。通过同时履行抗辩(Zug um Zug – Leistung)而对履行人的担保,在这些情况下,实践中是被排除的。因此,法律允许已经履行其合同义务的合同一方当事人,对另一方合同当事人的、到达在他的控制范围(Herrschaftsbereich)之内的物采取措施(Zugriff)。该控制范围可以表现在债权人的占有上;就是人们所说的法定的占有质权。比方说承揽人(Werkunternehmer)(第 647 条)、仓库保有人(Lagerhalter)(《德国商法典》第 475b 条)、行纪人(Kommissionär)(《德国商法典》第 397 条)、运输人(《德国商法典》第 464 条)以及承运人(《德国商法典》第 441 条)的质权。在其他情况下,债权人的控制关系较为松弛,当该物被“携入”时就足够了,也就是说,将之带到了债权人的土地上(在出租人质权或用益出租人质权的情况下,第 559 条),或者带到了营业空间(在旅店主人的质权的情况下,第704条)之中,即可。人们称这些质权为非占有型质权(或携入质权(Einbringungspfandrecht))。

非占有型质权与占有质权的区别,在法定质权的善意取得问题上起着一定的作用。

(二)第1257条的意义

第1257条使法定质权适用关于意定质权的规定,但通过其表述(一个依据法律产生的质权)已经表明,产生之事实构成根据的是特别规定。但这些规定一般性地完全优先于意定质权的一般规则,而且不仅仅是在质权产生的判断上。如果人们思考,对于意定质权的适用还剩下什么了呢,那么首要的是附随性原则与质权的变价。 37

法定质权的实际意义除了表现在变价的可能性之上以外,首要表现在另一个债权人对质物插手的时候,可能以个别强制执行(Einzelzwangsvollstreckung)(比较《德国民事诉讼法》第805条)的方式,也可能是破产/支付不能的情况(《破产法》第49条第1款第2目、《支付不能法》第50条)。

二、法定质权的产生

(一)债权人的占有以及物的携入

这里特别事实构成除了被担保的债权存在以外,还要求债权人的占有或者——在无占有质权的情况下——物的携入。也有关于将来债权担保的附带表述之规定(例如在第559条第2句)。 38

在非占有型质权的情况下(即在出租人、用益出租人以及旅店店主质权的时候),不可扣押物被排除在质权之外(第559条第3句、第581条第2款、第704条第2句),在占有质权的情况下,情况相反。分别对待的原因在于,债务人在占有质权的情况下,是自愿放弃的占有(参见芬恩文,载《泛亲属法杂志:公法与私法中的婚姻与家庭》,1971年,110页)。

法定质权(例如出租人的质权)的存在并没有排除扣押质权(受出租人

委托的物之扣押）的成立（法兰克福州高等法院裁判，载《德国法月刊》，1975年，228页）。

（二）债务人的所有权

39 法定质权以债务人在质物上的所有权为前提；这是基于该表述就已经得出的。但是这里产生了两个问题，首先是与所有权保留相关联的问题，即法定质权的善意取得是可能的吗（参见边码40）？法定质权还延伸于基于附条件所有权转让的买受人之期待权之上吗（参见边码41）？

试举一例作为引导：

K让R修理他的在所有权保留条件下从V处购买的汽车。在这里，他是以所有权人的姿态出现的。后来得以确定的是，他既不能支付给V期款，也不能向R支付修理账单。R主张他的法定质权（实践中的这种案例，比如说策勒州高等法院裁判，载《新法学周刊》，1953年，1471页；慕尼黑州高等法院裁判，1957年，1237页，以及1960年，44页）。

与上文相同的情况，只是K在询问下告诉了R，他分期付款购买的该车，但是已经“支付了75%”。R取得了期待权上的质权了吗？

（1）善意取得

40 它在非占有型质权时肯定是被否定的，因为这里缺少与第1207条、第932条及其以下相类似的物，例如，在打字机是承租人所借用的，或者是属于他的妻子的（除非他们是——像在通常情况下一样——共同签订的租赁合同）情况下，出租人没有取得打字机上的质权。

与此相反，善意取得在占有质权的情况下是可能的，即在债务人已经将该物移交给了债权人的时候。对于根据《德国商法典》第366条第3款的反对意见，是不能有理由地以第1257条的字面含义（“产生的质权”）为依据的；因为在将臆想的所有权相信为理所当然的情况下,法定质权之取得以《德国商法典》第366条第3款为前提。

在这里支持的观点在著作中广为传播,[22]与此相比,联邦最高法院下了决断,只要质权不是通过法律行为被设定的,就不能善意取得质权,但该判断却不能令人信服(《联邦最高法院民事判例集》,第34卷,122、124、127页;鲍尔,《针对青年法学者的判例集:物权,带有解释性评论的挑选之判决》,第32个案例;第34卷,153页;鲍尔,《针对青年法学者的判例集:物权,带有解释性评论的挑选之判决》,第55个案例;第87卷,274、280页)。这种不是通过法律行为设定的情况在一般交易条件中是也会发生的(《联邦最高法院民事判例集》,第68卷,323、326页;联邦最高法院裁判,载《新法学周刊》,1981年,227页;卡·施密特文,载《法学教育》,1977年,764页;1987年,655页;梅迪库斯,边码594;以及皮克(Picker)文,载《新法学周刊》,1978年,1417页)。

在K具有支付能力的时候,人们必须在对承揽人R保护的共同关联中认识该问题:

①根据第944条及其以下的费用赔偿请求权被排除在外,因为R是有权占有人;参见上文第十一章边码24及其以下。可是《联邦最高法院民事判例集》,第34卷,122页;第51卷,250页;第87卷,274页中的判例是不相同的,对此(具有进一步证明)卡·施密特文,载《法学教育》,1987年,655页;赖尼克/蒂特克,《信贷担保》,第3版,1994年,281页及下一页。

②贝尔诺(Bernöhr)在《泛商法与经济法杂志》第135卷144页的文中,想基于K相对于V接受的维修义务中,理解出一种V对K的授权,从而为R的承揽人质权提出根据(准用第185条)。只是这违反了V的意思,即恰好不想被修理的负担所牵涉到的意思(但与贝尔诺一样,梅迪库斯也是这样认为的,参见边码594)。

所以在我们的第一个例子中,只要人们不认为,因为R没有让其出示汽车执照,从而他具有重大过失,他就取得了质权。

---

〔22〕　参见达姆劳,《慕尼黑德国民法典评注》,第1257条,边码3具有进一步证明;帕兰特/托马斯,第647条,边码3;帕兰特/巴森格,第1257条,边码2。

(2) 在期待权上的法定质权

41 这一问题我们已经在上文第三十九章边码33及其以下遇到过了,涉及是否为土地所有权人以所有权保留方式购买的从物,也要承受抵押权责任。我们在那里已经作出了肯定的回答。这里涉及同样的问题。如果人们承认,期待权是从所有权中分裂出来的、类似所有权的权利,那么人们必然会推断出,法定质权也延伸于其上。〔23〕 随着完全所有权的取得——即随着最后一期款项的支付、条件的出现——期待权上的质权演变为——准用第1287条——物自身上的质权。就此,法定质权优先于那些时间上于其后在期待权或物自身上产生的质权以及担保权。

例如:M租住在E处。他[M]以分期付款的方式购买了一套贵重的立体音响。在总共10期中的9期款项被支付的时候,M的债权人G扣押了期待权与该物(与主流观点相适应:双重扣押;参见下文第五十九章边码41)。随着最后一期款项的支付(被M、被E还是被G支付都是一样的),M取得了完全所有权,但是负担着E的法定出租人质权;该质权优先于G的扣押质权。

假如M由于担保的缘故,根据第930条将期待权转让给了G,那么随着价款的全部支付,G成为了所有权人,但负担着E的法定质权。〔24〕

三、质物之变价

42 因为第1257条对于法定质权完全一般性地指引向了对意定质权适用的规则,所以该法定质权也要按照第1228条及其以下——即首要的通过以拍卖途径的、私的出卖——进行变价。但

---

〔23〕 没有争议,比较帕兰特/巴森格,第929条,边码39;首倡者赖泽尔:《物上期待权》,1961年,97页及其以下;另外,联邦最高法院裁判,载《新法学周刊》,1965年,1475页。

〔24〕 对于出租人质权与担保性所有权的关系,参见下文第五十九章边码65。

是也要适用一些特别规定,在这里只能被说明一下。

在这里,比方说,按照第 561 条出租人的自助权(Selbsthilferecht)——该权利保障了将来的质物变价,给予买入行纪人的、根据质物出卖的规则变卖自己的(为了行纪委托人买入的)物的机会(《德国商法典》第 398 条),《德国商法典》第 368 条中的对第 1234 条等待期限(Wartefrist)的缩短,还有 1951 年 8 月 5 日《收益租赁贷款法》第 9 条到第 12 条中的特别规定(用益出租人的法定质权与贷款机构的附属物质权(Inventarpfandrecht);具有相同顺位用益出租人不得反对附属物的变价),都属于此类。

但除这些特别规定以外,适用于意定质权的变价权应被严格遵守。特别错误的是那个被广泛流传的观点,即在法定质权时,债权人可以在抵充他的债权价值的前提下,为自己保留该质权标的物,或者通过直接出卖的方式将该质权标的物变价。

四、法定质权的转让与消灭

(1)第 1250 条的规则也适用于法定质权,随着债权的移转,质权也转到受让人的手中。例如,如果承揽人将他的基于汽车修理的债权让与给他的银行,那么现在银行也享有了法定质权。 43

(2)在债权人将物返还给合同相对人或所有权人之后,意定质权才消灭(第 1253 条)。该规则不能适用于非占有型质权(例如出租人的质权),但却适用于占有质权,比如说,虽然修理账单还没有被支付,但在承揽人将被修理物返还给所有权人后,[即是如此](《帝国最高法院民事判例集》,第 134 卷,116、119、120 页)。 44

除此以外还有无数的特别规定,如在第 560 条、第 561 条第 2 款第 2 句中关于出租人质权的规定(案例:联邦最高法院裁判,载《新法学周刊》,1963 年,147 页以及卡尔斯鲁厄州高等法院裁判,载《新法学周刊》,1971 年,624 页),在《德国商法典》第 397 条中(非自愿的、在行纪物上的占有丧失也使行纪人的法定质权消灭!),[25] 在《德国商法典》第441条第3款中(在运输货物送交后,如果承运人在3天内以诉讼的方式主张该质权的话,承运人的质权仍然存在!)。

与该合同关系的特征相适应,适用于意定质权的返还规则,部分不利于债权人、部分有利于债权人地被作了修改。

第四节　扣押质权

一、基础

(一)成立

45 《德国民法典》只规定了意定与法定质权。基于《德国民事诉讼法》第804条第2款所包含的指引,扣押质权也加入到其中。如同前两种质权类型一样,它按照它成立的方式而被命名;《德国民事诉讼法》第804条第2款非常清楚地表明了这一点:“通过扣押,债权人在被扣押的标的物上获得了质权”。扣押是在对动产强制执行情况下的国家执行行为(《德国民事诉讼法》第803条第1款第1句);该行为一定程度上代替了通过债务人自愿的意定设质。通过该扣押质权,债权人在与其他债权人关系上,获得了如同通过合同获得质权的情况下一样的法律地位(《德国民事诉讼法》第804条第2款)。他的质权的顺位——在意定质权与法定质权相比关系上——也是建立在优先性(Priorität)原则的基础上(《德国民事诉讼法》第804条第3款);在债务人破产或支付不能时,他有权要求优先清偿(《破产法》第49条第1款第2目连同《破产法》第48条以及《支付不能法》第50条第1款),特别有意义的是,基于质物变价获得的收益,于他的债权的数额内归属于他

[25] 另一种观点,还有对于观点状况的证明:阿尔特梅彭(Altmeppen)文,载《泛商法与经济法杂志》,第157卷,1993年,541页。

(《破产法》第4条第2款、第127条以及《支付不能法》第166条、第170条)。[26] 扣押使得债权人通过公开拍卖对质物以强制方式进行变价成为可能(《德国民事诉讼法》第814条及其以下)。[27]

(二)扣押质权的意义

46 在实际意义方面,扣押质权远远地超过了另两种质权类型,而且既可以是以法院执达员在动产上扣押的形式(《德国民事诉讼法》第808条及其以下),也可以是通过法院扣押裁定对债权扣押的形式(《德国民事诉讼法》第828条及其以下)。因为在债务人不自愿履行金钱债权的所有地方,债权人对债务人财产以强制方式采取的措施(Zugriff)必须被允许。但在通常情况下,把它[财产]划分成动产(通过法院执达员扣押)、债权与其他财产性权利(通过作为执行法院的区法院的裁定方式进行的扣押)以及土地(通过强制拍卖与强制管理的方式变价)。

对动产的强制执行的详细情况是不能在这里进行说明的;这是强制执行法教科书与概要的任务。[28] 在这里只能涉及对扣押质权的、与《德国民法典》的质权规定相关联的部分的说明。

二、可适用的法律

47 从《德国民事诉讼法》第804条可以清楚地推断出,扣押质权应当被作为第三种类型,与在《德国民法典》中含有的另两种质权等同起来。由此得出,只要不适用强制执行法的特别规定(例如在《德国民事诉讼法》第814条及其以下中关于变价的规定),或

---

〔26〕 但根据《支付不能法》第166条第1款,在支付不能程序的情况下,如果支付不能管理人占有该出质物,享有别除权的债权人原则上就不能再自己变价出质物了(例外:《支付不能法》第170条第2款、第173条)。

〔27〕 例子:联邦最高法院裁判,载《新法学周刊》,1987年,1880页,以及克吕格尔(Krüger)评论,载《法学教育》,1989年,182页。

〔28〕 (许多)其他的,参见鲍尔/施蒂尔纳,《强制执行法》,第1卷,第12版,1995年;利普罗斯(Lippross),《执行法》,第7版,1994年。

者执行法上的特别之处不要求一个相反的评价的话,《德国民法典》的质权规定就是可以被适用的。

因此产生的、关于扣押质权法律性质的问题是一直存有争议的,[29]流传下来的纯粹私法观点认为,它是私法性质权的第三种类型,只是在成立方式上有别于其他两种。被大多数所支持的、混合的私法公法学说,对于扣押质权也要求私法上质权的重要前提条件,特别是债权的存在,以及债务人在质权标的物上的所有权(没有善意取得!),但该观点强调,质物的变价建立在扣押(Verstrickung)的公法行为的基础上,并且只要该行为是合法(Rechtsmäβig)的,且没有被根据法律救济所废止就行。与此相对应的,最后是公法学说,即扣押质权具有纯粹公法的性质:"随着每一个有效的扣押,也就产生了一个扣押质权;其他前提无需被满足"。[30]

对于该些观点的批评请参见鲍尔/施蒂尔纳的《强制执行法》第1卷第27节边码6。这里只能叙述这么多:该公法学说是以对国家的执行干预的过高评价,以及绝对无法证明的论点为依据的,程序法完全地从所有与实体法的联系中摆脱出来,而且在它的所有影响中都是公法性质的。该观点与原文(《德国民事诉讼法》第804条)以及立法者的想法是不一致的。与此相对的、经过小心衡量的混合的私法公法学说,正确地评价了执行干预的特别性质,而没有歪曲法律的意义与原文,也没有扯断与一般质权的关联。

三、扣押与质权

(一)扣押

48 扣押是国家的主权行为,并导致了对被扣押物的扣押。刑法上对扣押的保护规定在《德国刑法典》第136条之中。在民法上,扣押含有一个在第135条、第136条意义上的、对出让的禁止。

---

〔29〕 对于争议状况,详情参见《联邦最高法院民事判例集》,第128卷,75、82页及其以下。

〔30〕 参见吕克(Lüke)文,载《法学者报》,1957年,239、240页。

例子:G 基于一个具有支付 600 马克为内容的判决,通过法院执达员在 S 处扣押了一台立体音响。如果 S 擅自除去了扣押标记,那么他是应受刑法处罚的(《德国刑法典》第 136 条);该扣押仍然存在。但如果他将该机器出卖给了善意的 K 的话,那么 K 相对于 G 也取得了所有权(第 136 条连同第 135 条第 2 款连同第 932 条),并且是无负担的(第 936 条),也没有扣押质权。

(二)附随性

49 债权人随着扣押取得了私法上的质权,但只有在债权人的债权存在[31]并且被扣押物属于债务人的时候,才可以。

关于在债权人扣押自己之物情况下的法律状况(例如,分期付款之出卖人基于一个支付为内容的执行名义在买受人处,扣押了他在所有权保留条件下而交送的物!),参见《联邦最高法院民事判例集》,第 15 卷,171、173 页;第 39 卷,97 页;鲍尔/施蒂尔纳,《强制执行法》第 1 卷,第 27 节,边码 13;另参见第五十九章边码 42。

(三)转让与消灭

50 由质权的附随性得出,质权随着债权而移转到权利继受人的手中(第 1250 条),并且随着债权的消灭而消灭(第 1252 条)。

(四)变价

51 通常情况下,质物的变价通过法院执达员方面的公开拍卖进行,该公开拍卖在外在形式上以及保护规定上,许多地方都是与《德国民法典》的质权拍卖相类似的(《德国民事诉讼法》第 814 条及其以下)。但与此不同的是,法院执达员并不是作为债权人的代理人出现,而是作为国家的执行机构而出现。因此,即使在债权人事实上不享有质权的时候,买受人也基于国家的主权行为而取

---

〔31〕 或者其存在,基于不可撤销的名义而不能再被怀疑了,鲍尔/施蒂尔纳(Stürner),《强制执行法》,第 1 卷,第 27 节,边码 13。

得了所有权(关于这个还是争议很大的问题,参见《帝国最高法院民事判例集》,第156卷,395页;鲍尔/施蒂尔纳,《强制执行法》,第1卷,第29节,边码7;施泰因/约纳斯/明茨贝格(Stein/Jonas/Münzberg),第814条,边码1及下一码)。

按照《德国民事诉讼法》第825条,基于法院的命令,其他变价方式也是可能的;如果此拍卖是被私法上的拍卖人所进行的,那么出卖与所有权转让按照私法上原则进行;这也适用于拍卖人基于《税务法》(AO)第305条被指定的时候(《联邦最高法院民事判例集》,第119卷,75、78页及其下一页)。

另外,所有权人放在债务人处的物,在为了他人的债务而被扣押了[的情况下],他不是无权的:一直到拍卖结束并且由法院执达员将收益交送给债权人之时为止,他都可以通过第三人异议之诉(Drittwiderspruchsklage)来达到排除强制执行的目的(《德国民事诉讼法》第771条)。之后他可以向债权人要求该收益(第812条:侵害型不当得利返还请求权;比较《帝国最高法院民事判例集》,第156卷,395、399、400页,对这个争议的问题参见京特(Günther)文,载《民法实务档案》,第178卷,456页,有进一步证明)。

概览表 23　动产上的质权

类型	成立	变价	质权的消灭
Ⅰ.1. 物上的意定质权	合意+交付,《德国民法典》第 1205 条	拍卖,第 1228 条	(a)随着债权的消灭而消灭,第 1252 条 (b)随着物的返还而消灭,第 1253 条
2. 债权上的意定质权	转让形式:第 1274 条+第 1280 条	由质权人收取第 1228 条	质权的消灭,第 1273 条第 2 款连同第 1252 条
Ⅱ.1. 物上的扣押质权	通过法院执达员扣押《德国民事诉讼法》第 808 条	拍卖《德国民事诉讼法》第 814 条	(a)债权的消灭 (b)扣押之废弃
2. 债权上的扣押质权	扣押裁定与移交裁定《德国民事诉讼法》第 829 条、第 857 条	由质权人收取《德国民事诉讼法》第 835 条	(a)债权的消灭 (b)扣押裁定之废弃
Ⅲ. 法定质权	(a)通过携入,例如第 559 条(所谓的携入质权) (b)通过占有之获得,例如第 647 条(所谓的法定占有质权)	拍卖第 1257 条连同第 1228 条	与上面Ⅰ1 相同

第五十六章　关于非质权型的担保权之概述（作为现实的事实构成）

第一节　非典型[1]担保交易

1 (1)如果债务人想将在一个属于其财产的标的物的变价权能，转让给债权人，那么对此由法律所提供支配的规则形式为*担保物权*（土地担保物权——动产上的质权——债权与其他权利上的质权）。*法律规则*（Legalordnung）的类型强制恰恰在这里具有特别的重要性：对债权人很重要，是因为担保物权赋予他一个依赖于特定要件的、被详细规定的法律地位；对于债务人也很重要，因为法律所规定的设立行为已经使他明确地知道，通过向债权人转让变价权能，而在财产标的物上设定了负担，另外，还因为被规定的变价形式包含了一定的对债务人的保护规则。公示性——特别是为了其他债权人的利益——严格地被贯彻：土地担保物权在土地簿册上是显而易见的——动产上的质权是占有质

〔1〕　我们将"非典型"理解为没有作为"类型"而被构建在法律中的那些制度。

权,排除了占有改定之方式设定质权——债权的出质以对债务人的通知为前提。

所有这一切都说明了,担保物权形式被视作为封闭性的、强制的规则。〔2〕 该观察——从忠实法律的法律适用出发——是如此的令人惊讶,即法律现实已经很快地不理会这些法律规定(Legalordnung)了。虽然土地担保物权体系没有被触及,但是动产上设定质权的地位却被取代,越来越多地出现的是担保性所有权让与(Sicherungsübereignung);债权上设定质权也被担保性债权让与(Sicherungsabtretung)所排挤。对于该发展起决定性作用的是两个正相反的因素,或许我们可以用流行语——债务人的"用益利益"(Nutzungsinteresse)与"保守秘密之利益"(Geheimhaltungsinteresse)来概括这两个要素:

①我们已经多次谈到所有权人的法律地位分裂为用益权能与变价权能的情况。使之没有困难地成为可能,在土地情况下,即使将变价权转让给土地担保物权人后,土地所有权人继续保留全部的用益权能也是可能的,其原因在于土地簿册的设立;但在动产上质权的情况下,却没有这样的可能性,因为通过占有改定的质权设定是不可能的:谁将自己的物交付给另一个人作为质物,谁也就因此丧失了用益的可能性。在债务人为了他的生活、企业经营的继续进行而需要该被设定质权的物的时候,质权的这一特点对于他来讲是不可忍受的。对于债权人来讲,直接占有的转让也是没有利益的,反而很麻烦。法律以质权的形式赋予他比担保其债权人地位所需要的更多的东西。所以无论是从债务人利益,还是从债 2

〔2〕 舒伯特(Schubert)(《德国民法典中关于占有以及所有权转让规定的产生》,1966年,163页)的确证明了,第一与第二委员会拒绝了对通过占有改定进行担保性所有权让与的禁止;另外,高尔文,载《民法实务档案》,第168卷,351、357页及其以下;皮克尔文,载《民法实务档案》,第188卷,511、522页。

权人利益的角度,人们都更倾向于非占有型质权。由于《德国民法典》没有在意定质权的框架内发展该法律制度,在实践中存在寻找适当解决办法的努力就是理所当然的了。该解决办法可以在担保性所有权让与中找到:出于担保的原因向债权人转让所有权以及伴随它的变价权,债务人保留直接占有与用益权能。在该解决办法上,赋予债权人的比他所需要的更多,即给予他以完全的所有权,而他只需要变价权,这一点也使得参与人有点不愉快。但是,该“多出部分”没有阻碍参与人的经济利益。

3 ②在某人必须将财产部分上设定质权之事公开的时候,对他来讲并不一定是件好事。在土地担保物权的情况下,在土地簿册上的登记是不可避免的;但是因此而强制的公示,只限于对那些查阅土地簿册的人。与此相反,通过将直接占有转移给债权人的方式的、动产部分上的设定质权对于任何人来讲都是看得见的;一定程度上,该“大减价”(Ausverkauf)发生在众目睽睽之下。特别尴尬的是,在债权上设定质权必须通知债务人之债务人(Drittschuldner)。所以,为了作为提供担保人的债务人的保守秘密利益(Geheimhaltungsinteresse),人们更倾向于采取一种让其一如既往地显得有“支付能力”的解决办法,倾向于通过占有改定方式的担保性所有权让与,以及担保性债权让与。但反过来,该隐瞒的办法为(被担保的)债权人以及(其他)债权人都带来了重大的危险:之所以对于前者如此,是因为他不能阻止与担保约定相违背的债务人之处分(根据第932条及其以下),对于后者来说,则是因为他们不能知道,他们的债务人已经基于担保的原因将其动产的重要部分交给别人了,而且不存在充足的贷款基础。

S在一台机器上为他的银行已经设定了担保性所有权让与,然后违反约定地将之出让给正当的买受人K(第932条),或者收取了被让与的债权(第407条),并且自己将钱花光了。

G1—Gx 向 S 提供了贷款,因为他们不知道,S 已经将他的货物大仓库与他的全部机器设备的所有权为了担保而转让给了银行 B。

(2)刚才所说明的危险并不能阻止这些制度,即"担保性所有权让与"、"担保性债权让与"制度的发展。显然,德国慢性的资本转化不足的经济之需求迫使了这些制度的合法化与形成。[3] 4

与此相反,只要人们还没有提出较好的法律政策上、教义上无可争辩的解决办法,问题就一直存在,而且很棘手。[4] 不能错误地认为,立法者已经以所有权保留(第 455 条)的方式创立了非占有型质权:即如果出卖人将买卖物所有权以完全支付价款为停止条件、转让并交付给出卖人的话,那么因此在该物上承认了非占有型质权。出卖人仍为所有权人,并且以隐含在所有权中的变价权来担保价款债权,买受人获得了直接占有以及用益权能;对外他作为所有权人发挥作用。根据法律之允许,与在担保性所有权让与时一样,公示性也被忽略了。[5] 最后法律也间接地在第 223 条第 2 款提到了担保性所有权让与;因为在"为了请求权的担保而转让权利"的时候,这绝对不是质权的设定!

在两种制度上,利益状况是相当类似的:在担保性所有权让与的情况下,担保提供人(即债务人)向被担保人(即债权人)转让了所有权及其变价权,但自己保有着直接占有与用益权能。在所有权保留上,出卖人(即价款之债的债权人)保有了所有权及其变价权,但向买受人(即债务人)转让了直接占

---

〔3〕 迈尔—黑奥兹(Meier - Hayoz)文,载《法学者报》,1981 年,417 页。至少,担保性所有权在一定的法律中被承认了;比如在《和解法》第 6 条第 1 款第 3 句中:"……为了担保而让与的所有权……"

〔4〕 赫克,《物权法》,第 107 节 3:"所展示的是一种习惯法"。

〔5〕 亚当斯在《信贷担保法》中,对公示的意义表示怀疑(参见下文第五十七章边码 4),179 页及其以下;皮克尔文,载《民法实务档案》,第 188 卷,511、522、548 页(参见上文第五十二章边码 24);另参见第十四章边码 5 及其以下以及第五十二章边码 44。

有与用益之可能性。在第一种情况下，担保提供人在被担保债权被清偿后，对所有权取回的法律地位可以被塑造为期待权，在第二种情况下，法律已经将买受人的、随着价款的全部支付而取得所有权的地位，作为期待权看待了（第455条）。两种制度是如此地相似，以至于有些人将担保性所有权让与视为出卖人与买受人事后约定在无条件的所有权转让后的所有权保留，所谓的事后所有权保留（nachträglicher Eigentumsvorbehalt）（参见上文第五十一章边码34）！

参见第五十六章末尾的概览表24，以及格恩胡贝尔的《民法》第28章及其以下。

第二节　非典型担保交易的构建

5 所有权保留被规定在法律中，担保性所有权让与和担保性债权让与为习惯法所承认。在这种情况下，需要对这种法律生活现象进行制度构建。针对这两种制度的法学与判例越来越多，而且涉及的既有参与人之间的债权关系问题（在担保人与担保权人之间的附带有担保约定的贷款合同；在所有权保留情况下的买卖合同），也有确定当事人物权法律地位的问题。

比如说，在担保提供人破产时，被担保人有哪些权利？或者：在所有权保留之下的物的买受人，于获得完全所有权之前，就已经有权对（所有权取得的）期待权进行支配了吗？他的债权人可以以强制执行的方式夺取该期待权吗？等等。

在此首先进行两个方面的考察：

一、担保物权的潜在性

6 所谓的非典型担保约定赋予了潜在的担保物权（latente Sicherungsrechte）；它的意思是：只有在债务人没有履行他的债务，

并且因此迫使债权人行使他的变价权的时候,或者被担保的债权人与那些对该担保标的物采取强制措施的其他债权人,即在强制执行与破产的情况下,担保物权才发挥它们的效力。在这时该非典型担保物权必须要“起作用”。

K 没有支付与 V 约定好的价金期款。现在,V 以何种形式才能行使他的被保留的所有权呢?

K 向 V 及时地履行了每期债务。但是 K 的另一个债权人 G 让法院扣押了还没有完全被支付的,因此还属于 V 的买卖物,并想将之拍卖。

对于债务人、同样首要的对于第三债权人来讲,危险产生于该潜在性:对于债务人来讲之所以是这样的,是因为他的法律地位可能被债权人的所有权所排除。

出卖人解除该买卖合同,并且将该出卖物重新取回。

对于其他债权人也是危险的,因为他们还不知道这样的一个担保物权的存在时,该采取强制措施对象(Zugriffsobjekt)就可能被有担保的债权人收走(隐秘质权(pignora tacita))。

对债务人的危害来讲,必须通过债权人与债务人之间内部关系的相应构建,将之恢复到正当合理的范围上。

困难的问题是,如何照顾其他债权人的利益。因为被担保的债权人的担保性所有权(与被保留的所有权)优先于这些人[的利益],所以在非典型担保物权被承认后,他们马上就处于失利的地位了。尽管如此,判例还是认识到了有必要在极端的情况下,给予他们的利益以优先地位。比方说,“在范围上以及在非透明性上,被扩展地附加条件的担保,如果导致了担保权人考虑到的、并非远离的危险,而该危险在后来又使毫无所知的贷款发放人受到了伤害，只有在这样的时候（对债权人之危害（Gläubigergefährdung））”，判例才在考虑适用第138条、第826条进行处理，参见《帝国最高法院民事判例集》第136卷，254页。

多么有意思的发展呀！《德国民法典》的质权制度中贯穿的恰恰也是为了债权人的利益而进行公示的思想。随着非典型担保物权的允许，判例有意识地跳过了与隐秘质权（pignora tacita）相联系的疑虑。之后它又必须说明清楚由于对公示性的忽略而产生的损害，并且在典型的例子中寻找一种补救措施——主要是运用违背风俗规则，也可以考察财产承受（Vermögensübernahme）之事实构成（第419条）。

概述如下：〔6〕

《德国民法典》的质权：公示性的实现。非典型担保：公示性的忽略。非典型担保物权的无效：在显著地违背公示性的情况下。

人们不能简单地认为该判例是合乎逻辑的。相反，人们不得不称赞的是，那作为《德国民法典》质权基本原则之基础的智慧！被概略叙述的发展只是一个现象的范例，即法学家一直不得不重新阐释清楚的现象：他应当或得听任臆想的或者也是真实的经济需要，还要冒着由此产生的错综复杂性的危险吗（而该复杂性起初根本没有被认识到，或者没有被全面通观）？有一点是肯定的，法律适用不能妨碍经济发展的利益，而是恰恰相反，应当推动之才对，还有一点也是肯定的，附有公平正义内容的、流传下来的法律原则不得被忽略。可能由于经济性的、商人的思想之特征，而在经济上的收益（该收益是由法律原则所带来的）上去衡量法律原则，因此这些法律原则被视为是可以相应被调控的。这是法学家的任务，即明确为这样一种思想方式（Denkweise）所划定的界限。

二、担保物权的并存与竞合

7 在非典型担保的构建上，我们还可以进行第二个观察即对于这些权利的并存、竞合现象的观察：

〔6〕 对此原则上参见多恩多夫，《信贷担保法与经济秩序》，1986年。

(一)并存

多个担保物权为了被同一个债权人的利益而相互关联在一起。首先属于这一类的有延长的所有权保留:货物的供应者在货物的再加工以及再出卖之后,还可以通过下述方式来保障自己,即他与买受人约定,加工是“为了他而进行的”(第950条的排除!),[7]并且要先将再出卖而产生的债权转让给他(担保性债权让与)。如果人们认为在加工条款中存在通过预期的占有改定(Antezipiertes Besitzkonstitut)进行的所有权让与,那么在这里相继产生的是:所有权保留——担保性所有权让与——担保性债权让与(延长的所有权保留)。

随着另一个担保形式对一个担保形式的接替,货物债权人的目的是为了他的利益持续地使该担保客体上负有责任,而无需顾及他的“法学的物态”(juristischer Aggregatzustand),即在事实上,是一种另一个担保客体对这个担保客体的代位。

(二)竞合

不同债权人的担保物权,涉及的是同一个担保客体。主要情况是,货物提供者的延长所有权保留,与——将来的——为了金钱借贷提供人的利益(大多数情况下是银行)的、应收款项(Auβenstände)的担保性债权让与同时发生的情况。

例子:S是一个发展良好的,但资本虚弱的零售电子机器企业,它从银行B获得了以往来账户形式的、额度为20万马克的贷款,并且将全部的现在与将来的从电子机器的出卖中获得的债权,让与给了银行(所谓的概括让与(Globalzession))。洗衣机是S从工厂C处在所有权保留之下购进的。当S陷入支付困难的境地时,大约50台洗衣机已经以分期付款的方式被卖出去

---

〔7〕 比较第五十三章边码20及下一码。

了。B与C都对洗衣机买受人尚未支付的价款债权进行了请求。

货物提供者与银行之间对这些法律问题的斗争——隐藏在“重大”的经济利益之后的法律问题——一直还在进行中。这场比赛——如果该种表述是被允许的话——现在是1比0,货物提供者胜;因为在《联邦最高法院民事判例集》第30卷149页的判例中,客户将来的债权全部让与给银行,是被认定为违背风俗的,并且是无效的,“只要按照合同当事人的意思,该概括让与应当也包括了这样的债权,即债务人基于延长的所有权保留的原因,将来必须让与给以及[现在]让与给他的提供者的债权”。

通过众多的在鉴定与文章上的消耗,对竞合问题的较量被解决掉了。对年轻的法律学习者要指明的是,有些文献的评论应该被怀疑地、谨慎地对待,因为它们经常只是以或多或少的“科学”形式对有兴趣的关键点进行表述。

三、一般交易条件法的意义

8 担保物权大多数情况下被规定在一般交易条件之中,它是由合同当事人(贷款提供人——所有权保留买受人等)一方确定的。1976年12月9日的《一般交易条件法》(《联邦法律公报》,第1卷,3317页)试图保护另一方合同当事人免受不公正的不利益。在此,相对于对商人(完全商人与小商人(Voll - und Minderkaufleute))与行政机关的保护,对非商人的保护的规定更详细(《一般交易条件法》第24条)。

关于《一般交易条件法》在担保物权领域的作用的讨论正在进行中。[8]到目前为止,能叙述的只有如下几点:

1.《一般交易条件法》对于格式化的担保交易是可以适用的,而且既适

〔8〕 参见沃尔夫/霍恩/林达彻尔(Lindacher):《一般交易条件法》,第3版,1994年,第9节,“担保法”;乌尔默/布兰德纳/亨森(Ulmer/Brandner/Hensen):《一般交易条件法》,第8版,1997年,第9—11条的评注,边码650及其以下(担保条款); 勒韦/格拉夫·冯·威斯特法伦/特瑞克奈尔(Graf v. Westphalen/Trinkner):《一般交易条件法》,第2版,第3卷,1985年;(修改过)的银行一般交易条件印在鲍姆巴赫/霍普特(Baumbach/Hopt)的《商法典》评注8以及8a中。

用于债权部分,也适用于物权部分(参见勒韦(Löwe)文,载《法学教育》,1977年,421页;梅迪库斯,边码67及其以下,以及上文第五章边码19及其以下)

2. 在与非商人签订担保合同的情况下,特别要注意的是:第2条(一般交易条件的生效),第3条(没有意外条款;在分期付款购买(Ratenkauf)时的简单所有权保留并非意外条款,但扩展的与延长的所有权保留则是意外条款),第4条(个人约定的优先——口头或书面!)以及一般条件第9条(不适当地违背诚信的亏待:这里它完全取决于在个别一般交易条件中的构建!)。

3. 在与商人的担保合同情况下,可以适用意外条款的规定(第3条)、个人约定优先的规定(第4条)以及第9条关于一般条件(Generalklausel)的规定。其效力只能在个案中被确定。例如,就行业上通常的扩展与延长形式的所有权保留而言,只要在具体情况下它们没有包含过度担保(übersicherung)的内容,就既不是"意外的",也不是"有违诚信地不适当的"(对此参见第五十七章边码18)。可能与在以前的案例中不同,对于小商人,尝试在《一般交易条件法》的帮助下去解决在担保交易范围内——例如货物债权人与贷款债权人之间(参见下文第五十九章边码50及其以下)——产生的利益冲突,相对于《德国民法典》第138条第1款中的传统标准,该尝试中并没有产生新的内容上的关键点(但参见第五十七章边码22)。

四、经济背景

在对非典型担保交易简短的概述的最后,对于导致它们建立的经济事实要再说上几句: 9

《德国民法典》的规则的基础在于:在所有重要情况下的贷款,或者可能是土地担保贷款,或者可能是人的信用贷款,即或者被土地担保物权,或者被对贷款借用人自身履行能力的信赖或者由他提供的保证人所担保。只要一提到动产得被设定质权,人们想到的一定是有价证券或者在交付性证券

(Traditionpapier)*上所体现的货物的设质,还有通过短期设质的小额贷款的情况(典当行(Leihhaus)!)。这种想象已经快要不符合现实了。在原因上有通过战争带来的财产缩减,战后的大事件(通货膨胀!),缺乏经济的稳定性(经济萧条!),最后是许多企业缺乏足够的土地资源或者其他资本的事实。所以剩下的没有别的办法了,只有自己将流通资产用做贷款目的。这里正好涉及财产的组成成分,企业主必须用这些组成成分运转,所以这些财产成分由于一直反复地进行着流转,已经不适合于被设定质权了,所有的法律上的困难就是由此事实而产生的,对于这些困难我们已经简述过了,而且下文我们还必须要对之进行深入研究。虽然这些困难早已被预见到了,而且随着时间的推移越发显而易见了,但是在经济生活中,人们却坚持着这些非质权的担保交易。它们的问题首要地表现在破产中:它的基本思想是对债权人的相同清偿条件(par condicio creditorum),对优先原则——像该原则在质权与强制执行法中适用的那样——的排除,对于所有债权人的平等对待是有好处的。与此相对,所有权保留、所有权担保转让、债权担保让与在新的法律下,导致的是对特定债权人群体的优先照顾。供所有债权人支配的支付不能之人的财产,经常是不存在或者在极少的范围内存在。受害者是那些没有被担保的债权人(例如,手工业者、建筑材料供应者),以及那些在不同担保权的竞争中处于劣势的人。所以,非典型担保权不仅违反了质权的基本原则,而且经常使支付不能法律制度处于无用状态(对此参见鲍尔/施蒂尔纳:《支付不能法》,第2卷,第4节,边码7及其以下)。新的《支付不能法》只是创造了有限的救济。它使[所有权]保留之出卖人的地位不受触及,并让其他担保权人分担费用(《支付不能法》第50条、第51条、第166条及其以下),以及夺走他们的变价主权(Verwertungshoheit)。这是否能够解决支付不能人破产财团匮乏(Massearmut)的问题,还要留待时间检验。但人们必须看到,贷款债权人的担保需求很难被遏制,因为风险资本完全安全的可能性具有经济上的意义以及重大的根本性作用。1998年4月23日欧洲共同体的法律指令草案计划了部分的强制性的所有权保留(1998年6月3日的《官方公报》ABl,C部分168/13,第4条)。

---

* 比如仓单、提单。

五、作为转让使用与贷款担保的混合形式的动产融资租赁[9]

在对融资租赁合同的特征刻画之前,请先阅读一下上文第四十八章边码1及其以下的论述。

(一)效果

动产融资租赁免除了融资租赁承受人(Leasingnehmer)购买该物的必要,要不然的话,是必须要进行贷款的。他是该物的承租人(直接的占有人),并且必须向融资租赁提供人(Leasinggeber)支付对该使用转让的租金利息(Mietzinsraten)。所以,与物权的关联性首先是"消极性的":融资租赁合同并非贷款担保交易,即如在所有权保留条件下的分期付款买卖,或者为了担保贷款的担保性所有权让与一样。 10

因此也没有像在所有权保留下买受人的期待权一样产生融资租赁承受人的期待权(参见下文第五十九章边码18及其以下)。——融资租赁合同是一个受《消费者信贷法》调整的贷款合同(参见第四十八章边码2及其下一码)。

因为融资租赁承受人不是所有权人,所以在与第三人的关系上,对他的法律保护[10]以关于占有保护的规定为限(第861条、第862条、第1007条——侵权法上的第823条;参见上文第九章),在与融资租赁提供人的关系上,限定在与之签订的合同以及《德国民法典》关于租赁合同的规定范围内。

在该上下文联系中,应当注意的是,[瑕疵]担保责任请求权一般是被排除的,而且,融资租赁承受人既要承担意外灭失的危险,还要承担修理的费

---

〔9〕 对于融资租赁的详细文献汇集参见哈伯扎克,《慕尼黑德国民法典评注》,在第515条之后(473页及下一页)。

〔10〕 参见瓦尔茨(Walz)文,载《有价证券法通讯》,对1985年第48期的特别增刊、1985年第10期。

用。作为补偿,在大多数情况下,融资租赁提供人将对[货物]提供者以及其他第三人的请求权让与给融资租赁承受人。[11]

对为融资租赁提供人之债权人所进行扣押的防御:《德国民事诉讼法》第809条、第766条——还有《德国民事诉讼法》第771条。

在破产/支付不能时的法律状况:(1)融资租赁承受人的法律状况:根据旧法,[12]具有《破产法》第19条、第20条所指的终止权与解除权的合同继续存在,以及在合同结束后,根据《破产法》第43条,融资租赁提供人的取回权。根据新法,不动产融资租赁[13]与动产上的融资租赁被区分开来了:对于不动产融资租赁,在对支付不能财团(Insovenzmasse)有效力的合同继续存在的范围内,其法律状况保持不变(《支付不能法》第108条第1款第1句)。如果在程序开始的时候,还没有将融资租赁标的物转让给融资租赁承受人的话,管理人与另一方当事人就可以解除[合同](《支付不能法》第109条第1款)。融资租赁提供人的终止权被《支付不能法》第112条特别地加以了限制。现在,动产融资租赁要由支付不能管理人(Insolvernzverwalter)的选择权来决定,《支付不能法》第103条(与此相反的论据(arg. e contrario),参见《支付不能法》第108条第1款)。[14]

(2)支付不能提供人的法律状况:根据旧法,只要融资租赁之物已经被转让了,按照《破产法》第21条的融资租赁合同的效力[就发生了](要不然按照《破产法》第17条)。在《支付不能法》的效力下,对于不动产融资租赁,法律状况基本上保持不变,《支付不能法》第108条第1款、第110条、第111条;现在与之相反,根据《支付不能法》第103条,原则上破产管理人的选择权可以干涉动产上"设定的融资租赁"(Verleasung),只要不存在带有担保性

---

[11] 对此参见赖尼克/蒂特克,《买卖法》,边码1527及其以下;费尔(Fehl)文,载《企业》,对1988年第14期的增刊6以及对1985年第14期的增刊10;例子:联邦最高法院判例,载《新法学周刊》,1982年,105页;《联邦最高法院民事判例集》,第94卷,44页;第95卷,170页;第四十八章边码2具有进一步证明。

[12] 对于新法与旧法的使用,比较《支付不能法实施法》,第103条、第104条。

[13] 对此参见第四十八章边码1及其以下。

[14] 参见哈斯迈尔(Häsemeyer),《支付不能法》,第2版,1998年,边码20、45及其以下;施密特—拉斯特驰(Schmidt - Räntsch),《支付不能法》,第108条,边码2。

所有权让与的第三人融资,即可(第 108 条第 1 款第 2 句)。[15]

最后,在与被融资租赁物之第三取得人的关系上,对融资租赁人的法律保护仅限于第 986 条第 2 款。

(二)物权法上的特征

在涉及融资租赁提供人的"再融资"的时候,即涉及融资租赁提供人为了生产或取得出租之物所需要贷款的担保的时候,又是物权问题。作为担保形式,在这里要考虑的是:所有权保留(在与物的提供者之间的关系中)、担保性所有权让与(在与为价款提供资金的银行之间的关系中)以及将来的——对融资租赁承受人的租金债权——的担保性让与(既要作为延长的所有权保留,也要在一个担保合同的框架内)。 11

(三)清算

在动产融资租赁上,可以进行多种多样的约定,融资租赁提供人在合同期间届满后负有义务将融资租赁物之所有权转让给融资租赁承受人,在这里,对于价格确定之基本原则已经在这时就被确定了。然后按照第 929 条第 2 句进行所有权让与。以进行暂处分(einstweilige Verfügung)的方式,并且以第 986 条第 2 款依据的出让之禁止,为融资租赁承受人提供了防止另行的出卖以及所有权让与的工具。[16] 12

还可以这样约定,融资租赁承受人在基本租赁时间届满后,可以要求以较低的款项定额(Sätzen)进行延长(比较联邦最高法院裁判,载《有价证券法

〔15〕 根据《支付不能法》第 103 条第 1 款,新创设的提前终止合同的可能性,应当能够使为了重整之目、所必需的融资租赁物(Leasingguts)的出卖变得容易了。对在再融资担保情况下之例外的批评,参见哈斯迈尔(Häsemeyer),同上,第 20 节边码 56,具有进一步证明。

〔16〕 参见梅迪库斯,《慕尼黑德国民法典评注》,第 986 条,边码 15。

通讯》,1988 年,1203、1204 页)。

概览表 24　非质权型之担保物权

种类	经济上的作用(所有权的使用功能与变价功能的分裂)	基础	被担保人的迟延	担保标的物的变价
Ⅰ. 担保性所有权转让	贷款担保	(a) 原因的:担保合同 (b) 物权的:大多数为第 930 条	(a)强制执行:《德国民事诉讼法》第 771 条(强制执行异议之诉) (b)破产/支付不能:《破产法》第 48 条/《支付不能法》第 50 条、第 51 条第 1 目(别除权)	根据担保合同;大多数为:取走与出卖
Ⅱ. 债权担保让与(将来债权也可,只要是可以确定的)	(a)贷款担保 (b)延长的所有权保留(参见Ⅲ 2)	(a) 原因的:担保合同 (b) 物权的:第 398 条	(a)强制执行:《德国民事诉讼法》第 771 条 (b)破产/支付不能:《破产法》第 48 条/《支付不能法》第 50 条、第 51 条第 1 目	在债务人之债务人处,债权的收取
Ⅲ. 所有权保留形式: 1. 简单所有权保留 2. 延长所有权保留	价款债权的担保	(a)原因的:在买卖合同中的合意 (b)附停止条件的所有权转让:第 455 条	(a)强制执行:《德国民事诉讼法》第 771 条 (b) 破产/支付不能:《破产法》第 43 条/《支付不能法》第 47 条(取回权)	在解除后(第455 条)凭着价款的偿还,取回买卖物

专业术语

A. 债权人方面

1. 被担保人
   Sicherungsnehmer(Ⅰ, Ⅱ)
2. 保留出卖人
   Vorbehaltsverkäufer(Ⅲ)

B. 债务人方面

1. 担保提供人
   Sicherungsgeber(Ⅰ, Ⅱ)
2. 保留买受人
   Vorbehaltkäufer(Ⅲ)

第五十七章　担保性所有权让与

参考文献提示：贝克尔—埃伯哈德(Becker－Eberhard),《德国民法典第419条在担保性所有权让与上的应用》，载《民法实务档案》，第185卷，429页；冯·比洛(v. Bülow),《为了担保而进行动产所有权的让与》，载《法律学习》，1987年，509页；德勒德，《担保性所有权让与与价值穷尽》，载《企业顾问》，1969年，725页；高尔，《Lex commissoria与担保性所有权让与》，载《民法实务档案》，第168卷，351页；作者同上，《在担保性所有权让与情况下担保提供人法律地位的新的"物权化"趋向》，载《泽里克纪念文集》，1992年，105页；格哈特，《担保性所有权让与与扣押之保护》，载《法学教育》，1972年，696页；作者同上，《动产担保的新判例》，载《法学者报》，1986年，672、763页；格贝尔(Göbel),《事先起草的信贷担保合同中的担保过度与返还条款》，1993年；亨克尔(Henckel),《非占有性动产担保理论》，载《措伊纳纪念文集》，1994年，193页；保卢斯(Paulus),《担保性所有权让与制度上构成的可能性与问题》，载《法学者报》，1957年，7、41页；赖希(Reich),《担保性所有权让与的功能分析以及理论》,载《民法实务档案》,第169卷,247页;赖尼克/蒂特克,《担保性所有权的成立理由》,载《企业》,1994年,2173页;《担保性所有权让与情况下的担保过度与返还条款》,载《国际企业经济》WiB,1994年,497页;冯·林特伦(v. Rintelen),《在债权让与情况下的无附随性担保的移转》,1996年;卡·施密特,《在担保性所有权让与以及债权担保性让与上的附随性争论》,载《泽里克纪念文集》,1992年,329页;泽克(Secker),《在担保性让与情况下的对金钱放贷人的过度担保》,1995年;蒂特克,《集合物部分被担保性所有权让与情况下,被让与所有权之物的确定——联邦最高法院判例中的新动向》,载《国际企业经济》WiB,1995年,197页;韦伯,《动产担保改革》,载《新法学周刊》,1976年,1601页;作者同上,《联邦最高法院对信贷担保中返还条款的判例》,载《有价证券法通讯》,1994年,1549页;韦斯特曼,《动产与债权上设定担保物权时的利益冲突及其法官评价》,1954年;《担保性所有权让与合同范本》(下文附录7 a/b)会使您对实践有所了解。

第一节　概　　述

一、基本结构与效果

(一)担保性所有权让与的效果

担保性所有权让与制度是对动产质权制度的违背,在习惯法上获得了承认。代替设定质权,债务人为了担保债权人对他[1]享有的 1

[1] 或者对另一个人。

债权,而将属于他的动产之所有权转让给债权人。所有权转让总是通过物权合意以及对占有改定的合意(第930条)而进行的。这样一来,债务人可以在保留直接占有与用益的情况下,将完全所有权移转给债权人。该所有权转让在两方面区别于在货物销售(Güterumsatz)中所进行的[所有权转让]。

1. 时间上的效果

2 在当事人看来,所有权转让只是暂时性的:如果债务人履行了他的债务,那么该所有权就应回归给他,或者是债权人之后基于担保合同负有义务返还所有权,或者是该所有权转让从一开始就以债务清偿为解除条件。只有在债务人没有履行他的债务的时候,债权人才能对该物进行变价。如果债权人之前处分了该物的话,那么虽然该处分在物权上是完全有效的,但他在债权上却违反了与债务人签订的担保约定。这种被人们称为信托式的(treuhänderische)对担保性所有权人(Sicherungseigentümer)的约束,将他的法律地位明显地与在货物销售中的最终所有权人的法律地位区别开来了。

如果担保性所有权让与是附解除条件而产生的,那么被担保人的处分权能就要被第161条第2款连同第1款所限制。

2. 内容上的效果

3 担保性所有权人既没有直接占有,也没有用益权能。对于他来讲,这并不重要。他所追求的是,隐含在所有权之中的、针对所有其他的没有物权担保的债权人的优先地位(《德国民事诉讼法》第771条、《德国破产法》第48条、《德国支付不能法》第50条),以及在债务人迟延的时候的清偿可能性。他想针对于其他债权人以及债务人为自己保留该物之价值。相反,他并不重视其作为所有权人的形式性之地位。由此可以得出,他在物权上得到的,要比按照当事人之意图在经济上所意欲的要多，即该完全所有权代替了——出于法律技术上的原因——不可能的质权。该非所欲的法律权利“过剩”（Überschuβ），必定既会在债权人与债务人的关系中。

在担保合同缄默之处，要适用质权法律规范吗？

也会在对其他债权人的法律关系上，产生影响：

例如，担保性所有权人在债务人破产时，仅应被赋予别除权吗（像质权人一样）？

（二）参与人

只有债务人（即担保提供人）与债权人（即被担保人）直接地参与了担保性所有权让与。他们的利益首先要被整合在一起，〔2〕因为对于债务人来讲，重要的是贷款的获得，对于债权人来讲，重要的是将来能被清偿的资本投资以及充足的担保。然而，紧张关系从一开始就已经以下述方式产生了，即债务人在经济上的回旋余地过分地被担保合同以及担保性所有权让与所束缚住了（“担保过度”（Übersicherung）——“束缚”（Knebelung）——“榨取”（Aussaugung））；由此产生了第138条以及《一般交易条件法》第9条的适用问题（参见下文边码17及其以下）。真正的利益对立一般总是——像在质权的情况下一样——产生在债务人没有履行他对债权人债务，并因此要对被转移所有权之物变价的时候。债务人虽然不是物的所有权人，但他直接占有该物。所以该变价以债权人的占有取得（Besitzerlangung）为前提。对于质物之变价，立法 4

〔2〕　正确的如韦斯特曼，《利益冲突》，1954年，9页。

者——如我们所知道的——制定了详细的规定(参见上文第五十五章边码 24 及其以下),这些规定主要服务于对债务人的保护。对于担保性所有权让与则缺少这样的规则;它将在担保协议中以及伴随担保性所有权让与的目的之中,被展现出来(参见下文边码 41 及其以下)。

利益对立还可以产生在债权人在变价条件成熟之前继续对他为了担保而转移所有权的物进行处分的时候。这样的处分肯定在物权上是有效的。[3] 但在该对第三人的所有权转移应当为最终性的时候,该处分就违反了担保合同。但是如果债权人在他那一方面于第三人处贷款,并且为了担保向该第三人再移转该担保物所有权,那会怎么样呢?

二、利益状况[4]

(一) 与担保提供人之其他债权人的关系

5 被担保人的担保利益经常与担保提供人的其他债权人采取的强制措施(Zugriff)以及变价利益相冲突,而且既表现在强制执行中,也表现在破产以及支付不能的情况下。

被担保的债权人必定重视的是其优先的物权地位之实现,而

---

〔3〕 但在担保提供人占有该物的时候,注意第 986 条第 2 款! 另外,在担保性所有权让与附解除条件情况下,注意第 161 条第 2 款。

〔4〕 参见亚当斯,《担保物权的经济分析——论动产担保改革》,1980 年;布劳罗克(Blaurock),《根据德国法的担保交换》,载《担保交换与企业重整》,1994 年,3 页及其以下;多恩多夫,《信贷担保与经济秩序》,1986 年;比洛文,载《法律学习》,1987 年,509 页;施瓦布/普律廷(Prütting),第 34 节;高尔,《在担保性所有权让与情况下担保提供人法律地位的新的“物权化”趋向》,载《泽里克纪念文集》,1992 年,105 页;亨克尔,《占有型动产担保物权的理论》,载《措伊纳纪念文集》,1994 年,193 页;保卢斯,《法学教育》,1995 年,185 页;普法伊费尔(Pfeiffer)文,载《经济法杂志》,1997 年,49 页;卡·施密特,《在担保性所有权让与以及债权担保性让与上的附随性争论》,载《泽里克纪念文集》,1992 年,329 页;泽里克,《在担保性让与情况下的对金钱放贷人的过度担保》,1995 年;维甘德/布伦纳(Brunner)文,载《新法学周刊》,1995 年,2512 页。

没有被担保的债权人则必定力求将被担保人限制在被担保债权额的范围内,以便于物的价值的无负担剩余部分服务于他们的利益(对此参见下文边码 30 及其以下)。

担保性所有权让与提供的是一个秘密的质权,它在外部是难以被辨别的。债务人显得还是有信用的。在此对所有债权人都存在着一个危险;这一危险是难以被避免的,因为它与担保性所有权让与必然是连接在一起的。但该“通常事实构成”(Normaltatbestand)总还是可能被逾越的,比方说,债务人在被担保的债权人的策动(Veranlassung)下向其他债权人隐瞒其财产状况。那么,由此就产生了如下的问题,即担保性所有权让与是否依据第 138 条而无效,或者被担保的债权人是否对于其他无担保的债权人基于第 826 条负有损害赔偿义务(参见下文边码 35 及其以下)。

(二)与被担保人的债权人的关系

6 最后,利益对立也可能产生于债务人与被担保人的债权人之间。被担保人是形式上的所有权人,所以他的债权人可以对此采取行动。但是从经济上来看,被担保人只是质权人,债务人(即担保提供人)仍然是“所有权人”;在法律上,这一点也在下列表述中表现出来了,即为了担保而转移所有权的物,在被担保债权被清偿后,应当重新归属于债务人。被担保人的债权人所采取的强制措施(Zugriff)可能会阻碍该回复的实现。需要被考查的是,是否能够顾及债务人的利益以及他对“真实的”法律状况的依据(参见下文边码 38 及其以下)。

第二节　具体细节

一、适用范围——叙述顺序

7　(1)担保性所有权让与首要地服务于对贷款的担保,特别是对银行贷款的担保。个别的标的物(例如,一辆值钱的机器、一辆汽车)或者集合物(Sachgesamtheit),特别是库存货物。在最后提到的情况下,产生了特别的困难:库存货物必须——也是为了债权人的利益!——被予以流转。在法律上,它的意思是,债权人在正常的业务活动范围内授权债务人对担保物进行出让(第185条);另外,他所重视的是,新进入库存的货物也在被担保性所有权让与之列,即从一开始,通过预期的占有改定就将所有权转让给他了。该送交(Lieferung)通常是在保留所有权的前提下进行的。即债务人向债权人进行的所有权转让是根本不可能的;但无论如何,将从所有权保留产生的、买受人(他的债务人)的期待权被转让给债权人,债权人也是感兴趣的。

银行通用样本:

“倘使担保提供人在担保物上享有所有权或共有权,那么他就将该所有权或共有所有权转让给银行。倘使担保提供人对于在由他的供货者、在所有权保留条件下送交的货物的所有权取得(附停止条件的所有权)具有期待权,那么他在此就向银行转让该期待权。在已经现存于担保物上的所有权、共有所有权以及期待权,伴随着担保合同的签订移转给银行,被库存的担保物上的所有权、共有所有权以及期待权伴随着它的入库而移转给银行。”〔5〕

担保性所有权让与经常被“延长”,即在债务人加工被转让所有权的物的时候(第950条的排除),或者将之再出让的时候(基于买卖合同的请求权之让与);比如说,合同条款如下所述:

“如果贷款人行使了出卖权能,那么在此他……已经……将他的基于买卖合同的请求权让与给了银行。”

因为所有权保留经常也是通过将基于货物买卖而产生的债权的预先让

---

〔5〕 对此参见《联邦最高法院民事裁判集》,第28卷,16、17页,被评价的格式。

与而被“延长”的，所以两个预先让与（向银行以及向货物提供人）之间的竞合立刻就变得清楚了！对于这一事实，我们将详细的加以研究（参见下文第五十九章边码 50 到 55）。

（2）对利益状况以及担保性所有权让与的考虑，已经让我们认识到了，熟悉本题材有点困难。或许最好是，我们依照担保性所有权让与的时间流程进行介绍，因此首先研究担保物权设立的物权法上的过程（参见边码 8 及其以下），然后是作为担保物权基础的担保约定（参见边码 15 及其以下），接着是被担保人的地位，即相对于与之竞争的、担保提供人的、未被担保的债权人的地位（参见边码 30 及其以下），与之相关联，债务人相对于被担保人之债权人的权利（参见边码 38 及其以下），最后是被担保人的变价权（参见边码 41 及其以下）以及对债务人的担保物之归还（参见边码 45）。

二、所有权转让之构成事实

（一）通过占有改定约定的所有权转让

8 担保性所有权让与可以以第 929 条及其以下包含的方式进行；但在实践中意义重大的是第 930 条的形式，即物权合意与对占有改定的约定；因为债务人应当保有在物上的直接占有以及与之伴随的用益可能性。

1. 占有媒介关系

9 该经过协议的占有媒介关系（Besitzmittelungsverhältnis）必须是具体的（第 868 条）；债务人应在将来为债权人占有，这样的约定是不够的（参见上文第七章边码 47 及其下一码、第五十一章边码 22）。但在参与人关于担保物的权利与义务产生于该担保合同的时候，[该约定]作为担保合同的基础足够了。

为了满足具体占有改定的要求，在实践中或许会选择下列表述：“对银行担保物的交付以下述方式实现，即担保提供人为银行谨慎地无偿地保管该物。倘使第三人在担保物上取得了直接占有，那么担保提供人此时已经向银行让与了其现存的以及将来的所有物返还请求权。”

2. 附随性的缺乏与附条件的合意

10 与质权不同,担保性所有权让与不具有附随性。[6] 如果被担保人让与了债权,那么担保性所有权(Sicherungseigentum)并不因此根据第401条自动地移转给受让人。但让与人可能负有所有权转让(根据第931条)的义务。[7]

例子:债权人银行,以一台机器的担保性所有权让与为条件,向S发放了2万马克的贷款,另外,S的父亲V承担了自居为主债务人之保证(selbstschuldnerische Bürgschaft)。当S在到期日没有支付的时候,保证人V清偿了该贷款。因此债权人的债权转移到了V的手中(第774条),但(准用第412条、第401条)其上的担保性所有权没有移转。但是债权人在与债务人的关系上,有权利转让该担保性所有权,前提是,当这一点被约定在担保合同之中的时候。常用格式:"如果担保人或第三人向银行进行了支付,那么银行就负有义务(只要不与担保提供人与之签订的约定相违背)将担保权转让给该第三人"。[8]

如果债权不存在(或者通过偿还而消灭了)的话,那么通常情况下基于担保约定,担保提供人享有对所有权返转的债权性之请求权。[9]

但在担保合同中还可以约定,担保性所有权让与以被担保债权的产生为停止条件,以及以担保目的消灭为解除条件。通过条件制度,担保与被担保的债权连接在一起,这是一种附随性的代替

---

〔6〕 对此有启发性的:卡·施密特,《在担保性所有权让与以及担保性债权让与上的附随性争论》,载《泽里克纪念文集》,1992年,329页。

〔7〕 参见《帝国最高法院民事判例集》,第91卷,277页;联邦最高法院裁判,载《企业》,1967年,548页;肖尔茨文,载《新法学周刊》,1962年,2228页。

〔8〕 比较德国合作社出版社格式,第10号,附录7b。

〔9〕 详情参见贝伦斯(Behrens),《担保目的完成或者未达到情况下的担保性所有权返还》,1989年。

物。这样一来,担保性所有权只有随着被担保债权的成立才得以产生。在被担保债权被清偿后,在担保物上的所有权自动回复到担保提供人手中。相对于被担保人的处分,担保提供人受到第161条第2款的保护(但注意第161条第3款连同第936条第3款;还要参见第五十二章边码55以及第五十九章边码46)。是否约定了这些[条件],是解释的问题。虽然在这里并不取决于明示的约定(卡·施密特,出处同上,339页),但在趋势上,联邦最高法院的确认是恰如其分的,没有如下关于内容的一般法律原则:即担保性所有权让与一直以担保目的为条件。[10] 因此人们不能单单根据与所有权保留(第455条)的类似物就将这样的条件在有疑问的时候视为已经被约定了。[11] 对此需要特别的评价以及情况限定(比较卡·施密特,出处同上,346页)。

(二)担保客体

1. 概述

担保客体可以是单个的动产(也包括那种将来才能为担保提供人取得的动产)、联合成一个集合物,特别是库存货物,甚至还有基于附条件的所有权转移而产生的期待权。 11

例如:单个机器的担保性所有权让与或者将来代替该机器的机器之担保性所有权让与。

库存货物的担保性所有权让与,担保提供人是所有权人,或者只是期待权人(第455条)是无关紧要的,依下述约定,即债务人被授权在正常的业务活动范围内,对库存货物的标的物进行出让(第185条),但"新增添物"属于担保性所有权让与的范围,而且带来"增添物"的债务人成为完全所有权人,还是——在所有权保留条件下的送交情况下——只是期待权人,同样也是无关紧要的。

---

〔10〕 联邦最高法院裁判,载《法律者报》,1991年,732页,带有格哈特的评论。

〔11〕 上一版还跟随泽里克的观点,《经济法判例集》,1991年,147页及下一页。

对于期待权的转让参见《联邦最高法院民事判例集》第 20 卷,88 页(在条件成就时,从所有权保留出卖人到被担保人的直接所有权移转,即价款的清偿),以及下文第五十九章边码 34 及其以下,还有上文第五十二章边码 19。

由所有权保留出卖人进行的物之担保性所有权让与(根据第 931 条),例如,向他的银行移转,有别于所有权保留买受人进行的期待权的担保性转让(Sicherungsübertragung);当然,该期待权的担保性转让一直存续到价款被支付为止。但是大多数情况下,价款债权也被让与给提供资金的银行了。

2. 库存货物的担保性所有权让与以及确定性原则

12 在库存货物担保性所有权让与的情况下,关于确定性原则(Bestimmtheitgrundsatzes)会发生特别的问题:[12][13] 合意与占有交付必须针对特定的物。如果库存货物以其现在或将来的状态为了担保而被转移所有权的话,那么会产生如下疑问:

(1)关于被担保性所有权让与实体上包括进来的物;以及

(2)关于被转移所有权之物归属到担保提供人财产中的各种形式。

对于(1)[该物是指]"全部库存货物"?——"库存货物按百分比计算的特定部分"?——以被担保债权额为限的库存货物?——还是被携入特定空间的库存货物之部分?

对于(2)只是处在担保提供人所有权之下的标的物?——还是期待权?以这种或另一种法律形式位于仓库中的物必须被彼此划清界限吗?

---

〔12〕 同样的问题出现在将来债权的担保性让与以及延长型所有权保留情况下(参见下文第五十八章边码 19 及下一码)。

〔13〕 对此特别参见施陶丁格/维甘德,对第 929 条及其以下、边码 93 及其以下的评注;泽里克,第 2 卷,第 1 册,第 21 节,148 页及其以下;泽格尔/米尔,第 930 条,边码 38 及其以下。

如果人们要总结现今判例对于这一系列问题的观点的话，那么会产生下列原则： 13

(1)在担保性所有权让与，被转移所有权的物必须在合同中被特别标明出来。单纯的确定性并不足够(《帝国最高法院民事判例集》，第132卷，183、187页；《联邦最高法院民事判例集》，第28卷，16、19页；《联邦最高法院民事判例集》，第73卷，253、254页；联邦最高法院裁判，载《法学者报》，1988年，471页)。对于任何知道当事人约定的人来讲，遵循简单的外在标准的选择，哪个个别确定的物被转移了所有权是显而易见的时候，才具备充分的确定性(联邦最高法院裁判，载《新法学周刊》，1992年，1161页；1996年，2654页)。

(2)但特别标记的必要性，针对的只是被担保性所有权让与所涵盖的物的确定，而不针对权利上的资格评定(rechtliche Qualifizierung)(作为现在已经属于债务人的物，或者将来归属于其所有权的物以及他只享有期待权的物)。

该判例明确地带有下述趋势的标记，即对于冲突的情况(特别在破产中或者其他债权人进行强制执行的时候)，尽可能清楚地标明担保物的范围。与此相反，判例没有要求任何一种担保事件(Sicherungsvorgang)的公示；因为该担保性所有权让与制度按照它的起源，并不着眼于此。正确的可能是，适用与在将来债权的担保让与情况下的一样的原则(参见第五十八章边码19及其以下)，即确定性在下述意义上就足够了：担保合同对此必须包含明确的标准，即货物在进入到债务人处的那一刻是否为担保性所有权让与所涵盖。[14]

所有库存货物、被分开存放并被挂上标示有担保性所有权让与

〔14〕 另一种观点，默舍尔文，载《新法学周刊》，1981年，2273页，他与此相反，主张严格要求确定性原则。

牌子的货物、一起被存放但被不同标记的物（比较联邦最高法院裁判，载《新法学周刊》，1992年，1161页及其下一页），但首要的——在实践中特别具有意义的——是在一个特别的空间中被存放的货物（所谓的空间担保合同 Raumsicherungsvertrag），这些方式确定的物的所有权转移都是充分的。虽然空间上的确定界限是通常情况，但并不是必要的，只要能以其他方式明确地确定被移转所有权的物，即可（联邦最高法院裁判，载《新法学周刊》，1994年，133页）。

通过百分比（库存货物的一半）或者价值指示（以那个存在债权的额度为限）方法的标记是不够的。

在《联邦最高法院民事判例集》第28卷16页（与《联邦最高法院民事判例集》，第21卷，54页相反）中，权利上的资格不再被重视了。特别是，“期待权之物”与“所有权之物”的划分是不必要的了。联邦最高法院首先以下列表述说明了其理由，即期待权是所有权的纯粹的预备阶段。比较重要的是另一个论点，即无论是从担保合同当事人立场出发，还是为了对其他债权人的保护，权利上的资质都不是必要的。但最后是法律政策的衡量发挥了关键的作用，权利上的资质可能会使库存货物的担保性所有权让与在实践中成为不可能（《联邦最高法院民事判例集》，第28卷，16、25页）。〔15〕

3. 延长的担保性所有权让与

14 大多数情况下，当事人明确约定，——比如说在库存货物的担保性所有权让与的时候——原始的担保物之代替物同样也为担保性所有权让与所涵盖，或者由再出卖产生的债权提前让与给被担保人（所谓的“延长的”担保性所有权让与）。但在没有这样的约定的时候，适用什么呢？在这里应当适用物上代位（dingliche

〔15〕 在保留性买受人为了担保而将他的期待权按照第930条转让给第三人的情况下，占有状况就带来了难题。

Surrogation，比如说根据《德国民法典》第 2041 条）吗？[16]

例如：(1)S 为了担保而按照《德国民法典》第 930 条，将汽车的所有权转移给了债权人。S 违反了约定，将该汽车出让（按照第 433 条、第 929 条、第 932 条）给了 D。价款债权自动归债权人享有吗（并且现在服务于债权人对 S 的债权之担保），或者债权人只可以根据第 816 条第 1 款第 1 句迫使价款债权的让与吗？

(2)反之，在债权人将该汽车（按照第 931 条）出让给了 X，然后就陷入了破产的情况下，因为 S 好像已经可以将汽车从破产财产中取回了——汽车仍属于债权人的担保性所有权范围内，所以 S 可以根据《德国破产法》第 43 条或《德国支付不能法》第 47 条对价款债权行使取回权吗，或者根据《德国破产法》第 46 条或《德国支付不能法》第 48 条要求代替物取回权（Ersatzaussonderung）吗？（参见下文边码 39）。

(3)如果为了担保而向债权人转移所有权的汽车被 Y 有过错地损坏了，那么根据第 823 条第 1 款赔偿请求权归作为所有权人的债权人享有。在 S 向债权人清偿了债务的时候，怎么办呢？现在该赔偿请求权自动属于 S 享有吗，或者他只可以基于担保合同要求该请求权的让与吗？

对于这些问题的回答取决于，人们是否在物权法中允许超出法定规范（例如《德国民法典》第 1048 条第 1 款、第 1247 条、第 1248 条，还有《德国破产法》第 46 条或《德国支付不能法》第 48 条、《德国商法典》第 392 条第 2 款）情况以外的物上代位（对此参见 M. 沃尔夫，出处同上，以及联邦最高法院裁判，载《新法学周刊》，1959 年，1223 页）。通说对此是否定的，这的确是有理由的。但是人们也不能完全根据这一点，即被担保人是否直接从担保提供人那儿获得的担保物，而是应根据在第 816 条中包含的立法者的判定。物上代位最多可以在下述情况下予以考虑，即所谓的收取代位（Entziehungssurrogation）（上文(1)与(3)），以及得到对库存货物或类似的财产总体（Vermögensinbegriffe）的替代物的情况下，（对此参见林德迈尔/莫林

〔16〕 对于物上代位总的参见格恩胡贝尔：《民法》，第 49 节；施特劳赫（Strauch）：《多数性权利替代》，1972 年；M. 沃尔夫文，载《法学教育》，1975 年，643、710 页；1976 年，32、104 页。

编,《联邦最高法院参考书》(BGH LM),《德国民法典》第930条,边码12)。

三、担保合同的[17]

(一) 意义

15 担保合同界定着参与担保性所有权让与的参与者的(大多数情况下为债权人与债务人的,但也可能是债权人与“代替”债务人的第三人的)权利与义务。它与作为被担保债权来源的法律行为(例如借贷)并不是同一个合同,两个合同常常也可能被联结为一个法律行动(Rechtsakt)。

担保约定包含的内容,例如担保提供人正常地对待担保物,并为之保险的义务,[18]在担保物被第三人扣押的时候,对被担保人的通知;另外该合同还提供了下述信息,即在被担保债权到期时该物变价的方式,被担保人在债务清偿后所有权返还(Rückübereignung)的义务等。[19]

如果担保约定无效的话,那么它的无效并不自动导致担保性所有权让与的无效。与尚处于前沿的代表性观点相反,即使在担保性所有权让与按照第930条的交付替代方式被实行的情况下,也适用上述规则。在依照第930条占有媒介关系的框架内,如果将担保合同的有效性作为担保性所有权让与的前提要件,这样的解决办法与蕴涵在《德国民法典》之中的基础行为与

---

〔17〕 对此参见高尔,《附解除权之买卖与担保性所有权让与》,载《民法实务档案》,第168卷,351页;肖尔茨/卢瓦斯基(Lwowski),边码106及其以下、550及其以下;另参见第四十五章边码9及其以下在土地上债务情况下的相同情况。

〔18〕 然后,为此保险人给担保权利人出具一张所谓的担保单(Sicherungsschein)。

〔19〕 担保性信托(Sicherungstreuhand):格恩胡贝尔文,载《法学教育》,1988年,358页;泽格尔/米尔,第930条,边码29—31以及52、53;对于担保权人的义务,另参见《联邦最高法院民事判例集》,第32卷,67页;联邦最高法院裁判,载《新法学周刊》,1966年,2009页(按一定规则的变价义务)。

处分行为原则上分离的原则是不相符的。[20] 担保提供人基于不当得利(给付型不当得利返还请求权)享有对所有权返还请求权。这同样也适用于最初有效成立的担保约定后来消灭(Fortfall)的情况。如果担保约定是有效的,而被担保的债权最终没有产生或者又消灭了的话,只要当事人没有将债权的存在作为所有权转移的前提,那么所有权返还的义务根据的是该担保合同(参见上文边码10)。

如果被担保的债权经过了消灭时效,那么第223条第2款就可以适用;这意味着,债权的时效消灭并不触及担保性所有权人的地位,特别是它的变价权(《联邦最高法院民事判例集》,第34卷,191、195页;还可以参见《联邦最高法院民事判例集》,第70卷,96页)。

(二)不存在内容上确定的担保约定

有问题的是,在当事人没有达成明示的担保约定时的法律状况。对债权人与出质人的关系所作出的规定可以被准用吗?[21] 该问题不能用简单的是或否来回答。首先是具体担保关系的特性起决定性的作用。在从[担保合同]中不能被推断出的地方,质权的规定可以被加以准用,但是具有特别性,即质权变价的合法性前提要件在这里只具有内部的、针对被担保人与担保提供人之间的关系的决定性意义。 16

例子:S将昂贵的机器作为贷款的担保,向G转移了所有权,没有内容上确定的担保约定。如果贷款之偿还已经到期了的话,那么G将负有警告要进行让与的义务(准用第1234条)。如果G直接地将该机器让与给了D,那

〔20〕 但比如尧尔尼希,第930条,边码39;一样的有:施陶丁格/维甘德,第929条及其以下的评注90。

〔21〕 参见朗格文,载《新法学周刊》,1950年,570页(VI);泽里克,第1卷,60页及其以下,以及第3卷,45页及其以下。

么D就成为了所有权人。如果S可以证明,在以公开拍卖的方式让与时,或者在招标(Ausschreibung)时,可以获得显著更高的收益的话,那么G可能要承担损害赔偿责任。

有问题的是,流质条款(Verfallklausel)的约定是否有效。该问题——如在高尔《民法实务档案》第168卷151页的文中所证明的那样——被给予否定的回答;流质条款之禁止(第1229条)也适用于担保性所有权让与(以前的版本不同与此不同,另外,泽里克,第3卷,480页;雷姆尔斯巴彻尔(Rimmelspracher),第6节,边码352及其以下:流质之后担保提供人的结算义务(Abrechnungspflicht))。

(三)束缚

17 担保合同可能因为违背风俗而无效(第138条)。在这里令人感兴趣的关联中(担保提供人——被担保人的关系),就这点而言特别要考虑“束缚”的构成事实。违背风俗的其他事实构成有别与此,它们产生于对其他——没有被担保的——债权人的蔑视(所谓的“对债权人之危害”(Gläubigergefährdung))。束缚以及对债权人之危害的事实构成,只不过是对第138条以及第826条违反的范例,但不可以代替必要的个案审查(比较联邦最高法院裁判,载《新法学周刊》,1955年,1272页;联邦最高法院裁判,载《新法学周刊》,1991年,353页及下一页)。在下述情况下违背风俗的束缚就具备了,即担保合同使债权人对债务人的业务活动以及生活方式的影响是如此广泛,以至于债务人实际上被剥夺了对自己经济的以及商业的决定之自由(比较《联邦最高法院民事判例集》,第19卷,12、18页)。在此,担保提供人的重大过失就已足够了。

（四）担保过度〔22〕

担保的价值超出被担保债权的金额是如此的多（并不是暂时的），以至于在担保与债权之间不存在平衡的、兼顾双方利益的关系，此即为担保过度，〔23〕在具有变化状态之库存货物的担保性所有权让与时，会出现*事后担保过度*（nachträgliche Übersicherung）的问题。〔24〕因为在库存货物进行担保性所有权让与时，那些担保提供人（作为被卖出货物的替代）后来才取得的货物，也会自动地进入担保状态，所以相对于被担保债权存在着单方面增长的危险。〔25〕 18

1.以前的判例

联邦最高法院（自从1989年11月29日，第八民事审判庭的原则判决之后，载《联邦最高法院民事判例集》，第98卷，303页）一直到最近试图通过下述方式解决这个担保过度的问题，即在担保约定中要求记载所谓*适格的交还条款*（qualifizierte Freigabeklauseln）（《联邦最高法院民事判例集》，第124卷，371、376页及其以下）。在这里人们将之理解为具有下述特征的合同法规则： 19

---

〔22〕详见比洛：《信贷担保》，边码944及其以下；对于现时的发展，参见卡纳里斯文，载《经济法杂志》，1996年，1577页；诺贝（Nobbe）文，载《经济法杂志》，1996年，657页；普法伊费尔文，载《经济法杂志》，1997年，49页；泽里克文，载《企业顾问》，1996年，1777页；特拉普（Trapp）文，载《新法学周刊》，1996年，2914页。

〔23〕比较联邦最高法院裁判，载《新法学周刊》，1994年，1798页；1998年，2047页，具有进一步证明。

〔24〕该问题特别发生在，担保性所有权让与被通过基于（被允许的）再出卖所产生的债权的预先转让，而被“延长”。事后担保过度的危险同样存在于概括让与（Globalzession）以及在扩张的甚或延长的所有权保留的情况下，因此联邦最高法院对具有变化状态之库存货物的担保性所有权让与，也设定了合法性的要求：《联邦最高法院民事判例集》，第117卷，374、377页及其以下。

〔25〕担保提供人可以通过下述方法防止事后的担保过度，即他将他的货物的一部分存放到另外的没有被担保约定包括进去的空间之内。但是这以对附加的、增加成本的储存能力的维持为前提条件，因此实践中的担保过度保护在许多情况下，不是对法律上的担保过度保护可合理要求的替代可能性。

(1) 要确定担保覆盖限度(Deckungsgrenz),也就是说一直到被担保的贷款必须为担保的价值所覆盖的金额;

(2) 被担保人对超出担保覆盖限度的担保之交还义务;

(3) 返还义务的形成不得取决于某人的衡量。

根据(迄今)联邦最高法院判定的判例,不包含有与这些要求相适应的交还条款的、基于担保合同的担保性所有权让与,应当全部自始无效。法院的否定意见(Mißbilligung)是以《一般交易条件法》第9条以及《德国民法典》第138条为限度作出的。

2. 对该判例的教义上的质疑

20 判例为了避免担保性所有权让与越过限度的努力,是可以理解的;它还导致了大的债权人被置于较强的义务约束之下。在教义上,该判例有可被指摘之处。对于最终已经导致最高法院法律观点转变的质疑,在这里只能简短地予以概述:

(1)明示交还义务的非必要性

21 由于对担保提供人保护的原因,不能要求由判例宣布的对返还条款明示约定的强制:基于作为信托关系(Treuhandverhältnis)的担保合同的性质,就已经得出,作为受托人的被担保人必须向担保提供人返还那些对于担保他的贷款不再需要的担保。[26] 因此,交还请求权对于任何一个担保合同来讲都是内在的,所以根本不需要对此明示的约定。

(2)全部无效的不适当性

22 全部无效的法律后果不仅在它的教义推导方面(a),而且在它的效果方面(b)都是不适当的:

(a)在教义方面,根据第138条,对基础行为(担保约定)与处分行为(担

〔26〕 参见泽里克文,载《经济法杂志》,1995年,789、792页;联邦最高法院裁判,载《新法学周刊》,1996年,2092页及下一页。

保性所有权让与)全部无效不加考虑的接受是有些过分的。原因行为之无效扩展到处分行为是对抽象原则的违反(对此参见第五章边码19及其以下，边码22、51)。但是这样的情况不能一般性地，而是例外地在特别显著地违反合同公平之信条时才发生。但在单纯地缺乏对事后担保过度的预先关心的情况下，进行这样的评价，理由并不是充分的。

除此之外，并没有规定第138条适用于基础行为。[27] 如果担保约定自始就具有事后的担保过度的性质，那么或许才能谈得上是一个违背风俗的担保约定。因为《德国民法典》第138条只是例外地与此有关，所以担保约定被联邦最高法院主要地按照《一般交易条件法》进行衡量。但据此，全部无效的法律后果也很少是强制性的：即合同条款对一般交易条件之违反的一般情况下，依据《一般交易条件法》第6条第1款，导致的是不合理的不利条款之单纯无效，并且只有在例外时，根据《一般交易条件法》第6条第3款导致的是全部法律行为的无效。因此在一般情况下，人们在适用《一般交易条件法》第9条时，得出的是单纯的条款之无效(Klauselnichtigkeit)，而不是债权法上行为的整体无效(Gesamtnichtigkeit)。在这里不考虑基础行为以及处分行为的无效性，才是适当的。

(b)担保行为(Sicherungsgeschäften)的自始、完全无效的效果，看上去是 23
对过剩之禁止(Übermaβverbots)以及保护目的之缺失(Schutzzweckverfehlung)的反对。

除了极端毫无顾忌的例子以外，从现在起将被担保人作为没有被担保的债权人来对待，在宪法上的过剩禁止[28]的观察角度下，看起来也值得怀疑的是：被担保人通过下述方式而过度地被加重了负担，即他失去了全部的担保，而不仅仅是他不需要作为贷款的担保的那一部分。按照至今为止的判例，被担保人甚至会在下述情况下遇到这样的[过度负担]，即在事后担保过度根本没有出现、担保提供人根本不能主张交还请求权！没有被担保的破产债权人因此而受益。但是对他们的保护并不是一般交易条件法所希望达到

---

〔27〕 参见卡纳里斯文，载《经济法杂志》，1996年，1109、1122页；另比较联邦最高法院第十一民事审判庭，载《经济法杂志》，1996年，957、960页。

〔28〕 比如恰当的是，卡纳里斯文，载《施泰因多夫(Steindorff)纪念文集》，519、547页及其以下。

的目的。

3. 联邦最高法院法律观点的改变

24 对流转补充型概括担保(revolvierende Globalsicherheit)进行过研究的法庭已经对迄今的判例进行了必要改变,在质询以及回复裁定中深入地进行了讨论,[29] 并且最终根据《法院法》(GVG)第132条第3款以及第4款向大法庭(der Groβe Senat)提起了上诉。[30] 大法庭现在已经就该有争议的法律问题作出了有约束力的决断。[31] 由于该解释的重要实践意义,人们曾紧张地共同期待过它,因为它涉及在裁定的准备阶段就已经为所有法庭所认可的、合同内含的"法定"交还请求权之构建,特别是担保覆盖限度问题的构建。

为了更好地理解这个问题,应当把对"担保覆盖限度"这一题目的说明写在前面(1);接着应当对第九与第十一民事法庭(ZS)为了让大法庭决断而向之提交的解决问题的建议作一个简述(2)。然后,在这个背景之下,应当对大法庭的(从现在开始具有

[29] 比较在民事审判庭之间交换的询问与答复决议:1996年1月23日第十一民事庭,载《新法学周刊》,1996年,1213页;1996年4月16日第十一民事庭,载《经济法杂志》,1996年,957页;1996年7月11日第九民事庭,载《经济法杂志》,1996年,1426页;《新法学周刊》,1996年,2790页;1996年7月11日第九民事庭,载《有价证券法通讯》,1996年,1439页;《新法学周刊》,1996年,2786页;1996年10月10日第七民事庭,载《经济法杂志》,1997年,234页;《新法学周刊》,1997年,651页。

[30] 通过1997年3月6日第九民事庭的决议(由于其对文献中的观点进行了简洁的总结,所以很有阅读价值),载《经济法杂志》,1997年,632页;《新法学周刊》,1997年,1570页,以及1997年5月13日第十一民事庭的决议,载《经济法杂志》,1997年,1185页。

[31] 1997年11月27日大法庭的决议,载《经济法杂志》,1998年,235页;《新法学周刊》,1998年,671页;林登迈尔与默林编写的《联邦最高法院判例集》对《德国民法典》第138条,边码86,附有施蒂尔纳的评论;另参见联邦最高法院裁判,载《新法学周刊》,1998年,2206页(最终的决定)。

决定性的)裁决进行叙述(3)。

(1)担保覆盖限度与估价方法

担保覆盖限度(如我们已经讲过的)是一种金额,即一直到此 25
金额为止,被担保的贷款才能够为担保的价值所覆盖。因此对担保覆盖限度的合同上可能的(并且适当的)约定以下述为前提,即对随时可供行使的担保要进行估价。该估价可以通过如下两种方法进行:一种涉及的是在所有权转移时担保物的价值,另一种涉及所谓的可以被实现的价值。后者指的是在担保结束情况下(Sicherungsfall),变价时获得的价金。因为在合同签订时,担保结束(Sicherungsfall)是不确定的、在时间上不可以预见的结果,所以担保物价值的发展变化也不太可能被预见,反之"成本价值"在所有权转移时间点上是不难被确定的。在变价时所实现的价值经常明显地低于在所有权转移时的价值。[32] 但由于实践中估价的困难,所以常常以所有权转移时的价值为根据,并且考虑到损失风险而相应地提高担保覆盖限度。在这些对策中,根据担保物的价值持久性与价值稳定性的不同——判例对此没有异议[33]——该限度也可以明显地超过经常约定的通常价值的120%。

(2)提交法庭的解决办法建议

在提交时已经在各法庭之间达成的一致,有如下几点:为了(在此期间被一般性地承认的)合同中内含的交还请求权,应当在将来废弃明示约定的要求。该交还请求权也应当独立于相应条款的存在与构建,一直包含有交还过剩担保的严格义务。被担保人最多(类推第1230条)可以斟酌,他应当交还多个担保中的哪一

〔32〕 对此比较卡纳里斯非常形象清楚的解释,载《经济法杂志》,1996年,1577、1580页。

〔33〕 联邦最高法院裁判,载《经济法杂志》,1996年,17页;《经济法杂志》,1996年,957、960页。

个,但不是考虑他是否交还担保。

在这种构建中,交还请求权是《一般交易条件法》第 9 条第 2 款第 1 项意义上的法定范例,以及《一般交易条件法》第 9 条第 2 款第 2 项意义上的重要权利。这意味着,将交还请求权在格式合同上减低为一种单纯的对交还请求权检验的请求权,会因为违反《一般交易条件法》第 9 条而无效,这造成了根据《一般交易条件法》第 6 条第 2 款对“法定”(严格)的交还请求权干预。

但关于担保覆盖限度还需要解释。在此,首要涉及的是下述问题,即在合同中对此没有说明的时候,担保覆盖限度的高低应当如何被确定。[34]

(a)第九法庭的建议

26 第九法庭对确定的担保覆盖限度进行了强调。没有担保覆盖限度的话,什么时候存有一个作为请求权基础的过度担保,总是悬而未决的。这样可能会过分地使交还请求权之实现变得困难。在疑惑的情况下,第九法庭想根据第 157 条以补充性的合同解释方法来确定担保覆盖限度。如此产生的推定规则是由它以如下方式推导出来的:在被担保人(违背他的义务)放弃了将担保覆盖限度以及担保物的估价作为合同的对象的时候,担保提供人可以由此得出,供支配的担保被作为全值[担保]接受。换句话说,在有疑问的时候,担保覆盖限度应当与贷款额度相吻合。[35]

因为在担保结束(Sicherungsfall)情况下,担保被实现的价值很难事先被

〔34〕 第七民事庭根本不愿意走得这么远,至少在特别行业高度损失风险的情况下,将担保覆盖界限的明示约定作为有效前提来处理。如果在这些情况下,没有明示的规则,那么这就是为了以后拒绝交还,这样一来,根据第 138 条,必定导致全部无效(《经济法杂志》,1997 年,234 页及下一页)。仅仅出于这个原因,前述审判庭才根据《法庭基本法》第 132 条第 2、3 款,提出了担保覆盖界限明示规则的必要性问题。

〔35〕 联邦最高法院第九法庭,载《有价证券法通讯》,1996 年,1439、1442 页;《新法学周刊》,1996 年,2786、2789 页,其基础为 W. 沃尔夫、林登迈尔与默林编写的《联邦最高法院民事判例集》,《一般交易条件法》第 9 条(Cg),第 29 号。

确定，所以第九法庭想按照债权的通常价值以及在所有权转移时的货物价值来对担保物估价：如果货物有它的市场价或股市价这类的价格，可以此来确定，另一种情况用买入价或者生产价来确定。〔36〕 根据该建议，连同允许的对于在担保结束（Sicherungsfall）时为被担保人所承担的变价费用的总增价（Pauschalaufschlag），担保覆盖限度为在担保性所有权让与时间点上的担保物价值的110%。

（b）第十一法庭的建议

27 与此相反，第十一法庭反对以补充性合同解释的途径，对未被规范的情况确定一个一般性地适用的担保覆盖限度。针对根据所有权转移时价值的担保估价，它提出了反对意见，这种可实现的价值只是对被担保人（可预见性很差的）有利益。担保的目的终究是在担保结束下（Sicherungsfall）证明担保自身是很可靠的。与此相对，对它按照所有权转移时的价值估价只是有助于简单化，但不适合对担保覆盖限度进行图解式的具体化，之所以这样，是因为被实现的、被担保性所有权让与之物的价值在债务人处于危机时，常常低于它的市场价值或者买入价值，并且损失风险（Ausfallrisiken）因行业的不同而存在着很大差别。因为第九法庭所建议的补充可能往往（并且与利益衡平解释准则（Interessengerechte Auslegung）是矛盾的）导致的是被担保人的担保不足（Untersicherung），所以根据第十一法庭的意见，对于担保覆盖限度，应当不是无区别地予以确定，而是交由法官对个案进行估价。

（3）大法庭的裁定

28 因为在大法庭中所有法庭的成员都在场（《法官法》第132条第5款），所以也就不奇怪的是，它的决定是对两个提交裁定的重要思想的综合。第九法庭的意见在下述范围内得到了实现，大法庭没有选择针对与个案相关的担保覆盖限度之确定，而是选择了

---

〔36〕 联邦最高法院第九法庭，载《有价证券法通讯》，1996年，1439、1442页；《新法学周刊》，1996年，2786、2789页。

抽象一般地对担保覆盖限度之确定。但没有实现的观点是,将被抽象确定的担保覆盖限度与担保物的通常价值或所有权转移时之价值联系起来。在这里,大法庭同意了第十一法庭的批评,据此,那些常常导致贷款人担保不足的解释是不可行的。因此大法庭先将担保覆盖限度确定为可实现价值(realisierbarer Wert)的110%,然后对该(只采纳这一点意见还不够有说服力)差额(Marge),用从第237条第1句借用的可反驳的估价规则进行了补充,该规则可以防止交还请求权在实践中落空。与可实现价值的探究相联系的不确定性将被通过下述方法所排除,即被担保性所有权让与之物的估定价值(Schätzwert)以及被预先让与之债权的名义价值(Nennwert)连接在一起。

用方程式来表述:

担保覆盖限度 = 可实现价值的110% = 估定价值/名义价值的150%。

以(不可知的)可实现价值的110%作为担保覆盖限度,在被担保性所有权让与之物的估定价值以及被预先让与之债权的名义价值超过了被担保债权的价值50%以上的时候,就被视为已经达到了。

对此详细来讲:

29 人们将被估计的当前的交易价值称作估定价值。在物具有市场价格的情况下,它在此关联中,就是对交还请求决定时刻的物之市场价值。在物不具有市场价值的时候,为了尽可能简单迅速地实现交还请求权,所依据的是它们的买入价以及生产价值,而不是它们的当前交易价值。这就免除了请求权提出人的费时伤财的专家鉴定。

29a 担保合同的意义与目的在于,在贷款使用人支付不能的情况下使贷款提供人安全。可实现价值的110%的担保覆盖限度与此是相适应的。

但被担保人合理的担保利益(Sicherungsinteresss)对于合同关系来讲,不是唯一确定的因素;而是被用来对所谓的"处分利益"(Dispositionsinteresse)(也就是担保提供人的利益)的平衡(补偿),在有紧急贷款需求的情况下,尽可能迅速简单地得到过剩的,但仍有约束力的担保,以便于它被重新作为信贷基础而加以使用。交还利益在下述情况下会变得很急迫,即在现存贷款关系的合同当事人基于现存担保总额(Sicherheitenvolumen),不想继续发放贷款的时候,或者在贷款使用人需要对在另外一家银行继续贷款的需求进行担保的时候(比如说因为该银行提供了优惠的条件)。正常运转的企业也绝对不可能一直具有同样多的流动资金,所以尽可能迅速简单的对产生的贷款需求进行担保,有时,特别是在巨大的竞争压力下,可能是生存所必需的。在这种流动资金调整中,对担保交还(Sicherheitenfreigabe)的拒绝,对于(自身对最大可能的担保总额有兴趣的)贷款提供人来讲,被证明是"自射自家球门"的行为。

将担保覆盖限度确定为可实现价值的110%,对于担保提供 29b
人的处分利益来讲,也不是公平合理的,因为对此事前并没有肯定地予以确定(参见上文边码25)。但如果对于交还请求权的前提条件没有让步地进行争吵的话,那么银行(银行对它们的支付不能损失风险之最小化具有令人可以理解的利益)首先可以随时在对余下的变价风险提示的条件下,拒绝交还。在法庭上对交还请求权的主张,经常与不可克服的举证困难连接在一起,至少是造成了巨大的困难。因此大法庭根据文献中的建议,[37]将与无(支付能力程序中的)分割价值(Zerschlagswert)相关的110%的界限通过可反驳的推测,补充到它的规定之中。[38] 因此它遵循了第九法庭的反对意见,即一个没有预先规定的、单单是交由法院的个案判

〔37〕 比较利贝尔特—维斯特威尔(Liebelt - Westphal)文,载《经济法杂志》,1997年,230页及其以下(很有阅读价值!),其思想已经为前述审判庭在它们的申诉决议中考虑到了;联邦最高法院第十一民事庭,载《经济法杂志》,1997年,1185、1189页;联邦最高法院第九民事庭,载《经济法杂志》,1997年,632、640页;《新法学周刊》,1997年,1570、1576页。

〔38〕 联邦最高法院大法庭,载《经济法杂志》,1998年,235页(242页及下一页);《新法学周刊》,1998年,671页(676页及下一页)。

决的交还请求权,在实践中是很少可能实现的。对第 237 条第 1 句的类推是有理由的,因为在第 232 条及其以下之中,不仅对于特定标的物担保价值的立法者之设想,而且担保提供人与被担保人相互冲突的利益之间的衡量,都表现出来了。[39] 在第 237 条第 1 句中规定,只能以动产估定价值的 2/3 提供担保。

29c 在历史上,虽然《德国民法典》的立法者们没有预见到,以出质简单性债权的方式之担保提供(Sicherungsleistung);但如同适用于被担保性所有权让与之物那样,这应当也适用于该种担保提供。在概括担保合同的框架内被预先让与的债权,是在经营中被允许再出卖的货物的代替物。因此这里类推适用第 237 条第 1 句的变价规则,其中,债权 2/3 的名义价值额度可以被用来提供担保。

从这个 2/3 的规则得出了 50% 的总括的额外风险损失(pauschale Risikoaufschlag) *。这使人认识到,《德国民法典》之父们已经考虑到了担保提供人的处分利益。从这一主旨可以得出,对于他们来讲是绝对意识到了,担保物的变价常常只能得到流通价值的一半,但他们还是决定只给予 50% 的风险附加费(Risikozuschlag)。[40]

29d 如果被担保人主张,他在将超过 50% 标界的担保返还的情况下,产生了担保不足,那么他必须根据他的主张,经过证实地说明具体的损失之风险(Ausfallrisiko)有多高,并且要予以证明。对于该证据,大法庭提出了很严格的要求。对于经验事实,即在担保物变价时,常常只能得到交易价值的一半的经验事实的一般性提示,并不是充分的。为了使一个不同于第 237 条第 1 句的价值减少(Abschlag)获得承认,“具体事实的证据更是必要的,即那些证明

---

[39] 参见施瓦布文,载《有价证券法通讯》,1997 年,1883、1890 页。

* 参见边码 28 中的公式。

[40] 参见利贝尔特—维斯特威尔文,载《经济法杂志》,1997 年,230、231 页,根据的是《德国民法典立法动议》,第 1 卷,390 页。

法定价值减少对于该行业或者该担保提供人的特殊关系完全是不公平合理的”。然后,根据《德国民事诉讼法》第 287 条,具体适用的担保覆盖限度要受到对个案中所表现的情况进行顾及的法官之估量的约束。〔41〕

所有被突出的详细解释只适用于事后担保过度的情况。自始的担保过度往往根据第 138 条,导致担保合同的无效。〔42〕 29e

最后还要指出的具体几点,在担保价值计算以及风险定额(Risikoaufschlag)衡量时要注意: 29f

(a)担保物的可衡量性

担保在如下范围内被从担保价值的总额中扣除,即它为第三人权利所减少的范围内。例如这适用于在所有权保留条件下被送交的货物,只要是该货物没有(完全)被支付就可以,还适用于附有抗辩权或可抵消的债权。

(b)对变价赋税的处理

(使变卖收益减少)的变价费用已被包含在 50% 的风险定额(Risikoaufschlag)之中,但在被担保人处产生的营业税(Umsatzsteuer)负担并没有被包含在内,因为在《德国民法典》颁布时还不存在营业纯收益税(Mehrwertsteuer)。迄今为止,被担保人的经济状况在支付不能中,在营业税负担方面于如下方面得到了改善,即对于在变价情况(Verwertungsfall)下产生的,并且根据《德国破产法》第 58 条第 2 目、第 60 条第 1 款第 2 目作为破产财团费用被清偿的营业税,破产财团可能不能在有权对先付税款扣除(vorsteuerabzugsberechtigte)的被担保人处要求返还;与此相反,被担保人在支付不能程序之外的变价根据《德国营业税法》第 18 条第 8 款第 2 目连同《营业税执行法》第 51 条第 1 款第 1 句第 2 目,负有交纳营业税的义务。但这样的局面随着新的支付不能法的生效,在如下方面得到了改变,即在依据支付

〔41〕 参见联邦最高法院大法庭,载《经济法杂志》,1998 年,235 页(243 页);《新法学周刊》,1998 年,671 页(677 页)。

〔42〕 参见联邦最高法院大法庭,载《经济法杂志》,1998 年,235 页(239 页);《新法学周刊》,1998 年,671 页(674 页);《新法学周刊》,1998 年,2047 页。

不能程序的变价时,创立了为了破产财团的利益减轻负担之可能性(《德国支付不能法》第170条第2款、第171条第2款第3句)。所以在总括的风险附加费根据第237条第1句提高到了现行法定的营业纯收益税的额度(即66%)。如果仍保留在现在有效的营业纯收益税的额度的话,担保覆盖限度就提高到了126%。[43]

四、被担保人的地位——相对于担保提供人的、未被担保的债权人

30 作为与质权相似的权利,担保性所有权也必须在与担保提供人其他债权人的竞争中证明自身是有效可靠的,在支付不能以及在强制执行中也是如此。一般来看,被担保人似乎是对其他债权人的进攻进行防卫的"幸运的占有者"(beatus possidens)。但是无担保之债权人将会努力推翻被担保人较强的法律地位。他们会根据撤销权的规定,或者说明该担保性所有权让与根据第138条是无效的,或者甚至根据第826条是负有损害赔偿义务的。

例如:

S在1993年3月将他的——被存入特定的空间——库存货物,为他的债权人G进行了担保性所有权让与。在1999年1月S陷入了支付不能(Zahlungsunfähig)。另一个债权人W不能肯定,S是不愿支付还是支付不能。因此他通过他的律师威胁S,在不支付逾期款项时,将要在支付不能管辖法庭(Insolvenzgericht)提起申请。因为S的确陷入了支付不能,而W又没有被担保,所以他没有别的办法,只有在1999年2月实施他所威胁的行为。在针对S的财产的支付不能程序开始时,G依据他的所有权为自己要求该库存货物。但支付不能管理人I基于他的返还请求权通知G,根据自年初有效的新《支付不能法》,支付不能管理人是唯一的变价权利人,因此他在以后必要时可以对已经减除了变价费用的变价收益进行清算。另外,他还保留了对

---

〔43〕 参见联邦最高法院大法庭,载《经济法杂志》,1998年,235页(241页);《新法学周刊》,1998年,671页(675页)。

担保性所有权让与有效性的检验权。

I 可能很愿意将库存货物为了无担保债权人之利益归入到支付不能财团中。在这里，支付不能程序中的撤销权（Insolvenzanfechtung，《支付不能法》第 129 条及其以下）在时间上是不可能的，对此 I 寄予希望能够以财产承担（Vermögenübernahme，《德国民法典》第 419 条〔44〕）为依据来对抗 G，在担保性所有权让与赋予给 G 那一时刻对 S 的财产关系进行调查。对于他的补偿，他确定，S 在那时不仅将库存货物所有权转移给了 G，而且连同财产价值，包括所有现在与将来的债权都转让给了 G。由于自始担保过度以及危害债权人，I 决定按照第 138 条主张担保性所有权让与无效。

（一）支付不能

根据新法，与根据旧法一样，〔45〕被担保人在担保提供人陷入支付不能后，也享有别除权，现在进一步明确了这一点（《支付不能法》第 50 条、第 51 条）。因为被担保人是所有权人，所以本来应当给予他一个取回权（《支付不能法》第 43 条、第 47 条），但基于实践中的原因，他被作为质权人一样对待。〔46〕 31

这意味着，被担保人不能作为所有权人从支付不能财团中取回担保物。反而是在该标的物被估价后，被担保人预先从变价收益中获得清偿。根据新法，被担保人再也不能向支付不能管理人要求返还，以便于自己进行变价。〔47〕 根据《支付不能法》第 166

---

〔44〕 虽然第 419 条随着《支付不能法》于 1999 年 1 月 1 日生效而被废止了，但根据《德国民法典实施法》第 170 条推导出来的一般基本原则（根据该基本原则，债法的变动对已经产生的债务关系不发生影响），该条继续适用于所有在 1999 年 1 月 1 日之前进行的财产承担。

〔45〕 根据《破产法》第 48 条，持续的判例：联邦最高法院裁判，载《新法学周刊》，1978 年，632 页。

〔46〕 对此参见泽里克文，载《经济法杂志》，1982 年，507 页。

〔47〕 根据旧法，即《破产法》第 127 条第 2 款，变价权一般属于别除权人。

条,变价由支付不能管理人所控制,[48] 他将已经减除了变价费用的变价收益清理给担保性所有权人(《支付不能法》第 170 条第 1 款、第 171 条)。通过支付不能管理人进行的变价,常常是有利于支付不能财团以及支付不能程序之目的,以便尽最大可能地整顿陷入危机的企业。[49] 支付不能管理人的变价权对如下取得是一种阻碍,即具有别除权的债权人无须顾及其他债权人的利益,而对变价条件已经成熟(Verwertungsreife)的标的物进行取得。因此这是一个特别重大的新变化。

新的变化还有《支付不能法》第 170 条及其下一条对费用负担的分配。根据经验,别除权的处理方式,会产生巨额的费用。在适用旧法之下,一般来讲感觉是很不公平的,该费用并不由被担保人自己来承担,而是从支付不能财团中被筹措,这使得无担保之债权人的(本来适当的)分配额又额外地减少了。这部分费用(包括产生的营业税,《支付不能法》第 171 条第 2 款第 3 句)在经营获得的变价收益中的扣除,极大地减轻了支付不能财团的负担,而且考虑到更好地改善分配公平,该扣除制度受到了极大的欢迎。[50]

债务人的财产连同担保权也可以偏离法定规则而被变价,并且是通过一个由参与人决定的以及法庭确认的支付不能清偿计划(Insolvenzplan)。该新设立的制度是支付不能法改革的最大成就。通过支付不能清偿计划,所有关

〔48〕 根据新法,标的物移转而被变价完全是任意的(《支付不能法》第 170 条第 2 款)。

〔49〕 在这里形象比较清晰的,并具有立法资料指引的《支付不能法》,施密特—莱顿史著,《支付不能法》第 166 条评注的 2 与 3:“如果在破产程序开始后,被担保债权人的为了担保而被移转所有权的物,从企业联合体中脱离出来,那么支付不能企业常常就丧失了对于继续营业必不可少的运营工具;在强制和解基础上的债务人重整的可能性将会大大减低或者完全被阻碍……新规定避免了上述的弊端……通过这个规定,债权人被阻止对债务人企业的经济整体进行干预。现有的对于企业暂时的或者持续的继续营业的可能性被保留了。不仅如此,支付不能管理人还可以对属于一体的,但为不同的债权人设定负担的标的物,进行整体转让,从中收取变价收益……”

〔50〕 参见施密特—莱顿史,《支付不能法》,第 170 条评注 1;第 170 条评注 4。

于依据破产程序的强制变价以及变价收益分配之法定规则都可以被商定(《支付不能法》第217条)！该制度赋予了参与人程序上的空间，对企业支付不能进行合意的、私法自治的解决。再次，经过精心规范的支付不能程序(《支付不能法》第218条到第253条)防止了个别利益集团谋得有违程序目的的特别利益之危险。[51]

(二) 强制执行程序

在债务人是直接占有人情况下，无担保的债权人对担保物的强制执行才是可能的：法院执达辅助人在扣押动产时，只必须注意是否为债务人的持有(Gewahrsam)*物(第808条)，并且无需关注所有权关系。留给被担保人一个主动权，通过在法庭上的上诉来排除该扣押。他这样做，以便于根据《德国民事诉讼法》第771条提起强制执行异议之诉(第三人异议之诉)，并以此达到“在担保客体上的强制执行被宣告为是不被允许的”目的。 32

但结果可能是，担保性所有权人——相应于在破产中的法律地位以及将来一般性地相应于在支付不能中的法律地位——只是被赋予了优先受偿的权利(《德国民事诉讼法》第805条)。这意味着，被扣押之物被予以变价，但变价收益中相当于担保性所有权人的债权数额归属于他。尽管如此，如果主流观点赋予了一个提起强制执行异议之诉的权利(Interventionsrecht)，即在这里将被担保人作为“完全”的所有权人来对待，这是合理的，因为不可以强加给被担保人以与根据担保合同他应得到的变价方式不同的变价方式。

(三) 撤销权

撤销权的依据是无担保(破产)债权人的第一种防卫之可能性。 33

---

[51] 对于支付不能计划的具体问题，参见施密特—莱顿史，《支付不能法》，导论边码103—119，以及《支付不能法》第217条的评注(很有阅读价值！)。

* 一般指直接占有。

自1999年1月1日起,代替破产程序中的撤销权的是新的支付不能程序中的撤销权(《支付不能法》第129条及其以下)。在支付不能程序以外,将来要适用同时生效的新的《撤销法》。[52] 如果人们要简单地叙述一下各种撤销规定[53]内容的话,那么涉及在一定条件下撤销债务人已经损害了其他债权人的法律行动(Rechtshandlung)。

例子:S对G负有偿还5000马克未经担保的贷款的债务。当S在多次催告之下还没有支付的时候,G催促他将计算机进行担保性所有权让与。8天后,S停止了付款,一周后,对他财产的破产程序开始了。在这里,破产管理人K可以基于《破产法》第30条第2目的撤销抗辩权,《破产法》第48条对别除权请求提出异议;因为G在付款停止前10日内获得了"他不是不得不要请求"的担保。但对此还没有确定,K是否成功地将计算机归入到破产财产之中,因为G可以通过下述办法驳倒该撤销,即他证明,对于他而言,"并没有已经知道破产人(Gemeinschuldner)使之优先于其他债权人而受利的故意"。

但是在《支付不能法》生效后,G不能再以他的不知道为依据了,因为《支付不能法》第131条第1目,在停止支付(Zahlungseinstellung)前极短时间内从事的担保交易情况下,不再规定"免责可能性"(Entlastungsmöglichkeit)了。

(四)财产承担

34 《德国民法典》第419条(目前还可以)[54]为无担保债权人提供另一个防卫可能性。但无论如何对于新发生的案例来讲,[55]随着第419条自1999

---

〔52〕 这是在《支付不能法实施法》第1条中宣布的,《联邦法律公告》,1994年,2911页。

〔53〕 这些与根据第119条及其以下的撤销意思表示根本无关!

〔54〕 对此参见比洛,出处同上,边码1027。

〔55〕 对于旧案例的继续适用,比较帕兰特/海因里希斯(Heinrichs),第419条,边码1,以及上面边码30。

年1月1日起失效，该根据为被担保人所进行的财产承担之可能性也没有了。立法者已经作出了判断！与此可比较的债权人保护规定，在新法没有被规定。对此，立法者同意了在文献中多次出现的针对第419条提出的批评，但首要的还是银行的愿望。〔56〕

根据联邦最高法院新的适宜的裁判(《联邦最高法院民事判例集》，第80卷，296页；联邦最高法院裁判，载《新法学周刊》，1986年，1985页；载《企业顾问》，1993年，323页)，第419条意义上的财产承担在下述情况下无论如何都是担保性所有权让与，即在它最终确定地剥夺了其他债权人干预的可能性，而且对于这些债权人来讲，没有具体的财产价值会被归属于他们或者存在的时候。

当然，为无担保之债权人提供的这样的干预可能性不能一直被满足；因为只有那些在财产承担之前已经被设定的债权，才能被视做为被承担财产的"负担"。另外，担保性所有权人可以预先满足自己的债权，以此来减少责任之基础，只要该债权产生在承担时刻之前即可(第419条第2款第2句；参见泽里克，第3卷，188页及其以下；梅迪库斯，《民法》，边码524)。

以联邦最高法院载《德国法月刊》1954年284页的判例为根据的例子：

银行B给予S一笔10万马克的贷款，并且S紧接着将整体营业财产——主要是S的总体上表现出来的财产——以15万马克的价值，为了担保而向B进行了所有权转移。如果现在一个没有被担保的债权人X向B请求，那么银行可以首先从该财产中就其债权额得到清偿，并且只需将财产的剩余部分返还给X即可。因为B由贷款产生的债权是在财产转让之前建立的。假若B之后又同意给S贷款2万马克，那么这部分金额不计算在内，也就是说，B在此范围内没有被担保。

(五)对债权人的危害

作为秘密的担保交易，担保性所有权让与给这些债权人带来 35
了一种危害，即信赖于外观表象，并且认为债务人是有信用的风

〔56〕 参见帕兰特/海因里希斯，同样在那里也是格鲁布(Grub)的观点，载《经济法杂志》，1994年，1650页。

险。这可能会导致担保合同违反风俗,但个案的情况受到了这样的评价,比如说,当债务人在债权人知道的情况下,向其他债权人隐瞒了该担保性所有权让与的时候。

先要强调的是,〔57〕第 138 条与第 826 条的事实构成区别在于:

第 138 条是担保性所有权让与有效性评断的决定性规范,如果其要件被肯定的话,那么该担保物就属于债务人的财产,因此在破产以及支付不能时属于破产财团。

第 826 条涉及的是被担保人针对无担保债权人的行为。在要件满足时,被担保人对他们负有损害赔偿义务(《帝国最高法院民事判例集》,第 143 卷,48 页)。

36 在判例起初致力于一方面将违反第 138 条的典型案例群,另一方面违反第 826 条的典型案例群进行概述之后(比较《帝国最高法院民事判例集》,第 136 卷,247 页),它就从此满足于对个案的评价,在这里,"束缚"(Knebelung),〔58〕以及"对债权人之危害"(例如,《联邦最高法院民事判例集》,第 10 卷,228 页;第 20 卷,43 页;联邦最高法院裁判,载《新法学周刊》,1970 年,657 页)表现为一定的无约束力的范例(联邦最高法院裁判,载《新法学周刊》,1991 年,353、354 页),但可能互相交织在一起。

在束缚的情况下,根据的是对债务人的忽视,在对债权人危害的情况下,是对其他债权人忽视。在此,适用第 138 条重大过失就是足够的了,而第 826 条以故意(或者放任故意(bedingte Vorsatz))为前提(《帝国最高法院民事判

---

〔57〕 对此特别参见《帝国最高法院民事判例集》,第 136 卷,247 页;《联邦最高法院民事判例集》,第 10 卷,228、232 页;科勒文,载《法学者报》,1985 年,1013 页;泽里克,第 3 卷,101 页及其以下;梅迪库斯,《民法》,边码 626。

〔58〕 在很少的情况下,担保过度满足第 138 条的事实构成(参见上文边码 17、29e)。

例集》,第143卷,48、51页;《联邦最高法院民事判例集》,第10卷,228、233页)。

根据判例及其他文献,对其他债权人照顾的义务包含了一项具体的义务,即检验担保性所有权让与对债务人财产影响的义务。所以,通过一个合同,债务人将他最后对清偿债权人有用的财产进行了转让,在现在或将来的债权人在对于债务人的信用能力方面被欺骗了的时候,那么这个合同通常是违反风俗的。如果贷款给予人不想受到贷款欺骗的指责,而债务人越是可能很快陷入破产的情况下,贷款给予人就越是要谨慎地检验(比较联邦最高法院裁判,载《新法学周刊》,1995年,1668页)。

该判例对担保性所有权让与之泛滥的限制(关键词"破产的破产"(Konkurs des Konkurses))努力,在法律政策上是无可指摘的。它还有一个成功之处,即首要的,在延长的担保性所有权让与的情况下,大的债权人要积极地检验并且必须要照顾到已经存在的未经担保的、贷款使用人的负债,以及担保性所有权让与对其他债权人清偿机会的影响。但在教义方面尚须思考的还有: 37

(1)债权人之撤销与破产中之撤销(Konkursanfechtung)常常是没有解释清楚的。假若撤销规定被理解为最终的特别规定的话,那么就没有适用第138条、第826条的余地了。[59]

(2)与在担保过度问题框架内已经研究的一样(参见上文边码22),对于债权人受损的情况,也存在着在抽象原则关键点前提下的思考。如果不存在特别严重地违反照顾义务的话,比如说,故意的贷款欺诈,那么该思考就阻碍着基础行为与处分行为的无效。

---

〔59〕 对此参见泽里克,第3卷,149页及其以下。

五、债务人(即担保提供人)的地位——相对于被担保人的债权人

(一) 对被担保人信托式的约束

38 被担保人是担保物的所有权人。但是向他转让的,比按照当事人的设想应归属于他的要多:被重视的只是变价权,以及——在与其他债权人竞争时——被重视的是在强制执行、破产以及支付不能程序中,存在于所有权中的优先权。另外,对于担保提供人而言,被担保人受到了信托式的约束:相对于担保提供人,他不得对担保物"任意处理"(第903条),而只可以在为担保合同所确定的界限内处理。该约束也具有外部作用,即在被担保人自己陷入破产或者支付不能时(参见边码39),或者在他的债权人对担保物进行强制执行时(参见边码40):也就是说,担保提供人仍处于一种担保性所有权让与的标的物在经济上仍属于他的财产的地位。

(二) 担保提供人在支付不能程序中的取回权

39 在被担保人*破产以及支付不能*时,一个持续的判例根据《破产法》第43条赋予了担保提供人以*取回权*(《帝国最高法院民事判例集》,第94卷,305、307页)。但只有在债务人通过向破产财团的履行而清偿被担保性所有权让与所担保的债权的时候,或者担保之目的以其他方式消灭的时候,该权利才可以相对于破产管理人的占有权而得到实现。[60] 对于该法律状况,新的破产法没有变化(《支付不能法》第47条)。

(三) 在强制执行程序中的第三人异议之诉

40 在动产情况下,[61]很少有被担保人的债权人对担保物强制执行的情况,因为对动产的扣押以债务人的持有(即直接占有)为前

〔60〕 参见里雷姆斯巴彻尔(Rimmelspracher),第8节,边码502及其以下;鲍尔/施蒂尔纳,《支付不能法》,第2卷,第24节,边码24;泽里克,第3卷,291页及其以下。

〔61〕 但在债权担保让与情况下是这样。

提(《德国民事诉讼法》第 808 条),而直接占有恰恰为担保提供人所保有。但在这里的确会产生扣押(例如,在被担保人将担保物取回的时候),判例根据《德国民事诉讼法》第 771 条赋予了担保提供人以强制执行异议之诉(《帝国最高法院民事判例集》,第 79 卷,121 页;第 91 卷,12、14 页;另参见卡尔斯鲁厄州高等法院裁判,载《新法学周刊》,1977 年,1069 页;对此卡·施密特文,载《法学教育》,1977 年,624 页)。

例如:S(债务人)为了对价款担保而将机器之所有权转移给了 G(债权人)。由于 G 获悉,S 在挥霍他的财产,所以他要求 S 将机器交给他。如果在 G 处的该机器被 G 的债权人所扣押,那么 S 可以按照《德国民事诉讼法》第 771 条获得下述地位,只要他清偿了被担保的债权的话,就不得进行强制执行(第 161 条第 2 款连同第 161 条第 1 款)。当然,如果 G 已经有权对机器进行变价的话,那么对于 S 来讲,进行干涉之诉(Interventionsklage)也就不可能了(另参见《联邦最高法院民事判例集》,第 72 卷,141 页)。

六、被担保人的变价权

(一) 担保合同的意义

变价权的前提以及变价自身是以担保合同为基础的(《帝国最高法院民事判例集》,第 83 卷,50、53 页;第 143 卷,113、117 页;联邦最高法院裁判,载《新法学周刊》,1980 年,226 页)。 41

在银行贷款时通常的格式是:[62]

在重要原因存在时,特别是在担保提供人或者债务人没有履行对于银行的义务的时候,银行有权对标的物进行占有。在这种情况下,银行还被允许,以担保提供人的费用将标的物存放到他处。如果银行对此行使该权利的话,那么他的责任只限于对保管人的谨慎选择(根据《德国民法典》第 691 条第 2

---

〔62〕 德国合作社出版社范本,参见附录 7b。

句(交由第三人)保管(Hinterlegung))。如果担保提供人在到期时没有履行他的义务,那么在尽可能地照顾担保提供人的前提下,银行有权在任意时间、在银行适宜到场的地点、一次性地或者渐渐地进行变价。银行有权以适当的价款自己受让该标的物。担保提供人负有义务,在银行的要求下对担保物进行变价,或者在变价时进行协助。担保提供人必须将所有变价所得(包括营业税),毫不迟延地返还给银行。银行要将剩余的超出部分毫不迟延地支付给担保提供人,只要该超出部分不属于第三人。

42 如果缺乏明示约定,那么关于质物变价的规定可以被拿来准用(比较《联邦最高法院民事判例集》,第124卷,380、391页),但在这里,第1233条及其以下包含的规定只有内部的意义,也就是说,只是作用于担保提供人与被担保人之间的关系。[63] 因此一般情况下,变价必须以公开拍卖的方式进行;[64] 否则的话,被担保人要向担保提供人承担损害赔偿的义务。

(二) 返还之名义

43 如果被担保人愿意并且得变价担保物,那么一般情况下,他必须事先将之从担保提供人那儿取走。这当然不得以暴力方式实现,而是该被担保人需要一个返还之名义(大多数情况下是判决,该判决的基础在担保合同[65]之中)。基于该名义,法院执达员在债务人处取得该担保物,并且将之移转给债权人(《德国民事诉讼法》第883条)。

但是,不能阻止被担保人,站在未被担保的债权人的立场上,取得一个支

〔63〕 对此,泽里克,第3卷,454页及其以下。另参见上文边码16。

〔64〕 有争议,泽里克,第3卷,457页及其以下;泽格尔/米尔,第930条,边码59,具有进一步证明;至于流质条款有效性的问题参见乌尔默/布兰德纳/亨森—布兰德纳,附录第9—11节,边码662;泽格尔/米尔,第930条,边码60—62。

〔65〕 其他学者(比如雷姆尔斯巴彻尔(Rimmelspracher))还援引第985条(在担保性所有权让与情况下,期待权准用第985条)。

付名义,并且按照《德国民事诉讼法》第 808 条及其以下进行强制执行。他自己是该被强制执行之物的所有权人,这一点并不能阻止扣押。[66]

在我们的例子中(机器案),G 对 S 取得了一个偿还贷款的判决,并且请法院执达员扣押了该机器。这里对 G 存在一个危险,S 可以以《德国民事诉讼法》第 811 条边码 5 为根据对抗扣押,这在实现返还名义时可能已经是不可能的了。[67] 另一方面,该对策(Vorgehen)基于支付名义具有如下优点,即在该机器的变价不足以对该债权进行清偿的时候,G 还可以让人对其他标的物进行扣押。最后,当该变价为法院执达员根据强制执行法所进行时,对于 G 来讲,那个对具体变价的责任就都被取走了;法院执达员还要将原始的所有权转让给买受人(Ersteher)。

在迟延时的危险要考虑作为担保手段的暂处分(die einstweilige Verfügung);然后,大多数情况下,它将担保物的返还安排给法院执达员或者作为保管人员的财产暂时保管人(Sequester)。

---

〔66〕 对于这里出现的结构性问题,参见鲍尔/施蒂尔纳,《强制执行法》,第 1 卷,第 27 章,边码 12 及下一码;福特尼尔(Furtner)文,载《德国法月刊》,1963 年,445 页,附有进一步证明。

〔67〕 《德国民事诉讼法》第 811 条只是在由于金钱之债的强制执行的情况下才介入。有争议的是,对《德国民事诉讼法》第 811 条的根据,在上述案例中是否会不起作用,因为针对——同样可能的——返还名义,《德国民事诉讼法》第 811 条不可能进行干涉;对此参见鲍尔/施蒂尔纳:《强制执行法》,第 1 卷,第 23 章,边码 3(具有进一步证明),以及鲍尔/施蒂尔纳,《强制执行法、破产法与和解法案例评析》,案例 4。该争议问题现在可以被决断:立法者在(1999 年 1 月 1 日生效的)强制执行增订第 2 部分的框架内,已经对《德国民事诉讼法》第 811 条补充了第 2 款,在该款中,在所有权保留之下被出卖的标的物被明确地排除在《德国民事诉讼法》第 811 条第 1 款第 1 目、第 4 目以及第 4—7 目的扣押保护(Pfändungschutz)之外了。因此,保留所有权买方不能在根据以下来对抗在买卖价款债权中优先的保留所有权卖方,即为了他的最低需求或者为了职业上的目的,需要分期付款买来的标的物。由于缺乏对担保性所有权的相应规则,通过反推的方式可以推出,并不是有意对扣押保护进行这样限制的(还要比较第五十九章边码 42)。

(三)变价条件成熟

44 即使担保合同允许债权人直接出卖(freihändiger Verkauf),也要具备如下前提,即债务人违反了义务,特别是对被担保债权的清偿陷入了迟延的情况。如果被担保人是在担保条件尚未成熟时(Pfandreife)出卖该标的物,那么该处分虽然在物权上是有效的,但是债权人由于违反了担保合同,对债务人要承担损害赔偿义务。

与此相区分的问题是,债权人是否可以在他那方面将该担保物用作信贷目的,即得由于担保的原因而将之转让给贷款提供人(大多数情况下根据第931条)。这里不同的情况要予以区分:

(1)如果被担保的债权已经到期,而且债权人有权直接出卖的话,那么他可以将该物为了担保再为所有权转移。

(2)没有疑问的还有,在担保合同允许被担保人进行担保的"再给予"的时候。

(3)如果缺少这样的约定的话,那么对被担保人的贷款提供人进行的再次担保性所有权让与,虽然在物权上是有效的,[68]但是可能会在第一次担保关系的担保当事人之间表现为一种合同违反。担保提供人在这种情况下被第986条第2款所保护。

例如:G在1978年1月2日凭借一台机器的担保性所有权让与,给予了S一笔1980年7月1日到期偿还的5万马克贷款。因为G自己需要钱,所以他将该机器作为一笔1979年12月1日偿还的贷款担保所有权转移给了D。如果G没有向D支付,那么D不能要求S交出物(Herausgabe);因为S也可以对D进行抗辩,他对于该物之交出从而进行变价尚不负有义务(第931条、第986条第2款)。这同样适用于根据第930条、G向D进行所有权转移的时候(那么D是第2等级的间接占有人),因为这里第986条第2款也可以被准用(联邦最高法院裁判,载《新法学周刊》,1990年,1914页)。

---

〔68〕 只要涉及的是一个附解除条件的担保性所有权让与,而且适用第161条第2款!

七、担保物的原主返还[69]

如果担保目的丧失的话(大多数情况下通过债权人的清偿),那么被担保人的所有权人地位就不再有根据了。他基于担保合同负有义务向担保提供人返还所有权。当然,如果该担保性所有权让与被附加了解除条件,那么担保提供人的期待权重新又加强为完全所有权(第158条第2款;对此参见上文边码10;联邦最高法院裁判,载《新法学周刊》,1984年,1184页;鲍尔文,载《针对青年法学者的判例汇编:物权,带有解释性评论的挑选之判决》,第26b个案例,以及联邦最高法院裁判,载《新法学周刊》,1986年,977页)。 45

在最后提到的情况下,于待定期间内(即从担保性所有权让与到担保目的丧失),担保提供人的期待权相当于在所有权保留前提下的所有权转移时,所有权保留出卖人的期待权。

该担保提供人的期待权(在附解除条件时)以及返还请求权(Rückgewähranspruch)在第一个担保性所有权让与进行期间,就已经可以被另一个信贷关系被用作担保标的物了;也就是人们所说的连接型担保(Anschluβsicherung)或者连接型担保性所有权让与。[70]

---

〔69〕 参见泽里克,第3卷,385页及其以下;梅迪库斯,《民法》,边码504;泽格尔/米尔,第930条,边码78、79。

〔70〕 对此参见皮科特(Picot)文,载《企业顾问》,1979年,1264页;莫曼文,载《霍伊辛格(Heusinger)纪念文集》,185页,具有进一步证明。

第五十八章 担保性债权让与*

参考文献指引：博伊廷(Beuthien),《延长型所有权保留与概括让与》,载《企业顾问》,1971年,375页;布赫霍尔茨,《担保性债权让与以及担保性所有权让与可以是附随性的吗?》,载《法律学习》,1990年,300页;比洛,《信贷担保法》,1997年,第4版;卡纳里斯,《延长型所有权保留与银行对债权的收取》,载《新法学周刊》,1981年,249页;格哈特,《关于动产物权的新判例》,第2部分,载《法学者报》,1986年,736页;哈丁/施奈德,《债权让与,尤其是为了信贷担保目的》,1986年;亨利驰斯(Hennrichs),《将来债权的(事先)让与情况下的冲突问题》,载《法学者报》,1993年,225页;卡达克(Kaduk),《作为相互竞争的债权人权利的延长型所有权保留以及概括让与》,载《拉伦茨纪念文集》,1973年,683页;罗特/菲茨,《隐名让与、收款让与以及收取授权》,载《法学教育》,1985年,188页;卡·施密特,《在担保性所有权让与以及担保性债权让与上的附随性争论》,

* 其他权利形态也可以适用该规则。

载《泽里克(Serick)纪念文集》,1992 年,329 页;肖尔茨/卢旺斯基(Lwowski),《信贷担保法》,1994 年,第 7 版,尤其是边码 619 及其以下;泽里克,《所有权保留与担保性让与》,第 3 卷,1970 年。

关于体系的前言:

在法律现实中,债权以及其他权利的担保性让与已经在很大的范围内取代了这些权利的出质。对于权利出质,我们将在第六十二章(权利上的权利)讨论。或许在体系上正确的是,研究完权利上的质权这一真实的事实构成之后,再研究担保性质权让与。但是,担保性债权让与的问题与构造与担保性所有权让与情况 下的问题以及构造又是广泛关联在一起的。而且,在法律生活实践中,担保性债权让与经常与担保性所有权让与以及所有权保留叠加在一起。所以,我们有理由在动产担保交易的框架内研究该制度,尽管我们不能称债权以及其他权利为动产,也可以在此研究该制度。

第一节　概　　述

一、基本思想

人们所说的担保性债权让与,是指在债务人为了对针对他成立的债权进行担保,而向他的债权人让与他对第三人享有的债权(或者其他权利)的情况。[1] 该制度的发展理由以及担保交易之特征方面与担保性所有权让与是一致的。 1

〔1〕 为了避免误解:担保提供人还可能是非债务人(例如父亲 V 作为银行对他的儿子 S 的债权的担保,而让与了他对他儿子的贷款债务人 DS 享有的债权[或者土地债务])。

(一)担保性债权让与的发展以及债权出质的缺点

债权上设定质权——作为在法律上规定的担保交易——不仅以出质合同为前提,而且还以对次债务人的通知为前提(第1280条)。

该(关于债权上设定质权的)通知可能会减损债务人的信用,它降低了在次债务人(Drittschuldner)眼中以及在商业交易中的偿付能力(Bonität)。由此产生的是,一个债权的质权人在被担保债权到期前(即变价条件成熟(Pfandreife)),只享有与债务人一同收取"被设定质权的债权"的权利(第1281条),所以他依赖于债务人的共同作用;在被收取的债权的标的物上他只是获得了一个质权(比较第1287条、第1288条)。这些困难导致了担保性债权让与制度的产生,在这里特别是产生于对公示的忽略的思想,与在担保性所有权让与情况下是一样的。

为了清晰起见,以后我们所说的

债权人(G)=被担保人(例如给予贷款的银行)

债务人(S)=担保提供人=由于担保的缘故而被让与的债权之债权人(例如银行的贷款使用人)

次债务人(DS)=由于担保的缘故而被让与的债权的债务人。

(二)担保目的与担保合同

2 担保目的(Sicherungszweck)能够反映——如同在担保性所有权让与的情况下一样——被担保人与担保提供人之间的关系的特征,至于它在明确约定的担保合同之中是否表现出来,是无关紧要的:

1. 被担保人的物上权利之归属

被担保人在实体权利上,所获得的要比为参与人所追求的担保权与变价权要多,他成为了由于担保的缘故而让与的权利(包括被设定的担保权，第 401 条；联邦最高法院裁判，载《新法学周刊》，1993 年，1641 页）的拥有人。如果他违反担保约定而处分该权利的话，该处分是完全有效的，但该处分在对担保提供人的关系上意味着义务之违反。

当然——如同在担保性所有权让与的情况下一样（参见上文第五十七章边码 10）——需要注意的是，担保性债权让与也可以附加解除条件；然后要注意第 161 条第 2 款；在从被担保人处取得的第三人是善意的时候，不可以适用第 161 条第 3 款。

被让与的权利对担保提供人财产经济上的从属性，在被担保人的债权人对该权利追索的时候，就变得很清楚了：担保提供人在破产以及支付不能程序中享有取回权，在强制执行的情况下，根据《德国民事诉讼法》第 771 条可以进行异议之诉（参见上文第五十七章边码 37 及其以下）。

与此不同的是，被担保人在担保提供人的债权人对该担保标的物采取执行措施时的法律地位。这里——至少在破产以及支付不能的情况下——担保性债权让与的担保特性会变得清楚：被担保人可以根据让与给他的债权要求别除性的清偿；在强制执行的情况下，他也可以依据《德国民事诉讼法》第 771 条进行异议之诉（参见上文第五十七章边码 30 及其以下）。

2. 被担保人的收取权限

在何种前提下，被担保人有权收取为了担保而让与的债权（权利），由担保合同来决定。如果担保合同对此没有说明，那么第 1282 条连同第 1228 条第 2 款（变价条件成熟！）可以被准用，但是——如同在担保性所有权让与的情况下一样——只是在担保合同当事人之间的内部关系中具有作用：对此违反并不损及收取（Einziehung）的有效性，因为被担保人对外是债权的完全债权人（参见上文第五十七章边码 16）。 3

3. 变价条件成熟以及“隐名”让与

随着变价条件成熟（是指广义的）或者其他在担保合同中规 4

定的情形出现,被担保人在他与担保提供人的关系中,也有权主张或者收取债权,以此实现其变价权。如果关于变价权在担保合同中没有约定规则,那么类推质权规定进行质物变价(《联邦最高法院民事判例集》,第124卷,380、391页)。他是否还负有如下义务,即是否只有在他以最大的谨慎尝试从被让与的债权中获得清偿之时,才能对担保提供人的原始的(即被担保的)债权进行追索,[2]取决于担保合同的内容。如果合同中没有说明,那么人们将不能假定,债权人负有首先从被让与的债权中获得清偿的义务。但是为他保留了选择权,即或者从被让与债权中清偿,或者基于被担保的债权对担保提供人的财产采取措施。

当事人经常约定,尽管已经进行了让与,让与人(即担保提供人)还应当继续有权进行收取。即人们所说的——并不是特别好的表述[3]——隐名让与。在法律上涉及——不通知次债务人的——让与以及根据第185条受让人赋予让与人(《联邦最高法院民事判例集》,第4卷,153、164页;第32卷,357页)的收取授权,该授权是可以任意被撤销的(《联邦最高法院民事判例集》,第82卷,283、290页);该授权还使得让与人有权要求将金额存入他的账户,并且用自己的名义以诉讼的方式主张该债权(就如联邦最高法院裁判,载《新法学周刊》,1978年,698页,以及《联邦最高

〔2〕 参见拉伦茨,第1卷,第18节,1页;《联邦最高法院民事判例集》,第26卷,185、194页;泽里克,第2卷,第25节,第5卷,第64节。

〔3〕 因为担保性债权让与按其目的来讲,大部分是"隐名的"。意思是,该让与在债权被主张的那一刻,债务人之债务人仍是没有被告知:担保提供人收取该债权,就如同他仍然是债权人一样!

法院民事判例集》,第 82 卷,283、288 页)。[4] 让与人是否必须向受让人交纳收取的金额,取决于担保约定。[5]

例子(根据《联邦最高法院民事判例集》,第 66 卷,150 页):G 为了对给予 S 的贷款具有担保,而受让了 S 对第三人 DS 的工资请求权,但授权 S 继续收取他的工资。S 的另一个债权人 X 扣押了 S 的工资请求权,并且通过交付而从 DS 处获得了工资的可扣押部分。当 G 获悉此事时,“他披露了该让与”,并且向 X 请求返还其受领的金额。他有这个权利,但是要在扣除强制执行费的前提下。

但是如果收取权长期地只属于让与人享有的话,判例对该担保性债权让与的有效性是予以否定的(《帝国最高法院民事判例集》,第 92 卷,105、108 页;第 160 卷,204、207 页;《联邦最高法院民事判例集》,第 26 卷,185、193 页;林德迈尔/莫林编,《联邦最高法院参考书》(BGH LM),《德国民法典》第 398 条,边码 9a)。

在次债务人被通知的情况下(由于《德国民法典》第 407 条至第 409 条的原因很重要),人们就会说这是一个公开的让与(offene Zession)。

4. 担保目的之消失

如果担保目的消失,那么被担保人基于担保合同,负有向担保 5

---

〔4〕 收取授权使得担保提供人(比如保留买受人在延长型所有权保留情况下)享有对让与给担保权人(保留出卖人)的债权进行收取,或者进行起诉的权利;但不享有其他处分权——比如进行让与,除非授权人对此进行了允许(《联邦最高法院判例集》,第 82 卷,283 页即《新法学周刊》,1982 年,571 页)。如果假定这样一个广泛授权的话,那么特别是与保付代理的关联就有争议了(参见下文边码 11 及其以下)。——对于反对允许收取授权的思考,参见胡斯曼(Rüβmann)文,载《法学教育》,1972 年,169 页;梅迪库斯,边码 30;格恩胡贝尔,《履行》,第 24 节;对于收取授权以及代收让与,参见亨克尔文,载《拉伦茨纪念文集》,1973 年,643 页,以及沙伊欣《继受让与》,186 页及其以下。——至于程序法上的主张(代位诉讼),参见布雷姆,《支付不能法杂志:破产——信托——重整》,1985 年,1 页;鲍尔/古尔斯基(Grunsky)文,载《民事诉讼法》,边码 89、90,具有进一步证明。

〔5〕 参见登佩沃尔夫,《出让人的收取以及变价权》,载《企业》,1958 年,1091 页;赖希,《授权在理论上的地位》(图宾根 1962 年博士论文)。

提供人向回让与(Rückabtretung)债权的义务。当担保性债权让与附加了担保目的消失这一解除条件的话,该物归原主(Rückfall)则自动发生。如果没有担保合同的话,那么返还(Rückübertragung)的义务以不当得利为基础。

案例:林德迈尔/莫林编,《联邦最高法院参考书》(BGH LM);《德国民事诉讼法》第857条第8句;联邦最高法院裁判,载《新法学周刊》,1982年,275页,以及联邦最高法院裁判,载《新法学周刊》,1983年,1735页;法兰克福州高等法院裁判,载《企业顾问》,1984年,2225页。

二、适用范围

6 担保性债权让与的适用范围在现代信贷交易中是很广泛的。[6] 人们可以将独立的形态(参见边码7),与那些与其他担保交易连接在一起的担保性债权让与(参见边码8)区分开来。就被让与债权的范围方面而言,被确定的有单个让与(Sigularabtretung)、概括让与(Globalabtretung)以及纲要让与(Mantelzession)(参见边码9)。让与的标的物可以是以金钱或者其他给付为基础的债权,最后也可能是其他权利(参见边码10)。

(一)独立的担保性债权让与

7 人们所说的独立的担保性债权让与是指,一个或多个债权作为唯一的担保手段来担保信贷。

银行B以往来账户的形式给予了S一笔5万马克的贷款。S为了提供担保而将他对顾客的现在与将来的、开头字母为A—F的债权,让与给了银行。

---

〔6〕 对此参见格恩胡贝尔,《民法》,第29节;比洛,《信贷担保》,边码1174。

(二)联合形式

更多的是,担保性债权让与与其他担保交易以下述方式连接在一起,即它作为原初担保标的物的代替物而出现,特别是在延长的担保性所有权让与以及延长的所有权保留的情况下(参见下文第五十九章边码6、49):担保提供人(所有权保留买方)仍有权对担保物进行出让(第185条),但已经事前将由出让产生的买卖价款请求权让与给了被担保人(所有权保留卖方),然后在这里的大多数情况下,担保提供人又被授权对该请求权进行收取(《联邦最高法院民事判例集》,第72卷,15页;第94卷,105页;弗卢梅文,载《法学者报》,1960年,636页)。 8

很明显的是,独立的以及与其他担保交易结合在一起的担保性债权让与彼此之间是冲突的;就比如说在下述情况下,一个商人将他现在与将来的"应收款项"(Auβenstände)让与给了他的银行的时候,但所有权保留卖方只是在延长的所有权保留前提下才交付。一方面金钱信贷提供人与另一方面货物信贷提供人之间的担保利益冲突,是我们还要付出巨大努力进行研究的(参见下文第五十九章边码50及其以下)。

(三)单个让与——概括让与——纲要让与

单个让与是为了担保的缘故而产生的、一个债权的让与。在概括让与的情况下,所有的在债务人营业中建立的、现在的以及将来的债权(或者特定的种类物),都被概括让与给债权人了。 9

这里在让与标的物的特定性这一关键点中,将会产生一些困难(参见下文边码19及下一码)。

格式:"作为担保……该企业在此将它的全部的现在与将来的、基于货物送交产生的……对开头字母从……到……的顾客的债权……让与给银行。

该企业对这些顾客的现在债权,随着在该合同上签名,将来的债权随着这些债权的产生而移转到银行的手中。"

概括让与可能会导致担保过度,从而违背了第 138 条或者《一般交易条件法》第 9 条(参见下文边码 22 以及第五十七章边码 18 及其以下)。

纲要让与[7]有别于概括让与:在这里,担保提供人负有义务,每次至少以被担保的信贷的数额那么多,将对次债务人(Drittschuldner)的债权的清单交给被担保人。只有随着这些债权目录(或者账目副本)的送交,在其中包含的债权才被移转给被担保人。

格式:“该企业负有义务,为了担保而将它的请求权……目前的债权让与给银行,并且要照顾到,每次被让与的债权的全部金额一直为……的额度,多于……”(即信贷金额)。

对于在实践中偶尔被观察到的空白让与——首先受让人是谁还不确定,证书的收受人得决定谁是受让人(自己或者另一个人)——参见沙伊欣《继受让与》,第 2 节 II 1;泽里克,第 2 卷,第 27 节 VI 1。

(四)让与的标的物

10 作为让与标的物的债权,可以是针对金钱或者另外一个给付。但可供使用的担保性债权让与也可以是针对其他权利,只要该权利是可以转让的即可。

例子:

为了担保而被让与

(1)指向金钱的债权(通常情况)。

(2)基于一个买卖合同,指向土地所有权转移的请求权,在这里债务人(即担保提供人、土地的买方)已经支付了买卖价款。如果被担保人实现了该请求权,那么随着不动产转让之合意以及登记,他就成为了土地的所有权

---

〔7〕 比较肖尔茨/卢旺斯基(Lwowski),《信贷担保法》,边码 693。

人(所以第1287条是不能适用的),但只用于担保的目的。如果担保的目的消灭了,那么他就负有将土地所有权移转给债务人的义务。他是否——假如债务人没有履行该被担保的债权——得保有该土地或者他是否必须以特定的方式对之进行变价(例如通过拍卖),取决于担保合同的规定;在有疑问的时候,则进行拍卖(比较第1287条第2句)。

(3)在他人土地上属于债务人享有的证书式土地债务(Briefgrundschuld)。让与必须以第1154条的形式进行(合意、书面的让与表示、土地登记簿册上的登记以及土地债务书状的交付);对于具有中期融资目的的、暂时的所有权人土地债务,参见上文第三十七章边码41及其以下。

(4)债务人在无限公司(OHG)中份额。对这些份额的让与是不可能的(《德国民法典》第719条连同《德国商法典》第105条第2款),但是这些份额的让与,可以被重新解释为对净利润请求权的让与以及将来清算时结存额(Auseinandersetzungsguthaben)的让与。

(五)保理[8]

有疑问的是,现今经常在实践中运用的"保理",是否属于担保交易之列。[9] 保理的意思是,一个企业(下游之顾客,Anschluβkunde)将他对他的买主(Abnehmer)的债权(应收款项)让与给一个代理商(大多数是银行或者类似银行的让与债权贷款公司)。然后该代理人将该债权作为自己的债权进行收取。该企 11

[8] 对此参见布劳罗克文,载《泛商法与经济法杂志》,第142卷,325页;作者同上,载《法律学习》,1989年,273页;格隆布(Glomb),《通过保付代理融资》,1969年;比洛,《信贷担保法》,第4版,1997年,边码1139及其以下;卡纳里斯,《银行合同法》,边码1652及其以下;格哈特文,载《法学者报》,1986年,740页;拉伦茨/卡纳里斯,第2卷,第1册,第65节;埃林(Ehling),《保付代理行为的民法上问题》,1977年;马丁内克,《现代合同类型》,第1卷(融资租赁以及保付代理),1991年;雷姆尔斯巴彻尔(Rimmelspracher),《信贷担保法》,第2版,1987年,边码459及其以下;泽里克,第4卷,第52节,II 2 b,第5卷,第70节;皮克尔文,载《法学教育》,1988年,375页;泽格尔/胡贝尔,边码104及其以下,第433条以前。

[9] 该问题的回答对竞合的情况意义重大。

业因此而省去了应收簿记(Debitorenbuchhaltung)以及催告事宜。对此,他立刻在扣除银行通常利益以及费用(大约0.5%—1.5%)以及所谓的现金预支(Barvorschuβ)的前提下,获得被让与债权的相等价值。

当债权之让与在合同中被排除的时候,不能考虑进行保理(第399条;比较联邦最高法院裁判,载《有价证券法通讯》,1991年,556页)。

当代理人在债务人处收取债权的努力没有成功时,有疑问的是,谁承担债权没有收进(保付,Delkredere)的风险。根据风险分配在合同中是如何规定的,人们将之区分为“真正的”与“非真正的”保理。在真正的保理情况下,代理人承担买主支付债权的风险;为此代理人获得一笔风险酬金。在非真正的保理情况下,与此相反,支付风险仍在该企业之处。代理人应当首先从被让与的债权中获得清偿;只有在这没有成功的情况下,他才可以反过来对该企业进行追索并且要求返还现金预支。保理在法律上的归类是有争议的:通说将真正的保理看做为债权买卖,非真正的保理视为贷款合同,卡纳里斯将这两种保理都归入了贷款合同,而其他人或者支持二者属于买卖合同,或者支持二者属于事务处理合同。具体来讲:

1. 真正的保理

12 (1)按照绝对的通说,真正的保理的债权方面表现为一个债权的买卖,[10]而在德国法上,其物权方面涉及的是一个开放的概括让与(Globalabtretung)。该概括让与通常被附加了延缓条件,即代理人买受了该债权。

---

〔10〕 参见《联邦最高法院民事判例集》,第69卷,254、257页及下一页;泽里克,第4卷,第52节,II 2 c,d,e,546页及其以下;埃林(Ehling),出处同上,55页;马丁内克,出处同上,第10节II 1a;尧尔尼希/施蒂尔纳(Stürner),第398条,边码30。

(2)与之相反,卡纳里斯赞成将之归为一个与代替履行的债权让与连接的借款合同。对此的原因应当是,代理人——与一般的债权买受人相反——之所以并不对债权的取得感兴趣,是因为他想经营它,而之所以他是单独的,是因为他想赚取顾客在处分贷方凭证(Gutschrift)与被让与债权到期之间必须清偿的利息,并且对此赚得承受保付的风险酬金。[11]

(3)事务管理合同性质的观点,其根据在其与行纪行为的相似性上,因为对具有偿还能力顾客的照管以及对保付的承担,是利他(fremdnützig)的活动。

(4)上文展示的作为法律上分类基础的论点,在具体细节上非常特别,并且对于很少研究银行合同法的年轻法律学生来讲,是很难被理解的。我们绝不赞同事务管理合同的归类的观点,因为该归类对代理人的利他活动给予了过分的评价,并且从代理人方面来讲,在这里忽视了重要的一点是:他是从债权的取得以及收取中以被扣除的佣金的形式获得收益的。另外,适用事务管理法律在结果上会导致,代理人要受指示约束、负有咨询义务、返还义务以及支付利息的义务,第665条到第668条。[12] 这里明显不是这种情况。

因此,值得讨论的只有将真正的保理作为债权买卖的主要阐释,以及卡纳里斯与此不同的观点。在这里对于我们下述确定就是足够的了,即卡纳里斯也经过第365条,就实践中下游之顾客对于债权存在的重要担保责任方面,适用买卖法。

2. 非真正的保理

根据通说,在非真正的保理情况下,涉及的是一个根据第607条的(非典型的)借贷合同(所谓的信贷行为),该合同与一个(非 13

---

〔11〕 参见卡纳里斯:《银行合同法》,边码1655,连同1532;拉伦茨/卡纳里斯,第2卷,第1册,第65节Ⅱ2b。

〔12〕 参见马丁内克,出处同上,第10节Ⅱ1c。

典型的)同时为了履行的目的而产生的担保性债权让与〔13〕相连接。对于那些与卡纳里斯一样,已将真正的保理视为贷款合同的人,该观点在非真正的保理情况下,才合理地得到了适用,因为这里很明显,对于代理人(Factor)来讲,还很少涉及这样的债权取得。相对于真正的保理在买卖合同上的归类,该不同之处也是有理由的,下游之顾客支付风险的承担是另一种利益状况的特征。这里贷款的发放及其担保处于中心地位。依此,非真正的保理被视为担保行为(Sicherungsgeschäft)。

部分文献〔14〕以如下理由将非真正的与真正保理视为买卖合同,即实际情况与法律状况根本上是相同的。根据这种观点,没有其他的法律上的归类能够使该不同的支付风险之分配合理化。在带有保付的下游顾客之负担时,涉及的仅仅是一个与第437条第1款(对于债权的权利存在的责任)相对的责任扩张协议(对于债务人的支付能力以及支付意愿的责任)。

对于那些将非真正的保理视为事务管理的人,在非真正的保理的情况下这样认为才是合理的。代理人信托式地管理该债权(没有风险的承受),为此而获得佣金。〔15〕

根据主导学说,非真正的保理被视为担保行为,并在法律上被归类为贷款合同。决定性的是,其风险分配与买卖合同的风险分配并不相适应,而是与贷款合同的风险分配相适应:下游顾客在债权不能收进的时候必须偿还该现金预支。他在结果上不能最终保

〔13〕 参见《联邦最高法民事院判例集》,第58卷,364、367页;第61卷,317、324页及下一页;第100卷,353、358页;泽里克,第4卷,第52节,II 2b;马丁内克,出处同上,第10节II 2c;卡纳里斯,《银行合同法》,边码1655、1686。

〔14〕 比较布劳罗克文,载《泛商法与经济法杂志》,第142卷,325、341页;贝特—马尔韦德(Bette - Marvede)文,载《企业顾问》,1979年,121、128页;施米茨(Schmitz)文,载《新法学周刊》,1978年,201页。

〔15〕 格隆布,出处同上,83页。

有该金额，而只能在特定时间内保有，除非代理人从次债务人(Drittschuldner)处获得了相应的对等价值。事务管理的因素在这里对于合同的特性也没有影响。

3. 经济因素

保理是一种贷款类型，主要为中小企业所使用。一般涉及的只有那些80天以内的债权。代理人的风险，根据经验并不比通常的银行贷款交易大。联合在德国保理协会(das deutsche Factoring－Verband)之下的企业的营业额在持续增长。 14

4. 问题

与保理相关联的有两个讨论很多并有分歧的问题： 15

(1) 担保提供人(例如贷款使用人与担保性所有权让与人，以及在延长的所有权保留情况下的所有权保留出卖人)可以将事前让与给他的对买主(顾客)之债权，基于被赋予给他的收取授权再次——主要是向代理人——让与吗？

(2) 将对顾客的债权向所有权保留出卖人的概括让与(Globalzession)，与将该同一债权向代理人的概括让与之间的关系如何呢？

该问题将在下文第五十九章边码56及其以下加以研究。

第二节　让与过程

这里需要对让与标的物及其形式，以及在将来债权让与情况下存在的特别之处，进行一些提示。 16

一、让与之排除

任何物都是可以出让的，但原则上可以排除或者限制债权的让与。[16] 之所以这样,其原因在于对让与人或者第三人利益的照顾。

属于这种情况的比如有,第 399 条、第 400 条的让与之禁止(为了让与人而设立的给付——通过债权人与债务人的协议对让与的排除[17]——不可扣押的债权)。有争议的是,根据第 399 条第二种情况,排除意定的让与具有何种效果。主流学说[18]认为该让与绝对无效,但一个越来越广泛的观点以值得注意的论据,主张其为相对无效。[19]

让与之限制也适用于担保性债权让与。是否可以产生一个代替让与限制的、为了被担保人利益的、不可撤销的收取全权代理(收取授权,Einziehungsermächtigung),取决于让与禁止所追求的目的(比较《帝国最高法院民事判例集》,第 48 卷,146、147 页;林德迈尔/莫林编,《联邦最高法院参考书》(BGH LM);《德国商法典》第 392 条,边码 1:不能通过在行纪人方面,对被担保人授予收取代理权的方法来规避《德国商法典》第 392 条第 2 款)。

二、让与担保的形式

17 对于让与担保的形式适用一般让与法:通常让与人与受让人

---

〔16〕 按照《商法典》第 354a 条;这一在实践中非常重要的规定,最近,在双方都是商事行为,并且存有一个债务人作为公法上的人或者是公法上的特殊财产的合同的情况下,让与禁止是不能被有效地约定的。

〔17〕 典型案例:《联邦最高法院民事判例集》,第 40 卷,156 页及其以下;第 56 卷,173、228 页;《联邦最高法院民事判例集》,第 70 卷,299 页:在存放交互计算账户上的单个债权是不可让与的,但在交互计算账户关系结束后的最终余额则是可以的(《联邦最高法院民事判例集》,第 70 卷,86 页);对此参见泽里克文,载《企业顾问》,1978 年,873 页以及鲍尔/施蒂尔纳(Stürner),《强制执行法》,第 1 卷,第 30 节,边码 7。

〔18〕 《联邦最高法院民事判例集》,第 108 卷,172、176 页;吕克文,载《法学教育》,1995 年,90、92 页及其以下,具有进一步证明。

〔19〕 卡纳里斯文,载《泽里克纪念文集》,1992 年,9 页及其以下;瓦格纳文,载《法学者报》,1994 年,227 页及其以下,具有进一步证明。

之间的非要式合同就足够了(第398条);次债务人的共同作用不是必需的。例外情况下,规定了让与以及担保性债权让与的形式,就比如说,在让与不动产担保物权(第1154条)、有限责任公司份额(《有限责任公司法》第15条)、记名股票(《股票法》第68条)等情况下。[20]

三、将来债权之让与

18 特别困难的是在将来债权让与的情况下——在实践中经常是债权概括让与给银行,或者在延长的所有权保留条件下送交货物的厂家。

(一)确定性

毋庸置疑的是,当将来的债权被确定时,它可以被让与:

S对G讲:我已经明确同意将我的建筑用地以3万马克的价格转让给DS;后天该买卖合同将制成文书。我提前将该买卖价款之债权让与给你。[21]

(二)可确定性

19 确定性的要求产生于下文的基本原则,即处分的标的物与效果必须被明确地确定。在物权法中,该原则的贯彻为占有之改变(Besitzveränderung)(以及土地簿册)的要求所支撑。在债权让与的情况下与其不同,在这里只有合同是处分之标的物的决定要素。

所以有些人主张,在将来债权的让与情况下,要坚持确定性的

---

〔20〕 通过确认的支付不能计划也可以满足形式要求,《支付不能法》,第254条第1款第2句。

〔21〕 关于以被担保债权的数额为准,进行担保性债权让与的情况,参见联邦最高法院裁判,载《新法学周刊》,1965年,2197页,附有曼弗雷德·沃尔夫的评论,《新法学周刊》,1966年,107页。

要求,所以判例以及论文[22]满足于单纯的确定性:在下述情况下就足够了,即在让与表示那一刻,将来债权的产生原因以及让与的范围被确定下来,以至于在债权产生之时次债务人与债务的内容无疑也能被确定的时候:

S对G讲:"我出售收音机。我将所有将来由于出卖而产生的债权概括地让与给你。"然后,如果S以600马克的价格让与给了DS(即买卖价金请求权的债务人),那么,目前可以确定的债权就已经转变为确定的债权。[23]

(三)可确定性与格式化的概括让与

20 如果判例已经允许该可确定性是充分的话,那么可以预见,货物——金钱贷款之债权人将在他们的一般交易条件中广泛地使用将来债权的让与。帝国最高法院强迫地确认要"加以制止",因此要求,可确定性在"在出卖条款可能干涉的情况下"要被保障。因此,一个让与可能是无效的,比如一般交易条件仅仅提及了产生于特定货物继续出卖的债权,而没有规定,在货物筑入他人不动产中而产生的债权应当如何处理(《帝国最高法院民事判例集》,第155卷,26、29页)。该判例[24]对于防止格式化的概括让与是很有意义的。联邦最高法院回避了该判例(《联邦最高法院民事判例集》,第7卷,365页;鲍尔,《针对青年法学者的判例汇编:物权,带有解释性评论的挑选之判决》),第25个案例:"当一个为一般的提前让与所包括的单个债权被足够

---

[22] 当然,无论如何都不可能一致的;比如参见P.施韦尔特纳(P. Schwerdtner)文,载《新法学周刊》,1974年,1785页(具有进一步证明)。

[23] 比如《帝国最高法院民事判例集》,第136卷,100、103页;第149卷,96、100页;《联邦最高法院民事判例集》,第7卷,365、367页;第70卷,86页;第79卷,16、21页;第98卷,303、314页(对于部分债权的让与);对此参见沙伊欣,《继受让与》,1983年,第8节。

[24] 对此判例,比较韦斯特曼,《利益冲突》,1954年,18页及其以下;弗卢梅文,载《新法学周刊》,1950年,841页及其以下;冯·克默雷尔文,载《法学者报》,1953年,97页。

地个体化的情况下，就足以使其让与产生法律效力”。[25]联邦最高法院以此首要的为格式化的延长所有权保留重新敞开了大门。

（四）在此期间内的处分以及处分限制

有争议的问题还有，被让与的将来债权是否直接产生于受让人之处，还是“通过让与人”移转到受让人处。[26]很难找到一个明确的回答，这取决于利益状况。原则上，与让与相违背的让与人之处分、执行措施或者处分之限制，会因为随着预先让与（Vorausabtretung）而出现的，在该处分上的约束而无效（就如《联邦最高法院民事判例集》，第32卷，367、370页；第70卷，86、94页；第88卷，205页；第104卷，351、353页；第109卷，368、372页）；就这点而言，债权直接产生在受让人之处。但是如果被让与的债权之法律原因在让与那一刻还没有存在的话，可能应适用其他规定。[27] 债务人的法律地位一般地按照让与之人来确定，第404条（就这点而言“债权经过了让与人之手”）。 21

（五）收益条款

对于所谓的“收益条款”（在债务人处为让与人——在受让人的同意下——所收取的金额应当属于让与人的所有权范围），参见泽里克，第4卷，

---

〔25〕 同样的如《联邦最高法院民事判例集》，第26卷，185、189页；第70卷，86、90页；第71卷，75页；泽里克，第1卷，36页，以及第5卷，第58节，II，III；较保守的如《联邦最高法院民事判例集》，第26卷，78页；在《联邦最高法院民事判例集》第98卷303页中，联邦最高法院也讲到“确定性理论”。

〔26〕 对于该争议问题参见伦佩瑙（Lempenau），出处同上（参见上文第三章边码44及其以下），89页及其以下；拉伦茨，第1卷，第34节，III；施托尔（Stoll）文，载《泛商法与经济法杂志》，第128卷，239、246页；沙伊欣，《继受让与》，1983年，183页及其以下；格恩胡贝尔，《民法》，第29节，I 7。

〔27〕 对于支付不能比较：联邦最高法院裁判，载《新法学周刊》，1955年，544页（参见有意思的梅迪库斯论文，载《法学教育》，1967年，385页）；《联邦最高法院民事判例集》，第106卷，236、241页；第109卷，368、372页；对于在公司份额事后让与情况下的补偿债权：《联邦最高法院民事判例集》，第88卷，205、208页；第104卷，351、353页。

第41节,Ⅲ,以及第53节。

四、担保过度

22 格式条款式的担保性全部让与隐含着事后担保过度的危险。在这里,主要地适用对担保性所有权转让一样的基本原则(参见上文第五十七章边码18及其以下)。[28]

第三节　次债务人的地位

23 (1)该地位产生于一般的让与法中。所以债务人目前的法律地位不为让与所损害(第404条),如果他对于让与没有获悉的话(第404条),或者如果——经常是这样——担保提供人(即让与人)被授予收取权的话(第185条),他就可以有效地向让与人履行。如果他被告知了让与之事,而且他现在向受让人进行了履行(第409条;案例:联邦最高法院判例,载《企业顾问》,1967年,187页,以及《法学者报》,1978年,351页),那么让与有效性的问题对他来讲就毫无意义了。

24 (2)还需要研究个别问题:在"有问题"的债务人处,债权人经常可以从次债务人那儿得到让与的"确认"。这可能基于:

---

〔28〕 按照这样的尺度,即在概括让与情况下,允许过度担保的界限还要高一些:债权的可变价性,在很大程度上,比物的变价更具有风险性,因为它取决于债务人之债务人的支付能力以及支付意愿,而且债务人之债务人的费用要被承受,在该担保要被保全的情况下,即在企业陷入危机的情况下,这些费用就尤其意义重大了(《联邦最高法院民事判例集》,第130卷,115、124页具有进一步证明)。所以,放贷人的贷款需求在这里,会随着具体情况的不同,而变得很大,这样一来,即使担保过度到100%,也可能是允许的(联邦最高法院裁判,载《有价证券法通讯》,1996年,56、57页)。但是,担保权人必须解释并且证明其具体很高的担保需求!(联邦最高法院裁判,载《新法学周刊》,1998年,671、677页;第五十七章边码29d)。

①次债务人对与债务人根据第 399 条约定的让与禁止的抛弃(林德迈尔/莫林编,《联邦最高法院参考书》(BGH LM)《德国民法典》第 406 条第 2 号;还可以比较联邦最高法院裁判,载《新法学周刊》,1964 年,243 页;施特雷克尔(Strecker)文,载《企业顾问》,1965 年,479 页);

②当次债务人知道,债权人将在基于该证明(Bestätigung)向债务人发放贷款的时候,签订咨询合同(Auskunftsvertrag)(联邦最高法院裁判,载《企业顾问》,1957 年,1120 页);

③与此相反有疑问时,推定不存在具有下述效果的抽象债务承诺,即对于次债务人,基于法律关系产生的、对他的债权人(即担保提供人)的抗辩被切断的效果。[29]

---

〔29〕 对于债务人之债务人可否以基于担保合同的抗辩去对抗受让人(原则上不行)的问题,参见威勒维特(Willoweit)文,载《新法学周刊》,1974 年,975 页。

第五十九章　所有权保留

参考文献提示：所有权保留：班克(Banke)，《在单独强制执行时基于所有权保留产生的期待权》，1991年；贝尔(v. Behr)，《价值追索(Wertfolgung)——关于债权人利益冲突之限制的比较法思考》，1986年；布洛迈尔(Blomeyer)，《所有权保留和善意取得》，载《民法实务档案》，第153卷，239页；同一作者，《保留所有权买卖买受人的法律地位》，载《民法实务档案》，第162卷，1968年，193页；同一作者，《保留买主基于买卖合同的占有权》，载《法律人报》，1968年，691页；比洛(v. Bülow)，《信贷担保法》，1997年，第4版；同一作者，《所有权保留条件下的买卖》，载《法律学习》，1986年，169、234页；比德林斯基(P. Bydlinski)，《所有权保留的解除》，载《法律人报》，1986年，1028页；德勒德(Derleder)，《在买方存在履行障碍时所有权保留的》，载《商法杂志》，第139卷，20页；艾兴霍费尔(Eichenhofer)，《期待权学说与条件未定理论(Pendenztheorie)》，载《民法实务档案》，第185卷，162页；弗卢梅，《保留所有权买卖买受人的法律地位》，载《民法实务档案》，第161卷，383

页;福克尔(Forkel),《私法上期待权理论基本问题》,1962年;格奥尔基德斯(Georgides),《保留所有权买卖之所有权期待》,1963年;格哈特(Gerhardt),《关于动产担保的最新司法判例》,载《法律人报》,1986年,672、736页;格恩胡贝尔(Gernhuber),《保留买主期待权转让后的自由与限制》,载《鲍尔(F. Baur)纪念文集》,1981年,31页;格拉夫·兰布斯多夫(Graf Lambsdorff)/许布纳(Hübner),《所有权保留和一般交易条件法》,1982年;格伦斯基(Grunsky),《担保性所有权让与、担保性债权让与和强制执行以及债务人破产中的所有权保留》,载《法学教育》,1984年;古尔斯基(Gursky),《最高法院关于动产物权的最新司法判例》,载《法律人报》,1997年,1094、1099页以下;亨克(Henke),《在权利移转和权利争议时的附条件转让》,1959年;亨克尔(Henckel),《论非占有动产担保的基本理论》,载《Zeuner纪念文集》,1994年,193页;霍夫曼(Hoffmann),《论所有权保留的形式》,载《法律学习》,1995年,457页;洪泽尔(Honsell),《所有权保留的现实问题》,载《法学教育》,1981年,705页;胡贝尔(Huber, U.),《在双务合同(Synallagma)中的所有权保留》,载《经济法杂志》,1987年,750页;许布纳(Hübner, U.),《论保留买主法律地位的体系化归类》,载《新法学周刊》,1980年,729页;约尔克(Jork),《冲突情形下的保理、延长所有权保留与担保性总括让与》,载《法学教育》,1994年,1019页;克吕格尔(Krüger),《期待权——一个谜》,载《法学教育》,1994年,905页;库皮施(Kupisch),《间接取得还是直接取得?》,载《法律人报》,1976年,417页;朗格(Lange),《所有权保留与保留买主的返还请求权》,载《法学教育》,1971 年,511 页;利布(Lieb),《所有权保留与排除条款》,载《鲍姆格特尔(Baumgärtel)纪念文集》,1990 年,311 页;马罗茨克(Marotzke),《期待权——一个充满智慧的法律续造范例?》,1977 年;同一作者,《新支付不能法中的所有权保留》,载《法律人报》,1995 年,803 页;米泽拉(Misera),《论古典罗马法中的所有权保留》,载《泽里克(Serick)纪念文集》,1992 年;米勒—劳布(Müller – Laub),《就第三人保护请求权所有权人与期待权人之间的竞合》,载《法学教育》,1993 年,529 页;赖泽尔(Raiser),《物权性期待》,1961 年;赖尼克/蒂特克(Reinicke/Tiedtke),《信贷担保》,1994 年,第 3 版;卡·施密特(Schmidt,K.),《尽管一般交易条件无效而产生的嗣后所有权保留》,载《法学教育》,1982 年,938 页;泽里克(Serick),《所有权保留与担保性移转——法律的新发展》,1993 年,第 2 版;同一作者,《所有权保留与担保性移转》,6 卷本,1963—1989 年;施特克迈尔(Steckermeier),《对于第二次取得负担的保留所有权移转产生的期待权之法律行为基础的介入》,1993 年;施托尔(Stoll),《对所有权保留与担保性移转之评注》,载《商法杂志》,第 128 卷,239 页;塔姆(Thamm),《德国法上的所有权保留》,1977 年,第 4 版;韦伯(Weber, H. J.),《动产担保的改革》,载《新法学周报》,1976 年,1601 页;同一作者,《信贷担保》,1997 年,第 5 版;沃尔夫(M. Wolf),《对担保行为的内容控制》,载《鲍尔(Baur)纪念文集》;沃尔夫/哈斯(M. Wolf/Haas)《货物贷与人与金钱贷与人之间冲突的优先原则》,载《商法杂志》,第 154 卷,1990 年,64 页。

延长型所有权保留:克默雷尔(v. Caemmerer),《延长的所有权保留与联邦最高法院》,载《法律人报》,1953

年,97 页;弗卢梅,《延长的所有权保留与扩大的所有权保留》,载《新法学周报》,1950 年,841 页;同一作者,《延长所有权保留引发的问题》,载《新法学周报》,1959 年,913 页;泽里克(Serick),《多个加工条款的无冲突竞合》,载《企业顾问》,1975 年,381 页;同一作者,《所有权保留与担保性移转——法律的新发展》,第 2 版,1993 年;瓦德勒(Wadle),《影响他人的加工产生的问题》,载《法律教育》,1982 年,477 页;瓦格纳(Wagner),《〈德国民法典〉第 950 条之加工人身份的可分性》,载《民法实务档案》,第 148 卷,14 页;同一作者,《论延长的所有权保留与受限制的让与禁止之冲突》,载《法律人报》,1988 年,698 页。

延长型所有权保留与总括让与:埃塞尔(Esser),《总括让与与延长的所有权保留》,载《法律者报》,1968 年,281、529 页;同一作者,《〈德国民法典〉第 138 条与总括让与的银行实务》,载《商法杂志》,第 135 卷,1971 年,320 页;赖尼克/蒂特克(Reinicke/Tiedtke),《信贷担保》,246 页以下;卡·施密特(K. Schmidt),《保理——总括让与与延长所有权保留》,《企业》,1977 年,65 页;泽里克(Serick),《未来债权多重让与引发的问题》,载《企业顾问》,1960 年,141 页;同一作者,《所有权保留与担保性让与》,第 4 卷,1976 年,346 页。

第一节　基本思想——概念

一、概要

(一)对先为履行出卖人担保的必要性

按照《德国民法典》第 433 条和第 320 条的规定,出卖人与买 1

受人应同时履行各自的义务，出卖人有移转所有权和交付标的物的义务，买受人有支付价金和接受标的物的义务。这种常态并不排除当事人之间进行与之不同的约定：如，约定买受人先支付价金，或者相反，出卖人全部或部分信贷给买受人。在经常发生的第二种情况下，特别需要对出卖人的担保：因为在出卖人不能肯定能得到价金的情况下，他就交出了标的物。在这种情况下质权也无能为力，因为它是占有质(Besitzpfandrecht)。但还有一种可能性，出卖人虽已将标的物交付给了买受人，但在价金付清之前所有权可以被保留(当然这只适用于动产，参见《德国民法典》第925条第2款！)。为了对这样一种所有权保留作出解释，法律(《德国民法典》第455条)给出了物权法上和债权法上的推定：

(1)所有权的移转是附以价金的全部支付为延缓条件而进行的。

(2)当买受人迟延支付价金时，出卖人有权解除合同。

显而易见，我们又面临着一种权利分割(Rechtsteilung)形式，如同我们经常遇到的一样：保留卖主保有隐含在所有权中的担保权和变价权，而保留买主获得了出卖物上的占有和用益权。这样一来，双方当事人的利益都得到了维护；无须立刻获得价款的支付，出卖人就可以出售了，而买受人也可以在价金没有支付的情况下，获得对物的用益。[1]

(二)买受人和出卖人的法律地位

2 一方面，出卖人仍是所有权人，他可以对抗保留买主的债权人对所有物进行干涉(担保功能！)，当保留买主不履行其义务时(如支付义务、约定的照顾的义务等)，他可以收回标的物(变价功能！)。另一方

〔1〕 参见亚当斯(第五十七章边码5)正确地说明，在未就担保性送交达成合意的情形，所有权保留也具有简化和节省费用的意义，因为它使得严格的一手交钱一手交货的给付(eine strikte Zug um Zug Leistung)成为多余(163页)。就欧盟的指令草案，参见第五十六章边码9。

面,已经符合了所有权移转的构成要件:当事人对所有权的转移达成一致,对标的物的占有已经转移(《德国民法典》第929条),但所有权的移转是附延缓条件进行的;条件是价金的全部付清。由此得出:

3 (1)买受人已经获得了一个受担保的法律地位:他可以对抗保留卖主[2](以及对抗保留卖主债权人,《德国民法典》第161条第1款第2句)对其不利的行为(《德国民法典》第161条第1款)和处分行为(《德国民法典》第161条第1款第1句);同时作为合法的直接占有者,他享有作为一个占有人应有的保护权(《德国民法典》第986条、第858条及其以下),作为期待权人他受到《德国民法典》第823条、第985条及其以下、第1004条的保护。

但其法律地位并非仅限于此:人们不能忽视这样一个事实,保留买主尚需清偿的剩余价金越少,保留买主的法律地位在经济上就越有价值。

假设一个以所有权保留形式交付的机器的价金总额为1000马克,已经支付了100马克,每月支付的金额为100马克,其价值的分化可图示如下:

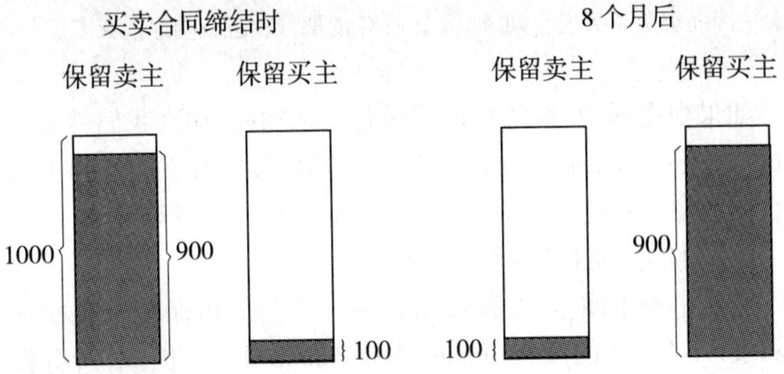

〔2〕 另参见第五十三章边码54和第五十九章边码46。

对于想支配这一价值的保留买主自己而言，这一经济价值具有很强的吸引力，但对那些想从中受偿的保留买主的债权人们，也颇具吸引力。这种权利分割的思想和经济上观察的方法使得，保留买主的法律地位被看做是一项期待权，它在很多方面——如我们在后面所看到的一样——与完整权利被同等对待。

保留买主可以处分期待权，其债权人可以扣押其期待权等。

4 (2)所以，保留买主的地位以及从他那儿取得期待权或通过强制执行扣押期待权者的法律地位，看起来是那么的有保障，但始终要注意的是，这一法律地位即期待权依赖于买卖合同的存在：如果保留买主支付迟延，保留卖主因而解除合同时，期待权也将随之消灭；因为所附条件"价金的全部支付"不可能再出现了！

如果在我们上面的那个例子中，保留买主在7个月后将期待权出让给D，或作为担保出让给了其债权人G，但由于他的第八笔分期款支付迟延，保留卖主因而解除了买卖合同，那么D或G的期待权也就随之消灭了。

如果根据通说，期待权被看做是一项物权，那么我们就必须面对这样一种现象，基于约定的条件，一项物权的存在在法律上与债权合同的命运相连，也与买卖合同的继续存在密不可分。

(三)作为"质权"的所有权保留

5 按照事务本质，所有权保留也是一个类似担保性所有权让与的隐蔽(不公开)的质权(heimliches Pfandrecht)。因此，所有权保留上也存在着如同我们在担保性所有权让与中所了解到的风险，特别是对于那些基于这一外观给予其信贷(Kredit)的、没有担保的债权人。但与担保性所有权让与和担保性债权让与相比，毕竟这种默示担保(pignus tacitum)形式在《德国民法典》第455条有其法律上的根据。任何一个非典型担保制度都可以间接地从该条获得合理化根据。

二、所有权保留的适用范围

所有权保留在实践中表现为以下不同的形式： 6

(1)《德国民法典》第 455 条所规定的基本形式——简单型所有权保留(einfacher Eigentumsvorbehalt)：保留买主应当保持对标的物的占有，不可将其再次转让。这种保留所有权针对的是保留卖主面向各种最后消费者的情况。

(2)延长型所有权保留(verlängerter Eigentumsvorbehalt)：保留买主是商人，也就是说，他赖以为生的是：继续转让以所有权保留形式获得的商品。所以，保留卖主允许其继续转让(《德国民法典》第 185 条)。[3] 但保留卖主还是寻求其他的担保手段，其方式为：在继续出卖场合，约定因再次转让而产生的债权事先转让给他[4](担保性债权让与)，在加工场合，排除对《德国民法典》第 950 条的适用。所以，所有权保留被延长到代偿物上。

(3)余额结转的所有权保留(Kontokorrentvorbehalt)：这里被保留的所有物不仅要担保这个具体的价金债权，而且还要担保保留卖主基于与保留买主生意联系而产生的所有债权。那么，就要这样来理解《德国民法典》第 455 条："在如下延缓条件下，即保留买主全部支付了保留卖主基于与保留买主交易联系而产生的所有债权"：扩展型所有权保留(erweiterter Eigentumsvorbehalt)。[5]

---

〔3〕 对此的深入探讨参见泽里克，第 1 卷，153 页以下和第 5 卷，262 页以下。

〔4〕 保留买主因此授权收取债权。

〔5〕 对此参见《联邦最高法院民事判例集》，第 94 卷，105、112 页；泽里克，第 5 卷，第 59 章、第 60 章。

(4)康采恩所有权保留(Konzernvorbehalt):[6]这里担保的不仅是保留卖主对保留买主的债权,而且还包括保留买主其他的与保留卖主同属于一个康采恩的其他供应商的债权(扩展型的所有权保留 erweiterter Eigentumsvorbehalt)。

(5)事后设定的所有权保留(nachgeschalterer Eigentumsvorbehalt):[7]这里,保留买主在不公开已经存在的保留卖主所有权保留的情况下(大多是基于他与保留卖主的约定),将标的物再以所有权保留的形式卖给顾客。该顾客获得了对保留卖主所有物的期待权,在清偿了其债务后即可成为所有权人。

(6)转交的所有权保留(weitergeleiteter EV):[8]这里,保留买主在转让标的物时,向顾客告知已经存在的保留卖主的所有权保留。该顾客只有当其清偿了保留买主对保留卖主的债务,才能成为所有权人。在实践中这种形式的所有权保留很少(但比较联邦最高法院裁判,载《新法学周刊》,1991 年,2285 页)。

三、以格式条款方式设定所有权保留

7 对于以所有权保留形式送交商品的出卖,在日常的实践中是以格式化的形式来设定的。通过这种方式,经由《一般交易条件

---

〔6〕 根据通过《支付不能法施行法》(EGInsO)第 33 条第 17 项而新纳入《德国民法典》的第 455 条第 2 款,康采恩保留是无效的。对此,立法者遵循了下述思想,这些思想在旧法有效时,已经可以对这些条款的效力(缺乏透明性、对债务人及其未受担保的债权人的不公平歧视)作出说明,对此比较:施密特—让特兹(Raentsch),《支付不能法》,《支付不能法施行法》第 33 条,边码 16 以下。在 1999 年 1 月 1 日前达成协议的康采恩保留的情形下,《德国民法典施行法》第 170 条中的原理可适用(债法的变动并不影响已存在的债务关系:对第 419 条中的类似的问题参见上文第五十七章边码 30)。这意味着,在"旧的"康采恩所有权保留的情形下,必须对其效力进行确切的检验,但这种保留的可能无效无法借助第 455 条第 2 款得以确立。

〔7〕 对此参见泽里克,Ⅰ,79 页以下;洪泽尔(Honsell),《施陶丁格民法典评注》,第 455 条,边码 68、69。

〔8〕 对此参见泽里克,Ⅰ,79 页以下;洪泽尔,《施陶丁格民法典评注》,第 455 条,边码 68、69。

法》第 9 条赋予法官的检查权，在力度上高过了按照《德国民法典》第 138 条的控制（《联邦最高法院民事判例集》，第 94 卷，105、112 页）。对此，联邦法院从以下几个基本原则出发：

1. 在商人[9]之间的交易中，即使以余额结转[10]形式的延长型所有权保留也不必反对（《联邦最高法院民事判例集》，第 94 卷，105、112 页；第 98 卷，303、307 页）：因为这种方式符合商业交易中的习惯和惯例。根据《一般交易条件法》第 24 条，要适当的考虑这些习惯和惯例。

2. 对保留买主转交给（weitergeleiteten）或将要转交给第二取得人的、保留卖主的所有权保留，联邦法院持强烈的批评意见。简单型所有权保留则是可能被允许的。这样一来，所有权保留担保的只是保留卖主对保留买主基于具体的交易而产生的债权。受让人因此也可以预计到，由保留买主支付的价金中产生的义务可能已经完全覆盖住了，所以，他支付了价金后，即可成为标的物的所有权人。

如果相反，作为扩展型所有权保留的转交式所有权保留，担保着保留卖主与保留买主之间的所有现存债权和未来债权，以至第二买受人无法指望，付清价金就可以得到所有权。在这种情况下，他就不会订立买卖合同了。所以，这种形式的所有权保留导致的是，保留卖主找不到买主。尽管按照与保留卖主的合同的含义和目的，这种再转让恰恰使他具有了履行其对保留卖主的义务的能力。但他将因此受到《一般交易条件法》第 9 条意义上的不当损害。

---

〔9〕 在非商人之间这种扩大的所有权保留按照《一般交易条件法》第 9 条通常被看做是没有达成的，参见法兰克福州高等法院裁判，载《新法学周刊》，1981 年，130 页；乌尔姆/布兰德纳/亨森—乌尔姆，《一般交易条件法》，第 9—11 条的评注，边码 657；沃尔夫/霍恩/林达赫，《一般交易条件法》，第 9 条，E 33；韦斯特曼/H. P. 韦斯特曼，I，§39 V 1。

〔10〕 相反，因为相关的债权人的范围经常难以确定以及因为缺乏保留买主与保留卖主的交易关系的关联，在商人的领域内的康采恩所有权保留也很难符合《一般交易条件法》第 9 条的规定（乌尔姆/布让德纳（Brandner）/亨森—乌尔姆，《一般交易条件法》，对第 9—11 条的评注，边码 657a；沃尔夫/霍恩/林达赫，《一般交易条件法》，第 9 条，E 37）。

四、担保过度

8 关于在所有权保留方面的过度担保，适用于在第五十八章边码22和第五十七章边码18及其以下所论述的。

第二节 详 论

一、所有权保留的产生和终止

（一）债权合意与物权合意

9 《德国民法典》第455条的字面意义可以推断出，出卖人可以单方面保留所有权，而且仍处于出卖人义务之框架内。但这样的假定是错误的。应区分以下关系：

1. 债权法上的条件与物权法上的条件的关系

10 为了能够发挥所有权保留的债权效力和物权效力，所有权保留必须在买卖合同和物权合意中被表示出来。只有在买卖合同中，对以所有权保留形式送交标的物达成一致，出卖人才是在所有权移转附延缓条件的情况下，履行了其作为出卖人的主给付义务。缺少这种约定，买受人无须接受附条件的所有权移转，他可以要求无条件的所有权移转。

如果当事人在买卖合同中对所有权保留没有约定，但出卖人在标的物交付前或交付时，单方面表示要求所有权保留的话，[11]只有当买受人对这种所有权保留做同意的意思表示时（这里存在一个对买卖合同的嗣后变更），买受人才获得一个附条件的所有权。如买受人不同意，则缺少有效的所有权让与合意，买受人没有成为所有权人（联邦最高民事裁判，载《新法学周刊》，1953年，217页；鲍尔，《针对青年法学者的判例汇编：物权，带有解释

〔11〕 这应通过清楚的表示而发生（《联邦最高法院民事判例集》，第64卷，395、397页；联邦最高法院裁判，载《新法学周刊》，1979年，213、2199页）。

性评论的挑选之判决》,案例 23,赖泽尔评论;《联邦最高法院民事判例集》,第 64 卷,395 页);买受人可以诉请无条件进行所有权移转。

关于下述问题,即买受人可否有权对抗出卖人要求买方立即支付全部价款(《德国民法典》第 320 条),参见利布文,载《鲍姆格特尔纪念文集》,1991 年,311 页。

2. 嗣后保留

11 如果既没有在买卖合同中,也没有在所有权让与合意和交付时提到所有权保留,那么出卖人不能事后通过下列方式来确定存有所有权保留,即在账单上或这类东西上表示,货物交付是在所有权保留条件下进行的。但当事人现在再约定一个所有权保留,还是可以的(就该争议的问题,详情参见上文第五十一章边码 34)。那么当事人就获得了如同在买卖合同中表示的所有权保留一样的债权法上和物权法上的法律地位。[12]

3. 所有权保留与一般交易条件

12 在日常实践中,所有权保留都是以格式化形式建立在一般交易条件的基础上,这些原理意味着:

(1)当含有所有权保留条款的一般交易条件,是作为买卖合同订立的有效基础的时候,所有权保留在债权法和物权法上是有效的,但在这里,在非商人交易场合,应注意《一般交易条件法》第 2 条(参见第五章边码 21 与第五十六章边码 8)。只有当这种所有权保留条款在交易中是不通常的时候,出

---

〔12〕 其他观点参见联邦最高法院裁判,载《新法学周刊》,1953 年,217 页;鲍尔,《针对青年法学者的判例汇编:物权,带有解释性评论的挑选之判决》,案例 23;赖泽尔(Raiser),同上,有进一步的论证;拉伦茨,II/1,第 43 章 IIa;泽里克,I,92 页下;瓦尔特,《买卖法》,第 10 章 II 3 以及《联邦最高法院民事判例集》,第 98 卷,160、165 页。

卖人才必须向买受人提示该所有权保留条款,例如,在有人以分期付款的方式购买电动洗衣机的情况下,不需要向他们提示交付条件中的所有权保留内容,对此参见《联邦最高法院民事判例集》,第42卷,53、55页。

如果所有权移转是在买卖订立后进行的,那么买卖合同约定的所有权保留可以以默示的方式扩张到物权合意上,而不必再一次以明示的方式进行所有权保留的意思表示。

(2)如果出卖人把送交(一般通过在交货单上格式化的附注)作为所有权保留的基础的话,那么这种所有权的保留必须已经成为物权合意的有效组成部分(参见上文边码10)。当买受人被明确地提示了所有权保留,并且买受人没有表示反对的时候,在与商人交易的情况下,通常就是这样(参见联邦最高法院裁判,载《新法学周刊》,1979年,213、2199页;1982年,1749、1751页,在这些裁判中,保留卖主对一个有权形成合同者的意思表示的到达,以及保留买主知道之可能性,都是充分的);在与非商人交易场合,又要注意《一般交易条件法》第2条。如果所有权保留被有效达成,那么这里还存在一个对买卖合同的嗣后变更。

(3)一个在标的物交付之后表示出来的所有权保留,是没有意义的。买受人对此的沉默,不能被视为对"嗣后所有权保留"的同意。

(4)如果出卖人宣称,他是在所有权保留条件下送交标的物的,而占有标的物的买受人却说,标的物所有权是无条件移转给他的,那么这时出卖人要承担举证责任(《德国民法典》第1006条;联邦最高法院裁判,载《新法学周刊》,1975年,1269页;《联邦最高法院民事判例集》,第64卷,395页)。

(5)在当事人的一般交易条件互相冲突时,所有权保留的适用就特别成问题。出卖人的一般交易条件在其不同形式中,含有所有权保留。买受人的一般交易条件表明,买受人只在适用他的一般交易条件时才订立合同(防御条款)[13](这里,也可能是这样的,即这个一般交易条件根本没有说所有权保留,或以明示方式排除出卖人的所有权保留)。在债权法层面上,含有双

---

〔13〕 对此的基础说明参见利布(Lieb)文,载《鲍姆格特尔(Baumgaertel)纪念文集》,1991年,311页以后。

方意思表示一致内容的买卖合同就成立了,结论是在债权法上,[14]没有约定所有权保留。即使如此,出卖人在货物送交前或送交时提出所有权保留的(违反约定),那么,只有在如下情况下,所有权保留才是有效的,即当买受人知道这种情况(上文(2)),并且也不反对时,或者买受人知道(例如基于长期的生意来往),出卖人只有在至少存在着简单型所有权保留时,才进行送交。[15]

(二)所有权保留的消灭

1.完全付清

所有权保留消灭的通常情况是价款的完全支付,至于给付是由买受人还是由第三人进行的,在所不问。 13

V以所有权保留的方式将一套机器以分期付款2万马克的价格送交给了K。在支付了1.5万马克后,K为了担保的目的,根据第930条,将他的期待权转让给了他的银行B。K无法筹措到最后一笔5,000马克分期付款;因此B进行了干预,支付了余下的货款。条件因此成就,B直接(即没有经过K取得过渡所有权(Durchgangseigentum)!)获得了所有权(《联邦最高法院民事判例集》,第20卷,88页;鲍尔,《针对青年法学者的判例汇编:物权,带有解释性评论的挑选之判决》,案例24;其他观点,《帝国最高法院民事判例集》,

---

〔14〕 必要时,在有限的例外情形下,所有权保留可以被视为债法上的合意,只要它是行业惯例(branchenueblich),并且买主未明确排除卖主的所有权保留,即可(对此参见联邦最高法院裁判,载《新法学周刊》,1985年,1838、1840页;乌尔姆/布兰德纳/亨森—乌尔姆,《一般交易条件法》,第2条,边码657a;沃尔夫/霍恩/林达赫,《一般交易条件法》,第2条,边码79以下)。

〔15〕 对此参见联邦最高法院裁判,载《新法学周刊》,1985年,1838页;1982年,1749、1751页;以及1989年,3213页;格哈特(W. Gerhardt)文,载《法学者报》,1986年,673页;施勒希特里姆(Schlechtriem),《v. 克莫雷尔纪念会议》,1985年,15页;劳斯诺夫(De Lousanoff)文,载《新法学周刊》,1985年,1921页;沃尔夫文,载沃尔夫/霍恩/林达赫,《一般交易条件法》,第2条,边码72下分别有进一步的论证;乌尔姆/布兰德纳/亨森—乌尔姆,《一般交易条件法》,第2条,边码106;深入的参见,利布(Lieb)文,载《鲍姆格特尔(Baumgaertel)纪念文集》,1991年,311、320页。

第140卷,223页)。

另外,同样不重要的是,在所有权买卖中,于条件成就时,所有权让与意思是否还存在,在此期间保留卖主是否已丧失行为能力或处分权(泽里克,I,411、412页)。

如果就此对保留卖主负有义务的第三人(如保证人)进行了给付,并且价金债权因此移转到了他的手中(例如,根据第774条),保留卖主通常就负有义务,将他的所有权转让给第三人(《联邦最高法院民事判例集》,第42卷,53、56页)。

2. 标的物的有效转让

当保留买主被授权可以再转让标的物时(《德国民法典》第185条),[16]所有权保留将随着标的物再转让而消灭——保留买主是再出卖人时,通常就是这样,因为这是交易的目的所在——或者在受让人是善意的时候,也是如此(《德国民法典》第932条)。

例如:

(1)收音机厂V将收音机以所有权保留的方式,送交给了收音机销售商K。和事务的性质相符的是,K要被授权继续转让。K的顾客D即取得了出卖给他的收音机的所有权,即使他知道,K仍未成为该机器的所有权,也是如此。如果向D进行的送交,也是在所有权保留的情况下进行的(事后设定的所有权保留),那么,D就获得了期待权(参见上文边码6)。在他向K支付了全部价款时,完全的所有权就归属于他。人们无法争论说:期待权也取决于V-K之间的买卖合同,在K也向V给付时,期待权才强化成完全的所有权。

---

〔16〕 就对这种授权的撤回,参见《联邦最高法院民事判例集》,第14卷,114页以及联邦最高法院裁判,载《新法学周刊》,1969年,1171页。——对授权的范围,参见《联邦最高法院民事判例集》,第72卷,15页,以及第75卷,39页;《联邦最高法院民事判例集》,第104卷,129页;《法学者报》,1988年,926页,H. J. 韦伯评论;联邦最高法院裁判,载《法学者报》,1989年,198页;比较《联邦最高法院民事判例集》,第102卷,293、308页。对所谓的消费授权(Verbrauchsermaechtigung),参见沃赫纳(Wochner)文,载《企业顾问》,1981年,1802页。

不会有未来的买主D会服从这样的条件；V也知道这一点；因而赋予他的转让授权以与这一结果相应的内容（在结论上《联邦最高法院民事判例集》，第56卷，34页也如此）。

（2）在支付所有的分期付款前，K将以所有权保留方式送交的收音机，转让给了D，K没有重大过失而将D误认为所有权人。D根据第932条获得了所有权。特殊的调查义务（但对这种义务的违反排除了善意性）仅在买卖某种有新价值的（neuwertig）物时才存在，根据经验，这种物经常是以分期付款的方式买卖的（例如机动车辆、昂贵的收音机、电视机及类似物）。[17]

上述两个例子给我们的启示是，要严格区分物的出让和期待权的让与。

3. 加工

所有权保留还可因（标的物）被加工而消灭（《德国民法典》第950条），[18]但在延长型所有权保留场合，所有权保留还可以在新产生的物上继续存在（参见上文第五十三章边码15、22），结果是，在新产生的物上有一个担保性所有权（参见下文边码49）。 14

4. 放弃

另外一个所有权保留消灭的事实是，保留卖主对所有权保留进行放弃（联邦最高法院裁判，载《新法学周刊》，1958年，1231页，以及1978年，696页2b）。

对所有权保留的放弃并不影响买卖价金债权的存在。[19]

有争论的是，以所有权保留形式送交的标的物被保留卖主扣押的情况

〔17〕 这一判例当时提出了严厉的要求；比较《帝国最高法院民事判例集》，第143卷，14、18页；《联邦最高法院民事判例集》，第10卷，14、17页；鲍尔，《针对青年法学者的判例汇编：物权，带有解释性评论的挑选之判决》，案例21；联邦最高法院裁判，载《企业顾问》，1969年，1455页；另参见上文第五十二章边码26。

〔18〕 也可以通过混合和附合（《联邦最高法院民事判例集》，第26卷，178页）；泽里克，I，447页下；塔姆（Thamm）文，载《企业顾问》，1990年，866页。

〔19〕 泽里克，I，435页下；较远的可参见雷姆斯巴彻尔（Rimmelspacher），第8章边码518下。

下,是否可以看做是保留卖主对所有权保留的放弃(参见《帝国最高法院民事判例集》,第 79 卷,241、244 页;《联邦最高法院民事判例集》,第 15 卷,171、173 页;吕克(Lüke)文,载《法律者报》,1959 年,114 页;泽里克(Serick),第 1 卷,319 页及其以下,有进一步证明)。这一问题被否定了(参见下文边码 42)。

5. 所有权保留不因时效而消灭

当价金债权已经罹于诉讼时效时,所有权保留并不消灭。这意味着保留卖主可以基于其所有权,从保留买主处索回标的物,并予以变价(《德国民法典》第 223 条第 2 款;《联邦最高法院民事判例集》,第 34 卷,191 页;《联邦最高法院民事判例集》,第 48 卷,249 页,以及第 70 卷,96 页;联邦最高法院裁判,载《新法学周刊》,1979 年,2195 页;赫尔曼·朗格(Hermann Lange)文,载《法学教育》,1963 年,59 页以及 1971 年,511、515 页;斯托尔(Stoll)文,载《泛商法与经济法杂志》,第 128 卷,239、246 页;克劳斯·米勒(Klaus Müller)文,载《企业》,1970 年,1209 页;迪彻(Dilcher)文,载《法学教育》,1979 年,331 页;弗兰克·彼得斯(Frank Peters)文,载《法律者报》,1980 年,178 页;迪特克(Tiedtke)文,载《企业》,1980 年,1477 页;瓦德勒(Wadle)文,载《法律学习》,1982 年,102 页)。

二、所有权保留的债权方面[20]

对这里提出的问题,人们可以用两个关键词“履行问题”和“解除问题”来说明。

(一)履行问题

1. 支付不能管理人的选择权

15 物被交付了,但所有权移转被附加了延缓条件,所以,保留卖

〔20〕 这里只能描述基本原理,详尽论述比较拉伦茨,II/1,第 43 章 II b,III;菲肯切尔,同上,边码 756;沃尔特(Walter),《买卖法》,460 页以后。

主没有履行。他负有使对方获得完全所有权的义务。[21]

在保留卖主支付不能的情况下，根据《支付不能法》第 107 条第 1 款，支付不能管理人的选择权现在被明确地取消了（按照旧法，这一问题有很大争论）。[22] 保留买主可以要求支付不能管理人履行买卖合同。自 1999 年 1 月 1 日开始生效的规定现在被赋予了预先适用的效力。[23]

在保留买主支付不能的情况下，支付不能管理人仍然保留着选择权（《支付不能法》第 103 条第 1 款和第 107 条第 1 款）。如果他选择履行，[24] 那么价金（全额）将被作为破产债务而清偿。如果他拒绝履行，保留卖主就可以将标的物取回（《德国民法典》第 47 条）。

2. 风险转移

按照《德国民法典》第 446 条和第 447 条，风险将移转于保留 16
买主；至于所有权被保留的情况，在此不生影响。

3. 占有之权利

只要保留卖主没有有效地解除合同，保留买主就享有对抗保 17
留卖主的占有之权利。相反，当保留买主支付迟延或者陷于破产时，其占有之权利也不终止。保留卖主不能同时坚守合同，又按照《德国民法典》第 985 条，暂时取回标的物（一定程度上作为一种施加压力的手段）（《联邦最高法院民事判例集》，第 54 卷，214 页

---

〔21〕 这非常有争议，因而首先是联邦最高法院的判例，最近的是《新法学周刊》，1967 年，2203、2204 页，以及尧尔尼希/尧尔尼希，第 929 条，边码 35。

〔22〕 对这一规定的批评性评价有马罗茨基（Marotzke）文，载《法学者报》，1995 年，803 页。判例已经根据旧法的效力否认了根据《破产法》的表述向破产管理人赋予的选择权。

〔23〕 参见比洛（Buelow），《信贷担保》，边码 727。

〔24〕 富有启发性的是联邦最高法院裁判，载《新法学周刊》，1998 年，992 页：继续转让并不立即意味着对履行的选择，也许意味着源自第 989 条、第 990 条的破产财产责任（Haftung der Masse）。

以及《法律者报》,1989 年,199 页)。[25]

保留买主的占有权是建立在什么基础上的呢?是仅建立在买卖合同之上,还是建立在作为物权的所有权的期待权之上呢?(对此参见《联邦最高法院民事判例集》,第 10 卷,69 页;第 34 卷,191、197 页;布洛迈尔(Blomeyer)文,载《民事实务档案》,第 153 卷,239 页;鲍克耐希特(Bauknecht)文,载《新法学周刊》,1955 年,1252 页)。

(二)解除问题

1.解除条件

18 当保留买主支付迟延不明确时,《德国民法典》第 455 条赋予保留卖主一项解除权。[26] 与第 326 条相反,这项解除权的行使(但的确是因为不履行而主张损害赔偿请求权!)不需要拒绝威胁(或警告)之后指定催告期间。

保留卖主绝不仅仅限于享有解除权,此外,他还可以坚持支付请求权,设法获得强制执行名义,并且对债务人的财产——也可以对所有权保留条件下出卖的标的物本身——予以强制执行。他可以按照《德国民法典》第 326 条,确定一个迟延后的宽限期(Nachfrist),[27] 并且可以基于不履行而要求损害赔偿(《联邦最高法院民事判例集》,第 54 卷,214、220 页)。

---

〔25〕 比较,对这一问题,J. 布洛迈尔文,载《法学者报》,1968 年,691 页和《企业》,1969 年,2117 页;洪泽尔(Honsell)文,载《法学教育》,1981 年,705、709 页;克劳斯·米勒文,载《企业》,1969 年,1493 页;朗格文,载《法学教育》,1971 年,511 页。

〔26〕 而且为了履行而交付的票据(Wechsel)未予以兑付(《联邦最高法院民事判例集》,第 96 卷,182、194 页)。

〔27〕 它必须确定宽限期吗?参见 P. 比德林斯基文,载《法学者报》,1986 年,1028 页。

2. 后果

解除产生以下后果： 19

(1)价金付清的条件将不再能成就，因而保留买主的期待权也随之而消灭——即使在此期间期待权得被移转给另一个人(《联邦最高法院民事判例集》，第75卷，221、225、226页)；并且保留买主的占有权也随之消灭，但占有权与已履行给付的返还形成同时履行关系(联邦最高法院裁判，载《新法学周刊》，1986年，424页)。

(2)双方的给付可以按照《德国民法典》第346条及其以下规定进行返还，也就是说，保留买主应把标的物交回，保留卖主则必须在扣除因物的用益和不用益(第347条第2句)而造成的损害前提下将价金返还(对此参见联邦最高法院裁判，载《新法学周刊》，1984年，2937页)。只要用益没有保留在保留买主处，保留买主就可以要求补偿为标的物支出的必要费用(《德国民法典》第347条第2句、第994条及其以下；对此参见《联邦最高法院民事判例集》，第44卷，237页)。

3. 消费者信贷交易的特殊性

对于“小人物”来讲，该规则可能会带来巨大的危险：他承担的风险是，失去被购买之物以及价款的大部分(因为事前约定的高额用益损失赔偿)。1894年5月16日的《分期支付法》连同1974年5月16日以及1969年9月1日的《变更法》，都试图寻找可能性去保护这些“小人物”免受这些风险。它们的规则为1991年1月1日生效的《消费者信贷法》(1990年12月17日颁 20

布)[28]所取代。

(1)适用范围

21 在其广泛的适用领域框架内,当然也包括那些在商业中消费者进行的部分支付买卖的情况(比较《消费者信贷法》第13条第1款)。法律将商人从特性上规定为:在其企业与职业活动中,以延期支付的方式发放贷款的人(信贷给予人),买方被规定为自然人,一个并不将信贷用于自己经营或独立职业活动之中的人(消费者)(《消费者信贷法》第1条)。

要注意的是,与以前的《分期付款法》不同,《消费者信贷法》的关联点并不是买方"缺少"商人特性,而是取决于消费者这一概念。

(2)适格的解除前提

22 与《德国民法典》第455条规定[29]相悖,在保留买主支付迟延情况下,同时要满足下列条件,发放贷款的保留卖主才可以解除合同:即必须至少有总数额中的两期,并且至少为总数额的10%,在长期合同(超过3年)情况下,当总数额的5%陷入迟延时,同时,保留卖主对保留买主还必须给予两周的履行时间,并表达如下意思:如果不在所定两周期间内支付,保留卖主将索取全部剩余债权。最后的条件是:该期间经过了(《消费者信贷法》第13条第1款连同第12条第1款)。

---

[28] 对此参见瓦尔特·韦斯特曼/鲁迪·汉斯与于尔根·福特曼,《消费者信贷法评注》,1991年;比洛(Bülow),第2版,1993年;冯·威斯特法伦/埃姆里希/罗滕堡,第2版,1996年;布鲁赫纳/奥托/瓦格纳—维度维特,第2版,1995年;卢韦斯基/彼得斯/格罗斯曼,第2版,1994年;另外,德雷舍尔,《消费者信贷与银行实践》,1994年。在不动产担保物权情况下的消费者信贷法之适用,参见第三十六章边码45及下一码。

[29] 《政府草案理由书》,(BT-Drucks),11/5462,28页;福特曼,前引注,第13章边码3;明斯特曼/汉内斯,第13章边码682。

(3)出卖物的取回

保留卖主取回被送交之出卖物,是解除权的行使行为(《消费者信贷法》第13条第1款)。与以前的《分期付款法》第5条一样,该规定之意图也在于防止保留买主失去物的占有与用益,但同时却仍承担支付价款之义务。所以,在保留卖主根据双方约定,按照取回时物之通常价值,补偿给保留买主的时候,根据《消费者信贷法》第13条第3款,保留买主的利益还是得到了保护。那么,追偿之虚拟(Rückgriffsfiktion)就不适用了。当保留买主由于保留卖主的行为而失去获得占有以及用益之可能的时候,也会产生重新取回(Wiederansichnehmen)的情况,比如担保变价的情况下(比较《联邦最高法院民事判例集》,第55卷,59页),出卖给第三人的情况下(《联邦最高法院民事判例集》,第45卷,111页),甚至在提起所有物返还之诉的情况下,也是如此(联邦最高法院裁判,载《新法学周刊》,1965年,2391页,针对《分期支付法》第5条)。 23

(4)回复

在解除情况下,法律强制规定了双方的返还义务(《消费者信贷法》第13条第2款)。但对返还适用的条款是第346条到第354条,以及第356条。保留买主根据第347条第2句、第987条支付用益补偿时,要考虑在此期间出现的价值贬损(《消费者信贷法》第13条第2款第3句)。 24

(5)关联交易的抗辩直索

在"关联交易"标题下,《消费者信贷法》规定了所谓的保留买主对提供融资之信贷机构,在所谓的融资性分期支付交易框架内的抗辩直索(《消费者信贷法》第9条第3款)。[30] 在信贷机构取回融资之标的的时候,并不适用第13条第3款规定的追偿之虚 25

〔30〕 对此参见道纳/利布,《有价证券法通讯(特刊)》,1991年,第6期;格恩胡贝尔,《民法》,第17章II。

拟,去调整提供融资之信贷机构与保留买主之间的关系(《消费者信贷法》第13条第3款第3句)。但除了《消费者信贷法》的规则以外,与卖方的买卖合同关系也被包括在这些情况之中了。[31] 在这些情况下,涉及的不是信贷关系结束后,但买方仍继续负有根据买卖合同支付买卖价金义务的情况。

三、所有权保留的物权方面

这里首先涉及保留卖主的法律地位,至于保留买主的法律地位(期待权)要特别地予以讨论(参见下文边码32及其以下)。

(一)保留卖主的法律地位

26 保留卖主在条件成就之前是标的物的所有权人,并且是标的物的间接占有人。他可以将标的物向第三人转让(第931条或者——很少情况下——第930条),但不能因此而损害保留买主的地位(第161条第1款、第986条第2款)。其所有权的担保功能,体现在保留买主破产、支付不能时和针对标的物所有权成立的强制执行场合。

1. 保留买主支付不能

(按照德国原《破产法》第43条的规定)在保留买主破产时,只要保留卖主按照《德国民法典》第455条有效地解除合同,他就享有一项取回权(Aussonderungsrecht),在《支付不能法》生效后,根据《支付不能法》第47条,他也享有这项取回权。

详论:

27 (1)若保留卖主取回标的物,那么他一方面要将获得的价金返还给破产财团,另一方面也享有一项用益补偿请求权和因不履行买卖合同而产生的损

〔31〕 比较恰当的说明,参见穆斯特曼/汉恩斯,第13章边码751。

害赔偿请求权。[32]

(2)如果保留买主在破产、支付不能程序开始之前,或破产管理人、支付不能管理人在破产、支付不能程序开始之后,通过下述方式,阻碍保留卖主的取回权,即他将以所有权保留形式送交的货物,无权[33]但却有效地(善意取得)转让给第三人的方式,那么,《破产法》第46条和《支付不能法》第48条[34]规定了"替代性取回权"(Ersatzaussonderung)的构成要件:保留卖主可以将因标的物出卖产生的债权从破产财团中取回。 28

例子(根据《联邦最高法院民事判例集》,第30卷,176页;第27卷,306页;第40卷,56、156、228页):

原告在延长型所有权保留条件下,将浴室设备送交给VK,VK将设备建筑在DS的新建房屋中,在这里,VK与DS约定,由此产生的债权不得让与(尽管VK已经将将来的债权让与给了作为保留卖主的原告了,该约定还是有效的;有争议)。不久,VK陷入了破产。原告向破产管理人要求基于VK与DS之间交易产生的收益:

延长型所有权保留落空了,因为VK与DS之间的价金债权,根据当事人约定是不可以被让与的(第399条第2种情况)。正因为如此,浴室设施让与给DS是无权的;因为原告只是在如下条件下才同意出让的,即根据延长型所有权保留,将VK与DS之间的价金债权让与给他。但该约定,因为第399

---

〔32〕 对此参见伦特文,载《莱曼纪念文集》,1956年,837页;鲍尔/施蒂尔纳,《支付不能法》,Ⅱ,边码9.9以下;泽里克,Ⅰ,342页以下;《联邦最高法院民事判例集》,第15卷,333、335页。

〔33〕 联邦最高法院判例,载《新法学周刊》,1953年,217页;鲍尔,《针对青年法学者的判例汇编:物权,带有解释性评论的挑选之判决》,案例23;《联邦最高法院民事判例集》,第27卷,306页和《联邦最高法院民事判例集》,第30卷,176、181页;第68卷,199页。无论如何转让并不是无权利的,即使保留卖主同意以通常的交易过程继续出卖(同样的,《联邦最高法院民事判例集》,第73卷,259页,它针对的是将来自继续出卖的债权置于交互计算账户(Kontokorrent)的情形)。

〔34〕 对此参见鲍尔/施蒂尔纳,《案例》,案例20以及特别是,泽里克,I,347页以下。可能的主流观点并不认为处分的有效是必需的。如果通过事后的替代取回权人的同意满足了效力要求(比较亨克尔(Henckel)文,载《法学教育》,1985年,836、840页;克林格尔(Klinger)/卡·施密特对§46的评论6),观点争议的意义当然就减少了(鲍尔/施蒂尔纳,《支付不能法》,II,边码14.33)。

条第 2 种情况之规定,是不可以的。如果 VK 还是进行了无权让与,而且 DS 具有《德国商法典》第 366 条、《德国民法典》第 932 条意义上的善意,那么原告作为保留卖主有权赔偿性取回(《联邦最高法院民事判例集》,第 77 卷,274 页;鲍尔,《针对青年法学者的判例汇编:物权,带有解释性评论的挑选之判决》,案例 26a;换句话说,通过《破产法》第 46 条、《支付不能法》第 48 条之路径,延长型所有权保留所追求的目标就可以达到了)。

29 附带还要说明的是,有争议的是,DS 不会因此而基于第 823 条第 1 款而承担责任,因为作为与 VK 约定的让与之禁止的结果,他肯定已经考虑到,VK 将原告送交给他的原材料无权地建筑在房子中了(对此参见《联邦最高法院民事判例集》,第 56 卷,228、237 页,胡贝尔文,载《新法学周刊》,1968 年,1905 页;证实性的案例,联邦最高法院裁判,载《企业》,1991 年,159 页;另外,科彭施泰因尔(Koppensteiner)文,载《法学教育》,1972 年,373 页;雅各布斯,1973 年,152 页;对于保留卖主对保留买主基于第 823 条第 1 款的损害赔偿请求权,比较《联邦最高法院民事判例集》,第 109 卷,297、300 页)。相反,在尽管有加工禁止约定,保留买主还是继续对物进行加工并出让的情况下,就不存在赔偿性取回请求权(Ersatzaussonderungsanspruch)。因为他已经取得了原始所有权,所以,在继续出让的情况下,他是作为权利人行事的(联邦最高法院裁判,载《新法学周刊》,1959 年,2163 页)。

(3)从上文第五十七章边码 31 处关于担保性所有权让与论述处,我们看到,担保权人在担保人破产和支付不能时,仅被赋予了别除权(Absonderungsrecht),而在被保留的所有权(vorbehaltene Eigentum)情况下却产生了取回权(Aussonderungsrecht),尽管在这两种情况下担保性都是最为重要的内容,但当人们考虑到这样一种事实,即在延长型所有权保留和扩大型所有权保留中,人们关心的不是标的物的取回,而是其担保目的占上风的时候,至少可以在延长型所有权保留和扩展型所有权保留中避免这种违反原则的情况。但这种别除权(Absonderung)确实是一种正确的法律救济措施(Rechtsbehelf)(针对延长型所有权保留,有联邦最高法院裁判,载《法学者报》,1971 年,494 页,就扩大型所有权保留,有联邦最高法院裁判，载《法学者报》，1971 年，506 页；对此，参见格拉芬霍斯特（Gravenhorst）文，载《法学者报》，1971 年，494 页和泽里克文，载《企业顾问》，1978 年，1477 页以及《经济法杂志》，1982 年，507 页；鲍尔/施蒂尔纳，《支付不能法》，II，边码 14.8；尧尔尼希，《强制拍卖和强制管理法》，第 45 章 I 1a）。从现在开始，就这一点，《支付不能法》第 51 条第 1 项以及第 50 条第 1 款中的支付不能程序进行了明确的规定，但迄今为止它已经是实际适用的法律了。

2. 对保留买主的强制执行

保留买主对于以所有权保留形式出卖给他的标的物，享有《德国民事诉讼法》第 808 条意义上的持有（直接占有），因而显而易见，保留买主的债权人可以通过设定质押的方式，对买卖标的物采取执行措施。保留卖主可以通过第三人异议之诉（Drittwiderspruchsklage）（《德国民事诉讼法》第 771 条）对这种干预加以排除；通过判决可以宣布对这一标的物的强制执行是不允许的。 30

保留买主的债权人也可以通过向保留卖主支付剩余价金的方式（第 267 条）对抗异议之诉，从而使所有权发生移转，并拯救他的扣押。

期待权扣押与物的扣押不同：这里保留买主的债权人有意识地明确地扣押的是保留买主享有的期待权，而不是尚属于保留卖主的物（参见下文边码 41）。

（二）条件成就

随着剩余价金的支付，保留买卖所附条件实现，保留卖主也就失去了其所有权，保留买主的期待权转化成为所有权。保留卖主的同意或者其他的履行准备都是不必要的。 31

对此尚有一个问题没有解决，如果保留买主将其期待权转让给第三人的话，该第三人是从保留卖主处直接获得标的物所有权，还是间接地通过保留买主（逻辑上一秒钟的过渡所有权（Durchgangseigentum））而获得。对此参见下文边码 34。

四、保留买主的期待权

(一)保留买主的法律地位

32 为了物权取得人的利益,经常在物权尚未被设立或者尚未被转让的情况下通过法律行为进行取得行为(Erwerbshandlung)。我们可以想到的是:在土地登记簿上尚未登记的不动产所有权受让人(Auflassungsempfänger)的法律地位,那些尚未得到抵押证书的抵押权人的地位。那些在买卖中获得附延缓条件所有权的买受人,其法律地位也是一样的。

(现行)法律制度对此提出了问题,法律是应该承认这种情形的特殊性,还是应该简单地认定,这种权利尚未被取得呢?对此,法律本身只有相对比较少的几项规定,如在《德国民法典》第878条、第160条与第162条中关于对附条件权利人的保护的规定。但这里在本质上是关于对抗另一方当事人相反行为的保护,或者是针对他在此期间已经服从的处分限制(Verfügungsbeschränkungen)的保护。但由此并不能得出下述问题的答案,即取得人的法律地位是主观权利、物权吗(什么性质的物权)?尽管如此,越来越多的观点认为,要对该问题做肯定回答,至少就这里研究的保留买主之地位,他们提出了期待权(Anwartschaftsrecht)的概念,当然,这种提法有些呆板、单调。

33 在民法领域中,很少有问题像期待权这样被如此深入细致地讨论。对此的学说文献和司法判例浩如烟海。这一问题的解决被相互交织的理论教义的(如期待权与物权类型法定主义的关系?)、体系化的(期待权应归入到质权,还是具有完整权利性质的部分权利?)和经济上的观点弄得复杂化了。和通常一样,经济上的考量起到了决定性作用:人们不能也不会忽略这样一个事实,即保留买主的法律地位已经具有了一定的经济价值(比较边码3处的图表),这一法律地位需要特别保护,并且,对于保留买主和他的债权人来讲,必须也是可供利用的。这一权利的法律发展的详细情况在这里就不一一阐述了,只要描述一下(期待权性质的)现在的观点就足够了:联邦最高法院称期待权为与完整权利“相类似的权利”(《联邦最高法院民事判例集》,第20卷,88、99页;鲍尔,《针对青年法学者的判例汇编:物权,带有解释性评论的挑选之判决》,案例24);“所有权的单纯预备阶段”;期待权“与所有权相比并非异质(aliud),而是同质之缩型(minus)”(《联邦最高法院民事判例集》,第28卷,16、21页;第30卷,374页;第35卷,85、89页;林德迈尔/莫林编,《联邦最高法院参考书》(BGH LM),《德国民法典》第929条,边码11a)应该承认,这种说法只是比喻性的语言,而远非精确的法律概念构成。但它毕竟将事件的价值判断解释为权利分割(Rechtsteilung),如同赫克(Heck)(《物权法》第21章)所代表的比较有道理的观点:所有权是按照利益内容而被分割的,对于保留卖主(所有权起到的)是担保功能,对于保留买主,所有权的用益功能则处于中心的地位。只有通过对保留卖主和保留买主以及一般公众(Allgemeinheit)利益的衡量,具体细节问题才能被解决。

以下要研讨的是(期待权的)可转让性的问题(参见边码34及其以下)、自非权利人处取得期待权(参见边码38及其以下)、(期待权的)扣押问题(参见边码41及其以下)和保护问题(参见边码44及其以下)。

(二)期待权可转让性

1.基本规则

早就承认的是,保留买主可以将其法律地位转让给他人(参 34
见《帝国最高法院民事判例集》,第101卷,185、187页);[35]同样,这种转让不能被看做是《德国民法典》第185条文意上的非权利

〔35〕 此外,即使在保留买主与保留卖主之间约定,保留买主在保留卖主同意的情况下才允许对期待权进行处分,保留买主也可能出让其期待权;因为这种约定只有按照《德国民法典》第137条规定债权法上的效力(联邦最高法院裁判,载《新法学周刊》,1970年,699页)。如果保留买主将其期待权转让给第三人,他就不再可以在未经第三人同意时和保留卖主达成如下协议,即所有权保留现在应担保保留卖主对他的其他债权的协议(《联邦最高法院民事判例集》,第75卷,221页;鲍尔,《针对青年法学者的判例汇编:物权,带有解释性评论的挑选之判决》,案例24a,福克尔(Forkel)评论,载《新法学周刊》,1980年,774页;勒文海姆(Loewenheim)文,载《法学教育》,1981年,721页以及屈布勒(Kuebler)文,载《经济法杂志》,1980年,63页以及边码36以下)。

人处分,而且不必按照第 398 条和第 413 条进行转让,而是以所有权移转形式进行转让(第 929 条及其以下)。[36] 有疑问的是,当随着价金的完全支付、所附条件的成就,期待权的受让人得直接地取得所有权时(而没有所谓保留买主的过渡所有权 Übergangseigentum),是否必须征得保留卖主同意。《帝国最高法院民事判例集》,第 140 卷,223 页中的裁判对此要求保留卖主的同意,而联邦最高法院在《联邦最高法院民事判例集》,第 20 卷,88 页[37](鲍尔,《针对青年法学者的判例汇编:物权,带有解释性评论的挑选之判决》,案例 24)中的案例把这样一个前提条件剔除了。

以下可以根据《联邦最高法院民事判例集》,第 20 卷,88 页中的裁判所建立的例子,清楚地表达这个问题:

保留卖主通过分期付款、以所有权保留形式卖给保留买主 VK 一辆卡车,VK 在支付了几次货款后,为了担保一项贷款债权,按照第 930 条(以占有改定方式),将卡车所有权让与给了他的债权人 G,并说明了 VK 还不是这辆卡车的所有权人。保留卖主并不知道该期待权的担保性让与。VK 的另外一个债权人 D 对 VK 处的卡车进行了扣押,在支付了剩余价金后,G 根据《德国民事诉讼法》第 771 条对 D 提起了第三人异议之诉。

按照旧的司法判例和学说,人们认为 VK 的处分受第 185 条(作为无权处分)调整,或者按照《帝国最高法院民事判例集》,第 140 卷,223、226 页中的裁判,对于所有权直接移转给 G,必须得到保留卖主的同意,那么,D 的扣押质权(Pfändungspfandrecht)可以对抗 G 的所有权;因为,假设 VK 获得了过渡所有权,D 的扣押质权就因此变为有效的了。

---

〔36〕 比较《联邦最高法院民事判例集》,第 20 卷,88 页中对法律发展的描述;G. 赖尼克(Reinicke)文,载《德国法月刊》,1959 年,613、614 页以及泽里克,I,241 页以下;较远地,参见上文第五十二章边码 19。

〔37〕 同样的是《联邦最高法院民事判例集》,第 28 卷,16、22 页和第 35 卷,85、87 页(鲍尔,《针对青年法学者的判例汇编:物权,带有解释性评论的挑选之判决》,案例 48)。

相反,对于期待权的移转,并不需要保留卖主任何形式的协助,保留买主就可以将属于他的权利、以其全部的“特性”转让给G,这样一来,G直接地、没有D的扣押质权负担地、自动地取得了所有权。所以,联邦最高法院上述判例也是有道理的:保留卖主的利益并不受到负面影响;在保留买主支付迟延时,他依然可以解除合同,这样就阻碍了G的所有权取得,并对G实现了其所有权。[38]

该事件所触动的共同利益,并不比担保性所有权让与情况下触动的大。由此结论如下:G享有针对D的第三人异议之诉(《德国民事诉讼法》第771条),而且,在最后一笔款项付清后,即在所有权移转给他后,他也很安全,按照通说,基于期待权,在这之前也是安全的(参见下文边码48)。

2. 按照第930条移转的特殊性

当保留买主按照第930条,为了担保而将其期待权转让给第三人的时候,占有状况(Besitzlage)显得有些错综复杂。保留卖主和担保权人D是间接的并存占有人吗(mittelbare Nebenbesitzer),即在保留买主与保留卖主之间,以及在保留买主与D之间都存在着占有媒介关系(另外还有,韦斯特曼文,载《新法学周刊》,1956年,1298页),或者我们用“占有大厦”(Besitzgebaeude)来进行描述的话,保留买主是直接的他主占有人,担保权人D是第一层的间接他主占有人,保留卖主则是第二层的间接自主占有人吗?(参见《联邦最高法院民事判例集》,第28卷,16、27页;聪夫特(Zunft)文,载《新法学周刊》,1957年,445页) 35

以上两种解决方案都有其缺点:间接并存占有理论没有考虑

[38] 如果人们——和伦佩瑙(Lempenau)的观点一致,同上(参见第三章边码44,脚注),79—84页——接受,D对期待权的扣押与时间在先的对G的期待权移转“没有关联时”(第185条第2款第2句),这些被描述的结构性的困难就不会产生。扣押因而并不生效。——库皮施(Kupisch)文,载《法学者报》,1976年,417页对期待权转让学说在原理上给予了批评(对此,维特曼(Wittmann)文,载《法律理论》,1978年,43页)。

到，保留卖主和D的返还请求权（作为间接占有的基础！）通常是相互排斥的，此外，没有考虑到D根本不可能成为间接自主占有人（他只是觉得自己是期待权人！）。而占有位阶（Besitzstufung）理论并不能很准确地解释，D可以通过什么路径加入到保留买主与保留卖主之间已经存在的占有媒介关系，特别是什么媒介关系应该成为D和保留卖主之间关系的基础（D作为期待权受让人的法律地位，取决于保留卖主与保留买主之间法律关系的发展，和任何限制物权人一样，D受制于同样的限制，这就足够了吗？）。这个解决办法是令人质疑的，因为期待权在占有法上很难在既有的概念模式上定位。我们认为，尽管存在着我们所描述的以上怀疑，但这种占有位阶理论比“占有分离”（Besitzspaltung）理论更好一点。一方面，因为用这一理论，并适用《德国民法典》第1006条第3款（所有权推定），可能会正确地解决问题；另一方面，因为即使在D对保留所有权的标的物上取得直接（unmittelbar）占有的情况下，这一理论也赋予了保留卖主根据《德国民法典》第869条享有的占有保护权利。

3. 期待权转让后的权利变更

36 当期待权被转让给第三人后，保留卖主与保留买主之间的买卖合同和物权合意的变更，即对期待权产生“负担”影响的变更（从广义理解），还可以吗？格恩胡贝尔在鲍尔的纪念文集（1981年，31页）中对这一问题做了分析阐明。在司法判例中，联邦最高法院处理了部分问题，并进行了否定性的回答，这个问题是：是否还可以约定，用所有权保留来担保保留卖主对保留买主的其他债权。（《联邦最高法院民事判例集》，75、221页；鲍尔，《针对青年法学者的判例汇编：物权，带有解释性评论的挑选之判决》，案例24a）。

4. 期待权与不动产担保物权法上的责任

37 有趣的是《联邦最高法院民事判例集》，第92卷，280页（即《新法学周刊》,1985 年,376 页):保留买主 D 根据所有权保留,在保留卖主 DB 那里购买了一辆卡车,它成为 D 的土地——负担有被告银行的土地债务——的从物(Zubehör)。经 D 的许可,DB 将对卡车的所有权转让给了被告银行,作为后者对 D 的授予的贷款的担保。D 陷入破产。联邦最高法院:根据第 1120 条,为了被告银行的利益,期待权上的不动产担保物权责任(Grundpfandhaftung)(参见上文第三十九章边码 33 以下),因为 DB 与 D 之间对废止期待权的约定而终止(对此科尔豪瑟(Kollhosser)正确地提出了批评,《法学者报》,1985 年,370 页以及蒂特克文,载《新法学周刊》,1985 年,1305 页;我们的观点是,联邦最高法院忽略了担保权情况下的优先原则和公示原则的意义,如同这在第 1121 条第 1 款[……移走……]中所表述的;另参见马罗茨基(Marotzke)文,载《民法实务档案》,第 186 卷,490 页;赖尼克文,载《法学教育》,1986 年,957 页;蒂特克文,载《新法学周刊》,1988 年,28 页;威廉文,载《新法学周刊》,1987 年,1785 页;路德维希文,载《新法学周刊》,1989 年,1458 页)。

(三)期待权自非权利人处的取得[39]

关于这个问题存在以下不同的事实情形:

1. 从非所有权人处取得

受让人善意地认为无权的出让人为所有权人,并且在所有权 38
保留条件下(即附延缓条件下)受让了该标的物。因此类推适用第 932 条,他就获得了期待权,随着剩余价金向出卖人的支付,期待权转化为了完整的所有权。善意的决定时点是物权合意和标的物交付的时候(《联邦最高法院民事判例集》,第 10 卷,69、72 页;

[39] 对此参见布洛迈尔文,载《民法实务档案》,第 153 卷,239 页;鲍克内西特(Bauknecht)文,载《新法学周刊》,1955 年,1251 页;迪德里希森(Diedrichsen),《对源自债务关系的占有的权利》,1965 年,123、129 页;弗卢梅文,载《民法实务档案》,第 161 卷,385、394 页以下;格奥尔格阿德斯(Georgiades),《所有权期待》,1963 年,42 页以下、129 页以下;U. 胡贝尔文,载《新法学周刊》,1980 年,729、732 页;拉伦茨,II/2,第 43 章 II c;梅迪库斯,《民法》,边码 474 和 475;赖泽尔,《物上期待权》,1961 年,35 页以下;泽里克,I,267 页下;蒂特克(Tiedtke),《善意取得》,58 页。

第30卷,374、377页)。

例子(依据《联邦最高法院民事判例集》,第10卷,69页):S将属于其所有的一台机器,为了担保G给予他的贷款而转让给了G。G隐瞒事实真相,而将这台机器以所有权保留形式、分期付款卖给了保留买主VK,由此,保留买主VK获得了一项期待权,并且在支付了剩余价金后就成为了所有权人,即使在此期间,他了解到S并非所有权人,也不生影响。

有疑问的是,保留买主VK是否可以基于期待权,而享有对G起作用的占有权呢?(否定回答:参见前引联邦最高法院判例;肯定回答:梅迪库斯,《民法》,边码465;卡尔斯鲁厄州高等法院裁判,载《新法学周刊》,1966年,885页,联邦最高法院对此加以否定,参见汉斯·施托尔文,载《法学教育》,1967年,12、15页以下)。这里接受肯定的观点。此外,通过赋予保留买主VK以恶意抗辩权(exceptio doli)的方式,联邦最高法院也得出了同样的结论:假如保留买主VK现在必须向G,而不是向所有权人交还机器的话,那么,在他向S支付剩余价金的时候,他反而可以对G提出物的返还的请求。[40]

2. 对已经存在的期待权从非权利人处取得

39 在物是以所有权保留形式被出让的情况下,情况有所不同,但现在不是期待权的拥有人,而是非权利人处分了该期待权。这里,受让人善意情况下,他可以取得期待权,[41]但这一期待权在其存续上,仍依赖于保留所有权买卖:

VVK将一台缝纫机以所有权保留形式卖给了VK,VK将该机器借给了

---

〔40〕 施托尔,同上,也使得保留买主的占有权能够对G生效。

〔41〕 其他观点:弗卢梅,II,第42章,4c;梅迪库斯,《民法》,边码475;维甘德(Wiegand)文,载《法学教育》,1974年,201、211页;韦斯特曼/古尔斯基,第45章,III 1a;如这里的赖泽尔,《物上期待权》,38页以下;威灵,I,第17章,IV 1b aa;帕兰特/巴森格尔(Basssenger),929页,边码46;泽格尔/米尔,929页,边码76。

L,L 欺骗了善意的 D,说她在 VVK 处以分期付款形式购买了这台机器。这里,D 获得了一项期待权。但是,如果因未支付分期付款,VVK 解除了买卖合同,D 的期待权也就随之消灭了。

3. 不能善意取得不存在的期待权

当一项期待权根本不存在时,期待权的善意取得是被排除的; 40
因为条件不可能成就,所以,期待权也不会转化成为所有权:

E 将其轻型摩托车借给了 L,L 对善意的 D 说,他以 800 马克的价格从保留卖主处买的,还有 200 马克的期款需要支付。D 以 400 马克买下这部摩托车,并且承诺,履行保留卖主的剩余货款。当他这样做时,谎言被揭穿。D 既不能得到所有权,也不能得到期待权。

这一结论令人惊呆,因为,如果 L 伪称他是所有权人,D 是可以获得所有权的(第 932 条)! 但 D 只是相信有一项附条件的权利;当条件根本不可能成就时,他必须接受这个现实。[42]

(四)扣押问题[43]

1. 扣押程序

对于其债权人而言,保留买主的期待权是一笔富有吸引力的 41
财产,特别是在保留买主已经大部分被履行了对保留卖主的价金的时候。这样一来,保留买主的债权人特别想对其债务人的这一财产客体,通过强制执行方式加以干涉,就不足为奇了。在这里,他们很少会估计到,期待权可能会因保留卖主行使合同解除权而

---

〔42〕 参见施诺尔·冯·卡罗尔斯费尔德(Schnorr v. Carolsfeld)文,载《立法与法学评论季刊》,第 66 卷,184 页;施托尔文,载《泛商法和经济法杂志》,第 128 卷,239、249 页。

〔43〕 参见芬恩文,载《民法实务档案》,第 161 卷,510、513 页和第 170 卷,460 页;鲍尔/施蒂尔纳,《案例》,案例 9;施瓦布/普吕廷,第 33 章,II5;雷尼克(G. Reinicke)文,载《德国法月刊》,1959 年,613、616 页,雷姆斯巴彻尔(Rimmelspacher),第 5 章边码 220 以下;泽里克,I,303 页以下;施波纳(Sponer),同上。

消灭的风险。因为不得已时,进行扣押的债权人(首先)[44]可以掏自己的腰包,向保留卖主支付剩余的价金,从而使得所附条件成就,并且使其债务人(保留买主)获得完全所有权,最终以此消除保留卖主下述可能性,即根据《民事诉讼法》第771条提起干预之诉(Interventionsklage)的可能性。

所以,非常肯定的是,保留买主的期待权可以成为其债权人执行的标的,有疑问和争论的是,这种执行之干预(Vollstreckungszugriff)应如何进行:是以对物扣押的形式(《德国民事诉讼法》第808条)?还是以对权利扣押的形式(《德国民事诉讼法》第857条)?或者作为对物扣押与对权利扣押(所谓的"双重扣押")?实际上,所有这些观点都有人支持(对此特别参见联邦最高法院裁判,载《新法学周刊》,1954年,1325页和埃希霍费尔,《民事实务档案》,第185卷,162、179页以下)。通说选择了双重扣押学说:一旦根据《德国民事诉讼法》第857条对期待权进行了扣押(对作为"债务人"的保留买主和作为"第三债务人"的保留卖主送达扣押裁定,这里后一个送达是最关键的,《德国民事诉讼法》第829条第3款),债权人就可以阻止对期待权的处分行为,并且由此消除了保留卖主和保留买主提出下述异议,即对根据《德国民法典》第267条支付剩余价金的异议。虽然对物的扣押在一开始并没有赋予扣押质权人以扣押质权(因为债务人[即保留买主]还不是标的物的所有权人,但只要随着条件成就,所有权转移给保留买主了,就可以赋予其扣押质权。在此,仅有期待权的扣押还不够,因为期待权上的质权,并不能以物上质权的形式继续存在。

作者认为,这种(相当复杂)的路径,在理论教义上是不可取的:保留买主的期待权是《民事诉讼法》第857条第1款意义上的"其他财产权",必须而且也只能够以对权利扣押的形式而被扣押(现在还有,《联邦最高法院民事判例集》,第49卷,197、203页;鲍尔,《针对青年法学者的判例汇编:物权,

---

〔44〕 债权人对其债务人——保留买主的追偿请求权不是源自《德国民事诉讼法》第788条,而可能是根据《德国民法典》第683条、第670条(参见泽里克,I,312、313页的论证)。

带有解释性评论的挑选之判决》,案例5),涉及不动产所有权转让期待权(Auflassungsanwartschaft)的扣押)。如果人们强迫债权人,对标的物本身也要扣押,那么,人们会促使债权人对一些他明知不属于债务人财产的标的物进行强制执行干涉,也就是说,对他人法律地位进行了违法[45]干涉。因为期待权上的质权,在条件成就后,并不能作为物上质权而继续存在,所以对物进行扣押是必要的,这种观点已经为上文所引的莱茨古斯(Lerzgus)的文章所否定。应适用《德国民法典》第1278条、《德国民事诉讼法》第847条规定的相似情况。(期待权质权)缺少公示(质权人缺少占有)并不是关键性的,新的学说毫不犹豫地认为,期待权上的法定质权(如出租人对承租人的期待物上的法定质权),在条件成就后,可以作为标的物上的质权继续存在(参见上文第五十五章边码41)。而且,在支付了剩余的价金后,扣押质权人可以类推适用《民事诉讼法》第847条,让执达人员将标的物从保留买主处取走。

由此我们总结认为:通说建议保留买主的债权人要对期待权和物同时进行扣押;借此,在条件成就时,他比单纯的物上扣押债权人优先。按照我们这里所支持的观点,对期待权扣押就足够了。对多项期待权的扣押的顺位,按先占原则(Präventionsprinzip)确定,设定时间在先的期待权扣押优先于单纯的对物扣押。

2. 通过保留卖主对自己物进行扣押

在保留卖主根据《民事诉讼法》第808条,对位于保留买主之处的、自己的物进行强制执行的时候,或者是因为价金债权,或者是因为其他的他对保留买主的债权,在这种情况下,就会产生一些特别的问题。[46] (1)这个难题 42

---

〔45〕 物的扣押(Sachpfaendung)在强制执行法上得到许可,因为《民事诉讼法》第808条仅基于债务人的直接占有(Gewahrsam),并未对此予以变更(另参见蒂特克文,载《新法学周刊》,1972年,1404页)。

〔46〕 对此参见鲍尔/施蒂尔纳,《强制执行法》,I,边码27.13,案例2;瓦克文,载《法学者报》,1987年,381页;格奥尔格阿德斯(Georgiades),同上,76页以下;莱茨古斯(Letzgus),同上,51页以下;泽里克,I,319页以下。

首先表现在强制执行法的方式上:债权人究竟能否对自己的进行执行?尽管标的物仍属于他的财产,而不属于保留买主,他能够在该标的物获得一项扣押质权吗?执行法上对这种扣押是允许的,因为《德国民事诉讼法》第 808 条依据的仅是债务人对(被执行标的物)形式上的持有(或直接占有 Gewahrsam)。虽然保留卖主没有获得扣押质权,因为标的物非属他人之物,但由扣押行为所产生的查封扣押(Verstrickung)是变价的基础;因为保留卖主可能是唯一能够根据《德国民事诉讼法》第 771 条排除扣押的人,这不影响他在执行法上,变卖标的物并由此满足自己的价金债权。现在,作为强制执行法第二次修改法文本的《德国民事诉讼法》第 811 条第 2 款已经规定了对自己物的扣押。〔47〕

(2)另外一个问题是,保留卖主的强制执行在实体法上会产生什么样的效果。如果在保留买主成为完全所有权人之前,保留卖主让人将买卖标的物从保留买主处取回,他不违反保留卖主的出卖人义务吗(第 160 条)?对此点顾虑,人们以前试图通过如下方式予以消除,即在扣押中存在保留卖主已经放弃了其所有权的意思表示(《帝国最高法院民事判例集》,第 66 卷,344、348 页;第 79 卷,245 页),这样一来,在出卖人义务完全履行之后,既不能根据第 160 条,也不能根据第 325 条要求损害赔偿。其实不需要一个如此主观

〔47〕 1997 年 12 月 17 日的《第二次强制执行法修正》(载《联邦法律公报》,1997 年,第 1 卷,3039 页及其以下)的第 1 款第 15 项:新被增加的《德国民事诉讼法》第 811 条第 2 款通过下述方式改善了保留卖主的地位,即只要能够通过证书证明所有权保留的存在,他就可以在实现价金债权的时候,破除对保留买主的保护(在这方面,长期存在争议)。对此,即使从社会国家角度出发,也没有什么反对的。而且,《德国民事诉讼法》第 811 条只适用于债权扣押的情况。所以,保留卖主可以通过强制执行所有物返还请求权来规避基于《德国民事诉讼法》第 811 条的抗辩。但在保留之所有权上进行单纯的物之返还的强制执行的情况下,保留卖主可能一无所获,也就是在被保留之所有权的变价不足以弥补剩余价款,而且,因此他会被告知执行其他标的或债权的情况。非商人的分期买主为消费者信贷法,有时也为社会救济请求权所非常周到地保护着。消费者信贷法也在 10 万马克额度内,保护营业生存原因信贷的受领人(第 1 条第 1 款后半句、第 3 条第 1 款第 2 项)。在所有权让与担保的情况下,立法者对担保提供人的保护性,却是另一种态度(论据:arg. e contrario《德国民事诉讼法》第 811 条第 2 款;参见上文第五十七章边码 43)。《德国民事诉讼法》第 811 条绝不能不适用于商人的所有权保留,因为该条只保护个人的劳动支出。

臆断的构想,因为保留卖主只是以强制性措施行使了其变价权而已(所以莱茨古斯(Letzgus)是正确的,见上引文,62 页及其以下)。

另外一个重要问题:保留卖主以对自己之物的执行来满足其价金债权是否合适。这样做,就绕开了《消费者信贷法》中包含的对消费者利益进行保护的规定,特别是回避了保留卖主对已经接受的价金的返还义务(参见上文边码 23)。这样一种结果可以通过以下方式加以避免:人们在扣押上还看不出《消费者信贷法》第 13 条第 3 款意义上的“重新取回”(Wiederansichnahme),但在取回和变买标的物上,可以这样认为,其结果是,保留卖主必须履行通过消费者信贷附加给他的、在合同解除情况下的义务(《联邦最高法院民事判例集》,第 15 卷,171 页)。对此,至于是由保留卖主还是一个第三人来竞买标的物(《联邦最高法院民事判例集》,第 55 卷,59 页),或者标的物是否可以根据《德国民事诉讼法》第 825 条分配给保留卖主,都无关紧要了;[48] 对此,《消费者信贷法》第 13 条第 3 款的适用起决定意义的是,保留买主对标的物的用益被保留卖主剥夺了。 43

(五)保护问题[49]

在这个问题的范围内,应引入以下两个例子: 44

(1)一辆保留卖主以所有权保留形式卖给保留买主的卡车,在一场由 S 引起的交通事故中被损坏,保留买主享有损害赔偿请求权吗?如果有的话,在什么范围内?

---

〔48〕 详情参见《联邦最高法院民事判例集》,第 15 卷,241 页;第 22 卷,123 页;第 39 卷,97 页;第 45 卷,111 页;洪泽尔(Honsell)文,载《法学教育》,1981 年,705、711、712 页(有进一步的论证);吕克文,载《法学者报》,1959 年,114 页以下;泽里克,I,186 页以下(有进一步的论证)。

〔49〕 对此参见弗卢梅文,载《民法实务档案》,第 161 卷,299 页和弗卢梅,II,第 42 章,第 4 版;艾希霍费尔文,载《民法实务档案》,第 154 卷,162、186 页;格奥尔格阿德斯(Georgiades),同上,46 页以下;格恩胡贝尔,《民法》,第 13 章 V;赖泽尔,同上,82 页以下;赖尼克/蒂特克(Reinicke/Tiedtke),《买卖法》,边码 1157;泽里克,I,273 页以下、277 页以下。

(2)保留买主违背其与保留卖主达成的约定,而将对卡车的期待权向其债权人出质给G,并且根据《德国民法典》第1247条第1款第2句,将卡车交付给了G。保留卖主能够向保留买主要求返还卡车(根据第986条第1款第2句),从而产生G对期待权的质权消灭的后果吗(根据第1278条和第1253条)?

这两个例子表明,这里涉及的主要是期待权的侵权保护问题(参见边码45),以及保留买主及从其手中获得占有权的人的占有人地位问题(参见边码46及下一码)。

1. 侵权保护

45 保留买主的期待权被看做《德国民法典》第823条第1款意义的“其他权利”(sonstiges Recht)的观点,已经被广为接受(比较:《帝国最高法院民事判例集》,第170卷,1、6页;策勒(Celle)州高等法院裁判,载《新法学周刊》,1960年,967页)。

争论较大的是损害赔偿请求权的内容。[50] 我们假设,在我们第一个例子中价金是1万马克,保留买主在事故发生时,已经交付了4000马克。如果对保留买主造成的损害等于他的期待权的价值(以及因占有与用益被剥夺引起的损害),那么保留买主可以向S请求赔偿4000马克,[51] 保留卖主可以向S要求6000马克的赔偿;

或者:

保留买主可以要求全额损害赔偿,而他一如既往地负有对保留卖主支付全部价金的义务(第446条);

或者:

保留买主可以以4000马克作为自己的权利,将6000马克作为保留卖主对他人请求权,来进行清算吗(似乎像《帝国最高法院民事判例集》,第170卷,1、6、7页)?

---

〔50〕 对争议状况比较米勒—劳贝尔文,载《法学教育》,1993年,529页以下。

〔51〕 如果人们不考虑使用被剥夺造成的损害的话。

没有一个方法值得完全赞同,因为第一个方法没有考虑保留买主继续存在的支付剩余价金的义务,而另外两个方法意味着保留卖主要承担风险(如果保留买主收取了全部损害赔偿,却不履行对保留卖主的价金请求权的情况下)。[52]

符合体系的解决办法可能是,把损害赔偿请求权全部给予保留买主,但为担保保留卖主的价金债权,赋予其对损害赔偿请求权享有一项质权;对此却缺少法律基础。恰当的办法是,类推适用《德国民法典》第432条,加害人向保留买主和保留卖主共同给付物质损害赔偿。[53]

2. 占有保护、防止善意取得以及占有之权利

关于对期待权的其他保护可以分为以下不同的事实构成类 46
型:

(1)根据《德国民法典》第858条以下和第1007条的占有保护规定,是没有问题的。

(2)根据第986条,保留买主有权对抗作为所有权人的保留卖主,拒绝物的返还,当保留卖主按照第931条(以让与占有返还请求权的方式)将标的物所有权转让给第三人时,也是一样。如果受让人不知道,该标的物是所有权保留形式卖给保留买主的,于此可以类推适用第936条第3款(结合第161条第1款、第3款和第934条):期待权可以对抗标的物的善意受让人而继续存在。[54]

(3)一个有疑问并有争论的问题是,期待权是否赋予了保留 47

〔52〕 在这里非常困难的法律效力问题(Rechtskraftprobleme)应不予考虑(对此参见弗卢梅,II,第39章,3、4页有进一步论证)。

〔53〕 1281页的相应适用也值得考虑(对此参见梅迪库斯文,载《民法实务档案》,第165卷,115、142页以下;格恩胡贝尔,同上,第13章IV;哈丁文,载《E. 沃尔夫纪念文集》,1985年,107页;瓦尔特,《买卖法》,第10章IV3)。就所有权人和占有人对加害人竞合的请求权的一般论述参见第九章边码31以下,以及第十九章边码20对土地买卖中的类似问题的分析,只要第三人是在提出申请登记后在取得人申请前损害土地的。

〔54〕 详情参见泽里克,I,444页以下;梅迪库斯,《民法》,边码462—465以下;另参见第五十二章边码555。

买主一项物权性的、可以对抗任何人的占有之权利(Recht zum Besitz)。首先,这个问题对于从非所有权人处善意取得期待权(参见上文边码38以下)很有意义,此外,在第三人从保留买主手中继受了其占有者地位的情况下(如第二个例子),也是非常有意义的。尽管存在着一定程度的疑虑,[55]对于赋予一个与所有权人的占有权地位类似的占有权,还是予以了肯定。[56]该承认来源于实际的需要:对于期待权受让人,只有当他同时获得与期待权相连的权限,并且该权限要受到物权性保障,期待权的转让才有意义。[57]这一点也表现在,此外,法律还特别赋予了限制性物上用益权和变价权享有人,与所有权人相应的权限(比较:第1065条和第1227条)。

因(保留卖主和保留买主的)双重权利(Doppelberechtigung)引起的难题,在这里可以通过下述两种方式排除:或者类推适用第432条,或者将保留卖主的物的返还请求权限定在保留买主将物的返还请求权范围内(第986条第1款第2句)。[58]

---

〔55〕 参见《联邦最高法院民事判例集》,第10卷,69页;伦佩瑙(Lempenau),同上(上文第三章边码44,脚注)34页以下;汉斯·施托尔文,载《法学教育》,1967年,12、15页以下;古迪安(Gudian)文,载《新法学周刊》,1967年,1786页。

〔56〕 保科纳斯特(Bauknecht)文,载《新法学周刊》,1955年,1251页;施诺尔·冯·卡罗尔斯费尔德(Schnorr v. Carolsfeld),同上,53、54页;雅尔文,载《民法实务档案》,第183卷,725、753页;赖泽尔,同上,75页以下;州高等法院裁判(卡尔斯鲁厄),载《法学者报》,1966年,272页。

〔57〕 汉斯·施托尔鉴于保留卖主的利益而提出的思考并未使得其他的评判正当化。保留卖主无需对期待权的转让表示同意。即使保留买主仅享有债法上的请求权,保留卖主通常也不会对该请求权的转让进行抵制。转让的排除(第399条)几乎在任何时候都不被接收。

〔58〕 对此参见梅迪库斯文,载《民法实务档案》,第165卷,115、142页;赖泽尔,同上,76页;泽里克,I,275页以下。

3. 第三人异议之诉

基于期待权,也可以根据《民事诉讼法》第 771 条提起第三人异议之诉; 48
在以下(实践中很少发生的)情况下:当标的物在保留卖主处,并且在那被其债权人进行了扣押(比较:《联邦最高法院民事判例集》,第 55 卷,20、26 页——对此参见梅迪库斯,《民法》,边码 466);在实践中比较重要的例子中:当保留买主出于担保的目的,而将其期待权转让给第三人,而保留买主的债权人又扣押了该物;参见鲍尔/施蒂尔纳,《特别强制执行法》,第 1 卷,边码 46.6;泽里克(Serick),第 1 卷,第 12 章 I 2;保路斯(Paulus)文,载《法学者报》,1957 年,45 页,还有其在《尼佩代纪念文集》第 1 卷中的论文,909、927 页;另参见上文所引的伦佩瑙(Lempenau)文,由于悬而未定的情境(保留卖主的确还可以解除合同,从而使期待权消灭)应适用《德国民事诉讼法》第 773 条,而不是第 771 条。

关于使期待权上质权免受第三人对物扣押的问题,参见弗兰克文,载《新法学周刊》,1974 年,2211 页。

五、延长型所有权保留与总括[债权]担保让与

我们已经多次研究到了延长型所有权保留的问题了。所以,下文我们应当简短地综述一下到目前为止得出的结论(参见边码 49),然后研究一下延长型所有权保留与总括担保让与之间的关系(参见边码 50 及其以下)。

(一)延长型所有权保留的作用

用延长型所有权保留,所有权保留出卖人试图为自己保有那 49
些代位物,即产生于再加工(Weiterverarbeitung)或者(以及)再出让(Weiterveräuβerung)被所有权保留货物的代位物(参见上文边码 6)。为了所有权保留卖方的利益,可以通过所有权保留买方与所有权保留卖方之间的约定,排除所有权保留买方根据第 950 条作为制造人(Hersteller)取得所有权(参见第五十三章边码 22)。还可能的是,所有权保留的买方,将所有基于所有权保留物的再次

出让给第三者所产生的债权,事先让与给所有权保留的卖方(参见第五十八章边码 8)。最后,在两种情况下,都允许的是,将该[所有权保留的]延长在所有权保留出卖人的一般交易条件中宣示出来,但前提是,这些条件是所有权保留买方与所有权保留卖方之间法律关系的基础,而且被事先让与的债权是可以充分确定的(参见第五十八章边码 19 及下一码)。在所有权保留买方对第三买受人的债权之让与,被合同或者法律所排除的情况下,上述的条款也被排除(比较《联邦最高法院民事判例集》,第 40 卷,156、162 页;第 73 卷,259 页——针对的是账户交互计算所有权保留的情况;《联邦最高法院民事判例集》,第 77 卷,274 页;鲍尔,《针对青年法学者的判例汇编:物权,带有解释性评论的挑选之判决》,案例 26a,合同上对让与之禁止,以及上文第五十八章边码 16)。

(二)货物与金钱信贷给予人之间的串通

50 在"总括的"担保让与将来的客户债权(大部分情况下为了银行的利益)与所有权保留物的出让而产生的价款债权的提前让与(为了所有权保留出卖人的利益)重合的情况下,非典型担保交易的问题,更加突出了。也就是说,在延长型所有权保留[交易]中存在的债权担保让与,常常涉及的是,所有权保留买方已经事先让与给其银行的债权。

例子(根据《联邦最高法院民事判例集》,第 30 卷,149 页):皮革厂 L 与银行 B 于 1952 年 10 月 15 日签订了一份担保合同,将其对买货人的所有现在与将来的债权让与给银行,作为银行信贷的担保。L 从生皮商 V 处购得加工所需的生皮。该供货的依据是 V 的一般交易条件,在该一般交易条件中也含有延长型的所有权保留,即同样将 L 对其将来买主的所有的债权让与给了 V。在 L 破产时,货物信贷与货币信贷还没有被清偿。

这里显然实际的是一个被热烈争论[59]的问题，即金钱信贷还是货物信贷优先的问题。联邦最高法院在《联邦最高法院民事判例集》第30卷149页的裁判中，作了有利于货物信贷提供人的回答。虽然它是从优先性原则出发，但它认为，如果总括让与的当事人以一种“特别可指责的态度”(in zu miβbilligender Gesinnung)，对与货物信贷人之间签订的协议，即延长型所有权保留，佯作不知(所谓的合同违反理论 Vertragbruchtheorie)，那么，将将来对客户的债权让与给金钱信贷人是违反善良风俗(第138条第1款)的，故无效。[60] 在后来的裁判中(比如《联邦最高法院民事判例集》，第56卷，173、179页)，联邦最高法院将主观上的可指责性置于次位。甚至在金钱信贷给予人对贷款使用人通过格式合同负有义务，将贷款用于清偿供货债务的情况下，判例也认为是违反善良风俗的。 51

联邦最高法院判例，载《新法学周刊》，1968年，1516、1517页中判决的判词就是这样“担保给予人负有义务，将(银行发放的)贷款首要地用于消除延长型保留所有权”。根据联邦最高法院的观点，违反善良风俗的指责并没有因此而被排除。

在总括债权从一开始就没有包括让与对延长型所有权保留所涉及的债权，或者在延长型所有权保留消灭后才应当有效的情况 52

---

〔59〕 文献指引参见格恩胡贝尔，《民法》，第29章；梅迪库斯(Medicus)，《民法》，边码525—530；沙伊欣(Scheyhing)，《继承性让与》，第145条及其以下；泽里克，第3卷，18页及其以下；第4卷，第47章及其以下；第5卷，50页。对该问题及其解决方式最好的概括，参见格恩胡贝尔，《民法》，第29章；深入研究的有沃尔夫/哈斯文，载《泛商法与经济法杂志》，第154卷，64页及其以下；还有亚当斯(Adams)与多恩多夫(Dorndorf)，上引注(第57章边码5)；比洛(Bülow)，《信贷担保》，边码1412及其以下。

〔60〕 这样观点的还有联邦最高法院裁判，载《新法学周刊》，1968年，1516页；《联邦最高法院民事判例集》，第55卷，34页。

下(所谓的物上放弃条款(dingliche Verzichtsklausel)),情况就与上述不同了。[61]

如果按照判例的观点,那么在我们的例子中,为了银行利益的总括让与是无效的。供货人 V 可以根据第 816 条第 2 款,请求返还向银行 B 支付的金额。当然,这种情况只有发生在顾客向作为受让人的银行履行的时候,而不是在向作为 L 的出纳处的银行履行的时候,也就是说,总括让与对于他们来讲,没有被披露!(比如《联邦最高法院民事判例集》,第 53 卷,138 页)。但如果 L 负有义务,告知他的顾客,银行作为其唯一排他的出纳处(Zahlstelle),那么,实际结果上,这与支付给作为受领人的银行也是一样的。因为总括让与是无效的,所以,顾客向无权的银行履行了;也就是说,银行必须将支付给它的金额返还给 V(《联邦最高法院民事判例集》,第 72 卷,316 页)。

这里描述的解决方案已经逐渐成为确定判例的共同观点。即使如此,也要检验一下,该解决方案在法律政策上,是否是合理的。

解决方案多种多样,在细节上有很多模糊之处,在这里只能简要地概述一下:

53 从优先性原则(Prioritätsprinzip)出发是可以理解的:当将来的债权已经随着让与,而从让与人的财产中分离出来,并且在满足债权产生要件情况下,直接地在受让人那里产生了,那么只有在时间上较早的债权担保让与,才使一个——将来——的债权移转给了受让人;第二个担保受让人什么也得不到,因为,众所周知,不能对不存在之债权进行善意取得。一方面,优先性原则的适用实际上意味着,为了银行之利益设定的总括让与,根本不能包括那些已经基于延长型所有权保留、被让与给货物提供人的债权。但另一方面,该总括让与却可以涉及那些对债务人将来顾客的债权,即涉及时间上较晚(zeitlich spätere)的——同样在延长型所有权保留条件下产生的——货物供

〔61〕 联邦最高法院裁判,载《新法学周刊》,1974 年,942 页;《联邦最高法院民事判例集》,第 72 卷,308、310 页;联邦最高法院裁判,载《新法学周刊》,1991 年,2144、2147 页;泽里克,第 4 卷,第 49 章 II 与 III——违反风俗并不因为所谓的债权上的部分放弃条款(schuldrechtliche Teilverzichtsklausel)而被排除(《联邦最高法院民事判例集》,第 72 卷,308、311 页;泽里克,第 5 卷,第 71 章)。

应。换句话说:总括让与随着时间推移,掏空了延长之所有权保留。所以,在我们的例子中,为了银行利益的债权让与担保不能服从于债务人出卖货物而产生的债权[这些货物已经在1952年10月15日之前,在延长型所有权保留条件下运送给了债务人]。只有在这一时刻之后,债权让与担保才能对该供应[债权]生效。最终,从该银行信贷优先的原则中,得出的是对货物信贷不利的结果。

该结果多次被认为是不公正的;所有权保留出卖人为什么必须将尚处于 54
其所有权之下的所有权保留货物,供银行信贷权人支配,还没被搞清楚。货物供应优先性在内部是有其合理性的:由保留所有权货物产生的债权代替了被保留的所有权,可能是其代位物(所谓的代位原则Surrogatprinzip),[62] 所有权保留出卖人比总括让与受让人更接近被让与的债权(所谓的较近原则Näherprinzip)。最后,总括让与也涉及那些在延长型所有权保留条件下被送交之货物的再出让所得债权,那么,它就是违反法律与风俗的;因为只有在所有权保留买受人还能使所有权保留出卖人从再出让(债权)中得到对价,他才被所有权保留出卖人授权出让所有权保留出卖人出卖给他的货物。还涉及这些债权的总括让与,过分地要求所有权保留买受人,去欺骗所有权保留出卖人,去违反合同,甚至作出应受刑罚的行为(所谓的合同违反理论)。联邦最高法院越来越使主观因素退居次要地位的时候(比如比较《联邦最高法院民事判例集》,第56卷,173、179页),它遵循的就是弗卢梅(Flume)所发展的上述观点。[63] 在这里要注意的是,弗卢梅的观点是多种原则的综合:弗卢梅从优先性思想出发;但根据合同违反原则,时间优先的总括让与相对于延长型所有权保留就不起作用了。但该延长型所有权保留不是在所有情况下,都涉及所有的由再出让产生的债权,而只是涉及一部分,即在供货那一时刻与所有权保留货物价值相适应的部分。只要不是这种情况,就要再适用优先原则(有利于总括让与受让人)。

---

〔62〕 详情参见皮克尔(Picker)文,载《法学教育》,1988年,379页(物上所有权的代位性紧急保护)。

〔63〕 参见《新法学周刊》,1950年,841、847页与1959年,913、918页。

55 就观察方式来看,在内部运用的是划分性原则(Teilungsprinzip):[64] 根据被送交货物的价值多少,将对作为第三人买家的债权分割,不仅在多个所有权保留相互竞合存在的时候会产生,而且在金钱信贷给予人与货物信贷给予人相冲突的时候,也会产生。的确不能忽视的是,金钱信贷给予人也对货物的再出卖作出了贡献;因为,被发放的贷款已经被用于支付一般交易的额外费用、广告费等。所以,"事实上是哪一方对债权之价值作的贡献",并不是关键的。[65]

最后,另一极端的观点认为:债务人的行为是自相矛盾的,所以,两个事先的债权让与,都没有产生法律效力。

在寻找解决方案时,很多都主张埃尔曼(Erman)在弗卢梅基础上发展的划分性学说:就每一个对第三买受人的债权,都应当确定的是,所有权保留出卖人、银行信贷权人以及所有权保留买受人自己(自有资金——劳动)的给付各占多少比例。我们认为,针对该建议有一个反对理由:比较可靠地为这样的划分发展几个关键点,是不可能的。[66]

解决方案必须要基于现行法的原则;只有这样,才是考虑到了法律安全的准则:所有权保留出卖人与总括让与权人一样,同属于被担保债权人之列。在被担保的债权人竞争时,我们的法律构建的全是优先性原则;这体现在多个合同约定担保权人(动产质权人——不动产担保物权人)的顺位制度,也体现在多个扣押质权人的关系上。尽管这个原则的公平内容并不是一直有根据的[人们对此现在与过去都是赞同的],但立法者还是偏爱于它,因为这样做,结果上比较安全、简单、贴近实际。所以,只要人们还没有决定,在立法

---

〔64〕 参见埃尔曼文,载《企业》,1959 年,1109 页;博伊廷(Beuthien)文,载《企业》,1971 年,375 页;埃塞尔(Esser)文,载《法律者报》,1968 年,281、529 页;《泛商法与经济法杂志》,第 135 卷,320 页;《联邦最高法院民事判例集》,第 32 卷,361 页中的案例,拒绝了该观点。

〔65〕 这是泽里克的话,载《企业》,1960 年,141 页;类似的还有埃塞尔,前引注;伦佩瑙(Lempenau),前引注,71 页及其以下。

〔66〕 泽里克在 1960 年《企业》141、146 页的文章,正确地强调了由确定性原则(Besitimmtheitprinzip)产生的几点怀疑;泽里克,第 5 卷,第 58 章;还有上注《联邦最高法院民事判例集》,第 32 卷,361 页中的案例;相反观点,埃塞尔,前引注。

上，删除延长型所有权保留或者总括债权让与，[67]或者对每一个债权作形式上的划分，那么，就有理由继续对优先性原则[68]坚持。[69]

六、其他冲突情况

下文的冲突情况与上文介绍的延长型所有权保留与总括债权让与担保之间的冲突，有相似之处。 56

（一）延长型所有权保留与保付代理（保理）中的总括让与

1. 延长型所有权保留与时间在先的保理总括让与

对于保理制度以及真正的与非真正的保理，首先参见上文第五十八章边码12及下一码。如果所有权保留买方，在延长型所有权保留框架内，将他（作为下游之顾客 Anschluβkund）之前已经让与给代理人（Factor）的那些债权，让与给所有权保留出卖人，那么，所有权保留出卖人的利益就与代理人的利益相冲突了，尤其是在所有权保留买方破产的情况下，其意义重大。如何解决该冲突情况的问题，具有重大的、深远的经济意义，而且一直是一个被反 57

---

〔67〕 已经作了这个方向的努力，但很显然没有希望。

〔68〕 很强调支持适用该原则的，参见沃尔夫/哈斯文，载《泛商法与经济法杂志》，第154卷，64页及其以下。

〔69〕 与此段关联，还要指出的是，货物以及货币信贷给予人，在破产情况下，常见的是，他们会共同合作，将他们的担保权列入一个池塘（Pool），然后以此为单位向破产管理人主张取回权（按照旧法）；这主要发生在，双方的担保权在正在进行的破产程序中不能准确地被划分。内部的冲突或清算可以由两个信贷给予人协商解决（对此参见联邦高等法院判例，载《新法学周刊》，1989年，895页，“担保变价约定”；《法律者报》，1989年，197页，附有蒂普克（Tipke）的评论；魏特瑙尔（Weitnauer）文，载《鲍尔纪念文集》，1981年，709页及其以下；马克思（Marx）文，载《新法学周刊》，1978年，246页；耶格尔/亨克尔（Jaeger/Henckel），第15章，边码72及其以下；里梅尔施普拉赫（Rimmelspracher），《信贷担保》，边码532及其以下；施蒂尔纳文，载《民事诉讼法杂志》，第94卷，263、274页；赫斯（Hess），《所有权保留之供给上的共同所有权与构建“池塘”》，1985年；泽里克文，载《支付不能法杂志：破产——信托——重整》，1989年，743页）。

复争论的问题。其核心是,在这里,是否也同样适用在延长型所有权保留与债权总括担保让与相冲突时的基本原则。

(1)真正的保理

58 在真正的保理情况下,判例以及大部分文献的观点是一致的,即不适用合同违反理论,而是要排他地适用优先性原则,在结果上,保理式总括让与是有效的。

联邦最高法院以及通说,采纳了泽里克(Serick)的观点,否定了其是担保信贷之总括让与的相似物,并且因此而否认了保理合同是违反善良风俗的。这里涉及的实际是代理人对债权的购买。下游顾客是否被允许,根据授予给他的收取授权,从他的买家以现金受领应收款项,或者就该应收款项的让与,获得一个现金预付,在这里也不会带来什么差别。[70]

卡纳里斯(Canaris)并不将真正的保理归为买卖合同,而是作为贷款合同,而且有说服力的是,下游顾客从代理人那里得到了现金预付,并且以一种类似金钱对货物的方式,就好像他自己收取了直接从他的债务人处得到的债权。[71]

---

〔70〕《联邦最高法院民事判例集》,第69卷,254、258页;第100卷,353、358页;里梅尔施普拉赫(Rimmelspracher),边码459及其以下;布劳罗克(Blaurock)文,载《泛商法与经济法杂志》,第142卷,325页以及第143卷,71页;格哈特文,载《法律者报》,1986年,第740页;格恩胡贝尔,《民法》,第29章,IV 2;马丁内克,第11章,III;泽里克文,载《泛商法与经济法杂志》,第143卷,68页;作者同上,《新法学周刊》,1981年,749、1715页;波特施密特—罗尔(Pottschmidt - Rohr),《信贷担保法》,第3版,1986年,边码690;彼得斯·维德曼(Peters Wiedmann)文,载《经济法杂志》,1982年,1407页及其以下。

〔71〕参见卡纳里斯文,载《新法学周刊》,1981年,249页;拉伦茨/卡纳里斯,《债权法》,第2卷,第2册,§ 65 III,91页。

(2)非真正的保理

对于非真正的保理,下游客户自己承担支付上的风险,在这种情况下,对冲突解决办法是有争议的。联邦最高法院以及部分学说[72]认为,非真正的保理是一种信贷交易,应根据合同违反理论的基本原则来处理。根据这种观点,在非真正的保理情况下,与一个发生在后的所有权保留相冲突的保理之总括让与,是有违善良风俗的,无效。 59

与此相反的观点,现在看来越来越多地在一些文献中被主张,与上述观点不同,他们对这种情况的冲突解决方式,与在真正的保理情况下的解决方式是一样的。[73] 对判例中的解决方式,还有以下意见,与在真正的保理情况下一样,被让与债权的保理人,其地位不太像享有普通的总括让与担保权的信贷提供人,因为该让与并不仅仅为了担保之目的而进行,也是为了履行。还有按照营业额,保理人对单个债权进行了预支,相对于债权,他与所有权保留出卖人地位是一样的。所以,对保理人的优惠照顾是不合理的。[74]

遵循这种观点,即使不去顾及那些理论上的疑点,即反对将合同违反原理作为法律上确定的优先性原则的修正性限制,而存在的那些疑点,在这里它的适用在实质上也是不合理的。就冲突问 60

〔72〕 参见《联邦最高法院民事判例集》,第69卷,254、257页;第82卷,50、64页;泽里克,第52章Ⅳ 5a;马丁内克,第11章,V;泽格尔/胡贝尔,第433条前评论,边码111。

〔73〕 尤其是卡纳里斯文,载《银行法》,边码1686,以及《新法学周刊》,1981年,249、250页及下一页;拉伦茨/卡纳里斯,《债权法》,第2卷,第2册,第65章,Ⅲ 2;布劳罗克文,载《泛商法与经济法杂志》,第142卷,340页及下一页;迈尔—马利(Mayer-Maly),《慕尼黑德国民法典评注》,第138条,边码91;赖尼克/蒂特克,《信贷担保》,第3版,1994年,251页及其以下;里梅尔施普拉赫,边码479;洪泽尔,《施陶丁格德国民法典评注》,第455条,边码78。

〔74〕 参见拉伦茨/卡纳里斯文,载《债权法》,第2卷,第2册,第65章,Ⅲ 2。

题的解决方案来讲,关键性的问题,不是非真正保理在法律上归类的问题,而是所有权保留出卖人是否是不合理地遭受了不利益。在非真正保理与真正保理情况下,都要对此作出否定的回答。在非真正保理情况下,保留买主获得的也是与其对客户的债权相等数额的金钱。他可能必须将这笔金钱再偿还给保理人,但这并不是关键因素。保留卖主与保留买主一样,享有同样多或同样少的机会,为其自身利益而使用获得的金钱。他在这里承担着拿不到该金钱的风险(比如因为保留买主事先已经破产了),与在真正保理情况下,程度是一样的。[75]

2. 延长型所有权保留与时间上后顺位之保理总括让与

61 如果例外情况下,存在下述情况,即在延长型所有权保留框架内,总括让与比保理总括让与产生的还早,那么,必须通过解释合同探知,由保留出卖人所授予的收取授权,也涵盖了以保理方式进行的债权收取(也就是说,将债权让与保理人,作为对价,可以受领现金的预先支付)。如果合同对此没有明确,那么按照通说,真正的保留应当是被允许收取的,而非真正的保理则不被允许收取。[76]

62 但正确的是,在这里,应当平等对待真正的以及非真正的保理,在结果上,不同于通常的债权收取总是被允许的,但附加延迟性的条件,即现金预付已经实际支付给了保留买受人。[77] 在争论合同违反理论是否适用于时间上顺位在先之保理让与时,我们提出的论据,在这个问题上,也是决定性的。在真正的保理情况下,保留出卖人的利益并没有被触及,因为基于最终被履行的现金预

---

〔75〕 参见卡纳里斯文,载《新法学周刊》,1981 年,249、250 页及下一页;赖尼克/蒂特克,上引书,254 页。

〔76〕 参见《联邦最高法院民事判例集》,第 72 卷,15、19 页及下一页;第 82 卷,50、54 页及下一页; 泽里克,第 52 章,V 2b;马丁内克,第 11 章,V。

〔77〕 恰当的比如比洛,《信贷担保》,边码 1489。

付,他在经济上所处的境地,与在第二个买受人自己进行相应支付的情况下,没什么两样。[78] 但这一关键点在非真正保理情况下,也是具有决定性意义的,保理人有时会有一个偿还请求权的事实,在这里并不会改变什么,因为保留出卖人的清偿机会并没有被严重地限缩。[79]

(二)保理总括让与与担保性总括让与

这里相冲突的是保理银行与另一个信贷银行。在结果上,已经不能适用合同违反理论了,因为这里涉及的是两个金钱信贷给予人(涉及的不是金钱信贷人与货物信贷人)。所以,原则上要坚持优先性原则: 63

(1)无论是真正的保理还是非真正的保理,时间上在先的保理总括让与优先于后发生的担保性债权让与。[80]

(2)在担保性债权让与在先发生的情况下,与在延长型所有权保留情况下一样,为担保权人所授予的收取授权要作如下解释,即对债务人之债务人的债权让与给保理人,是否是被允许的(《联邦最高法院民事判例集》,第75卷,391页;在《联邦最高法院民事判例集》,第82卷,283页中的裁判中有所修正)。但意思并不是说,像在与时间在先的延长型所有权保留相冲突的情况下一样,这里也适用同样的原则。[81] 所以,另一个信贷人对保理让与的允许被认为,附加了迟延性条件,即已经实际进行了现金预付。虽然,值得怀疑的是,金钱信贷人(不是所有权保留出卖人的那个人)是

---

〔78〕 参见《联邦最高法院民事判例集》,第72卷,15、20页及其以下;泽里克,第52章,V 2b;比洛,《信贷担保》,边码1488;马丁内克,第11章,IV 1。

〔79〕 参见比洛,《信贷担保》,边码1489。

〔80〕 参见雷姆斯巴彻尔,边码482;格恩胡贝尔,第29章,IV 3;马丁内克,第11章,VII。

〔81〕 参见恰如其分的,拉伦茨/卡纳里斯,《债法》,第2卷,第2册,第65章,III 4;马丁内克,第11章,VII。

否有兴趣对全部债权都插手。但是,因为这点怀疑,是否就会得出不允许保理让与的结论(联邦最高法院已经对一个因支付保理费用而被削减16.5%的债权作出的裁判得出了这样的结论),根据如下事实,是令人怀疑的,即如果不这样的话,担保权人可以按照进货价格(Einstandpreis)随意出卖货物。[82]

(三)供货人为延长型所有权保留以及延长型所有权让与担保所双重担保

64 如果供货人与他的买家约定了延长型所有权保留、货物的担保性所有权让与,并约定了将所有由出让货物所产生的债权进行让与,那么会以为对其他债权人构成危害,而违反善良风俗。[83]

(四)出租人质权与空间性担保所有权让与

65 出租人质权与那种对现在或将来被送入特定空间的标的物进行的担保性所有权让与,也会产生冲突情况。这里会产生一个问题,在遵循优先性的情况下,出租人质权并不能将那些标的物也包括在内,即在设定空间性担保所有权让与之后而被放入该仓库的标的物。那么,出租人的质权会随着时间的推移而被架空。

在《联邦最高法院民事判例集》第117卷200页的案例中,联邦最高法院判决的案例是:承租人M将他在所有货物上的全部权利移转给银行B,以作担保,即"现在存放在营业厅内的货物以及将来被放入的货物"。很多所有权保留下的货物也被存放在该房间中。联邦最高法院判决到,在这些货物上的期待权也产生了一个顺位在先的出租人质权,而且,即使在这些货物是在担保合同签订后被存放入租赁空间的情况下,也是如此。

在担保性所有权让与是通过预期的占有改定(antezipiertes Besitzkonstitut)方式进行的情况下,这样处理是没问题的,因为承租人支付了最后一笔期款后,在逻辑上的瞬间,就已经成为了一个所有权人,因此,期待

〔82〕 参见拉伦茨/卡纳里斯,《债法》,第2卷,第2册,第65章,III 4a。

〔83〕 参见联邦最高法院裁判,载《新法学周刊》,1977年,2261页。

权上的出租人质权就延伸到了物的本身上。但如果进行担保性所有权让与的方式是另一种情况，即承租人 M 将其在储入物上的期待权让与给了银行 B 的情况下，解决方案就比较麻烦了。按照理论逻辑，在支付了最后一笔期款的情况下，银行 B 获得了一个没有出租人质权的完全性所有权（上述联邦最高法院的裁判意见也是如此），因为在这里，期待权直接晋升为了完全性权利，而 M 从来不能成为所有权人。但联邦最高法院得出的结论却是，出租人质权是优先顺位的，其理由为：被让与期待权的那个人，因期待权强化而获得了所有权，他不得比那个为担保提供人让与完全性所有权的那个人，处境更好。〔84〕

〔84〕 对此参见尼古拉（Nicolai）文，载《法律者报》，1996 年，219 页；菲舍尔（Fischer）文，载《法学教育》，1993 年，542 页及其以下；另参见第五十五章边码 41。

第五部分

权利上的权利

第六十章　权利上的权利的种类与含义

参考文献提示：比洛（Bülow），《信贷担保法》，1997 年，第 4 版，边码 538 及其以下；达尔克尔特（Dulckeit），《债权的物权化》，1951 年，53 页及其以下；福克尔（Forkel）文，载《新法学周刊》，1983 年，1764 页（关于许可）；黑尔维希（Hellwig），《债权的出质与扣押》，1883 年；希尔施（Hirsch），《权利行使的转让》，1910 年；福克尔，《被约束的权利转让》，第 1 卷，1977 年；赫克（Heck），第 120 节及其以下；哈丁/施奈德（Hadding/Schneider）（编者），《公司份额作为担保》，1979 年；路德维希（Ludwig）文，载《德国公证杂志》，1992 年，339 页（《不动产所有权让与请求权的出质》）；里德尔（Riedel），《债权以及其他权利的让与与设定质权》，1982 年；韦伯（H. J. Weber），《担保行为》，第 15 节；韦斯特曼/古尔斯基（Westermann/Gursky），第 71 节及其以下。其余的文献在文中。

一、基础知识

（一）所有权以及其他财产权上定限权利的共同点

自所有权人的法律地位产生的定限物权可 1

以被分为用益物权以及担保物权(Nutzungs-und Sicherungsrechten)的形式,在动产与不动产的情况下是容易设想的。比较困难的是,那种在不同于动产与不动产上所有权的其他财产权上(an anderen Vermögensrechten)的定限权利的情况下的权利分割的理解(Verständnis);进一步来讲,为什么如此呢,一方面是因为这些权利通常涉及的不是形体上可见的客体(例如债权人对债务人的债权),另一方面原因在于这些权利的结构是极其多样化的(人们可以将一个贷款债权与作品上的著作权或者在有限责任公司上成员(Gesellschafter)的份额进行比较)。当人们使用——有点生硬的 ——物的所有权上的定限物权,以及那些在债权上的"所有权"、著作所有权等上的定限物权的字眼的时候,可能会容易理解一些(这样的表达方式虽然对于我们民法术语来讲是很陌生的,但是在其他法律领域是绝对可以使用的;人们只要想一下,物的所有权以外的其他财产权也是被包括在基本法第 14 条所有权保护之下的!)。如果凭借该概念的统一化,人们已经发现了一个共同的基础,即其他财产权的"所有权人"可以从他的"所有权"中分离出用益权能与变价权能,显然也是可能的。

生息债权的债权人可以将他的用益权利(收息的权利 Zinsbezug)转让给用益权人(Nieβbraucher)——股东可以将变价权转让给一个债权人。

(二)现行法根据及其法律性质

2 在这样的考量方式下也可以理解的是,虽然被设定负担的权利自身位于"法律大厦"(Rechtsgebäude)的另一个地方(债权位于债法之中,股权位于股份法中,著作权位于著作权法中等),法律却将权利上的定限物权规定在"物"权法中了。由于典型的用益形式以及担保形式在物的所有权情况下,与在"权利的所有权"情况下是同一的:常用的用益形式是用益权,通常的担保形式是质权,所以法律将权利上的用益权(第 1068 条到第 1084 条)以及权利上的质权(第 1273 条到第 1296 条)规定在“物权法”的范围内。

有争议的问题是:这些定限物权具有何种法律性质:它们一直具有物权性质,还是只有在被负担的权利本身具有物权性质的时候,才具有物权性质呢? 3

债权上的质权与债权本身一样也是相对权吗——土地债务上的质权是物权吗?

从我们的观察方式来看,所提出的问题是虚假的:如果人们将一个定限权利的设定评价为权利的分离的话,那么明确的是,“权利的所有权人”(Rechtseigentümer)只能这样分割权利,如同该权利归他自己享有一样,即债权的债权人就只享有相对权的一“部分”。在与被负担的权利的关系上,与此相反,该定限权利具有物权性质;这表现在如下一点上,即当权利被转让给其他人的时候,它仍然存在;假如它具有相对性质的话,那么它就不能相对于取得人有效了。〔1〕

例子:K 从 V 处购买得一块土地,并将土地所有权让与之合意请求权(Auflassungsanspruch)出质给了 G。如果 V 违反合同将该土地出卖给了 D,而且 D 在土地所有权让与之合意之后被登记为所有权人,那么 G 相对于 D 与原权利(Stammrecht)(相对权!)的拥有者 K 自身一样是无力的。与此相反,如果 K 将他的土地所有权让与之合意请求权让与给 Z 的话,G 的质权仍然存在(物权!)。

(三)结构上归属的变体

部分权利分离的可能性使多种多样的变化成为可能;部分权(Teilrecht)可能是: 4

---

〔1〕 即使有个别不同的理由,但观点是一致的,参见赫克(Heck),第 120 节,3;蒂勒(Thiele),《法律行为学说中的允许》,1966 年,35 页;沃尔夫/赖泽尔(Wolff/Raiser),第 120 节 I,第 175 节 I;韦斯特曼/古尔斯基(Westermann/Gursky),第 71 节 I 2。

并列的(nebeneinander gereiht):债权人在他对债务人的债权上为N设定一个用益权,为他的债权人P设定一个质权。与此类似的是:E在他的不动产(即不动产所有权)上为N设定一个用益权、为P设定一个抵押权。

一个接一个的(hintereinander gestaffelt):G在他的债权上为P设定了一个质权,之后另一个债权人D扣押了该债权。*

重叠设置(aufeinander aufgebaut):E已经为他的债权人G对一个有10%利息的借贷债权设定了一个抵押权。基于合同,G必须要为N在抵押权上设定一个用益权。N的一个债权人D不愿意错过通过该用益权使N可能收取的利息,从而扣押了他行使的用益权[2](《德国民法典》第1059条第2句;《德国民事诉讼法》第857条第3款)。这意味着——先无须阐述所有法律上的细节——利息要被交给D。如果D获得了清偿,那么该收取利息的权利重新又归N享有了。还有,如果用益权消灭的话(例如随着N的死亡),那么该利息——如同原来一样——归G所有。

二、共同原则

5 从权利分裂或分离的观念[3]之中,产生了对权利上用益权以及质权的共同基本路线:

---

* 因扣押会产生扣押质权。

[2] 用益权本身不能被扣押,因为它是不可让与的(第1059条第1句、第1059b条)。另一种观点,参见《联邦最高法院民事判例集》,第62卷,133页;用益权移转给他人是允许的(第1059条第2句);所以,按照《德国民事诉讼法》第857条第3款,扣押也是允许的。扣押质权人当然不能对用益权变价,但可以请求用益。两种观点在实践中的区别主要在于,在用益权自身被扣押情况下,对用益权的废止,需要扣押质权人的同意(完全的主流观点与联邦最高法院一致;对这个争议问题参见巴伐利亚州最高法院判例,载《德国公证杂志》,1998年,302页,泽格尔(Soergel)/施蒂尔纳,第1059条,边码,8—9a,以及上文第三十二章边码18。

[3] 赫克,第120节。

(一)哪些权利是可附加负担的以及可以分裂的

该负担是部分让与,即或者是用益权利,或者是变价权的让与。由此产生的结果是,只有那些可以让与的(übertragbar)权利才可以附加负担:第1069条第2款、第1274条第2款。 6

可[设定]负担的,比如有债权、不动产担保物权、股权、有限责任公司上的份额、专利权(《专利法》第15条)、商标(《商标法》第27条)、共同继承人的份额(第2033条第1款第2句),现在还包括有——直到1990年原则上还是不可让与的——抚慰金请求权(第847条第1款)。

不可[设定]负担的,尤其是不可扣押的债权(因为它们也不能被让与,第400条),还有用益权也属于此类(第1059条第1句)。

需要注意的是,法律——违反了体系,但是可以理解的——区分了权利的可设定质权性(通过合同)与权利的可扣押性(通过一个强制执行行为):所以一个债权,其让与为债权人与债务人之间的协议所排除了(第399条;注意《德国商法典》新规定的第354a条!),是不可以被设定质权的,但却是可以被扣押的(《德国民事诉讼法》第851条第2款;原因:执行之债权人不应为这种关于对他的债务人财产采取措施的约定所损害!)。这同样也适用于在下述前提下进行用益权扣押的情况,即在具有物权效果的行使权之转让(Ausübungsüberlassung)(第1059条第2句)已经被排除的时候(《联邦最高法院民事判例集》,第95卷,99、102页;另参见第三十二章边码17及下一码)。同样的是,《德国民法典》上的合伙或者商事合伙(又称无限公司OHG)的份额原则上——也就是说,没有所有合伙人的另外不同的、合同上的形成(Gestaltung)或者处分(Disposition)[4]——是不可以设定质权的(《德国民法典》第719条、《德国商法典》第105条第2款),但却可被扣押(《德国 7

〔4〕 对于无法人资格企业份额的质权设定,详情参见达姆劳(Damrau),《慕尼黑德国民法典评注》,第1274条,边码70—72b,具有进一步证明;哈丁(Hadding),出处同上,37页及其以下;吕姆克(Rümker)文,载《有价证券法通讯》,1973年,626页(两合公司份额)。清算以及盈利请求权的出质要不同于份额上设定质权,这些请求权是可让与的(第717条第2句)。

民事诉讼法》第859条、《德国民法典》第725条)。[5]

(二)负担以何种形式产生

1.基本原则:权利转让的形式

8 作为内容上的部分让与,以用益权或质权设定的负担也以权利转让(第1069条第1款、第1274条第1款第1句)的形式发生,如果人们想到,法律已经为不动产物权的建立与转让规定了统一的形式(第873条),并且在动产的情况下根据同样的原则来处理(比较第929条及其以下——第1032条——第1205条)的话,这就是一个根本没有提出什么新意的断定。

9 就如通过抵押证书的交付以及附有书面设定质权表示的、对设定质权的合意(以及在土地簿册上的登记)之方式,而在一个证书性抵押权(Briefhypothek)上设定质权(第1274条第1款第1句连同第1154条)。无记名股票上的用益权可以通过合意与交付而被设定。在有限责任公司份额上设定质权,需要将出质合同做成法院的或者公证文书(《有限责任公司法》第15条第3款)。[6]

2.基于公示原因产生的困难

基于公示的原因产生两种困难:

[5] 对于无法人资格企业份额的扣押,参见斯密特(Smid)文,载《法学教育》,1988年,613页,具有进一步的证明;尧尔尼希/施蒂尔纳,第723条到第728条,边码9及其以下;鲍尔/施蒂尔纳,《强制执行法》,第1卷,第32节,边码6及其以下;罗森堡/高尔/席尔肯(Rosenberg/Gaul/Schilken),第58节,III 3 a-c;《联邦最高法院民事判例集》,第97卷,392页;另外,第62节,边码53。

[6] 对于有限责任公司份额的出质,参见达姆劳,《慕尼黑德国民法典评注》,第1274条,边码51—69;米尔(Mühl),载哈丁,出处同上,219页及其以下;罗德瓦尔德(Rodewald),《德国有限责任公司法》,1995年,418页;鲍尔/施蒂尔纳,《强制执行法》,第1卷,第32节,边码10,以及案例,载《联邦最高法院民事判例集》,第104卷,351页。

(1)实体交付的要求

如果对于权利的全部转让来讲,物的交付是必要的话,那么在被设定质权的情况下,该交付只能如同动产上设定质权一样的形式进行,即根据第1205条、第1206条。这特别意味着,占有之改定以及简单的请求权让与被排除在外(第1274条第1款第2句)。 10

所以,虽然证书性抵押权可以通过设置占有之改定(以及书面让与表示)而被转让(第1154条第1款第1句后半句,连同第1117条第1款第2句以及第930条),但不能以此方式被设定质权。

(2)设定质权之通知

在债权上设定质权的情况下,债权人与质权人之间简单的出质合同是不够的,债权人是必须要将出质之事通知于债务人(第1280条)。 11

该要求在实践中已经导致了,债权的出质为——多数情况下是"隐藏的"——担保性债权让与所取代(没有债权人愿意向他的债务人公开,他自己被迫将他的权利出质给他的债权人);参见上文第五十八章。

3.负担形式与负担的消灭

还要注意的是,只有权利上之权利的建立取决于权利的转让形式,但它的其他命运则不是如此。所以在这里,用益权以及质权是决定性的。 12

所以抵押权上的质权随着债权(为了担保该债权而设定质权)的消灭而消灭(第1273条第2款连同第1252条);如果抵押权上的质权已经被登记在土地簿册中的话,那么该土地簿册就是不正确的了。

债权上的用益权最迟随着用益权人的死亡而消灭(第1068条第2款连同第1061条)。

三、权利上之权利的意义

13 权利上之权利在实际生活中比在《德国民法典》中有点继母般的对待(以及在美国的课堂上!)所预计到的要有意义得多。其原因是很明显的:我们的物权法将不动产以及动产视为财产的典型构成部分;就此涉及的正是19世纪的一般生活现实。自此以后,财产构成已经有了重大改变:只有居民中极少的百分比是不动产所有权人,相反,“债权账户”(Forderungskonto)大大地增加了。

人们可以设想一下上百万的处于依赖地位的劳动者的工资与薪金债权——设想一下以少量的费用在“物”上获取很高的营业额的,即有很多“债权”的批发或者零售商——设想一下有价证券存量的扩展等。

14 其结果是,“权利”作为从用益权利与担保权分离出来的标的物已经获得了巨大的意义。比如,在财产用益领域、一般交易条件框架内的设定质权领域,就是如此。〔7〕 但主要地适用于以强制执行方式的干预措施(Zugriff):工资与薪金的扣押在数量以及经济重要性上已经超过了不动产以及动产上的强制执行。〔8〕 另外,《德国民事诉讼法》第857条使在所有权利上的强制干预措施都成为了可能,并且因此也允许在所有其他财产权利上的执行,该财产权不是不动产、动产,也不是金钱之债。因此债务人的全部财产对债权人的执行措施都是开放的。

15 值得注意的是,只要公法上的履行请求权是可转让的(可扣押的),它们也可以被设定质权以及被负担用益权。

〔7〕 尤其重要的,银行一般交易条件,1993年,第14号;对此参见第六十二章边码5及下一码。

〔8〕 参见鲍尔/施蒂尔纳,《强制执行法》,第1卷,第4节,边码2、3。

第六十一章　权利上的用益权

一、基础

(一) 适用范围

在实践中,权利上的用益权——如同在动产上一样(参见上文第五十二章边码2)——大多数出现在财产、特别财产、企业或者企业份额[1]上的供养用益权或者担保用益权(Versorgungs - oder Sicherungsnieβbrauch)的范围内。 1

---

〔1〕 对此参见戈丁(v. Godin),《企业上的使用物权以及企业参与》,1949 年;弗卢梅(Flume),《民法典总则》,1977 年,第1卷,第1册,第17节,VI(成员权上的用益权);鲍尔(Baur)文,载《法学者报》,1958 年,465 页(鲍尔,《论文集》,第2卷,235 页:先继承以及遗嘱执行情况下的企业之用益);卡.施密特(K. Schmidt),《商法》,1994 年,第4版,第6节 III 3;泰希曼(Teichman)文,载《企业法与公司法杂志》,1972 年,1页;格泽勒(Gösele),《非法人企业上的参与份上的用益权》(图宾根 1964 年博士论文);伯克尔曼(Bökelmann),《在企业用益权情况下的用益与盈利》,1971 年(对此格伦斯基(Grunsky)文,载《企业顾问》,1972 年,585 页);祖德霍夫(Sudhoff)文,载《新法学周刊》,1974 年,2205 页(企业份额上的用益权);菲希特尔曼(Fichtelmann),《企业以及参与份上的用益权》,载《德国税法》,1974 年,267、300 页以及 341 页;韦斯特曼(Westermann),《无法人资格企业》,1979 年,第4版,边码 334 及其以下;科里菲尔斯(Kreifels)文,载《亨格勒(Hengeler)

我们还记得,虽然可以使某人负担在财产总体上(比如遗产上)去设定用益权的义务,但是在每个财产标的物上都要分别进行设定。

例如:如果E指定他的儿子S作为单独继承人,但将遗产上的用益权遗赠给了他的夫人F,而且属于遗产范围的有股票、有限责任公司上的份额、不动产担保物权,那么必须让S在每个权利个体上单独设定为了F利益的用益权。

(二)被负担的权利之可用益性与可转让性

2 可被设定用益权的权利必须是可用益的以及可转让的。

1. 可用益性

3 被负担的权利必须是可用益的,因为用益权赋予了对权利进行用益的权利(第1068条第2款连同第1030条第1款)。但“可用益”的概念不得被理解得太窄。只要被用益的权利所针对的标的物可以被用益,就足够了。

纪念文集》,1972年,158页;法贝尔(Faber):《巴登—符腾堡州公证杂志》,1978年,151页(关于适用范围);本德尔(Bender),《无法人资格企业份额上的用益权以及再参与》,载《企业》,1979年,1445页;哈丁/施奈德(Hadding/Schneider)(编者),《企业份额作为信贷担保》,1979年;弗劳斯耐尔(Flössner),《在用益权情况下的收入归属》,1979年;佩佐尔特(Petzoldt),《德国有限责任公司法》,1980年,197页(赢利源头权(Gewinnstammrecht)上的用益权);布劳罗克(Blaurock),《企业份额上的再参与以及信托》,1981年,135页及其以下;佩佐尔特,《德国有限责任公司法》,1987年,381、433页(有限责任公司营业份额以及两合公司上的用益权);乌尔默(Ulmer)文,载《弗莱克(Fleck)纪念文集》,1988年,383页(商事合伙以及两合公司份额上的用益权以及分裂之禁止);保斯(Paus)文,载《企业顾问》,1990年,1675页(企业用益权的税法问题);舍恩(Schön),《份额上的用益权》文,载《泛商法与经济法杂志》,第158卷(1994年),229页及其以下;格斯驰温德勒特尔(Gschwendtner)文,载《新法学周刊》,1995年,1875页;另外,施密特,《企业法》,第3版,1997年,第61节II;泽格尔/施蒂尔纳(Soergel/Stürner),第1068条,边码7—9b,具有进一步证明。

所以，如果对房屋所有权转让的请求权属于E的遗产，现在在该请求权上应当可以为F设定用益权（参见下文边码13）。

2. 可转让性

用益权设定的另一个基本前提是承受负担之权利的可转让性，因为——如同我们已经知道的——权利上用益权的设立不过就是权利的部分转让（用益之分割：赫克语），第1069条第2款。 4

(1)人合企业上的份额

所以，比如说在人合企业（《德国民法典》上的合伙、商事合伙（或称无限公司）、股份两合公司）份额上设定用益权原则上是不可能的（第719条）；但在下述情况下有所不同的是，当合伙合同允许转让与设定负担的时候（例子，参见《联邦最高法院民事判例集》，第58卷，316页，以及联邦最高法院裁判，载《企业》，1975年，439页；《德国法月刊》，1975年，385页：在股份两合公司份额上的用益权；联邦财税法院裁判，载《新法学周刊》，1995年，1918、1919页：民事合伙份额上的用益权），或者所有合伙人同意的时候。但在人合企业份额上设定用益权的情况下，有争议的是，用益权之设定是否会导致成员权的分裂（在此还有争议的是分裂的方式：收益权（Ertragsrechte）——其他成员权或者日常的权利行使——实体上变化的权利行使（substanzverändernde Rechtswahrnehmung）），[2]或者合伙人是否可以信托式（treuhänderisch）地将合伙份额转让给“用益权人”。[3] 然后还要将合伙份额上的用益权与分红 5

---

[2] 目前在实践中偏爱的解决办法会带来如下结果，即用益权人在所得税上是共同企业主（详情参见联邦财税法院裁判，载《新法学周刊》，1995年，1918、1919页；另参见联邦最高法院裁判，载《新法学周刊》，1989年，3152、3155页）；批评以及具体问题参见，泽格尔/施蒂尔纳，第1068条，边码7 e以及f；佩措尔德（Petzold），《慕尼黑德国民法典评注》，第1068条，边码16及其以下。

[3] 所得税法上，完全有效；弊端：企业成员的信托给予人地位；泽格尔/施蒂尔纳，第1068条，边码7d。

请求权(Gewinnanspruch)或者赢利之源头权(Gewinnstammrecht)〔4〕上的用益权区分开来;由于第717条第2句[的规定],其无须——同样是有争议的——其他合伙人的共同作用。结构上的困难是由于一般公司法上的"分割禁止"(Abspaltungsverbots)与《德国民法典》上一个恰恰以分离为目的的法律制度*之冲突所引起的。

(2)有限责任公司之股东出资额

6 在有限责任公司股东出资额上设定用益权的情况下,所有管理权,包括表决权,强制性地保留在出资额拥有人(Anteilsinhaber)处(克布伦次州高等法院裁判,载《新法学周刊》,1992年,2163页,以及泽格尔/施蒂尔纳(Soergel/Stürner),第1068条,边码8;批评性的有佩措尔德(Petzold),《慕尼黑德国民法典评注》,第1068条边码34,他主张与人合企业份额上的用益权相同对待)。

(三)设定

7 "权利上用益权的设定按照适用于权利转让的规定来进行"(第1069条第1款:分裂之思想 Abspaltungsgedanke)。

据此,只有在被设定负担之权利转让的情况下公示思想也适用的地方,才会考虑权利之用益权从无权利人处的善意取得:比如在错误地被作为登记簿式土地债务(Buchgrundschuld)拥有人而被登记的人,在土地债务上设定一个用益权的时候。

(四)权利用益权人的用益权

8 权利用益权人可以对权利进行用益(第1068条第2款连同第

〔4〕 所得税法上,没有预想的企业主效果;参见联邦财税法院裁判,载《新法学周刊》,1976年,1656页;对此的批评,参见泽格尔/施蒂尔纳,第1068条,边码7b;尧尔尼希/施蒂尔纳,第718条到第720条,边码9。

* 指用益权制度。

1030 条第 1 款)。

1. 用益权的内容

人们每次必须确定,用该权利取得的是哪些用益;然后[确定],这些用益不属于被设定负担权利的拥有人,而是属于用益权人: 9

例如,在一个生息债权的情况下是利息权,在股份的情况下,是分红权(Divendendenbezugsrecht),在农用土地上用益租赁的情况下,只要权利用益权人占有了该不动土地的话,是物之孳息,并且进一步讲,要随着与土地分离才可以对物之孳息享有权利。

2. 权利人的处分

用益权不能为设定负担权利之拥有人的处分所损害:如果他让与了该权利,那么只要善意的无负担之取得没有出现,该权利上的用益权负担就保持不变:第 892 条以及第 936 条(就如在无记名票据的情况下)。如果他废除了该权利,或者在内容上改变了该权利,那么只有在权利用益权人对此同意的时候,该处分才相对于该权利用益权人有效(第 1071 条)。[5] 10

3. 债权之用益权与债务人之保护

为用益权所负担的请求权的债务人之法律地位,应当与权利的全部让与(Vollabtretung)一样,也不为用益权之设定所损害;第 1070 条实现了该思想;所以,如果一个生息债权的债务人,由于没有获悉用益权之设定一事,而仍向他的债权人支付利息的话,那么他就没有义务了(第 1070 条连同第 407 条)。 11

---

[5] 即相对无效!(有争议,参见赫克,第 120 节,边码 10)。

二、第一种特别情况:债权上的用益权

12 法律中包含了关于债权上用益权的特别规定(第 1074 条到第 1080 条)。在这里首先必须要决定,谁享有该收取权(Entziehungsrecht),是用益权人、债权人,还是二者一起享有呢?法律对此作了区分。

(一) 不生息之债权

13 在不生息债权的情况下,用益权人被授予了债权的收取权(第 1074 条连同基于第 1076 条的反推:法定收取之授权的情况)。随着债务人对用益权人的履行,债权人取得了被履行的标的物,而用益权人取得了其上的用益权(第 1075 条:法定代位的情况)。

当人们搞清楚了,用益权人从不生息债权中"没有得到什么"的时候,那么该规则就是可以理解的了。所以,该用益权人必须重视的是,该债权不久就会被收取,从而他可以使用被履行的标的物;因此他具有独立的收取权。

在我们的范例中,对 V 的土地所有权转移的请求权属于 E 的遗产。现在,该请求权上的用益权属于 F 所有。如果 F 收取——通过 V 那方面的土地所有权让与合意(Auflassung)以及在土地登记簿中的登记——该请求权的话,那么 S(即 E 的继承人)根据法律就成为了土地的所有权人。F 成为了用益权人;她在土地登记簿中的登记是更正性的。*

(二) 生息债权

14 在生息债权的情况下,用益权人已经享有了利息权。所以没有理由承认他有单独收取权;在这里,在原权(Stammrecht)方面的共同权利是正确的解决办法(具体参见第 1077 条到第 1079 条)。

---

* F 根据法律成为了土地之用益权人,而登记簿上对此没有体现,因此与事实不符,所以为更正登记。

(三)不动产担保物权上的用益权

15 要注意的是,土地担保物权上的用益权(所以也包括土地债务与定期金债务上的)被与债权用益权一样对待(比较,对于土地债务与定期金债务,第1080条;对于抵押权来讲,同样的[规则]已经基于附随性而产生了)。

例子:被继承人在X的土地上享有一个担保——基于情谊——不生息贷款的抵押权。他的继承人S按照遗嘱为他的母亲F在该抵押权上设定了一个用益权。F终止了该抵押权,并收取了该贷款。她成为了该钱的所有权人(在这里——因为可消费物的关系——例外地没有代位!第1075条第2款),但在用益权结束时,必须偿还给S(第1067条)。

三、第二种特别情况:有价证券上的用益权

(一)禁止背书转让之证券以及指示证券

16 对于没有被空白背书的"禁止背书转让之证券"以及指示证券,不适用特别规定。所以用益权可以通过对于用益权设定的合意以及被背书证券的交付,而被设定在记名股票(Namenaktie)上(《股份法》第68条)。

(二)无记名证券以及空白背书之指示证券

17 法律对于无记名证券以及空白背书之指示证券,即对于所有通过证券所有权转让而被转让的有价证券,作出了特别规定(第1081条到第1084条)。

1. 用益权的设定

18 用益权的设定通过合意与交付来进行;在这里特别之处只存在于,作为交付形式,共同占有(Mitbesitz)的赋予就足够了(第1081条第2款)。

2. 对于用益权利范围的具体问题

19 证券的占有归所有权人以及用益权人享有(第 1081 条第 1 款、第 1082 条),用益权单独享有分红权(Dividendenrecht)。

非常有争议的是,谁得在无记名股票情况下行使表决权的问题(对此的证明参见泽格尔/施蒂尔纳,第 1068 条,边码 9a;佩措尔德,《慕尼黑德国民法典评注》,第 1068 条,边码 34)。原权(Stammrecht)与用益权相互的依存性说明要有表决权的共同行使,但是基于实用的原因,按照通说,股东的表决权要被优先对待;用益权人可以通过代理权以及相应的债权性的表决权协议,而获得广泛的权利(有争议,另见联邦最高法院裁判,载《新法学周刊》,1987 年,780 页)。

20 例子:F 在属于 S 的、巴登—符腾堡州的无记名债券上享有一个用益权。S 与 F 一样,具有对证券上共同占有的请求权(第 1081 条第 1 款第 1 句、第 1082 条)。F 作为用益权人,并因此作为利息权的拥有人独自掌握利息凭证。如果借款债务人解除了该借款的话,那么 S 与 F 共同有权收取(第 1077 条连同第 1083 条)。如果收取的金额被进行了绝对安全的投资(比如绝对安全的债券(mündelsichere Schuldverschreibungen)),那么在其上必须为 F 再设定用益权(第 1083 条第 2 款连同第 1079 条)。

四、附录:财产[集合]上以及遗产上的用益权

(一) 特定性原则之适用

21 在第 1085 条及其以下,法律论及的是“在一个财产[集合]上”以及“在一个遗产上”的用益权(第 1089 条),[6] 在这里,实际上只有后面提到的形式出现过。如同我们知道的,这是一个相当不准确的表述;法律又马上进行了自身纠正,该财产[集合]的用益权以及遗产用益权,不过就是在遗产(财产[集合])的各个标的物上被设定的用益权的联合。该标志概括之所以也是相当笼统

[6] 但继承共同体份额上的用益权不是财产性用益权,第 2033 条第 1 款以及第 1069 条对此适用;对此参见第六十章边码 6 及下一码,详情参见泽格尔/施蒂尔纳,第 1089 条,边码 4,具有进一步证明。

的,是因为一个遗产标的物上的用益权,不会由于该标的物——比如通过出让——被排除在外而消灭。

（二）债权人保护

如果现在法律真的包括了财产(遗产)上的用益权,那么基于可理解的原因,财产拥有人的债权人之法律地位就为用益权的设定所损害了。该问题状况类似于《德国民法典》第419条(财产[集合]之承受 Vermögensübernahme)、[7]《德国商法典》第25条(营业承受 Geschäftsübernahme)以及《德国民法典》第1967条(继承之开始 Erbfall)。类似的还有为法律所选择的、在这里只需要说明一下的解决办法:“债务是财产的负担”。 22

1. 用益权与旧债权

在用益权设定前成立的债权可以不顾用益权的存在,而在该财产[集合]上被执行(第1086条),但用益权人必须在执行法上被判定对强制执行要予以容忍(《德国民事诉讼法》第737条、第738条)。 23

在用益权人与设定人之间的内部关系上,在履行这样的义务的情况下,存有一种相互协作的义务(具体参见第1087条)。

2. 对于利息以及其他连续给付

利息以及其他连续给付,在经验上,一般从财产的用益中被支付。因此用益权人个人以他自己的财产,对它们承担责任。在用益权人与设定人之间的内部关系上,用益权人负担利息义务(具体参见第1088条)。 24

有阅读价值的、将法律的理由很好表述出来的判决是:《帝国最高法院民事判例集》,第153卷,29页。

---

〔7〕 第419条,随着1999年1月1日生效的《支付不能法》而被废止。

第六十二章　权利上的质权

第一节　一般原则

参见文献提示：参见第六十章以及在文中另外的说明。

一、概念以及表现形式

(一)概念

1 人们将财产之构成划分成土地、动产以及"其他权利",权利上的质权涉及的是财产权(Vermögensrecht)的第三种类型群。这些权利的多样性是显而易见的(对此参见上文第六十章边码1及其以下)。它们可能是绝对权利(如土地担保物权、著作权)或者相对权(比如所有类型的债权)。

在权利上用益权的情况下,涉及的是用益权利的分离,而在权利上质权的情况下,则是变价权被从权利实体中分离出来。

2 变价之可能性会因这些权利自身的个别类型之不同而有所不同:就如,著作权可以通过包含在它其中的、财产权性的权能而被变价。与此相反,指向金钱之债权的变价,要通过对它的收取以及为了债权人的利益而对出卖收益进行利用来实现。由此产生的是——与在土地与动产的情况下不同——质物之出卖可能不是唯一的变价形式。

(二)质权类型

权利上之质权也可能是合同[意定]的、法定的以及扣押之质权。 3

1. 合同[意定]质权

债权上的合同[意定]质权在很大程度上为债权之担保让与所代替。有意义的是基于银行一般交易条件的债权质与有价证券质。[1] 4

该一般条件的第14条第1款写到:"客户与银行合意如下,银行在其国内营业处,于银行的业务往来中已经或者将要占有的物以及有价证券上取得质权。银行在如下请求权上也获得了质权,即客户对银行基于银行业务联系享有的或将来享有的请求权(例如账户存款Kontoguthaben)"。 5

因此其他权利,例如期待权或者无形财产权性的用益物权(Nutzungsrecht)就不适用于该新规则(比较以前旧版第21条第1款)。[2] 但储蓄银行一般交易条件的新版则是很广泛的(新版第21条第1款),但至少限于在银行业务往来中处于银行处分权之下的价值,以便于符合《一般交易条件法》第3条、第9条的要求(对此参见《联邦最高法院民事判例集》第93卷,71、75页;《新法学周刊》,1983年,2701页;另外沃尔夫/霍恩/林达彻尔(Wolf/Horn/Lindacher),《一般交易条件法》,第3版,第9条边码2)。该质权设定还明文地包括了客户对银行自身的请求权("在自己债务上的质权":《联邦最高法院民事判例集》,第93卷,71、75页;第95卷,149、154页;《新法学周刊》,1988年,3262页)。在银行客户"公开的"信托账户(Treuhandkonten)的情况下,按照银行的一般交易条件不存在质权(《银行一 6

〔1〕 银行的一般交易条件于1999年1月1日重新制定(印于《新法学周刊》,1992年,3278页;由豪尔仁(Hoeren)进行了评论,《新法学周刊》,1992年,3262页。

〔2〕 载《新法学周刊》,1993年,840页;为阿登(Aden)所评论,《新法学周刊》,1993年,832页。

般交易条件》第 14 条第 3 款;参见以前的判例:《联邦最高法院民事判例集》,第 61 卷,72、77 页;《新法学周刊》,1985 年,1954 页;1988 年,263、265 页;1991 年,101 页);不同的是在"隐藏的"信托账户的情况下,在这里,如果银行没有事前同意的话,对信托特性后来的披露也排除不了质权。但由于保证之债权尚未到期(第 765 条),相对于保证人来讲,质权没有产生,因为这样一来可能会超出保证的范围(《银行一般交易条件》第 14 条第 2 款;另参见《联邦最高法院民事判例集》,第 92 卷,295、300 页;《新法学周刊》,1991 年,100 页)。关于设定质权表示之范围的模糊性,由一般交易条件使用者负担,《一般交易条件法》第 5 条(对此联邦最高法院裁判,载《新法学周刊》,1973 年,514 页;《新法学周刊——司法判例报告:民法》,1990 年,109 页;科隆州高等法院裁判,载《新法学周刊——司法判例报告:民法》,1990 年,485 页)。《银行一般交易条件》第 14 条以及《储蓄银行的一般交易条件》第 21 条,到目前为止,尤其在合同意定的概括担保(Globalsicherheiten)没有经受住内容之控制,从而无效的情况下,获得了实际意义(对此参见联邦最高法院裁判,载《新法学周刊》,1995 年,1085、1086 页,以及第五章边码 22 连同第五十七章边码 18 及其以下对此的证明);通过新的联邦最高法院裁判,载《新法学周刊》,1998 年,671 页,这种可能性就丧失了意义。《德国商法典》第 357 条第 1 款(在交互计算扣押的情况下(Kontokorrentpfändung),[扣押送达时的]最终余额(Zustellungssaldos)的标准)优先于《银行一般交易条件》第 14 条(联邦最高法院裁判,载《新法学周刊》,1997 年,2322、2323 页)。

2. 法定质权

7 权利上的法定质权不是很重要(比较《德国民法典》第 233 条、第 1287 条,《德国商法典》第 756 条、第 758 条)。

3. 扣押质权

8 比较有意义的是扣押质权,即以强制执行的方式对该财产权利进行干预(Zugriff)。

二、基本原则

9 首先是一般的质权基本原则(参见上文第五十五章边码 3 及其以下),其次是基于权利上质权而发展出来的思想(参见上文第六十章边码 5 及其以下),适用于权利上的质权。

(一) 附随性与特定性

附随性与特定性的基本原则在这里也是有效的,因为第 1273 条第 2 款指向了动产质权。 10

1. 附随性

被担保的债权也可以是将来的或附加条件的(第 1273 条第 2 款连同第 1204 条),只要它是可确定的(bestimmbar);质权的顺位以质权设定的时间点为准,被担保的债权也可能稍后才出现(第 1273 条第 2 款连同第 1209 条,《联邦最高法院民事判例集》,第 93 卷,71、75 页及下一页)。伴随着被担保的债权——而且只伴随着它——质权也转到了新债权人手中(第 1273 条第 2 款连同第 1250 条)。随着债权的消灭,为了该债权的安全而设定的质权也消灭(第 1273 条第 2 款连同第 1252 条)。 11

2. 特定性

质权必须在特定财产权上产生;概括质权(Generalpfandrechte)在这里是被排除在外的。 12

将来之物之所以不能被设定质权,是因为其上的占有尚不能被转让,而在将来的权利可以被让与的时候,那么将来的权利就可以被设定为质权。[3] 所以,在将来权利上,为了担保将来之债权的质权法律制度是可能的:

例子:S——一个工程师办公室的拥有人——在承担高额违约金(Vertragsstrafe)的条件下,对工业企业 U 负有义务,即到一定时刻将特定的、由他完成的发明"制造出来"(ausführungsreif)。为了保障将来对违约金支付的请求权,他将其"将来的专利权"或者专利授予之请求权出质给了 U(比较《专利法》第 15 条第 1 款)。 13

---

〔3〕 对此参见拉伦茨(Larenz),第 1 卷,第 34 节,以及上文第五十五章边码 5 与第五十八章边码 18 及其以下;另参见尧尔尼希/施蒂尔纳(Jauernig/Stürner),第 398 条,边码 9 及下一码。

(二)公示

14 公示原则——即使只在有限的程度上——也适用在这里(参见第1274条第1款第2句以及第1280条;对此参见上文第六十章边码10及其下一页)。

(三)被负担之权利的可转让性以及设定的形式

15 由[权利]分裂思想可以得出,质权只能在可以转让的权利上被设定(第1274条第2款——与第1069条第2款相对应),另外,其设定取决于转让形式(第1274条第1款——与第1069条第1款相对应)。在权利上强制执行的情况下,转让为法庭的文书(扣押裁定以及移交裁定)所代替。[4]

第二节 权利上的意定质权

一、法定规则

16 在这里法律体系要求一个解释:在第1273条第2款之中,首先建立了下述基本原则,即适用于意定之物上质权的规定也适用于权利上的意定质权。但在第1274条及其以下包含的特别规定应当优先[适用]。

(一)质权的设定

17 具有第1274条第1款第2句以及第1280条之中的公示之加

〔4〕 具体参见鲍尔/施蒂尔纳(Baur/Stürner),《强制执行法》,第1卷,第30节到第32节;尧尔尼希(Jauernig),《强制执行法》,第19、20节;另参见下文边码38及其以下。

强的转让形式[5]——如同我们已经知道的——适用于质权的设定。

（二）质物的变价

在物作为质物（Sachpfand）的情况下，通过公开之拍卖的、私的出卖是一般的变价形式（第1235条第1款），第1277条将该执行形式规定为常规情况。所以，质权人需要有一个针对权利拥有人的容忍之［执行］名义（Duldungstitel）。 18

变价如何进行，取决于强制执行法的规定（参见下文边码38及其以下）。

但该常规形式又为在意定质权的一些最重要的情况中的例外所打破：如在包括土地担保物权在内的、所有形式的债权（第1282条：为质权人所收取！）变价或无记名证券变价（第1293条：物上质权规则的适用）的情况下，就不需要执行名义。 19

（三）债务人之保护以及有限制的可撤销性

特别规定还涉及对设定质权毫无所知的债务人的保护（第1275条，相对应的、在用益权情况下的第1070条），以及为权利拥有人所进行的对权利的限制（第1276条，准用第1071条）。 20

例子：G在他对S的债权上为Pf设定了一个质权。如果Pf要在变价条件成熟后（Pfandreife）（参见下文边码30及其以下）在S处收取债权（第1282条），那么S可以对Pf提出异议，比如说G是基于可撤销的行为而取得的该

---

〔5〕 值得一读的案例有：巴伐利亚州最高法院裁判，载《新法学周刊》，1959年，1780页（共同继承份额的出质），以及《新法学周刊》，1976年，1895页（不动产所有权让与合意请求权的出质）；联邦最高法院裁判，载《经济法杂志》，1984年，1118页及其以下；1986年，722页（储蓄簿上债权的设定质权：根据第1280条进行通知）；不必交付储蓄簿；另参见下文边码37）；联邦最高法院裁判，载《新法学周刊》，1996年，1675页（储蓄簿上债权的出质；另参见下文边码4及下一码）。

债权(第 1275 条、第 404 条、第 142 条第 1 款、第 123 条第 1 款,对此参见《联邦最高法院民事判例集》,第 93 卷,71、78 页及下一页)。

(四)一般与特别的质权规则的协调

21 特别规定与被准用的物上质权之规则的协调可以以一例明之:

S 从银行 G 处为了发明的继续开发而获得了一笔——在终止通知一个月后偿还才到期的——贷款。他愿意将已经被授予的专利出质给 G。由于专利是可以转让的(《专利法》第 15 条第 1 款第 2 句),所以它也可以被设定质权,而且是以转让[所需]的形式。因为对于专利的转让不适用特别规定,所以简单地设定质权合同就足够了(第 1274 条第 1 款第 1 句连同第 413 条,以及第 398 条;本姆哈德特/卡拉贝尔(Bemhardt/Kraβer),《专利法教科书》,1986 年,第 4 版,第 40 章 II,III 1)。变价条件成熟(Pfandreife),即变价质物的权利伴随着被担保债权的到期——在这里即是贷款终止后的一个月——才出现(第 1273 条第 2 款连同第 1228 条第 2 款第 1 句)。如果现在 G 想变价该专利,那么他必须获得一个对 S 的容忍[执行]名义(第 1227 条第 1 句),例如,判决、可执行的证书;一般性的、以贷款偿还为内容的[执行]名义是不够的。基于容忍[执行]名义而发出执行法院的扣押裁定(《德国民事诉讼法》第 857 条第 1 款与第 2 款,连同第 829 条)。[6] 通过法院的移交裁定来进行变价(《德国民事诉讼法》第 857 条第 1 款连同第 835 条),在裁定中,法院可能已经规定了变价的特定方式(《德国民事诉讼法》第 857 条连同第 844 条),例如,通过一个对此受委托的专利事件律师(Patentanwalt)进行的、被设定质权专利的出卖。[7]

22 假如 S 将贷款偿还给了 G 的话,那么专利上的质权会随之而消灭(第

〔6〕 这是否仍是必要的,有争议;比如,《帝国最高法院民事判例集》,第 103 卷,139 页;尧尔尼希,第 1277 条,边码 1。法律行为式的质权至少对顺位是决定性的!

〔7〕 对此参见格特利希(Göttlich)文,载《德国法月刊》,1957 年,11 页;胡布曼(Hubmann)文,载《莱曼(H. Lehmann)纪念文集》,1956 年,812 页;另外整体上参见鲍尔/施蒂尔纳:《强制执行法》,第 1 卷,第 32 节,边码 32 及其以下;另参见下文边码 54(关于扣押)。

1273 条第 2 款连同第 1252 条)。如果银行已经将对 S 的贷款债权让与 Z,那么该质权也会随之转让到 Z 的手中(第 1250 条)。假如专利为第三人 D 所侵害了,那么 G 也享有不作为之诉权(Unterlassungsklage)(《德国民法典》第 1273 条第 2 款连同第 1227 条,以及《专利法》第 139 条;本姆德哈特/卡拉贝尔(Bemhardt/Kraβer),如上注,第 35 节, VI a 1;第 36 节, II 1)。最后要注意的是,G 的专利权没有为 S 所进行的专利出让所损害;作为物权,它也使得权利继受人承担了负担。无负担的取得(准用第 936 条)在这里不在考虑的范围之内。

二、第一种特别情况:债权的出质

这里适用第 1279 条到第 1290 条的特别规定。它们首要地涉及的是质权的设定(参见边码 25 及其下一码)、在变价条件成熟前的债权之收取(参见边码 27 及其以下)以及变价条件成熟后的债权之收取(参见边码 30 及其以下)。

(一)概念与参与人

应当注意的是,在这里有三个人参与:质权人、债权人以及债务人。这里,术语的清晰性会因此而受到损害,即这些人在执行法的相应过程中,相应地被称做债权人、债务人以及债务人之债务人(比较《德国民事诉讼法》第 829 条): 23

《德国民法典》:质权人、被担保的债权→债权人、被出质的债权→债务人;

《德国民事诉讼法》:债权人、被执行的债权→债务人、被扣押的债权→债务人之债务人。

债权出质的规定也适用于土地担保物权的出质(第 1291 条针对土地债务以及定期金债务;对于抵押权,同样的规则是基于附随性得出的)。在交互计算账户(Kontokorrentkontos)上被账户的债权人(他同时也是贷款使用人)所设定质权的情况下,质权人与债务人可能恰好是同一个人,既是发放贷款的银行,又是作为账户债务人的银行(《联邦最高法院民事判例集》,第 93 卷,71、76 页;第 95 卷,149、154 页;《新法学周刊》,1988 年,3260、3262 页, 24

判例末尾:基于银行一般交易条件的“自己债务上的质权”;另参见上文边码6)。

(二)质权的设定

25 质权的设定按照适用于权利之转让的规定来进行(第1274条第1款),但对此债权人必须要对债务人进行出质之通知,[8] 第1280条(比较在第1205条第2款中相对应的过程,参见上文第五十五章边码16及其以下)。

例如:债权人Gl想将一个在S的土地上为他设定的登记式土地债务,出质给他的银行P。该质权之设定被登记在土地簿册之中(第1274条第1款第1句连同第1154条第3款、第873条)。债权人Gl违背了他的允诺,并没有将出质之事通知给S。尽管如此,P还是取得了质权;因为该通知按照第1280条,只有在下述债权出质的情况下才是必要的,即对于这些债权的转让,让与合同就足够了,在登记簿式土地债务的情况下恰恰不是这种情况。在证书式土地债务出质的情况下,除了书面的出质声明之外,尚须交付证书(第1291条、第1274条第1款第1句、第1154条第1款)。[9]

26 土地所有权让与合意请求权(Auflassungsanspruch)的出质(对此参见路德维希(Ludwig)文,载《德国公证杂志》,1992年,339页)遵循第1274条、第398条,并且不需要第313条的形式(巴伐利亚州最高法院裁判,载《新法学周刊》,1976年,1895页;对此参见埃特尔(Ertl)文,载《德国公证杂志》,1977年,81页),但却需要依据第1280条的通知。如果为了土地所有权让与合意请求权而设定一个预告登记,那么设定质权之附注(Verpfändungsvermerk)可以——不是必须——被登记(巴伐利亚州最高法院裁判,载《新法学周刊》,

---

[8] 对于通过合乎逻辑的行为或者通过全权委托进行的设定质权通知,有启发性的案例:科隆州高等法院裁判,载《新法学周刊——司法判例报告,民法》,1990年,485、486页。

[9] 对此参见联邦最高法院裁判,载《新法学周刊》,1973年,514页(在银行一般交易条件中证书式土地上债务被出质的特别情况);另参见第三十八章边码120及其以下,以及第四十四章边码31。

1968 年,705 页),该附注在一定意义上,保护了质权人在以后请求权被履行的情况下,不被忽略。(有争议,参见巴伐利亚州最高法院裁判,载《新法学周刊——司法判例报告:民法》,1987 年,793 页及其以下,以及下文边码 29。)首先要考虑的是土地所有权让与合意请求权的出质,是在中期融资有必要,但不动产买受人还没有在土地登记簿中登记的时候,比如说由于缺少最终的测量。与土地所有权让与合意请求权出质不同的是土地所有权让与合意期待权(Auflassungsanwartschaft)的出质,但在实践中导致同样的结果(对此参见第十九章边码 18,例子 2)。但土地所有权让与合意期待权的出质必须与转让一样按照第 873 条、第 925 条来进行(另参见巴伐利亚州最高法院裁判,载《德国公证杂志》,1986 年,345、346、350 页)。

(三) 在变价条件成熟前对债权的收取

27 在变价条件成熟之前,质权人的境遇与在生息债权情况下的权利用益权人是相似的(参见上文第六十一章边码 12 及其以下):质权人与债权人只是具有共同的收取权(第 1281 条、第 1283 条到第 1286 条)。在为债务人所给付的标的物上,债权人取得了所有权,质权人取得了一个质权。[10] 如果被设定质权的请求权被履行,即进行了土地之所有权让与,那么根据法律,一个以他的债权为额度的担保性抵押权就归质权人享有了(第 1287 条:代位的情况,准用用益权情况下的第 1075 条第 1 款)。

28 例子(根据《巴伐利亚州最高法院判例集》,1968 年,705 页):Gl 基于买卖合同得向 S 要求土地的所有权让与;他已经支付了价金。他为了一年到期的贷款债权,而将该请求权出质给了他的银行 P。P 现在已经可以要求该土地之所有权让与给他以及 Gl 了。但只有 Gl 被登记为所有权人(如果 Gl 与 P 都被登记的话,那么该土地登记簿必须为 Gl 的单独登记所立刻更正!)。P 根据法律取得了一个担保性抵押权,Gl 必须通过更正的途径来准许该抵押

---

〔10〕 对此参见联邦最高法院裁判,载《新法学周刊》,1997 年,2111 页(无记名债券的收取)。

权的登记。在土地上已经登记的土地担保物权在顺位上优先,即使它们是在土地所有权让与合意请求权出质之后才被设定的,[也是如此]。

29 如果在该例子中,在设定质权后,违反第 1281 条、第 1282 条而单独对 Gl 作出土地所有权让与合意的话,或者基于一个在设定质权之前进行的土地所有权让与合意,Gl 作为所有权人的登记应当被实施的话,那么就产生了对 P 保护的问题。虽然担保性抵押权不依赖于 P 的共同作用,而是依据法律产生的(部分有争议!),但直到抵押权登记或者异议(第 894 条、第 899 条)登记,一直存在着第三人善意取得的危险(第 892 条)。虽然针对土地所有权让与合意请求权进行了土地之所有权让与的预告登记,并在预告登记时作出了扣押附注,但根据通说,该扣押附注并不能阻碍第三人的善意取得(有争议!)。人们尝试通过如下方式避免该结果,即人们要求质权人 P 在对 Gl 的所有权移转(Eigentumübergang)登记时的共同作用,或者对 P 的担保性抵押权的同时登记。扣押之附注在此使土地登记处知晓了该出质,并且导致了依据程序的保护(最后巴伐利亚州最高法院裁判,载《新法学周刊》,1987 年,793 页及其以下,具有进一步的证明)。[11]

(四)在变价条件成熟后的债权收取

30 随着变价条件成熟,即被担保债权的期满,质权人的法律地位得以加强:现在他被授权收取债权,债务人只能向他履行(第 1282 条第 1 款第 1 句)。随着该收取又产生了物上代位(第 1287 条):债权人取得了在被履行的标的物上的所有权,质权人在其上取得了质权(甚或一个担保性抵押权)。他可以通过出卖的方式来变价该质物。如果从债务人处收取了金钱,那么质权人的债权被看

〔11〕 对于在这里点出的无数的、对法律人的敏锐感挑战的争议问题,重要的文献与判例,参见《巴伐利亚州最高法院判例集》,1967 年,295 页及其以下;1958 年,332 页及其以下;《德国公证杂志》,1983 年,758 页;帕骚州法院裁判,载《德国司法》,1992 年,426 页;达姆劳(Damrau),《慕尼黑德国民法典评论》,第 1274 条,边码 29—36(叙述很广泛);施特贝尔(Stöber)文,载《德国公证杂志》,1985 年,426 页;雷姆斯曼(Reithmann)文,载《德国公证杂志》,1986 年,352 页及其以下;布洛迈尔(J. Blomeyer)文,载《德国司法》,1970 年,228 页。

做债权人所清偿了(第1288条第2款,准用第1247条)。在这里只有涉及剩余时才适用代位,但这在实践中很少见,因为质权人的收取授权,只能伸展到它对质权人的受偿是必要的范围内(第1282条第1款第2句)。

例子:(1)Gl以提前付款的方式从S处购买了一台很值钱的还没有制造出来的特种机器,并将所有权让与的请求权出质给了他的贷款给予人P。在他的债权到期后,P向S要求供货(一种法定收取授权的情况,第1282条)。[12] 随着对P进行的机器所有权让与,Gl成为了所有权人,P获得了其上的质权。他可以按照关于质物出卖的规则,即首先要通过公开拍卖对此进行变价。但因为这里涉及的是特种机器,将会考虑通过约定(第1245条),或者根据法庭的命令(第1246条)进行直接出卖(ein freihändiger Verkauf)。 31

(2)P对Gl有一个1万马克的债权,为了担保,Gl将一个对S的1.5万马克的贷款债权出质给了P,其利息为6%(该质权延伸于该利息,第1289条;但P与Gl可以约定,该利息权自身归P享有——用益担保物权(Antichrese)——但不能对此进行推定,第1273条第2款第2句)。在他的债权到期(质权期满)后,P向S主张Gl的债权,但他对此只在1万马克的额度内被授权(第1282条第1款第2句);他也可以要求Gl,代替付款而将债权以这个额度让与他(第1282条第1款第3句),但这只有在S绝对有偿付能力的时候,他才这样做;因为随着让与,他对Gl的债权就消灭了(第364条第1款)。如果P使用了他的收取授权,而且S向他进行了履行的话,那么,他对Gl的债权被视为被Gl所清偿了(第1288条第2款)。在剩余的5000马克债权上的质权消灭(第1273条连同第1252条)。 32

作为优先性基本原则的结果(第1273条第2款、第1209条),第1290条提到了第一顺位债权人的单独收取权(例子:科隆州高等法院裁判,载《新法学周刊——司法判例报告:民法》,1990年,485页)。

---

〔12〕 取而代之,P也可以根据《强制执行法》的规定选择对策(第1277条!)。债权人仍是债权的拥有人,虽然不可以要求向自己履行,但却可以要求向P履行(联邦最高法院裁判,载《新法学周刊——司法判例报告,民法》,1991年,537页)。

三、第二种特别情况:有价证券的出质

33 有价证券质权——即以股票出质的形式——的确最有意义,并且是最常见的权利上意定质权的形式(设质贷款 Lombardkredit)。

(一)无记名证券

34 无记名证券上的质权,按照第 1293 条,与动产上质权一样被对待。这既适用于质权的设定:

以按照第 1205 条以及第 1206 条交付的形式(联邦最高法院判例,载《新法学周刊》,1997 年,2111 页),对于善意取得按照第 1207 条、第 1208 条。

也适用于质权的内容,特别是质权的变价:

通过公开拍卖的、私的出卖的方式(第 1235 条第 1 款),或者——比较经常——通过居间人的直接出卖的方式(第 1235 条第 2 款连同第 1221 条)。除此之外,根据《强制执行法》的变价(第 1233 条第 2 款),或者——如果可能的话——通过在证券上体现的债权的收取,也是允许的(第 1294 条)。

35 例如:Gl 是 S 工厂股份有限公司[发行的]5 张无记名股票的所有权人,每张面额 1000 马克,他也是 4 张 S 州[发行的]无记名债券的所有权人,每张 1000 马克。他将这些证券放在了 P 银行的保管箱里。如果 P 给予他 1 万马克的贷款,那么按照银行的一般交易条件,他已经享有了一个质权(参见上文边码 4 及其以下有证明)。但大多数情况下,银行要求一个明示的设定质权。[13] 因为银行处于直接占有证券的状态,所以设定质权按照第 1205 条第

---

〔13〕 参见许茨(Schütz),453 页,格式 359;整体上,参见克拉夫特/霍恩(Kraft/Hönn),《股票以及可转换债券作为信贷担保》,载哈丁/施奈德(Hadding/Schneider),《企业份额作为信贷担保》,1979 年;同样载此书,海因修斯(Heinsius),187 页(关于外国股票);克罗伊茨(Kreutz),241 页(投资证书);皮克(Pick),257 页(关于不动产基金上的份额)。

1 款第 2 句进行,即通过非要式的设定质权合同。[14] 如果 Gl 在到期时没有偿还该贷款(质权期满)的话,那么 P 可以变价该证券。因为它们具有股市价格(Börsenpreis),P 将委托股市居间人,对债务抵偿所必需的证券进行出卖,比如,当这 5 张股票以 2200 马克的行情在股市上被交易的时候,出卖这些股票。从 1.1 万马克的收益中,1 万马克应给予 P(第 1247 条第 1 句)。剩余的 1000 马克金额要支付给 Gl(第 1247 条第 2 句)。在其余有价证券上的质权消灭。

假如无记名债券在偿还时恰巧已经到期了,那么 P 就已经可以收取对 S 州的债权了(第 1294 条)。

P 的质权只有在分红与利息单据被交给 P 的时候,才延伸于股票与无记名证券的分红与利息单据之上(第 1296 条)。

其他例子:法兰克福州高等法院裁判,载《经济法杂志》,1993 年,1855 页;联邦最高法院裁判,载《新法学周刊》,1996 年,1675 页(记账式债权(Schuldbuchforderungen)的出质)。

(二)指示证券

指示证券的出质是很少见的。其遵照第 1292 条,通过对质权设定之合意、背书(参见《有价证券法》第 19 条),[15] 以及证券的交付(第 1205 条、第 1206 条)[来进行]。而没有适用变价的特别规定(即按照强制执行法变价,第 1277 条,在证券情况下以股市或市场价格直接出卖,第 1295 条,或者收取在证券上被体现的债权,第 1282 条、第 1294 条)。 36

---

〔14〕 如果将有价证券放在有价证券汇集银行(Wertpapiersammelbank)处,那么债权人在整个价值存量上的共同份额上,就被设定了质权(对此参见策尔纳(Zöllner)文中的证明,《有价证券法》,第 1 节,III;许克/卡纳里斯(Hueck/Canaris):《有价证券法》,第 12 版,1986 年,第 1 节, III 1,以及上文第五十章边码 10、第五十三章边码 12 下的 b。

〔15〕 代替明示的质物背书,隐藏的也是可能的,它在外表上与完全背书是区分不开的:质权人对该票据再进行背书,那么善意的被背书人就取得了票据上的所有权利,而不仅仅是质权人的地位(对此参见策尔纳:《有价证券法》,第 14 节,VII;布罗克斯(Brox),《商法与有价证券法》,1996 年,第 12 版,边码 578、579。

(三)禁止背书转让之证券与资格权利证书

37 最后,禁止背书转让之证券与权利证书(Legitimationspapiere)按照转让之形式被设定质权,但在这里要注意第1280条(对债务人通知)以及第1274条第1款第2句[的规定]。

S,上文边码25的例子:登记式土地债务的设定质权,以及第六十章边码10:证书式抵押权的出质;另外:Gl——由于暂时的拮据——将他的储蓄簿"作为质物"交付给了P。储蓄簿的交付不是必要的,因为储蓄簿只是权利证书(第808条)。但必要的是按照第1280条对储蓄银行S的通知(联邦最高法院裁判,载《经济法杂志》,1984年,1118页及其以下;1986年,722页;上述边码17与2)。在对S的债权上的质权没有产生。当然,P可以依据有效的担保约定对抗Gl,但比如在第三人D扣押了Gl对S的债权的时候,这对他就没有帮助了!该不成功的质权设定也不能被重新解释为债权的担保让与(有疑问)。

第三节 权利上的扣押质权[16]

一、基础

(一)含义

38 法律规定了可以扣押权利后,对于不是土地与动产的财产的所有构成部分,债权人都可以进行执行干涉(Zugriff)了。如同我们在上文第六十章边码13已经提到的,权利之扣押——特别是工资或报酬的扣押——远远地胜过了物之扣押。权利上的扣押质权,是实际上最重要的权利上之权利!

39 例如:要索取5000马克的债权人G,在寻找他的债务人S可扣押的财产

[16] 具有证明的详细介绍,参见鲍尔/施蒂尔纳,《强制执行法》,第1卷,第27节、第30节到第32节;布罗克斯/瓦尔克(Walker),《强制执行法》,第19节到第26节;尧尔尼希,《强制执行法》,第19、20节;罗森贝格/高尔/席尔肯(Rosenberg/Gaul/Schilken),第54节到第58节。

标的物。在S的住宅中,除了不可扣押的家用器具以外(《德国民事诉讼法》第811条),法院执达员只发现了一台在所有权保留条件下购买的电视机,对此只支付了第一笔款项(因此,G不考虑扣押期待权!)。但S在DS1的企业中是正式的、挣工资的工头(G即债权人,S即债务人,DS即债务人之债务人)。另外,S在储蓄银行DS2处有2000马克的储蓄存款。于是,G让人扣押了工资债权的可扣押部分以及对储蓄银行的债权。

(二)法定规则

权利上的强制执行被规定在《德国民事诉讼法》第803条至第807条以及第828条到第863条之中;而且,法律首先处理的是实践中最经常出现的情况,即金钱之债与返还请求权的扣押与变价(《德国民事诉讼法》第829条到第856条),其次这些规定准用于《德国民事诉讼法》第857条中其他权利的扣押。 40

对此无需迷惑;因为《德国民法典》在让与的情况下作了同样的处理:在第398条到第411条之中规定了债权的让与。在第413条之中,该规定被准用于所有其他权利的转让,只要不存在特别规定即可。

与动产扣押的情况一样,在这里也以民法质权规定的辅助性适用为前提。其问题相应于上文第五十五章边码54研究过的。

在下文不可能研究权利扣押的所有细节;这是强制执行法的事情。展示一下基本原则,应当就足够了。

二、扣押

(一) 扣押裁定及其送达

债权以及其他权利,与土地以及动产相反,在物质上是无形的。 41

因此,作为权利扣押的扣押(die Pfändung als Beschlagnahme),* 通过法院的扣押裁定来进行;该裁定包含了一个针对债务人处分之禁止(Verfügungsverbot)以及针对债务人之债务人支付之禁止(Zahlungsverbot)。要使扣押裁定有效,就必须将之送达给债务人之债务人。只有这样,扣押才发生效力(《德国民事诉讼法》第829条第3款)。

这个权利上合同意定质权的类似物,在仔细观察时就变得清楚了:法院的裁定一定程度上代替了质权人与权利拥有人对设定质权的合意;与按照第1280条的通知一样,裁定要被送给债务人之债务人。

所以,扣押证明了自己是一种强制的部分让与(不可让与的权利因此是不可以扣押的,《德国民事诉讼法》第851条)。由此也得出了对土地担保物权设质的特别之处(《德国民事诉讼法》第830条、第857条第6款)。

(二)扣押与扣押质权

42 扣押引起对债权扣押的效果,并且使债权人获得了其上的质权,[但]前提是,他自己对债务人的债权是存在的,甚或被有法律效力地确定了("被给予执行名义"),而且被扣押的债权归债务人享有。[17]

由债权的扣押(Verstrickung)产生的是第135条、第136条意义上的、相对的出卖之禁止;债务人对权利的处分相对于债权人是无效的。只要没有为了他的利益而适用第404条与第1275条,就同样适用于债务人之债务人对债务人的支付。

43 例子:Gl于1月5日扣押了S对DS的工资债权。扣押裁定也于1月5日被送达给了DS,但对此不是他自己,而是他的伴侣E受领了该送达("送达之代替"(Ersatzzustellung):《德国民事诉讼法》第181条以及《联邦最高法院民事判例集》,第111卷,1页及其以下),但是E由于一时的口角而向他隐

---

* 扣押有两种法律效果,参见边码42。

〔17〕 对于具体细节只要参见鲍尔/施蒂尔纳,《强制执行法》,第1卷,第30节边码15及其以下,第27节边码11及其以下。

瞒了这件事情。如果S于1月6日将他的债权让与他的债权人B的话,那么,即使因为S的爱人对她的丈夫与B也隐瞒了扣押裁定送达之事,S与B对扣押之事并不知道,该让与也是无效的;因为不存在债权的善意取得(《德国民事诉讼法》第829条第1款第2句;《德国民法典》第136条、第135条)。相反,如果DS于1月6日支付给了他的同事S的话,那么,如果人们不将他的非婚伴侣的知道归责于他的话,他可以依据对S的善意履行行为(第1275条、第407条)来对抗Gl的支付要求(《德国民事诉讼法》第835条、第836条)。如果DS于1月6日划的账,于1月7日获悉了扣押之事,他并不必须召回对S的汇款(例子:《联邦最高法院民事判例集》,第86卷,337页及其以下;第105卷,358页及其以下)。

在实践中较重要的*转账账户*(Girokonto)的情况下,经过约定的交互计算导致的是,被放置到该账户的单个债权的不可扣押性;但是将来阶段性的贷方余额(Aktivsaldo)、最终余额(Zustellungssaldo)以及当日存款的支付请求权是可以扣押的(对于其界限,参见《联邦最高法院民事判例集》,第93卷,315、323页;第84卷,371页及其以下;第80卷,172页及其以下;鲍尔/施蒂尔纳(Baur/Stürner),《特别强制执行法》,第1卷,第30节,边码7及其下一码;《案例评析》,案例7;埃伦茨/迪芬巴赫(Ehlenz/Diefenbach),《银行账户的扣押》,1990年,第3版)。 44

三、变价

(一) 金钱之债

与权利上的合同意定质权(第1282条)不同,只有扣押裁定,债权人还不能单独要求履行给他的权利。对此还需要一个法院的移交之裁定(Überweisungsbeschluss)(在实践中常常与扣押裁定一同被作出),《德国民事诉讼法》第835条。按照债权人的选择,可以发出收取之移交或代替支付为内容的移交裁定(《德国民事诉讼法》第835条第1款)。 45

1. 收取之移交

在收取之移交的情况下,债权人被授权而且负有义务(《德国民事诉讼法》第842条),就债务人对其债务人的债权以自己的名 46

义进行主张。所以这里涉及的是建立在法官行为（Richterakt）之上的收取授权的情况。债权自身并不移转到债权人的手中，而是仍保留为债务人财产的组成部分（《联邦最高法院民事判例集》第24卷，329、332页）。在债权人——债务人的关系中，收取之移交之目的在于履行（erfüllungshalber），所以，债权人对债务人的债权继续存在，一直到债权人从债务人之债务人处得到清偿。

2. 代替支付之移交

47 在代替支付之移交的情况下有所不同（《德国民事诉讼法》第835条第2款）。在这里，债务人对其债务人的债权移转到债权人的手中（通过法官行为的债权移转的情况）。在债权人——债务人的关系中，只有在被移交的债权的确存在的时候，他才被清偿。所以，从债务人之债务人（Drittschuldner）处索回可能性的风险由债权人负担（《德国民事诉讼法》第835条第2款）。该风险已经使代替支付之移交成为了极少发生的例外！

（二）非金钱给付之债

48 刚才叙述的规则适用于金钱之债的扣押与变价。如果请求权指向的不是金钱，而是指向其他物的给付或者返还，那么必须——如同在第1287条〔18〕一样——适用代位思想：随着对“管理人”（法院执达人——管理人 Sequester）的给付，债权人取得了被给付物上的所有权，债权人取得了其上的质权（在土地情况下：担保性抵押权）（《德国民事诉讼法》第847条到第849条）。其他变价按照关于被扣押物变价的规定进行（为法院执达员进行的公开拍卖），《德国民事诉讼法》第847条第2款、第848条第3款。

特别是在债务人作为一个与债务人之债务人签订双方合同的一方，已经先为给付，或者当他得无偿地要求债务人之债务人的给付的时候，这种执行

---

〔18〕 参见上文边码27及其以下、边码30及下一码。

干预形式就显得很实用了。

例如：在 E 的遗嘱中，DS 被指定为继承人。S 则被遗赠了一块住宅土地。S 的一个债权人 G 扣押了该土地所有权让与之合意请求权。土地所有权让与之合意与交付必须向法院指定的管理人进行。S 作为所有权人被登记入土地登记簿；G 根据法律获得了其债权额那么多的担保性抵押权。现在他可以对该土地实施强制拍卖或者强制管理。 49

土地所有权让与之合意请求权的合同意定出质的法律上类似情况，在别的地方有所涉及（参见上文边码 26、28 及其下一码）。与土地所有权让与之合意请求权的出质以及扣押相区别，是土地所有权让与之合意期待权的扣押或出质（对此参见第十九章边码 18；上文边码 29；鲍尔/施蒂尔纳（Baur/Stürner）：《特别强制执行法》，第 1 卷，第 31 节，边码 15，另有证明）。 50

（三）权利上的强制执行

不是作为债权（请求权）而出现的权利上的强制执行，要对刚才叙述的规则进行必要的变通：通常缺少一个债务人之债务人，那么对于扣押，将处分禁止送达给债务人是必要的，也是充分的（《德国民事诉讼法》第 857 条第 5 款）。 51

对买方基于附条件的所有权移转产生的期待权的扣押，已经获得了特别的意义（参见第三章边码 44，第 59 条边码 41 及其以下；鲍尔/施蒂尔纳，《特别强制执行法》，第 1 卷，第 32 章，边码 14；《案例评析》，案例 9）。

（四）适用的实际例子

接下来是几个，至少应当能介绍一定关于权利上扣押质权实际作用的观念的例子： 52

（1）债务人 S 在次债务人 DS 的不动产上享有 2 万马克的证书式抵押权。当 S 自身处于拮据的时候，他的债权人扣押了该抵押权，而且该抵押权被进行了收取之移交。对此，扣押与移交裁定是必需的（《德国民事诉讼法》第 829 条、第 835 条）。另外，必须向债权人进行证书的交付（《德国民事诉讼法》第 829 条;比较《德国民法典》第 1154 条!)。如果证书不能被自愿交出的话,那么法院执达员必须从债务人 S 处将之取走,并交付给债权人(所谓的帮助性执行(Hilfsvollstreckung))。现在,G 作为“收取授权人”可以——如果抵押权到期的话——在土地上进行强制执行,即在获得一个容忍[执行]名义之后,在对抵押权共同承担责任的标的物(从物等)强制拍卖、强制管理或者特别强制执行(Einzelzwangvollstreckung)。[19]

53 (2)S 是商事合伙(Fa. Su. Co)的承担个人责任的合伙人。S 的债权人 G 扣押了 S 在合伙财产上的份额(《德国商法典》第 105 条第 2 款连同《德国民事诉讼法》第 859 条第 1 款),在这里,两合公司被看做“债务人之债务人”,所以必须将扣押裁定送达给它的有代理权限的经理(《联邦最高法院民事判例集》第 97 卷,第 392 卷,397 页)。在移交裁定颁布之后,G 可以对收益部分行使请求权(但不是行使其他合伙人权利——《联邦最高法院民事判例集》,第 116 卷,229 页!)。在《德国商法典》第 135 条的前提下,他有权终止合伙以及请求清算结存款项(Auseinandersetzungsguthaben)。[20]

54 (3)S 唯一可以被扣押的财产组成部分是一项专利,对其可利用性还不可能判断出来。S 的债权人 G 让人扣押了该专利(扣押裁定——只向 S 送达,《德国民事诉讼法》第 857 条第 2 款)。法院可以根据申请将专利移交给 G“去收取”,即去变价。但它也可以命令,例如通过专利律师进行专利出卖(《德国民事诉讼法》第 857 条第 5 款、第 844 条)。最后,人们认为这也是允许的,即法院判给债权人——或许时间上附期限的——许可。[21]

---

〔19〕 具体问题参见上文第三十八章边码 125 及其以下。

〔20〕 对此参见维德曼(Wiedemann):《商事企业情况下的成员权的转让与继承》,1965 年,第 18 节;哈丁,《商事合伙或两合公司中的成员权上的质权以及用益权作为信贷担保》,载哈丁/施奈德(编者),《企业份额作为信贷担保》,1979 年,37 页及其以下;米尔(Mühl),也载上文,129 页(有限责任公司的经营份额);联邦最高法院裁判,载《新法学周刊》,1982 年,2773 页;1993 年,1002 页;《联邦最高法院民事判例集》,第 97 卷,392 页;第 116 卷,222 页(民事合伙上份额的扣押);另外,福修斯(Vossius):《企业顾问》,第 13 期的增刊 5;另参见第六十章边码 6,具有进一步证明。

〔21〕 具体问题参见胡布曼文,载《H. 莱曼纪念文集》,1956 年,812 页;格特利希文,载《德国法月刊》,1957 年,11 页;鲍尔/施蒂尔纳(Stürner),《强制执行法》,第 1 卷,第 32 节,边码 32 及其以下;另参见上文边码 21、22(案例)。

(4)所有权人土地债务的扣押在其他有关联的地方被研究过了(参见第四十六章边码7到13、边码25及其下一码、边码29及其以下)。 55

(5)对共同继承份额,最好用一个例子来说明(根据《联邦最高法院民事判例集》,第52卷,99页):[22] 56

R于1961年将他在共同继承关系中的份额为他的债权人——银行B——设定了质权(这是可能的,因为共同继承之份额是可转让的,第1274条第2款连同第2033条第1款第1句——设定质权之合同的公证形式是必要的,第1274条第1款第1句连同第2033条第1款第2句)。1962年,R的共同继承之份额又被X城市所扣押(这是可能的:《德国民事诉讼法》第859条第2款——通过执行法院的扣押裁定的扣押:《德国民事诉讼法》第857条第1款连同第829条)。在属于遗产的土地被拍卖,并且在其他共同继承人在该土地拍卖收益上享有的份额被支付之后,剩余的是R的份额;该份额将被提存在法院那里。现在银行B(作为意定质权人)与城市X(作为扣押质权人)对该份额存有争议。要检验的是,两个质权是否都延伸到该拍卖收益份额(比较正确的说法是:在对提存处的债权上)之上(物上代位)。在B的质权方面,这一点可能是有疑问的,因为第1258条第3款(按照通说,该条根据《德国民法典》第1273条第2款也适用于共同继承份额上的质权)只是提到,代位物上的质权是债权人"应得到的",所以得出的结论是,B只享有一个在被提存金额上设定质权的请求权。假如这是正确的话,那么X的扣押质权是优先的(时间上优先!)。但正确的是,联邦最高法院对该文意并没有理会,对两个质权都认定了物上代位,其结果是,时间上较早设立的B的意定质权优先于X的扣押质权。

---

〔22〕 对于共同继承份额的扣押,另参见联邦最高法院裁判,载《新法学周刊》,1967年,200页;1972年,1045页;巴伐利亚州最高法院裁判,载《新法学周刊》,1959年,1780页;法兰克福州高等法院裁判,载《德国司法》,1979年,205页;雷尔曼(Liemann)文,载《新法学周刊》,1962年,2189页;鲍尔/施蒂尔纳(Stürner),《强制执行法》,第1卷,第37章边码12。

第六部分

联邦新州土地物权法

第六十三章　联邦新州土地物权法的基本特征

一、导言

1 在这里不可能对新州土地物权法进行广泛全面的介绍。本章只能描述一下规则领域，对基本线条进行粗略的介绍，并指出重要争议的问题。前德意志民主共和国的动产物权法过渡到德国民法典的法律，是很少出现困难的，而且旧有的法律状态在这方面已经成为了法律史，但是相反，土地物权法的过渡则很可能需要整整一代人的努力。这里——与战后时期关于补偿（Wiedergutmachung）的法律一样——已经形成了一个特别法领域，还是只有部分专家掌握的领域。相应的，存有许多特别文献以及特别杂志。尽管如此，新州的土地物权法还是有资格作为捍卫法治基本原则的准绳的，也有资格作为捍卫流传下来的、绝对科学需要的物权法形成原则（Gestaltungsprinzip）的准绳的；最后，对不同所有权秩序以及所有权意识形态之间的历史性冲突之消除，具有很高的教学价值。因此错误的是，忽略作为新近法律史以及当代史这一章，并且将之作为法律技术性的特别资料而予以忘记。所以本章不应仅仅是搞一个概览，使熟练进入有难度的特别领域成为可能，而且首先要进行阐明，极为精确地、系统地起作用的物权法是如何紧密地被归属到意识形态的基本位置的。当人们已经习惯于生活在一个自由社会的、井井有条的社会结构之中的时候,这种意识形态归属的意义是很容易被忽视的。在本章的这个背景之前的这段话或许也可能会唤起年轻一代的兴趣。

二、前德意志民主共和国的土地物权法[1]

(一) 基本分类

2 前德意志民主共和国的法律区分社会主义所有权与个人所有权(《德意志民主共和国民法典》第 17 条及其以下、第 22 条及其以下),在此涉及的是一个在标的物范围上十分广泛的所有权概念,该概念不仅包括了物,而且还包括了特别标的物以及财产价值(Vermögenswerte)。

1. 社会主义所有权

3 社会主义所有权又分为三种(《德意志民主共和国民法典》第 18 条、第 19 条):全民所有权(Volkseigentum)、社会主义合作社所有权(Eigentum sozialistischer Genossenschaften)以及公民社会组织

〔1〕 文献摘选:克劳斯哈尔(v. Craushaar),《新联邦州的土地所有权》,载《两德法律杂志(DtZ)》,1991 年,359 页; 霍伊尔(Heuer),《德意志民主共和国土地法的基本特点》,1990 年;霍恩(Horn)(编者),《德意志民主共和国的民法与经济法》,《经济法文件汇编》1,1990 年;克勒舍尔(Kroeschell),《德意志民主共和国中的农村所有权秩序》,载《里特纳(Rittner)纪念文集》,1991 年,327 页及其下一页;厄勒(Oehler),《德意志民主共和国中的土地》,1990 年;罗登巴赫/斯尔德内克(Rodenbach/v. Seldeneck),《德意志民主共和国的土地与不动产物权》,1990 年;罗德(Rohde)以及其他作者,《土地法》(教科书),1989 年;施密特(J. Schmidt-Räntsch),《土地上的所有权秩序、权利承担体以及用益权利》,载《经济法概述汇编》,238 页,第 2 版,1993 年;施蒂尔纳(Stürner),《回复、存续保护以及法律之安全之间的物权法清理法》JZ 1993 年,1074 页;贝克尔·埃伯哈德(Becker-Eberhard),《德意志民主共和国物权法向德意志联邦共和国物权秩序在所谓新联邦州的过渡》,载《法律学习》,1994 年,577 页;关于很好的概览参见艾克曼(Eickmann),《新联邦州的土地法》,第 3 版,1996 年,边码 2 至 21;埃茨巴赫(Etzbach),《土地物权与不动产物权》,载克莱姆(Clemm)及其他作者,《在前德意志民主共和国的财产与投资的法律手册》,1996 年,边码 1 及其以下、边码 39 及其以下。

的所有权(Eigentum gesellschaftlicher Organisation der Bürger)。

全民所有权的法律主体是社会主义国家,但它为所谓的权利承担者(Rechtsträger)所代表,这些权利承担者处于一种类似于信托的地位来行使所有权权能(例如,全民所有企业、联合企业、国家机关以及国家公共设施等)。〔2〕社会主义合作社所有权的法律主体有如下几种,例如农业生产合作社(landwirtschaftliche Produktionsgenossenschaften, LPG)、手工业生产合作社(Produktionsgenossenschaftten des Handwerks, PGH)、共用房屋建筑合作社(gemeinnützige Wohnbaugenossenschaft, GWG)等。属于社会组织所有权的,首要的有私人财产以及群众组织的财产,而具有巨大经济意义的组织所有的企业(organisationseigene Betriebe, OEB)也属于此。

2. 个人所有权

按照德意志民主共和国的法律制度,归属于个人所有权项下 4
的,首先有劳动收入、储蓄、嫁妆(Ausstattungsgegenstände)以及个人需要的标的物、著作权以及发明权等,还有"为了满足市民及其家庭居住与休息需要的土地与建筑物"(《德意志民主共和国民法典》第23条第1款)。个人所有权也可能是"主要依靠个人劳动"的手工业与中小工商企业的所有权。

(二) 社会主义所有权产生的历史〔3〕

全民所有权与合作社所有权与社会组织所有权一样,其产生 5

〔2〕 对此参见《德意志民主共和国民法典》,第19条,以及关于在全民所有土地上的权利承担体的规定,《法律公报:德意志民主共和国》,II,第68号,433页。

〔3〕 对此令人印象深刻的文章有,蒂特(Kiethe),《在前德意志民主共和国的回复、赔偿以及投资》,载克莱姆及其他作者,《在前德意志民主共和国的财产与投资的法律手册》,边码153及其以下;梅塞施密特(Messerschmidt)文,载《财产法》,第2版,1996年,第6章前,边码57及其以下;瓦斯穆特(Wasmuth)文,载克莱姆及其他作者,《在前德意志民主共和国的财产与投资的法律手册》,《财产实施法》(第B100号),边码20及其以下。

常常归因于对先前私人所有权的国家权力干涉。这适用于在1945年所谓的土地改革中被征收的农业土地所有权,也适用于经济企业的土地所有权,这些——通过以后各州以及德意志民主共和国的宪法所确认的——尚在占领时期就被征收了。还有后来企业国有化时期进行的征收、犯罪行为之后的财产之收取,即所谓的非法迁居(Übersiedlungen)、(国家的)农地筹措措施(Baulandbeschaffungsmaβnahmen)等。总体上这些征收(Enteignungen)* 主要地或者经常地受到意识形态化以及专制的影响。

(三)所有权意识形态

6 所有权的作用被包裹在一个社会形象之中,该形象为"工人阶级的力量"、"在生产资料上的社会主义所有权"以及"通过社会主义国家对国民经济的引导与计划"所确定(《德意志民主共和国民法典》第6条第1款)。该社会主义所有权是工人阶级统治的工具,而工人阶级是通过社会主义单一政党的组织来表达意志的。在这种具有强烈集权主义以及集体主义倾向的国家结构中,个人所有权只具有补充作用:其不得对经济秩序进行共同构建产生任何作用,而只能为狭窄的个人生活范围规定一种法律上的结构形式。因此被描述的是与联邦共和国的所有权秩序(Eigentumsordnung)完全相反的对立物:在联邦共和国土地上以及生产资料上的私人所有权作为市场经济的基本前提,起着不可废弃的作用。市民通过契约来决定财物的分配,并以此来对所有权进行归属,国家的法律秩序预先只确定财物交换的规则,设定针对垄断、经济以及智力的优势行使的滥用限制,并且保证公民最低社会生活标准。

(四)个人土地所有权的法律形成

7 虽然生产财产的几乎全部、土地财产相当部分属于社会主义所有权,但公民的所有权构成(Eigentumbildung)并不单单地停留

* 这里的征收大部分是在无偿的或者给予少量补偿的情况下进行的。

在个人土地完全所有权的范围内(《德意志民主共和国民法典》第295条)。除了完全所有权,还出现了公民在全民所有的土地或者合作社使用的土地上的物上用益权利(dingliche Nutzungsrecht)(《德意志民主共和国民法典》第287条及其以下、第291条及其以下)。该用益权利通过授予或者分配的方式而产生,[4]对此原则上要颁发一个证书。其在土地登记簿中是可登记的,但该登记没有推定的意义。该用益物权使权利拥有者获得了独立于土地所有权的建筑物所有权(Gebäudeeigentum)。关于该建筑物所有权,要附上一页土地登记簿簿页,它才可以被出让、继承(《德意志民主共和国民法典》第289条、第293条)以及设定抵押权(《德意志民主共和国民法典》第452条第1款第2句)。对于与规定不符的用益的情况,用益权利可能被收回,并具有补偿义务性的收归公有以及建筑物所有权让与义务的效果(《德意志民主共和国民法典》第290条、第294条)。这与联邦共和国的附有地上权的建筑物所有权有一定的相似性,*但又存有很大的区别,即用益权利在产生以及命运上很大程度依附于国家的控制。

德意志民主共和国的物权法还有一些规定,用来确保在冲突 8
的情况下,社会主义所有权优先于个人所有权。比如说,如果全民所有企业、合作社或者类似的组织在个人所有权内越界建筑,该建筑物独立于土地所有权,而归属于全民所有权以及社会主义合作社所有权(《德意志民主共和国民法典》第459条第1款、《农业生产合作社法》第27条第1句)。如果在土地上进行了使土地增值的措施的话,那么在土地所有权上就产生了社会主义共有的一部分。

---

〔4〕 例如,《农业生产合作社法》第19条第2款;1970年12月14日的《使用授予法》第1条;1963年11月21日的《关于对工人合作社的用益权利的条例》等。

* 即建筑物所有权成为地上权的成分,与地上权同命运。

9 为了休息的建筑物(Gebäude zur Erholung)适用特别的规则(周末屋以及乡间别墅 Wochenendhäuser bzw. Datschen)。该土地将基于债权性的出让合同以供使用(《德意志民主共和国民法典》第312条及其以下)。在周末屋上产生的是遵循动产法规则的建筑物所有权(《德意志民主共和国民法典》第296条)。

(五) 定限物权

10 对于定限物权首先明确的是,一直到1976年1月1日《德意志民主共和国民法典》的生效,总体上所有的与《德国民法典》相符合的定限物权都可以被设定(所谓的"最古老的权利"),在《德意志民主共和国民法典》生效后,主要的只有三种定限物权了:共同用益权利、抵押权与先买权。土地上的共同用益权利(Mitbenutzungsrechte)原则上可以不登记,只要通过用益权利人——在长期以及严重不利的情况下——与所有权人签订合同就可以被设定了(《德意志民主共和国民法典》第321条),只有通行权、横渡权(Überfahrtsrecht)或者法律上特别的特权性的共同用益权利才是能够登记的(《德意志民主共和国民法典》第322条)。所有的用益权利负担都转移到被设定土地负担的取得人身上(《德意志民主共和国民法典》第297条第2款),对于主土地的有权邻居而言,还存有被登记权利的移转以及根据所有当事人协议的移转(《德意志民主共和国民法典》第322条)。作为土地担保物权,《德意志民主共和国民法典》第452条及其以下只规定了具有严格附随性的抵押权,该抵押权必须被登记在土地登记簿上。还有一种抵押权的子类型:建筑抵押权(Aufbauhypothek)(《德意志民主共和国民法典》第456条及其以下),用来担保银行贷款并优先于其他抵押权。在土地登记簿上被登记的(《德意志民主共和国民法典》第306条及其以下)物权性的优先购买权包含着要约义务(Anbietungspflicht),如果不遵守该义务,有权人就对取得人享有转让权(Übertragungsrecht)。该有权人向取得人承担买卖价款补偿的义务。相当短的除斥期间(Präklution)是该先买权的特点。

(六)土地流通权与土地登记簿权利

11 以前德意志民主共和国的土地流通完全处于——与占统治地位的国家与社会意识形态相适应——国家的控制之下。土地之取得与土地之负担通常需要国家的许可(《德意志民主共和国民法典》第285条、第289条第2款、第293条第1款、第297条第1款第2句、第306条第1款、第312条第1款、第322条第1款、第453条第1款)。1977年12月15日的《土地流通条例》(GVVO)规定了其前提条件与程序。

12 土地登记簿权利——至少在纸上——一直到1952年均与联邦共和国是一样的,因为共同继续适用的是《土地登记法》(GBO)。1952年,行政管理机构,即县委员会(Räte der Kreise)、地籍部门(Abteilung Kataster)接管了土地登记簿主管权(Grundbuchführung)。1976年1月1日,随着《德意志民主共和国民法典》的生效,《土地登记簿文件法》(GDO)[5]与《土地登记簿程序法》[6]也生效了。土地登记簿的结构大致接受了传统的划分:部分0(构成一览表),部分1(土地所有权甚或建筑物所有权,对此单独编制一张土地登记簿页),部分2(用益权利、共同用益权利、先买权来自于《德国民法典》时代的旧法上的定限物权),部分3(担保性抵押权、建筑抵押权(Aufbauhypothek)、旧《德国民法典》上的土地担保物权)。土地登记簿的公示作用在前德意志民主共和国的法律中没有被完全实现。虽然登记的转让功能,在很多方面与《德意志民主共和国民法典》的规则是相符合的(《德意志民主共和国民法典》第297条第2款、第306条第1款第2句、第453条第1款第3句),但在许多物上权利变动的情况下,并没有决定性(konstitutive)意义,例如在用益权利的情况下(《德意志民主共和国民法典》第287条及其

---

〔5〕 1975年11月6日的《土地登记簿文件法》,《法律公报:德意志民主共和国》(GBl. DDR),第1卷,1975年,697页,为1990年6月28日的法律所改变,《法律公报:德意志民主共和国》,第1卷,524页。

〔6〕 1975年12月30日的《土地登记簿程序法》,《法律公报:德意志民主共和国》,第1卷,1976年,24页。

以下、第291条及其以下)、在共同用益权利(《德意志民主共和国民法典》第321条、第322条)或者全民所有的共有份额(《德意志民主共和国民法典》第459条)部分情况下。善意之效力(《土地登记簿文件法》第7条、第8条、第9条、第16条)在全民所有权情况下被排除了。簿册上权利与权利状况的分离也不少见。再加上,土地工作人员并不是一直小心谨慎地记载以及继续填写地籍图(Flurkarten),在许多地区,地籍图不能反映当前状态。1976年法律变动前的土地文件只有部分被保存并归档。

(七)前德意志民主共和国“事实上的物权秩序”〔7〕

13 虽然凭着这种国家为导向的所有权秩序,已经为党与行政机关的任意专断保留了很大的空间,但前德意志民主共和国的机关不遵守它们自己法律的情况,也是不少见的。对《德意志民主共和国民法典》规则偏离的、附加的、单纯的非秩序,常常占据着统治地位。经常发生的是,没有物权性用益权利的授予而在他人土地上建筑房屋甚或请人建筑房屋,这样一来,按照德意志民主共和国的法律,不能产生建筑物所有权。

14 就比如,农用生产合作社的成员在农用生产合作社的地面上修建了建筑物,农用生产合作社将其农用生产合作社土地上的建筑物转让给市民,或者它出让地皮给乡镇,乡镇允许市民在其上进行建筑。流亡市民的土地(“西部土地”),通过与国家管理者的转让合同(Überlassungsvertrag)而为德意志民主共和国市民们所占有,他们在其上建筑房屋或者对建筑物进行根本性改建。在这些土地上,根据行政机关的同意产生的是一般的居住性房屋。地皮被分配用于建筑房屋,而且也宣布了授予该用益权利,但其后从来没有实施这些授权宣告(所谓的“悬而未决的情况”)。

15 国家部门、企业或者合作社建筑房屋活动,常常是在所有权以及所有权界限没有被澄清并且没有任何用益合同的情况下,延伸到一块或者多块私人土地之

〔7〕 对此参见,施蒂尔纳(Stürner)文,载《法学者报》,1993年,1074、1076页及下一页;福修斯(Vossius):《物权法清理法》,1995年,边码9及其以下。

上。因此,建筑物所有权按照德意志民主共和国法律是不能产生的。土地承租人经常被强迫自己整修,直到重建。转让给手工业者或者小型工商业主使用的工商业用地,也经常在不能产生建筑物所有权的情况下,被越界建筑。

人们必须看到,德意志民主共和国的大多数普通市民们,对法律上无抗辩的形成构建(Gestaltung)是没有自由选择权的。谁要是真想得到一个建筑物,他就必须接受听任裙带关系、专断以及偶然的现实,其“取得机会”在个别情况下会呈现出来。人们是否可以将土地作为个人所有权而取得,建筑物所有权是否与一个具体被创设的用益权利相连,是否只是一个“事实的使用地位”与行政机关的允许或容忍连接在一起——所有这些都不属于在等级制度中没有特别地位的市民的形成权力(Gestaltungsmacht)。 16

(八)前德意志民主共和国自己的过渡法

前德意志民主共和国本来已经复杂的法律状况,通过下述情况更加丧失了其条理性,即在加入[德意志联邦共和国]那年,德意志民主共和国自己又进行了许多法律变动,这些法律变动应当使得向具有私人所有权的市场经济的过渡容易一些,但大多数被证实为是不充分或不足够的,所以在加入之后,它们只是以修正后的形式存续下来,或者根本就不能存在下去了。人们恰恰要在土地法律上,要常常考虑到这个前德意志民主共和国法律的最后一部分。在这些众多的法律规范中,[8]如下几个特别值得一提:《全民所有联合企业、企业以及机构转化为资本公司的条例》(1990 年 3 月 1 日的条例)、《对基于土地改革的土地所有权人之权利的法律》(1990 年 3 月 6 日的《土地改革法》)、《关于私人企业的建立与活动以及企业参与的法律》(1990 年 3 月 7 日的《企业法》)、《关于全民所有土地的出卖的法律》(1990 年 3 月 7 日的《出卖法》,所谓的“Modrow 法”)、《关于手工业的建立、活动以及其生产合作社转化的条例》(1990 年 3 月 8 日的《生产合作社与手工业条例》)、《全民所 17

---

〔8〕 较好的介绍参见艾克曼(Eickmann),《新联邦州的土地法》,第 3 版,1996 年,XXIII 及其以下、XXIX 及其以下。

有财产的私有化以及改造法》(1990 年 6 月 17 日的《信托法》)、《关于农业对德意志民主共和国社会性与生态性市场经济的结构性适应的法律》(1990 年 6 月 29 日的《农业调整法》)、《关于共同体、市与地区 * 的财产法》(1990 年 7 月 6 日的《地区财产法》)、《关于全民所有财物、国家林业企业以及其他全民所有农业、林业企业移转为州与市所有权的法律》(1990 年 7 月 22 日的《移转法》)、《关于所有权的移转以及全民所有农用土地收益出租给合作社、合作社成员以及其他市民的法律》(1990 年 7 月 22 日的《农地利用法》)、《关于全民所有住宅经济企业向住宅建筑公司的转变以及土地所有权向住宅合作社移转的法律》(1990 年 7 月 22 日的《住宅经济转变法》)、《德意志民主共和国民法典变化与补充法》(1990 年 6 月 28 日与 1990 年 7 月 23 日的《民法变更法》)。德意志民主共和国最后阶段的某些法律及其贯彻,有时也让人感到,有为了特定圈子的[利益]而迅速地造成既成事实之嫌。

三、新秩序及其争议问题

18 联邦共和国的立法者,在新的联邦诸州加入后,必须完成两个不同的任务。其一是,它必须排除社会主义所有权所造成的,或者通过他人用益的私人所有权所导致的不公正之后果。其二是,它必须将很大程度上未作区分的、国家引导的计划经济的法律形式以及事实上物权的无秩序性,转化为清晰的、透明的、市场经济式的联邦共和国法律形式。立法者已经试图渐进地,并且在不能概观的大量法律中来完成这些任务。现在,我们应当对这些法律概述一下。立法者必须要考虑到难免会有一定的粗糙性,并且部分地要援引其他文献。《两德统一条约》(第 21 条、第 22 条、第 25 条、第 41 条)以及《宪法》(第 135a 条第 2 款、

---

* 东德在与西德统一前就按照西德的联邦制更改了自己的行政区划,Gemeinde, Städte und Landkreise 互相没有隶属关系,但在某些事物上受州的目的性指示,在某些事物上由自己决定,其官员由自己辖区的选民选举产生。这些自治体与州的关系由各州宪法调整。另外,Kommune 在法律上的含义是与 Städte 一致的,但 kommunal 作为形容词则概括了所有区域形态。

第143条第3款)为法律规则预先确定了一定的,但大多数情况下是相当大的空间。

(一) 根据《信托法》的私人所有权之建立[9]

根据《信托法》,大约13,000个全民所有企业(联合企业(Kombinate)、经济单位(Wirtschaftseinheiten))被转化成了资本公司(《信托法》第11条第1款、第2款以及第2条、第20条),伴随的后果是,在全民所有的土地上,土地的权利承受体身上产生了《德国民法典》意义上的私人所有权,资本公司全部份额的拥有人是信托所(Treuhandanstalt)(《信托法》第1条第4款);它是一个有权利能力、直属联邦的公法人(Anstalt des öffentlichen Rechts)(《信托法》第2条第1款),其任务是整顿企业、以(份额)出让的方式进行私有化,或者必要时清理债务,甚或清算。大单位的拆散与分割现在与过去都被一个特别法所简易化。[10] 只要全民所有土地上的全民所有企业拥有用益权利的话,即它们不是权利人,那么就还是存在被资本公司取得所有权的可能性。[11] 除了这个重要的任务外,信托所等还被委托 19

〔9〕 文献提示:布舍(Busche)的评论,载克莱姆及其他作者,《在前德意志民主共和国的财产与投资的法律手册》,第B200号;较好进行概览的有基特(Kiethe)文,载克莱姆及其他作者,《在前德意志民主共和国的财产与投资的法律手册》,边码123及其以下;格梅克(Gemmeke),《东部地区不动产手册》,第2版,1996年,10页及其以下;另参见里特纳,《在前德意志民主共和国的土地与企业的私有化》,载《松恩(Sonn)纪念文集》,1993年,1095页。

〔10〕 1991年4月5日的关于从为信托所管理的企业的分裂的法律;载克莱姆及其他作者,《在前德意志民主共和国的财产与投资的法律手册》,第230号A。

〔11〕 对1990年9月12日《信托法》的第5个实施条例,载克莱姆及其他作者,《在前德意志民主共和国的财产与投资的法律手册》,第205号A。示例:联邦高等行政法院裁判,载《经济法杂志》,1994年,909页。

对特别单列的军队财产进行私有化,对全民所有农业[12]以及林业土地财产进行私有化,以及对国家安全部财产进行私有化,[13]其相应的后果是信托式的私人所有权[的产生]。[14]

20 在此期间,信托机构首要地已经在企业私有化方面完成了它的任务,并且被重新命名为"限于统一特别任务的联邦局"(Bundesanstalt für vereinigungsbedingte Sonderaufgaben, BvS)。根据相应的任务,它在管理公司的份额被部分地转让给了联邦(联邦财政部)。在这个新的联邦所只保留了很小的职务范围,主要涉及的是土地的变价,而且该职务为土地变价与管理有限责任公司(Bodenverwertungs und – verwaltungs GmbH, BVVG)所行使。

(二)国家当局在行政财产与财政财产上的所有权[15]

21 首先要坚持的是,全民所有权必须被移转回给法人(Körperschaft)

[12] 对此参见,《信托法》第1条第6款,以及所有权转让与全民所有农用土地用益出租给合作社、合作社成员与其他公民的法律(1990年7月22日《农地变价法》;参见下文边码17);参见基特(Kiethe)的概要,载克莱姆及其他作者,《在前德意志民主共和国的财产与投资的法律手册》,边码104,以及Faβbender,出处同上,边码243及其以下。对于全民所有农业权益或者使用之地皮的有争议的命运的有意思的范例:联邦最高法院裁判,载《新法学周刊》,1994年,2487页;《新法学周刊》,1998年,1707页;《两德法律杂志》,1997年,325页。

[13] 有问题的例子:联邦最高法院裁判,载《两德法律杂志》,1997年,54页。

[14] 联邦最高法院裁判,载《新法学周刊》,1998年,1709、1711页,处理了对于德意志民主共和国政党财产的清理之后果问题。

[15] 较好的概要参见朗格(Lange)文,载《两德法律杂志》,1991年,329页及其以下;施密特/邦特斯(Schmidt/Räntsch),《土地上的所有权归属、法律承担体以及用益权利》,第2版,1993年,26页及其以下;艾克曼(Eickmann),《土地物权》,边码23及其以下、边码30及其以下;冯·德里加尔斯基(von Drygalski)文,载冯·德里加尔斯基/韦尔特(Welter)/格梅克:《东部地区不动产手册》,第2版,1996年,13页及其以下;埃茨巴赫,载克莱姆及其他作者:《在前德意志民主共和国的财产与投资的法律手册》,边码23及其以下。随着行政财产与财政财产的资产的移转,相关联的负债(例如加工报酬债权)也移转了(联邦最高法院裁判,载《新法学周刊》,1998年,1701页;《两德法律杂志》,1997年,128、130页;对于使用人债务是有限制的,联邦最高法院裁判,载《两德法律杂志》,1997年,50页)。

或者它的权利继受人,全民所有权是由这些法人支付费用而建立起来的(《两德统一条约》第21条第3款)。所以,比如说,如果中央国家是通过它对共同体(Gemeinde)财产的剥夺而获得全民所有权,那么相关诸区就享有一个返还请求权(Restitutionsanspruch)。对于被公共管理直接用于履行职务的行政财产(Verwaltungsvermögen),即公有物(行政大楼、学校、医院等),《两德统一条约》第21条第2款规定了基本法上管辖的行政主体的直接性所有权取得。只要没有被列入特别的法定规则——如全民所有企业的财产受《信托法》调整一样——的话,在国家的财政财产(Finanzvermögen)方面,情况就一直是含糊不清的。按照《两德统一条约》第22条第1款、第2款,其原则上处于联邦的信托管理之下,并且应当通过法律各分给联邦与诸州一半,在这里,诸州还得适当地将之分给市(Kommunen)与地区(Landkreise)。但有疑问的是,区域性(kommunal)的财政财产在没有法定规则情况下,在多大程度上不属于乡镇与县的所有权,因为1990年7月6日旧的《地区财产法》(对此参见上文边码17)继续适用的明确范围最终是不清楚的:即只在《两德统一条约》第21条、第22条以及1990年5月18日《关于货币联盟的条约》的限度内适用。对此一致的是,只要其与旧联邦诸州的惯例相适应,区域性(kommunal)财政财产就属于各区的所有权;相反,仍有争议的是关于继续存在的财政财产,特别是关于以前区域性隶属的企业及其土地所有权的法律状况。

全民所有住宅经济企业(volkseigene Betriebe der Wohnungswirtschaft)的土地与建筑物属于各区域的所有权(《两德统一条约》第22条第4款),但负有义务将该所有权私有化;是通过住宅建筑公司连同各区域的参与,还是通过住宅所有权或地上权专门的出让来进行,交由各区域来决定。立法者为全民所有权的住宅创立了特别规则,只要住宅经济合作社(Genossenschaft der Wohnungswirtschaft)过去是权利承受人的话:在这里,所有权不在地区的手 22

中，而是根据《住宅合作社财产权利事务规则法》，[16]住宅合作社成为为其所使用的土地的所有权人。联邦是否必须使新联邦诸州参与能源供应企业的继受公司，至今为止仍是一个悬而未决的问题（对此参见联邦宪法法院裁判，载《新法学周刊》，1998年，219页）。

（三）在合作社财产情形下的所有权

1. 农业生产合作社及其权利继受人[17]

23 按照《农业调整法》，农业生产合作社被转化为合作社（《农业调整法》第23条及其以下）、人合公司或资合公司（《农业调整法》第23a条、第34条），或者被解散。只要农业生产合作社的确是土地的合作社式的所有权人，那么该所有权便随着该转化而移转到继受公司的手中。退出或终止的成员可以要求将已经被让与所有权的土地的所有权让与回来（《农业调整法》第46条）。但大多数情况下，农业生产合作社只享有私人所有物上的用益权利（《农业生产合作社法》第18条），这样一来，待决定的只有单纯的交回占有了。关于退出成员的补偿以及共同财产分割之合法性，尚有许多法律争议悬而未决。

---

〔16〕 在1994年6月26日的文本中（《联邦法律公告》，第1卷，1438页）；对此参见邦德舒（Bundschuh），载克莱姆及其他作者，《在前德意志民主共和国的财产与投资的法律手册》，第B172号；艾克曼（Eickmann），《土地物权》，边码42；与对于住宅企业的旧债之帮助（1993年6月23日的法律，《联邦法律公告》，第1卷，944页）连接在一起的是按比例的私有化义务与出让义务（《旧债帮助法》第5条），其收益归一个所谓的遗产负担清偿基金享有（详情参见瓦伦/克洛克辛（Wahlen/Klockzin）文，载《两德法律杂志》，1997年，370页）。

〔17〕 对此参见评论，施魏策尔（Schweizer）文，载基姆（Kimme）/皮耶（Peé）/施密特—巴特斯驰，《尚未解决的财产问题》，1996年3月的状况，《农业调整法》；法贝德尔（Faβbender）文，载克莱姆及其他作者，《在前德意志民主共和国的财产与投资的法律手册》，边码185及其以下；尼斯（Nies）文，载克莱姆及其他作者，《在前德意志民主共和国的财产与投资的法律手册》，第B500号；施魏策尔文，载《两德法律杂志》，1997年，118页。

在非成员的地位问题上已经出现了困难，他们的农地在用益合同中已经被委员会所接收了，并为农业生产合作社所支配（“农地带来者”（Landenbringer））。联邦最高法院的判例没有从下述一点出发，即现在的地区（Landkreise）与新的联邦诸州是旧的委员会的权利继受人，并因此而否认了农地带来者对县以及新的联邦诸州的补偿请求权（价值保持*等）；但基于委员会与农业生产合作社之间的合同，农地带来者可以主张被让与的权利。[18] 因为土地所有权与用益权利是分离的（《农业生产合作社法》第27条），只要在建筑物上产生了特别所有权（Sondereigentum），那么，与为了对有经济能力的农地进行新规则一样（《农业调整法》第43条及其以下、第64条），为了使（土地与建筑物）合一，就要附加一个土地规则程序（Bodenordnungsverfahren）。农业生产合作社在林地储备上的特别财产，为了土地所有权人的利益而消灭（《农业调整法》第64a条第1款），这样一来，又产生了类推《德国民法典》第994条费用偿还的问题。反过来，农业生产合作社甚或它的继受人在对他人农地使用的情况下，可能要负有用益价金（Nutzungsentgelt）之债（《德国民法典》第988条、《德意志民主共和国民法典》第33条；很有启发性的是联邦最高法院裁判，载《新法学周刊》，1998年，1707页）；它也可能一般性地为“旧债务”（Altschulden）负责（对此《联邦最高法院民事判例集》，第124卷，1页，以及联邦宪法法院裁判，载《新法学周刊》，1997年，1975页）。首要的，过渡时期的创立性缺陷，部分地使有秩序的继续发展变得很困难（案例，联邦最高法院裁判，载《新法学周刊》，1998年，229页，拒绝了瑕疵补正）。 24

2. 手工业生产合作社与消费合作社

只要手工业生产合作社是土地的所有权人，那么现在由其转 25

---

* 原东德的私有房屋被征收后，有的长期闲置，没有维修，所以为了使房屋达到征收时的状况，需要很大的费用。

〔18〕 富有启发性的《联邦最高法院民事判例集》，第127卷，285页；第127卷，297页及其以下；但还有联邦最高法院裁判，载《新法学周刊》，1998年，1075页。联邦最高法院裁判，载《两德法律杂志》，1997年，118页，处理的是农业生产合作社的相对立的请求权。

化而来的、新产生的手工业生产合作社人合或资合公司,就是所有权人;根据继续适用的德意志民主共和国的过渡法律,该转化可能一直进行到 1992 年末(对此参见边码 17)。消费合作社或者拥有合作社式的所有权,或者拥有权利承受体中的全民所有权。它们的全民所有权隶属于联邦的信托管理(《两德统一条约》第 22 条),而不是类推《信托法》第 11 条第 2 款,归属于合作社。〔19〕

(四)通过财产归属的确定与支配〔20〕

26 被描述的、相当复杂的所有权新秩序之规则,导致了极大的法律不安定性以及很多争议,这大大地阻碍并损害了土地交易与投资活动。因此,立法者在《财产归属法》中〔21〕创立了一个程序,该程序通过归属裁决(Zuordnungsbescheid)确认所有权归属(《财产归属法》第 2 条及其以下),在澄清与清理(Abwicklung)所有权问题之前,允许对作为"全民所有"登记的土地进行处分(《财产归属法》第 8 条),并且允许对特别投资计划的所有权进行分配(Eigentumszuweisung)(《财产归属法》第 9 条、第 10 条)。所有的

---

〔19〕 非常有争议;参见哈布沙伊德(E. Habscheid)文,载《财产与投资法杂志》,1993 年,198 页,以及联邦最高法院裁判,载《新法学周刊》,1998 年,1713、1714 页;对于其合作社的所有权之命运参见联邦最高法院裁判,载《两德法律杂志》,1997 年,350 页。

〔20〕 对此参见施密特/莱特斯驰(Leitschuh)的评论,载雷德勒尔/劳帕赫/黑因斯坦德(Rädler/Raupach/Hiestand),《在前德意志民主共和国的财产》,第 3 部分 B II;施密特—雷巴斯彻/黑因斯坦德文,载克莱姆及其他作者,《在前德意志民主共和国的财产与投资的法律手册》,第 170 号 B;施密特—哈伯扎克(Schmidt - Habersack),载基姆(Kimme),《尚未解决的财产问题》,第 33 号;较好的概要参见施密特—雷巴斯彻文,载《经济法杂志》,1991 年,973 页及其以下;作者同上,《土地上的所有权归属、法律承担体以及用益权利》,第 2 版,1993 年,20 页及其以下;艾克曼(Eickmann),《土地物权》,边码 54 及其以下。

〔21〕 关于以前全民所有财产的归属之确定的法律,在 1994 年 3 月 29 日的文本(《联邦法律公报》,第 1 卷,709 页),新的案例:联邦高等行政法院裁判,载《两德法律杂志》,1997 年,318 页。

归属取决于《两德统一条约》第21条、第22条的土地——粗略地讲——都属于该规则的范畴，这里，在《信托法》的范围内的管辖以前在信托所，现在在联邦所(BvS)，其他的管辖在高级金融领导部门(Oberfinanzdirektion)。具有持久效力的归属裁决是土地登记簿更正的基础(《财产归属法》第3条、第4条，《土地登记法》第38条)。尽管权利状况没有被澄清，但以前全民所有的土地或者建筑物权利人的处分授权(《财产归属法》第8条)，仍然使土地所有权保持着土地流通，并且让"真正的"公法(?)权利人只享有代位物；该授权也使得该权利人有权进行债权性的占有转让(Besitzüberlassung)，以及《取得用益租赁法》或者《租赁法》上的请求权。*[22]

(五)在对不公正行为补救情况下的返还与存续之保护

到此为止，所描述的法律以及规则都是服务于重新分配与私有化的，而法律的任务是对尚未解决的财产问题[23](《财产法》)以及伴随这些问题的法律进行规制，以平衡德意志民主共和国时期以及占领时期的不公正行为。该平衡可以以返还或者赔偿(Entschädigung)的方式进行。立法者最终选择了既不同于此又有争议的解决办法，即将两种方式结合在一起了。 27

* 公法上的权利人可以进行用益出租或者出租。

〔22〕 案例：联邦最高法院裁判，载《经济法杂志》，1995年，1220页及其以下；《两德法律杂志》，1996年，140页；《经济法杂志》，1998年，1324页及其以下(根据新的以及旧的《财产归属法》第8条的私人所有权的损失)。

〔23〕 1997年8月4日的版本(《联邦法律公报》，第1卷，975页)；对此梅塞施密特文，载《新法学周刊》，1997年，2725页及其以下。

1. 根据《财产法》返还之基本路线〔24〕

28 与1990年6月15日的《共同宣言》以及《两德统一条约》的第41条相一致,《财产法》原则上规定了对歧视性征收、〔25〕与征收相同效果的措施、〔26〕基于不正当的阴谋诡计的取得行为〔27〕以及针对共和国流亡者的措施的返还[原状](《财产法》第1条;对此上文边码15已经叙述了)。只要在这里涉及土地所有权〔28〕或者物权,那么它们就凭着回转(Rückübertragung)决定之不可撤销性而移转到了旧的权利拥有人手中,就要土地登记簿(《财产法》第

---

〔24〕 对此参见评论:瓦斯穆特/韦尔赫费尔(Wellhöfer)/凯瑟尔(Kiethe)/弗劳斯澳(Flotho)/温特霍斯特(Windthorst)文,载克莱姆及其他作者,《在前德意志民主共和国的财产与投资的法律手册》,第B100号;菲贝格(Fieberg)/赖兴巴赫(Reichenbach)/梅塞施密特/诺伊豪斯(Neuhaus),《财产法》,1996年的状况;基姆(Kimme)及其他作者,《尚未解决的财产问题》,第1卷与第2卷,1993年;萨克尔(Säcker)(编者),《财产法》,1995年;巴赫卡姆(Barkam)及其他作者,载拉德勒(Rädler)/劳帕赫/黑因斯坦德(Hiestand),《在前德意志民主共和国的财产》,第3部分1996年的状况;较好的概要参见艾克曼(Eickmann),《土地物权》,边码72及其以下;最后梅塞施密特文,载《新法学周刊》,1997年,2725页及其以下;科雷雷尼(Kleinlein)文,载《两德法律杂志》,1997年,178页。

〔25〕 联邦高等行政法院裁判,载《新法学周刊》,1994年,2105页;1994年,2106页;1996年,1296页。值得注意的是联邦高等行政法院裁判,载《新法学周刊》,1998年,1697页,与联邦高等行政法院裁判,载《新法学周刊》,1994年,2712页;在《财产法》以外,德意志民主共和国征收目的的丧失的情况下,没有"征收回转"(Rückenteignung)。类似的有联邦最高法院裁判,载《新法学周刊》,1998年,222页及其以下。

〔26〕 联邦高等行政法院裁判,载《新法学周刊》,1993年,2822页;1995年,2049页及其以下(在费用被扣除之后的国家之承受)。

〔27〕 联邦高等行政法院裁判,载《新法学周刊》,1995年,2741页;1996年,1909页;1997年,476页;《经济法杂志》,1996年,972页及其以下(财产出让与出境申请)。

〔28〕 土地改革所有权也是如此:联邦高等行政法院裁判,载《新法学周刊》,1995年,3137页;但没有债权性的用益权利:联邦高等行政法院裁判,载《经济法杂志》,1996年,606页及其以下。

36 条）。[29] 在交回（Rückgabe）企业的情况下（《财产法》第 6 条及其以下，连同《企业返还条例》），法人或许仍为所有权人，该返还通过份额转让的方式实施。返还权利人必须对价值增长给付一个价值补偿（例如建筑了房屋、装修、修缮等；这里参见《财产法》第 7 条），并且要对在向全民所有权转化时，以前的物权甚或负担的消灭进行估价（《财产法》第 18 条及其以下，连同《抵押权消除条例》）。另外，权利人加入所有对第三人的法律关系之中（《财产法》第 16 条及其以下）。

2. 通过代替返还的赔偿进行的存续保护

返还权利人原则上可以一直选择赔偿 *（《财产法》第 8 条）。 29
如果土地回转基于*存续保护*的原因而被排除的话，可以通过让与替代土地（Ersatzgrundstück）所有权的方式进行补偿；如果不可能的话，就只剩下赔偿这一办法了（《财产法》第 9 条）。

存续保护首先涉及的是正当的自然人、宗教共同体以及共同用益的基金 30
会；[30] 但它们必须是在规定日期前（1989 年 10 月 18 日）获得的所有权或者物权性用益权利的（《财产法》第 4 条第 2 款），或者至少在此之前已经获得了一个值得保护的地位（有档案记载的取得之准备，基于所谓 Modrow 法的

〔29〕 富有启发性的是联邦最高法院裁判，载《新法学周刊》，1996 年，2030 页：在立即可实施的情况下的暂时的所有权转让，虽然法律只规定了预告登记与异议；有权人与处分有权人之间的所有权人——占有人关系；另参见联邦最高法院裁判，载《两德法律杂志》，1997 年，224 页。

* 这里的德文是 Entschädigung，与损害赔偿 Schadensersatz 有一定区别，前者赔偿可能少于损害，而后者赔偿应当等于损害。

〔30〕 对于该规则的合宪性参见联邦高等行政法院裁判，载《两德法律杂志》，1995 年，239 页（与基本法第 14 条的一致性）；联邦高等行政法院裁判，载《新法学周刊》，1995 年，2281 页（人员的限制）。

取得——对此参见边码17——重大投资后的取得)。[31]《财产法》第4条第3款表述了对善意(Redlichkeit)[32]的要求:在重大地偏离现行适用法以及惯例(Üblichkeiten)[33]的情况下、在以贿赂为条件取得的情况下、利用可强迫他人地位(Zwanglage)或者诈欺[34]的情况下,是排除善意的。另外,存续保护可以建立在如下的基础上,即返还从"事物的本性出发"是不再可能的了(《财产法》第4条第1款第1句),《财产法》第5条部分地对这一点进行了进一步详细的说明:公共利益性的集约投资式使用变动、共同使用(Gemeinbrauch)、住宅以及住宅区的建筑、[35]向企业中划入等。

3. 通过处分限制以及投资优先的方法对返还请求权的保障

31 该返还请求权具有公法的性质;对此由主管行政机关(对尚未解决的财产问题规制的机关,《财产法》第22条及其以下)基于申请而通过行政行为(《财产法》第30条)作出决断。立法者为该申请创立了除斥期间(Ausschluβfrist)(《财产法》第30a条第1款:1992年12月31日),但以前在所谓的《申报条例》(Anmeldeverordnung)[36]中已经规定了一个较短的申报

---

〔31〕 对于规定日规则的合宪性,联邦高等行政法院裁判,载《新法学周刊》,1995年,2738页;1996年,1767页;在用益权利存在的情况下回复之排除的批评,参见科勒(Kohler)文,载《财产与投资法杂志》,1992年,261页。

〔32〕 起决定性作用的只有当前权利主体的善意:联邦高等行政法院裁判,载《新法学周刊》,1995年,2740页。

〔33〕 但作为基础的法律行为在"民法上"的有效不以正当性为前提:最后联邦高等行政法院裁判,载《新法学周刊》,1996年,1361页;详情参见下文边码37及其下一码。

〔34〕 联邦高等行政法院裁判,载《新法学周刊》,1996年,409页:如果存有明显的非正当性的根据,对于正当性的举证负担存在于取得人一方。

〔35〕 对此联邦高等行政法院裁判,载《新法学周刊》,1996年,867页及其以下(复杂的住宅建筑);联邦高等行政法院裁判,载《经济法杂志》,1997年,1087页及其以下;《两德法律杂志》,1997年,298页(一个企业的生存能力)。

〔36〕 瓦斯穆特的评论,载克莱姆及其他作者,《在前德意志民主共和国的财产与投资的法律手册》,第B140号。

期限(《申报条例》第3条:1990年10月13日甚或1991年3月13日)。

返还申请原则上导致的是处分权上的义务,即在没有返还权利人的同意下,停止进行物上处分以及签订长期的债权合同(《财产法》第3条第2款)。现在,人们对于该请求权民法性质的意见是一致的,[37] 并且是在一般性冻结变动(Veränderungssperre)的意义上来解释该性质的。[38] 基于该民法上的归类得出的是,常规法院*的暂时处分得作为保障手段(出让禁止、不作为命令等,《德国民事诉讼法》第938条第2款);与此相反,对处分权人登记的异议与预告登记(返还请求权针对的不是被登记人,而是国家当局)一样,同样是不适当的(该土地登记簿不是不正确)。[39] 返还权利人的附加保障在于,在新联邦诸州对土地的处分按照《土地流通条例》(GVO),[40] 需要一个许可,当一个没有被除斥的返还申请被提出时,该许可原则上是不被授予的;所以没有许可导致的也是土地登记簿之冻结(《土地流通条 32

---

〔37〕《联邦最高法院民事判例集》,第124卷,147页;开放性的,《联邦最高法院民事判例集》,第121卷,347、355页。

〔38〕《联邦最高法院民事判例集》,第126卷,1页及其以下(较大范围的建筑措施)。

* 指主管民事、刑事的法院以及行政法院。

〔39〕整体上论述参见瓦斯穆特,载克莱姆及其他作者:《在前德意志民主共和国的财产与投资的法律手册》,第3章,《财产法》,边码305及其以下;艾克曼(Eickmann),《土地物权》,边码67及其以下;科勒文,载《新法学周刊》,1991年,465页;作者同上,《财产与投资法杂志》,1992年,308页;还有柏林高等法院裁判,载《新法学周刊——司法判例报告:民法》,1998年,880页。

〔40〕1993年12月20日的文本,1995年7月4日有所更改(《联邦法律公告》,第1卷,895页);对其在德意志民主共和国期间的国家引导之目标,参见上文边码11;评论参见施密特—拉特斯彻(Räntsch),载克莱姆及其他作者,《在前德意志民主共和国的财产与投资的法律手册》,第B430号;对于1997年细小的变化,参见梅塞施密特文,载《新法学周刊》,1997年,2728页。

例》第 2 条第 2 款)。

33 由于对大量土地的处分限制可能会使投资与土地流通陷入瘫痪,所以存有如下的处分禁止之例外:维护与修缮措施(《财产法》第 3 条第 3 款第 2 至 5 句);在对回转(Rückübertragung)保留的情况下的,通过信托所的出让(《财产法》第 3c 条);基于根据《投资优先法》[41] 的投资优先裁定的出让。最后这部法律,其适用期被延长到 1998 年 12 月 31 日,允许有利于特别投资目的的处分、出租或者建筑措施,该目的服务于工作位置的保障与维持、住房的设立与维持或者基本建设措施的获得。代替回转请求权的是对相等价值的请求权(《投资优先法》第 16 条)。联邦行政法院的判例,拒绝了在投资优先裁定被授予或取消时对投资人的法律保护,因为他只是“间接地—事实地”受益——很有问题! *[42]

4. 赔偿法[43]

34 只要返还请求权人选择了赔偿(《财产法》第 6 条第 7 款、第 8 条第 1 款),或者回转由于存续保护的原因被取消了,就由《赔偿

---

[41] 1992 年 7 月 14 日的关于根据《财产法》回转情况下的投资之优先顺位的法律(《联邦法律公告》,第 1 卷,1997 页);于希特里茨(Uechtritz)的评论,载克莱姆及其他作者,《在前德意志民主共和国的财产与投资的法律手册》,第 B130 号;对于新版本,参见梅塞施密特文,载《新法学周刊》,1997 年,2726、2727 页。较新的案例:联邦高等行政法院裁判,载《两德法律杂志》,1997 年,319 页(法庭)。

* 关于投资优先保护的规定是基于公共利益的需要,比如对土地的投资可以提供很多工作岗位,而投资人的利益则是所谓的“间接的、事实上的”,所以他没有被赋予一个请求权,也就不可能进行诉讼并受到法律保护。

[42] 联邦高等行政法院裁判,载《新法学周刊》,1995 年,672 页及其以下;对于投资人的损害赔偿请求权,联邦最高法院裁判,载《两德法律杂志》,1997 年,287 页。

[43] 对此参见菲贝格/赖兴巴赫等的评论,《财产法》,1996 年的状况;齐默尔曼(Zimmermann)文,载克莱姆及其他作者,《在前德意志民主共和国的财产与投资的法律手册》,第 B110 号;莫奇(Motsch)/罗登巴赫/勒夫勒(Löffler)/舍费尔(Schäfer)/齐尔希(Zilch),《对赔偿与补偿给付法的评注》,1995 年,部分 2,《赔偿与补偿给付法》,第 1 条;较好的参见施密特—普拉优贝(Preuβ)文,载《新法学周刊》,1994 年,3249 页。

法》来调整其赔偿；这部法律是在赔偿与《补偿法》的框架内，经过很长时间的法律政策解释才颁发的。赔偿的数额（《赔偿法》第3条）取决于最后确定的单位价值的倍数，如果没有单位价值的话，辅助价值也有可能按照1934年10月16日《帝国估价法》，即1970年9月18日《德意志民主共和国的估价法》的规定来确定。例如，在农地情况下，该倍数是3倍，在租用住宅土地情况下是4.8倍，在一个家庭房屋的情况下是7倍等。社会性的递减在较高的赔偿数额情况下，导致了按等级地较大的缩减金额（Kürzungsbeträge）（《赔偿法》第7条），以便于使赔偿成本社会性地、合同性地保持在较低的程度。

赔偿通过一个赔偿基金（Entschädigungsfonds，《赔偿法》第9条）来进行， 35
负责处理尚未解决的财产问题的联邦局（Bundesamt）将该基金作为联邦的特别财产来管理。该基金为很多来源所供给（《赔偿法》第10条）：信托所的出卖之收益；根据《两德统一条约法》第22条第1款联邦财政财产的50%；不被返还的行政财产（《两德统一条约法》第21条）单位价值的1.3倍；返还的价值补偿金额（Wertausgleichsbeträge）（《财产法》第7条）；未被请求的属于《财产法》范畴的价值；基于将全民所有土地出卖给物权性用益权利人，而获得的出让收益（物权法上的变动，参见下文边码54及其以下）以及用益权利人的使用价金（Nutzungsentgelt）；最后是自2004年1月1日来自于联邦财政的补贴。所以，赔偿基金主要为在土地变价时所实现的或将要实现的收益所承担。由于该赔偿基金看起来现在还没有或者没有全部被筹措出来，而且只能靠将来的流入[收益]来补足，所以就赔偿数额发行了1000马克（一倍或多倍）票面价值的债券，该债券自2004年1月1日起利息为6%，并且在5年内分期被偿还（《赔偿法》第1条；1995年6月21日《债券条例》，载《联邦法律公报》，第1卷，846页）。总而言之，这是一个以未来为导向的、建立在期待原则基础上的融资，而且也很难进行具体计算上的预言。

5. 统计数字

36 根据对尚未解决财产问题规则的联邦局的报告，共提出有关于2,260,000块不动产、土地以及土地部分的回转的申请。1,570,000件(69.4%)已经于1996年9月30日被处理了。各个州的处理比率差别很大：比如梅克伦堡—前波莫瑞州为90.2%，勃兰登堡为58%。

6. 竞合的民法上的回复

37 如果法律上有意义的行为(Rechtsakt)，按照德意志民主共和国的法律是无效的话，就产生了根据带有除斥期间之事实构成的、《财产法》上的回复，与根据《德国民法典》第894条、第985条的回复竞合的问题。这种无效尤其可能导致针对正当"权利拥有人"的民法上的回复，但该回复恰恰是《财产法》第4条第2款所要阻止的。

38 联邦行政法院认定在征收措施范围内的法律瑕疵大部分是微不足道的，而且在这些情况下，根据《财产法》赋予了回复(或不回复)以优先地位，[44]而联邦最高法院的判例却强调独立的、民法上的回复，在原初意义上更强一些，但现在认为法律瑕疵是微不足道的，"在进一步考察时，这些瑕疵与被《财产法》在构成要件上所包括的非正义有着紧密的内部联系"[45](例如，进行处理的行政机关的管辖瑕疵、代理权情况下的形式瑕疵等)。但还存在着

---

〔44〕 特别是联邦高等行政法院裁判，载《新法学周刊》，1995年，1506页；1996年，1361页。

〔45〕 《联邦最高法院民事判例集》，第130卷，231页及其以下；《两德法律杂志》，1997年，221页；《两德法律杂志》，1997年，158、159页；《两德法律杂志》，1997年，162页等。对于其中问题参见特拉普夫(Tropf)文，载《有价证券法通讯》，1994年，89页及其以下；哈根/弗兰岑(Hagen/Frantzen)文，载《新联邦州的土地之转让》，1994年；另参见《联邦最高法院民事判例集》，第118卷，34页，以及对此的联邦高等行政法院裁判，载《新法学周刊》，1997年，447页；还有联邦高等行政法院裁判，载《新法学周刊》，1998年，221页。

下述民法上回复的情况，在这些情况下，完全缺少一个征收措施，〔46〕或者取得之事实构成不具备，〔47〕比如在隐藏的信托转让（Überlassung）被严格要求的情况下。毫无疑问，联邦最高法院的观点有道理地遵循了逻辑法则，而当立法者对德意志民主共和国法律的取得事实构成进行"效仿"，而且对该构成要件的任意性以及非秩序性很少进行斟酌的时候，立法者对该逻辑法则是有点轻视的。现在，立法者明确地为以前德意志民主共和国非正义行为创立了治愈规定，以便于保障统一适用《财产法》。〔48〕该"治愈"是效仿德意志民主共和国非正义的《物权过渡法》的苦涩的后果（对此参见下文边码64及其以下）。

（六）土地改革之土地

1. 征收、返还之排除以及赔偿

1945年，在苏联占领区，所有超过100公顷土地的"大土地主"、所有"战犯"、"纳粹领袖"以及国家社会主义劳工党的（NSDAP）伪政府的"领导人"都被进行了无偿地征收，在这里作为 39

〔46〕 联邦最高法院裁判，载《新法学周刊》，1996年，1890页及其以下（有瑕疵的征收——没有对全民所有权的取得时效；对此参见斯塔德勒尔（Stadler），《两德法律杂志》，1997，82页）；类似的有，联邦最高法院裁判，载《两德法律杂志》，1997年，350页；《两德法律杂志》，1997年，195页。

〔47〕 最后联邦最高法院裁判，载《经济法杂志》，1996年，688页。在那里对按照《财产法》（所谓的"Modrow法"）第4条第2b款的无效力的取得进行了详细阐述；另参见联邦最高法院裁判，载《财产与投资法杂志》，1997年，158、159页；354页及下一页。

〔48〕 《德国民法典实施法》第237条第1子条，1997年新版本（1997年7月17日的《住宅空间现代化法》）；根据《德国民法典实施法》第237条第2子条，余下的民法上的回复请求权，在1998年9月30日要承受排除；对此参见梅塞施密特文，载《新法学周刊》，1997年，2725、2727页；对该草案以及法律制定前的讨论状况，参见梅塞施密特文，载《新法学周刊》，1997年，163、165页；施密特—拉特斯驰（Räntsch）文，载《经济法杂志》，1996年，1858页；格林（Grün）文，载《经济法杂志》，1996年，1860页；对于合宪性，1998年7月3日的联邦高等行政法院裁判——1 BvR 13/98，载《经济法杂志》，1998年，A 65 Nr. 168。

战犯以及类似人物的归类往往是主观的、任意的。

40 这样,3,298,000 公顷土地移交给了"土地基金"(Bodenfonds),大约34%归到了全民所有财产,其他的被所谓的土地改革农民(Bodenreformbauern)以平均 8.1 公顷的等级所获得。该征收的基础为苏联占领区(SBZ)的国家与省管理机构的条例,但该条例至少在事后为苏联占领当局的命令所合法化了;在这里,该条例建立在 1945 年 8 月 2 日的《波茨坦公约》、《联合控制委员会法律(alliierte Kontrollratsgesetzte)》与控制委员会指示的基础上。[49]

41 在新的联邦诸州加入的时候,德意志民主共和国的代表特别重视那些将征收之撤销被排除的规则(《两德统一条约》第 41 条第 1 款;1990 年 6 月 15 日《共同宣言》第 1 号)。对此,苏联在多大程度上享有了基本性的利益,直到今天还没有完全澄清。[50]《基本法》第 143 条第 3 款以及《财产法》第 1 条第 8a 款用返还之排除期间,满足了该《两德统一条约》的预先规定。联邦宪法法院对此肯定了该返还排除的合宪性,并且确定,它没有违反作为不可变更的、被保障的所有权保护以及平等原则的核心因素(《基本法》第 79 条第 3 款、第 1 条、第 20 条;《基本法》第 3 条、第 14 条)。[51]

---

〔49〕 对此首要的参见瓦斯穆特文,载克莱姆及其他作者,《在前德意志民主共和国的财产与投资的法律手册》,边码 20 及其以下、边码 36 及其以下,具有证明;另参见上文边码 5。

〔50〕 对此参见,与关于尚未解决财产问题的两德谈判相关联,联邦政府对在苏联占领区,从 1945 年到 1949 年的征收问题的年代表;载莫奇/罗登巴赫/勒夫勒/舍费尔/齐尔希,《赔偿与补偿给付法》,1995 年,在《补偿给付法》之前,边码 21。

〔51〕《联邦高等行政法院判例集》,第 84 卷,90 页及其以下。《新法学周刊》,1991 年,1597 页及其以下;《新法学周刊》,1996 年,1666 页及其以下;《新法学周刊》,1997 年,449、450 页,以及瓦塞尔曼(Wassermann)文,载《新法学周刊》,1997 年,438 页;另参见《欧洲人权公约》(EKMR),载《新法学周刊》,1996 年,2291 页。

人们在下述意义上是不能完全对该合理性作否定性批评的，即完全的排除返还（Restitutionsausschluβ）是基于其产生之历史，仅仅是极为被迫而建立的，尤其是一个世纪之久的家族住地上所有权的有限制地交回，在缺少信赖保护事实构成的情况下，可能是一个基本平等的命令（Gebot），对该命令的轻视与法治国的设想，看来是不太相符的。联邦行政法院有倾向性地宽泛地对排除返还进行了解释：当征收归因于苏联占领当局的建议的时候，也是足够的，它也可能是为德国部门——可能是无节制的、任意的——所执行的。〔52〕 返还之排除不能通过下述方式而被破坏，即在民法路径中，在通过《德国民法典》第894条、第895条来检验的情况下，征收被认为是无效的。〔53〕 42

赔偿被规定在《补偿给付法》中（Ausgleichsleistungsgesetz）。*〔54〕 对被征收的所有权人原则上要援引《赔偿法》的规则，连同它的单位价值规则、它的社会递减性以及它的对作为联邦所有特别财产的赔偿基金的债券（对此参见上文边码35），将援引到（《补偿给付法》第2条）。但革新为长期的、自己经营的用益承租人带来了对以前全民所有地皮取得（Flächenerwerbs）的可能性（《补偿给付法》第3条第1款至第4款），被征收的所有权人也可能属于作为“重建者”（Wiedereinrichter）的这些［用益承租］人。非自己经营的、被征收的所有权人只能进行顺位在后的取得（《补偿给付法》 43

〔52〕 联邦高等行政法院裁判，载《新法学周刊》，1994年，2777、2778页；《新法学周刊》，1995年，1303页及其以下；整体的叙述参见梅塞施密特文，载《新法学周刊》，1997年，163、166页，有进一步证明。

〔53〕 联邦最高等法院裁判，载《新法学周刊》，1996年，591页及其以下，有进一步证明。

* Ausgleich 包括返还与赔偿两种可能性。

〔54〕 对此参见评论，莫奇/罗登巴赫/勒夫勒/舍费尔/齐尔希，《赔偿与补偿给付法》，1995年；齐默尔曼文，载克莱姆及其他作者，《在前德意志民主共和国的财产与投资的法律手册》，第B115号；克诺勒（Knolle）文，载菲贝格/赖兴巴赫等，《财产法》，1996年的状况。

第3条第5款),买卖最高限度(《补偿给付法》第3条第3款)在他们这儿,与自己经营的用益承租人比较起来,只有一半。在2003年后,对于没有被出让的地皮,具有很宽松的购买最高限度的"添加取得"(Nachschlagserwerb)是可能的(《补偿给付法》第3条第3款)。

44 购买价金大概相当于赔偿价值(1935年单位价值的3倍,通常在流通价值一半以下;《补偿给付法》第3条第7款)。在建筑物的情况下,必须考虑到流通价值。《地皮取得条例》[55]规范了地皮取得的详细规则。人们必须要估计到有大约850,000公顷的、低价的地皮取得,其中650,000公顷为用益承租人取得,180,000—200,000公顷的为非自己经营的、原所有权人所取得。总体上,地皮取得的可能性有利于减轻一些返还之排除的困难,虽然没有赔偿。用益承租人——常常是农业生产合作社的继受人——以及新的建设者的低价取得可能让人怀疑为在欧洲共同体(EU)法律上的津贴,所以欧洲共同体委员会已经准备并进行了检查程序(《欧洲共同体法》EGV第92条以下)。

45 重要的是,排除返还不适用于那些纳粹党迫害的牺牲者的赔偿请求权;《财产法》一直准用于它们(《财产法》第1条第6款、第8a款)。苏联以及俄罗斯联邦对征收措施的撤销,是否必须导致土地改革之征收(Bodenreformenteignungen)的回复(Rückabwicklung)(《财产法》第1条第7款、第8a款),似乎成为了一个很难回答的争议问题。

2. 土地改革之所有权的新秩序

46 只要土地改革之土地已经被转让给"新农民"了,在人的更替的情况下,

---

〔55〕 1995年12月18日的条例,《联邦法律公告》,第1卷,2072页;对此参见黑勒/匡特/桑瓦尔德(Heller/Quandt/Sannwald),《地皮取得条例》,1996年;维特(Witt),《新联邦州中的地皮取得》,1996年。

《德意志民主共和国占有转换条例》[56]适用于它们的命运：作为受让人，只有特别资格的人才被考虑在内；没有这样的人，那么土地就重新归属于国家的土地基金(Bodenfonds)甚或全民所有权之中。1990年3月6日的《土地改革法》[57]试图在德意志民主共和国的最后阶段，将土地改革之所有权简单地转变为通常的所有权。但在这里，还没有充分地注意到的是，分配之规定过去常常不受人注意，并且部分地具有任意性的结果，而且主要的是，土地登记簿之登记也停止了。

立法者已经在《德国民法典实施法》(EGBGB)第233条第11 47
子条到第16子条中决定按照两个基本原则进行清理。首先进行的是所有权分配(Eigentumzuweisung)(《德国民法典实施法》第233条第11子条)，以便于使土地财产保持流通能力；在1990年10月2日以前提出了登记申请的情况下，谁能出示占有转换文件(Besitzwechseldokument)，谁就是所有权人，否则的话，就是被登记的权利拥有人甚或其继承人是所有权人。基于对德意志民主共和国以前《占有转换条例》的分配标准的“效仿”(Nachzeichnung)，可能会产生一个较优的土地上的权利(《德国民法典实施法》第233条第12子条)；该较优的权利[在一定条件下还可以]赋予一个对所有权转让的债权性请求权*(《德国民法典实施法》第233条第11子条第3款)。

---

〔56〕 1951年6月21日的《占有转换条例》(《法律公报》，第1卷，第78号，629页)；1975年8月7日的《第一次占有转换条例》(《法律公报》，第1卷，第35号，629页)；1988年1月7日的《第二次占有转换条例》(《法律公报》，第1卷，第3号，25页)。

〔57〕 《法律公报：德意志民主共和国》，1990年，134页。

* 比如在占有转换文件拥有人没有及时提出登记(在1990年10月3日以后)申请的情况下，被登记的原所有权人成为了现在土地的所有权人，但占有转换文件拥有人享有一个所谓债权上的所有权转让请求权，现在的所有权人必须履行。所以在这种意义上，占有转换文件拥有人的权利是较优的。

48 在这里对于请求权担保(Anspruchssicherung)、回复以及诉讼时效,甚至除斥(Präklusion)的各个规则不能进行研究了。[58] 如果最终国家当局是该较优权利的拥有者的话,就会产生有问题的结果。[59]

(七)《德意志民主共和国物权法》法律改革以及《物权法》之清理的命运

1.《德意志民主共和国物权法》修正后的存续状况[60]

49 联邦共和国的立法者既不能简单地忽视前德意志民主共和国物权的形式(参见上文边码7至10),也不能忽视德意志民主共和国的事实上的物权秩序(参见上文边码13及其以下),同样也不能忽视德意志民主共和国的过渡法律(参见上文边码17)。相反,对于过渡时期,它至少必须从它所遇到的、物上权利归属(Rechtszuordnung)的现实出发,并且同时要重视,尽可能快地恢复流通能力以及抵押放款可能性(Beleihbarkeit)。为了这个目的,它在许多法律动议中都采取了两个基本原则性的措施,这些措施表

---

〔58〕 详情参见戈拉施/克勒格尔(Gollasch/Kröger)文,载克莱姆及其他作者,《在前德意志民主共和国的财产与投资的法律手册》,第B400号;另参见相关的《德国民法典评注》;对于《德国民法典实施法》新文本第233条第13子条参见柏林格(Böhringer)文,载《德国司法》,1998年,1页及其以下。

〔59〕 有意思的新例子:联邦最高法院裁判,载《新法学周刊》,1998年,224页(作为较优权利的拥有人,为了农地的利益所进行预告登记的后顺位性);联邦最高法院裁判,载《两德法律杂志》,1997年,224页;《两德法律杂志》,1997年,193页;《两德法律杂志》,1997年,121页;联邦宪法法院裁判,载《两德法律杂志》,1997年,88页(三人法庭作出的);联邦最高法院裁判,载《两德法律杂志》,1997年,58、59页。

〔60〕 除了《德国民法典评注》以外,特别参见艾克曼(Eickmann),《土地物权》,边码126及其以下;v. 德里加尔斯基/韦尔特/格梅克,《东部地区不动产手册》,第2版,1996年,13页及其以下;埃茨巴赫,载克莱姆及其他作者,《在前德意志民主共和国的财产与投资的法律手册》,系统的介绍;对于1996年12月20日的《所有权期间法》(《联邦法律公告》,第1卷,2028页),参见柏林格文,载《两德法律杂志》,1997年,42页(善意期间的延长)。

现在《德国民法典实施法》第231条第5子条以及《德国民法典实施法》第233条第1子条到第10子条之中。其一，它确定了《德意志民主共和国民法典》中物上权利形式的继续存在，但广泛地规定了《德国民法典》将来对这些权利形式的适用。其二，它还将未完全的、纯粹事实上的构成要件转化成了德意志民主共和国的法律中的权利。

首先，用建筑物所有权[的例子]能最好地展示该应对方式。基 50
于物权性用益权利产生的建筑物所有权（《德意志民主共和国民法典》第287条及其以下、第291条及其以下；上文边码7及其以下）继续存在；《德国民法典》的规定（《德国民法典实施法》第233条第4子条第1款）——与适用于住宅所有权相似——适用于此，即《德国民法典》第873条、第925条适用于所有权转让，《德国民法典》第1113条及其以下适用于土地担保物权。虽然善意无负担的土地取得一直到规定的日期（1991年12月31日）都是不可能的，甚或最多被赋予一个赔偿义务性的撤销请求权（《德国民法典实施法》第231条第5款第3项、第233条第4款第2项），但作为建筑物所有权基础的物权性用益权利，仍被作为土地负担而登记。物权性用益权利是建筑物所有权的重要成分（《德国民法典实施法》第231条第5子条第2款），但不随着建筑物的灭失而灭失，而是使建筑物所有权的重新建立成为可能（《德国民法典实施法》第231条第5子条第1款第2句、第233条第4子条第3款）。在土地登记簿中的建筑物所有权的处理，被规定在特别的建筑物土地登记簿处分命令（Gebäudegrundbuchverfügung）*之中。[61] 对于许多“事实用益”的情况（对此参见边码13及其以下），进行清理的联邦共和国立法者创设了进行占有的权利（《德国民法典

---

* 这是内部的抽象性指令。

[61] 对此参见施密特—拉特斯彻/施特纳尔/贝延斯（Räntsch/Sternal/Baeyens）的评论，载克莱姆及其他作者，《在前德意志民主共和国的财产与投资的法律手册》，第B443号。

实施法》第233条第2a子条)。[62] 它构想了没有物权性用益权利的建筑物所有权(《德国民法典实施法》第233条第2b子条、《德意志民主共和国民法典》第8条连同第459条),该权利同样也位于土地物权之下,而且对于该权利同样要编制土地登记簿页。该建筑物所有权也要被作为土地的负担登记入土地登记簿(《德国民法典实施法》第233条第2c子条)。对于真正的周末房屋(Wochenendhäuser 上文边码9)适用《动产法》就可以了(《德国民法典实施法》第231条第5款第2项第2句,第233条第2a款第7项、第2b款;《德意志民主共和国民法典》第296条第1款、第312条及其以下)。

51 在定限物权的情况下,根据《德国民法典》"前两代法"(Uraltrechte)*的继续适用(参见上文边码10)很少会引起麻烦(比较适用于土地担保物权的《德国民法典实施法》第233条第6子条第2款)。相反,前一代法(Altrechte)**则必须被改变一下:原则上,它们保留原来的内容与顺位不动(《德国民法典实施法》第233条第3子条第1款)。但现在《德国民法典》的规定适用于先买权(《德国民法典实施法》第233条第3子条第4款第2句、《德国民法典》第1094条及其以下)。《德意志民主共和国民法典》附随性的抵押权被转化成了担保性抵押权(《德国民法典实施法》第233条第6款)。其顺位按照登记时间点来确定。建设抵押权(Aufbauhypothek)保持优先顺位,对于利息变更最大只能到13%的利率(《德国民法典实施法》第233条第9子条)。所有权人必须同意的共同用益权利,被作为物权来转化,并且能被一般性地登记(《德国民法典实施法》第233条第5子条第1款、第3款)。在缺少登记的情况下,善意、无负担地取得,由于规定日期规则的原因而被大大

---

〔62〕 例子:《联邦最高法院民事判例集》,第125卷,125、134页;联邦最高法院判例,载《新法学周刊》,1997年,459页;《新法学周刊》,1998年,1713页;《两德法律杂志》,1997年,348页;《两德法律杂志》,1997年,323、324页。

* 指1900年生效的《德国民法典》。——译者注

** 指1976年的《德意志民主共和国民法典》。——译者注

地限缩了(《德国民法典实施法》第 233 条第 5 子条第 2 款)。着眼未来的是,授权诸州立法者去调整在内容上如何向《德国民法典》中负担形式转化(《德国民法典实施法》第 233 条第 5 子条第 4 款)。

物权的转化使新的联邦诸州的土地登记簿登记处(Grundbuchämter)面临着特别繁重的任务。因此,立法者采取了几项减轻土地登记簿登记局工作以及减除土地登记簿荷载的措施。 52

《土地登记簿清理法》[63]处理的是价值稳定的权利的转化(例如,以黑麦或者纯金为单位的抵押 Roggen - oder Feingoldhypothek)、旧的役权的消灭、未登记的用益权利的消灭、1 万马克以下土地担保物权的消除以及对供应企业的给付役权(Leistungsdienstbarkeiten)的处理;进一步的实施规定附加在《物权法实施条例》[64]之中。《土地登记簿优先顺位条例》[65]允许对"投资性的"土地登记簿申请优待处理(紧急性证明;投资优先顺位裁定,对此参见上文边码 33),但这里,在同一个土地登记簿的情况下,每次都要注意《土地登记法》(GBO)第 17 条。 53

---

〔63〕 1993 年 12 月 10 日(《联邦法律公告》,第 1 卷 ,2182 页);1994 年 9 月 21 日的文本(《联邦法律公告》,第 1 卷,2457、2491 页);对此施密特—拉特斯彻(Räntsch)的评论,载克莱姆及其他作者,《在前德意志民主共和国的财产与投资的法律手册》,第 B425 号;柏林格,载艾克曼(Eickmann),《物权法清理法》, 第 30 号。

〔64〕 1994 年 12 月 20 日(《联邦法律公告》,第 1 卷,3900 页)。

〔65〕 1994 年 10 月 3 日(《联邦法律公告》,第 1 卷,2796 页)。

2. 物权法之清理[66]

54 《物权法清理法》有两个目的(《物权法清理法》第 3 条):其一,土地所有权与建筑物所有权的分离应当被消除,或者应当被转变为旧的联邦共和国的权利形式;其二,土地使用人与土地所有权人之间的关系,在被分离出来的建筑物所有权根本不能产生的情况下也要澄清。这样说来(《物权法清理法》第 1 条、第 4 条及其以下、第 9 条),具有 123 个条文的《物权法清理法》原则上适用于所有法律上或事实上的“用益”:建筑物所有权、物权性用益权利、为了合同性转让的住宅建筑、具有国家机关同意的住宅建筑、用益权利没有设定的情况等(另参见上文边码 13 及其以下)。原则上,法律提供了两种清理的可能性(《物权法清理法》第 14 条及其以下):*有用益者购买土地*(《物权法清理法》第 61 条及其以下),或者*设定一个为了用益人利益的地上权*(《物权法清理法》第 32 条及其以下)。通常情况下,选择权在用益人手中(《物权法清理法》第 15 条)。在价值微不足道的情况下(只能购买)、在用益人迟延(选择权过渡给所有权人,《物权法清理法》第 16 条)的情况下、在所有权人有特别经济利益的情况下存有例外(《物权法清理

[66] 对此参见茨祖伯(Czub)/施密特/拉特斯彻(Räntsch)/弗伦茨(Frenz)的评注,《物权法清理法》1995 年;福修斯,《物权法清理法》,1995 年;艾克曼(Eickmann)(编者),《物权法清理法》1996 年;另参见格梅克,载 v. 德里加尔斯基/韦尔特/格梅克,《东部地区不动产手册》,第 2 版,1996 年,147 页及其以下;埃茨巴赫/法尔肯海因(v. Falkenhayn)/法本德尔(Faβbender)/ 哈梅尔(Hammel)/克瑙贝尔(Knauber)/梅塞施密特,载克莱姆及其他作者,《在前德意志民主共和国的财产与投资的法律手册》,第 B410 号;另概要参见艾克曼(Eickmann)文,载《德国公证杂志》,1996 年,139 页;格林(Grün)文,载《新法学周刊》,1994 年,2641 页;施蒂尔纳(Stürner)文,载《法学者报》,1993 年,1074 页及其以下;茨祖伯(Czub)文,载《物权法清理法——简易入门》,1994 年;对于合宪性参见布吕内克(v. Brünneck)文,载《新司法》,1994 年,150 页。新判例有:联邦最高法院裁判,载《新法学周刊》,1997 年,457 页;《联邦最高法院民事判例集》,第 131 卷,368 页;《新法学周刊》,1996 年,916 页;《两德法律杂志》,1997 年,354、355 页(对非正当的使用人之除斥,《物权法清理法》第 29 条、第 30 条)。

法》第 29 条、第 81 条及其以下)。

由于土地价值对于出卖以及在地上权租金(Erbbauzins)同样都很重要,所以规定了一个共同的价值确定程序(《物权法清理法》第 19 条及其以下)。被列入物权法清理的地皮可能会使重新设定成为必要,例如在没有测量的土地、空间上没有确定的用益权利或者使用、面积超大等情况下。这里,第 21 条及其以下规定了空间上的归属。土地重划程序(Bodensonderungsverfahren)[67]可以用作前置程序(Vorschaltverfahren),重新调整按照土地重划(Flurbereinigung)方式不清楚的测量以及权利关系(特别是《物权法清理法》第 85 条及其以下、《土地重划法》第 4 条)。 55

如果用益人选择了购买土地,那么他就享有了一个签订具有法定预先草拟的合同的请求权(《物权法清理法》第 61 条及其以下),在某种程度上可以说代替了预约(Vorvertrag)。通常的价金为流通价值的一半(《物权法清理法》第 68 条),并在有短暂的剩余使用期间、使用变更为工商业目的等情况下会被抬高(《物权法清理法》第 69 条及其以下),在国家或者合作社的住宅土地的情况下会被减少(《物权法清理法》第 73 条)。在事后变更的情况下,有时或许存在补缴(Nachzahlungspflichten)的义务。对于土地上的物权,存在着无数的特别规则(《物权法清理法》第 62 条及其以下)。比如说在被分离的建筑物所有权消灭的情况下,取得的法律后果是不存在的;法律(《物权法清理法》第 78 条)还规定一个[建筑物与土地一体]处分权能之结合,而且一旦建筑物所有权上没有负担的话,就有一个销除建筑物所有权(《德国民法典》第 56

[67] 关于按照地图不可测量以及被越界建筑的土地分离的法律——《土地分离法》——1993 年 12 月 20 日(《联邦法律公告》,第 1 卷,2182 页);评论,载艾克曼(Eickmann),《物权法清理法》,第 40 号(第 1 章边码 36 的引文);要注意的是 1994 年 12 月 2 日的《分离计划条例》(《联邦法律公告》,第 1 卷,3701 页)。

875 条）的义务。

57 在选择地上权的情况下，使用人对设定一个具有法定预先草拟内容的地上权享有请求权（《物权法清理法》第 42 条及其以下）。地上权租金浮动在流通价值的 2%（私人住宅、租赁之住宅建筑物）到 3.5%（工商业的土地等）或者更多之间，是通常地上权租金的一半（《物权法清理法》第 43 条）。法律提供了无数的减低以及抬高的可能性（在开始阶段的减低、在使用[用途]之变更、出让等情况下的抬高，《物权法清理法》第 44 条及其以下）。地上权在一家人或两家人住宅的情况下持续 90 年，在国家或社会住宅建筑的情况下持续 80 年，在工商业或者农业使用的情况下为 50 年（《物权法清理法》第 53 条）。保障地上权第一顺位的规定是很费成本的（《地上权条例》第 10 条），在物上权利拥有者的顺位后移（Rangrücktritt）情况下，这些规定必须区分土地的负担与建筑物所有权的负担（《物权法清理法》第 33 条及其以下）。用于担保地上权租金的、在地上权上的物上负担（Reallast），必须后移到为了建筑材料利益[进行贷款而设定]的土地担保物权之后，如果存在这种情况的话（《物权法清理法》第 52 条第 2 款、《地上权条例》第 9 条第 3 款第 2 号）。可设想的是，在一块土地上设立许多地上权、共同地上权以及住宅地上权（《物权法清理法》第 39 条及其以下）。

58 立法者设计的个人合同模式为公证式合同救济程序（Vertragshilfeverfahren）所补充（《物权法清理法》第 87 条及其以下），该程序的进行基于申请，而且，或者以一个制成文书的合意（《物权法清理法》第 98 条），或者以一个定约记录（《物权法清理法》第 99 条）作为结束。在最后一种情况下，在诉讼（Klage）之后，接下来的就是一个在其判决中确定特定合同内容的法庭程序。

3. 物权法清理的基本思想以及经济意义

如果人们试图总结物权法清理的基本原则，就会得出如下几个要点：在所有联邦诸州中适用的物权法的统一，有利于“用益人”的存续保护之优先，通过半价规则的符合于市场的有偿性，通过对私法自治之合意的援引之方式，达到权利清理的非规制化。基于下述需求，进行物权法统一化是有理由的，即在全部联邦范围内，采用有完全流通能力的、与市场经济的价值相符合的，并且实现有透明度的当事人自治的物权类型。该打破规制的转化是否对当事人以及司法（Rechtspflege）要求过高，在将来一定会有所表现；人们估计至少约有300,000件规制的情况，价值总额约150亿马克。 59

4. 从物权法的角度看债法之调整

《债法调整法》〔68〕规定了那些没有使用益人获得《物权法清理法》的准物权保护的使用合同的命运。这里，签订的使用合同属于“有别于居住目的的其他个人的目的”，所谓的“居住与工商业目的的出让合同”（Überlassungsverträge）以及导致住宅建筑的租赁与用益租赁合同（《债法调整法》第1条）。相对于《物权法清理法》，减弱的保护建立在如下的理由上，即在这种法律关系上，暂时性的特点一直是很明确的，所以完全的、类似于所有权的信赖保护被排除了。原则上，这些法律关系将被转化为租赁权或者用益租赁权（《债法调整法》第6条第1款）。随着合同关系的终结，建筑物所有权就移转到土地所有权人的所有权之中；只有表见构成部分保留在使用人的所有权中（《债法调整法》第11条）。但向《德国民法典》规定的权利的过 60

〔68〕 1994年9月21日的《在新加入地区进行债法上的土地使用关系调整的法律》（《联邦法律公告》，第1卷，2538页）；对此参见《债法调整法》，1995年；另参见《联邦最高法院民事判例集》，第131卷，368页；《新法学周刊》，1996年，916页；联邦最高法院裁判，载《新法学周刊》，1997年，457页（《物权法清理法》与《债法调整法》的界限；对此参见施纳贝尔（Schnabel）文，载《两德法律杂志》，1997年，376页）；联邦最高法院裁判，载《两德法律杂志》，1997年，321、322页（改建与建筑房屋）。

渡在时间上是有弹性的。有一种很长时间的存续保护(Bestandschutz),其终止保护期间在2000年与2020年之间(《债法调整法》第23条到第26条、第38条到第40条、第49条),并且在特别情况下还允许中断。所有权人原则上必须对在使用期间的投资给予赔偿(《债法调整法》第12条及其以下)。原则上,使用人必须支付使用报酬(《债法调整法》第20条、第35条、第47条、第51条),1993年的《使用报酬条例》适用于修养用途之土地(对于1997年的修改,参见格林(Grün)文,载《两德法律杂志》,1997年,306页)。最后,使用人还有一个先买权(《债法调整法》第57条)。

61 为了建立周末房屋要授予一个用益权利,带有这种周末房屋的、修养用途之土地具有特殊地位。虽然它们不在物权法清理的范围内,但在使用人对地上权设定的请求下,要遵循《修养用益权利法》[69]中的一个类似的规则模式(Regelungsmuster)。

5. 浇灌设备以及种植物

62 《农业生产合作社法》允许在农业生产合作社的淋洒以及灌溉设备之上,甚至其种植物之上,成立一个类似于建筑物所有权的独立的、特别所有权。最后,《调整灌溉设备上法律关系之法律》[70]以及《调整在农业生产合作社耕种的种植物上的所有权的法律》,[71]规定了将来对土地所有权人的所有权移转,但给予了一定的过渡时期。

(八)围墙之土地

63 为了围墙以及边界建筑而被征收的土地之命运,由关于围墙

---

[69] 1994年9月21日,《关于对新加入地区的为了修养目的而被授予的用益权利的清理的法律》(《联邦法律公告》,第1卷,2548页)。

[70] 1994年9月21日(《联邦法律公告》,第1卷,2550页)。

[71] 1994年9月21日(《联邦法律公告》,第1卷,2538页)。

以及边界土地出卖给原所有权人的法律来规定。[72] 如果联邦(!)没有为了自己的公共目的而使用该土地,或者没有为了公共利益而将之出卖给第三人的话,原所有权人可以按照流通价值的25%买回该土地。在出卖的情况下,所有权人补偿性地获得流通价值的75%。

取回申请的规定日期是:1997年1月31日。

(九)新联邦诸州土地法的公平性

人们很少或者从来没有读到过关于新联邦诸州土地法的全面介绍,而且,当——像在这里一样——进行这样的尝试的时候,人们立刻就会怀疑其概览性的成功度:许多规则的拼补很难产生一个总体形象,在立法者的措施多样性的情况下,人们几乎能谈的只有"小碎块"的基本原则。大多数情况下,各个法律有自身的合逻辑性。真正的问题在于总体整合。 64

对此有几个例子——首先是从原所有权人的角度。当所有权通过1945 65
年到1949年的征收而消灭了的时候,原则上不进行回复,而是根据具有社会性递减的单位价值(Einheitswerte mit sozialer Degression)进行赔偿;原所有权人原则上只享有后顺位的、支付补偿价值条件下的、受限制的取回(Rückerwerb)权。如果所有权人在德意志民主共和国时代通过征收或者国家的操纵,而丧失了他的所有权的话,他可以追回该所有权,而且只负有对价值增长进行价值补偿的债务。如果被征收的所有权人必须向正当的取得人或者物上权利人让步的话,他只取得了根据单位价值的补偿。如果所有权上

〔72〕 1996年7月19日(《联邦法律公告》,第1卷,98页);对此参见布卢门维茨(Blumenwitz)文,载《新法学周刊》,1996年,3118页及其以下;瓦塞尔曼文,载《新法学周刊》,1996年,3134页及其以下;梅塞施密特文,载《新法学周刊》,1997年,163页及其以下;2726页。

只是单纯地在行政机关的容忍下被建筑了房屋,而没有被征收的话,正当用益人可以要求以流通价值的一半购买,这样一来,所有权人至少受益了流通价值的一半。在围墙土地的情况下,原所有权人必须为了取回而交出流通价值的25%,但或许在没有回复的情况下,最多获得流通价值的75%。

66 在用益人甚或新所有权人的角度,也产生了极大的不平等。谁简单地由全民所有权中已经获得了个人所有权,谁原则上就无负担地继续保有,虽然他从来都没有支付过当今的流通价值。[73] 谁要是只取得了物上的或者事实上的、带有建筑物所有权的用益权利,谁就必须被迫地支付流通价值的一半。谁基于用益合同建筑[房屋],谁就必须在一段过渡期间后,在获得一定赔偿条件下,返还其建筑物,等等。

67 所有这些不公平都建立在如下的基础上,即基于为德意志民主共和国所给予的"法律地位",立法者来判定返还、存续保护以及赔偿,因此也是"仿效"了德意志民主共和国的公正、非公正以及非秩序。但作为不同存续保护、不同回复以及不同赔偿的基础的地位,并不是在法治国的自由中所获得的,而常常是任意的、偶然的被分配以及划拨的。这样一来,新的物权法就续写了过去不公正的新篇章。为了避免这一点的"好办法",是必须对返还、存续保护以及赔偿进行同样的判定对待,为了筹措赔偿资金不得不在最终所有权人处抽掉一部分价值。[74] 立法者没有选择该"好办法",因为立法者自始就没有进行总览[考虑],这在以后会造成政治情绪的结果。至于这种修正已经为时过晚了,在每一个部分修正造就了新的不公正之后,联邦宪法法院自己充其量只能纠正那些完全重大的不公正——如果它对此的确准备好了的话。

---

〔73〕 对于可想象的偏袒行为之无效(按照"Modrow 法"大大地低于价值的出让,参见边码 17),联邦最高法院裁判,载《两德法律杂志》,1995 年,169 页;波茨坦区法院裁判(BezG Postdam),载《两德法律杂志》,1994 年,33 页。

〔74〕 对此还有帕皮耶尔(Papier)文,载《新法学周刊》,1997 年,2841、2846 页。

在完全承认立法者心血的情况下，对于立法者的法律作品，人们不能无限制地赞扬立法者。一个不能总览的、脱离了一般尺度控制的法律次文化 68
(Rechtliche Substruktur)已经形成。联邦最高法院对于返还应当按照一般民法规则的倾向(对此参见边码37及其下一码)，是对一个选择了多种多样的不公正行为以及非秩序作为法律区分出发点的新秩序有根据的不愉快的表示。1997年《德国民法典实施法》第237条第1子条，对有瑕疵的德意志民主共和国征收措施进行的补救，为本文画上了有疑问的句号。

附录3

范　　本[1]

德国抵押权证书

关于

20,000马克

尚有效金额

15,000马克

舌内贝格(Schönberg),1981年7月9日

(签字)

被登记在

瓦司林根(Waslingen)土地簿册(舌内贝格初级法院)

第3卷第82页第3部分第3号(三)

登记内容:

第3号:瓦司林根的Josef Schmitz(生于1931年3月20日)的20,000(贰万)马克购买价款债权,年息为5%。查照1978年12月1日的登记准许,该准许登记于1979年2月16日。

被负担的土地:

土地簿册的现有财产目录(Bestandsverzeichnis)第1号中标记的土地

---

〔1〕 官方范本,《土地簿册管理条例》第52条,附件3;对于证书之内容,详见第三十七章边码30。

舌内贝格,1979年2月20日　　　　　　　　　　　　初级法院
(印章)　　　　　　　　　　　　　　　　　　　　　(签字)

于1980年11月14日,在现有财产目录第3号中标记的土地,作为其成分归并登记入被负担的土地。由于该合并登记,现有财产目录第4号标记的被负担的土地,被进行了重新登记。[2]

舌内贝格,1980年3月13日　　　　　　　　　　　　初级法院
(印章)　　　　　　　　　　　　　　　　　　　　　(签字)

前面说到的20,000马克中的5000(伍仟)马克连同利息,自1981年7月1日起,以优先于剩余部分的优先顺位被让与瓦司林根的工程师汉斯·米勒(Hans Müller)。1981年7月7日,该让与以及顺位变更,被登记入土地簿册。就该被让与的金额制定了部分型抵押证书。[3]

舌内贝格,1981年7月9日　　　　　　　　　　　　初级法院
(印章)　　　　　　　　　　　　　　　　　　　　　(签字)

---

〔2〕 对于合并登记,参见第十五章边码23及其以下;第三十九章边码22及其以下。

〔3〕 对于部分型证书,参见附录3a以及第三十八章边码12及下一码。

附录 3a

范　　本[1]

德国部分型抵押权证书

关于

5000 马克

20,000 马克抵押权的部分金额

被登记入

瓦司林根土地簿册(舌内贝格初级法院)

第 3 卷第 82 页第 3 栏第 3 号(三)

目前关于 20,000 马克抵押权的证书内容如下：

德国抵押权证书

关于

20,000 马克

被登记在

瓦司林根土地簿册(舌内贝格初级法院)

第 3 卷第 82 页第 3 栏第 3 号(三)

登记内容：

第 3 号：瓦司林根的 Josef Schmitz(生于 1931 年 3 月 20 日)的 20,000(贰万)马克购买价款债权,年息为 5%。查照 1978 年 12 月 1 日的登记准许,该准许登记于 1979 年 2 月 16 日。

---

〔1〕 官方范本,《土地簿册管理条例》第 52 条,附件 4;对于部分型证书,详见第三十八章边码 12 及下一码。

被负担的土地：

土地簿册的现有财产目录第 1 号中标记的土地

舌内贝格，1979 年 2 月 20 日　　初级法院

（印章）　　（签字之副本）

于 1980 年 11 月 14 日，在现有财产目录第 3 号中标记的土地，作为其成分归并登记入被负担的土地。由于该合并登记，现有财产目录第 4 号标记的被负担的土地，被进行了重新登记。

舌内贝格，1980 年 3 月 13 日　　初级法院

（印章）　　（签字之副本）

前面所说的副本与原本一致。

20,000 马克中的 5000（伍仟）马克连同利息，自 1981 年 7 月 1 日起，以优先于剩余部分的优先顺位被让与瓦司林根的工程师汉斯·米勒（Hans Müller）。1981 年 7 月 7 日，该让与以及顺位变更，被登记入土地簿册。〔2〕

就该被让与的金额制定了本部分型抵押证书。

舌内贝格，1981 年 7 月 9 日　　初级法院

（印章）　　（签字）

〔2〕 原始证书印于上文附录 3；在该原始证书上也要标注该部分型让与；对于标注的意义，参见第三十八章边码 31 及其以下。

附录 4

证书式土地债务之设定[1]
附带人上责任之承担以及返回请求权之让与

协商日期:1987 年 10 月 18 日(一九八七年十月十八日)

于斯图加特,威哈斯大街(Werastraβe)20 号

在公证员 Ulrich Klug 我的面前,办公地在斯图加特

在场的是饭店店主 Karl Schuldig,居住于斯图加特,谋泽大街(Moserstraβe)53 号(下面称为:设定人)

一、附有服从土地上强制执行的登记准许以及登记申请

在了解土地簿册内容后,下面的意思表示被作成证书:

设定人不可撤销地**准许**并**申请**,在瓦司林根的土地簿册中

簿册所在初级法院　舌内贝格　第 3 卷　第 82 页　土地　地块 77

建筑面积 17 公亩(=100 平方米)43 平方米

标记的土地上　——下面称为:地产——

设定一个 100,000 马克的**土地债务**

大写:拾万马克

受益人为 X 银行,斯图加特,昆尼西大街(Königstraβe)2 号[2]

——下面称为:银行——

登记如下:

---

[1] 根据的是科隆银行出版社的格式,1997 年的状况。

[2] 在设定所有权人土地债务的情况下,文中表述是“为了他”。

1. 该土地债务自今日起，年息为14%。[3] 该利息每次都于下一年的第一天被清偿。

2. 土地债务到期。[4]

3. 设定人放弃，在主张土地债务时出示土地债务证书、让与表示以及其他用于证明债权人权利的证书的要求，该放弃具有对抗该所有权人/地上权人的效果。[5]

土地债务应具有下述顺位：

第三部分第一顺位[6]

如果该顺位不能立即得到，那么公证人就有权在下一个空缺顺位上申请登记。

就土地债务金额，设定人**服从于在被负担地产上的立即强制执行**，其方式是，基于本证书的强制执行相对于该所有权人/地上权人都是被容许的。设定人不可撤销地准许并申请，将该服从之表示登记入土地簿册。[7]

二、在多个担保客体的情况下土地债务之产生

如果被负担的地产是由多个担保客体所组成的，而在所有担保客体上的土地债务登记并没有同时，即没有在同一天进行，那么设定人声明：在这种情况下，土地债务应当在它已经于其上登记的那些担保客体上，已经随着登记产生了，并不取决于证书的另外作成。[8]

---

〔3〕 抽象的土地债务的利息率（参见第四十四章边码12）可以这么高，这样，该利息率在有的情况下可以对贷款合同的利息波动、总计损害（第三十六章边码56连同脚注2）等一并担保。在附随性的抵押权情况下，波动的利息造成了很大的困难（第三十七章边码28）。

〔4〕 参见第四十五章边码80；在证书式抵押权情况下有所不同：第三十六章边码44及其以下。

〔5〕 比较第三十八章边码53及其以下；第四十四章边码16。

〔6〕 参见第十七章。

〔7〕 对此参见第三十六章边码55；第四十章边码36及其以下；第四十五章边码15。设定所有权人土地债务的所有权人也可以一同作出对强制执行服从的意思表示；参见第四十六章边码8，具有进一步证明。

〔8〕 参见第四十三章边码9。

三、对公证人的委托

设定人委托公证人为了银行之利益使用该证书,并授予公证人代理权,受领送达以及所有类型的、与土地债务设立直接相关的意思表示。〔9〕

银行有权直接从土地登记机关受领该证书。该证书被交给银行。〔10〕

公证员还被委托,立即授予银行一个可强制执行的证书文本。〔11〕另外,该债权人有权要求更多的文本,对此由设定人支付费用。

四、费用

所有在证书设立以及实施时产生的费用,都由设定人承担。

五、送达之代理

在有很多设定人的情况下,每一个就送达被授权之人也是所有其他人的送达代理人。

六、优先顺位与相同顺位土地债务的返回请求权之让与〔12〕

只要设定人现在或者将来享有下述请求权,即连同利息以及从权利在内的、向回转让优先以及相同顺位土地债务(以及土地债务部分)的请求权,其对解消准许、放弃表示、不支付对价贷款表示之授予的请求权,以及在变价到期的情况下,他对多出之收益支付的请求权,他就将它们让与银行。他要将这些请求权的产生,毫不迟延地通知银行。同时,对土地债务证书交出的请求权,或者为了在土地登记机关制作部分型证书而要求出示该土地债务证书的请求权,也移转给了银行。〔13〕

---

〔9〕 对此参见第十六章边码10以及30。

〔10〕 比较第三十七章边码37及其以下。

〔11〕 第四十章边码43及其以下。

〔12〕 对于返回请求权及其让与,参见第四十四章边码8;第四十五章边码24及其以下、边码41及其以下、边码50及其以下、边码90及其以下;第四十六章边码48及其以下。返还请求权的让与常常不规定在土地债务设定证书中,而只是在担保目的表示或者担保约定中规定(附录4a)。

〔13〕 比较第三十八章边码12及下一码。涉及的是,在设立部分型证书的情况下,对协助的请求权。

七、附带对强制执行服从的人上责任的承担[14]

设定人

同时承担下述人上的责任

即支付与土地债务金额与利息一样多的金钱,基于该人上的责任,该债权人在对地产执行前就可以向他/她进行请求。多个债务人作为共同债务人承担责任。因为这个责任,每个债务人就其全部财产服从于基于证书的立即强制执行。

八、配偶的同意

设定人的配偶同意设定人在该证书中作出的意思表示。[15]

---

〔14〕 详见第四十章边码43及其以下;第四十五章边码15。根据通说,只要债务人与所有权人是同一个人,就没有疑问;在二者分离的情况下,至少在土地债务设定证书中,格式条款的约定是不可能的。所以在这方面,实践中会选择另外与此分离的格式(判例的值得怀疑之效果!)。

〔15〕 对此参见第二十二章边码17及其以下。

附录4a

附有让与返回请求权的土地债务担保约定〔1〕

担保给（银行的名称与地址）　　担保提供人（姓名与地址）

-------------------------------　　-------------------------------

土地债务之标志

土地簿册/住宅土地簿册/地上权登记册拥有人　　进行登记的初级法院

---　　---------------------------

册　　页　　土地　　地块　　第三部分第　　号

--------　　--------　　--------　　--------　　----------------------

马克数额为　　大写：　　马克

-----------　　---

被负担土地的所有权人/地上权人（姓名与地址）〔2〕

作为在土地债务设定证书中达成的规则的补充，如下的约定也适用于上述土地债务：

1. 担保目的〔3〕

□ 对担保提供人自己债务的担保

---

〔1〕 根据的是科隆银行出版社的格式，1997 年的状况。对于担保目的只表示，详见第四十五章边码 9 及其以下，边码 72 及其以下。

〔2〕 担保提供人可能与所有权人是同一个人（对此参见第四十五章边码 73）；但可以设想的是，担保提供人对一个在他人土地上的土地债务进行支配（对此参见第四十五章边码 74 及其以下）。

〔3〕 债务人通常与担保提供人是一个人，并在自己土地上（参见第四十五章边码 9 及其以下）或者他人的土地上设定担保（参见第四十五章边码 74 及其以下）。但可以设想的是，与债务人不同的担保提供人，在他的土地上设定一个土地债务（参见第四十五章边码 73），或者——完全是一种例外——支配他在他人土地上的土地债务。

土地债务人上责任的承担以及返还请求权的让与用于担保所有现存的、将来的以及附条件的请求权，即基于对担保提供人的正常银行业务联系，而归银行及其所有的国内外营业机构所享有的请求权。如果担保提供人已经承担了对银行另一个客户的债务之担保（比如保证），那么土地债务对基于该责任承担产生的债务的担保，自其到期后才开始。

□ 对第三人债务的担保

土地债务以及返回请求权的让与是对银行下述请求权的担保，即银行基于对

信贷使用人（姓名与地址）

之债权（对债权描述）

享有的请求权，而且在约定的信贷期间被延长的时候，也是如此。[4]

2. 通过对优先以及相同顺位土地债务的返回请求权之让与对责任范围进行扩张[5]

（1）如果其他现在或将来的土地债务在顺位上优先于或者相同于该土地债务，那么在这里，连同利息以及从权利在内的、向回转让优先以及相同顺位的土地债务的请求权，对销除准许、放弃表示、不支付对价贷款表示之授予的请求权，以及在变价到期的情况下，对多出之收益支付的请求权，就让与银行。如果该在先顺位土地债务上的返回请求权已经被另行被让与了，那么对

〔4〕 假如债务人与担保提供人不一致的话，对所有将来债权的收取有可能与一般交易条件法第 3 条不相符合；对此参见第四十五章边码 14。

〔5〕 对此参见第四十六章边码 48 及其以下；另外还有第四十四章边码 23 及其以下，第四十五章边码 24 及其以下，边码 41 及其以下，边码 50 及其以下，边码 72 及其以下，边码 90 及其以下。

这些请求权的向回让与的请求权就被让与[给银行]了。

(2)让与按照下述标准进行,即在返回请求权到期的时候,银行得从向它让与的土地债务中获得清偿,在这里,这个土地债务是对其债权,除了上面所述的土地债务以外附加的、另外的担保。担保约定的规定准用于该另外的土地债务。[6]

(3)银行有权就返回请求权的让与通知返回义务人。

(4)在证书式土地债务情况下,要求交出土地债务证书的请求权,以及要求向土地登记机关出示证书,以便设立部分型证书的请求权也被让与了。[7]

(5)在银行的要求下,担保提供人要作出所有对上述被让与的请求权必要的意思表示。银行有权从优先或者同等顺位的土地债务权利人处,获得关于被这些土地债务担保的请求权的详细答复。

3. 对担保的变价[8]

(1)在贷款使用人对于为土地债务所担保的债权,尽管限定了延展期,仍然没有进行到期的支付,而银行基于达成的约定,或者基于法定规定,有权解除被担保债权的时候,银行得通过强制拍卖的方式变价实现土地债务。在信贷于约定偿还日期没有被清偿的时候,也准用于此。

(2)在贷款使用人就相当于土地债务名义价值的百分之一的金额,陷入了迟延,银行就有权申请强制管理。

(3)如果贷款使用人在延展期后仍然没有进行到期支付,那么基于人上责任的承担,银行得进行强制执行。

(4) 银行将以书面威胁于一个月的期间后进行强制执行措施。

4. 担保之退还[9]

(1)在为土地债务所担保的请求权被清偿后,银行负有义务,退还给担

〔6〕 有疑问!详见第四十六章边码48到53。

〔7〕 参见第三十八章边码12及其以下。

〔8〕 对此参见第三十六章边码52及其以下,第四十章边码4,还有第四十五章边码58及其以下。

〔9〕 对此参见第四十五章边码26及其以下,边码31及其以下。只要这些规则确定了担保覆盖范围的话,这些规则部分就是多余的。

保提供人土地债务、利息以及其他权利。如果银行负有义务将该担保移转给第三人的话,银行就得这样做。比如这可能是下述情况,即担保提供人同时又是贷款使用人,并且一个保证人对银行已经进行了清偿,或者土地债务的返回请求权已经被让与了。

(2)在而且只要在土地债务金额超过被担保的请求权的时候,银行在其为土地债务所担保的请求权完全被清偿以前,就已经负有义务,在要求之下,退还后顺位的土地债务或者土地债务部分。

(3)如果对于为土地债务所担保的请求权,另外还设定了其他的担保(比如,在其他担保客体上土地债务,担保性所有权让与,债权让与),那么,银行除了负有本条第2款义务以外,还负有义务,在要求之下,根据其选择,将土地债务或者还有可能的担保全部或部分地退还给该担保提供人,只要全部担保的可实现的价值并不是暂时地超出了银行被担保的请求权的

%

就地退还。只要没有填注百分比,也没有另行约定的话,那么该比率就为100%。

(4)银行在选择退还的担保时,要考虑到担保提供人以及附加担保设定人的正当利益。

5. 土地债务的估价[10]

(1)只要没有进行不同的约定,对于土地债务可实现价值的计算,要以名义金额(Nominalbetrag),连同在土地债务资本的顺位中,一直到要求退还之时产生的土地债务之利息——但最高为四年的利息——为基准。由于在变价情况下有可能的出卖受益之减少(特别由于可能的前置之负担),就该价值,约定

%

〔10〕 是不必要的,比较第四十五章边码31及其以下。

的担保之折扣。只要没有记载百分比,就没有进行折扣。

(2)如果由于在此期间的变化,土地债务的实际价值与前面计算出的价值有所偏离,担保提供人与银行可以要求对担保折扣进行变更。

6. 被负担地产的保险以及基于从物保险产生的请求权的出质〔11〕

(1)位于被负担地产之上的建筑物、设施以及从物,要由担保提供人支付费用,针对所有危险(由于这些危险,银行认为保险保护是必要的)——只要还没有被保险的话——被进行保险。如果这没有被进行或者没有被足够地保险,银行得自己签订保险合同,由担保提供人承担费用。

(2) 由现在的或者将来才被签订的从物之保险产生的请求权,在此为了上述特定的担保目的出质给银行。银行有权以被保险人的名义,就该出质事宜通知保险公司。〔12〕

7. 询问与查看

银行可以要求其管理或者变价实现土地债务需要的、所有咨询之答复与证明,以及证书之交出。它也得在行政机关、保险公司以及其他第三人处获得这些咨询之答复、证明以及证书,由贷款使用人负担费用。银行有权查看被负担的土地、建筑物以及从物,并且有权查阅所有与被负担地产有关的材料。

8. 支付之计入〔13〕

只要在具体情况下没有向土地债务自身支付的话,银行将所有的支付都结算到为土地债务所担保的债权之上。

银行在所有营业处可以被查阅,并且按照要求可以被送达的一般交易条件,补充性地适用于此。

地点,时间　　　　　　　　担保提供人签字

------------------------------　　　　--

〔11〕 对此参见第三十九章边码60及其以下。

〔12〕 从第1128条受限制的适用范围以及对从物的保险债权有限制的干涉(第1129条)可以解释为什么会有该质权设定;对此参见第三十九章边码60及其以下。

〔13〕 对此参见第四十五章边码42及其以下,具有证明。

所有权人/地上权人的表示[14]

就上述意思表示,我/我们作为被负担土地的所有权人/地上权人予以同意,尤其是,我/我们同意对在第 2 条中所述的请求权进行让与。

地点,时间　　　　　　　　　　　　　　所有权人/地上权人签字

------------------------------　　　　　　--

〔14〕 在担保提供人与所有权人分离的情况下很重要(参见第四十五章边码 74 及其以下)!

附录5

贷款证书

一、贷款合同[1]

贷款人(姓名/地址,出生年月日)　　　　银行

______________________　　　　______________________

贷款人与银行签订了如下合同:

1. 贷款额

银行为贷款人提供一笔贷款

金额为　　　　　　　　　　马克 _________________

2. 使用目的:

3. 条件:[2]

3.1　利息收取:本贷款自付出之日起收取年息 ________ %。

本利息率是 □可变的 □一直到 ________ 是固定的。

在由于金钱或者资本市场的发展是必要的时候,银行可以改变——在利息是固定的情况下,最早在其期满之后——利息率。该变动会被告知。

□基于该贷款余额计算利息　□基于截止到______的贷款余额计算利息;直到完全支付的第二天,基于贷款余额计算利息。[3]

利息的到期日为每一个

□月　　　□季度　　　□半年　　　□年

的 ______________________

---

〔1〕 根据德国合作社(DG)出版社的格式,1997年的状况。

〔2〕 诸项陈述的列举应当考虑到消费者信贷法第4条第1款;对此参见第三十六章边码45及下一码。

〔3〕 在长期持续偿还之贷款的利息计算上,有透明之规则,参见第三十六章边码52及其以下,具有证明。

3.2 **支出:**按照支付标准的 ______ %付出贷款。

贴水为____________________%马克______

到期:

☐ 在贷款全部或者第一部分 ☐就每部分付出按比例到期 ☐ 与付出日不同的到期日金额付出时全部到期 ________

3.3 **处理费:**一次性的、立即到期的、与经过期间无关的处理费为贷款金额的

____________________% 减去马克__________

3.4 **费用、从给付、净贷款额:**

除了贴水以及处理费以外,还要扣除:

☐用于剩余贷款保险的金额 减去马克 ______

☐价值确定之费用 减去马克______

☐________________ 减去马克______

☐ ________________ 减去马克______

净贷款额:

净贷款额被全部或者部分记入结算账户(号码__________)的贷方

其他费用:

☐人寿保险金额 没有/每季度/每半年/每年 马克________

☐建筑储蓄合同订立手续费 马克________

☐对建筑储蓄合同的储入期款 马克________

☐________________ 马克________

☐清除其他负担的手续费,每______为自______没有支出的金额到全部支出的________________% ,每笔与利息一起到期。

☐一次性补偿手续费为最终没有被支付的贷款金额的__________%。对损害显著较低、较高或者根本没有产生的证明由合同当事人来承担。

☐每年的管理费用金额 马克________

其他费用:比如在保险为贷款的条件的情况下,物品的保险费

☐现金花费 马克________

□＿＿＿＿＿＿＿＿＿＿＿　　　　　　马克＿＿＿＿

□＿＿＿＿＿＿＿＿＿＿＿　　　　　　马克＿＿＿＿

□根据法律规定的公证与土地簿册费用

4. 最初有效年息：＿＿＿＿%。在这里进行结算

＿＿＿＿时间段为＿＿＿＿＿＿＿＿＿＿＿＿＿＿＿年

＿＿＿＿时间段为＿＿＿＿＿＿＿＿＿＿＿＿＿＿＿年

5. 贷款之偿还：贷款按照如下偿还：[4]

5.1 □于＿＿＿＿＿＿偿还全部数额

5.2 □每期偿还＿＿＿＿马克，每次于＿＿＿＿＿＿到期，第一次到期日＿＿＿＿＿

5.3 □偿还数额为最初贷款金额＿＿＿%，按每年计算，包括以及通过清偿节省下来的利息。据此，在5.2以及5.3情况下基于利息与清偿给付之期款目前为＿＿＿马克

每次于＿＿＿＿＿＿＿＿＿＿＿＿＿＿＿到期，第一次到期日为＿＿＿＿＿＿＿＿＿＿

在利息变更的情况下，给付之期款可以相应地变更。新的给付期款要被通知。

5.4 □同等份额的期款

对利息与清偿的期款为＿＿＿＿马克，每次于＿＿＿＿到期，第一次到期日＿＿＿＿，附带对利息优先进行结算。

只要没有另外的约定，到期的金额（比如利息与给付期款）记入上述结算账户的借方。

6. 总金额

6.1 □由于是**可变化的条件**，不可能有关于总额的数据。

6.2 所有为贷款人履行的部分支付，包括清偿、利息以及费用（只要是编上号的）

□在**固定利息**的时间段里总计为　　　　＿＿＿＿马克

在利息约束期满那一时点，**剩余贷款**为　　　　＿＿＿＿马克

[4] 对于偿还之种类，详见第三十六章边码44及其以下。

□在**利息固定**情况下，就**全部流转时间**总计为　　________ 马克

在计算的时候，[贷款]付出的时点被推定为贷款合同签订之后那一个月的第一天。

最终剩余贷款数额取决于事实上的付出之时点。

7. 担保：除了银行已经设定的，并且基于银行一般交易条件第14条第1款[5]承担的担保以外，贷款人以另外约定的方式，为银行再设定下面的担保，即不仅担保该贷款，而且还担保银行的现在与将来的请求权[6]的担保：

………

在贷款人、共同承担责任者或者保证人的财产状况恶化或者受到巨大的危险的情况下，或者在合同中规定的被设定的担保之价值变化，而且该变化使得按规定的贷款返还之风险，相对于签订合同时的状况不是不明显地提高了的时候，银行可以根据自己的选择向贷款人要求附加设定适宜的担保，即使到目前为止没有约定担保之设定，也是如此。这同样适用于下述情况，即关于贷款人、共同承担责任者或者保证人财产状况的描述事后被发现是不正确的时候。贷款只有在全部条件都被满足、规定的担保被设定，而且银行就其是否符合规则进行了核查之后，才能被要求支付。

地点，时间　　　　　　　　　　　　　　地点，时间

____

贷款人　　　　　　　　　　　　　　　　银行

如果在财产状况方面，一方配偶需要另一方配偶的协助的话，比如，尤其在设定担保的时候，该配偶就此获得了其**同意**。[7]

____[8]

地点，时间

---

[5] 对于银行一般交易条件第14条第1款，比较第六十二章边码5及下一码。

[6] 在债务人与担保提供人一致的情况下没有问题；比较第四十五章边码14。

[7] 对此参见第二十二章边码17及其以下。

[8] 根据消费者信贷法第7条的异议权在物上[担保]信贷情况下就不存在了（消费者信贷法第3条第2款第2项）。

二、一般贷款条件[9]

1. 可让与性的排除

对贷款付出的请求权只有在银行的同意下才可以让与或者被设定质权。

2. 贷款账户

银行将为贷款人设定一个贷款账户。

3. 条件之调整

3.1 银行在利息固定期间经过前,最早一季度,最迟一个月,以书面通知的形式,确定新的、在银行那里该种类贷款通常的条件。

3.2 如果贷款人在________期间内对新的条件书面提出异议,那么该贷款要在利息固定时间结束后被偿还。银行在就新条件通知的时候,要特别指出异议以及不提出异议的意义。

3.3 如果没有进行3.1要求的通知,那么贷款人必须继续清偿目前所负的清偿之债。在这种情况下,贷款人可以在任何时候一个新的条件确定,而且银行也任何时候都可以确定新条件。接着,如果贷款人按照3.2提出异议,那么该贷款要在异议期经过后一个月内被偿还。

3.4 3.1与3.3准用于附加的条件利息固定期间。

4. 贷款人之终止权

只要没有就利息率进行新的约定(条件之调整),贷款人在遵守该利息固定期间届满之前一个月的终止期限条件下,就可以全部或者部分地终止该贷款。贷款人的终止权在根据德国民法典第609条第1款第3项经过十年后,仍不受影响。

5. 银行的终止权

5.1 银行原则上不能终止贷款。

5.2 但在下述情况下,银行有权在遵守终止期限的前提下,部分或者全部地终止贷款。

5.2.1 在提示终止权的条件下进行催告,一个月之后,贷款人对该贷款仍拖欠至少连续两次到期的支付,数额至少为一年所欠的履行

---

〔9〕 这里是从不同的格式中抽取的常用条款的综合。

的四分之一；[10]

5.2.2 贷款人、保证人或者担保人停止进行支付，或者就其财产申请了和解或者破产程序；

5.2.3 贷款担保之物或者其诸部分之一被强制拍卖或者强制管理，或者贷款担保之物在没有经过银行同意的情况下被进行了让与；[11]

5.2.4 在确定期限之后，在提示终止权条件下，约定的土地债务或者其他担保还是没有被获得；

5.2.5 在确定期限之后，在提示终止权条件下，贷款人还是没有履行本证书中其他义务，而且因此，银行的重大利益受到了损害。只要根据具体情况，不能再指望履行了，期间确定就是不必要的了；

5.2.6 具有特别的、取决于贷款人行为的重要原因。

6. 贷款人的其他义务

6.1 贷款人负有义务：[12]

6.1.1 在有建筑计划的情况下，按照提交给银行的计划建筑房屋，并且要让人进行建筑法上的验收；

6.1.2 在以全部的——只要可能就随物价指数滑动——买入原价进行火险、自来水保险以及风暴损失保险的状态下保有该建筑物及其从物，而且将对从物的保险请求权通过抵押担保证书的形式出质给银行；

6.1.3 根据符合规则的经营管理的原则保持贷款担保之客体处于良好状态，而且就建筑物及其用益，或者从物存量的重大变化，必须获得银行的准许；

6.1.4 允许银行对贷款担保之客体进行查验；

6.1.5 在要求之下，给予银行关于土地关系以及关于它的经济关系的信息以及证明，并且要毫不迟延地出示它负有法定义务制作的年度决算；

---

〔10〕 对此参见第四十章边码3及下一码，具有证明。

〔11〕 不是没有问题！对此参见第四十章边码4、边码13及其以下。

〔12〕 参见第三十九章边码60及其以下，第四十章边码9及其以下。

6.1.6 承担所有与贷款相关的费用以及花费。

7. 在特别情况下的补偿

7.1 只要贷款人对他基于贷款合同所欠的支付,陷入了迟延,那么,在具体情况下,银行没有证明具有更高的损害,或者贷款人没有证明更低的损害的时候,该所欠金额要被收取德国联邦银行贴现率5%的利息。[13]

7.2 如果贷款在固定期间届满之前,由于银行方面的终止而到期了,贷款人必须支付由于提前偿还产生的损失。

8. 担保、目的之确定

8.1 使银行获得的土地债务以及给予银行的债务允诺,服务于对所有基于贷款关系以及基于其他可能的——也包括将来的——法律关系产生的所有请求权的担保。[14]

8.2 土地债务返回之请求权只能在银行的同意下才能被让与。[15]

8.3 银行有权,但没有义务,使贷款担保客体的部分以及土地从物免除承担土地债务之责任,[16]以及准许顺位变更,[17]还有,采取类似的、属于在银行处通常担保管理范围内的措施。

8.4 银行没有义务在强制执行程序中,就超出其人上的债权的土地债务金额进行主张,而且,它可以在分配程序中放弃可能的多出之收益。[18]

9. 再融资

银行有权在再融资的情况下让与贷款之债权,并且向再融资机构让与为

---

〔13〕 范例是消费者信贷法第 11 条第 1 款,但该条款恰恰不适用于没有特别约定的物上[担保]信贷合同(消费者信贷法第 3 条第 2 款第 2 项);另见第三十六章边码 56 连同脚注 2(中文版脚注 17)。

〔14〕 对此参见附录 4 以及第四十章边码 43 及其以下,第四十五章边码 15。

〔15〕 假若担保提供人与所有权人是一致的话,该条款就有问题! 对此参见第四十五章边码 98。

〔16〕 对于责任的范围,参见第三十九章

〔17〕 对此参见第十七章边码 40。

〔18〕 对此参见第四十五章边码 50 及其以下。

贷款人所设定的担保。[19]

10. 部分有效

如果意思表示——也包括单个当事人的意思表示——被证实应是无效的话,其他意思表示仍为有效。

11. 多个贷款人

多个贷款人作为共同债务人来承担责任。

〔19〕 对此参见第四十五章边码56及下一码。

附录 6

抵押证券[1]

1987 年 8 月 1 日为偿还到期日

9% 抵押证券　　　　　　　　　　　　　　利息到期日:8 月

序列 32　　　　　　　　　　　　　　　字母 P　　10,000 马克

序列 **32**　　　　　　　　字母 P　　　　　号码
巴伐利亚
抵押与票据银行
股份有限公司
绝对可靠
9% 抵押证券
巴伐利亚抵押与票据银行向
被债券的所有人负债
10,000 马克
一万马克
该笔金额的年息为 9%
利息到期日为每年的 8 月 1 日。本不可解除的债券到 1987 年 8 月 1 日应当被偿还,而且无须特别宣布停止流通。另外要适用背面的规定
慕尼黑,1982 年 7 月
巴伐利亚抵押与票据银行
股份有限公司
经理　　　经理
签字　　　签字
监督签字处:
对于本抵押证券根据《抵押银行法》所规定的担保覆盖率是存在的
并且被登记入法定登记册
有监督机构设定的信托人:
签字

〔1〕 原始的抵押证券;不要与抵押证书混淆(参见上文第三十六章边码 30)! 文意已经明确地证明了抵押证券是无记名债券(……向债券所有人负债……10,000 马克……)。

Anhang 6

Zur Rückzahlung fällig am 1. August 1987

9% Hypothekenpfandbrief Reihe 32 — Zinstermin: August Buchstabe P — DM 10 000,-

BAYER. H. u. W. BANK

Reihe 32 Buchstabe P Nr.

BAYERISCHE
HYPOTHEKEN- UND WECHSEL-BANK
AKTIENGESELLSCHAFT

MÜNDELSICHERER
9% HYPOTHEKENPFANDBRIEF

Die Bayerische Hypotheken- und Wechsel-Bank schuldet dem Inhaber dieser Schuldverschreibung

DM **10000** DM

ZEHNTAUSEND DEUTSCHE MARK

Dieser Betrag wird mit jährlich 9 vom Hundert verzinst. Zinstermin ist der 1. August jeden Jahres. Diese unkündbare Schuldverschreibung ist am 1. August 1987 zur Rückzahlung fällig, ohne daß es eines besonderen Aufrufes bedarf. Im übrigen gelten die umseitigen Schuldverschreibungs-bestimmungen.

München, im Juli 1982

BAYERISCHE HYPOTHEKEN- UND WECHSEL-BANK
AKTIENGESELLSCHAFT

Direktor Direktor

Muster

Kontrollunterschrift

Für gegenwärtigen Hypothekenpfandbrief ist die vorschriftsmäßige Deckung nach dem Hypothekenbankgesetz vorhanden und in das gesetzliche Register eingetragen.
Der von der Aufsichtsbehörde bestellte Treuhänder:

Originalhypothekenpfandbrief; nicht zu verwechseln mit dem Hypothekenbrief (s. oben § 36 Rn. 30)! Schon der Wortlaut weist den Hypothekenpfandbrief deutlich als Schuldverschreibung auf den Inhaber aus („… schuldet dem Inhaber … 10 000 DM …“).

附录 7a

担保性所用权让与合同——附带交付之替代[1]

担保性所用权让与合同——附带交付	银行内部处理号码

担保提供人(姓名,地址)	银行

担保提供人与银行签订如下担保合同:

1. 为了担保银行的或者银行的继续进行该业务联系的权利继受人的,所有**现存的、将来的以及附加条件的**请求权,即对

债务人[2]

或者他的全部权利之继受人以及——在公司或企业的情况下——对它们的全部权利继受人的请求权

该请求权是基于交易关系产生的,尤其是

—**基于**长期贷款或者基于任何种类的贷款、票据、支票、供应或者履行,

—**基于**保证以及其他的**对第三人之义务负担表示**,自其到期开始,以及

基于在通常的银行交易范围内**从第三人处获得的债权**、票据以及支票,

---

〔1〕 德国合作社出版社格式,维斯巴登(Wiesbaden),1997 年的状况。

〔2〕 如果涉及的是很多债务人,而且担保也得作为对单个债务人请求权的担保,那么这要另行商定,而且要用附注进行表示,比如,而且针对他们中的每一个人。

即使该担保是由于特定的贷款之发放而被设定的，也是如此，
担保提供人向银行让与在本证书后面标记的标的物及其构成成分与从物之所有权。
2. 担保提供人声明，
—他是该标的物的所有权人，而且
—他可以自由地处分该物。
当标的物是在保留所有权的条件下供应给担保提供人，而在给出该声明之前没有全部支付的时候，或者在该标的物已经被另外进行了担保性所有权让与的时候，他就无权作出上述声明。
3. 担保提供人与银行达成合意，将在本证书后面标记的标的物及其构成成分与从物之所有权移转给银行。
担保提供人将标的物交付给银行，银行另行确认对担保提供人确定的样品之受领。
4. 担保提供人负有义务，就向银行让与所有权的标的物，在让与所有权期间，针对那些对于银行有保险保护之必要的风险，以足够的数额进行投保，而且在任何时候，于要求之下，他都有义务向银行对此进行证明，尤其是通过出示保险单来证明。
担保提供人在此向银行让与他对该保险人的现在与将来的请求权。担保提供人要在保险人处申请，发给银行一个担保单。[3]
5. 银行要尽到如同处理自己事务一样的谨慎义务；所以它只承担重大过失责任。银行还被允许，由担保提供人支付费用，将标的物储藏在他处。如果银行行使了该权利，那么，它的责任限于对保管人谨慎之选任之上（在第三人处的提存根据《德国民法典》第 691 条第 2 句）。
如果担保提供人在到期时没有履行他的义务，那么银行就有权，无须法庭程序、在尽可能地照顾担保提供人的前提下、于任何时候、于任何对它来讲适宜的地点、一次性地或者逐渐地进行变价实现该担保。
银行有权以适宜的价格自己买受这些标的物。

〔3〕 按照表格 241 030 或者 242 04 申请。

担保提供人有义务，在银行的要求下，变价该担保物，或者协助进行变价。担保提供人必须将所有他在担保物变价时获得的所有的（包括营业税），毫不迟延地交给银行。

只要剩余的多出之价值不属于第三人所有，银行就必须毫不迟延地将之支付给担保提供人。

6. 如果所有担保的可实现价值不只是暂时地超出了担保覆盖范围，那么，银行在担保提供人的要求下，根据银行的选择退还担保；具体地规定在一般交易条件第16条。

7. 如果保证人或者其他第三人向银行进行了支付，那么只要担保提供人和它没有相反的约定，银行就负有义务将担保权移转给该第三人。

8. 如果担保提供人同时并不是银行的人上债权之债务人，那么他的支付或者由变价担保标的物而收益就被作为担保之履行，一直到银行完全被清偿。

9. 对于所有与本合同相关联而产生的费用或者从属费用——还有基于对主管合作社性质的信托机构产生的费用——担保提供人与债务人作为共同债务人承担责任。

10. 本合同的任一变更或者补充，或者关于废止本合同的约定，都需要书面形式，方为有效。

11. 如果本合同的个别规定不得成为合同之部分，或者应当无效，甚或不得被实施的话，那么，合同其他部分仍为有效。只要规定没有成为合同之部分，或者无效了，合同之内容就以法律规定为准。

只要以前的约定与本合同有出入，本合同的约定就代替该先前之约定。

12. 在此补充适用**银行一般交易条件（AGB）**。该一般交易条件可以在银行营业场所查看，在要求之下它也可以被交出。

地点 时间	地点 时间
担保提供人	银行

如果在财产状况方面，一方配偶需要另一方配偶的协助的话，该配偶就此获得了其**同意**
地点 时间

本合同下的签字 □是在我的面前为担保提供人所签的　　□为我所检验过了	
他/他们　　已经通过(证件)证明了自己的身份 与我个人熟识并且 □已经证明了自己的身份	
号码　　签发机构　　签发日期	
地点 时间	银行的工作人员

被让与所有权之标的物

对标的物详细的描述	时价：马克

收据

在此证明已经收到了上述填列的标的物

地点　时间	银行

退还收据

在此证实上面填列的标的物已经被退还

地点　时间	担保提供人

附录 7b

担保性所用权让与合同——附带交付[1]

担保性所用权让与合同——附带交付之替代	银行内部处理号码

担保提供人（姓名，地址）	银行

担保提供人与银行签订如下担保合同：

1. 为了担保银行的或者银行的继续进行该业务联系的权利继受人的，所有**现存的、将来的以及附加条件的**请求权，即对

债务人[2]

或者他的全部权利之继受人以及——在公司或企业的情况下——对它们的全部权利继受人的请求权

该请求权是基于交易关系产生的，尤其是

—**基于**长期贷款或者基于任何种类的贷款、票据、支票、供应或者履行，

—**基于**保证以及其他的**对第三人之义务负担表示**，自其到期开始，以及

基于在通常的银行交易范围内**从第三人处获得的债权**、票据以及支票，

即使该担保是由于特定的贷款之发放而被设定的，也是如此，

---

〔1〕 德国合作社出版社格式，维斯巴登，1997 年的状况。

〔2〕 如果涉及的是很多债务人，而且担保也得作为对单个债务人请求权的担保，那么这要另行商定，而且要用附注进行表示，比如，而且针对他们中的每一个人。

担保提供人向银行让与在本证书后面标记的标的物及其构成成分与从物之所有权。[3]

2. 担保提供人声明,

—他是该标的物的所有权人,而且

—他可以自由地处分该物。

当标的物是在保留所有权的条件下供应给担保提供人,而在给出该声明之前没有全部支付的时候,或者在该标的物已经被另外进行了担保性所有权让与的时候,他就无权作出上述声明。

3. 担保提供人与银行达成合意,将在本证书后面标记的标的物及其构成成分与从物之所有权移转给银行。

交付为下述约定所代替:

—银行让担保提供人进行无偿保管,并直接占有该用于担保的标的物,并且在保留了撤销权前提下,允许他对此继续进行使用。

担保提供人负有义务正确地存放、细心地对待以及保养该标的物。

—如果标的物为第三人所占有,那么担保提供人以此将对第三人的返还请求权让与银行。

4. 如果担保提供人违反在第 2 条中作出的声明,不是标的物的所有权人,他就此向银行让与了他的期待权以及他的向回让与所有权之请求权。如果担保提供人后来还是获得了这些标的物上的所有权,那么在所有权取得那一刻,所有权就转让给了银行。

在转让期待权以及转让后来的所有权取得的情况下,交付为本合同第 3 条第 2 款的约定所代替。

担保提供人就此事先向银行让与他对保留所有权人或者担保性所有权人的请求权,特别是可能的基于瑕疵担保的请求权、所履行的返回、损害赔偿或者在担保物变价情况下的多出之收益。

银行有权为担保提供人支付剩余之债务。

---

〔3〕 在让与机动车所有权的情况下,机动车证书要在银行备案。

5. 如果标的物是作为构成部分或者从物而被添加进来的,那么担保提供人与银行现在就已经达成合意,在这些新添加的标的物上的所有权以及期待权,在添加的那一刻就直接地移转给了银行;该移转为第3条第2款的约定所代替。

6. 担保提供人负有义务,

6.1 在银行的要求下,以一种对银行来讲是符合目的性的方式标识该标的物;

6.2 在银行的要求下,将用于担保的标的物与其他标的物分开持有;

6.3 在没有银行事先的准许,不得将标的物从本证书后面标记的表格中删除;如果他还是将标的物让与第三人,那么在此担保提供人就事先已经将所有的基于该使用之让与产生的请求权让与银行;

6.4 保障银行于任何时候都可以查看该标的物,给予银行关于标的物的询问之答复,如果有的话,出示文件以备查阅;

6.5 就担保性所有权让与,通知那些可能会损害银行担保性所有权的第三人;

6.6 就即将发生的以及已经出现的担保性所有权之损害(比如毁损、扣押),毫不迟延地告知银行。

7. 担保提供人负有义务,就向银行让与所有权的标的物,在让与所有权期间,针对那些对于银行有保险保护之必要的风险,以足够的数额进行投保,而且在任何时候,于要求之下,他都有义务向银行对此进行证明,尤其是通过出示保险单来证明。

担保提供人在此向银行让与他对该保险人的现在与将来的请求权。担保提供人要在保险人处申请,发给银行一个担保单。

如果担保提供人对充足之保险保护没有留意,或者没有按时缴纳保险金,那么银行就有权,代替他作为,由他承担风险与费用。

8. 在存在重大原因的情况下,尤其是在担保提供人或者债务人没有履行他对银行的义务的时候,银行就有权直接占有该标的物。在这种情况下,银行还被允许,由担保提供人支付费用,将标的物储藏在他处。如果银行行使了该权利,那么,它的责任限于对保管人谨慎之选任之上(在第三人处的提存根据《德国民法典》第691条第2句)。

如果担保提供人在到期时没有履行他的义务,那么银行就有权,无须法庭程序、在尽可能地照顾担保提供人的前提下、于任何时候、于任何对它来讲适宜的地点、一次性地或者逐渐地进行变价实现该担保。

银行有权以适宜的价格自己买受这些标的物。
担保提供人有义务,在银行的要求下,变价该担保物,或者协助进行变价。担保提供人必须将所有他在担保物变价时获得的所有的(包括营业税),毫不迟延地交给银行。
只要剩余的多出之价值不属于第三人所有,银行就必须毫不迟延地将之支付给担保提供人。对于那种银行撤回了标的物使用权的情况,至少到标的物被变价或者银行所有的请求权都被满足的时候,担保提供人还是负有义务,提供到那时为止用于保管标的物的空间与设备,以及必要的工作人员,以备银行使用。
9. 如果所有担保的可实现价值不只是暂时地超出了担保覆盖范围,那么,银行在担保提供人的要求下,根据银行的选择退还担保;具体地规定在一般交易条件第 16 条。
10. 如果保证人或者其他第三人向银行进行了支付,那么只要担保提供人和它没有相反的约定,银行就负有义务将担保权移转给该第三人。
11. 如果担保提供人同时并不是银行的人上债权之债务人,那么他的支付或者由变价担保标的物而收益就被作为担保之履行,一直到银行完全被清偿。
12. 对于所有与本合同相关联而产生的费用或者从属费用——还有基于对主管合作社性质的信托机构产生的费用——担保提供人与债务人作为共同债务人承担责任。
13. 本合同的任一变更或者补充,或者关于废止本合同的约定,都需要书面形式,方为有效。
14. 如果本合同的个别规定不得成为合同之部分,或者应当无效,甚或不得被实施的话,那么,合同其他部分仍为有效。只要规定没有成为合同之部分,或者无效了,合同之内容就以法律规定为准。
只要以前的约定与本合同有出入,本合同的约定就代替该先前之约定。
15. 在此补充适用**银行一般交易条件(AGB)**。该一般交易条件可以在银行营业场所查看,在要求之下它也可以被交出。

地点 时间	地点 时间
担保提供人	银行

如果在财产状况方面,一方配偶需要另一方配偶的协助的话,该配偶就此获得了其同意。
地点 时间

被合同下的签字 □是在我的面前为担保提供人所签的 □为我所检验过了
他/他们 已经通过(证件)证明了自己的身份 与我个人熟识并且 □已经证明了自己的身份
号码 签发机构 签发日期

地点 时间	银行的工作人员

我以此放弃在本证书后面标记的标的物现在或将来享有的使用出租或者收益出租权

地点 时间	银行的工作人员

被让与使用权的标的物之目录

对标的物准确的标记 比如在机器情况下：生产厂家，厂家号码以及发动机号码； 在汽车的情况下：生产厂家、类型，车辆底盘号码，警察的标记； 在动物情况下：耳朵标记，或者其他标记	准确的保管地点 如果有的话，附加仓储草图	时价 马克

法律条文索引表

（说明:1. 本索引表以本书1998年春第17版修订时的德国立法状况为准,故本索引表中有时提及的“原条文”,仅指此前的德国立法修订情况;其后至本中文译稿定稿时的德国立法修订情况,参见本表后的“新旧法律条文对照表”。2. 各法律名称下左列之“ § ”符号,为条文符号;比如《德国民法典》下之“ § 12 ”,即表示《德国民法典》第12条,而“ § § 90 ff. ”则表示第90条以下若干条。3. 各法律名称下右列之数字,表示章数与边码数,比如“12. 3”表示第12章边码3,“3. 8 ff. ”表示第3章边码8以下数段,“29. 1 f. ”则表示第29章边码1至边码2）。

《德国民法典》

新旧法律条文对照表

说明:1. 本表为新旧法律条文对照表,反映本书原著1998年春第17版修订后至本中文译稿定稿时德国立法之修订情况。2. 在此期间之德国法律修改——以涉及本书内容者为限——主要体现为四项:2001年6月19日之《关于重新划分、简化以及改革使用租赁法之立法》(简称:《使用租赁法改革法》)、2001年6月25日之《关于诉讼程序中送达程序改革之立法》、2001年7月27日之《关于改革民事诉讼程序之立法》以及2001年11月26日之《债法之现代化法》。3. 本表中法律名称下之左列,为原条文,亦即本书所参引之条文;右列为原条文内容经修订后,在各法律中的新条文数目。4. 条文中的罗马数字表示"款",比如"§ 275 I"即表示"第275条第1款";款后的"Nr."表示"项",比如"§ 197 I Nr. 1"即表示"第197条第1款第1项"。

《德国民法典》(德文缩写为:BGB)

§ 195:	§ § 195, 196; § 197 I Nr. 1,2
§ 241:	§ 241 I
§ 275 I:	§ 275 I
§ 275 II:	§ 275 II
§ 275 III:	§ 275 III
§ 280:	§ § 281, 283
§ 281:	§ 285
§ 283:	废除
§ 284:	§ 286 I, II, III
§ 286:	§ § 280, 281, 286

§ 313:	§ 311 b I
§ 314:	§ 311 c
§ 323 I:	§ 326 I 1
§ 323 II:	§ 326 III
§ 323 III:	§ 326 IV
§ 325:	§ § 283, 326
§ 326:	§ § 281, 323
§ 327:	废除
§ 346:	§ 346 I
§ 434:	§ 433 I 2, § 435 S. 1
§ 435:	§ 435 S. 2, § § 452, 453 I
§ 439:	§ 442
§ 440:	废除
§ 455:	§ 449
§ 459:	§ 434
§ 463:	§ 437 Nr. 3
§ 468:	§ 434
§ 477:	§ 438, § 204 I Nr. 7
§ 504:	§ 463
§ 505:	§ 464
§ 506:	§ 465
§ 510:	§ 469
§ 514:	§ 473
§ 536:	§ 535
§ 541:	§ 536 III
§ 542:	§ 543
§ 547 I:	§ 536 a II
§ 547 II:	§ 539 I

§ 549 a：	§ 565
§ 550：	§ 541
§ 553：	§ 543 II
§ 554 I：	§ 543 II
§ 554 II：	§ 569 III，IV
§ 554 a：	§ § 543 I，569 II，IV
§ 554 b：	§ 569 V
§ 556 I，III：	§ 546
§ 556 II：	§ § 570，578 I
§ 556 a I，IV，VII：	§ 574
§ 556 a II，III：	§ 574 a
§ 556 a V，VI：	§ 574 b
§ 556 a VIII：	§ 549 II
§ 564：	§ 542
§ 564 b I – III：	§ § 573，573 a，573 b，577 a
§ 564 b VII：	§ 549 II，III
§ 565 I，Ia，IV，V：	§ 580 a
§ 565 II，III：	§ 573 c
§ 565 V：	§ § 573 d I，II，580 a IV
§ 566：	§ 550
§ 569 a：	§ § 563，563 b
§ 569 b：	§ 563 a
§ 570 b：	§ 577
§ 571：	§ § 566，578
§ 633 I	§ 633
§ 633 II	§ 634 Nr. 1，§ 635
§ 633 III	§ 634 Nr. 2，§ 637
§ 638：	§ 634 a

§ 852:	§ § 203, 852

《一般交易条件法》

概述:

§ 1:	§ 305 I BGB
§ 2:	§ 305 II, III BGB
§ 3:	§ 305 c I BGB
§ 6:	§ 306 BGB
§ 8:	§ 307 III 1 BGB
§ 9:	§ 307 I, II BGB
§ 10:	§ 308 BGB
§ 11 Nr. 1 -4:	§ 309 Nr. 1 -4 BGB
§ 11 Nr. 7:	§ 309 Nr. 7 BGB
§ 11 Nr. 10:	§ 309 Nr. 8b BGB
§ 11 Nr. 11:	废除
§ 11 Nr. 15:	§ 309 Nr. 12 BGB
§ 23 I:	§ 310 IV BGB
§ 23 II Nr. 1:	§ 305 a Nr. 1 BGB
§ 23 II Nr. 1a:	§ 305 a Nr. 2b BGB
§ 23 II Nr. 1b:	§ 305 a Nr. 2a BGB
§ 23 II Nr. 2:	§ 310 II BGB
§ 23 II Nr. 3:	§ 309 Nr. 7,8 BGB
§ 23 II Nr. 4:	§ 309 Nr. 7 BGB
§ 23 II Nr. 5:	§ 308 Nr. 5, § 309 Nr. 8b (ff) BGB
§ 23 II Nr. 6:	§ 309 Nr. 9 BGB
§ 23 III:	废除
§ 24:	§ 310 I BGB
§ 24 a:	§ 310 III BGB

《租金提高法》

§ 1:	§ § 557 III, 573 I BGB
§ § 2 ff.	§ § 558 ff. BGB
§ § 11 ff:.	

《时间分配式居住权法》

§ 2:	§ § 482, 483 I BGB
§ 3:	§ § 483, 484 BGB
§ 4:	§ 484 I 5 BGB
§ 5:	§ 485 BGB
§ 7:	§ 486 BGB
§ 8:	废除

《民事诉讼法》

§ 139 I 1:	§ 139 I 2
§ 139 I 2:	§ 139 I 1
§ 139 II:	§ 139 III
§ 139 III:	§ 136 II 2
§ 546:	§ 543
§ 793 I:	§ 793
§ 793 II:	废除

术语索引

本索引第三栏所示数字，表示本书各章之数字及其边码（如“36. 22”表示第三十六章边码 22，“52. 52 f.”表示第五十二章边码 52 至 53，而“52. 36 ff.”则为第五十二章边码 36 以下数段）。边码亦包括所属之注释。术语在本书中所涉及之主要出处，其章数与边码数均以黑体印出。

作者简介

弗里茨·鲍尔：

弗里茨·鲍尔(Fritz Baur,1919—1992),生于迪林根/巴伐利亚。1930—1933年于慕尼黑与图宾根学习法律,1934年取得博士学位,1940年取得教授资格,1956—1977年退休。在职期间一直在图宾根大学任正职法学教授,其教席为:"民法与诉讼法";其间多次拒绝德国其他大学的聘任。

弗里茨·鲍尔平生治学,虽重在物权法与诉讼法两块(学界祝贺其70寿辰的文集,亦大多为此两领域),但涉猎极广,著作满架(至1981年5月1日,仅其著作目录,竟达13页之多)。所撰多种教科书,均为经典性著作,其去世后,由其弟子不断修订,沿用至今。弗里茨·鲍尔一生学术头衔众多,并多次获荣誉博士学位。

于尔根·F.鲍尔：

于尔根·F.鲍尔(Jürgen F. Baur,1937—　),生于图宾根。弗里茨·鲍尔之子,故有深厚家学渊源。早年在图宾根、格丁根与慕尼黑学习法律,并以优异成绩先后通过第一次与第二次国家司法考试。1962年在图宾根取得法学博士学位,并如人们所预期,开始其学者生涯。1971年在慕尼黑通过教授资格论文,取得教授资格。其教授资格论文题为《德国卡特尔法上的滥用》,至今仍为该领域开创性(grundlegend)的论文。1972年起在汉堡大学任正职法学教授。1988年至今专任科隆大学法学教授,其教席名称为:"民法、经济法与欧洲法"。

于尔根·F. 鲍尔治学极广,近年以能源法与欧洲法为其重点,并有多项学术兼职。其60(1997年)与65(2002年)大寿时,学生及学界友人即撰文成集,以示庆贺。这在德国法学界实为少见,其学术影响由此可见一斑。

罗尔夫·施蒂尔纳:

罗尔夫·施蒂尔纳(Rolf Stürner, 1943—),生于斯图加特。现为弗莱堡大学法学教授,德国与比较民事诉讼法研究所主任,意大利民诉法学者协会荣誉会员,"国际统一私法协会"以及美国"跨国民事诉讼原则与规则"法律研究所欧洲通讯员,德国巴登—符腾堡州高等法院法官。曾任奥地利、瑞士与德国民诉法学者协会主席,在任教德国康斯坦茨大学期间,曾兼任瑞士日内瓦大学的客座教授。2001年与2003年曾受聘担任美国哈佛大学客座教授。

施蒂尔纳教授研究领域广泛,涉及物权法、支付不能法、民事诉讼法、国际民事诉讼法等,注重比较法之研究方法,所撰法律教科书及法律评论等均为该领域的权威著作。

译者简介

申卫星,山东日照人。1970 年 4 月生于黑龙江省东宁县。1988 年 9 月—1992 年 7 月就读于吉林大学,获法学学士学位并留校任教。1994 年 9 月—1997 年 7 月就读于吉林大学研究生院,获民法学硕士学位。1998 年 9 月—2001 年 7 月就读于中国政法大学研究生院,获民商法学博士学位。2001 年 10 月入北京大学法学博士后流动站从事民法学研究和教学工作。1999 年 10 月—2000 年 10 月教育部公派德国科隆大学法学院访问学者。2002 年 6 月—9 月德国弗莱堡大学法学院高级访问学者。2003 年 6 月起任教于清华大学法学院,在《法学研究》、《中国法学》、《中外法学》等杂志发表学术论文 30 余篇。

王洪亮,1973 年 3 月生于黑龙江海伦。1995 年毕业于西北政法学院,获法学学士学位。1998 年毕业于中国政法大学,获民商法硕士学位。2001 年毕业于中国政法大学,获民商法博士学位。2001 年获 DAAD 奖学金。2004 年毕业于德国弗莱堡大学,获法学博士学位。2003 年 11 月—2004 年 4 月,受聘于德国弗莱堡大学,任研究助理。2004 年至今,工作于清华大学法学院。

翻译分工

申卫星	第 36 章、第 37 章、第 38 章边码 1—28、第 44 章边码 1—12、第 49—52 章、第 59 章边码 1—48
王洪亮	第 38 章边码 29—133、第 39—43 章、第 44 章边码 13—31、第 45—48 章、第 53—58 章、第 59 章边码 49—65、第 60—63 章、附录 3a—7b
共同完成	法律条文索引、术语索引

当代德国法学名著计划书目

法哲学·法律理论·法律史

1. 恩吉施:法律思维导论

   K. Engisch:Einführung in das juristische Denken

2. 哈腾豪尔:德国法的思想史基础

   H. Hattenhauer:Die geistsgeschichtlichen Grundlagen des deutschen Rechts

3. 雅科布斯:规范·人格体·社会——法哲学前思

   G. Jakobs:Norm, Person, Gesellschaft: Vorüberlegungen zu einer Rechtsphilosophie

4. 耶林:为权利而斗争

   R. v. Jhering:Der Kampf ums Recht

5. 考夫曼:后现代法哲学——告别演讲

   A. Kaufmann:Rechtsphilosophie in der Nach-Neuzeit

6. 考夫曼/哈斯默尔:当代法哲学和法律理论导论

   A. Kaufmann/W. Hassemer:Einführung in Rechtsphilosophie und Rechtstheorie der Gegenwart

7. 帕瓦洛夫斯基:法律方法论

   H-M. Pawlowski:Methodenlehre für Juristen

8. 拉德布鲁赫:社会主义文化论

   G. Radbruch:Kulturlehre des Sozialismus

9. 韦森贝格/韦森纳:晚近德国私法史

   G. Wessenberg/G. Wesener:Neuere deutsche Privatrechtsgeschichte

10. 维亚克尔:近代欧洲私法史——以德国发展为主要考察对象

F. Wieacker: Privatrechtsgeschichte der Neuzeit unter besonderer Berücksichtigung der deutschen Entwicklung

民商法·经济法

11. 鲍尔/施蒂尔纳:德国物权法(上、下册)
    F. Baur/R. Stürner:Sachenrecht
12. 卡纳里斯:德国商法
    C. W. Canaris:Handelsrecht
13. 弗卢梅:法律行为论
    W. Flume:Allgemeiner Teil des Bürgerlichen Rechts, zweiter Band, Das Rechtsgeschäft
14. 卡泽尔/克努特尔:罗马私法
    M. Kaser/R. Knütel:Römisches Privatrecht
15. 克茨:欧洲合同法(上卷)
    H. Kötz:Europäisches Vertragsrecht
16. 屈布勒:德国公司法
    F. Kübler:Gesellschaftsrecht
17. 拉伦茨:德国民法通论
    K. Larenz:Allgemeiner Teil des Deutschen Bürgerlichen Rechts
18. 梅迪库斯:德国民法总论
    D. Medicus:Allgemeiner Teil des BGB
19. 梅迪库斯:德国债法总论
    D. Medicus:Schuldrecht Ⅰ(Allgemeiner Teil)
20. 梅迪库斯:德国债法分论
    D. Medicus:Schuldrecht II(Besonderer Teil)
21. 施密特:公司法
    K. Schmidt:Gesellschaftsrecht
22. 施瓦布:德国民法导论
    D. Schwab: Einführung in das Zivilrecht
23. 齐默尔曼: 债法——民法传统的罗马法基础

R. Zimmermann: The Law of Obligations

——Roman Foundation of the Civilian Tradition

24. 梅迪库斯:请求权基础

D. Medicus:Grundwissen zum Bürgerlichen Recht: Ein Basisbuch zu den Anspruchsgrundlagen

25. 克茨/瓦格纳:侵权法

H. Kötz/G. Wagner: Deliktrecht

刑法·行政法·国家法·宪法

26. 黑塞:联邦德国宪法概论

K. Hesse: Grundzüge des Verfassungsrechts der Bundesrepublik Deutschland

27. 毛恩茨/齐佩利乌斯:德国国家法

T. Maunz/R. Zippelius: Deutsches Staatsrecht

28. 毛雷尔:行政法学总论

H. Maurer:Allgemeines Verwaltungsrecht

29. 韦塞尔斯:德国刑法总则

J. Wessels:Strafrecht, Allgemeiner Teil

30. 施莱希/克里奥特:德国宪法法院——地位、程序、判决

K. Schlaich/S. Korioth: Das Bundesverfassungsgericht: Stellung, Verfahren, Entscheidung

背景系列

31. 雅科布斯:十九世纪德国民法科学与立法

H. H. Jakobs: Wissenschaft und Gesetzgebung im bürgerlichen Recht nach der Rechtsquellenlehre des 19. Jahrhunderts

32. 克斯勒:马克斯·韦伯的生平、著述及影响

D. Käsler:Einführung in das Studium Max Webers

33. 考夫曼:古斯塔夫·拉德布鲁赫传
——法律思想家、哲学家和社会民主主义者
A. Kaufmann:Gustav Radbruch——Rechtsdenker, Philosoph, Sozialdemokrat

34. 克莱因海尔/施罗德:九百年来德意志与欧洲法学家
G. Kleinheyer/ J. Schröder:Deutsche und Europäische Juristen aus neun Jahrhunderten

35. 克尼佩尔:法律与历史——论《德国民法典》的形成与变迁
R. Knieper: Gesetz und Geschichte: Ein Beitrag zu Bestand und Veränderung des Bürgerlichen Gesetzbuches

图书在版编目(CIP)数据

德国物权法.下册/[德]鲍尔、施蒂尔纳著;申卫星、王洪亮译.
--北京:法律出版社,2006.8(2022.12重印)

(当代德国法学名著)

ISBN 978-7-5036-6500-4

Ⅰ.德... Ⅱ.①鲍...②申... Ⅲ.物权法—德国 Ⅳ.D951.63

中国版本图书馆CIP数据核字(2006)第076757号

SACHENRECHT, Dr. Dr. h. c. mult. Fritz Baur/Dr. Jürgen F. Baur/Dr. Rolf Stürner, 17., neubearbeitete Auflage, C. H. BECK'SCHE VERLAGSBUCHHANDLUNG, MÜNCHEN 1999

著作权合同登记号:图字01-2003-8865

出版发行 法律出版社
编辑统筹 学术·对外出版分社
责任校对 编校部
责任印制 陶 松
经　　销 新华书店

开本 850毫米×1168毫米 1/32
印张 33.625 **字数** 611千
版本 2006年10月第1版
印次 2022年12月第4次印刷
印刷 永清县金鑫印刷有限公司

地址:北京市丰台区莲花池西里7号(100073)
网址:www.lawpress.com.cn
投稿邮箱:info@lawpress.com.cn
举报盗版邮箱:jbwq@lawpress.com.cn

销售电话:010-83938349
客服电话:010-83938350
咨询电话:010-63939796

书号:ISBN 978-7-5036-6500-4　**定价**:108.00元

凡购买本社图书,如有印装错误,我社负责退换。电话:010-83938349